KB169445

같은 성을
사랑하는 것에
대하여

: LGBT, 특히 게이에 대한
전지구적 보고서

GLOBAL GAY

La longue marche des homosexuels

Frédéric MARTEL

© Editions Flammarion, Paris, 2017.

Korean translation copyright © 2018 by Geulhangari Publishers

Korean translation rights arranged with Editions Flammarion

through Icarias Agency, Seoul.

이 책의 한국어판 저작권은 Icarias Agency를 통해 Editions Flammarion과

독점 계약한 글항아리 출판사에 있습니다. 저작권법에 의하여

한국 내에서 보호를 받는 저작물이므로 무단전재와 복제를 금합니다.

같은 성을
사랑하는 것에
대하여

: LGBT, 특히 게이에 대한
전지구적 보고서

프레데리크 마르텔 지음 | 전혜영 옮김

글항아리

일러두기

• 첨자로 부연 설명한 것은 옮긴이 주다.
• 영어의 중모음은 단모음으로 표기하는 게 원칙이나 rainbow는 '레인보'가 아닌 '레인보우'
  로 표기했다.

전 세계 오대주에서 인권 개선을 위한 전투에 가담한
평범한 사람들에게 이 책을 바칩니다.
우리에게 당신들은 훌륭한 영웅입니다.

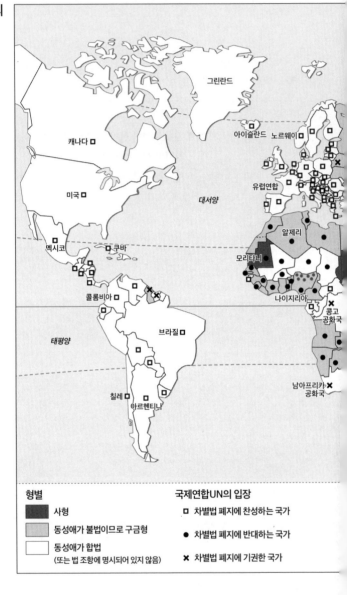

동성애자들의
인권 현황

그린란드

캐나다

아이슬란드 노르웨이

미국

대서양

유럽연합

알제리

멕시코   쿠바

모리타니

콜롬비아

나이지리아

콩고
공화국

브라질

태평양

남아프리카
공화국

칠레

아르헨티나

형별

사형

동성애가 불법이므로 구금형

동성애가 합법
(또는 법 조항에 명시되어 있지 않음)

국제연합UN의 입장

▫ 차별법 폐지에 찬성하는 국가

● 차별법 폐지에 반대하는 국가

✕ 차별법 폐지에 기권한 국가

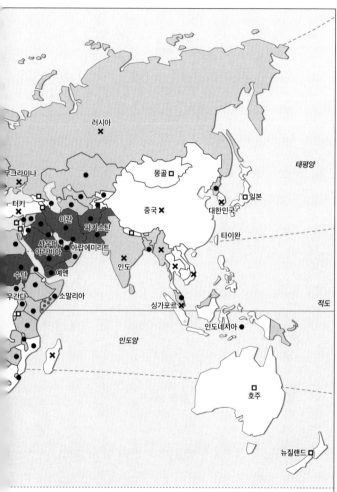

동성 결혼 합법화 현황

동성애자의 결혼이 합법화된 나라는 현재 20여 개국이다. 남아프리카공화국, 아르헨티나, 벨기에, 브라질*, 캐나다, 콜롬비아, 덴마크, 스페인, 미국, 핀란드, 프랑스, 아일랜드, 아이슬란드, 룩셈부르크, 멕시코*, 노르웨이, 뉴질랜드, 네덜란드, 포르투갈, 영국(북아일랜드 제외), 스웨덴, 우루과이(* 표시가 되어 있는 국가들은 현재 동성애자 결혼과 관련된 합법화 절차를 밟고 있으며 곧 법안 통과가 확정될 예정임. 조사 시기는 2017년 4월).

차례

2016년 6월 12일 일요일 아침 7시, 베르트 메디나는 집에 머무르고 있었다. 그는 ABC 네트워크 방송국 사장으로 플로리다주의 지역 채널 중 가장 유명한 'WPLG 로컬 10'을 성공시킨 주역이다. 그는 애인이자 남편인 마이클과 함께 미국 남부에 위치한 일명 '게이가 많이 사는 도시들' 가운데 하나인 포트로더데일의 멋진 빌라에 살고 있다.

"뉴스 채널 담당자가 올랜도에서 사고가 발생했다고 전했을 때, 저는 집에 있었어요. 그 전까지는 바깥세상에서 무슨 일이 일어났는지 전혀 몰랐지요."

뉴스가 전해준 정보들은 매우 단편적이었다. 플로리다주 올랜도의 사우스 오렌지 192번가에 위치한 게이 클럽 '펄스Pulse'에서 총기 난사 사건이 발생했다. 그 후 경찰이 희생자 수를 확인하기까지는 몇 시간이 더 걸렸다. 결국 49명이 사망했고, 53명이 부상을 당했다. 메디나는 자신의 방송국 팀원들과 함께 언론이 이 사건을 어떻게 은폐하려고 할지 지켜봤다. 그의 끝나지 않는 긴 싸움은 그때부터 시작되었다.

베르트 메디나는 1962년 쿠바에서 태어나 일곱 살에 미국 마이애미로 이민을 왔다. 이 어린 쿠바 소년은 가족이 고국을 떠나 미국으로 망명 오기까지 겪었던 슬픈 기억과 회환들을 생생히 기억하며 어린 시절을 보냈다. 그로부터 50년 후, 그는 플로리다주에서 미디어 분야의 최고 권위자가 되었다. 한마디로 인생 역전, 아메리칸드림을 이룬 산증인이 된 것이다. 플로리다주 WPLG 임원으로 승진할 당시의 인터뷰를 다시 보니, 그는 자신의 과거를 말하면서 겸손한 태도로 '미국의 역사'에 대해 이야기했다. 그때는 펄스 사건이 일어나기 불과 몇 주 전이었는데, 메디나는 쿠바로 떠날 준비를 하고 있었다. 미국의 전 대통령인 버락 오바마가 쿠바의 수도 아바나를 공식 방문할 예정이었던 터라 두 국가의 교류 개방에 대한 미래는 꽤나 긍정적이었다. 메디나는 역사적인 순간을 함께하고자 자신이 태어난 나라인 쿠바에 꼭 가고 싶어했다.

하지만 6월 12일 일요일, 생각지도 못한 부정적인 분위기가 그의 계획에 찬물을 끼얹었다. 남미 출신의 게이들이 자주 드나들던 유명한 게이 클럽에서 끔찍한 테러가 일어난 것이다. 물론 그의 계획은 수포로 돌아갔다. 그 테러는 수십 명의 목숨을 앗아간 대참사였기 때문이다.

"당시 상황에 대해 뉴스가 정보를 전달하는 속도는 정말 답답할 정도로 느렸어요. 진짜 무슨 일이 일어났는지 제대로 알 수가 없었지요. 그래서 저는 '특종 속보'를 내기로 결정하고 올랜도에 특파원 리포터를 세 팀이나 보냈답니다."

메디나는 이어서 이렇게 말했다.

"우리는 ABC 방송국의 지역 채널을 맡고 있었지만 본사와의 연결이 원활하지 않았어요. 상황이 너무나 심각했기 때문에 자체적으로 생방송 뉴스를 내보내기로 결정했습니다. ABC 네트워크를 통한 중계방송을 철회한 거죠. 현장에 직원을 추가로 보내서 총 16명의 기자가 사건 현장에 투입됐어요. 미국 남부 플로리다주 내에서 가능한 모든 수단을 동원해 취재를 하려고 애썼지요. 또 월턴 매너스와 포트로더데일, 마이애미비치에 사는 게이 커뮤니티의 입장과 이슬람교도들의 반응도 함께 살펴봤습니다."

쿠바계 미국인이자 동성애자임을 밝힌 그에게 이번 펄스 게이 클럽 총기 사건은 적잖은 충격을 안겼다. 그는 미국인이면서 동시에 남미의 피가 흐르고 있는 게이다. 그에게 따라붙는 여러 수식어 때문에 지금 그는 누구보다 더 혼란스러웠다.

"실제로 펄스에 가본 적은 한 번도 없어요. 직접 가본 사람들은 올랜도에서 가장 핫한 나이트클럽이라고 하더군요. 사실 게이와 레즈비언들이 다수 거주하는 도시인 마이애미, 포트로더데일, 월턴 매너스와 비교했을 때, 올랜도가 게이들에게 우호적인 도시가 된 것은 그리 오래되지 않았어요. 그러다가 몇 년 전부터 올랜도에 동성애자 커뮤니티가 발달하기 시작했죠. 특히 이곳에 디즈니월드와 유니버설 올랜도 리조트가 들어선 것도 한몫했습니다."

펄스 게이 클럽의 비극이 알려지자마자 동성애자 인권단체 소속의 운동가들이 미국 전역에서 즉각적인 집회를 열기 시작했다. 이들은 믿을 수 없는 사건이 벌어진 현장 주변은 말할 것도 없고, 사건이 발생한 당일 뉴욕 스톤월 인Stonewall Inn 앞에서 집회를 열었다. 이곳은 게이들의 인권 해방을 이뤄낸 명예의 전당과 같은 곳으로, 크리스토퍼가와 그리니치빌리지 사이에 위치해 있다.

베르트 메디나가 다음과 같은 말을 할 때, 그의 목소리에는 힘이 실려 있었다.

"이번 사건의 최초 제보자인 증인들은 게이 커뮤니티에 속한 사람들이었습니다. 소수자를 위한 집단이 이런 비극적인 공격을 당했기 때문에 게이와 레즈비언들은 더더욱 하나가 되어 똘똘 뭉쳤지요. 이런 때일수록 뭉쳐야 더 강해질 테니까요."

2016년 6월 11일 토요일, 펄스 클럽에서 주최한 파티 행사의 타이틀은 '라틴 나이트Latin Night'였다. 이 클럽은 전 세계에서 가장 명성이 높은 게이 전용 클럽으로, 거의 매일 밤이 '라틴 나이트'라고 해도 과언이 아니다. 혹자는 이곳을 남미 출신 게이들의 아지트라고 말할 정도다.

그날 저녁, 올랜도의 이 게이 클럽에서 비극이 벌어지기 직전까지 흥겨운 파티를 즐기며 한자리에 모여 있던 사람들은 후안 라몬을 비롯해 루이스, 아만다, 알레한드로, 메르세데스, 하비에르, 엔리케, 질베르토, 로돌포, 미겔 등이었다. 이들은 대부분 푸에르토리코 출신이거나 도미니카공화국, 과테말라, 콜롬비아, 멕시코, 쿠바와 같은 남미 출신 미국인이었고, 순수 백인 미국인은 몇 명 없었다. 또한 자신을 게이, 레즈비언, 양성애자, 트랜스젠더라고 소개했으며, 그중에는 이성애자도 있었다. 49명의 희생자는 여러 면에서 다양한 부류의 사람들이었다. 플로리다주의 게이 커뮤니티 소속 회원도 있었지만, 우리가 상상할 수 없을 정도로 다양한 지역과 계층, 국적의 사람들이었다.

심지어 사망자 중 한 명인 푸에르토리코 남자 에드워드 소토마요르는 게이들을 위한 첫 쿠바행 크루즈 패키지여행 상품을 계획한 사람이었다. 또 플로리다에서 결성된 그룹 '퀴어 언더그라운드Queer Underground'의 멤버도 있었다. 이외에도 자기가 일하는 분야에서 대세로 인정받는 많은 사람이 희생되었다. 그리고 스물두 살의 루이스는 올랜도 유니버설 스튜디오의 해리포터 라이드미국 유니버설 스튜디오에 있는 해리포터를 주제로 한 놀이공원의 놀이기구에서 일하는 도우미였다. (작가 J. K. 롤링은 그가 사망했다는 소식을 듣자마자 자신의 트위터에 그를 추모하는 메시지를 남겼다.)

펄스 게이 클럽은 다른 클럽보다 게이들에게 더 상징적인 곳이었다. 특히 이곳은 동성애자 중에서도 남미 출신들이 가장 많이 찾는 곳으로 유명했다. 레즈비언보다는 게이들에게 더 인기가 있었고, 출신지도 제각각이었다. 여기 모인 이들은 파티를 좋아하는 유쾌한 사람들이었다. 또 성소수자의 인권에 관심이 많은 사회 운동가들도 있었다. 동성애 혐오자들에 맞서고, 불법 이민자들을 향한 사회의 따가운 시선을 잊기 위해 이들은 이곳에 모여 즐거운 시간을 보내곤 했다. 일전에 펄스 클럽에서는 의미심장한 태그가 붙은 파티를 주최한 적도 있다. 당시 파티가 내건 슬로건은 바로 '후즈 레디?Who's ready?'였다.

클럽 펄스는 2004년 7월 2일에 처음 문을 열었다. 총기 사건이 벌어진 날, 클럽 페이스북에서 오픈 12주년을 기념하는 이브닝 파티에 대한 포스터를 확인할 수 있다. 이 클럽의 공동 창업자인 바버라 포마와 론 레글러는 심장 박동과 맥박을 뜻하는 단어인 '펄스'로 클럽 이름을 지었다. 에이즈로 사망한 바버라의 남동생인 존의 맥박은 죽어서도 계속 뛴다는 의미로 그를 기리는 추모의 뜻이 담겨 있다. 라틴 게이 클럽이 들어서기 전, 이 구역은 지극히 평범하고 소박했다. 별다른 특징 하나 없는, 볼품없는 주차장을 클럽으로 변신시키기까지 그 주변 건물들은 서로 조화롭게 어우러지지 못했다. 1930년대의 생활상을 엿볼 수 있는 분위기, 1980년대풍 피자집과 1990년대에 유행한 라이브 콘서트장이 한데 뒤섞여 있었다.

이 땅의 새로운 주인들은 주변 상권을 180도 바꾸어놓았다. 그들은 이곳을 다른 어느 곳에도 뒤지지 않는 게이 구역으로 만들고자 했다. 주된 고객층은 올랜도에 거주하는 남미 계열의 게이와 레즈비언들이었다.

그런데 실제로 이 게이 클럽은 어떻게 핫플레이스가 된 걸까? 사실 우리는 그에 대한 정확한 이유를 알지 못한다. 진짜 이유가 무엇인지 궁금할 따름이다. 클럽의 내부 장식은 요즘 핫한 클럽과는 사뭇 다르다. 펄스의 페이스북 페이지에 들어가 내부 공간을 살펴보면 살짝 오래된 느낌이 들기 때문이다. 인공 분수가 있고, 반짝거리는 조명도 복고풍 스타일이다. 최근에 리모델링을 한 듯한 무대도 우리가 기대했던 것만큼 넓지는 않다. 물론 1969년 6월, 게이의 성적 자유를 외치며 탄생한 술집인 스톤월 인도 역사적인 명성에 비하면 그 협소한 규모에 깜짝 놀라지 않을 수 없다. 그 술집이 문을 열고 거의 50년이 지나서 새로이 모습을 드러낸 펄스 역시 게이 커뮤니티의 상징적인 장소다. 그러나 살아 숨 쉬는 이 역사적 공간은 한순간에 비극적인 공간으로 전락하고 말았다.

2016년 6월, 펄스는 가성비 면에서 만족도가 높은 대중적인 나이트 클럽으로, 비록 최고급 시설을 자랑하지는 않지만 전위적인 언더그라운드 특유의 분위기를 풍겼다. 물론 마이애미비치나 포트로더데일에 있는 이지적이면서도 세련된 클럽과는 분위기가 많이 달랐다. 입장료와 술값도 다른 클럽에 비해 저렴한 편. (22시 30분 전에 입장하면 10달러, 그 이후로는 15달러이며 자정 이후부터는 20달러.) 펄스에서는 플라스틱 컵에 술을 따라주었는데, 이따금 '올 유 캔 드링크All You Can Drink' 콘셉트의 파티가 열릴 때는 '10달러 프리패스' 하나면 무제한으로 술을 마실 수 있다.

펄스는 여러 개의 작은 방으로 나뉘어 있다. 방마다 음악 장르가 다른데, 디제이가 총 3명에 바는 4개가 있고, 외부 테라스는 바깥으로 울타리가 쳐져 있다. 가끔 여러 장르의 음악이 번갈아가며 이 방에서 저 방으로 울려 퍼진다. 화끈한 저녁 파티의 시작을 알리는 드래그 퀸drag queens, 여장 남자과 게이 댄서들의 공연도 종종 펼쳐진다. 2016년 6월 11일 토요일, 살인마가 등장하기 직전에도 그랬다.

펄스 클럽은 요일별로 테마가 각각 다르다. 월요일에는 '라틴의 밤'이라는 뜻인 '노체 라티나Noche Latina', 화요일에는 '화요일에는 트위스트를Twisted Tuesday'(가라오케를 겸한 이상야릇한 파티), 수요일은 대학생들을 위한 '칼리지 나이트 웬즈데이College Night Wednesdays', 목요일에는 '티즈 서스데이Tease Thursdays'가 테마다. 또 일요일마다 '시크릿 선데이Secret Sundays'를 주관했다. 보통 주말에는 라틴아메리카의 열정을 좋아하는 사람들을 위한 테마가 주를 이룬다. 주말에만 핫한 게 아니라 평일 밤에도 늘 '파티 타임'이다. 시간을 거슬러 올라가 몇 년 전에도 이러한 테마의 파티는 존재했었다. 당시에도 나이트클럽 광고 전단지가 있었고, 클럽에 자주 오는 VIP 스타들은 예나 지금이나 존재한다.

요즘에는 SNS의 빠른 정보력 덕분에 페이스북이나 인스타그램, 트위터를 통해 펄스 사이트에 지난 몇 년 동안 포스팅된 수천 장의 사진과 영상을 전 세계 어디서든, 언제나 만나볼 수 있다. 이 클럽은 펄스 공식 사이트에 적힌 글처럼 우스꽝스러워 보일지라도 남의 시선 따위 신경 쓰지 않는, 다소 과장된 재미가 가득하다. 원하는 목표를 이루기 위해서라면 투쟁적인 모습도 마다하지 않는 성향을 띠고 있다.

무엇보다 라틴 클럽인 펄스가 있는 올랜도에서 2016년 6월, 게이 프라이드Gay Prides라는 퍼레이드가 열렸다. 퍼레이드가 열리던 날, 여러 국적의 동성애자들이 자기 국가를 대표해 행렬에 참가했다. 쿠바, 도미니카공화국, 올랜도 출신의 흑인 등 여러 그룹의 사람들이 각자 깃발을 흔들며 긴 행렬에 동참했다. 게이 프라이드는 1년에 단 한 번 열리지만, 펄스에서는 매일 밤 그들만의 퍼레이드가 열리는 셈이다. 펄스는 모든 라틴 계열의 성소수자들을 한 주소지에 모이게 하는 상징적인 무지개 깃발, 그 자체였다. 그곳은 퀴어 문화의 본고장이라고 해도 과언이 아니다!

(유명 스타가 된 바비를 비롯해) 여러 바텐더와 매력 만점의 환상적인 고고 댄서go go dancer들을 만날 수 있는 그곳. 사람들은 드래그 퀸의 공연을 보기 위해 1달러의 공연비를 지불하고 클럽에 구경을 오기도 한다. 디스코텍의 분위기는 오바마 대통령 시절의 게이 바보다는 훨씬 오래전인 1970년대 게이 바의 분위기와 더 흡사하다. 펄스는 2010년대부터 SNS를 통한 입소문으로 각종 광고와 마케팅이 집중되었다.

유튜브에 올라온 펄스의 동영상 덕분에 사람들은 클럽에 놀러 와 무대에서 춤을 추며 파티를 즐긴다. 또 특별 관객석도 방문해보며 구석구석 구경한다. 드래그 퀸의 쇼가 끝난 뒤에는 여러 예술가의 무대를 즐길 수 있다. 노래를 하거나 개그를 하며 유머러스한 멘트를 날리기도 하는데, 비속어와 같은 욕은 빠지지 않는다. 다 같이 '오버 더 레인보우Over the Rainbow'를 합창하며 게이들이 가장 좋아한다는 영화 「오즈의 마법사」에 등장하는 주디 갈런드를 흉내 낸다.

사람들로 붐비는 홀을 벗어나 외진 구석으로 가면 그때부터 진정한 힐링이 이루어진다. 사람들은 흡연을 하며(꼭 담배만 피우는 건 아니다), 이성애자인 남자가 여자에게 작업을 걸듯, 아니면 여자가 남자에게 먼저 말을 건네듯, 옆 사람에게 말을 걸기 시작한다. 배가 고파 출출하다면 구석에 자리한 음식점인 타코 벨이나 맥도널드에 갔다 오면 된다. 하지만 클럽에 온 대부분의 사람은 저녁을 배불리 먹고 온 터라 클럽 안에는 연신 웃음소리가 끊이질 않는데······.

이곳의 분위기는 한마디로 마법의 세상에 온 것처럼 감격스럽고 동화적인 환상으로 가득하다. 뉴욕 보워리가나 타임스스퀘어에 있는 클럽 사진과 비교해도 전혀 손색이 없다. 낸 골딘이 발표한 사진집 『성적 종속에 관한 발라드The Ballad of Sexual Dependency』와 「올 바이 마이셀프All By Myself」에 등장하는 장면들이 연상되기 때문이다.

펄스의 음악 역시 정말 훌륭하다. 다소 독창적인 시도로 과장된 감이 있지만, 주류 음악이 대부분이며 특히 라틴 음악이 자주 흘러나온다. 상대적으로 디프 하우스deep house나 프로그레시브progressive, 일렉트로닉 음악의 빈도수는 매우 낮다. 이런 장르는 펄스의 레퍼토리에 들지 않는데, 그 이유는 대안적 특징이 없기 때문이다. 6월 11일, 메인 스테이지에서는 레게, 바차타, 메렝게, 살사 음악이 믹싱되어 흘러나왔다. 클럽 광고 전단지에도 음악 장르가 적혀 있기는 하다. 펄스는 푸에르토리코와 멕시코, 도미니카공화국 그리고 쿠바 출신의 게이들을 사로잡기 위해 마케팅 전략에 신경을 많이 썼다. 그래서 일부러 광고 전단지에도 그들의 눈길을 사로잡는 음악 장르를 끼워넣었다. 매주 금요일 '플래티넘 프라이데이Platinum Fridays'를 여는데, 그날엔 힙합과 R&B도 흘러나온다. 물론 수준 높은 레게와 라틴 랩도 빠지지 않는다.

펄스 클럽을 운영하는 예술감독들은 현지의 재능 많은 예술가들과 올랜도에서 활동하는 디제이들로 라인업을 한다. 그 점도 이 클럽의 독특한 특징이라고 할 수 있다. 현지인을 고용하면 남부 플로리다주 게이 클럽의 유명 스타들을 스카우트하는 데 막대한 돈을 들일 필요가 없다. 또 미러볼, 녹색 레이저광, 반짝거리는 화려한 조명 빔, 키치풍의 잡다한 장식품들이 작은 공간을 채우고 있다. 드래그 퀸과 드래그 킹은 브리트니 스피어스, 비욘세, 저스틴 비버, 특히 리키 마틴의 음악을 무한 반복하며 파티를 즐긴다.

여느 게이 바나 클럽과 다르지 않은 음악이 펄스에서도 흘러나왔다. 게이들은 어떤 장르의 음악이든 가리지 않고 들을까? 그건 아니다. 아직 세상에 커밍아웃을 하지 않았다는 라틴아메리카 태생의 젊은 게이 청년을 만났는데, 자신에게 리키 마틴은 인생의 롤모델이나 다름없다고 고백했다. 그는 리키 마틴의 모든 노래를 외우고 있었다. 백번 넘게 들었어도 계속 듣지 않을 수 없다는데, 이처럼 게이끼리 동질감을 느끼며 유대감을 형성하는 시간은 오랫동안 홀로 고독한 나날을 보내며 격리된 채 살아야 했던 게이들의 사회화에 있어 필수 관문이다.

펄스를 촬영한 동영상은 그런 의미에서 게이의 자유, 해방이라는 의미를 담고 있다. 클럽 안에서 게이들이 어린아이처럼 천진난만하게 노는 영상을 보며, 라틴아메리카든 미국이든, 국적에 상관없이 적은 비용으로 최대의 만족을 얻게 해주는 셈이다. 파티가 장시간 지속되면서 술은 되도록 마시지 않는 것도 에티켓이다. 가끔 술에 취한 손님들이 모국어인 스페인어로 목청껏 노래를 부르기도 한다. 물론 영어로 소통하는 사람들이지만 이따금 그들의 마음속 깊은 곳에서 끓어오른 열정이 스페인어로 분출되는 것이다.

게이 클럽 특유의 전통적인 공연이 있는 날이면 사람들은 그날의 주인공인 '미스터미시즈 애드리언MrMs Adrien' '퀸 쿠쿠Queen Cucu' '바이럴 슈퍼스타Viral Superstar' '디제이 플로리스DJ Flawless'를 향해 박수갈채를 보낸다. (완벽한 실력을 자랑하는 공연 수준이 감탄을 자아내기 때문이다.) 또 토끼로 변장한 게이 배우가 무대에 오를 때도 있고, 특별 게스트로 제시카 와일드, 레이디 자넷, 미미 마크스가 초청될 때도 있다. 리사라고 하는 여성은 자신의 큰 가슴을 여과 없이 관객을 향해 노출한다. 맥주와 함께 하는 탁구, 일명 '비어 퐁Beer Pong'도 즐길 수 있다. 이곳에 오면 행복하지 않을 도리가 없는 분위기다. '해피 아워happy hour'에는 롱아일랜드 칵테일을 2달러에 즐길 수도 있다. (테킬라 가격과 비교하면 훨씬 싸다.)

또 테마 파티라고 하는 다양한 주제의 퍼포먼스 쇼를 펼친다. 올랜도를 찾는 관광객들을 유혹하기 위해 놀이공원의 캐릭터로 변신한 댄서들이 무대에 서기도 한다. 토니 어워즈Tony Awards가 개최되던 주간에는 '브로드웨이'를 테마로 한 파티를 진행한 적도 있다. 또 MTV 게이 채널인 로고Logo의 특별 방송을 클럽에서 생중계로 틀어주거나, 게이 영화를 스크린에 상영해주기도 했다. 레이디 가가가 올해의 여가수상을 받았을 때, 클럽에서는 밤새 그녀의 노래가 흘러나왔다.

그날의 노래 선곡은 저녁마다 바뀌는데, 지글리 칼리엔테의 노래를 들으면 저절로 고개가 끄덕여진다. 또 '언래피드 나이트Unwrapped Night'라고 해서 정신없는 사운드가 연속해서 흘러나올 때도 있다. '글로 파티Glow Party'일 때는 특별히 복장에 신경을 쓰며 기분 좋게 시크한 파티를 즐겨야 한다. '밀크Milk'라는 파티가 열릴 때는 하비 밀크1930~1978, 게이 인권을 위해 싸웠던 운동가이자 정치인를 오마주하는 날이라고 보면 된다. 이외에도 1년에 한 번 있는 핼러윈 파티 때는 모두가 괴상망측한 변장을 하고 광란의 밤을 보낸다.

펄스 클럽에서는 모든 것이 다소 과장스럽게 표현되는 경향이 있다. 의상도, 화장도, 드래그 퀸까지도. 물론 가격만 빼고 말이다. 게다가 12월 31일, 연말 밤샘 파티의 입장료는 15달러밖에 안 한다. 돈이 없는 가난한 대학생 동성애자들에게는 딱 좋은 클럽이 아닐 수 없다. 이따금 스트립쇼도 진행되는데, 말 그대로 스트립쇼일 뿐 그 이상을 보여주지는 않는다. 또 해마다 각종 콘테스트를 주최하는데, 수준 높은 가창력과 말솜씨를 뽐내는 이곳, 펄스 클럽은 한마디로 '핫한' 클럽이다.

핫한 펄스 클럽은 사회 활동에 동참하기도 한다. 무슨 말이냐 하면, 단순히 라틴 음악을 틀어놓고 파티만 한 것이 아니라, 지금까지 펄스에서 열린 수많은 파티가 자선 모금회, 바자회 형식으로 치러졌다는 점을 간과해서는 안 된다. 이들은 이타적인 마음으로 인류를 위해 기여하는 자선활동을 벌인 것인데, 가장 대표적인 게 바로 에이즈 퇴치 운동이다. (실제로 에이즈 워크 올랜도AIDS Walk Orland가 있었다.) 그뿐만 아니라 암 예방에도 각별히 신경 썼는데, 그날 총기 난극이 벌어지기 직전까지만 해도 유방암 환자인 낸시를 도와주기 위한 모금활동이 이뤄지고 있었다. 그녀가 죽기 전에 고향인 라틴아메리카 땅을 밟을 수 있도록 사람들은 기꺼이 모금에 참여했다.

펄스 클럽은 이민자와 불법 체류자들의 인권을 위한 활동에도 힘썼다. 라틴아메리카 대륙의 스페인어권 이민자 수백만 명이 미국 땅에 불법 체류자로 살고 있다. 미국 LGBT 단체 가운데 규모가 큰 인권 캠페인Human Rights Campaign의 의장은 게이 커플의 결혼식을 성사시키기 위해 펄스에서 모금활동을 벌인 적도 있다고 설명했다. 결혼식이 있던 날, '이퀄리티 플로리다Eauqlity Florida'라고 하는 현지 방송팀도 나서서 촬영을 도왔다고 한다. 펄스의 페이스북 공식 홈페이지에도 이들의 결혼식에 대한 안내가 게시되었다. 2015년 6월 26일, 인권 캠페인은 '50개의 연방 주 모두가 가능해지는 그날까지'라는 의미심장한 슬로건과 함께 아름다운 사진을 인터넷에 올렸다. 게이 커플의 결혼은 그 후 미국의 모든 주에서 합법화되었다. 미국 대법원의 판결이 있던 역사적인 그날, 펄스는 '플래티넘 프라이데이'를 진행해 이튼날 아침까지 밤새 축하 파티를 즐겼다. 당시에 펄스는 무지개 깃발의 모든 색깔을 클럽의 상징적인 로고처럼 사용했다.

여러 정치적인 이유와 상업적 이해관계가 얽혀 있는 펄스 클럽은 지금까지 명실상부 플로리다 LGBT 커뮤니티의 모든 움직임을 지지해 주는 곳이었다. 지역 주민 단체를 위한 봉사활동뿐만 아니라, 올랜도 주민들이 동성애자를 바라보는 시선을 개선하기 위한 교육 프로그램에도 참여한 바 있다. 펄스에서는 주기적으로 콘돔을 나눠주면서 '안전한 섹스'를 권장하는 성교육도 잊지 않는다.

2016년 5월 25일에는 고인이 된 '미스 펄스'를 위한 추모식이 있었다. 클럽 책임자는 "오늘 우리는 친구 한 명을 잃었지만 그 대신 천사 한 명을 얻었다"며 그녀의 죽음에 대해 입을 열었다.

펄스를 찾는 사람들은 클러버이기도 하지만 하나의 가족이다. 생물학적으로 가족관계는 아니지만, 입양 가족처럼 후천적으로 선택된 가족이랄까? 각자 자신이 원하는 삶을 영위할 자유가 있으며, 자기가 원하는 이름으로 불리길 원한다. (그래서 클럽 추종자들 중 상당수가 본명이 아닌 가명을 사용한다.) 그날, 총기 참사로 희생된 대다수의 젊은이가 자기 부모에게 동성애자라는 사실을 고백하지 않았다는 것이 뒤늦게 밝혀졌다. 6월 12일 일요일, 희생자들의 가족은 게이 클럽에서 자신의 아들딸의 시체를 발견하고는 망연자실했다.

이 비극이 일어나기 며칠 전, 펄스 관계자들은 올랜도의 라틴아메리카 출신 이민자들 사이에서 동성애 혐오가 거세지고 있다는 소식을 접했다. 동성애자 자녀를 둔 부모들은 모임을 만들어 동성애 혐오에 반대하는 운동을 펼쳤다. 그날, 펄스의 공식 사이트에는 다음과 같은 글이 올라왔다.

'부모 세대가 자녀들의 성 정체성을 지지하는 피켓 시위에 참여하는 광경은 정말 가슴 뭉클했다. 오늘 저녁 이렇게 많은 사람이 길거리로 나와 자신의 아들딸을 당당하게 인정하는 모습을 보다니, 참으로 영광스럽다.'

전 세계에 수천 개에 달하는 게이 클럽과 바가 그렇듯 펄스에 모여드는 사람들 역시 가족처럼 서로 친하다. 20대의 젊은 동성애자들은 당당하게 자신의 정체성을 인정하고 있다. 실제로도 매달, 생일 날짜에 맞춰 함께 생일 파티를 한다. 끔찍한 테러가 발생하기 며칠 전에도 그달에 생일을 맞이한 게이들의 파티가 있었다. 더 나아가 자신의 고국 국경일에도 파티를 열었는데, 5월 5일은 멕시코의 비공식 독립기념일이다. 이날은 미국에 사는 멕시코인들에게 특별한 의미로 다가온다. 멕시코인들은 세상이 자신을 멕시코계 미국인으로 알아주길 바라기 때문에 이날은 오히려 멕시코 본토보다 미국에서 더 축제의 날로 여겨지고 있다.

어쩌면 펄스는 게이들의 두 번째 가족이자 이민 동성애자들의 진정한 미국 가족일지도 모르겠다. 이곳은 라틴아메리카에서 온 게이들에게는 '아메리칸드림'의 상징이자 집결지라 할 수 있다. 이들은 자신의 꿈을 이루기 위해 열심히 스스로를 다그쳤고, 결국 그 자리에 왔기 때문이다.

해마다 미국 독립기념일인 7월 4일이 되면, 펄스에서도 국가적인 행사처럼 이를 기념한다. 그날, 미국이 독립 선언문을 발표한 것처럼 펄스에 모인 사람들은 자유로운 해방을 함께 기뻐하며 축하한다. 2015년 7월 4일에도 마찬가지였고 2016년에도 그랬다. 게이, 레즈비언, 트랜스젠더, 이성애자, 모두가 세기의 데카당'퇴폐'와 '타락'이라는 뜻. 일반적으로 유미적,

^{향락적, 감능적感能的인 시풍을 가리킨다}을 상징하는 괴짜들의 아지트인 이곳에 모여 시간 가는 줄 모르고 즐거운 한때를 보낸다. 그날만큼은 그들이 어디 출신인지 망각해도 좋다. 신원이 불분명한 불법 체류자라도 좋다. 푸에르토리코, 도미니카공화국, 과테말라, 콜롬비아, 멕시코, 쿠바, 어디서 왔든 상관없다. 파티가 이어지는 그 시간만큼은 그들 모두가 미국인이다.

*

"암만의 여왕을 찾고 있나요? 바로 당신 앞에 있잖아요."

아메리카노 컵을 막 내려놓은 마디안 알자지라가 말했다. 그는 의자를 가리키며 내게 앉으라는 신호를 보냈다. 50대로 추정되며, 짱구 이마에 잘 정돈된 흰 턱수염이 인상적인 이 남자는 얼핏 보면 '빌리지 피플Village People' 프로그램에 출연한 카우보이 랜디 존스를 닮았다.

북스@카페는 오마르빈알카타브와 레인보우가가 만나는 길모퉁이에 있다. 요르단의 수도인 암만 중심가에 위치한 이 카페의 주인은 이렇게 말했다.

"사람들은 나를 '암만의 여왕'이라고 불러요. 제 별명입니다. 물론 이슬람 국가에서는 제 소개를 그렇게 하지 않으니 안심하세요. 저는 100퍼센트 게이지만 요르단에서 물의를 일으킬 생각은 없습니다. 저는 가게에 무지개 깃발을 꽂지 않지요. 게이를 환영하는 커피숍일 뿐, 게이 전용 가게를 만들려는 의도는 없습니다."

마디안 알자지라는 아랍인들 사이에서 가장 베일에 싸인 게이 중

한 사람이다. 자신이 운영하는 북스@카페는 이슬람 땅의 기적과도 같은 곳, 즉 오아시스이며 어디서도 볼 수 없는 예외적인 곳이랄까? 미스터리 그 자체이며 일종의 신기루와도 같다.

그의 카페가 위치한 길의 이름만 봐도 그렇지 않은가!

"레인보우가는 옛날에 암만의 샹젤리제로 여겨지던 때가 있었어요. 그러다가 경제 공황이 닥치면서 거리에 갑자기 생기가 사라졌답니다. 땅값이 곤두박질치자 예술가들이 하나둘 이곳에 모이기 시작하고, 아트 갤러리와 극장가가 들어서고…… 이어서 게이들도 모이기 시작했죠. 마을이 점점 더 역동적으로 바뀌면서 지금은 젊고 잘생긴 부르주아들이 자주 찾는 거리가 됐어요. 낙후 지역이 활기를 되찾게 된 젠트리피케이션gentrification의 좋은 본보기가 된 거죠. 하지만 이 길의 이름이 레인보우인 건, 게이의 상징인 무지개 깃발과는 전혀 상관없어요. 우연의 일치라고 해둡시다."

그가 말을 마치자, 나는 그의 실명을 내 책에 공개하지 않겠다고 말했다. 괜히 나중에 신원이 밝혀져서 쓸데없는 불편을 겪게 하고 싶지 않았기에 내가 먼저 제안했다. 그러나 그의 대답은 완강했다.

"아뇨, 제 이름을 꼭 언급해주세요. 전 무섭지 않아요. 오히려 유명해지는 게 안전한걸요. 암만의 여왕이 숨다니, 난 절대 숨지 않을 겁니다."

그가 웃으며 말했다.

북스@카페로 들어가려면 작은 안뜰을 지나야 한다. 오렌지나무가 드리워진 그늘에서는 향긋한 과일 향이 풍겨왔다. 1층의 고급 주택을 개조해 만든 가게였다. 과거의 화려한 모습은 많이 사라졌지만 동양적인 분위기가 여전히 남아 있었다. 가게 안에는 서점이 있는데, 안으로 들어가면 PC방처럼 컴퓨터까지 있다. 선반에는 아랍어와 영어로 된 책들이 있으며 진열된 CD와 DVD 중에서는 컬트 게이 영화들의 제목이 눈에 띄었다. 가령 타이완 감독 리안의 「브로크백 마운틴」, 중국 감독 천카이거의 「패왕별희」, 스티븐 프리어스의 「나의 아름다운 세탁소」가 있다. HBO 채널의 더빙된 드라마 시리즈 「에인절스 인 아메리카Angels in America」도 있는데, 유대인 게이 극작가인 토니 쿠슈너의 작품을 각색한 이야기다.

하지만 마디안 알자지라는 이곳을 '게이 서점'으로 부르지 않는다고 힘주어 말했다. 그러면서 관광 안내 책자와 베스트셀러, 아이들을 위한 만화책 코너를 소개해주었다. 소설 중에는 살만 루시디의『한밤의 아이들』(의외로 그의『악마의 시』는 없었다), 에드워드 W. 사이드의 오리엔탈리즘에 관한 책, 미국 출신의 수전 손택이 쓴 에이즈에 관한 에세이도 있었다. 선반에는 이집트 작가인 알라 알아스와니의 소설『마렛 야코빈ya coubian building』도 보였다. 이 작품은 이집트 카이로에 있는 아르데코 레지던스에 거주하는 사람들에게 일어나는 온갖 다양한 일을 광범위하게 묘사한 작품이다. 사치스러우면서도 범세계적인 인간 군상이 함께 사는 이곳에서는 신세대, 구세대, 각계각층을 다 만날 수 있다. 돈 많은 졸부부터 콥트교를 믿는 신봉자는 물론 이성애자와 게이들도 등장한다. 문득 그 소설의 내용을 떠올리자, 이 가게가 현대판 '마렛 야코빈'의 축소판이란 생각이 머릿속을 스쳐 지나갔다.

서점 계산대 뒤로는 은밀한 곳으로 통하는 계단이 눈에 띄었다. 2층에 바가 있어서 올라가보니 작고 협소한 1층과는 달리 사뭇 넓은 공간이 펼쳐졌다. 두 개의 넓은 테라스를 터서 방 네 개를 합친 공간이었기 때문에 넓었던 것이다. 루프톱까지 연결되어 있어 비대칭으로 장식된 유리창과 함께 여러 각도로 시야가 확보되었다. 그래서 여름마다 시원한 바람이 부는 그늘을 드리울 수 있다. 또 겨울이 되면 햇빛이 잘 드는 쉼터가 완성된다. 이 가게는 자유로운 분위기를 물씬 풍겼는데, 이따금 화려한 천들로 실내를 장식할 때도 있다. 테라스 너머로 암만 구역이 훤히 보였다. 흰색 톤과 황토색이 섞인 마을 풍경을 묘사하자면, 작은 언덕과 녹색 불빛을 내뿜는 모스크가 자리잡고 있다. 주민들은 대부분 중산층이다. 암만에는 팔레스타인 난민촌도 있다.

마디안 알자지라는 팔레스타인 태생이며 이스라엘 북부의 아카(이곳은 현재 '세인트장다크르'로 이름이 바뀌었다)에서 온 베두인족의 후손이다. 그의 부모님은 요르단강 서안 지구인 제닌에 살다가 그 땅을 빼앗기는 바람에 쿠웨이트로 도망갔다. 그곳에서 마디안이 태어났다.

"저는 사막에서 자랐어요. 베두인족의 문화를 지키면서 생활했습니다. 제 가족은 교육을 잘 받은 편이지만 저는 늘 유목민의 정신을 잊지 않았지요. 사막의 아름다움은 늘 저를 사로잡았답니다. 사막은 절대 거짓말을 하지 않거든요."

그곳에서 또 한 번 추방당하면서 그의 부모님은 가족을 데리고 다시 요르단으로 이주했다.

"팔레스타인 사람으로 산다는 게 그런 거죠. 나라 없는 우리는 늘 어딘가로 쫓겨나고 도망갑니다. 내 집처럼 편안히 느끼는 곳은 없어요."

그가 간명하게 정리하듯 말했다.

1970년대에 마디안은 미국으로 건너갔다. 어쩌면 자연의 순리에 따라 그렇게 바다 건너 새로운 땅을 찾았던 것이다. 오클라호마 주립대학에서 건축학을 전공한 그는 동부로 이사 가기 전까지 캘리포니아에서 살았다.

"팔레스타인에서 태어났다면 어딜 가서 살아도 자기 땅이라는 소속감을 느낄 수 없어요. 하지만 미국만큼은 다릅니다. 그곳은 기회의 땅이죠. 엘리아 카잔의 영화 「아메리카, 아메리카」처럼 저 역시 아메리칸 드림을 믿었답니다."

1980년대 뉴욕에서 성적 자유를 외치던 한 남자가 게이들이 자주 다니는 동네에 '르프리스비Le Frisbee'라고 하는 아랍 분위기의 바를 열었다. 그로부터 10년 후, 그는 암만에서 게이들이 편하게 다녀갈 수 있는 카페를 열었다. 이번에는 아랍 스타일이 아닌 미국 스타일로 말이다. 하지만 그 장소가 주민 다수가 이슬람교도들인 곳에 있었다는 게 아이러니다.

북스@카페는 아랍계 게이들의 아지트라 할 수 있다. 낮에는 캘리포니아풍의 커피숍 분위기를 내며 물담배의 향기가 은은하게 퍼진다. 이라크에서 망명했다는 한 남자는 한눈에도 어딘가 불안한 기색이 역력했는데, 오후에 이곳에 와서 인터넷 검색을 한다고 했다. 베이루트로 떠나기 위한 서류가 마련되길 기다리는 중이었다. 두바이에서 성장한 시리아 남자는 암만 대학에서 수업을 들었고, 커피숍에 와서 공부를 하곤 했다. 자신은 뼛속까지 요르단 사람이라고 강조한 남자는 가게에 들를 때마다 도서관 입구에 비치된 『미국에 관한 연구Study in the USA』라는 소책자를 열심히 읽었다. (그는 나에게 자신을 소개할 때 팔레스타인 사람과 혼동하지 않도록 '뼛속까지'란 표현을 실제로 사용했다.) 부잣집 아드님처럼 생긴 젊은 청년은 얼핏 보면 어느 나라 왕자님 같았다. 애버크롬비앤피치Abercrombie&Fitch 티셔츠를 입은 그는 나를 웃기려는 듯 이 커피숍의 또 다른 이름이 '유 메카 미 핫You Mecca Me Hot, '너는 나를 흥분하게 만들어'라는 영어 표현에서 make와 발음이 유사한 메카Mecca(이슬람교의 성지로 불리는 곳)를 대신 넣은 문장'이라며 말장난을 걸어왔다. 영국항공 남자 승무원인 한 남자는 아랍인과 어울리는 서양인을 뜻하는 '홈무스hummus, 병아리콩을 으깨어 만든 아랍 음식 퀸'이었다. 그는 여러 무리의 남자들과 수다를 떨고 있었다. 그중 한 남자는 카이로에 위치한 미국 대학에서 치과 의사를 꿈꾸며 공부하는 학생이었다. 빨간색 체크무늬 케피에베두인족이 주로 쓰는 모자를 쓴 모하마드란 남자는 암만 구역의 자발 후세인 난민촌에 살고 있다. 그는 콜라와 케첩을 입에 대지 않는다고 강조했다. (이스라엘과 미국 제품을 거부하는 보이콧 중이기 때문이다.) 그는 체 게바라의 사진을 자랑스레 꺼내 보여주었다. 지갑에 그의 사진을 항상 넣고 다닌다는 이 청년은 자신을 팔레스타인 해방인민전선의 조직원이라고 소개했다. 마르크스주의자이자 기독교인인 조지 하바시가 세운 민족주의에 기반을 둔 단체다. 하지만 그는 테러리스트로 알려져 있다. 머리카락이 짙은 갈색인 모하마드는 사교성이 뛰어났다. 또 커다란 검정 눈동자는 레이저가 뿜어져 나올 것처럼 빛났다. 그는 전형적인 아랍계 미남이지만 게이는 아니라고 했다. 아직 커밍아웃을 하지 않았고, 자기 정체성에 의문을 품고 있는 과도기라고만 답했다. 미국에서는 이런 사람들을 다음과 같이 말한다. 현재 게이가 아니고, 양성애자도 아니지만 물음표 중이라고. 그는 지금 게이가 되는 과정을 배우고 있는지도 모른다. 여러 사례가 증명하듯, 태어날 때부터 자신이 게이임을 바로 아는 것이 아니라 시간이 지나면서 서서히 깨닫는 과정일 수도 있다.

물담배와 와이파이를 즐기는 카페 손님의 수는 날이 저물수록 점점 늘어났다. 이 카페는 오후 5시에 아르바이트생이 교체된다. 낮에 일한 종업원들이 퇴근하고 저녁 시간 종업원들이 출근하는데, 40명이 안 되는 전체 직원이 이제 북스@카페 로고가 새겨진 검정 티셔츠를 자랑스럽게 입고선 일을 시작한다. (월급은 많지 않아 요르단 화폐인 디나르로 계산하면 평균 150디나르를 받는다. 한 달에 약 160유로를 버는 셈이며 팁은 별도다.) 오마르란 이름의 직원은 이번에 처음 온 신입이다. 라말라에서 망명 온 팔레스타인 청년으로서, 마디안은 유대의식을 느끼며 그를 기꺼이 채용했다. 오마르가 하는 일은 물담배를 나르고, 실내에 피워놓은 장작불이 꺼지지 않도록 관리하는 것이다. 고객들과의 잡담은 허용되지 않았다.

"이곳은 개인 소유의 땅처럼 잃을 걱정이 없는 안전한 장소예요. 요르단에 있는 것처럼 느껴지지만 근동 아시아의 다른 곳에 있는 느낌도 든답니다. 자신의 진정한 집이 없는 사람들이 주로 오지요. 그들 모두가 베이루트와 두바이, 이스탄불에 가는 꿈을 꿔요. 또 미국에서 살기 위해 떠나온 사람들도 있고요."

마디안 알자지라가 현 실태에 대해 자세하게 설명했다. 북스@카페의 음악은 미국 노래가 대부분이다. 어쩌다 샤키라의 최신 히트곡이 나오기도 한다. 손님들은 전 세계인이 다 알 법한 레바논 출신의 콜롬비아 가수 샤키라의 인기 노래를 함께 흥얼거렸다.

이윽고 저녁이 되면 이슬람계 출신의 다국적 손님들이 눈에 띄게 많아진다. 그들은 높낮이가 다른 의자와 소파들이 길게 늘어서 있는 메인 홀에 편하게 앉아 있다. 그러면 그들은 암만이 아니라 샌타모니카에 와 있는 것만 같다! 밤이 되면 술 취한 손님을 막기 위해 카페 입구에 직원이 서 있다. 이곳은 이성애자, 동성애자 구별 없이 모두 들어올 수 있는데, 보안이 철저해서 검색대를 지나야 한다. 나이가 좀 들어보이는 커플들이 테이블 예약석을 차지하고 있다. 이곳에 온 여성들은 대개 히잡을 쓰지 않는다. 하지만 내가 이 카페를 방문한 날, 히잡을 두른 여성이 아이폰을 만지작거리는 모습을 봤다. 날씬하고 탄력적인 몸매를 지닌 남자 모델도 있었는데, 그는 자신이 미스터 요르단 대회에 출전한 적이 있다고 했다. 내가 심사위원이었다면 망설임 없이 그를 1등으로 뽑았을 텐데 말이다. 그는 최종 10위 안에 겨우 들어갔다고 말하며 물담배를 피웠다. 베이루트 대회에서는 꼭 마지막까지 남아 상을 타고 싶다는 포부를 밝히는 와중에 갑자기 그의 휴대전화가 울렸다. 벨소리는 글로리아 게이너의 '아이 윌 서바이브I Will Survive'였다.

"처음부터 게이 전용 공간을 열 생각은 없었어요. 암만에 여러 카페를 개업했었고, 1997년에 북스@카페를 열려고 계획했을 당시의 콘셉트는 서점과 PC방을 겸한 대안적 공간이었지요. 제가 할 일은 투쟁적인 전투가 아닌 관용주의적 정신을 사람들에게 널리 퍼뜨리는 것이었습니다. 하지만 시간이 지날수록 저도 모르게 제 자신을 보호하게되면서, 결국 게이들을 우대하는 게이 커피숍이 되어버렸답니다." 마디안 알자지라가 털어놓았다.

하루에 다섯 번, 커피숍 테라스 쪽에서부터 이슬람 사원에서 올리는 기도 소리가 들려온다. 오늘도 오디오를 켜놓은 확성기 너머로 기도 소리가 들려왔는데, 때마침 가게에서는 레이디 가가의 최신곡이 흘러나와 두 소리가 묘하게 뒤섞였다. 커피숍 안에 있는 손님들은 대부분 이슬람교도였지만 크게 신경 쓰지 않는 듯했다. 어느 누구도 메카를 향해 절을 하며 기도를 올리지 않았던 것이다.

아랍 국가에서 목요일 저녁은 주말 전날로 여기며, 가장 인기 있는 저녁 시간이기도 하다. 그날도 어김없이 손님들의 발길이 끊이지 않았다. 메인 홀을 채운 강렬한 오렌지색 장식들은 빈티지 스타일을 강조했으며, 화가 바자렐리 스타일의 추상적 패턴의 벽지가 눈에 띄었다. 베란다도 메인 홀만큼이나 컸는데, 1970년대풍의 화려한 꽃들로 장식되어 있다. 멋진 커피숍은 트렌디한 레스토랑으로 변신해 영어로 된 메뉴판을 손님들에게 제공했다. 하루에 400인분의 음식이 나간다고 하는데, 주요 메뉴로는 클럽 샌드위치와 시저 샐러드, BLT 샌드위치(베이컨, 상추, 토마토를 넣은 맛이 일품인 샌드위치인데, 이곳에서는 돼지고기를 빼고 상추와 토마토, 다른 재료를 넣은 버거로 재탄생했다), 디저트로는 당근 케이크와 치즈 케이크, 팬케이크가 반응이 좋다. 이곳에 중동식 음식만 있는 것은 아니다. 밤 9시부터는 서양의 엘리트 계층 사람들이 하나둘 입구에 줄을 서기 시작한다. 이들은 게이가 아니며, 테이블에 자리가 날 때까지 기다리면서 서점을 둘러보곤 한다. 파리의 게이 바에서 한때 디제이를 한 적이 있다는 데이비드 게타의 미국 히트곡 '아이 갓 어 필링I Got a Feeling'이 가게 안에 울려 퍼졌다. 나는 세련된 옷차림을 한 이성애자 커플도 봤다. 게이 커플도 보였는데, 어떤 커플이든 저마다 즐기는 분위기였다. 마디안 알자지라가 밀려드는 인파를 손으로 가리키며 말했다. "사실 암만 구역에서는 이성애자 남자보다 동성애자 남자로 사는 게 더 쉬워요. 애인을 만날 확률이 훨씬 더 높으니까요. 이 구역에서 젊은 이성애자 남자가 애인을 찾기란 불가능하다고 봐야죠." 약간 빈정대는 말투로 농담을 하면서 그는 누구보다 게이 커뮤니티에 신경을 썼다. 마치 술탄 왕국의 왕조처럼 자신의 커뮤니티를 지키려는 듯 말이다.

레스토랑의 분위기와는 달리, 안쪽으로 들어가면 게이들로 가득한 바가 나온다. 원목으로 된 바 카운터 주변에 옹기종기 모인 이들은 연신 웃음을 터트리며 즐겁게 대화를 나누었다. 술까지 마시다보니 흥이 한껏 오른 분위기였다. 이슬람교도들이 모여 사는 동네에서는 상상도 할 수 없는 풍경이었다. 마디안은 자신의 마케팅 전략을 또다시 밝혔다.

"이 사람들은 단순한 고객이 아니에요. 친구인 거죠." 이 말은 진실이었다. 그들은 서로 이미 아는 사이였고, 함께 몸을 부대끼며 대화를 나누고 춤을 추고 서로의 이름을 불렀다. 아담이라는 닉네임으로 불리는 한 청년은 끓어오르는 흥분을 주체하지 못한 채 남자친구의 손을 계속 잡고 있었다. 마디안은 그가 거의 매일 저녁 이곳을 찾는다고 했다. 그의 인생은 쉽고 즐겁다는 말도 덧붙였다.

가게에 있는 다른 사람들처럼 나도 여러 대형 스크린으로 볼 수 있는 뮤지션들의 음악을 감상했다. 사우디아라비아 음악 채널인 로타나에서는 아랍계 여가수들이 적절한 수위의 노출 의상을 입고 춤을 추며 노래하고 있었다. 또 같은 국가의 MBC 채널에서는 라마단 관련 드라마를 방영하고 있었다. 알자지라 채널에서 방송되는 요르단 프리미

어리그 경기, 레바논 채널 LBC에서 진행하는 금기 없는 토크쇼까지 다양한 프로그램을 볼 수 있었다. 어느 날 저녁에는 대니 보일의 「슬럼도그 밀리어네어Slumdog Millionaire」를 상영해주기도 했다. 전 세계 오대주에서 예상치 못한 흥행을 거둔 이 영화를 신기하게도 나는 세계 여러 나라의 게이 바에서 본 적이 있다. 인도네시아의 게이 바에서도, 리우데자네이루의 게이 클럽에서도, 중국 상하이의 게이 커피숍에서도. 북스@카페는 어쩌면 지금까지 내가 가본 아랍 게이 전용 공간 중 가장 멋진 곳이 아닐까 싶다. 이렇게 생동감이 느껴지는 곳은 파리나 뉴욕에서도 본 적이 없다. 페이스북과 물담배가 공존하는 이곳, 레이디 가가의 노래가 낙타의 나라 사람들과 이렇게 어울릴 줄이야. 매일 저녁 이곳은 영화 「마렛 야코빈」의 장소로 변했다. 여기서 마디안 알자지라는 레인보우가에서 방황하는 베두인족이자, 팔레스타인에서 망명한 '사회주의'를 주장하는 게이 바 주인이다. 대추야자를 좋아하는 아랍 문화의 상속인이 이제는 채식주의 버거 판매인으로 변신한 것이다. 심지어 낙타를 탄 조상의 후손인 그는 자신의 커피숍 테라스를 덮고 있던 천막으로 새 텐트까지 만들었다. 영화 「아라비아의 로렌스」의 주인공 로렌스가 이걸 봤다면 무척 좋아했을 것이다.

마호메트와 친척관계였던 요르단 왕조의 하세미트 왕이 게이와 가까웠을 리가 없는데, 마디안 알자지라는 어쩌다가 이 기상천외한 커피숍을 열게 된 것일까? 알다가도 모를 일이다. 혹자는 그가 압둘라 2세를 주축으로 하는 반이슬람 세력가로, 정치적으로 인기 전술을 펼치기 위해 가게를 한다는 소문을 흘렸다. 뿐만 아니라 압둘라 2세의 아내인 라니아 알야신 왕비와 친분이 있는데, 이 여인 또한 쿠웨이트에서 태어난 팔레스타인계다. 요르단의 후세인 왕의 전처인 누르 왕비와도 가깝다고 하는데, 실제로 누르 왕비는 암만의 게이 예술가들이 여신처럼 신봉하는 전설적인 인물로 미국 태생이다. 마디안이 미디어와 친한 것도 여러모로 도움이 되었다. 요르단 사람들이 제작하지만 두바이에서까지 방영되는 TV 쇼 「굿모닝 암만」의 사회자가 마디안의 형제 중 한 사람이다.

사막의 오아시스와도 같은 이 커피숍은 매우 특별한 은신처다. 경찰은 아랍계 부호와 방계 혈통의 왕자들이 이곳에 올 때마다 긴장하며 경비를 할 정도다. 나 역시 민간 경찰들이 저녁에 주변 거리와 바 앞을 배회하는 모습을 본 적이 있다. 또 미성년자가 밤늦은 시간에 카페에 들어가지 못하도록 검문하는가 하면, 창녀의 출입도 막았다. 또 라마단이슬람교도의 금식 기간일 때는 대놓고 술을 마시는 행위에 대해 비타협적인 태도를 보이기도 했다. "우리는 모든 면에서 관리를 받고 있어요." 마디안이 간단명료하게 상황을 정리하듯 말했다. 카페 운영에 최선을 다하는 그는 예를 들면 사람들이 길거리처럼 공개적인 장소에서 키스를 하지 못하도록 당부한다. "과도한 애정 표현은 피하려는 편이에요. 제 자신이 정도를 넘지 않아야 다른 사람들도 제 심기를 건드리지 않겠죠. 전 앞으로도 '게이 프라이드'를 주최할 생각은 없답니다. 제 자신을 보호하기 위해 대안적 방향, 반항 문화를 지향하는 것뿐이에요. '언더그라운드'적인 성향을 고수하는 이유는 돈이 없어서가 아니라, 요르단 사람들에게 이 가게가 환영받기를 바라는 마음에서지요."

1999년에는 혹독한 루머가 한 차례 신문을 통해 기사화되면서 가게 문을 닫을 뻔한 적이 있다. 당시 마디안은 폭풍우가 지나가기만을 조용히 기다리면서, 요르단의 캐나다 대사관에 정치적 망명을 신청해놓았다. 시간이 지나 루머는 한갓 루머로 끝났고, 가게는 주류 판매를 법적으로 인정받으며 정식 술집이 되었다. 돈 많고 집안도 빵빵한 이성애자들이 게이보다 더 자주 이 가게를 드나들게 된 시점도 바로 이때다. 그의 가게는 명실상부 게이들을 반갑게 맞이하는 곳이자, 엘리트 계층도 자주 찾는 이중적인 장소가 되었다. 마디안 알자지라가 추구한 사업 모델이 성공한 셈이다. 그는 암만에 게이만 출입하는 전용 가게를 여는 것은 정치적으로도 위험부담이 있을 뿐 아니라, 장사가 안 될 수도 있다고 판단했다. 이성애자인 일반 대중과 뒤섞이며 여러 방면의 장사를 시도하고자 했던 커피숍의 전략은 좋은 선택이 아닐 수 없었다. 그는 전투적 사회 운동가가 아니라 사람을 좋아하는 박애주의자 카페 사장일 뿐이다. 이번에 현장 조사를 하면서 나는 게이의 자유로운 해방이 바와 클럽의 발전과 함께 시작되었다는 점을 깨달았다. 결국에는 상업성과 시장성이 그 안에 톱니바퀴처럼 맞물려 있었던 것이다.

나는 2016년에 마디안과 그의 가게 북스@카페를 다시 찾았다. 예나 지금이나 달라진 게 없었다. 레스토랑도 똑같았고 판매하는 메뉴도 동일했다. 밤에 문을 여는 바의 구조가 달라진 것만 빼고. 하지만 예전보다 관리자의 태도가 더 엄격해진 것 같다는 인상을 받았다. 시리아에서 넘어온 이민자 수가 급증했기 때문이다. 여기저기서 테러가 일어나는 가운데, 동성애자들은 동성애 혐오자나 이슬람 테러리스트들의 타깃이 될 우려가 있었다. 2016년 6월, 플로리다주의 펄스에서 벌어진 공격처럼 말이다. 마디안이 말했다. "저는 한 번도 무지개 깃발을 제 손으로 흔들어본 적이 없어요. 전보다 더 신중해야 할 때예요. 제 가게에 오는 손님들은 각별히 더 조심하고 있답니다."

요르단 수도에 같은 상표를 쓰는 북스@카페 2호점과 3호점이 문을 열었다. 하나는 시내 서쪽에 위치한 압둔 구역에, 다른 하나는 다부크에 자리잡았다. 앞으로도 사업을 확장할 계획인데, 팔레스타인, 카타르, 바레인은 물론 아랍에미리트에서도 북스@카페를 만나볼 수 있을 것 같다. 장사가 꽤나 잘되는 모양이다.

마디안과 아쉬운 작별을 하던 날은 이슬람교 선지자의 날이었다. 나는 이 카페가 게이의 과거와 미래를 모두 알려주는 산증인과도 같다는 생각을 했다. 게이가 되기 이전과 그 후의 모습을 한꺼번에 알게 해준다고나 할까. 시간을 초월한 이곳의 분위기는 정말이지 매혹적이었다. 아랍 국가에서 게이가 자유를 얻기 전부터 존재했고, 그 후 시대가 현대적으로 바뀌면서도 꾸준히 명성을 이어가고 있는 이 카페는 의미 있는 장소가 아닐 수 없다. 뉴욕의 이스트빌리지나 로스앤젤레스의 웨스트할리우드, 북유럽의 여러 도시에서 느껴지는 자유의 물결이 이 먼 곳에서도 이어졌다. 자기들만의 세상에 갇혀 있는 것이 아니라 세상을 향해 당당히 모습을 드러내기 시작한 게이 커뮤니티는 동성애자들만의 전유물이 아니다. 동성애자를 응원하는 이들의 유대관계까지도 그 안에 들어 있다. 물론 그 조직사회에 속해 있다고 하면 일반적으로 동성애자일 것이라는 인식이 여전히 강하지만 말이다. 북스@카페는 성 정체성의 슬로건 그 이상을 지칭하며, 폐쇄적인 커뮤니티의 속성을 초월하는 장소라고 할 수 있다. 그런 면에서 나는 이곳을 경계를 허물고 현실적인 공간을 뛰어넘은 '포스트게이post-gay'적 공간이라고 표현하고 싶다.

하지만 과연 도시 전체, 나아가 나라 전체를 술집 하나로 바꿀 수 있을까? 어쩌면 아랍세계를 바꾸는 데 일조할 수 있을까? 물론 힘든 일이다. 이곳은 아랍의 현대화와 같이 복잡한 임무를 달성하기에는 너무 단순하다. 이 특권화된 국제적인 오아시스가 생긴 이후로 아랍 국가 게이들의 현실이 실제로 크게 달라졌다고는 생각하지 않는다. 아랍 국가에서 동성애는 금기어일 뿐만 아니라 경범죄에 해당되며, 어떤 국가에서는 큰 죄로 치부된다. 그래서 감옥에 가거나 심지어 사형을 당할 수도 있다. 마디안 알자지라는 어쩌면 그 힘겨운 여정에 포석을 까는 일을 하고 있는지도 모른다. 이슬람 사회에서 게이의 자유로운 해방을 이루기 위한 긴 여정의 포문을 연 셈이다.

어두컴컴한 밤, 이제 북스@카페도 문을 닫을 시간이다. 암만의 대로로 차들이 지나가면서 환한 빛을 내뿜는 가운데, 나는 가게를 떠나는 게이 몇몇을 따라갔다. 그들은 미지의 신비로운 곳을 향해 발걸음을 옮겼다. 그들은 레바논 출신의 가수 엘리사의 최신 앨범에 수록된 노래를 목청껏 불렀다. 그날 저녁 처음으로 이 게이 청년들은 진정한 자유를 느끼며 미친 듯이 소리를 지르면서 파티를 즐겼다. 우리가 탄 차는 암만의 도심을 떠나 북쪽을 향해 달렸다. 다리와 터널을 지나니 눈앞에 이미 사막이 펼쳐졌다.

정체를 알 수 없는 구역에 다다르자 그곳이 어디인지 도저히 감을 잡을 수 없었다. 그런 데서 차는 멈췄고, 신기하게도 그곳에는 작은 노천카페가 있었다. 그 찻집으로 사람들이 모였고, 젊은 게이 상인이 한밤중에 터키식 커피와 핫초코를 팔고 있었다. 하이파라는 여가수의 목소리가 고요한 사막의 적막을 깨며 울려 퍼졌다. 남자들이 하나 둘 춤을 추기 시작했고, 또 다른 차들이 연이어 도착했다. 매일 밤 파티를 즐기는 이 요르단 청년들은 마지막 코스로 늘 이곳을 찾는다고 했다. 암만에 사는 동성애자들의 라이프스타일은 아바나, 다마스, 테헤란, 리야드, 카이로, 뭄바이, 베이징과 별반 차이가 없었다. 언더그라운드적 요소를 가진 반사회적 문화, 현실적 시간과는 동떨어진 삶을 사는 그들의 라이프스타일은 그만큼 위험부담이 있지만 또 그만큼 경이로웠다. 그들은 한편으로는 세상에 대해 두려움을 느꼈지만, 밝은 미래에 대한 희망도 품었다. 『천일야화』와 같은 그들의 파란만장한 인생이 걱정되면서도 동시에 그렇게 친근감을 느낀 적은 없었다.

*

나는 지난 8년 동안 요르단과 사우디아라비아, 이란, 쿠바, 브라질, 중국, 러시아, 인도, 사하라 이남 아프리카 지역 그리고 미국과 유럽, 약 50개국을 직접 방문하여 세계 여러 나라의 게이들의 삶에 대해 조사했다. 개방적인 진보 세력 덕분에, 또는 저항 세력의 존재에도 불구하고, 내가 가본 나라들은 정도의 차이는 있지만 웬만한 수준의 혁명적인 변화를 이루었다. 세계화 시대, 디지털 혁명으로 많은 패러다임이 바뀐 이 시기에 게이들의 자유는 어쩌면 가속화될 수밖에 없었고, 강요될 수밖에 없었다. 주류를 이루는 문화 콘텐츠에서 아직 자주 언급되고 있지는 않지만, 현실 속에서 우리는 체감할 수 있지 않은가! 바로 LGBT* 성소수자들에 대한 세계적인 흐름을.

미국이 솔선해서 게이 라이프를 활성화시킨 것이 전 세계 오대주에 변화를 가져온 주요 원인이라 할 수 있다. 그래서 내가 미국 이야기로 이 책을 시작한 것이다. 미국의 게이 문화가 전 세계 게이 문화에 중요한 역할을 한 것은 사실이며, 또한 전 세계 성소수자를 변호하는 활동가들에게도 큰 영감을 불어넣었다. 하지만 아이러니하게도 여전히 많은 게이가 미국 땅을 스톤월에서의 해방을 상징하는 문화적인 아이콘으로 강하게 인식하고 있다. 그들에게 미국은 여전히 보수적인 나라인 것이다.

2016년 6월, 플로리다주 올랜도의 펄스 클럽이 공격을 당한 것만 봐도 그렇지 않은가! 성소수자를 위한 국제연대협회는 미국의 영향력을 인정하면서도 이번 사건을 강력하게 비판했다. 나 역시 이 책의 도입부에서 서로 대조되는 두 이야기를 하고 싶었다. 미국 땅에서 한 이슬람교도에 의해 동성애를 혐오하는 테러가 자행되었다(펄스). 그리고 이슬람계의 어느 국가에서는 미국적인 라이프스타일을 예찬하는 게이 전용 카페가 번창하고 있다(북스@카페). 이 두 모순되는 장소가 나타내는 상징성이야말로 오늘날 진행되고 있는 LGBT 세계화의 장점이자 단점을 보여준다고 할 수 있다.

게이 이슈가 세계 전역으로 퍼져나가는 현상은 다분히 미국적인 성향을 띤다. 하지만 이것이 획일화를 의미하지는 않는다. 유럽연합EU, 라틴아메리카에서는 전혀 다른 유행의 바람이 불며 다양성을 추구하

• LGBT: 레즈비언, 게이, 양성애자, 트랜스젠더를 지칭하는 약자. 이 책 뒤편에 실린 '용어 정리'를 참조할 것.

고 있기 때문이다. LGBT 문화는 이미 세계 여러 나라 현지에서 시시각각 변하고 있다. 예를 들어 시카고의 카우보이들이 춤을 추는 게이 바에서는 라인 댄스가 유행한다. 부에노스아이레스에서는 탱고가, 리우데자네이루에서는 삼바가 대세다. 쿠바에는 요즘 게이 전용 숙소가 있을 정도다. 싱가포르에서는 '드래건 보팅Dragon Boating'이라는 게이 팀이 활동 중이며, 일본 도쿄에는 게이 전용 노래방과 스낵바, 러브호텔이 있다. 이란에서는 성전환 수술이 합법화되어 트랜스젠더들이 당당하게 살 수 있다. 또 아부 누와스Abū Nuwās, ?~814?, 아랍의 대시인으로 정형화된 아랍의 시 형식을 벗어나 직설적인 형식의 시를 썼다. 그는 방탕한 생활을 했으며, 『천일야화』에도 그가 주인공으로 등장하는 이야기가 많은데, 그의 시는 지금도 널리 읽힌다라는 시인의 계보를 잇는 아랍계 동성애 운동가들의 다양한 활동은 지금도 계속되고 있다. 동성애자들은 이제 점점 세계화에 합류하고 있다. 특히 고국의 독특한 문화를 고수하면서도 아메리칸 스타일을 받아들이고 있다. 그래서인지 전 세계 게이들의 문화를 보면 공통분모가 있다. 즉, 다른 듯하면서도 묘하게 닮은 점이 보인다. 세계화, 개방성, 토착화는 더 이상 서로 모순된 것으로 여겨지지 않는다. 일명 '글로벌 게이Global Gay'의 시대가 열린 것이다. 물론 '로컬 게이Local Gay'도 많다. 로컬 게이들의 독특한 개성도 분명 매력적이다. 서로 다르지만 무지개 깃발 아래서만큼은 하나가 되는 사람들.

무지개 깃발이 사방에서 펄럭이는 날, 사람들은 각자 자신이 들고 온 깃발을 내려놓지 않을 것이다. 성소수자를 위한 인권운동가들은 한자리에 모여 함께 깃발을 휘날릴 것이다. 라틴아메리카의 몇몇 수도에서는 오래전부터 '퀴어학diversidade sexual'을 발전시키려고 노력했다.

다른 나라보다 한발 앞서 솔선하는 경우였다. 중국, 남아프리카공화국, 쿠바에서는 최근 몇 년 동안 충돌이 여러 건 일어났다. 러시아와 동유럽에서도 게이와 동성애 혐오자 간의 갈등은 심각했다. 이에 EU는 상황을 주도면밀하게 지켜보고 있다. 미국도 상황은 마찬가지였다. 그러나 대법원의 역사적인 판결 덕분에, 드디어 미국도 2015년 6월에 동성애 결혼이 합법화되었다. 국제연합UN도 느리지만 놀라운 성과를 이루었다. 이렇게 성소수자를 위해 싸우는 운동가들이 계속 생겨나면서 나는 현장에서 그들에게 발언권을 건네는 조사를 순조롭게 진행할 수 있었다. LGBT 운동가들은 이 힘겨운 싸움을 혼자 하고 있다고 생각하지 않았다. 스타트업 회사의 사장, 커피숍 주인, 변호사, 기자, TV 사회자, 외교관, 예술가, 이외에도 수천 명에 달하는 익명의 시민이 그들을 지지하고 돕기 때문이다. 성격 좋고, 세상 물정에 밝은 게이들은 세상에 자신들의 목소리가 들리게 하는 법을 누구보다 잘 안다. 그들의 하위문화subculture가 주류 문화가 되어가는 요즘, 게이 커뮤니티는 이제 미디어에서도 인기 아이템이 되었다. 그들이 운영하는 상업의 상권이 작은 게토에서 벗어나 핫플레이스로 이전되는 추세이기 때문이다. 게이 문화는 과거에 언더그라운드적 성격을 띠었지만 지금은 주류로 자리잡고 있다. 이런 확고한 반전이야말로 우리가 꼭 이야기해야 할 주제가 아닐까 싶다.

물론 동성애자에게 적대적인 사람들에게 동성애는 멋진 것이 아니라 단지 범죄일 뿐이었다. 심지어 문화가 엄격한 나라에서는 게이와 레즈비언에게 사형을 선고하기도 한다. 중동 국가들과 복음서를 전파하는 아프리카의 기독교 국가, 아시아의 이슬람교 국가, 이 세 지역이 동성애자들에게는 가장 위험한 곳이라고 할 수 있다. 나는 이곳에 체류하는 동안 실제로 동성애자들이 이슬람주의자나 근본주의자에 맞서 힘들게 투쟁하는 현장을 목격하기도 했다. 이란, 사우디아라비아, 카타르를 포함해 내가 연구한 열다섯 곳의 이슬람교 국가 그리고 중국, 쿠바, 사하라 사막 이남 아프리카 지역에서 나는 독재 정권에 맞서 자기 신념을 굽히지 않는 운동가들을 만났고, 너무 깜짝 놀랐다. 체포, 처형, 협박, 이따금 참수형이나 투석 형벌과 같은 위협을 받는 상황에서도 평범한 시민인 이 용기 있는 투쟁가들은 자신의 뜻을 굽히지 않았다. 내가 이 책을 쓰게 된 주요 동기 중 하나가 바로 그들의 용기에 대해 말하고 싶어서다.

게이 이슈가 세계화되기까지 결정적인 역할을 한 이와 같은 움직임은 지금도 속도를 늦추지 않고 있다. 바로 인터넷과 SNS를 통해서다. 과거에는 세상과 거리를 둔 채 그들만의 세계에서 살았던 동성애자들이 인터넷과 SNS를 통해 연결되었고, 혁명적인 변화가 일어난 것이다. (다음 장에서 더 자세히 다룰 것이다.)

나는 이 책을 통해 게이 이슈와 관련하여 지리정치적인 측면을 확실하게 정의 내리고 싶다. 유럽과 아메리카 대륙은 자신이 동성애자임을 밝히는 것이 불리했던 시절에서, 이제는 자신이 동성애 혐오자임을 밝히는 것이 불리한 시대로 넘어갔다. 즉, 옛날에는 공개적인 커밍아웃이 어려웠던 반면, 지금은 대놓고 동성애자를 싫어한다고 말하기 어렵게 된 것이다. 이와 같은 전례 없는 문화의 전복 현상은 한번쯤 깊이 생각해볼 만한 주제다. 같은 시간, 세상의 다른 한편에서는 동성애자를 공격하는 무리가 계속 늘어나고 있다. 이라크, 시리아에서는

2014~2016년 이슬람 무장 단체 IS가 동성애를 건전하지 못한 병처럼 여기며 전멸시키려는 작전까지 세웠을 정도다. 게이라는 의혹을 받은 무고한 희생자들은 그들의 저속한 야만성 탓에 피해를 입을 뿐만 아니라, 유튜브 동영상에까지 나오는 치욕스러움을 겪었다. 희생자의 눈을 가리고 고층 건물에서 뛰어내리게 한 다음, 지상에서 사람들이 돌을 던져 죽음에 이르게 한 끔찍한 살인 현장이었다. 10여 곳의 이슬람 국가들은 여전히 동성애를 사형에 처할 만한 범죄로 다루고 있다. 그런데 비단 이슬람 국가에서만 피해가 속출하는 게 아니었다. 미국의 펄스 클럽을 향한 동성애 혐오자의 광기 어린 공격은 게이들의 해방이 곧 사상누각이었음을 여실히 보여주는 사건이었다. 그래서 나는 이 책의 도입부에 펄스 총기 사건을 가장 먼저 언급하지 않을 수 없었다. 미국이 지금까지 게이들의 자유를 외치던 상징적인 나라였음에도 불구하고 이런 일이 일어나다니.

이 책은 세계 곳곳의 현장에서 벌어지고 있는 동성애에 관한 실태를 걱정하면서도, 그들의 낙관적인 미래를 내다보기 위해 오늘날의 세계화를 해석한 일종의 역사 보고서라 할 수 있다. 게이 이슈를 기점으로 이 시대의 정신이 어떤 것인지도 가늠해볼 수 있을 것이다. 가령 라이프스타일의 변화, 성적인 개인주의, 결혼에 대한 재정의, 인권의 범세계화, 일반 교육과 대학가의 힘, 동성애자와 더불어 여성의 해방, 하위문화와 주류 문화 사이의 새로운 문화적 선택권, 시장, 상업, 관광산업의 원동력, 도시화, 집단 이주 현상은 물론 스마트폰, 케이블 채널의 TV 방송 편성, 인터넷, SNS가 미치는 결정적인 영향력을 살펴볼 것이다. 게이 이슈는 오늘날 그 나라의 민주주의와 근대적 진보를 가

늦케 하는 좋은 척도가 된다. 이를 통해 그 나라 국민의 의식 변화 수준도 가늠해볼 수 있기 때문이다.

하나의 신념이 이와 같은 긴 연구를 가능하게 해주었다. 국제적인 차원에서 동성애자들의 인권을 살펴보는 일은 모든 인간의 인권을 보장받기 위한 과정이기도 하다. 세계 각국에서 동성애를 법적으로 벌하는 행위는 점점 줄어들고 있다. 게이들의 인권을 위한 여러 운동과 진보적인 정부, 민간 시민단체의 노력이 이뤄낸 결과다. 이러한 이야기를 하는 것 자체도 어쩌면 투쟁의 한 방법이 될 수 있다. 그래서 전 세계 오대주에서 고군분투하는 모든 이에게 힘이 되어주고 싶다. 또 성소수자를 돕고 싶어하는 사람들을 한자리에 응집시키는 계기가 되었으면 한다. 현장을 관찰하며 기록한 이 결과물을 통해 독자들이 세상에 대해 더 많은 이야기를 해주었으면 좋겠다. 그리고 이 책을 읽음으로써 세상을 변화시키고 싶다는 소망을 품고 실천에 옮겼으면 한다.

1장

게이 타운에
무지개 깃발이
펄럭이다

브렛은 전형적인 '뉴욕 시티 보이New York City Boy'다. 뉴욕 출신인 데다 섹시하면서도 펑키한 스타일에 살짝 광기까지 느껴진다. 사람들은 그런 그를 보면서 펫숍 보이스의 노래에 등장하는 남자 같다고도 말한다. 내가 그를 처음 알게 되었을 때 그의 직업은 바텐더였다. 더 정확히 말하면, 빅 컵Big Cup에서 일하는 종업원이었다. 그는 아침마다 뉴스쿨에서 음악 수업을 듣고, 오후가 되면 생계를 위해 피트니스 클럽에서 퍼스널 트레이너로 일한다. 그리고 저녁이 되면 첼시 구역에 있는 게이 카페에서 근무한다. 이곳은 요즘 표현으로 하면 이웃이라는 뜻의 '네이버후드neighborhood'와 '게이gay'의 합성어인 뉴욕의 '게이버후드gayborhoods'인 셈이다.

물이 빠져 색이 바랜 애버크롬비앤피치 티셔츠, 컨버스 올스타 신발, 찢어진 청바지를 입고 긴 단발머리를 대충 쓸어 넘긴 이 남자. 눈동자도 새파란 것이 외모는 누가 봐도 딱 게이처럼 생겼다. 브렛은 24시간 중 24시간 동안 자신이 게이라는 점을 잊지 않는다고 한다. 그는 거의 매일 저녁 외출을 하며 밤 문화를 즐겼다. 인생의 신조가 '저녁 8시 이후부터 이성애자는 없다!'라고 하니……. MTV 채널 중에 LGBT를 위한 프로그램인 '로고'에 그가 출연해 찍은 첫 뮤직비디오를 봤을 때만 해도, 그는 지금보다 머리카락이 훨씬 길었고, 더 단호한 인상이었다. 아메리칸인디언을 떠올리게 하는 분위기와 유명인이 되고 싶어 하는 독립성 강한 상남자의 모습이 물씬 풍겼기 때문이다. 그는 이렇게 말했다.

"이제 제 직업은 게이 뮤지션입니다. 로고에서 첫 커밍아웃을 했는데, 에미넴의 노래처럼 드디어 '내 옷장을 청소Cleanin' Out My Closet'한 거죠."

브렛은 현재 완벽한 아메리칸 게이 라이프를 즐기고 있다. 뉴요커 게이의 전형적인 문화 스타일을 향유하면서 아직은 덜 대중화된 하이브리드 록 음악을 선술집에서 들려준다. 또 '오프-오프-브로드웨이 Off-Off-Broadway' 연극에도 참여하며 종횡무진 활동을 멈추지 않는다.

그뿐 아니라 브렛은 새로운 대안을 제시하는 사이트에서 주최하는 실험 정신 가득한 쇼케이스와 대학 캠퍼스에서 열리는 독특한 예술 전시회, '어번 트래시urban trash, 깨끗하고 청결한 것보다 다소 지저분한 스타일을 좋아하는 도시풍의 스타일을 이르는 말' 스타일의 나이트 라이프에 적극 동참하고 있다. 그는 이러한 문화를 일명 '퀴어queer'의 무대라고 칭한다. 브렛은 저녁에 한곳에 가만히 있지 않고 장소를 여러 군데 바꿔가며 시간을 보낸다. 보워리가의 여장 남자들이 자주 드나드는 바에 있다가 그다음 장소인 이스트빌리지로 발걸음을 옮긴다. 어떤 날은 낸 골딘의 눈에 띄어 화보 촬영에 캐스팅되기도 하고, 또 다른 날은 헬스 키친Hell's kitchen 에서 소개한 예술가적 느낌이 물씬 풍기는 클럽 지하에서 그가 출연한 게이 영화 「타네이션Tarnation」이 상영되기도 한다. 브렛은 이따금 차이나타운에 위치한 채식주의자 레스토랑에서 저녁 파티를 마무리하기도 한다. 그곳 지하에서는 '오픈-마이크 세션open-mic session, 누구나 자유롭게 마이크를 쥘 수 있는 소통의 장을 이르는 말'과 같은 대안적 예술을 추구하는 아티스트들과 자유롭게 마이크를 잡으며 예술활동을 펼친다. 그렇게 논스톱으로 밤 문화를 즐기는 그는 지하철 A선을 타고 첼시, 이스트빌리지, 그리니치빌리지와 헬스 키친을 오간다. 이 네 곳이 바로 뉴욕에서 가장 핫하다는 게이 타운의 명소들이기 때문이다.

빅 컵은 2000년대에 첼시에 위치한 커피숍으로 게이 커뮤니티 사이에서 매우 조용한 장소로 알려져 있었다. 8번가에 자리잡은 아담한 크기의 커피숍 벽에는 보라색 등 화려한 색채로 커다란 꽃무늬가 그려져 있다. 키치스러움이 좀 과도하게 묻어나는 장식들이다. 그 전에는 술은 팔지 않았고, 게이들이 소규모로 모여드는 곳에 불과했다. 18~21세의 젊은 게이 친구들이 이곳을 종종 찾았다. 하지만 이제는 술을 팔기 때문에 술을 마실 수 있는 연령대의 게이들만 바 출입이 가능하다. 대학생들은 넓은 가죽 소파에 앉아 편안한 자세로 공부를 했고, 유기농 식품을 고집하는 게이들은 이곳에 와서 생과일주스나 오드왈라, 네이키드, 비타민 워터 같은 음료를 마셨다. 푸에르토리코 출신의 젊은 남성이 불법 체류자인 멕시코 남자친구와 가게 안에서 마음껏 애정 행각을 벌이고 있다. 이 멕시코 청년은 수염이 덥수룩하게 났고, 정식 체류 허가를 받지 않은 처지임에도 걱정이라고는 눈곱만큼도 없어 보이는 즐거운 표정이다. (미국에는 약 1500만 명의 라틴아메리카 출신 불법 체류자가 살고 있다.) 사우스다코타에서 대학을 졸업하자마자 가족의 품을 떠나 낯선 땅 뉴욕으로 온 브렛은 이곳에 온 것에 대해 벅찬 감동을 느낀다고 털어놓았다. 뉴욕은 마치 축소된 미국 땅, 미국의 견본이라고 해도 과언이 아니다. 미국 연방 대법원이 1978년에 배

키법Bakke, 흑인이 사회적 배려 대상자일지라도 그들에게만 선발 인원을 할당하는 특별 전형은 위헌

이라고 선언해 동일한 전형에서 평등을 강조한 유명한 판결을 공표했듯이, 미국은 소수의 문화와 다양성을 인정하는 명실상부한 기회의 땅이기도 하다. 새로운 이들로 구성된 사회를 재배치하기 위하여 문화적 다양성을 인정하는 것은 지극히 마땅한 일이 아니겠는가!

결국 시간이 지나면서 문화적 다양성을 추구하는 경향이 전 세계적으로 대세가 되었고, 조금씩 세계화를 이루는 주요 이념으로 자리 잡기 시작했다.

빅 컵에서 흘러나오는 음악은 다른 바들에 비해 더 친밀함이 느껴지고, 절제미가 있었다. 사람들은 그곳에서 여러 대안 잡지를 읽었다. 가령 『빌리지 보이스The Village Voice』『어니언The Onion』『바이스Vice』『타임 아웃 뉴욕Time Out New York』이 있다. 이런 잡지에는 '게이&레즈비언' 섹션이 별도로 구성되어 있다. 또한 이곳에는 무료 게이 잡지들도 상시적으로 비치되어 있어서 저녁 시간에 놀러 와 여러 종류의 잡지를 마음껏 읽을 수 있다. 스타벅스나 카리부 커피, 더 커피 빈 앤 티 리프와는 달리 빅 컵은 친근한 분위기의 로컬 커피숍으로 그 지역의 생활상을 그대로 엿보게 한다. 마치 그 동네에 사는 엄마, 아빠들이 자주 드나드는 전통 찻집 같은 곳이다. (물론 빅 컵은 그 동네에 사는 게이 커플들이 많이 오기 때문에 두 아빠가 자주 오는 곳이라고 해야 더 정확한 표현이겠지만.) 브렛은 카운터 뒤편에 서서 밀크셰이크, 녹차, 아메리카노를 만든다. (이곳은 커피 리필을 무료로 해주는데, 손님이 직접 잔을 채울 수도 있다.) 필라델피아 치즈 크림을 바른 베이글은 물론 당근 케이크, 뉴욕 치즈 케이크와 같이 전형적인 미국 스타일의 디저트도 주문할 수 있다. 시급은 4달러이며 팁을 챙길 수 있다. 따라서 종업원들이 서비스

요금으로 받는 추가 팁이 월급의 나머지를 채우는 셈이다. 그래서일까, 빅 컵의 카운터에는 '팁을 내는 사람은 멋쟁이People who tip are cool'라고 쓰인 철판이 버젓이 세워져 있다. 뉴욕의 여느 커피숍, 바, 레스토랑처럼 빅 컵에서도 2003년부터 금연을 실시했다. 그래서 흡연자들은 8번가 보도에 옹기종기 모여 담배를 피우는데, 이 모습 또한 구경하노라면 장관이 따로 없다.

빅 컵이 위치한 지역인 첼시, 특히 14번가와 23번가 사이 및 6번가와 10번가 사이의 10여 개의 블록 주변이 부르주아 분위기를 풍기는 도시형 게이들이 모이는 아지트다. 그러나 이곳은 그들만의 폐쇄적인 커뮤니티 공간이라기보다는 이 지역의 대로를 점령한 채 이성애자들과 공존하는 일종의 개방형 공간이라 할 수 있다. 첼시에 위치한 몇몇 레스토랑인 바이스로이, 오 파스티스, 엠파이어 디너에 들어가면 환하게 웃고 있는 게이 커플들을 쉽게 찾을 수 있다. 40대로 추정되며, 사흘째 면도를 하지 않아 수염이 까끌까끌하게 돋아나 있고, 조지 클루니를 닮은 잿빛 머리카락이 상남자 포스를 마구 뿜어내는 게이 한 명이 눈에 띄었다. 은행가, 금융계, 부동산 업계에 종사하는 돈 잘 버는 화이트칼라지만 금요일만큼은 캐주얼하게 즐겨보겠다는 마음으로 넥타이를 벗어던진 차림이었다. 지난 1970년대 그리니치빌리지에서 펼쳐졌던 게이 퍼레이드는 반자본주의를 외침과 동시에 급진적인 성향이 강했다. 당시에는 동시대 사회 분위기에 반기를 들며 게릴라 전쟁을 벌이듯 게이들이 한자리에 모여 시위를 했다면, 요즘엔 분위기가 사뭇 달라졌다.

오늘날 첼시 구역에서는 공권력에 대한 그 어떤 저항의 움직임도 없다. 게이들은 그저 문화를 즐기고 소비하며 군대에서도 당당하게 게이로 활동하고 싶어한다. 또 합법적으로 결혼식을 올리고 싶어하며 국회의원을 직업으로 꿈꿀 정도다. 그렇게 게이들은 권력에 대항하기보다는 자신들이 직접 권력을 갖길 원한다.

첼시 내 게이 커뮤니티는 단순히 바와 레스토랑 사업에만 손을 뻗친 게 아니다. 게이 커플을 위한 10여 곳의 여행사가 문을 열었으며, 에이전시와 변호사 사무실까지 있을 정도다. 게이들의 직업은 각양각색인데, 보험 영업 사원부터 공인중개사, 브로커, 로비스트, 수의사, 심지어 가톨릭 신부까지 거리를 어슬렁거리며 활보한다. 7번가에서 게이 전용 속옷 가게를 하고 있는 남자는 이 장사로 떼돈을 벌었다고 한다. 흰색 삼각팬티와 사각팬티, 그 외에도 몸에 딱 붙는 캘빈클라인 팬티를 소매업으로 팔고 있는데, 가게 이름이 재미있게도 '오 마이 갓 Oh My God!'이다. 그는 현재의 유행을 넘어선 시대의 경향을 읽고 그곳에 점포를 열었다고 말했다. 그 지역에서 주류 판매를 하고 있는 남자는 심지어 앱솔루트 보드카에 무지개 이미지를 넣은 스페셜 에디션을 선보여서 일반 대중이 아닌 게이들을 대상으로 한 마케팅을 시도했을 정도다. 그와 동시에 보드카 광고에 게이들의 결혼을 지향하는 문구를 넣었다. 그 문장이 바로 '마크, 나와 결혼해줄래?-스티브'였다.

첼시 구역 거리마다 무지개 깃발이 펄럭이고 있다. 샌프란시스코 출신의 예술가인 길버트 베이커가 1978년에 처음으로 이 무지개를 게이의 상징성을 담은 이미지로 선보였다. (총 여섯 가지 색깔을 수평으로 배열한 무늬인데, 기본적으로 빨간색, 주황색, 노란색, 초록색, 파란색과 보라색으로 이뤄진다.) 이 무지개 깃발은 그 후 전 세계의 동성애자를 상징하는 아이콘으로 거듭났다. 첼시 구역의 커피숍, 서점, 수입 식품 가게에 무지개 깃발이 보란 듯이 꽂혀 있는가 하면, 북미 대도시 중에서 사람들의 발길이 끊이지 않는 슈퍼마켓과 게이 전용 호텔에서도 이 깃발을 목격할 수 있다. 그중에서도 첼시 파인스 인Chelsea Pines Inn은 게이가 주고객인데, 방마다 영화계의 디바를 그린 초상화가 걸려 있다. 일명 디자인이 멋진 부티크 호텔에도 게이들을 환영한다는 의미의 무지개 깃발이 걸려 있다. 물론 이곳은 이성애자도 출입할 수 있는 숙박업소다. 심지어 이 동네에 가면 일반 개인 주택에도 무지개 깃발이 걸려 있는 모습을 종종 볼 수 있다.

물론 밤이 되면 첼시의 진짜 모습이 더 명확하게 드러난다. 외곽으로 나가면 나이트클럽이 여러 개 있는데, 허드슨강 근처, 10번가의 서쪽 방향을 기준으로 클럽들이 산발적으로 있다. 이곳은 주민 수가 상대적으로 적은 동네인데, 과거에 가축 도살장과 도매상인들의 집결지로 사용되던 화물 창고들이 눈에 띈다. 다행히 거주지에서 떨어진 외곽에 클럽이 있다보니 밤에 시끄럽다고 항의하는 주민은 적다. 게다가 과거 가축 도살장이었던 곳에 하이라인 공원이 생기면서 서부르주아 계층의 라이프스타일을 엿볼 수 있는 마을의 자랑거리로 거듭났다. 또한 과거에 화물 운송 열차가 지나던 철로 주변을 친환경적인 공원으로 재탄생시키기도 했다.

근처 강가에 거주하고 있는 게이 키플인 조슈아 데이비드와 로버트 해먼드를 만났다. 처음에 두 사람은 철도를 없애면 불편한 점들이 생길 것을 우려해서 철도를 지기키 위한 시위에도 참여했다고 한다. 하지만 지금 이곳은 친환경적인 녹지대가 자리해 그들은 마음을 놓았다. 비록 1980년대의 분위기가 사라지고, 갑자기 중산층 이상의 사람들이 몰리는 젠트리피케이션 현상이 극심해진 것에 대해 유감을 느끼는 주민들도 있지만 말이다.

그럼에도 불구하고 여전히 첼시는 뉴욕 시티 보이들, 조금은 저속한 문화를 좋아하는 사람들, 예술을 좋아하는 힙스터, 파티를 좋아하는 작업남과 작업녀들이 선호하는 곳이다. 잡화도 파는 8번가 약국에서는 밤이면 약뿐만 아니라 생활용품, 식재료와 함께 콘돔, 윤활제 및 마사지 겔도 진열대 한쪽 끝에 놓고 판매한다. 게다가 이 약국은 24시간 영업을 하니, 일주일 내내 하루 종일 문을 연다고 보면 된다.

첼시의 피트니센터는 새벽 5시부터 문을 연다. 이곳 주민들은 특히나 운동을 좋아하는 것으로 유명하다. 사실 1970년대 중반까지만 해도 게이들은 운동이라는 취미에 각별한 열정을 가지고 있지는 않았다. 하지만 그 후로 게이들의 라이프스타일에 운동이 혁명적인 변화를 가져왔다. 그리하여 1980년대 이후 게이들은 몸만들기에 신경을 썼다. 특히 건강과 몸매를 관리하기 위한 헬스는 중독에 가까울 정도로 지금까지 선풍적인 인기를 끌고 있다. 30대 중반이 넘은 게이들도 10대의 혈기 왕성한 바텐더 출신 게이들에게 뒤지지 않을 정도로 운동을 한다. 솔직히 첼시 지역에서 운동은 거의 숭배의 대상이고 피트니스센터 역시 거의 포화 상태에 이르렀다. 대표적인 예만 봐도 알 것이다. 돌핀 피트니스클럽, 첼시 짐, 뉴욕 헬스클럽은 가입비가 어마어마하게 비싼 편이다. 하지만 회원들에게 무제한 코칭 강의를 해주며, 하이 로Hi Low, 바디 어택Body Attack, 바디 펌프Body Pump, 얼티메이트 번 오프Ultimate Burn Off와 같은 다양한 프로그램을 선보이고 있다. 또 최고급 시설을 뽐내는 LA 스포츠클럽도 입점했는데 캘리포니아주에 본점이 있으며 뉴욕에도 여러 분점을 냈다. 이곳 역시 커리큘럼이 다채로운데, '스플래시 카디오 퓨전Splash Cardio Fusion' '스팀라인 스컬프트Steamline Sculpt' '맥시멈 번MAXimum Burn'이라는 프로그램을 진행 중이다. 이곳을 찾는 사람들은 식스팩이나 핫한 엉덩이를 만들기 위해 오늘도 퍼스널 트레이너와 함께 땀을 흘리며 운동을 한다. 말버러 맨Marlboro Man을 연상시키는 몸매를 가진 한 개인 코치를 만났는데, 그는 운동을 위해 담배도 끊었다고 한다. 우리는 '게이'라고 하면, 일반인과 다른 독특한 정신세계를 가진 특별한 사람들일 것이라고 여겼다. 그러나 첼시에 위치한 여러 피트니스센터에서 만난 그들은 누구보다 평범한 사람들이었다. 그와 동시에 복제 인간처럼 서로 비슷한 구석도 참 많았다.

오늘날의 첼시를 한마디로 요약하자면, 보디빌딩을 꿈꾸는 채식주의자가 많은 게이 커뮤니티라고 할 수 있다. 이들은 6번가에 자리잡은 트레이더 조스나 아니면 7번가의 홀푸드에 들어가 유기농 바나나와 두부를 구입한다. 이들은 아침 일찍 기상하고, 비슷하게 생긴 아파트에 살고 있다. 또 비슷한 스타일의 애버크롬비앤피치 티셔츠를 입고 혈통이 아주 좋은 견종에 대한 애정을 공유한다. 어떤 사람들은 게이들의 자유로운 라이프스타일을 비웃는다. 근육을 키우며 자기 몸에 과도한 애정을 쏟는 그들을 풍자만화 캐리커처의 주인공처럼 놀리거나 과장된 표현으로 묘사하기도 한다. 하지만 이 구역에 사는 게이들은 그러한 편견을 받기에는 평가절하된 측면이 없지 않다. 오늘날 현명하면서도 잘 놀 줄 아는 만능 재주꾼들의 집단으로 거듭나고 있기 때문이다. 첼시를 비롯해 미국에 사는 게이들이 자주 모인다는 가게에 가보면 상의를 벗고 캘빈 클라인 박스팬티만 입고 돌아다니는 몸 좋은 종업원들을 볼 수 있다. 이들은 '해피 아워'를 더 핫하게 만들어 주고자 고용된 직원들이다. 또 이곳에서는 세계화된 미래를 나타내는 슬로건이 적힌 팸플릿을 나눠준다. 거기에는 '감추지 않기' '가장 핫한 남자들' '그날을 잡아라'와 같은 문구가 적혀 있고, 요즘 뉴욕에서 유행하고 있는 '현지인을 위한 밤 문화'도 안내해준다(뉴욕 외곽에 거주하는 게이들보다 도시 안에 거주하는 현지인들을 위한 파티라는 뜻이다). 이렇게 게이들만의 암호화된 표현은 첼시의 게이 라이프스타일의 단면을 여실히 보여준다. 시카고 야구팀 베어스를 좋아하는 게이 팬들은 베어스가 모이는 바를 자주 가고, 라틴아메리카 출신들은 스페인어권 출신 게이들이 자주 가는 바를 찾는다. 중국인들 역시 그들만의 바를 드나들고, 이슬람 국가 출신 게이들은 '하비비 댄스 파티The Habibi Dance Party'에서 부르카를 입고 스트립쇼를 해 중동 지역에서 온 게이들을 한 자리에 모이게 만든다. 뉴욕은 그들에게 오아시스와도 같은 자유의 공간이며, 때로는 은신처 역할도 한다.

첼시에서는 2011년부터 게이들이 동거를 하며 같이 살기 시작했다. 미국 연방 대법원이 2015년 6월 동성애 결혼을 합법화하기 전부터 시작된 셈이다. 미국에서 게이들은 이제 합법적으로 결혼할 수 있다. 나아가 게이들은 정계 진출의 야망도 품기 시작했다. 자신의 권리를 되찾고 기존 문제를 해결해나가려면 스스로 힘을 보여줘야 한다는 것을 깨달아 선거활동을 위해 모금도 한다.

첼시는 맨해튼에서도 여전히 신비스러운 게이 구역이다. 현대판 게이들이 모여 있는 구역으로 알려져 있지만, 첼시도 명백히 하나의 작은 '타운'이다. 크리스토퍼가를 에워싼 동네로 브로드웨이 동쪽과 이스트빌리지를 아우르는 곳이다.

상하이, 요하네스버그, 아바나, 테헤란 등 세계 어느 도시에 가든 내가 만난 게이들은 스톤월 인을 꼭 언급했다. 심지어 이들은 미국에 가본 적도 없고, 그리니치빌리지가 뉴욕 어디쯤에 있는지도 모르는 사람들이었다. 하지만 이곳의 명성과 신화만큼은 누구보다 잘 알았다. 크리스토퍼가 53번가에 있는 직사각형 모양의 허름한 바. 셰리든 광장 맞은편에 위치한 이 바에서 1969년 6월 28일 밤, 수백 명의 게이가 경찰과 충돌하는 사건이 일어났다. LGBT 역사상 가장 유명한 시위가 일어난 날이었다. 1년 뒤인 1970년, 이날을 기리는 첫 행사가 열렸고, 그 후 매년 6월이 되면 전 세계 사람들이 '게이 프라이드'를 주최해 그날을 기억했다.

당시 『뉴욕 타임스』는 매우 간결하면서도 조심스러운 기사를 보도했다. 1969년 6월 29일, 30일 그리고 7월 3일에 걸쳐 간헐적으로 보도가 이뤄졌다. 이 사건은 분명 바스티유 감옥을 점령한 프랑스 혁명처럼 동성애자들이 사회에 반기를 든 엄청난 혁명이었다. 하지만 언론은 극히 단편적인 부분만 다루는 데 그쳤다. (1987년까지 기사에 '게이'라는 단어를 직접적으로 언급하는 것 자체가 금기였다.) 그로부터 4년이 흘러, 이 미궁에 빠진 사건은 점점 수면 위로 올라오기 시작했다. 뉴욕경찰청은 불법으로 술을 판매하는 바를 단속하기 위해 새벽 2시 15분에 스톤월 인을 급습했다. 그곳에서 일하던 종업원들의 신원 조사도 무차별적으로 이뤄졌다. 스톤월 인은 원래 특별 초대된 손님들만 들어갈 수 있는 VIP 전용 클럽으로, 사장은 남자끼리 춤추는 것도 자유롭게 허용했다. 그러다보니 동성애자들은 이곳에 곧잘 모여 춤을 추었다. 디제이는 모타운Motown, 1960년대에 베리 고디 주니어가 '모타운'이라 불리던 디트로이트에 설립한 음반 회사. 미국 흑인 음악을 세계화하는 데 중요한 역할을 했다의 솔뮤직과 펑크를 주로 틀었다. 그 당시 게이들은 뉴욕에 유행처럼 부는 디스코 열풍을 예감하고 있었다. 하지만 1969년 미국의 수많은 클럽에서는 남자끼리 춤추는 행위 자체가 허용되지 않았다. 지금 생각하면 잘 이해되지 않지만, 그 시절엔 그랬다. 뉴욕 경찰청은 풍기문란죄를 적용하며 바에서 춤추는 남자들을 체포하곤 했다. 이때 남자끼리 춤추는 행위를 법으로 금지한 데 대해 반기를 든 것이, 어쩌면 게이들이 자유를 외치는 해방의 물꼬를 튼 것이라고 볼 수 있다. 1969년 6월 28일, 스톤월 인에 모인 사람들처럼 말이다.

사회에 반항하는 최초의 집결지였던 그 바는 초반에는 매우 이색적인 장소로 인식되었을 것이다. 동성애 코드와 맞는 구세대의 오래된 카바레와도 같은 곳이었다. 사실 동성애 해방 운동이 있기 전까지, 스톤월 인은 세간의 평판이 그리 좋지 못한 곳이었다. 1969년에는 마피아, 알코올 중독자, 창녀들이 모이는 아지트였으며, 시설도 매우 낡았다는 평판이 있었다. 그래서 당시에 많은 동성애자는 이 바를 혐오스럽게 여길 정도였다. 마틴 루서 킹에 버금가는 영웅이 나타나 이 바에서 게이의 자유를 외치기 전까지는. 그러던 어느 날…… 사건이 벌어졌다.

1969년 6월 28일 여장 남자, 트랜스젠더, 히피를 비롯한 200여 명의 동성애자가 한밤중에 스톤월 인에서 파티를 즐기고 있었다. 이때 갑작스럽게 경찰이 들이닥쳐 그들 중 13명을 체포했다. 새벽 3시, 격분한 사람들은 경찰의 비인간적인 대우에 정면 대응했고, 즉각적으로 항의 시위를 벌였다. 처음에는 경찰을 향해 동전을 던지다가 분위기가 점점 격해지면서 벽돌, 불을 붙인 쓰레기통, 사용 중지된 고장 난 주차요금 미터기를 뽑아 경찰에게 던졌다. 이 사건은 지금까지도 반항의 아이콘으로 회자된다. 빈 병을 깨고 하이힐의 굽까지 동원할 정도였으니…… 레이 리베라에서 태어난 트랜스젠더인 실비아 리베라는 현장에서 흥분한 목소리로 "이것이 바로 혁명이다!"라고 외쳤다. (훗날 역사학자들은 그녀를 게이 역사에서 중요한 인물로 평가한다.) 그녀는 한 경찰관에게 빈 병을 던지며, 유명 문구인 "이제 벽장에서 나올 때To come out of the closet"라고 외친 첫 시민이기도 했다. 정말 그녀가 이 말을 처음 한 주인공일까? (최근 그녀가 사망했다는 비보를 들었는데, 살아생전에 그녀는 그 말 외에도 게이 역사에 길이 남을 명언들을 했다.) 결국 현장에 있던 경찰은 거센 시위를 진압하기 위해 지원 요청을 해야만 했다. 산발적으로 이루어진 시위는 사흘 만에 소강상태에 이르렀다. 부상을 당한 동성애자 수도 상당했고, 경찰도 충격에 빠져 깊은 트라우마를 겪었다. 어떤 시위자는 경찰의 몸을 이빨로 깨물었다고 한다! 경찰들이 망가트린 바의 유리창에 한 시위자는 "게이 바를 합법화하라!"라는 문구를 의미심장하게 남기기도 했다. 하지만 게이 역사에 큰 획을 그은 이 사태를 정작 현지 언론에서는 극히 소극적으로 다루었으니, 유감이 아닐 수 없다.

스톤월 인 사태가 있기 전 '게이'라는 말 자체가 일상적으로 사용되지 않았고, '커밍아웃'을 한다는 것은 상상조차 할 수 없는 일이었다. 당시 동성애는 일리노이주를 제외하고 미국에서 철저히 불법이었던 시절이다. 하지만 스톤월 인과 함께 처음으로 게이들이 자기 존재를 세상에 알리기 시작했다. 미국계 흑인들의 해방을 외친 어머니인 로자 파크스가 문득 떠올랐다. 그녀는 1955년 앨라배마주에 있는 몽고메리의 버스 안에서 백인에게 자리를 양보하길 거부했다. 그렇게 흑인의 인권을 외치는 첫 단추가 끼워졌다. 동성애자들도 이제 당당히 사회의 잣대에 거부 의사를 밝히기 시작했다. 이와 같은 선구적인 운동이 일어나자, 게이를 억압하는 모든 사회적 제도의 한계가 사상누각처럼 무너지기 시작했다. 또 동성애 혐오를 싹트게 했던 시스템들에 대항하게 되었다. 그로부터 몇십 년이 흘러 "우린 여기 있어. 우린 퀴어야. 익숙해지렴We're here, we're queer, get used to it"은 퀴어 운동의 슬로건 중 하나가 되었다.

그러나 정작 당시에 언론은 이 사건에 대해 진지하게 다루지 않았다고 한다. 심지어 좌파 성향의 언론사마저 침묵으로 일관했고, TV와 라디오에서는 그 어떤 평도 남기지 않았다. 대신 동성애자를 비꼬는 발언이 드물게 한마디씩 나왔는데, 『빌리지 보이스』지의 한 기자는 이날 동성애자들이 주디 갈런드의 장례식장에 다녀오고 나서 몇 시간 뒤 한자리에 모인 것뿐이라며 비꼬듯 기사를 썼다고 한다. 동성애자들에게는 여신이었던 가수이자 영화배우인 그녀는 약물 남용으로 마흔일곱 살이 되던 해 6월 22일 숨을 거두었고, 장례식은 게이 혁명 시위가 있기 몇 시간 전인 6월 27일 뉴욕에서 치러졌다.

오늘날의 스톤월 인은 그냥 조용한 술집이다. 단 10여 권의 책에서만 그날의 역사를 기록으로 남겼고, 주디 갈런드의 명곡 '오버 더 레인보우'는 더 이상 흘러나오지 않는다. 그럼에도 불구하고 바 입구에는 여전히 무지개 깃발이 펄럭인다. 스톤월 재향협회만이 과거 발자취에 신경을 쓰고 있다. 2009년 미국 대통령 버락 오바마는 스톤월 시위 40주년을 기념하는 백악관 연설에서 미국의 게이들을 위해 힘쓴 지도자들을 추모했다. 그러면서 그는 게이가 걸어온 해방의 긴 여정을 상기시키며 스톤월 인을 언급했다. 과거 동성애가 범죄였던 시절을 이야기하면서 예상치도 못한 작은 바에서 그 혁명의 첫 불꽃이 지펴졌고, 이는 곧 전 세계로 확산되었다고 이야기했다. 역사학자들도 왜 이 바에서 혁명의 불이 댕겨졌는지 정확한 이유를 밝혀내지는 못했다. 스톤월 인은 패기 넘치는 젊은이들이 모이는 곳이 아니었다. 전설로 남을 만한 명성을 지닌 것도 아니다. 오늘날에도 이곳은 촌스럽고 낡은 분위기를 풍기며 나이가 좀 든 손님들이 나이브하게 과거의 혁명을 안줏거리로 삼는 장소가 되어버렸다. 유명하다는 이유로 맥주 가격도 다른 바보다 훨씬 비싸다. 참 안쓰럽기 짝이 없다! 관광객이 떼로 이곳을 방문해 인증샷을 찍지만, 그곳에서 저녁 파티를 즐기지는 않는다. 뉴욕 시민들이라면 더더군다나 이 바를 꺼린다. 그들에게는 너무 구식인 동성애적 코드를 상징하기 때문인데, 이 구역에 거주하는 게이들은 그 바의 명성이 과분하다고 평가할 정도다. 게이 라이프의 본거지가 다른 곳으로 옮겨진 게 분명했다.

무지개 깃발을 걸어놓은 바의 이미지는 뉴욕 게이 타운의 가장 눈에 띄는 풍경이 아닐 수 없다. 하지만 이러한 게이버후드의 이미지야말로 박물관에 박제된 동물처럼 너무 경직되고 딱딱한 분위기를 풍기는 것도 사실이다. 크리스토퍼가의 기념품 가게에는 미니 딜도(성인 용품), 남성의 성기를 연상시키는 이탈리아식 화살 깃, '나는 이성애자'

'나는 게이가 아니에요. 남자친구가 있죠'란 문구가 적힌 티셔츠가 판매되고 있다. 하지만 분위기가 정말 게이에게 우호적인지에 대해서는 의문이 생긴다. 크리스토퍼가와 게이가(정말 존재한다!) 사이에 있었던 유명한 서점인 오스카 와일드가 비싼 임대료를 감당하지 못해 2009년에 문을 닫고 말았다. 이 동네의 게이 문화의 표상이었던 서점이 사라진 것이다. 그 대신 반스앤노블, 보더스 같은 대형 서점에 가야 게이 관련 서적을 볼 수 있다. 게이들을 위한 소형 서점의 경제적 입지를 무너뜨린 아마존닷컴에서도 물론 주문이 가능하다. 게이 문화의 진정한 소통 역할을 했던 문화적 장소가 뉴욕의 게이 라이프에서 자리를 점점 잃어가고 있다. 뿐만 아니라 보헤미안의 헝그리 정신도 그와 함께 사라졌다. 과거의 그리니치빌리지 하면 밥 딜런, 잭 케루악, 앨런 긴즈버그를 떠올렸다. 비트 문화운동의 주동자인 비트 세대들이 태어난 곳이기 때문이다. 오늘날에는 세계화된 게이 타운의 땅값이 너무 올라 월세를 감당하기 힘든 부촌이 되어버렸다. 오프-오프-브로드웨이 극장들마저 지나치게 비싸서 사치스러운 공간이 된 것이다. 과연 이곳은 어쩌다 이렇게 되었을까! 예전 스타일은 더 이상 찾아볼 수 없다니 안타깝다. 이곳은 여러 단체가 보존하고 싶어하는 역사적인 공간이다. 그러나 시대의 유산이 자취를 감추었다. 그리니치빌리지는 게이 커뮤니티를 잃었을 뿐만 아니라, 그곳에 살던 예술가들마저 잃어버렸다. 언더그라운드적인 하부문화가 다른 곳으로 터전을 옮겨갔기 때문이다. 젠트리피케이션의 부작용이 현실화된 것이다. 그 핵심은 바로 상업화다. 문득 B바에서 만난 브렛이 내게 한 말이 생각났다.

이 구역은 이제 더 이상 내 동네란 생각이 안 들어요. 스톤월 인을 누구보다 경외롭게 여겼고, 1969년 게이들이 이뤄낸 결과를 충분히 인정합니다. 경찰에게 주먹을 날리면서까지 자유를 얻으려 했으니까요. 하지만 그런 남성성이 오히려 독이 된 것 같아요! 전 개인적으로 이스트빌리지에 사는 게 더 좋습니다.

결국 브렛은 또 다른 신화적 장소인 세인트마크스 광장 쪽으로 이사를 갔다. 그리니치빌리지와 첼시에 이어 이스트빌리지는 뉴욕의 세 번째 게이 타운이다. 그리니치빌리지보다는 덜 부촌이지만 첼시보다는 좀더 정리된 분위기다. 물론 과거에 이곳은 지금보다 치안이 훨씬 안 좋았다. 동쪽으로 가면 갈수록 위험했다. 거리 이름도 알파벳으로 정리되었는데 대로가 숫자 없이 A, B, C, D가로 나뉘어 있었다. 지독한 가난과 폭력의 흔적이 지금은 '쿨'한 장소로 변모한 것이다. 오늘날 이스트빌리지는 평균 이상 수준의 가게들, 사람들이 맛집이라고 인정한 식당, 세련된 갤러리들로 채워졌다. 1번에서 14번가까지 저녁마다 파티를 여는 술집들로 즐비하다. 브렛은 쉴 새 없이 하루하루 파티의 나날을 보내다가 이제는 지쳤는지 휴식 시간을 갖고 싶다고 토로했다. A와 B가에서 시작되었던 파티 문화는 요즘에는 C와 D가로 옮겨갔다. 이곳도 게이들이 자유롭게 활동하는 인기 구역으로 자리잡게 되었다. 예술가들은 길모퉁이마다 자신들의 작품을 전시했는데, 다른 곳에서 볼 수 없는 이색적인 분위기로 친근하면서 동시에 예술적인 아우라를 풍긴다. 가게를 세놓고 운영할 자금이 없어 길가에 예술품을 전시해놓고 있는 것이다. 게이와 예술가들이 한자리에 모인 이 대안적인 공간이야말로 포스트게이의 단면을 극명하게 보여준다.

이스트빌리지의 웬만한 바들은 게이 손님에게 우호적이다. 뉴욕의 다른 게이 구역보다 허례허식하는 분위기도 덜하다. 이곳에서 자신이 게이임을 밝히는 것은 단순히 성 정체성을 표출하는 것뿐 아니라, 자신의 라이프스타일, 진정한 자신을 드러내는 태도로 규정된다. 게이의 삶에 대한 진정성 있는 접근 방식은 이곳의 다양한 분위기를 가능케 했다. 그 결과, 여러 색깔의 바들이 눈에 띈다. 예를 들어 피닉스 바에는 작정하고 상대를 유혹하려는 작업남들이 모이고, 더 이글에는 중년 남자들이 주로 모인다. 러키 쳉은 드래그 퀸, 콕 바는 상대적으로 차분한 분위기를 선호하는 손님들이 좋아한다. 픽 미 업은 대학생들이 자주 찾는 커피숍이며, 이스턴블록은 공산주의를 지지하는 극좌파 게이들의 집결지라 할 수 있다. 알트는 레즈비언이 많은 커피숍이고, 노웨어의 경우는 특별한 고객층 없이 누구나 즐겨 찾는다. 그럼에도 불구하고 이스트빌리지가 첼시와 같지는 않다. 바에는 이성애자와 동성애자가 구별 안 될 정도로 섞여 있으며, 인종도 아주 다양하다. 어떤 경계선 없이 매우 유동적인 고객층이 이곳을 찾는다. 그래서 이곳이 게이 문화의 온상지라고 말하기에는 몇 프로 부족하다. 오늘날의 포스트게이 문화가 이런 것이라면 과연 우리는 이곳을 동성애 주제를 말하기에 적합한 장소라고 할 수 있을까?

나는 이 질문을 이스트빌리지 중심부에 위치한 보워리가 358번지의 B바에서 이미 했었다. 규모가 꽤 큰 이 구역에도 인기 있는 바들이 각각 다른 분위기를 풍기며 즐비해 있다. 어떤 바는 여름에 야자수로 꾸며진 정원에 화려한 꽃 장식을 수놓기도 했다. 게이를 환영하는 B

바는 매일 저녁 핫플레이스가 된다. 사교생활을 즐기는 사회주의자들부터 밤에 주로 활동하는 야행성 전문직 종사자들을 끌어당기는 자석 같은 힘을 갖고 있다. 1980년대에 잘나갔던 옛 스타들도 운 좋으면 볼 수 있다. (나는 그곳에서 보이 조지 및 그와 어울리는 무리를 여러 번 봤다.) 일주일에 한 번씩, 화요일마다 B바는 '베이지Beige'라는 콘셉트로 게이 파티를 연다. 그날만큼은 온전히 게이들만을 위한 쿨한 파티가 열린다.

'쿨'한 것과 '고지식한' 것의 차이는 이스트빌리지의 역사와 밀접한 관련이 있다(이는 '유행'과 '구식'의 차이와 다르지 않다). B바가 자체 제작해서 무료로 배포하는 반反문화적이고 대안적인 주간지인 『빌리지 보이스』의 기사에 따르면, 작가 노먼 메일러가 1950년대에 '힙한 것과 고지식한 것The Hip and the Square'이란 칼럼을 연재하기 시작했다고 한다. 그러다가 나중에 그 칼럼에 영향을 받아 '화이트 니그로The White Negro'라는 기사가 발표되면서 '힙하다hip'는 표현은 인종과 성적인 의미를 내포하게 되었다. 노먼 메일러는 그의 작품 속에서 흑인이 되고 싶어하는 젊은 백인 청년을 묘사했다. 그 백인 청년은 흑인처럼 옷을 입고, 흑인 빈민가에서 사용하는 속어를 쓰는 게 멋져 보일 뿐 아니라 흑인들이 연주하는 재즈 음악이 백인의 음악보다 더 쿨하다고 느끼는 인물이었다.

그때 그 작품 속에 등장하던 인물이 지금은 게이 문화와 함께 현실이 되었다. B바는 쿨한 것과 고지식한 것을 확실하게 구별할 수 있는 장소 중 하나다. 어떤 것이 쿨한 것인지 극명히 알 수 있기 때문이다. 브렛과 같은 젊은 게이들이 MTV의 프로그램을 제작하고, 『빌리지 보이스』에 도시풍 칼럼을 쓰고 있으며, 『타임 아웃 뉴욕』의 비평가로 활동하고 있는 것이 요즘 추세다. 이들은 취향을 만드는, 일명 '테이스트 메이커taste maker'로 통한다. 사람들의 취향을 정의하고, 요즘 유행하는 아이템과 파티 문화를 결정한다. 과거에는 '힙스터hipster, 유행 등 대중의 큰 흐름을 따르지 않고 자신들만의 고유한 패션과 음악 문화를 좇는 부류를 뜻한다'라고 하거나 귀티 나는 화려함을 선호했다면, 지금은 오히려 노이즈 마케팅을 더 좋아한다. 어쩌다가 게이들이 영향력 있는 주동자가 된 것일까? 캔자스주나 오하이오주의 중산층 백인 이성애자 젊은이들은 어쩌다가 이러한 게이 문화를 인정하게 되었을까? 미국의 대중문화는 종종 흑인들의 게토 문화나 게이 문화를 원천으로 삼아 발전하곤 한다. 즉, 사회의 아웃사이더로 자리하던 문화가 주류 문화가 되는 이유는 과연 무엇일까?

그에 대한 해답은 당신이 이스트빌리지에 한동안 살아보면 얻을 수 있다. 언더그라운드 문화의 역동성이 주류로 흐를 수밖에 없는 이유를 말이다. 보워리가의 신화적 클럽인 CBGB는 미국의 펑크족이 록 음악을 듣기 위해 처음 찾은 곳이었다. 루 리드의 아우라가 이스트빌리지에는 여전히 남아 있다. 블론디도 그곳에서 데뷔했으며, 마돈나도 그 지역에 살았었다. 레이디 가가는 로워 이스트사이드와 보워리가 사이에서 자신의 인지도를 넓혀갔다. 바로 이 지역에 예술가 키스 헤어링과 장미셸 바스키아도 살았다. 낸 골딘도 이곳에 체류한 적이 있는데, 그의 사진집 『성적 종속에 관한 발라드』에 실린 유명한 사진들의 배경이 바로 여기다. 또 패티 스미스는 자신의 회고록 『저스트 키즈Just Kids』에서 이스트빌리지에서 보낸 밤들을 이야기했다. 그곳에서 당시 자신의 애인이었던 사진작가 로버트 매플소프와 함께했었다. 물론 그가 동성애자임을 선언하기 전까지만 말이다. 이스트빌리지에는 엘리트 계층과 일반 서민들이 함께 모여 예술적 문화와 유흥을 즐길 수 있는 엔터테인먼트 문화가 적절하게 혼합되어 있다. 이 지역은 브로드웨이의 록 뮤지컬 「렌트Rent」의 배경이기도 하지만, 다른 한편으로 라파예트가에 위치한 퍼블릭 극장은 「미국의 천사들」로 유명해진 게이 극작가 토니 쿠슈너의 섬세한 예술작품인 「동성애자인 지성인이 전하는 자본주의와 사회주의에 대한 가이드The Intelligent Homosexual's Guide to Capitalism and Socialism」가 막을 올린 곳이기도 하다. 비디오 게임 '기타 히어로Guitar Hero'에도 이스트빌리지가 배경 화면으로 등장한다. 과거 펑크족의 아지트가 지금은 대중문화의 온상지가 되고, 드래그 퀸들이 브로드웨이로 향하며, 반문화가 할리우드로 옮겨가는 등 아웃사이더가 미국 문화의 중심부를 향해 이동하는 기이한 현상이 벌어지고 있다. 그 변화의 흐름 속에 비밀스러운 이스트빌리지도 끼여 있다.

요즘 이 구역에서는 예전의 극단적인 특징을 찾아볼 수 없다. 이성애자인 상인들도 이곳에 기꺼이 투자를 아끼지 않고 있다. 그러다보니 부르주아적인 구역으로 바뀐 면도 없지 않다. 라 마마와 퍼포먼스 스페이스 122는 여전히 아방가르드한 분위기를 풍긴다. 하지만 퍼블릭 극장과 CBGB는 2006년 말에 결국 문을 닫았다. 상업 지구에 위치한 데다 너무 인위적이어서 '가짜'란 수식어가 붙은 세인트마크스 광장은 그저 관광객들만 찾을 뿐이며, 도시 외곽에서 온 젊은이들이 모이는 곳으로 전락했다. 맨해튼 거주민들은 외곽에 사는 사람들을 '브리지 앤 터널 피플bridge&tunnel people'이라고 놀리듯 부른다. (실제로 외곽 지역 사람들이 시내로 오기 위해서는 주말에 다리를 건너고 터널을 지나야 하기 때문이다.) 브렛은 더 이상 이곳이 자신에게 맞는 구역이란 생각이 들지 않는다고 토로했다.

"게이인 저는 소수 집단에 속한 사람이에요. 다수의 대중 집단에는 결코 속할 수가 없지요. 따라서 이런 변화는 제게 하나의 결핍된 구멍인 동시에 기회로 느껴져요. 대중이 뭘 원하는지 예상은 할 수 있습니다. 하지만 대중의 미디어가 원하는 것에 신경 쓰는 순간, 저는 제가속한 소수 집단과는 거리가 생기고 말 거예요. 이스트빌리지는 바로그런 면에서 실망을 안겨줬지요. 저는 언더그라운드적 요소도 좋아하고 주류 문화도 좋아해요. 예전에는 사람들 앞에서 애버크롬비앤피치티셔츠를 당당하게 입었습니다. 그런데 지금은 더 이상 안 입게 되네요. 이제 저도 이스트빌리지를 떠나 브루클린으로 이사 가야 할 때인것 같아요."

이스트빌리지가 그랬듯이, 첼시의 빅 컵에서 만난 뉴욕의 모든 쿨한 게이는 2000년대 초반에 마치 단체 제작이라도 한 양 애버크롬비앤피치 티셔츠를 입곤 했다. 조금 더 거슬러 올라가면 1980년대에는캘빈 클라인 팬티를 입는 것이 유행이었다. 그러다가 2000년대 중반에는 돌체앤가바나의 광고 모델처럼 상대의 손에 입맞춤을 해주는 것이 유행처럼 번진 적도 있다. 실제로 뉴욕 브랜드는 미국 게이들에게인기 아이템이 되었고, 훗날 전 세계 게이들의 사랑을 받게 된다. 1892년에 생겨난 A&F는 애버크롬비와 피치의 성을 따서 지었다. 이 브랜드는 1990년대 초반에 캐주얼 의상으로 출시되었는데, 특히 후드티의 인기가 가장 높았다. 운동할 때 입기 좋은 티셔츠와 피치 스웨터,

A&F의 로고가 크게 적힌 폴로셔츠, 동물 그림이 수놓아진 이 브랜드는 출시될 때부터 이미 게이 고객층을 겨냥하고 있었다. 동성애자들의 에로틱한 이미지를 노골적으로 드러내는 마케팅을 펼쳤기 때문이다. 사진작가 브루스 웨버가 섹시한 콘셉트로 촬영한 광고만 봐도 알 수 있다. 뿐만 아니라 매장 점원들도 근육질 몸매에 잘생긴 모델로 고용했다. 패션 카탈로그도 발행했는데, 그중 1년에 네 차례 발행되는 『계간 A&F』가 유명하다. (누드 상태인 남자 모델의 이미지가 너무 외설적이라며 몇 차례 혹평을 받기도 했다.) 옷을 더 많이 팔기 위해 모델의 맨살을 가능한 한 많이 드러내는 것은 아무래도 소비자 입장에서는 생각해볼 여지가 있긴 하다! 전 세계 이성애자 젊은이들에게 제품을 팔기 위해 게이들의 판타지를 이용하는 것이 과연 옳은 선택인지에 대해서도 이론의 여지가 있다. 2000년대에 애버크롬비앤피치는 이스트빌리지의 게이 바에 가면 쉽게 볼 수 있는 옷 브랜드였다. 게다가 첼시의 헬스장에서도 이 브랜드와 함께 자주 눈에 띄는 브랜드가 바로 아메리칸 어패럴이다. 하지만 이 브랜드는 애버크롬비앤피치와는 차별화된 전혀 다른 이미지의 섹시 콘셉트를 마케팅 전략으로 펼쳤다. 일단 A&F는 사회 의식을 일깨우는 메시지에 신경을 썼으며, 국내 섬유를 원료로 제작했고, 이성애자 고객을 타깃으로 한 이미지를 강조했다. A&F는 더 나아가 미국 캠퍼스까지 장악했는데, 게이에 대해 친근함을 느끼게 해주는 브랜드 이미지가 젊은 여대생들로부터도 좋은 반응을 얻었다. 물론 아이비리그의 대학 티셔츠가 본격적으로 출현하기 전까지 말이다. 애버크롬비는 처음에는 게이들에게 친근한 브랜드로 다가갔다가, 그다음에는 이성애자 대학생들까지 고객층의 범위를 서

서히 확장시켰다. 그 결과 이 브랜드는 게이에게는 '쿨'한 이미지를 주었고, 대도시의 젊은 남녀 성인들에게는 열정을 상징하는 아이콘으로 각별한 사랑을 받는 데 성공했다. 그러나 2005년, 이 브랜드는 게이와 대학생을 겨냥한 데에서 벗어나 일반 대중을 아우르는 이미지로 변모하기 시작했다. 뉴욕 15번가에 대형 매장을 오픈하면서 국제적 브랜드로 거듭난 것이다. 그 후로 게이들은 더 이상 이 브랜드만을 선호하지는 않게 되었다. 사람들이 너도나도 이 브랜드를 입다보니 '파노플리 효과_{어떤 제품을 구매함으로써 그 제품을 사용하는 사람들과 같은 집단이나 계급에 속한다고 믿게 되는 소비자의 심리}'를 일으키는 결과를 낳고 말았던 것이다. 이 역시 이스트빌리지와는 거리가 먼 효과였다.

뉴욕에 있는 게이들의 핫플레이스는 그리니치빌리지, 첼시, 이스트빌리지 외에 몇 군데 더 있다. '포스트게이' 문화가 형성된 구역은 더이상 폐쇄적인 장소가 아니다. 게이들은 어느 한정된 구역에만 있는 것이 아니라 거의 모든 곳에 흩어져 있다. 즉, 맨해튼 전체가 게이에게 우호적이라고 해도 틀린 말은 아니다. 뉴욕이라는 거대한 대도시에 퍼져 있는 게이 문화는 저항할 수 없는 묘한 매력을 발산해 전 세계인의 마음을 사로잡고 있기 때문이다. 뉴욕의 한 동성애 연구 센터가 실시한 (객관적이라고 단정지을 수는 없는) 연구 결과에 따르면, 700만 명의 게이 관광객이 해마다 뉴욕을 방문한다고 한다.

몇 년 전부터 새로운 게이 구역이 타임스스퀘어 서쪽 지역에 형성되기 시작했다. 일명 '헬스 키친Hell's Kitchen'(45번가~55번가, 8번가~10번가 대로에 형성)으로 불리는 곳이다. 게이들이 이성애자와 구별 없이 함께 섞여 있는 이 공간은 첼시처럼 '게이버후드'에 가깝다. 왜냐하면 게이들이 다른 뉴욕 출신 사람들과 허물없이 지내면서 이웃사촌처럼 돈독한 유대관계를 맺기 때문이다. 게이들은 더 이상 세상의 변방에서 아웃사이더처럼 지내지 않는다. 그래서 그들만의 커뮤니티 안에서만 활동하려 하지도 않는다. 헬스 키친에서 가장 유명한 라운지 바인 포시에서 일하는 종업원 매트가 말했다.

"게이들은 주로 헬스 키친을 많이 찾아요. 그렇다고 이곳이 게이들만 있는 게토는 아니에요. VYNL과 같은 식당과 커피포트The Coffe Pot와 같은 커피숍은 게이뿐만 아니라 이성애자도 환영한답니다."

심지어 바레이지나 블라다와 같은 게이 바, 세러피와 같은 게이 클럽도 그 지역의 모든 시민에게 문을 활짝 열어놓고 있다. 게이들이 주로 예약하는 전용 호텔인 아웃 뉴욕시티가 있는가 하면, 게이들이 주로 세입자로 살고 있는 레지던스 '505'도 이 구역에 위치해 있다. 그러나 헬스 키친이 '포스트게이'의 특징을 보이고 있다는 평판을 해칠 정도는 아니다.

뉴욕에는 수많은 게이 구역이 존재한다. 로어이스트사이드나 어퍼이스트사이드, 소호 구역에도 산발적으로 게이 구역이 있다. 게이 바 사장들은 예전과 달리 게이 구역 밖을 벗어나 장사하는 것을 주저하지 않는다. 그들은 더 이상 외롭지 않다. 퀸스 구역에 가면 특히 라틴계 사람들이 눈에 많이 띄고, 잭슨 하이트 쪽으로 가면 멕시코, 과테말라, 푸에르토리코 출신 게이를 많이 볼 수 있다. (특히 루스벨트가에 가면 많은데, 이곳에서 해마다 게이 프라이드의 마차 행렬이 대로를 점령하며 지나가면, 라틴아메리카 출신의 게이들이 고국의 국기와 무지개 깃발을 흔들며 환영하곤 한다.) 브루클린에서는 '맨해튼 다리 아래 지역Down Under the

Manhattan Bridge Overpass'의 줄임말인 덤보Dumbo와 유대인 커뮤니티가 모여 사는 윌리엄스버그, 파크 슬로프에 게이들이 주로 모여든다. 번화가에 위치한 바와 식당, 커피숍들이 게이에게 우호적인 곳이기 때문이다. 이곳 브루클린에서 게이들이 가장 많이 찾는 바는 로리머가에 있는 메트로폴리탄으로, 맥주가 2달러밖에 안 한다. 채식주의자를 위한 햄버거는 꼭 먹어야 할 베스트 메뉴다. 퀴어 문화, 사회적 편견에 반대하는 문화는 브루클린 곳곳에서 찾아볼 수 있다. 게이 페스티벌의 실험주의적 장소로도 잘 알려진 이 지역은 여전히 은밀한 작업을 즐기는 사람들이 모이는 곳이다. 또한 브루클린은 레즈비언 커뮤니티가 전 세계에서 가장 활발한 곳으로도 명성이 자자하다. 각종 리얼리티 TV 방송과 레즈비언을 주제로 한 미국 드라마 「L 워드The L Word」의 주요 무대가 된 곳이기도 하다.

브렛은 할렘과 이스트빌리지에 산 적이 있고, 첼시에서 근무한 적도 있다. 최근에는 도심에 위치한 브루클린하이트 근처로 이사했다. 빅 컵이 큰 성공을 거두었고 고객에게 호응을 얻을 만한 서비스를 제공했지만, 영업한 지 11년 만에 결국 문을 닫고 말았다. '젠트리피케이션'의 여파이기도 하고, 스타벅스가 맨해튼을 점령해버렸기 때문이기도 하다. 게다가 뉴욕의 개성 있는 게이 구역의 공통분모를 보존하기 위해서라도 스타벅스의 점령은 게이들에게는 불길한 적신호가 아닐 수 없다.

첼시 8번가에만 다섯 곳의 스타벅스 매장이 문을 열었다. 이스트빌리지에는 네 곳, 그리니치빌리지와 헬스 키친에는 10여 개의 매장이 들어섰다. 브렛은 이렇게 말했다.

"2001년, 2002년만 해도 저는 스타벅스에 가는 걸 별로 좋아하지 않았어요. 다른 게이들처럼 저 역시 우리만의 공동체 의식을 즐길 공간이 사라질까 두려웠거든요. 자영업자들의 독립적인 사업체가 거대 기업의 프랜차이즈 매장 때문에 망할까 겁났던 것도 사실이고요. 스타벅스가 빅 컵을 없애버린 거나 마찬가지입니다. 지금은 게이들도 체념했어요. 다른 선택지가 없으니까요. 첼시에 사는 게이들은 이제 스타벅스에서 커피를 마신답니다."

게이 타운에는 스타벅스의 매장 수가 계속 증가하는 추세다. 스타벅스의 기업 간부들이 게이를 자기들 사업의 타깃으로 삼은 게 아닌지 의심이 들 정도로 요즘 게이 타운에서는 예전과 비교할 수 없을 만큼 스타벅스가 현지 커피숍을 대표하고 있다. 오늘날 미국에만 1만1000개의 스타벅스 매장이 있다(전 세계에는 2만3000개가 있다). 주로 젊은 중산층이 자주 드나드는 도시, 외곽 부촌 지역, 공항, 쇼핑몰에 몰려 있다. 맥도널드가 저소득 서민 계층을 타깃으로 삼은 것과는 정반대되는 전략이다. 스타벅스는 결국 첼시의 게이 구역까지 점령하기 시작했다. 이 추세는 파리, 멕시코시티, 리우데자네이루, 도쿄, 심지어 몬트리올의 생트카트린 거리에서도 비슷하다. 게다가 가게에 대형 무지개 깃발까지 장식해놓았다. 개인이 운영하는 다른 커피숍보다 가격은 비싸지만 그렇다고 맛이 더 좋은 것도 아닌 스타벅스 매장에는 유기농 다이어트 식품은 팔지도 않는다. 그런데도 대외적으로는 건강을 크게 생각하는 '쿨'한 브랜드라는 이미지를 어필하고 있다. 손님이 가게에 들어와 계산대 앞에 서서 계산하고, 자신이 원하는 곳에 자리를 잡는다. 와이파이가 무료로 제공되며 엄격하게 흡연을 금지한다. 매장 안에는 스무스 재즈, 모던 록, 레트로 솔 장르의 음악이 흘러 나오는데, 이따금 크리스마스캐럴도 나온다. 누구나 가사를 알 것 같은 흘러간 유행가들이 나오면 듣기 싫을 때도 있다. 하지만 미국 드라마 「NCIS」나 「섹스 앤 더 시티」에서 이곳 스타벅스에 와서 일하는 장면이 종종 등장함에 따라 지성인들이 작업하는 공간으로 묘사되기도 한다. 이런 이유로 스타벅스는 대중에게 굉장히 멋진 이미지로 선전되고 있다. 게다가 게이에게 우호적이라는 이미지도 한몫한다. 2012년부터 스타벅스에 채용된 게이 직원이 결혼하면, 이성애자이면서 기혼자인 직원과 동일한 우대 조건을 적용받는다. 스타벅스 경영진은 동성애자의 결혼을 지지한다는 의사를 한 인터뷰에서 공식적으로 밝히기도 했다. 시애틀 지사의 부의장은 어떤 언론사와의 인터뷰에서 이렇게 말했다. "이 법안은 스타벅스가 지지하는 실천 방안과 일치합니다. 우리는 다양성을 인정하며 모든 커플을 공평하게 대할 것을 서약합니다."

스타벅스는 자사가 친환경 제품을 뜻하는 '그린 워싱green washing'을 판매한다면서 '친환경 공정 무역'을 선도하는 것처럼 기업 이미지를 내세우지만, 이는 과장된 면이 없지 않다. 게다가 마케팅 모델은 '핑크 워싱pink washing'에 더 가깝다. (핑크 워싱이란, 한 기업 또는 국가가 게이들을 위해 실질적인 활동을 하는 것과는 별도로, 게이에 우호적인 기업 이미지를 대중에게 보여주는 것을 말한다.) 그 결과, 동성애에 반대하는 단체들은 미국 전역에서 스타벅스를 상대로 보이콧을 하기도 했다. 그들은 스타벅스 제품의 불매운동을 외쳤지만, 실제로 매장의 매출액에 큰 피해를 입히지는 않았다고 한다. 심지어 텍사스에서조차 스타벅스는 게이를 환영하는 분위기를 기업 이미지로 강조해 사람들이 많이 찾는 인기 커피숍이 되었다.

미국의 게이 지역 둘러보기

텍사스에 사는 게이들의 환경은 앞으로 어떻게 달라질 것인가? 나는 미국의 35개 주, 100여 개의 도시를 대상으로 조사를 했다. 게이에게 가장 우호적인 '게이버후드'가 어디인지도 분석했는데, 그 결과 휴스턴, 댈러스, 오스틴이 뽑혔다. 과거에는 주로 텍사스에 동성애 혐오 분위기가 팽배했는데, 지금은 그때와는 확연히 달라진 모습이다. 샌안토니오나 휴스턴에서 커밍아웃을 한다는 것은 스스로 왕따를 자청하는 것이나 마찬가지였다. 그래서 게이 커뮤니티도 조심스럽게 활동했고, 게이들이 모이는 공간도 드물었다. 그러나 이제는 달라졌다. 게이 바가 여기저기 생기고, 게이 프라이드, LGBT 영화제가 열린다. 현지에 있는 어떤 교회는 동성애자인 소교구 신자도 받는다고 한다. 더 놀라운 사실은 미국 인구 통계 결과, 동성애 커플 가운데 미국 남부 지방(루이지애나, 미시시피, 아칸소, 앨라배마, 텍사스주)에 사는 커플이 다른 지방에 사는 커플들보다 자녀 수가 더 많다고 한다. 백인 커플보다 흑인, 라틴계 커플의 자녀 수가 2배 가까이 많다. 우리가 가졌던 선입견과 달리, 동성애 커플의 생활 환경은 남부 지방을 중심으로 점점 나아지고 있는 것 같다. 백인 인구가 상대적으로 많고, 민주적인 분위기의 동부 연안 지방만큼이나 개선되고 있다니 놀라울 따름이다.

만약 우리가 미국 전체의 게이 지역을 지도로 그려본다면, 아마도 뉴욕의 게이버후드가 보여준 유형의 큰 그림과 맞아떨어질 것이다. 일단 첼시에서 그랬던 것처럼 그룹이 형성된다. 텍사스주가 그랬다. 처음에는 게이 바들이 서로 멀지 않은 곳에 다닥다닥 붙어 있는 형태를 띤다. 휴스턴의 몬트로즈 대로가 그랬고, 오스틴의 텍사스 주의회 근처의 4번가가 그랬다. 댈러스에서는 오크론 주변에 게이 바들이 형성되어 있었다. 왜 게이 바들은 서로 한동네에 모여 있을까? 텍사스주처럼 공화당 지지자가 많은 보수적인 지역에서 스스로를 보호하기 위한 방어책이었을까? 어쩌면 그래서였는지도 모르겠다. 미국에서 동성애 혐오자가 가장 많았던 텍사스주이지만, 지금은 그 주에 속하는 세 도시에도 민주당의 바람이 불고 있다. 실제로 미국 대도시들은 게이를 배척하지 않는 분위기다. 30년 전에 동성애자들은 고향인 켄터키주나 텍사스주를 떠나 자신의 배우자 및 자녀들과 편하게 살 수 있는 곳으로 이주했다. 루이스빌이나 샌안토니오에서는 '나는 두 아빠를 사랑해요I love my daddies'라고 적힌 티셔츠를 입고 자녀들이 돌아다녀도 마음이 편하기 때문이다. 한편으로는 게이 바들의 상권이 형성된 것이 효과적인 이윤 추구 때문일지도 모른다는 생각이 든다. 특히 휴스턴과 댈러스의 경우, 게이 구역이 쇼핑몰 중심부나 대형 업체(월마트나 반스앤노블) 주변에 형성되어 있다. 획일화된 스타일을 추구하는 공동체 정신의 비개성성은 조직화로 시작되기 마련이다. 이 방식은 서로에게 경제적인 이득을 주기도 한다. 예를 들어 기존에 있던 슈퍼마켓 주변에 비슷한 물건을 파는 가게를 열면 두 곳 모두에 '윈윈' 효과를 가져다주기도 한다. 게이 구역의 밀집도 어쩌면 이런 이유로 설명할 수 있지 않을까.

또 다른 집단의 형태는 바로 '빌리지village'를 형성하는 것이다. 대도시의 경우, 게이 타운이라고 해서 자기네끼리 집단 주거지를 형성하며 사는 것을 볼 수 있다. 도시 외곽으로 빠지는 것이 아니라 시내 한복판에서 말이다. 뉴욕의 그리니치빌리지가 대표적인 사례다. 시카고의 레이크뷰도 마찬가지다. (웨스트 벨몬트와 노스 홀스테드가 사이에 있는데, '보이스타운Boystown'이란 별칭으로 불리는 곳이다.) 그럼에도 불구하고 '빌리지' 유형은 샌프란시스코의 카스트로가 그 원조라고 할 수 있다. 1970년대부터 마켓가와 카스트로 지하철역을 기점으로 게이 타운이 자리잡은 명당이다. 10여 개의 게이 바와 여러 종류의 상권이 형성되어 있으며, 자치시의 결정으로 누드 거리까지 있을 정도다. 작가 아미스테드 모핀이 쓴 『도시 이야기Tales of the City』를 보면, 이곳의 신화적인 이야기들이 생생하게 담겨 있다. (비록 작가는 카스트로 구역 바깥에 살았지만 말이다.) 또 구스 반 산트의 영화 「하비 밀크Harvey Milk」의 배경이 된 곳이기도 하다. 오늘날에는 이곳에 카스트로 게이 박물관이 생겼다. 박물관 안에는 영화 「오즈의 마법사」를 특별 상영해주는 방도 있다. 카스트로 429번지는 영화 배경지의 아이콘으로 자리잡았다. 게이들이 함께 사는 '빌리지'와 '커뮤니티'의 참된 의미를 이해하기에 더할 나위 없는 곳이다. 1000여 명의 게이가 분장을 하고 길거리로 나와 춤추며 노래를 부른다. 주디 갈런드의 캐릭터인 도로시, 도로시의 강아지 토토와 서쪽의 사악한 마녀인 위키드로 분장한 게이들을 구경하는 재미도 쏠쏠하다! 뉴욕의 그리니치가 요즘 들어 좀 차분해졌다면, 지금은 카스트로가 퀴어와 트랜스젠더 문화의 절정을 이루며 핫플레이스로 급부상 중이다. LGBT 국제 모임 운동의 슬로건인 '지속적인 관용주의의 자매들Sisters of Perpetual Indulgence'의 활동지가 카스트로가로 옮겨간 셈이다. 이곳이 보여준 '빌리지'의 모델은 도시적이면서도 문화적 정체성을 확실하게 보여준다. 좀더 적은 수로 구성된 '그룹cluster' 형태는 '빌리지'보다 실용성과 비물질성을 추구하는 면이 강해서 '빌리지'와는 또 다르다. 게이들로 이루어진 '그룹'은 시내 중심인 구시가지에서 종종 멀리 떨어진 곳에 흩어져 있는데, 주로 대로나 고속도로, 대형 쇼핑몰이 있는 도시 외곽 또는 외곽보다 더 떨어진 반 전원 형태의 변두리에 형성되기 마련이다. (우리는 도시 가장자리를 '외곽suburb'이라고 표현하지만, 그 외곽보다 더 먼 범주를 '먼 교외exurb'라고 말한다.)

'그룹'과 '빌리지'에 이어 세 번째 모델로는 길거리를 주축으로 하는 '조직strip'을 들 수 있다. 대표적인 예가 로스앤젤레스의 웨스트할리우드 구역이다. 이곳에서는 샌타모니카 대로를 중심으로 게이들이 연이어 지나가는 모습을 볼 수 있다. 500미터쯤 되는 거리에 서른 개는 족히 되는 가게들이 즐비해 있다. 커피숍, 바, 서점이 그 거리 끝까지 이어져 있으며, 스타벅스가 중간에 끼어 있어 구획을 나누는 지표 역할을 한다. 이러한 '조직'의 형태는 워싱턴의 뒤퐁 서클이라고 하는 게이 구역에서도 마찬가지다. 코네티컷가에서 17번가까지 게이들이 자주 모이는 가게들이 길을 따라 자리하고 있다. 누가 뭐래도 빠질 수 없는 마지막 '조직'은 라스베이거스에서 찾을 수 있다. 게이 바를 포함해 유명한 게이 거리가 이곳에 길게 늘어서 있기 때문이다.

네 번째 모델은 '군집colony' 형태로, 주로 오래된 역사적 지역, 여름 휴가지로 인기 있는 해변가나 섬을 가리킨다. 섬이야말로 게이들이 가장 살기 좋은 장소로 꼽는 최고의 장소다. 보스턴에서 가까운 케이프곳에 있는 프로빈스타운을 비롯해 뉴욕에서 가까운 롱아일랜드의 파이어아일랜드를 꼽을 수 있다. 또 플로리다주의 남부 끝 쪽에 위치한 키웨스트도 해당된다. (마이애미 북부에 자리잡은) 포트로더데일이나 조지아주의 서배너도 예상외로 게이들이 '군집'을 이루며 모여 사는 지역이 되었다. 팜스프링스는 말할 것도 없는데, 이 지역은 전체 인구의 3분의 1이 동성애자다. 섬은 아니지만 캘리포니아주의 사막 한복판에 위치한 '군집'도 외따로이 형성된 게이 마을이다.

마지막으로 남은 모델은 지리적인 특성보다는 사회 문화적인 면과 정치적인 면에서 매우 흥미로운 형태로 살펴볼 수 있다. 나는 이 모델을 '대안적alternative' 모임이라고 말하고 싶다. 혹자는 이 모델에 '예술적' '아방가르드적' '이상적' 또는 '보헤미안풍의 부르주아'라는 수식어를 붙이고 있다. '젠트리피케이션'에 가장 가까운 모델로서 게이들이 모여 사는 구역이 중산계급화된 곳을 말한다. 원래는 무허가의 임시 거주지나 쇠퇴해가는 시내를 이르는 말에서 그 기원을 찾을 수 있다. (세인트루이스의 다운타운이나 캔자스시티, 보스턴의 옛 구역을 예로 들 수 있다.) 이유는 알 수 없지만, 이곳의 월세가 저렴하다는 이유로 게이들이 하나둘 모이면서 예술가와 창의적인 일을 하는 사람들이 자신의 터전으로 삼기 시작했다. 그렇게 '젠트리피케이션'은 시작되었다. 뉴욕의 이스트빌리지, 타임스스퀘어 근처의 헬스 키친, 윌리엄스버그와 브루클린의 덤보가 그렇고, 보스턴의 사우스엔드도 마찬가지였다. 1970년대만 해도 이곳은 불법 점거가 자행된 위험한 지역이었다. 그러나 게이들이 이주하면서 생명력을 되찾았고, 예술적인 분위기로 차츰 바뀌어나갔다. 그 결과, 월세가 다시 오르고 보헤미안풍의 부르주아들의 거주지가 되었다. 동성애자들은 미주리주의 세인트루이스 시내에서 그들만의 게이 구역을 이루며 살고 있다. 캔자스시티, 볼티모어, 필라델피아에서도 '대안적' 게이 구역이 존재한다. 게이 구역이 다운타운에 새로운 르네상스를 꽃피우는 데 일조하는 것이다.

미국 북부의 디트로이트도 '대안적' 게이 구역의 특징을 갖고 있다. 그러면서 소규모의 '그룹'들로 분리되어 있는 모습도 보인다. 이곳의 게이들이 자신을 다른 사람들과 차별화하는 지역 분위기를 우려한 데 따른 결과이기도 하다. 또한 이곳은 여전히 흑인을 대상으로 한 인종차별이 심한 편이다. 한편으로는 흑인 인구가 많은 도시임에도 불구하고 칸막이를 쳐놓은 것처럼 분리되는 현상이 있다. 백인들이 주로 모이는 게이 바가 따로 있기 때문이다. 에이트마일 로드 북쪽에 위치한 부촌 외곽 지역인 펀데일이 그렇다. 미시간주의 젊은 게이들은 흑인들의 게토로부터 멀리 떨어진 곳에 놀러 가 청춘을 만끽하며 즐거운 시간을 보낸다. 디트로이트 서쪽의 디어본이라고 하는 외곽 지역에는 백인 인구가 적고 서민 계층이 주로 모여 산다. 하지만 이 지역에도 게이 바가 몇 개 있다. 이곳은 포드 공장이 들어선 산업 지대다. 최근 몇 년 전부터 디트로이트에도 변화의 바람이 불었다. 게이를 위한 전용 가게들이 도심에 입주하기 시작한 것이다. 캐나다와 미국을 가르는 경계선 역할을 하는 디트로이트강에서 멀지 않은, 한때 암울했던 이곳은 과거 극빈자들의 게토이기도 했다. 하지만 게이 바가 하나둘 늘어난다는 것은 이곳에도 곧 상권이 형성될 거라는 긍정적인 신호로 해석된다.

결국 마지막 모델은 앞서 설명한 모델들과 차이점이 있으며, 현재 미국에서 점점 다른 모델의 영역을 침범하고 있다. 게이들은 한곳에 모이기보다는 무질서하게 퍼지는 형태를 추구하며 도시 전체에 뿔뿔이 흩어진 채 살고 있다. 이러한 도시 확장을 '스프롤sprawl' 현상이라고 한다. 애리조나주의 피닉스에도 게이 바들이 도시 안에 산발적으로 퍼져 있다. 어느 한 지역에 밀집되어 있기보다는 여러 도시의 외곽 지역(글렌데일, 템스, 스코츠데일)에 퍼져 있다. '그룹' '빌리지' '게이버후드'는 더 이상 유행이 아닌 듯 인구가 밀집된 지역에 서로 거리를 두며 여러 개의 게이 커뮤니티로 나뉘어 있다. 조지아주의 애틀랜타도 그랬고, 콜로라도주의 덴버도, 마이애미도 그랬다. (물론 마이애미비치는 빼고.) 나는 최근에 미국의 몇몇 도시에 게이 구역이 '스프롤' 현상을 따라 분산되어 있는 것을 확인할 수 있었다.

물론 이러한 현상이 미국의 다른 많은 도시에서도 뚜렷이 발견되는 것은 아니다. 동네마다 경쟁 구도가 있다보니 2000년대부터 가속화된 '스프롤' 현상이 일시적으로 몇몇 도시에 유행처럼 퍼진 것 같기 때문이다. 보스턴의 경우, 동성애자들 사이의 커뮤니티는 매우 강력해서 사우스엔드는 역사적인 게이 타운으로 길이길이 기억될 것이다. 대안적 게이 지역이 중산계급화로 재탄생했기 때문인데, 그곳을 떠나 다른 지역으로 이사 가길 원하는 동성애자들도 없지는 않다. 이들에게는 새로운 장소가 생겨났는데, 먼저 하버드와 MIT가 위치한 케임브리지 캠퍼스 학생촌이 있다. '자메이카 플레인Jamaica Plain'이라 불리는, 자녀가 있는 게이 커플이나 레스비언 커플들이 이곳에 정착해 산다. 또 집값은 비싸지만 매우 안전한 도체스터도 인기몰이 중이며, 보스턴 중심부에 자리잡은 비콘힐과 백베이 역시 세련된 동네로 게이들이 이사 가고 싶어하는 곳 중 하나다.

MIT에서 프로그램을 개발 중인 엔지니어 론 밀러가 말했다.

"매사추세츠주에서도 동성애 결혼 법안이 통과되면서 요즘 점점 더 많은 게이 커플이 결혼해서 아이를 입양하려고 해요. 그러다보니 사회적 통합이 예전보다 더 활발해지고 있습니다. 게이 타운에만 모여 사는 풍토는 이제 한물간 거죠."

게이 부부로 살고 있는 그는 사우스엔드에서 오래 거주했고, 곧 남편과 케임브리지로 이사를 갈 계획이라고 밝혔다.

로스앤젤레스에서도 상황은 다르지 않다. 게이들이 웨스트할리우드의 게토와 대안적 구역으로 세련된 동네인 실버레이크 및 에코파크 사이에서 망설이고 있기 때문이다. 그렇다면 시카고는 어떨까? 비슷했다. 레이크뷰와 보이스타운에는 기존의 전통적인 게이버후드가 유지되고 있지만, 좀더 북쪽으로 올라간 업타운과 중부의 루프 및 남부의 하이드파크에 흩어져 분포하는 양상을 띠고 있다. 샌프란시스코의 카스트로도 앞으로는 더 이상 게이들이 한곳에만 모여 살지는 않을 전망이다. 대다수의 게이, 레즈비언, 퀴어, 트랜스젠더들은 여전히 자신의 오랜 터전에 머무르고 싶어한다. 특히 경제적 여유가 있는 사람일수록 더 그렇다. 게다가 요즘엔 결혼하고 맞벌이 부부로 살면서 자식을 낳지 않는 딩크족Dink, Double income no kids이 많은데, 게이 커플이라고 해서 예외는 아니다. 서부 연안 지방의 게이 커플들 가운데 신흥 중산층으로 안락한 생활을 하면서 아이를 원하지 않는 커플들을 비꼴 때, 흔히 딩크족이라고 부른다. 반면에 월세도 겨우 내면서 카스트로 외곽, 소마, 미션 디스트릭트, 하이트애시버리, 로어헤이트('카스트로의 남동생'이란 별칭으로 불리는 곳으로, 카스트로에서 북쪽 방향으로 올라가면 나온다)에 사는 게이들도 있다. 또 오클랜드나 버클리도 게이들에게 평판이 좋은 지역이다. 카스트로의 뒤를 이을 제2의 게이버후드는 아직 없다. 어느 한 지역이 떠오르기보다는 여러 지역이 동시에 급부상했기 때문인데, 그만큼 게이들이 여기저기에 흩어져 산다는 증거다. 그런데 여기서 우리가 간과하면 안 되는 점은, 지금 이 시간에도 길거리에서 손을 잡고 걸어가는 게이 커플들이 미국 대도시에서 익명의 시민들에게 욕설과 공격을 받고 있다는 사실이다. 심지어 샌프란시스코에서도 말이다.

오늘날 미국의 인구 통계학이 증명하듯 지역마다 동성애 커플이 함께 사는 수는 지속적으로 증가하고 있다. 게이의 라이프스타일이 미국의 생활권으로 깊숙이 침투한 것으로 해석될 수 있다. 게이 타운은 이제 한 곳이 아닌 여러 곳에 흩어져 있으며, 이성애자들과 한동네에 사는 양상으로 변모하고 있다. 또 아이를 키우는 동성애자 커플이 늘어나면서 이들의 사회적인 통합이 현실이 되고 있다. 인터넷은 친구와 애인을 쉽게 만나도록 해준다. 따라서 게이 타운 밖으로 이주하는 현상을 더 가속화하는 원동력이 되었다. 2015년 6월, 동성애 결혼의 합법화는 이러한 변화에 쐐기를 박는 역할을 했다. 이제 미국에서 게이버후드와 '포스트게이'의 삶은 일반적인 문화가 되었고, 게토화는 이례적인 현상이 되어버렸다.

세계화된 게이버후드

세계 방방곡곡을 다니면서, 나는 미국 도시에서 나타난 현상이 전 세계 게이 타운에서 일어난 일들의 축소판이라는 결론을 얻었다. 오대주를 방문하면서 비슷한 유형들을 발견했는데, 그 모든 유형을 미국에서도 볼 수 있었기 때문이다. 먼저 '빌리지' '집단'(일종의 그룹화), '조직'(대로를 기점으로 여기저기 그룹들이 모인 형태), '군집' '대안적 모델' '스프롤'(분산된 형태)로 요약된다. 이외에도 어떤 국가에서는 다른 지역에서 볼 수 없는 특이한 형태, 매우 이국적인 현지의 풍토를 보이기도 했다.

　캐나다의 경제적 수도인 토론토에서 찾아간 게이 타운은 처치가를 중심으로 형성되어 있었다. 이는 '빌리지'에 가까웠는데, 역사적으로 중요한 이 구시가지에 게이와 레즈비언 커뮤니티가 형성되었고, 게이 바에는 무지개 깃발이 걸려 있었다. 근처 상점들도 게이에게 우호적이었다. 처치가에는 비타민을 넣은 칵테일인 약초 맛 칵테일을 판매하는 바가 있다. 또 '도시형 게이 카우보이'를 위한 스페셜 요리를 메뉴에 넣은 식당도 있었다. (나는 그 식당에서 들소 고기를 맛봤다.) 펫숍에서는 목줄을 맨 포메라니안을 데리고 나오는 트랜스젠더도 봤다. 그의 반려견들은 금색 원피스를 입고 있었다. 이 거리에 있는 정육점 주인도 게이, 안경점이나 치즈 가게 주인도 게이였다. 게다가 식료품점 안에 게이를 위한 무료 신문도 비치되어 있었다. 처치가를 걸으며 나는 동성애자를 위한 극장을 구경했다. 극장 이름이 '버디스 인 배드 타임 시어터'인데 극장 책임자인 브렌던 힐리는 다음과 같이 말했다.

"토니 쿠슈너나 래리 크레이머처럼 요즘 잘나가는 게이들의 작품을 레퍼토리로 공연하고 있습니다. 여기에 퀘벡 출신의 미셸 트렘블리도 빼놓을 수 없죠."

길을 따라가다보면 작은 공원이 나오는데, 거기에는 에이즈로 죽은 희생자들의 이름이 새겨진 추모비가 있다. 14개의 묘비가 둥근 아치를 이루며 세워져 있고, 해마다 고인의 이름이 추가로 새겨진다. (이 중에는 에어 캐나다에서 근무했던 유명한 승무원인 가에탕 뒤가도 포함되어 있다. 그는 에이즈로 사망한 최초의 동성애자 감염자로서 동성애자들이 에이즈를 옮기는 주범이라는 곱지 않은 시선을 한 몸에 받아야만 했다.) 게이의 라이프스타일은 세계 여느 도시와 마찬가지로 토론토에서도 당연히 볼 수 있다. 바에서 레이디 가가의 음악이 들리는 가운데 캐나다의 군주인 영국 여왕의 초상화가 한쪽에 걸려 있는 진풍경이 펼쳐진다.

처치가의 역사적인 게이 지역과 함께 최근 몇 년 전부터 떠오르는 두 번째 게이 지역이 토론토 서부에 위치한 퀸가 웨스트다. 예술가와 퀴어의 조합이라는 새로운 게이버후드가 형성되었는데, '게토'라기보다는 '포스트게이'에 더 가깝다. 전통주의를 강조하는 동성애 인권운동가들은 색다른 재미를 찾는 게이들의 대안적 공간이 된 이곳을 고운 시선으로 보지 않는다. 이곳이 공동체 의식을 강조하는 정신을 훼손시킨다는 이유에서다. 또한 이들은 처치가의 게이들도 비난하는데, '게토'를 강조하는 것이 너무 구식이라는 이유에서다. 이처럼 토론토에서는 여러 스타일과 세대 차이, 방식의 차이로 인한 갈등이 끊이질 않는다.

이번에는 퀘벡주의 몬트리올로 가보자. 이곳의 핫플레이스는 생트

카트린 거리로, 한가롭고 평온하며 무사태평한 분위기의 동네다. 이 지역은 '빌리지'에 가깝다. 여름이 되면 이 거리는 도로변까지 사람들로 가득 차는데 길거리에까지 세팅해놓은 테라스 테이블과 의자로 발 디딜 틈이 없다. 동성애자 커플들은 자녀들과 함께 산책을 즐긴다. 게이에게 우호적인 현지 경찰은 자전거로 순찰을 돈다. 경찰들이 하나같이 몸도 좋고 잘생긴 까닭에 사람들이 게이 빌리지에 걸맞은 경찰을 뽑은 건 아닌지 궁금할 정도다. 이 구역은 프랑스어권이기에 프랑스어로 된 간판들이 곳곳에 걸려 있다. 슈퍼마켓과 세탁소의 명칭도 프랑스어로 적혀 있는데, 역시나 무지개 깃발이 걸려 있다. 이곳 게이의 라이프스타일 역시 미국 문화로부터 영향을 받는 것은 맞지만, 현지인들은 주로 프랑스어를 구사한다. 커피숍인 세컨드 컵스는 퀘벡의 스타벅스로 착각될 만큼 비슷하게 생겼다. 바에서는 영어권 음악이 흘러나오고, 평면 스크린 화면으로 미국 문화의 아이콘들이 보인다. 좀더 다양한 문화를 향유하고 싶다면 생트카트린 거리에서 남쪽으로 내려가 지하철역 베리에서 내리면 된다. 그곳은 반反문화의 종착지로, 길들여지지 않은 야생적인 게이들을 만날 수 있다. 펑크 스타일의 레즈비언 소설 『길 위에서On the road』를 너무 많이 읽은 듯한 이성애자나, 집이나 오갈 데 없이 방황하는 이들은 여기 다 모여 있다. 수첩을 들고 글을 끄적거리는 나를 본 어떤 행인이 프랑스 억양으로 말을 건넸다.

"당신 경찰이오?"

나는 대답했다.

"아뇨, 파리에서 왔어요."

'빌리지' 유형으로 게이버후드가 형성된 곳은 파리와 런던에도 존재한다. 바로 파리, 생트크루아드라브르토느리 거리를 중심으로 한 마레 구역이다. 또 런던은 소호 스퀘어와 올드 콤프톤 거리 주변의 소호가 대표적이다. 벨기에 브뤼셀에도 게이 구역이 있는데, 그랑플라스 근처(마르세오샤르봉 거리)에 있다. 스페인 마드리드의 추에카 구역 역시 게이들이 모여 사는 '빌리지' 유형이다.

시내 중심부에 위치한 추에카는 유동 인구가 많고 다양한 인종이 섞여 있는 곳이다. 게이들은 주로 광장의 타파스 바와 와인 바에 모여 술을 즐기면서 긴 시간을 향유한다. 겨울에는 광장에 크리스마스 마켓이 열리는데, 게이들은 노천카페인 보헤미아, 비밥, 베르도이 세르베세리아에 모여 휴식을 취한다. 또 여름이 되면 광장은 LGBT의 연극 무대를 보는 것처럼 화려하게 변한다. 형형색색으로 몸을 치장하며 열정을 뿜어내는 사람들로 가득하기 때문이다. 이곳의 겨울에는 12월에 보기 힘든 아이스크림 장수도 인기가 사그라질 줄 모른다. 추운 겨울이 되면 맛보기 어려운 음식도 이곳 광장에서는 쉽게 즐길 수 있다. 과일을 산처럼 쌓아두고 지나가는 단골손님을 유혹하는 가게들이 늦은 시간까지 불을 켜놓고 있다. 겨울이 되어도 밤은 끝나지 않는다. 여름에는 해가 오랫동안 떠 있어 사람들은 야외에서 늦게까지 시간을 보낸다. 심지어 자정에 저녁을 먹고 밤 문화를 즐기러 나올 정도다.

그리니치빌리지가 그랬듯, 게이 전용 서점들이 지금은 LGBT 기념품 숍으로 바뀌는 추세다. 무지개 색깔의 욕실 타월, 발기한 남자 성기를 형상화한 성인 용품, 게이를 연상시키는 이미지의 추파춥스 사탕까지. 거기에 영화와 드라마 DVD까지 있는데, 「퀴어 애즈 포크Queer as Folk」라는 드라마가 절찬리에 판매되고 있다. 하지만 게이 서점이 모두 사라진 것은 아니다. 영어 간판으로 된 '디퍼런트 라이프A Different Life'란 이름의 서점에 들어가니, 여기에도 무지개 색깔의 황소 장식품이 진열되어 있었다. 추에카에 사는 스페인 사람이라면 십중팔구 게이일 것이다.

그렇다면 신흥 공업국가의 상황은 어떨까? 이 국가들은 현재 '그룹' 모델을 따르는 경향을 보인다. 아무래도 게이버후드의 역사가 선진국보다 오래되지 않았고, 전통보다는 실용주의를 더 선호하기 때문에 서로 가까운 멤버끼리 우선적으로 그룹을 형성하는 것을 선호하며 안전하다고 여길 것이다. 리우데자네이루의 이파네마나 상파울루의 아로셰 광장 주변이 그렇다. 브라질의 이 두 도시에는 비좁은 구역을 중심으로 많은 게이 바가 모여 있다. 게이들은 관광지 안에 게이 바가 있는 것을 불만스러워하는데, 대표적인 예가 리우데자네이루의 코파카바나 광장이다. 레인보우 피자리아Rainbow Pizzaria라는 별칭을 얻은 작은 점포는 코파카바나 광장 건너편에 있지만 인기가 좋다. 사실 이 광장에는 동성애자보다는 이성애자 수가 훨씬 많다. 반면에 이파네마에 있는 광장, 정확히 말하면 비스콘데 파라자와 팜데모에두, 이 두 거리 위쪽에는 브라질 출신의 게이들이 떼로 모여 있다. 게이들이 비타민이나 당분이 들어 있는 이국적인 생과일주스를 맛보는 곳이다. 이것은 유럽에는 잘 알려지지 않은 아마존의 열대 과일로 만들어진다. 또 이파네마의 토네마이 바를 비롯해 밤새 음악이 끊이질 않는 볼거리 가득한 클럽인 더 위크, 라운지 00가 있으며, 시내에서 서북쪽으로 더 가면 도시 외곽에 자리잡은 데카당스한 분위기의 클럽 1140이 브라질 게이들을 환영한다. '포스트게이'의 전형적인 클럽으로는 에스파수 아쿠스티카가 있다. 이 도시에서도 게이들의 혁명이 현재진행형이다. 게이들은 스스로의 경제력과 정치적인 힘을 인정하며 자신들도 해방될 수 있다는 긍정적인 승리에 환호하고 있다. (브라질 대법원은 2013년, 동성애 결혼 법안을 통과시켰다.) 브라질에서는 여전히 사회 갈등과 차별적인 폭력이 존재한다. (동성애 혐오자들의 범죄 발생 건수가 여전히 많은데 2012~2016년에 1600명의 LGBT가 목숨을 잃었다. 게이 혐오자들이 그들을 공격한 것이다. 브라질에서는 지금도 매일 동성애자를 겨냥한 범죄가 발생하고 있다.) 동성애자들의 사회적 지위가 향상되면서 유명인의 대열, 즉 브라질의 'C 클래스'라고 하는 신흥 부자에 속하게 되는 것을 매우 자랑스럽게 여기는 현시점에서 이러한 범죄 사건은 찬물을 끼얹는 격이다. 룰라 대통령이 말한 '창조 경제'를 활성화시킬 일반적인 중산계층에 동성애자들도 함께하게 되었다. 상파울루의 비토리아 거리에 있는 바에 가면 계절에 관계없이 대형 스크린으로 축구 경기를 볼 수 있다. 이곳에서는 동성애자, 이성애자 모두 똑같은 사람이란 인식이 이미 일반화되어 있기 때문이다.

브라질 게이 사이트 중 가장 규모가 큰 믹스브라질MixBrazil의 창립 멤버인 안드레 피셰르는 이렇게 얘기했다.

"우리는 상파울루를 최초의 본거지로 삼았어요. 브라질 게이의 진정한 수도는 바로 이곳이랍니다. 리우데자네이루는 관광지이고, 게이 타운은 이파네마에만 작게 밀집되어 있지요. 그곳은 여기보다 더 보수적입니다."

결국 각 나라의 게이 커뮤니티는 그 국가의 세계화를 요약해주듯,

자기만의 방식으로 정의되고 있다. 우리는 브라질이 물질적인 풍요와 다양성의 측면에서 볼 때, 라틴아메리카의 선두 주자로서 부인할 수 없는 자리에 오르고 있는 현장을 목격할 수 있었다.

멕시코시티는 게이버후드가 소나 로사 구역에 몰려 있다. 이곳은 지하철역으로 따지면 인수르헨테스 역에서 가깝다. 멕시코의 게이들은 이 지역을 거닐 때면 손을 잡고 다닌다. 수많은 게이 바가 암베레스, 플로렌시아와 헤노바 거리에 위치해 있다. 스타벅스가 이 동네에 여섯 곳이나 있고, 게이들이 주로 모이는 식당과 서점들이 순리대로 상권을 차지하고 있다. 이곳 게이들은 북쪽 나라, 즉 미국을 선호한다. 심지어 어떤 바들은 대놓고 이름을 영어로 지었다. 프라이드Pride, 블랙 아웃Black Out, 플레이 바Play Bar, 레인보우 바Rainbow Bar, 42번가42nd Street 등이다. 물론 영어가 아닌 라 가이타La Gayta, 마초 카페Macho Café, 파피Papi와 같이 현지어로 된 바들도 있다. 나는 게이 서점인 엘 펜둘로El Péndulo에서 '프리홀'이라고 하는 블랙 까치콩으로 퓌레 수프를 만들고 있는 멕시코 남자 알레한드로를 만났다. 그는 이렇게 말했다.

"이 구역만큼은 모든 사람이 당신을 환대할 겁니다. 반면 멕시코의 다른 지역으로 나가면 게이들은 이곳에서만큼 대우를 받지 못할 거예요."

하지만 멕시코시티 안에는 이곳 말고도 '그룹' 유형에 속하는 지역이 있다. 시내에 위치한 센트로 히스토리코인데, 칼레 레푸블리카 데 쿠바 거리 주변에 위치해 있다. 이곳은 앞서 설명한 구역보다 더 최근에 형성되었고, 더 대중화된 분위기다. 칸타 바에는 노래방 시설이 갖춰져 있는데, 남성들이 주로 찾는 카바레식 술집으로 저렴한 음식과

테킬라를 판매한다. 비에나라는 바는 미국 서부의 카우보이들이 드나드는 바와 분위기가 비슷하다. 사람들은 술집에서 살사를 추고 글로리아 에스테판, 루이스 미겔, 루시아 멘데스(톱모델 출신 가수이자 배우)의 음악을 듣는다. 오아시스라는 바에서는 유행가 경연 대회까지 열린다. 사람들은 주로 도니체티의 오페라인 「람메르무어의 루치아Lucia di Lammermoor」에 나오는 노래를 따라 불렀다. 이곳 게이들은 홀리오처럼 멕시코풍 모자를 쓰고 자기 차례가 되면 노래를 불렀는데, 어떤 사람은 '란체라Ranchera'라고 하는 멕시코 전통 가요를 불렀다. 살롱 엘 마라케시에 가면 영어권 음악과 멕시코 음악이 번갈아 흘러나온다. 또 대형 스크린에는 언더그라운드 영화, 여장 남자 디바인이 극중 인물로 나오는 「핑크 플라밍고」가 상영되고 있다. 길거리에서는 가판대 상인들이 한 갑에 4페소짜리 담배를 팔고 있다. 한 지역의 물가를 알 수 있는 척도는 바로 담배다.

멕시코시티에서 가장 부유한 고객층은 콘데사나 파세오 데 라스 팔마스와 같은 가장 핫한 클럽에서 밤을 보낸다. 상류층의 향락을 누리는 게이들은 잡지 『뷔통Vuitton』을 읽고 카르티에 부티크를 찾는다. 엔비에서 뜨거운 밤을 보내는 동안 수백 명의 손님은 저마다 치장을 하고 변신을 한다. 루이 16세로 변신한 게이는 단두대에 처형당하는 퍼포먼스를 선보이고, 길이 3미터의 롱드레스를 입은 신부도 등장한다. 어떤 레즈비언은 멕시코가 낳은 세계적인 화가 프리다 칼로의 프레스코 벽화에서 튀어나온 것처럼 화려하게 변장을 하고 등장했다. 온갖 종류의 동물을 흉내 낸 손님들은 남녀 가리지 않고 셀 수 없을 정도로 많았다. 게다가 드래그 퀸도 꽤 많았다. 자연의 피조물 중 이보다 더 멋진 미남이 있을까 싶은 리키 마틴을 닮은 게이도 보였다. 나는 이국적인 동물이 가득한 정글에 들어온 듯한 인상을 받았다. 한편으로는 이들이 과거 광란의 해를 보낸 파리의 피갈 거리의 게이들과 흡사하다는 생각도 들었다. 멕시코시티에서 목격한 파티 장면은 마이애미, 마드리드, 심지어 파리를 대체할 정도로 엄청났다. 오늘날 멕시코와 브라질의 게이들은 다른 신흥 공업국들과 마찬가지로 격렬한 터닝 포인트를 맞고 있다.

전 세계에 살고 있는 게이들이 어떻게 모여 지내는지 그 유형을 살펴보면, '그룹'이라는 소집단에서 시작해 점차 발전해가는 것을 알 수 있다. 여전히 '그룹' 형태를 고수하고 있는 도시가 어디냐고 물으면 갑자기 말문이 막힐 정도로 요즘에는 많이 발전하고 있다. 하지만 대한민국의 서울은 아직 '그룹' 형태를 고수하고 있다. 이태원의 경사진 언덕길에 게이 바가 모여 있는데, 좁은 두 길을 사이에 두고 이들은 작은 '그룹' 형태로만 존재한다. 로마도 콜로세움 근처 산조반니 인 라테라노 거리에 가면, 이탈리아의 대표적인 게이 바로 알려진 커밍 아웃 Coming out이 어렵게 시의 허가를 받아 영업 중이다. 로마 역시 '그룹' 형태로 존재해서 게이 커피숍들이 서로 가까운 데 옹기종기 모여 있다. 눈에 잘 띄지는 않지만 나폴리에도 소규모 게이 커뮤니티가 형성되어 있다. 지하철역 단테에서 가까운 환상적인 벨리니 광장을 끼고 작은 '그룹' 단위로 모여 있다. 나폴리 사람들에게 '피콜로 게토'라는 별칭으로 불리는 이곳은 '군집'에 가까운 '그룹'이라고 할 수 있다. 또 다른 해안 관광지에 조성된 '군집' 형태의 지역은 바로 멕시코 서부에 위치한 푸에르토 발라타이다. 게이들은 휴가를 보내기 위해 매년 여름 태평양을 마주한 이 해안 도시를 찾는다.

콜롬비아는 라틴아메리카에서 불평등이 가장 심한 국가 중 하나다. 보고타에서는 게이들이 자주 모이는 장소를 두 '그룹'으로 구별할 수 있다. 첫 번째는 가격이 상대적으로 싸지만 치안이 불안정한 대중화된 게이 지역이다(아베니다 프리메로 데 마요 주변). 두 번째는 좀더 세련되고 예술가들이 모이는 '대안적' 모델의 전형으로 활성화된 '그룹' 형태를 띤다(차피네로). 전자에서는 매우 대중적인 게이 문화를 엿볼 수 있다. 동성애자들이 살사, 메렝게, 바예나토와 같은 라틴 댄스를 추는가 하면, 라틴아메리카에서 쉽게 접할 수 있는 레게톤을 즐기는 모습도 구경할 수 있다. 보고타의 차피네로에 위치한 푼토 59에 가면 멕시코풍 모자를 쓰고 멕시코 전통 음악인 란체라에 맞춰 춤을 즐기는 사람들을 볼 수 있다. 라틴아메리카에 있는 게이 클럽 중 규모가 가장 크다는 테아트론이 바로 차피네로에 있다. 여러 층으로 10여 개의 바가 나뉘어 있으며 주말마다 1000여 명의 사람이 이 대형 클럽을 찾는다. 문을 연 지는 15년이 되었고, 콜롬비아의 불안정한 치안 때문에 안전 요원들의 경비가 삼엄한 편이다. 입장료는 현지 물가로 치면 꽤 비싸지만(2만5000페소로 몇십 유로에 해당), 클럽 안으로 들어가면 다양한 부류의 사람을 만날 수 있다. 게이들이 완전한 자유를 만끽할 공간인 것이다. 1층에는 일반적인 클럽에서 볼 수 있는 큰 무대가 있고, 2층으로 올라가면 바깥과 연결된 야외 테라스가 펼쳐지면서 현지 드라마에 출연한 인기 스타들의 사진이 벽에 도배되어 있다. 형형색색으로 장식된 작은 내부 룸이 10여 개 있으며, 화려한 조명들은 눈부실 정도다. 한쪽에는 당구를 치고, 미친 듯이 노래를 부를 수 있는 노래방 시설까지 마련되어 있다. 현지 레게톤 장르에 맞춰 춤을 출 수 있는 곳도 있다. 심지어 차분한 분위기에서 쉴 수 있는 커피숍까지 갖춰져 있다. 하지만 게이들은 이곳을 자주 찾는 보헤미안풍의 부르주아 계층 동성애자들을 비속어로 비아냥거리듯 놀리기도 한다. 너무 갑작스럽게 사회적 신분이 상승한 게이 부르주아 계층을 스페인어로 '마리콘maricón'이라고 부른다. 하지만 일부 사람의 삐딱한 시선에도 불구하고 콜롬비아는 2016년에 동성애 결혼 법안을 통과시켰다.

'그룹'이 아닌 이 길에서 저 길로 옮겨지는 좀더 광범위한 '조직'의 형태로 게이 구역이 활성화된 곳이 어딘지 묻는다면, 싱가포르를 들 수 있다. 동성애 혐오 풍토가 여전히 강하며 사회 분위기가 아직 자유롭지 못한 이 나라에서 그나마 상대적으로 게이들이 자유를 느낄 수 있는 곳은 바로 네일 로드다. '스프롤' 현상이란 게이 그룹이 여러 지역에 뿔뿔이 흩어져 있는 것을 말하는데, 이 말은 사실 미국 외곽 지역들의 특징적인 발전에 국한된 용어이기 때문에 다른 나라에 그대로 적용하는 데는 한계가 있다. 많은 나라의 수도가 그렇듯, 같은 도시라 하더라도 그 안에는 당연히 여러 게이 구역이 존재하기 마련이다. 꼭 도시 외곽으로 이전되지 않더라도 말이다. 대표적인 사례로 홍콩을 들 수 있다. 중국의 한 도시인 홍콩은 게이 구역이 여기저기에 흩어져 있다. 이러한 현상은 아르헨티나의 부에노스아이레스도 마찬가지다. 라틴아메리카에서 게이에게 가장 우호적인 성지라 할 수 있는 이곳에서는 게이에게 우호적인 가게를 이 구역 저 구역 할 것 없이 골고루 찾을 수 있기 때문이다.

다시 유럽으로 돌아가 암스테르담은 어떨까? 이 도시에서는 특이한 현상이 눈에 띄었다. 미래의 새로운 모델을 암시라도 하듯 '그룹'의 수가 급속하게 증가하고 있는 것이었다. 서로 다른 거리들에 산발적으로 게이 구역이 형성되었는데, 이렇게 수가 많은 것은 보기 드문 현상이었다. (바르무스트라트, 스파위스트라트, 헤홀리르스드바르스, 제이데이크, 케르크스트라트 거리가 이에 해당된다.)

암스테르담에 머물 때, 보리스 디트리흐라는 현지에서 유명한 국회의원에게 인터뷰를 요청했다. 그는 2001년 초반에 동성 결혼 합법화를 위한 운동에 적극 동참했는데, 과거의 모습이 사라지는 것에 대해 아쉬워하며 이렇게 말했다.

"예전에는 게이 커뮤니티가 똘똘 뭉치는 경향이 강했어요. 그런데 이제는 너무나 일반적인 문화로 통속화되면서 게이끼리 뭉치는 것이 아니라 개인적으로 흩어져서 활동하는 양상입니다. 톨레랑스와 타인에 대한 수용이 일반화되면서 일어난 예상치 못한 결과라고나 할까요. 암스테르담의 게이 구역은 여느 동네와 별 차이가 없어졌어요. 젊은 게이들은 이제 어디를 가도 환영받기 때문에 굳이 게이 바를 찾는 것을 오히려 싫어하게 되었답니다. 지금은 어느 바를 가도 동성애자를 반기는 분위기니까요."

그와의 인터뷰를 마칠 무렵, 그는 아이러니하다는 듯 마지막에 이렇게 덧붙여 말했다.

"역설적으로 들리겠지만, 이제 암스테르담은 게이들이 아니라 이성애자들이 빨간 불빛 아래 홍등가에서 자기네만의 게토를 만드는 도시가 될지도 모를 일이죠."

앞서 이야기한 '스프롤' 현상의 거리상의 폭을 좀더 넓힌다면, 이스라엘의 텔아비브를 적절한 예로 들 수 있다. 이곳에선 몇 년 전 바젤 거리 주변으로 게이 구역이 형성되었다. 그러나 지금은 이곳에 국한되지 않고, 텔아비브의 알짜배기 구역인 로스차일드 대로에 게이들에게 우호적인 상권이 형성되어 있다. 나는 그곳에서 자녀들과 함께 지나가는 게이 커플을 많이 목격했을 뿐만 아니라, 정통 유대교도들도 봤다. (게이들에게 덜 관용적인 예루살렘에서는 기존에 볼 수 없었던 새로운 모습이다. 2015년 6월에 정통 보수파 유대교도가 게이 프라이드에 참여한 동성애자 6명에게 무차별로 칼을 휘둘러 1명이 사망하는 사건도 있었다.) 이스라엘 관광청과 텔아비브시 관계자는 이미지를 쇄신하기 위해 유럽인, 미국인 LGBT 관광객을 유치하기 위해 힘썼다. 이들은 다양한 홍보물을 제작해 에로틱한 동성애적 이미지를 강조했으며, 텔아비브가 '게이들이 가장 사랑하는 휴양지'로 인식될 수 있도록 홍보 동영상까지 제작했다. 이런 마케팅 전략은 이스라엘의 브랜드 가치를 세계화 속에서 향상시키기 위한 목적에서 비롯된 것이다. 이스라엘 관할 당국은 히브리어를 쓰는 자국의 이미지를 좀더 현대적인 나라, 젊고 개방적인 나라로 만들기 위해 애썼다. 결과적으로 나는 그 변화된 모습을 텔아비브에서 직접 확인할 수 있었다. 실제로 게이들을 환영하는 커피숍을 정말 많이 봤기 때문이다. 이 나라의 특이한 문화 하나는 하루 중 커피 마시는 시간을 매우 중요시한다는 것이다. 삶의 중요한 공간인 커피숍은 애인을 찾아 헤매는 야밤의 바와는 분위기가 사뭇 다르다. 이곳은 친구들이 모여 각자의 성 정체성과 상관없이 담소를 나누며 친분을 즐기는 공간이다. 커피숍 안에서는 모든 것이 긴장감 없이 부드럽게 유동적으로 흐른다. 게이들은 텔아비브 어디서나 내 집처럼 편안하다는 인상을 받는다. 즉, 사회적 통합이 잘되어 있는데, 바와 클럽도 마찬가지로 게이에게 매우 우호적이다. (프리쉬만 대로, 벤 예후다 거리, 플로렌틴 구역, 간 메이어 공원 근처를 말한다.) 심지어 게이 전용 커피숍 및 식당들의 주인과 상호는 수시로 바뀌며 인테리어나 콘셉트가 바뀌기까지 한다. 게이 손님들의 수요 변화 때문이 아니라 아무래도 부동산 시세와 사업 아이템의 변화에 따라 가게들도 변화를 시도하는 것 같다. 텔아비브의 게이들은 저녁 시간이 되면 이성애자들이 모이는 곳에서 함께 시간을 보낸다. 매주 똑같은 곳을 찾는 것은 아니고, 격주로 장소와 테마를 바꿔가며 색다른 파티를 즐기는 분위기다. 텔아비브에서 만난 이스라엘의 주요 일간지 『하레츠』의 편집장인 베니 지퍼는 이렇게 말했다.

"사실 텔아비브의 게이들은 어떤 고정된 라이프스타일을 갖고 있지 않아요. 이스라엘 사람들이 동성애를 인정하면 할수록 게이들은 게토에서 나와 도시 곳곳에 흡수되는 성향을 보였거든요."

그러나 이스라엘의 톨레랑스가 과연 완벽할까? 허점이 있지는 않을까? 실제로 2009년 젊은 게이들이 자주 찾는 나마니 거리의 유스 바에서 살인 사건이 발생했다. 언론에서 대대적인 보도를 하지는 않았지만, 2명이 죽고 6명이 중상을 입은 사건이었다. 이렇게 게이 커뮤니티가 범죄의 표적이 되는 것은 숨길 수 없는 사실이다.

부에노스아이레스에시 텔아비브, 암스테르담에서 런던까지 살펴본 결과, 공통적으로 발견되는 특징이 하나 있다. 어느 한 도시가 게이에게 우호적일수록 그곳의 게이들은 뿔뿔이 흩어지며 도심 안으로 흡수되는 경향을 띤다. 또 그 도시 사람들의 톨레랑스가 약할수록 게이들은 '빌리지'와 '그룹' 형태를 선호한다.

마지막으로 세계 다른 곳에는 존재하지 않고 유일하게 한 지역에서만 발견되는 매우 특이한 모델 하나가 남아 있는데, 이 형태야말로 진정한 '게토'라고 할 수 있다. 바로 방콕의 실롬 구역이다. 두 개의 작은 길, 실롬 소이 2가와 실롬 소이 4가는 게이들이 밤 문화를 즐기는 핫플레이스다. 이곳은 경비가 삼엄해서 누구나 쉽게 출입할 수 있는 곳은 아니다. (실제로 금속 물건을 소지하고 있지는 않은지 확인하고자 안전 검색대를 통과해야만 출입할 수 있다.) 반면에 타이완의 타이베이에 위치한 레드 하우스는 시내 서쪽, 단수이강에서 가깝다. 고대 극장이 현지 문화센터로 재탄생했는데, 성벽으로 둘러싸인 구역이다. 50여 개의 게이 바가 문을 연 이곳은 대부분 2층으로 된 노천 가게다. 도심에 위치하면서도 외곽에 있는 듯한 분위기를 물씬 풍기는 이 구역에 수백 명의 게이가 바삐 오가고 있었다. 날씨가 더워서인지 대부분 반바지 차림이었는데, 컨버스 단화에 애버크롬비앤피치 티셔츠를 입는 것도 서양과 다르지 않다. (이곳은 아열대 기후인 데다 습도가 엄청나게 높다.) 솔 카페, 파라다이스, 게이다, 카페 달리다에 들어가면 (현지 아이돌 그룹의 노래가 대부분인) 타이완 노래가 흘러나온다. 그런 뒤 중국 인기 가요에 이어 영국 음악을 들을 수 있다. (내가 찾아갔던 날 저녁에는 콜드플레이와 로드 스튜어트의 음악을 들을 수 있었다.) 작은 안뜰을 지나 이 바에서 저 바로 자리를 옮겨도 들려오는 음악은 비슷했다. 지겹도록 듣는 레퍼토리에 질릴 만도 한데 선곡에는 영혼이 별로 담겨 있지 않아 내 귀에는 소음처럼 들리는 순간도 있었다. 역시나 이곳에도 무지개 깃발은 휘날렸다. 타이완 사람들은 그들의 국기보다 동성애자를 상징하는 무지개 깃발을 더 감격스럽게 바라보는 듯했다. (타이완의 중화민국 국기는 빨간색이 기본 바탕을 이루며 한쪽 모퉁이의 파란색 영역 안에 태양이 그려져 있다.) 두 상징 모두 타이완의 불완전한 자유를 나타내고 있다. 두 바 사이에는 길거리 점포들이 길게 늘어서 있었다. 타이완 장인들이 만든 수공예품 시장부터 길거리 음식을 파는 포장마차, 우롱차 찻잎을 파는 상인들이 보였다. 건물 위층에는 미용실과 네일아트숍, 타투 숍이 있었다. 핫플레이스에서 살짝 떨어진 곳에는 노래방과 게이들이 자주 찾는 베어 바가 있었다. 하지만 이곳 사람들은 앙증맞게도 '곰'보다는 '판다곰'이라고들 부른다. 타이완 게이의 라이프스타일은 미국 스타일과 흡사했다. 이곳에서 본 어떤 커피숍 입구에는 영어로 대문짝만 하게 '해피 게이 라이프 인 타이완Happy Gay Life in Taiwan' 이란 문구가 쓰여 있었다.

게이의 미국식 라이프스타일이 전 세계에 미치는 영향은 강력하다. 그러면서도 국가적인 특징, 지역적인 요소들이 자국의 특징으로 자리 잡고 있기도 하다. 미국 내에서도 도시별로 천차만별이지 않았던가! 시카고의 '보이스타운'으로 불리는 레이크뷰는 미국식 게이 라이프를 풍자한 축소판이라 할 수 있을 정도로 그 특징이 그대로 드러난다. 당신이 찰리에 가서 하룻밤을 보낸다면 이 말이 무슨 뜻인지 이해할 것이다. 이 바는 할스테드 거리에서 가까운 노스 브로드웨이에 있다. 요즘 라인 댄스의 명성으로 더 유명해진 곳이다. 라인 댄스란 본래 카우보이들이 열을 맞춰 서로 마주보며 추는 춤이다. 컨트리풍 노래가 흘러나오면 급격한 리듬에 맞춰 안무를 따라 한다. 그 광경은 보는 이로 하여금 감탄을 자아낸다. 나는 오스틴, 디트로이트, 지퍼스, 처치가,

토론토의 여러 바에서 라인 댄스를 추는 게이들을 구경한 적이 있다. 이 지역의 동성애자들은 세계화된 게이 문화만 고집하지 않고, 현지의 고유한 음악, 특히 전통 음악을 고수하려는 경향을 보인다. 그러면서 도 여러 장르의 음악과 춤을 그들이 좋아하는 고유 음악에 접목시키면 서 새로운 변주곡을 만들어낸다. 그렇게 탄생한 장르가 매디슨, 샌프 란시스코 스톰프, 카우보이 부기, 넛부시와 마카레나다.

이와 비슷한 현상은 부에노스아이레스에서도 일어난다. 탱고 음악 에 푹 빠진 게이들이 저녁 파티 때 자신들이 좋아하는 탱고를 즐기기 위한 이벤트 파티를 주최하는 것이다. 산텔모 구역의 인데펜덴시아 거 리에 자리잡은 라 마르샬이 그렇다. 게이들은 매주 여러 차례 이곳에 모여 탱고를 배운다. 내가 바에 찾아간 날, 마침 탱고 강사가 수업을 진행하고 있었다. 파트너의 다리 사이에 발을 놓는 방법과 턴 자세를 가르쳤다. 춤을 배우는 사람들은 대부분 덩치가 있고 건장했다. 게이 들이 추는 탱고는 이성애자 커플이 추는 탱고보다 훨씬 더 격렬해 보 였다. 주말마다 게이 커플들은 엘 베소나 카사 브란돈 같은 클럽에 가 서 일취월장하는 자신의 탱고 실력을 자랑스럽게 뽐낸다. 디스코와 록 음악도 게이들이 좋아하는 장르이지만, 탱고의 장점은 둘이 함께 즐길 수 있는 음악이라는 것이다. 그래서 게이 커플들은 아르헨티나의 상징적인 춤인 탱고를 커플 춤으로 받아들였다. 그러면서 갑자기 너도 나도 탱고를 배우는 열풍이 불기 시작했다. 아르헨티나 국민에게 한결 같은 사랑을 받고 있는 탱고가 이제는 동성애자들의 마음을 사로잡는 주 관심 대상이 된 것이다.

난징(베이징과 상하이 사이에 있는 중국 대도시)에 있는 게이 바, 예산

텅에 갔을 때는 게이들이 중국의 전통 놀이인 주사위 놀이를 즐기고 있었다. 게임에서 진 사람은 벌주로 독한 술을 원샷하기도 했다. 한쪽에는 현지 맥주를 마시는 손님들이 있었는데, 맥주 맛이 물맛이었는지 나와 동행한 현지인 사오화가 이렇게 말했다.

"이 나라에는 완벽한 진짜가 하나도 없다니까요. 심지어 맥주에도 물을 탈 정도니. 부패가 일상화된 나라입니다."

바에서는 미국 음악이 거의 들리지 않았다. 중국 현지 음악과 타이완 음악, 황샤오후와 같은 요즘 인기 있는 가수의 히트곡이 흘러나왔다. 또 여장 남자의 퍼포먼스와 예술가들이 나와 중국식 오페라를 선보였다. 고대 왕조 시기의 어느 황제의 노래를 부르는가 하면, 두터운 화장을 한 배우들이 나와 발리우드의 유명한 소절을 불렀다. 공연을 같이 보던 사오화와 루, 로빈과 산은 서로 번갈아가며 내 앞에서 하소연을 했다. 이들은 그날 나와 함께 저녁 시간을 보낸 4명의 현지 대학생이다. 이들이 한목소리로 외치는 불만 섞인 대화의 내용은 대략 다음과 같다.

"우린 이제 저런 거라면 질색이에요! 촌스러운 구식 공연은 더 이상 보고 싶지 않다니까요! 근육질의 진짜 남자들이 무대에 올라왔으면 좋겠어요! 저런 여장 남자 말고요!"

하지만 말은 그렇게 해놓고서 귀가하기 전, 이들은 한 명씩 무대에 올라 자신의 애창곡을 불렀다. 중국어로 노래를 부르며 가라오케에서 시간을 보내는 모습을 지켜보던 나는 문득 이곳의 게이 라이프스타일은 양키의 남성성과도, 미국 문화와도 거리가 멀다는 인상을 받았다.

게이 라이프스타일의 지역적인 특성은 정말이지 놀라움 그 자체였다. 상하이의 에디스 바, 톈핑로天平路의 바에서 나는 부처상을 질릴 정도로 많이 봤다. 그리고 여기서 얼마 떨어지지 않은 곳에 문을 연 상하이 스튜디오는 원래 방사능을 막는 벙커 자리였는데, 지금은 게이 바가 되었다. 미로 같은 복도를 지나 잡다한 색의 작은 내연성 전구들이 켜진 길을 따라가니 '드래건 보트 파티Dragon Boat Party'라고 하는 이벤트가 진행 중이었다. 이번에는 도쿄의 신주쿠 니초메로 가보자. 게이들이 모이는 '게토'이면서도 유동 인구가 많은 특별 구역이다. 100여 개의 작은 바가 여러 층으로 이루어져 있어서 수직 구도로 보나, 수평 구도로 보나 균형 있게 설계된 구역이다. 이곳에서는 전형적인 일본 게이들의 풍토를 엿볼 수 있어 세계화된 특징보다는 일본만의 독특한 문화를 느낄 수 있다.

부에노스아이레스, 보고타, 리우데자네이루, 멕시코시티, 베이징, 싱가포르, 심지어 자카르타, 뭄바이, 이스탄불, 요하네스버그까지……. 나는 세계 여러 도시를 다니면서 만난 게이들을 통해 그들이 미국 문화를 수용하고 세계적인 트렌드를 따르고 있다는 것을 두 눈으로 직접 확인할 수 있었다. 내가 만난 사람들은 현지의 고유한 게이 문화의 불꽃이 꺼지지 않기를 누구보다 간절히 바랐다. 세계화라는 큰 틀에 국한되지 않은 채 말이다. 게이들은 어쩌면 세계화 속에 이미 들어가버렸는지도 모르겠다. 게이들의 성지는 하나같이 미국화에 물들어 있었고, 중산층에 속하는 게이의 수는 빠르게 증가하고 있다. 동성애 코드는 각 지역의 특성에 맞게 생존 방식을 찾아가고 있다. 어떤 곳은 국가적인 특징, 지역의 특수화된 특징을 점점 잃기도 한다. 어찌 됐든 게이들은 세계화의 바람과 지역적인 고유한 특징을 동시에 유지하며 살아가려고 한다. 그들이 자유를 향한 해방을 외친 것은 결코 미국화되기 위함이 아니었다. 그 외침은 자국의 고유한 속성에서 비롯된 특별한 사례로 해석되어야 마땅하다.

2장

사우스비치

나는 아바나의 한 카사casa에서 엘 그링고를 처음 만났다. 쿠바에 도착하고 이틀도 채 지나지 않아 이곳의 게이 라이프가 카사 안에서 이뤄진다는 사실을 알아차릴 수 있었다. 카사란, 개인 주택을 가지고 있는 집주인이 방을 세놓아 빌려주는 쿠바식 임대 숙소를 가리킨다. 그곳에서 게이들은 경찰의 감시망을 피해 모인다. 나는 처음에 리카르도라는 이름의 남자가 운영하는 카사라고 소개받았는데 막상 가보니 주변 사람들이 모두 그를 본명이 아닌 엘 그링고•라고 불렀다.

나는 아바나의 구시가지인 아바나 비에하에도 가봤다. 유명한 말레콘 해변에 자리잡은 프라도 지역은 수 킬로미터나 되는 긴 대로가 뚫려 있고, 바로 옆에는 바다가 시원하게 펼쳐져 있다. 엘 그링고는 쿠바의 옛 귀족층이 거주했다는 역사가 깊은 로코코 양식의 건물에 살았다. 세월이 흘러 건물이 많이 훼손되고 회반죽을 칠한 벽은 무너져 내렸지만 10년에 걸친 리모델링 공사 덕에 실내는 그럭저럭 상태가 괜찮았다. 이곳은 1950년대의 사치스러운 향락 문화와 2000년대의 처참했던 흔적이 잔존하는 역사적인 장소다. 꼭대기인 8층에 올라가면 큰

• 이 장에 나오는 이름과 장소는 가명이다.

유리창이 있고, 창밖으로 대양과 멕시코만이 펼쳐진다. 약 150킬로미터 떨어진 곳에 미국 플로리다주의 키웨스트와 마이애미, 사우스비치가 있다. 쿠바에 사는 모든 게이의 시선은 수평선 너머의 땅을 향한다. 가까운 듯 먼 그곳은 그들에게 닿을 수 없는 나라다. 그들이 지금 그토록 갈망하는 것은 바로 '자유'다.

엘 그링고는 회색 머리카락을 길게 늘어뜨려 뒷머리를 꽁지처럼 묶는데, 그의 실제 나이는 가늠이 잘 안 되어 베일에 싸여 있다. 또한 그의 외모는 앙시앵레짐 시대를 살았던 나이 든 공주를 얼핏 연상시킨다. 그는 분명 아메리칸드림과 자유를 꿈꾸는 사람이다. 그러면서도 이곳 생활에 누구보다 잘 적응하고 있다. 오랫동안 피델 카스트로 정권에 세뇌되어 살았던 탓에 작은 변화에도 그는 걱정이 많다. 그는 자신이 점점 보수 성향으로 변하고 있다고 고백한다. 그에게는 여러 종류의 얼굴이 있었다. 한편으로는 카리브해 출신의 천진난만한 아이 같은 모습까지 있었다. 제국주의의 아대륙 안에 오랫동안 살면서 얻은 그의 별명과는 사뭇 대조적인 순수함이 묻어났다.

1.

쿠바에서는 게이들의 라이프스타일이 매우 조직적이며 카사 안에 그들만의 은밀한 사회가 존재한다. 여기에는 여러 파벌과 무리가 있는데, 그 사회 안으로 들어가려면 일종의 암호를 알아야 한다. 카사는 정형화되지 않은 광범위한 네트워크를 형성하고 있으며, 누구도 지리적 분

포도를 정확하게 알지 못한다. 조직별로 따로 떨어져 자율적으로 활동하기 때문이다. 경찰에 검거된 카사는 문을 닫고, 그렇지 않은 카사는 살아남는다. 어떤 집주인은 경찰에 체포되기까지 한다. 이 나라에서 게이들의 파티는 법으로 금지되어 있다. 풍문과 소문은 사람들의 입에서 입을 거쳐 일파만파로 퍼진다(경찰이 신분을 속이고 게이로 위장한 사건, 게이 때문에 에이즈에 걸렸다는 소문, 그 소문의 근원이 된 카사를 피하라는 소문 등등). 또한 조직마다 마스코트 역할을 하는 리더가 있는데, 윌프레도, 라파엘, 마누엘, 레이넬, 엘 그링고가 그들이다.

몇 주 동안 나는 엘 그링고의 카사를 자주 드나들었다. 드라마에서 보던 쿠바의 일반 가정의 풍경이 실제로 눈앞에 펼쳐졌다! 집주인의 집에 들어가면 사방에 예수 그리스도 초상화가 있다. 또 크리스마스 트리처럼 여러 색깔로 화려하게 꾸민 동정녀 수호신상도 보였다. 엘 그링고는 생화 한 다발을 늘 손에 들고 그 수호신상 앞에서 기도를 올린 뒤 현지 화폐로 돈을 바친다. 바로 쿠바의 동정녀 수호신인 '엘 코브레 자선의 성모Virgin of Charity of El Cobre'다. 엘 그링고는 웃으며 "이분은 이곳 게이들을 지켜주는 여신이기도 하답니다"라고 말했다.

이곳에는 수돗물이 자주 끊겨 잘 나오지 않는다. 그래서 아침마다 물을 나르는 일꾼에게 몇 페소를 건네면 10여 개의 양동이에 물을 한가득 담아 실어 나른다. 이로써 하루 종일 샤워와 화장실에 쓸 큰 컨테이너 용기에 물이 채워진다. 아파트에 있다보면, 밖에서 카나리아들이 재잘거리듯 지저귀는 소리가 들려온다. 또 빠르게 돌아가는 선풍기 바람 소리와, 동이 트자마자 주변에 사는 수탉들이 시끄럽게 울어대는 소리도 들려온다.

게이들은 그의 카사에 들러 거실을 자기 안방처럼 차지한다. 소파에 앉아 처음 보는 숙박객들과 이야기를 나누며 시간을 보내기도 하고, 함께 TV를 시청하기도 한다. 마이애미에 기지국이 있는 라틴아메리카 채널인 '유니비전Univision'을 계속 틀어놓는다. 물론 쿠바에서는 시청이 금지되어 있지만, 엘 그링고가 불법으로 외국 채널을 연결한 것이다. 쿠바 정부의 눈을 교묘하게 피해 건물 지붕 밑에 몰래 파라볼라 안테나를 설치한 다음, 이를 거실 TV까지 선으로 길게 연결했다.

카사에 새로 온 손님들이 떠나는 손님들의 빈자리를 채워 이곳의 소파에는 늘 자리가 없다. 거실에 모인 사람들은 깔깔대며 즐거운 시간을 보내는데, 엘 그링고는 그 동네 게이들에게는 대모와 같은 '디바'라 할 수 있다. 같은 건물에 거주하는 한 청년이 일을 마치고 카사에 들렀다. 그는 쿠바 혁명으로 몰락한 가문의 상속자로 살짝 똘기 있는 이웃과 친교를 유지한다. 어떤 이웃들은 그저 멕시코 드라마를 보기 위해 카사를 찾기도 한다. 또 어떤 사람들은 엘 그링고의 냉장고에 보관된 차가운 음료를 사 먹기 위해 들른다. 엘 그링고의 집에 있는 냉장고는 구소련, 즉 소비에트 연방 시절에 제조된 정말 오래된 골동품이었다. 또 몇 페소를 지불하고 엘 그링고의 유선 전화기를 빌려 쓰기 위해 오는 사람도 있었다. (쿠바에서 판매되는 휴대전화 가격은 대중화되기에는 지나치게 비싸다.) 내가 카사에 있을 때, 이들의 대화 주제는 바로 리키 마틴의 커밍아웃이었다. 라틴계 미국인인 이 가수는 그동안 섹시 아이콘의 상징이었는데, 바로 게이였던 것이다. 한때 피델 카스트로가 고국을 등지고 미국으로 떠난 사람들을 비속어처럼 '벌레'라고 불렀는데, 이곳 사람들은 쿠바 출신의 미국 TV 토크쇼 사회자를 정말 '벌레'처럼 조롱하며 놀려댔다. 그들은 호색한처럼 음탕한 농담을 잘했다. 성적 리비도를 표현하는 말, 남자의 성기나 엉덩이, 성관계를 뜻하는 욕도 주저하지 않았다. 또 새롭게 게이 조직에 들어온 신인들도 가차 없이 놀려댔다. 게이들에게 '수동적'이라는 말은 굉장히 모욕적이다. 그렇다고 '능동적'이란 말이 칭찬인 것도 아니다. 너무 능동적이면 몸 파는 '남창' 취급을 받기 때문이다. 게이에 대해 말할 때 심한 비속어를 섞는 이유를 생각해보니, 그동안 억압받았던 것들이 쌓여서 생긴 무의식적인 욕구 표출이 아닐까 싶다. 사회주의적 공동 생활체 속에 살던 쿠바 게이들은 이제 과감해지고 있다. 그래서 이곳에 사는 많은 게이가 이제는 스스로 자유로움을 느낀다고 고백한다.

카사 내부에는 여기저기에 플라스틱으로 된 조화들이 장식되어 있다. 왜 가짜 꽃을 쓰냐고 묻자 엘 그링고는 "아바나에서 생화는 가격이 너무 비싸요. 카사를 장식하려고 생화를 사는 것은 사치입니다. 물론 우리의 수호신인 성모상에게 바치는 꽃은 싱싱한 걸 사야겠지만요"라고 답했다.

카사가 있는 건물의 층마다 열린 문틈 사이로 음악이 흘러나온다. 더러운 쓰레기와 길에 사는 검은 고양이, 암탉들, 수영복 바람으로 안뜰을 돌아다니는 아이들이 한데 어우러진 곳이지만 축제와 같은 즐거운 분위기는 날마다 연출된다. 이웃들은 서로 얼굴을 맞대며 상대의 근황을 궁금해한다. 창문 너머로, 발코니 너머로 모종의 장사가 시작되기도 한다. 이웃 사이에 끝없이 수다가 오가며 대화를 나누기 때문이다. 누군가는 큰 소리를 지르고 다른 한쪽에서는 박수를 친다. 이동식 차량에서 파는 제품을 구입하기 위해 사람들은 창문 너머로 양동이를 밧줄에 묶어 내려보낸다. 그러면 양동이 안에 든 돈을 받은 상인이 필요한 물건을 양동이에 담아주는 식이다. 이로써 6층에 사는 사람은 굳이 밑으로 내려가지 않고도 필요한 물건을 구입할 수 있다. 가난한 사람들의 아날로그적인 홈쇼핑이랄까. 극빈자의 아마존닷컴 같았다.

엘 그링고의 민박집 카사는 여러모로 베일에 가려진 부분들이 있다. 대체 게이들은 이 집을 어떻게 알고 찾아오는 것일까? 단골 게이 한 명이 내게 입에서 입으로 전해지는 소문을 듣고 온다고 말해주었다. 그렇다면 이웃 사람들은 수많은 게이가 이곳에 오는 걸 알면서도 왜 경찰에 신고를 하지 않는 걸까? 나는 문득 이 점이 궁금해졌다. 돌아온 답변은 이웃들은 그들이 게이라고 의심하지는 않는다는 것이었다. 내 눈에는 딱 봐도 동성애자들의 행동처럼 보였지만, 나의 애정 어린 시선으로 본 게이들의 우스꽝스러운 행동이 정작 카사 근처에 사는 이웃들의 눈에는 포착되지 않는 것이었다.

엘 그링고의 카사에 모인 게이들은 일단 모든 주제에 큰 목소리로 열을 올렸다. 그러다가도 진지한 주제에서는 나지막한 목소리로 말을 했다. 일종의 수화처럼 그들끼리 쓰는 언어가 있었다. 게이들이 쓰는 스페인어에는 은어처럼 특정 집단만 이해할 수 있는 중의적인 의미의 표현들이 있다고 한다. 그래서 게이들이 일반인들과 있을 때 자기네끼리 소통하고 거래를 성사시킬 필요가 있으면 이들 표현을 유용하게 썼다. 이따금 게이 커플이 방에 들어가서 한참 있다 나왔는데, 내가 엘 그링고에게 은근슬쩍 그의 카사가 정말 커플들이 쉬어가는 모텔로 쓰인다는 소문이 사실인지 묻자, 그는 휘둥그레진 눈으로 나를 쳐다봤다. 그러면서 사람들이 낸 어처구니없는 소문일 뿐 절대 그렇지 않다며 강하게 부인했다. 두 주먹을 꽉 쥐며 수갑 차는 흉내까지 냈다. 쿠바에서 게이들에게 그런 은밀한 장소를 알선했다가는 감옥에 가기 때문이다. 그는 이내 걱정이 되었는지 현관문을 잠갔다. 그러고는 갑자기 웃더니 소문에 대해 더 이상 부인하지 않겠다고 말했다. 그러면서 성모상을 향해 기도를 올리는 의식도 잊지 않았다.

사실 엘 그링고의 직업은 교통경찰이며, 투잡으로 게이들의 뚜쟁이 역할을 한다. 게이들을 서로 소개시켜주면서 커플 매칭도 하고 있다. 하지만 절대 이웃에게 들키면 안 되기에 손님으로 온 게이들이 상체를 노출한 채 발코니로 나가는 것을 엄격히 금지한다. 괜히 이웃으로부터 의심을 사거나, 창문 너머로 두 남자의 애정 행각을 목격한 이웃이 놀라 소리를 지를 수도 있기 때문이다. 엘 그링고는 모든 손님을 TV 드라마의 인기 스타처럼 환대한다. 사람들을 맞이할 때마다 환하게 미소 지으며 힘껏 포옹하는 것이다. 나는 왜 이 카사에 게이들의 발길이 끊이지 않는지 납득이 갔다. 그들이 이곳에 모여드는 목적은 애인을 찾기 위해서이기도 하지만, 그곳에서 만난 사람들과 함께 소비생활을 즐기기 위해서이기도 하다. 이곳은 몸을 파는 남창들을 만나러 오는 곳이 아니라, 여러 게이가 사교생활을 즐기러 오는 곳이다. 최근 커플이 되었거나 사귄 지 오래된 커플은 한 시간 동안 침실을 빌리기도 한다. 하지만 호텔처럼 하룻밤을 보낼 수는 없다.

그곳에서 만난 한 게이 커플이 갑자기 외진 곳으로 들어갔다. 그들은 건물 안쪽에 있는 작은 안뜰로 자리를 옮기면서 대화를 이어가더니 홀연히 모습을 감추었다. 잠시 후, 침실에서 나온 두 사람 중 한 남자가 엘 그링고에게 지폐를 건넸다. 꼭 테나르디에_{빅토르 위고의 소설『레미제라블』에 등장하는 여인숙 주인의 이름}를 보는 것 같았다. 집주인은 포주처럼 장소를 빌려준 대가로 돈을 챙기는 방식인데, 이곳을 쿠바식 모텔이라고 표현해야 할까, 아니면 러브호텔이라고 해야 할까? 차라리 후자가 더 맞을지도 모르겠다. 어쨌든 이 카사를 찾는 커플들에게 이 공간은 쿠바 정부가 추구하는 경제적 모델의 유형으로 분류했을 때, 중소기업과 비슷한 구조로 돈을 벌고 있는 듯하다. 엘 그링고는 사랑을 나누기 위한 장소를 찾는 게이 커플들에게 마치 십일조를 떼어가듯 자릿값을 받고 있는 셈이다.

갑자기 누군가가 문을 두드렸다. 엘 그링고는 매의 눈으로 누가 왔는지 확인하고는 문을 열었다. 카사로 들어온 사람은 다름 아닌 경찰관이었다. 나는 속으로 '드디어 올 것이 왔구나!' 하고 생각했다. 하지만 경찰관은 엘 그링고와 담소를 나누더니 의자에 앉았다. 엘 그링고가 빙그레 웃으며 입을 열었다. "이분도 게이이니 걱정 마쇼."

경찰의 경계가 삼엄해질수록 그만큼 질서 유지에 비용이 더 들기 때문에 물가는 오르기 마련이다. 쿠바의 식당과 커피숍은 게이들이 이용하기에는 가격이 너무 비쌌다. 사회로부터 배척을 받으며 불안에 떨어야 하는 쿠바의 게이 커뮤니티는 이렇게 카사라는 독특한 주거지에서 소극적으로 그들만의 삶을 영위하고 있다. 게이들이 운영하는 카사는 아바나에 몇 개 더 있는데, 나는 프라도에 위치한 여러 층으로 된 단독주택 양식의 카사들을 찾아갔다. 산타클라라 교회 근처의 눈에 띄지 않는 곳에 위치한 작은 카사도 가봤고, 혁명 광장 옆에 자리잡은 길쭉한 구조의 카사도 가봤다. 또 콜럼버스 묘지 근처에 있는 카사도 방문했다. 게이들이 운영하는 카사는 저마다 스타일이 달랐다. 모든 것을 국유화한 공산주의 국가 쿠바에서 게이들의 라이프스타일은 매우 개별적인 특성을 띠었다. 게이들의 사회생활이 이토록 개별적으로 된 것은 쿠바가 독재 국가라는 점, 그리고 자신이 게이로 태어났다는 점, 거기에 가난하다는 점, 이렇게 삼박자가 맞아떨어진 결과라 하겠다.

나는 쿠바에 머물면서 디비노Divino라는 파티에 참석했다. 그곳에 가기 전에 내가 들은 정보는 이름 정도가 전부였다. 아바나의 센트럴파크 근처에 있는 정원에는 길쭉한 야자수, 몸통이 굵은 야자수, 그냥 야자수, 선인장이 종류별로 있었고, 전구 없는 가로등과 함께 분수에는 물이 채워져 있지 않았다. 이곳이 바로 아바나에서 게이들이 서로 작업을 걸기 위해 모여드는 곳이라고 했다. 정원 근처에 다다르자 사람들이 나를 어느 클럽으로 안내했다. 현지인들의 표현을 빌리자면, 그 클럽은 '쿠바가 한때 미국 문화의 영향을 받던' 시절 피아노를 연주하는 라이브 뮤직 바로 운영되다가 지금은 문을 닫았다고 했다. 클럽 안은 살짝 촌스러웠다. 한쪽 벽에 스크린을 내려 동영상을 틀어주었고, 천장에는 미러볼이 달려 있었다. 사람들은 무대 위에서 춤을 추었다. 나는 대형 슈퍼마켓 1층과 2층 사이의 간이식 중간층에 온 듯한 기분이 들었다. 평소에 아바나 길거리에서 마주친 적 없는 사람들이 입소문을 듣고 한자리에 모였다. 그 모습이 어찌나 이색적이던지. 그들은 취향도, 사회적 계급도, 나이도 다양했다. 여자로 변장한 남자도 보였고, 겉모습을 화려하게 치장한 중년 남자도 있었다. 쿠바에서 대중적이지 않은 휴대전화를 들고 있는 젊은 친구들도 있었다. 직업적으로 남창 역할을 하는 게이도 있는 것 같고, 어색한 듯 서툴러 보이는 게이도 있었다. 여자는 거의 없었고, 관광객으로 보이는 사람도 없었다. 청바지를 낮게 내려 입어 속옷이 반쯤 보이는 남자들이 넘쳐나는 작은 게이 커뮤니티를 처음 접한 나는, 마치 미국 로스앤젤레스의 사우스 센트럴 출신의 래퍼들이 인기를 구가하던 2000년대로 타임머신을 타고 돌아간 느낌이었다. 클럽에 모인 게이들은 미국 문화를 많이 흡수한 듯한 옷차림을 하고 있었다. 컨버스의 올스타 로고가 적힌 티셔츠나 갭의 '아이 러브 뉴욕'이 적힌 티셔츠, 그리고 역시나 팬티는 캘빈 클라인이 대세다. 이 클럽을 찾는 사람들은 주로 뭘 마실까? 쿠바의 국민 럼주인 아바나 클럽과 투콜라라고 하여 쿠바식 콜라가 가장 많이 주문되는 음료다. 피델 카스트로의 예언과 달리, 쿠바의 게이들은 미국 성조기 밑에서 꿈을 꾸고 해방을 갈망한다. 게이들의 쿠바식 문화는 오늘날 코카콜라가 상징하는 미국 문화 속에 녹아들어가 뚜렷한 흔적을 찾기 어렵다. 게이들이 일으킨 이 작은 혁명은 결코 피델 카스트로의 이데올로기에 의해 달성된 것이 아니라, 샌프란시스코의 게이 문화로부터 영향을 받아 이뤄진 것이다.

클럽 안에서 화려한 춤 실력으로 모든 이의 시선을 한 몸에 받는 멋진 살사 강사 오수알도는 영어로 '나는 멋져I'm gorgeous'라고 적힌 티셔츠를 입고 있었다. 그를 둘러싼 게이들은 대부분 커플이었다. 둘씩 짝을 맞추어 손을 잡은 채 살사 음악의 리듬에 맞춰 열정적으로 몸을 돌리며 살사를 추고 있었다. 게이들의 근대화된 라이프스타일을 들여다보면, 이처럼 어딘가 우아한 이미지가 전통적으로 계승되는 듯하다.

새벽 1시 무렵, 디비노 클럽의 파티가 점점 절정을 향해 치달을 때, 사람들이 무대에서 썰물 빠지듯 내려갔다. 그 시간부터는 여장 남자들의 공연이 시작되기 때문이다. 레이디 가가의 라틴아메리카 버전인 듯한 무용수가 무대 위로 올라왔다. 뚱뚱했지만 과체중에도 불구하고 엄청 유연했다. 그녀는 립싱크로 노래를 불렀다. 가슴은 수술한 티가 났는데, 웅장한 분위기를 연출하며 관중을 향해 손을 뻗었다. 그는 번쩍거리는 장식이 달린 녹색 원피스를 입고 있었는데, 마치 라틴 계열의 바비 인형 안에 헬륨 가스를 넣어 크게 부풀린 모습이 연상되었다. 하지만 립싱크로 노래를 부르고 난 후 마이크를 통해 들린 그녀의 진짜 목소리는…… 소형 택시를 타면 듣곤 하는 운전기사의 걸쭉한 쉰 목소리였다.

쇼가 끝나고 다시 디스코 장르의 음악이 울려 퍼졌다. 디제이는 미국 팝송, 레이디 가가, 마돈나의 음악을 먼저 틀고, 그다음에 샤키라, 제니퍼 로페즈, 리키 마틴과 같은 라틴아메리카 스타들의 음악을 연속으로 틀었다. 미국 음악을 먼저 트는 걸 보니 확실히 미국 스타일의 음악을 우선시하는 듯했다. 쿠바 출신의 미국 가수인 글로리아 에스테판은 현지인들의 사랑을 한 몸에 받고 있다. 또 콜롬비아 출신의 가수인 후안 역시 인기가 많다. 이 두 가수는 현재 마이애미에 거주하고 있다. 레게톤, 힙합, 라틴 음악을 혼합한 장르는 사실 미국으로 건너간 스페인어권 남미 아티스트들이 발전시켰다고 해도 과언이 아니다. 디비노 클럽의 무대 가운데에 선 오수알도는 살사 강사답게 레게톤을 멋들어지게 췄다. 그의 훌륭한 춤 실력을 감상한 나는 그에게 쿠바에서 게이로 사는 것이 어떤지 물었다. "쉽지 않죠. 그렇다고 아주 어려운 것도 아니에요." 쿠바인의 낙천적인 정신세계를 단번에 알 수 있는 간단명료한 대답이었다. 운명에 순응하면서도 현명하게 살려고 하는 국민 의식을 엿볼 수 있는 말이기도 했다.

내가 게이 구역을 여기저기 다니면서 가장 놀란 점은 클럽의 운영진이 매우 관료적인 공무원 같은 반면, 그곳을 찾은 손님들은 모험의식을 가진 자유로운 영혼이었다는 점이다. 극히 대조적인 사람들의 만남이 아닌가! 클럽 입구에서 검문을 담당하는 사람이나 바텐더들은 이성애자이며 공산당 위원회에 소속된 당원으로 카스트로주의자가 대부분이다. 이 술집에서 최고 권위를 가진 특권층인 양 자신들의 권력을 남용하는 모습도 일부 포착되었다. 권력 남용이란 원래 권위주의 체제의 기본 구성 요소가 아니던가! 클럽 관계자들은 고객에게 존경을 표하는 서비스 정신이 없었다. 그렇다고 장사를 해서 이윤을 많이 얻겠다는 비즈니스 정신이 투철한 것도 아니었다. 현지 물가와 비교하자면 술값은 너무 비쌌다. 마치 경범죄를 저지른 시민에게 벌금을 받는 것처럼, 고객 입장에서 볼 때 서비스의 질은 크게 아쉽다. 관료주의 체제의 부작용이 이곳 클럽에서도 여지없이 드러나고 있으니, 유흥업소라고 하기엔 부족한 점이 한둘이 아니다. 그렇다고 고객이 주인에게 대놓고 불평할 수도 없다.

아바나 중심부에 위치한 말레콘의 23번가 모퉁이에는 또 다른 게이 커뮤니티가 형성되어 있다. 낮에는 외부에서 낚시하러 온 사람만 몇몇 보일 뿐, 뜨거운 햇볕 탓에 사람들의 왕래가 많지 않다. 그러나 해가 지고 어스름이 깔려오면 쿠바인들은 산책을 하기 위해 말레콘 거리로 나온다. 특히 23번가는 게이들의 주요 약속 장소다.

예전부터 빔 봄Bim Bom이라는 노천카페가 사람들에게 인기가 많았는데, 2015년에 이름을 인판타.쿠바Infanta.cuba로 바꿨다. 이곳은 정작 커피숍 주인이나 종업원의 영업 목적과 상관없이 많은 동성애자의 약속 장소로 통하기 시작했다. 게이와 레즈비언, 성별에 구애받지 않고 많은 동성애자가 드나들었다. 물론 공산주의자이자 공무원인 손님들도 즐겨 찾았다. 그렇다면 우리는 이곳을 게이들의 아지트라고 말할 수 있을까? 대답하기는 그리 간단치 않다. 실제로 찾아가본 결과, 가게의 상황은 별로이다 못해 상당히 열악했다. 게이들은 경찰의 삼엄한 관리 아래 얼굴을 드러낸 채 모여 있었다. 그곳에서 만난 스물다섯 살의 흑인 여성 빅토리아가 내게 자초지종을 설명했다. "이런 억압적인 사회 구조는 정말이지 숨이 막힐 정도예요. 하지만 이마저도 없으면 모일 곳이 없으니 이곳 동성애자들은 이 가게에 모일 수밖에 없어요. 게이 커뮤니티를 만들어 공동체 생활의 유대관계를 유지하는 것처럼 보이지만, 겉으로만 그럴 뿐 실상은 우울하답니다." 그녀는 올리브색의 연한 녹색 셔츠를 입고, 영어를 완벽하게 구사하는 멋진 신여성이었다. 나는 그녀를 그 말도 안 되는 가게에서 만났고, 쿠바에 거의 한 달간 체류하는 동안 그녀는 내 친구가 되어주었다.

게이들이 많이 드나드는 가게는 말 그대로 아수라장이었다. 수많은 게이가 오가면서 서로에게 추파를 던지는가 하면, 무례한 표현도 서슴지 않았다. 웃고 떠들며 현지 페소로 비싼 사과 주스 값을 내는데도 기분이 좋아 보였다. 또 음료를 주문하면 바텐더는 그 메뉴가 다 떨어졌다는 식으로 건성으로 대답하기 일쑤였다. 그러면 당신은 그 근처에 불법으로 문을 연 가게에서 외국인이 사용하는 쿠바 화폐로 음료를 살 수밖에 없다. 현지 자국민이 사용하는 화폐보다 약 25배는 비싼 값을 치르면서 말이다. 쿠바에서는 국민 술인 모히토, 다이키리 칵테일, 특히 쿠바 리브레Cuba libre가 대표적인 술이다. 마지막 술은 '자유로운 쿠바'라는 의미를 담고 있지만, 실상은 전혀 자유롭지 않아 보인다.

나는 이곳에 사는 게이들이 말레콘을 자주 오가면서도 수평선 너머 바다로 시선을 돌리지 않는 모습에 적잖이 놀랐다. 한번은 빅토리아가 이런 말을 했다. "우리는 바다를 등진 채 살아요. 저 바다가 우리의 자유를 박탈해갔습니다." 그녀가 말하는 자유의 의미는 무엇일까? 뭔가 다르게 해석되고 있는 것이 분명했다. 물질적인 풍요가 자유에 방해가 된다는 것일까? 다른 나라와 차별화된 그들만의 색깔, 형식, 대담한 시도가 이곳에서는 자유로 불리는지도 모른다. "쿠바인에게 모든 과도한 남성성, 돈과 자산은 물질적인 과잉에 지나지 않아요." 그녀는 조잡한 마초주의를 마치 자본주의와 동질화하는 듯한 뉘앙스를 풍기며 물질주의를 조롱했다. 하지만 쿠바인들의 모습에서 나 역시 이상한 점을 발견했다. 눈에 확 띄는 금장식 귀걸이, 화려한 스타일의 옷차림, 펑키하면서도 섹시한 모습도 결국 물질주의의 숭배가 낳은 결과 아닌가! 그런 결과물이 그녀에게는 즐거운 파티에 필요한 도구로만 여겨지겠지만.

가게에서 나와 몇 걸음 더 가면 아바나 시청에서 운영하는 에이즈 검사소가 나온다. 봉사단체에 소속된 흰색 가운을 입은 의료진 30여 명이 친절하게 사람들을 맞이했다. 검사는 익명으로 진행되며 아까 그 커피숍에 들렀던 손님들은 공짜로 받을 수 있다. 수백 명의 젊은 게이들이 길게 줄을 서서 자기 차례를 기다렸다. 몇 블록을 사이에 두고 펼쳐지는 이런 대조적인 풍경이 쿠바의 아이러니한 현실을 극명하게 보여주는 게 아닌가 싶다.

어느 저녁, 나는 빅토리아와 함께 23번가를 거닐고 있었다. 그녀의 게이 친구 중 한 명인 호르헤도 동행했다. 그런데 갑자기 특수경찰대가 우리 앞을 가로막아 섰다. 나는 다행히 유럽 출신임을 증명하는 여권을 소지하고 있어서 무사통과됐지만, 나머지 친구들은 오랜 시간 심문을 받았다. 이들이 동성애자여서 그랬던 것일까? 이 경찰대는 왜 우리를 멈춰 세운 것일까? 혹시 내가 옆에 있어서 그런 것인지, 그들이 이미 나에 대해 알고 있었던 것인지 궁금해졌다. 날이 어둑해질 때까지 심문은 이어졌다. (아바나는 가로등이 드물어서 저녁이 되면 길거리가 정말 칠흑같이 어두워진다.) 30여 분이 지났을까, 경찰은 내 두 친구의 손에 수갑을 채우더니 별 망설임 없이 경찰차에 그들을 태우고 유유히 사라졌다. 나만 홀로 그 자리에 무기력하게 남겨진 것이다. 내 정면으로 아바나 리브레Habana Libre라고 하는 유명한 호텔이 보였다. 그 이름을 보는 순간 씁쓸한 기분을 지울 수가 없었다. (사실 이 오래된 건물은 원래는 힐튼 호텔이었으나 피델 카스트로와 체 게바라가 강제 국유화했다.)

이제 어쩜담? 이성적으로 판단해본 결과, 두 가지 모순적인 결론이 내 머릿속에서 갈등을 일으켰다. 오만을 떨 것인가, 아니면 바보인 척 가만히 있을 것인가. 이어서 머리가 아닌 가슴으로 고민을 하자 두 가지 주관적인 감정이 느껴졌다. 우정과 의무감이었다. 망설여지긴 했지만 나는 결국 그들이 끌려간 경찰서로 갔다. 다행히 해당 경찰서의 주소를 얻을 수 있었기에 가능했다. 도착한 곳은 도심에서 좀 떨어진,

음침한 데다 불길한 기운마저 느껴지는 곳이었다. 안쪽 정원을 향해 들어가자 사고를 당한 경찰차가 녹슨 상태로 주차되어 있었고, 그 옆에 있는 차는 바퀴조차 없었다. 안내 데스크로 들어가자 경찰관 4명이 오래된 건물 안에 무기력하게 서 있었다. 1950년대에나 사용했을 법한 낡은 공중전화 박스가 그 앞에 있었다. 벽에는 역시나 피델 카스트로의 사진이 걸려 있고, 선풍기는 작동은 되는 것 같지만 시원한 바람은 전혀 나오지 않았다.

그곳은 두 눈으로 봐도 믿기지 않는 곳이었다. 노숙인처럼 넝마를 걸친 알코올 중독자로 보이는 한 시민이 방 한쪽 구석에 엎드려 있었다. 맥주를 많이 마신 듯 술 냄새가 진동했는데, 한 경찰관이 술을 깨게 하려는 것인지 그에게 계속 발길질을 했다. 이 모습을 물끄러미 쳐다보던 다른 경찰관들은 아바나 클럽을 거하게 마셨는지 연신 즐거워했다. (바깥 온도가 섭씨 40도에 육박하는데도) 모피를 걸친 한 매춘부 여성은 흥분한 듯 몸을 흔들며 자신이 부당하게 벌금을 냈다고 고래고래 고함을 치면서 경찰관에게 항의를 했다. 하지만 경찰관은 오히려 그녀에게 끊임없이 성적인 유혹을 보내고 있었다. 나중에 내가 목격한 현장을 빅토리아에게 이야기하자, 공금을 횡령하는 경찰의 부패에 빅토리아도 충격을 받았다며 이렇게 말했다. "만약에 그 여자가 경찰관과 잠을 잤다면 아마 벌금을 내지 않았을 거예요." 쿠바에서는 돈이면 뭐든지 해결되는 것 같다. 특히 경찰을 상대로 할 때는 더더욱 그렇다.

잠시 후 나는 경찰관들에게 그곳에 온 이유를 설명했다. 하지만 그들은 내 두 친구가 이곳에 없다고 둘러댔다. 그러더니 잠시 후 다시 와서는 취조실에서 조사를 받는 중이라고 시인했다. 약 한 시간 동안 대기실에서 기다리고 나서야 호르헤와 빅토리아를 만날 수 있었다. 경찰서에서 나오는 그들의 매우 평온한 듯한 모습에 나는 몹시 당황했다. 그들은 불안해하기보다는 익숙한 관행을 치른 양 체념한 표정이었다. 두 사람은 내가 직접 경찰서까지 찾아와준 덕분에 자신들이 더 빨리 풀려날 수 있었다고 말했다. 내가 그곳까지 찾아간 것이 단순히 마약 밀거래자나 위조 달러를 불법 거래하는 사기꾼이 아니라 그들의 진정한 친구라는 것을 증명해주었기 때문이다. 빅토리아는 여자 영웅처럼 당당히 이렇게 선언했다. "나도 내 권리가 뭔지 잘 알아요. 그 권리를 온전히 박탈당하지 않는 선에서만 체념하는 거예요."

'미 카이토'는 아바나에서 버스로 한 시간 걸리는 게이 해변인데, '플라야 산타 마리아 델 마르Playa SantáMaria del Mar'라는 본명 대신 불리는 별칭이다. 나는 빅토리아, 엘 그링고와 함께 그 해변에 가봤다. 대서양과 마주한 큰 바닷가에 수십 명의 게이가 한자리에 모여 있었다. 파라솔 위에는 자유를 상징하는 무지개 깃발이 바람에 날리고 있었다. 이런 날이 오기까지 얼마나 많은 노력과 희생이 있었을지는 안 봐도 눈에 선하다. 한 게이 커플이 미국 국기가 그려진 비치 타월 위에 누워 선탠을 즐기고 있고, 또 다른 젊은 게이 청년은 딱 붙는 수영복 팬티만 입은 채 해변에서 조깅을 하고 있다. 그런데 자세히 보니, 짝퉁 캘빈 클라인이었다. 그가 입은 팬티의 엉덩이 부분에는 'USA'가 새겨져 있다. 조금 더 걸어가면 경찰관 3명이 망을 보는 간이 천막이 있다. 이들은 두 손에 쌍안경을 들고 주변을 감시하는 중이었다. 이따금 거칠게 게이를 체포하기도 하는데, 공식적인 명목은 '절도 방지'였다. 그렇게 경찰관들은 공권력을 이용한다기보다는 남용에 가까운 행동을 아무렇지 않게 했다.

빅토리아는 이런 상황에 대해 자세히 설명해주었다. "요즘 쿠바 사회에서 경찰의 임무는 게이를 추격해서 잡는 것이 아니라 방종을 자제시키는 쪽에 가까워요." 이 나라에서 동성애 현상은 일종의 자제해야 할 현상으로 인식되는 듯했다. 그래서 자유로움이 방종이 되지 않게 공개적으로 쐐기를 박는 입장을 고수하고 있다. 오늘날의 쿠바는 전체주의 체제를 유지하는 열대 기후권의 국가로서 스톤월 항쟁이 일어나기 전의 세상에서 더 진화하지 못하고 있다. 이곳에서 게이들은 여전히 비정상적인 사람이다. 카스트로주의자들은 게이 커뮤니티를 부르주아 계층이 일으키는 사회적인 문제 중 하나로 여기며 혁명과 함께 근절되었어야 한다고 생각한다. 비록 성숙한 사회주의 체제라 할지라도 동성애는 더 이상 존재해서는 안 되는 사회 현상으로 인식되고 있는 것이다! 이 국가는 과연 무엇을 놓치고 있는 것인가?

"게이 커뮤니티를 바라보는 시선이 예전보다 조금씩 너그러워지고는 있어요. 하지만 그만큼 경찰의 감시는 더 확대되고 있죠." 빅토리아가 말을 이었다. 과거보다 더 영악해진 비밀경찰과 (전 세계에서 업무 효율성이 가장 높다고 알려진) 쿠바의 정치 스파이들은 이 성소수자들을 도구화하고 있었다. 몰래 게이 커뮤니티에 침투해 뇌물을 주고 게이들을 매수함으로써 알짜배기 정보를 캐내는 경찰은 자기들을 도와주는 앞잡이 게이들에게는 매우 관용적인 태도를 취한다. 그 결과, 개인이 고용하는 쿠바의 '민간' 경찰과 끄나풀 역할을 하는 사기꾼들은 자신을 게이라고 속이며 동성애자들을 유혹한다. 그렇게 그들을 이용하고 희생자로 전락시켜 협박을 일삼는다. 나는 이런 부류의 경찰이야말로

'몰락하는 공권력'의 적나라한 얼굴이라 표현하고 싶다.

쿠바에서 동성애는 이제 처벌 대상이 아닌 감시 대상이 된 것이다. 국가의 체제를 유지하기 위한 공포 정치의 협박인 것이다. 프랑스 철학자 장 폴 사르트르가 남긴 유명한 말에 빗대자면, 좀 씁쓸하긴 하지만, 라울 카스트로의 나라인 쿠바 동성애자들의 운명을 완벽하게 설명할 수 있다. 즉, "이 나라에서 동성애자로 사는 것은 문제가 아니다. 그러나 동성애자가 죄를 지었을 때는 이중의 벌이 내려진다." 불행 중 다행인 것은 지금은 동성애자란 이유로 살해되는 일은 없다는 것이다.

과거에는 그런 사건이 종종 일어났다. 1961년, 쿠바 혁명이 일어나자마자 피델 카스트로는 'P'로 시작하는 세 집단을 척결하라고 명령했다. 바로 '호모pédérasters, 매춘부prostituées, 포주proxenétès'가 그들이었다. 하지만 지금은 상황이 호전되어서 동성애자를 볼 때 눈살을 찌푸리는 사람은 찾기 어렵다. 작가 비르힐리오 피녜라는 게이이면서 정치적으로 현 정권에 반대하는 운동가다. 그래서 국가 체제에 반역한다는 죄목으로 아바나에서 멀리 떨어진 강제 노역소로 끌려갔다. 그 당시에 몇 명이나 목숨을 잃고 감옥에 갇혔을까? 동성애자란 이유로 살해당한 사람이 얼마나 되는지 정확한 수치는 아무도 모른다. 쿠바 정권은 여전히 동성애 혐오를 이데올로기적으로 활용하고 있다. 동성애자임을 커밍아웃한 작가 레이날도 아레나스는 국가적 이데올로기를 거역하고 일탈했다는 이유로 체포되어 징역형을 살았다. 결국 그도 해외로 도주해 미국에 망명을 신청했다. 그의 자서전적인 작품 『밤이 찾아오기 전Before Night Falls』을 보면, 폭력적인 남성성에 사로잡혀 있던 카스트로 정권에 대한 세밀한 묘사가 나온다. 당시 쿠바 정권은 동성애자를 마치 치료해야 할 환자로 취급하며 1965년부터 1969년까지 재활 센터를 운영했다고 한다. 이때 동성애자들을 입원시킨 수용소 같은 의료 기관(현지 스페인어 약어로 'UMAP')에는 입원한 벌거벗은 남자들을 찍은 사진이 증거 자료로 남아 있는데, 그들이 '정상적인 삶'으로 돌아가도록 전기 충격 요법을 실시할 때 찍은 것이다. (이곳에서 생존한 사람들의 이야기를 들어보면, 말도 안 되는 치료를 받은 사실이 입증되었다. 별로 효과가 없어서 처음에만 시도되고 나중에는 전기 충격 요법을 거의 활용하지 않았다.) 피델 카스트로의 공포 정치는 여기서 끝나지 않았다. 그는 1960년대에 이어 1970년대에도 동성애자를 '남색 호모'로 비하하며 미국식 제국주의에 물든 반역자 취급을 했다. 쿠바의 정치 체제를 따르지 않는 동성애자는 공무원으로 일할 수도 없었다. 그에게 동성애는 혁명과 양립할 수 없는 것이었다. 동성애자에게는 카스트로가 꿈꾸는 '진정한 혁명가'로서의 강인함이 결여되어 있다는 이유에서다. 피델 카스트로는 쿠바의 농촌생활을 예찬했다. 그러면서 시골에는 동성애자가 한 명도 없다고 자신 있게 말했다는 일화도 전해진다.

오늘날 카스트로주의적 정치 노선은 과거와는 달리 망상에 가까운 예찬을 더 이상 받지 못하고 있다. 피델 카스트로는 몇 년 전에 자서전까지 출간했는데, 과거의 자기 잘못을 속죄하며 뉘우치는 발언을 하더니, 게이들의 권리도 인정해주자는 취지의 발언을 남겼다. 2010년 84세의 연로한 나이에 그는 어느 매체와의 인터뷰에서 쿠바 혁명 초기에 게이들이 희생자가 된 것은 부당한 결정이었다는 말도 했다. 이 말을 들은 빅토리아는 "사람이 갑자기 180도로 변한 걸 보니, 우리가 그를 '마리엘라 카스트로 라울 카스트로의 딸로, 동성애자의 인권 향상을 위해 노력해 공로

상을 받은 쿠바의 여성 정치가'라고 불러야 할 판이네요"라고 말했다.

나는 아바나 서쪽 람파 구역과 10번가 사이에 있는 국립 성교육 센터National Center for Sex Education에 빅토리아와 함께 가기로 약속했다. 베다도는 아바나의 부촌 지역으로 부르주아풍의 고급 주택가가 혁명 광장 근처에 조성되어 있다. 우리는 곧 경비원이 서 있을 정도로 관리가 삼엄한 건물 앞에 도착했다. 건물 입구에는 철창이 세워져 있는데, 라울 카스트로 전 대통령의 딸이자 피델 카스트로의 조카인 마리엘라 카스트로가 세운 센터다. 그녀는 LGBT 성소수자의 인권을 개선하고 에이즈 퇴치를 위해 이 센터를 건립했다. 거리 홍보활동을 위해 전용 버스도 운행 중인데, 중국에서 수입한 차였다. 한눈에 봐도 으리으리한 건물로, 막대한 돈을 쏟아부은 흔적이 역력한 쾌적하게 정비된 공간이었다. 우리는 안내 데스크로 향했다. 여비서가 전화기 두 대로 상담을 하고 있었는데, 전화벨이 수시로 울려댔다. 장식 하나 없는 무미건조한 진료실 안으로 들어가자 공산당원인 한 의사가 나를 맞이했다. 면담 후에 건물 밖으로 나오면서 빅토리아가 말했다. "아까 그 의사, 내가 보기에는 돌팔이 같아요." 의사는 나를 진찰하는 내내 정치적 선전활동을 되풀이했던 것이다. 관심이 있다면 쿠바 외교부에 의뢰를 해보라는 말까지 했다. 어떻게 하면 되냐고 되묻자, 그는 자국 대사관을 통해 인터뷰 몇 주 전에 공문을 보내면 된다고 했다. 그는 자신의 대답이 별로 실효성이 없다는 걸 스스로 잘 아는 듯했다. 하지만 자기가 맡은 임무가 그런 이상, 명령을 어길 수는 없기 때문에 형식적으로 하는 말이었다. 나를 배웅하기 전까지도 그는 끊임없이 말을 이어갔는데, 특히 '상대를 자주 바꾸는 성관계'란 말을 할 때는 부정적인 뉘앙스를 확 풍기며 목소리에 힘을 주었다.

성관계를 가볍게 생각하는 관점은 쿠바 정권의 공포 정치가 억압하는 모든 것을 함축적으로 보여준다. '윤리에 어긋나는' 혹은 '방탕한 생활'이라는 말은 게이를 암시하는 표현이다. 게이들은 파트너가 자주 바뀌고, 또 동시에 여러 사람과 관계를 갖는다는 편견이 바뀌지 않았다는 사실을 우리는 국립 성교육 센터에서 재차 확인할 수 있었다. 이 센터는 에이즈의 원인이 바로 문란한 성생활 때문이라고 말한다. 게다가 위생상 문제가 있을 뿐만 아니라 난잡한 성교는 인간으로서 부도덕한 행위라고 쿠바 정권은 단정짓는다. 결국 이 센터는 카스트로주의자들이 싫어하는 것, 가령 성적인 자유, 사회 체제가 정해준 도덕적 범주를 벗어난 인간관계, 국가와 인종의 혼합, 사회 갈등을 야기할 우려가 있는 성적인 접촉을 막아주는 쿠바 정부의 부속물에 불과했다. 쿠바 정권은 동성애를 무조건 억압하기만 하면 사회적으로 대반란을 야기할 수 있다는 것을 경험상 알고 있다. 계속 억압만 했다가는 폭동이 일어날 우려가 있고 더 위험한 상황이 초래될 수도 있기 때문이다. 그래서 외국인에게 쿠바 여행을 허가하고 쿠바인들도 해외 비자를 받을 수 있도록 문을 열기 시작한 것이다. 일전에 국제인권감시단이 강조했듯이, 카스트로주의 정권 아래서 동성애는 사회적으로 매우 '위험한 대상'으로 취급되었다. 그래서 쿠바 형법에 따라 신속 처리 절차를 거쳐 어떤 범법 행위를 저지르지 않더라도 증거 제출이나 변론의 기회조차 갖지 못한 채 바로 구금형을 선고받을 수 있었다.

이러한 사회적인 악조건 속에서 마리엘라 카스트로 에스핀은 과연 어떻게 게이들의 인권 해방을 위해 싸우기로 결정했을까? (나는 그녀에게 여러 번 면담을 요청했지만 끝내 만날 수 없었다.) 그것도 독재자 대통령의 딸이⋯⋯ 영원한 수수께끼가 아닐 수 없다. 쿠바에 사는 대부분의 게이는 그녀를 여신처럼 숭배한다. 엘 그리고는 "그녀는 이곳 게이들을 보호해주는 수호신이에요"라고 말했고, 오수알도는 "산타 마리아 델 마르 해변에 게이들이 자유롭게 갈 수 있었던 데에는 그녀의 공이 컸어요"라고 이야기했다. 또 그녀는 쿠바에서 매년 5월 17일 게이 프라이드를 열 수 있도록 힘썼다. 완벽한 영어를 구사하는 리카르도도 거들었다. "하지만 마리엘라 카스트로는 스톤월의 상징적 달인 6월에 게이 프라이드 행사를 하는 것은 반대했어요. 아직도 쿠바에는 반미 정서가 강하게 뿌리 내리고 있기 때문이죠." 리카르도는 매춘부 여성들과 함께 일하는데, 고객과의 만남을 주선하는 중개인 역할을 한다. 특히 외국 관광객들과 가격 협상을 벌일 때 통역을 맡는다. 그러면서 영업이 성공하면 수수료를 받아 챙겼다.

마리엘라 카스트로가 정말로 쿠바 정권에 반대하는지는 생각해볼 여지가 있다. 왜냐하면 그녀 역시 사회적 풍자 대상인 쿠바 정치에 몸을 담고 있는 사람이 아닌가! 이 책에서 다루는 미스터리한 인물 중한 명이 바로 그녀다. 예를 들어 스페인의 독재자인 프랑코의 딸이 게이 프라이드를 주최한다면? 과연 상상이나 할 수 있겠는가! 또 이탈리아의 파시스트 무솔리니의 딸이 게이 바에서 영화감독 파졸리니의 영화 속에 등장하는 디바처럼 행동한다고 상상해보라. 그녀는 정말 게이들의 디바일까? 그렇게 단정하기에는 베일에 가려진 부분이 너무나 많은 여자다. 어쨌든 확대 해석은 금물. 우리는 솔직히 그녀에 대해 모르는 것이 수두룩하다. 구소련 시절에 러시아로 유학 가 성의학 관련 공부를 했으나, 그녀가 뼛속부터 카스트로주의에 반대하는지는 알 수 없다. 한편 그녀는 쿠바 정부가 강조하는 선전활동에 동의하는 주장을 펼칠 때가 있다. 그러면서도 트랜스젠더를 옹호하고 성전환과 관련된 박사 논문을 썼다. 그렇다면 그녀는 독재자였던 노쇠한 홀아비인 부친과 정반대 길을 가려 하는 신여성임이 확실할까? 어쩌면 그럴지도 모른다. 피델 카스트로처럼 라울 카스트로 역시 참전 베테랑 용사 출신이며 동성애에 반대하는 정치가였다. 하지만 쿠바 게이들의 풍문에 따르면 정형화된 틀에 박힌 인생을 살았던 그가 차마 커밍아웃을 하지 못한 숨은 게이라는 설이 있다. 그렇다면 마리엘라 카스트로는 친아버지보다 훨씬 더 열린 사고의 소유자이지 않을까? 그래서 그녀가 몸담고 있는 정당보다 더 자유주의를 외치는 것일까? 가능하다. 하지만 확신할 수는 없다. 왜냐하면 그녀에 대해 회의적인 입장을 보이는 국민도 있기 때문이다. 회의론자들은 그녀가 에이즈 퇴치활동과 관련하여 세계 기구의 지원금을 타내기 위해 성교육 국립 센터를 설립했다고 주장했다. "쿠바인들은 게이에게 우호적인 센터를 설립함으로써 자기네 나라가 서구 유럽 국가로부터 원조를 받는다는 사실을 잘 알고 있습니다. 그래서 보여주기 식으로 에이즈 검사를 하고 아바나의 많은 관광객이 찾는 장소에 동성애자를 에로틱하게 표현한 이미지를 선전 문구로 광고하고 있죠. 국제공항으로 가는 고속도로의 가로 4미터, 세로 3미터의 대형 전광판에도 동성애 코드가 들어간 광고를 올리며 마치 에이즈와 싸우기 위해 열심히 노력하고 있는 듯한 티를 낸답니다." 그로부터 몇 달 뒤, 제네바에서 만난 UN 에이즈계획United Nations

Programme on HIV/AIDS 사무국 직원이 내게 해준 말이다.

마리엘라 카스트로가 여전히 게이들의 친구로서 동성애에 반대하는 강경한 독재 정치의 노선에 맞서고 있는 것이라면, 그의 아버지인 라울 카스트로는 마르크스주의와 레닌주의를 예찬하는 극좌파 정치가이자 동방교회 신자이며, 형인 피델 카스트로의 극악무도한 공작에 오랫동안 협력한 군인이었다. 라울 카스트로는 잔인한 독재자였고 자기 손으로 수십 명의 사람을 암살하라는 명령을 내렸으며 수천 명의 사람을 죽게 만든 장본인이다. 85세의 연로한 나이에 투병 중인 라울 카스트로는 말년에 알코올 중독자로 몸이 피폐해졌다. 그럼에도 불구하고 쿠바인들은 그를 쿠바 사회주의 정권의 수뇌부로 기억할 것이다.

2010년부터 2016년까지 나는 쿠바를 다섯 차례나 방문했다. 그 덕분에 이 나라가 얼마나 빠른 속도로 변화해가는지를 직접 확인할 수 있었다. 그러나 그 변화에 늘 긍정적인 면만 있는 것은 아니었다. 한편으로는 자유경제 체제를 서서히 받아들이면서 예전보다 관광객 수가 두드러지게 증가했다. 아바나 소재 게이 클럽의 수도 확실히 늘어났다. 대표적인 게이 바로 험볼 52, 라스베이거스, 센트로 바게오, 디비노가 있다. 뿐만 아니라 인판타와 25번가가 만나는 모퉁이에 자리잡은 토크라는 바는 쿠바에 이런 곳이 있나 싶을 정도로 비현실적이어서 깜짝 놀랐다. 또 혁명 광장에는 '아바나 카페 칸탄테'라는 대형 클럽이 생겼다. 상징적인 장소에 게이 클럽이라니, 믿기지 않는다.

매춘 시장도 전보다 장사가 더 잘되었다. 하지만 임금 격차와 불평등은 여전했다. 공산당 소속의 엘리트 계층은 2015~2016년에 미국으로 갈 수 있는 비자를 획득하기도 했다. 2016년 3월에 미국의 버락 오바마 전 대통령이 쿠바와 미국의 관계에 큰 전환점을 마련했다. 쿠바라는 섬나라에는 참으로 의미심장한 변화였다. 마리엘라 카스트로라는 인물 덕분에 나는 아바나에서 여러 사람을 만나고 인터뷰할 수 있었다. 그리고 아바나를 배경으로 한 이야기를 이 책에 실을 수 있었다. 라울 카스트로의 딸인 마리엘라는 스탈린주의 노선을 지향하는 열린 사람이다. 그녀는 LGBT 성소수자들과 맞서 싸울 생각이 전혀 없으며, 쿠바의 게이들이 마땅히 누려야 할 권리를 획득할 수 있는 진보주의를 강조했다. 하지만 여러 언론 매체가 보고한 내용을 모아보면, 긍정적인 결과도 있고 아닌 것도 있어서 평가는 상대적이었다.

먼저 에이즈 문제에 있어서 콘돔과 질병의 예방 및 치료가 뒷받침되지 않고서는 성공적인 관리는 힘들어 보인다. 여전히 불법 매춘 행위가 늘어나는 가운데 에이즈는 고질적인 사회 병폐로 이어지고 있다. 게다가 쿠바의 보건 체계는 구식이며 재정 부족으로 열악한 상태다. 카스트로가 국민에게 보건 위생의 엘도라도와 같은 이상향의 국가를 만들겠다고 선포한 것과는 정반대 상황이 펼쳐지고 있다.

나는 에콰도르의 키토를 방문했을 때 쿠바 출신의 동성애자를 여럿 만났다. 그들은 고국을 빠져나와 동성애자를 존중하는 외국으로 망명 온 사람들이었다. 그곳에서 만난 호르헤 아세로는 이렇게 말했다. "해마다 수십 명의 동성애자가 쿠바를 떠나 이곳으로 오고 있어요. 이주는 지금도 계속되며, 꾸준히 증가 추세입니다." 그는 에콰도르의 이민 관리 사무소에서 일하면서 쿠바에서 온 난민들을 관리하고 있다. 2015년 여름, 키토에서 인터뷰할 당시에 사무소는 로블레스 거리에 있었다. 그곳에서 만난 아세로는 내게 쿠바에 사는 LGBT 성소수자들이 곧잘 공격에 노출된다고 했다. 갑자기 무작위로 체포해 감금하는가 하면, 에이즈에 감염된 환자를 치료하는 의료 시설도 턱없이 부족하다고 실토했다. 동성애자를 정치범으로 몰아 감옥에 넣는 일뿐만 아니라, 일상적인 차별도 곳곳에서 일어난다고 말했다. 인권 차원에서 보면 이런 현실은 개탄스럽기 그지없다. 이러한 현실에서 벗어나기 위해 수많은 쿠바 젊은이가, 특히 동성애자들이 고국을 떠나기로 결심한다. 2015년 한 해에만 미국으로 이주한 쿠바인의 수가 4만 3000명을 넘어섰다.

빅토리아는 센트로 아바나의 번화가에 살고 있다. 미국의 황금기를 상징하는 워싱턴 국회의사당 외형을 그대로 본뜬 카피톨리오로부터 서쪽 방향에 위치한 집이었다. 이 동네에는 평범한 소시민이나 수작업에 종사하는 사람들이 주로 사는데, 막노동부터 옷 재단, 커피숍, 구아바 주스 가게를 하는 사람들이 눈에 띈다. 인도를 따라 걷노라면 미용실이나 꽃집도 보였다. 하지만 길거리에서 만난 쿠바인들은 대부분 실직자였다. 손기술로 생계를 해결하는 장인들이 주로 사는 커뮤니티이지만, 공산주의 정권 체제에서는 소규모 상업 행위만 가능했다. (1968년에 쿠바의 모든 기업은 국유화되었다. 그러던 중 2000년 말부터 라울 카스트로가 소규모 자영업과 사기업의 직원 고용을 인정하면서 신중한 개혁을 시도한 바 있다.) 오래된 건물의 외벽은 금이 갔고, 스페인 식민지 시절 제국주의 건물의 문들이 무너진 허름한 장소에는 슈퍼마켓들이 드문드문 들어와 있었다. 가게 안에는 거품도 잘 안 나는 샴푸, 사서 2주 정도 신으면 굽이 떨어져나갈 것처럼 상태가 좋지 못한 신발, 낱개로 파는 과자들이 진열되어 있다. 쿠바에서 치약, 비누, 면도용 거품은 사치품이다. 빅토리아는 또 다른 레즈비언 친구 및 게이 한 명과 허름한 아파트에서 같이 살고 있다. 1층에 있는 방은 힘겨운 그들의 생존기를 여실히 보여주었다. 바닥은 시멘트이고, 석회를 바른 벽에 위험하게 꼬여 있는 전기 배선 하며 바닥 쪽에는 수도 배관이 그대로 드러나 있었다. 빅토리아가 입을 열었다. "전기가 끊기는 것도 다반사예요. 한 번 끊기면 10시간 동안 안 들어오기도 한답니다. 심지어 수돗물이 아예 안 나오는 날도 있어요." 이들에게 가난은 기본적인 의식주마저 마비시키는 역경이지만, 그럼에도 불구하고 미소를 잃지 않았다. 그녀의 침대 위에는 역시나 커다란 무지개 깃발이 걸려 있다. 파리와 보스턴의 중산층 게이들의 방에는 쿠바의 사진작가 라울 코랄레스가 찍은 카스트로 사진이나 알베르토 코르다가 찍은 체 게바라의 사진이 걸려 있을지도 모르겠다. 하지만 이 방에는 그런 사진이 걸려 있지 않다. 단지 게이의 상징인 무지개 깃발만이 함께했다.

저녁 시간, 나는 낯선 상황에 직면했다. 이들이 사는 아파트로 옷장사를 하는 두 상인이 찾아온 것이다. 이들은 주로 젊은 게이와 레즈비언들을 방문해서 옷을 파는데, 미국 브랜드의 셔츠와 바지 수십 벌을 낡은 캐리어에 담아 왔다. 관심이 있는 옷은 직접 입어보고 쿠바의 외국 화폐로 거래를 하는 식이다. 이러한 밀거래도 쿠바에서는 당연히 불법이다.

내가 쿠바에서 만난 모든 동성애자처럼 빅토리아도 미국으로 건너가고 싶어했다. 마이애미에 사는 것이 꿈인 그녀는 말했다. "저는 매일 미국에 가는 상상을 해요. 불법으로든 합법으로든 고무보트를 타고 언젠가 저 바다 건너 세상으로 떠나고 말 거예요." 그녀의 눈에 미국은 흑인들도 사회적 신분 상승을 이룰 수 있는 이상적인 곳이었다. 게이와 레즈비언을 향한 사회적 관용주의가 존재하는 땅이기도 했다. 그녀는 카스트로주의가 실패했다고 하는 가장 큰 원인 중 하나를 쿠바의 고질적인 인종차별이라고 지적했다. 카스트로가 자신 있게 인종차별을 척결하겠다고 선언했지만, 결과적으로 그의 정책은 사태를 더 악화시키기만 했다. 게이 카페에 가도 흑인에 대한 차별은 일상적이었다. 엘 그링고 역시 차별을 몸소 보였는데, 그는 흑인 게이 커플들이 오면 그들의 위생 상태를 의심하며 카사에 있는 방 중에서 가장 허름한 곳을 빌려줄 정도였다. 쿠바 사회에 만연한 인종차별은 게이 커뮤니티라고 해서 예외가 아니었다. 이들은 오히려 희생양으로 바쳐진 제물처럼 더 가옥한 차별을 받고 있다. 빅토리아는 자신의 검은 피부 때문에 겪었던 시련을 슬픔이 담긴 목소리로 말했다. "심지어 피부색의 톤이 얼마나 더 짙은지에 따라 차별 강도도 더 심해진다고 할까요. 밝은 톤에서 어두운 톤으로 갈수록 상황은 더 심각해집니다. 여기 표현으로 하자면, '금발 머리의 하얀 피부, 누런 피부, 갈색 피부, 백인과 흑인 사이의 혼혈 피부, 흑인 피부 그리고 경찰관'으로 인간 그룹이 나뉘지요." 빅토리아는 언젠가 미국으로의 출항 금지가 철회되고 정말로 쿠바의 국경선이 미국을 향해 열리리라고 믿는 것일까? 그녀는 흥분된 목소리로 말을 이었다. "만약에 라울 카스트로가 봉쇄했던 문호를 개방한다면 이 섬에는 그 사람만 혼자 남게 될 거예요. 모든 쿠바인이 떠날 테니까요! 특히 첫 번째 주자는 동성애자들이 될 겁니다." 그녀는 게바라주의자가 아니라고 말하면서도 혁명을 일으키고 싶어했다. "쿠바에서 배를 구입하는 것은 엄격히 금지되어 있어요. 왜겠어요? 개인이 배를 소유할 수 있으면 다들 미국의 사우스비치로 도망갈 테니까요."

잠시 후, 말레콘으로 이동한 우리는 바닷가를 거닐었다. 빅토리아의 수다는 자동으로 계속되었다. "쿠바는 참 이상한 나라예요. 섬이라는 지리적인 특징도 한몫했고요."

열대성 기후의 태평양에 위치한 섬나라 기후가 그녀의 흥분된 마음을 살짝 진정시켜주었다. 그녀는 플로리다주가 있는 쪽을 응시하며 잠시 숨을 깊게 내쉬면서 평정심을 되찾았다. 그리고 마지막으로 입을 열었다. "저 대양은 수평선 너머로까지 연결돼 있어요. 하지만 이곳 쿠바에서 바다는 우리 미래를 철저히 막고 있답니다. 마치 바다에 떠 있는 거대한 감옥과도 같지요."

이곳 게이 바가 문을 연 구역에서 게이들의 혁명이 일어날지는 미지수다. 하지만 한 가지 확실한 점이 무엇인지는 빅토리아에게 바로 말해주었다. 그녀의 멋진 미소를 보는 것만으로도 나는 이 나라의 밝은 미래에 대한 희망적인 메시지를 읽었노라고.

이튿날, 나는 아바나를 떠나 마이애미로 날아갔다. 쿠바의 수도에서 550킬로미터도 채 떨어지지 않은 플로리다주에 가기 위해 나는 멕시코의 칸쿤을 거쳐 반나절 동안 비행기 안에 있어야 했다. 왜냐하면 쿠바에서 미국으로 가는 직항이 없기 때문이다. 공항으로 가는 길에 카스트로와 체 게바라의 초상화가 광고판에 계속 등장했다. '혁명이여, 만세!' '국가가 아니면 죽음을 달라!'는 표어도 지겹게 등장했다. 나를 태운 택시는 1950년대 미국산 구식 차량인 쉐보레 벨 에어였다. 하지만 세월이 흐른 탓에 제동 장치는 낡아 있었다. 진보하지 못하고 뒤로 후퇴하는 고립된 나라, 쿠바. 어쩌면 그래서 쿠바가 더 매력적으로 보이는지도 모르겠다. 쿠바섬은 이 구식 차량과 참 닮았다. 1959년, 혁명이 일어났던 해에 모든 것이 멈춘 국가.

베르사유

이튿날, 나는 미국의 베르사유 식당에서 베르트를 다시 만났다. 그는 말했다. "오래전부터 좌파, 특히 동성애자들은 사회주의 정권에서라면 게이들이 자유로울 거라 생각했어요. 공산주의, 마오쩌둥주의, 트로츠키주의, 카스트로주의 하에서도 마찬가지일 거라고 믿었지요. 하지만 그게 착각임을 깨달았습니다. 그저 동성애를 혐오하는 독재자들의 정치적 이데올로기라는 걸요. 자유의 바람은 동방에서도, 쿠바에서도 불지 않아요. 바로 이곳 미국에서 불고 있죠."

나는 마이애미의 쿠바 타운인 리틀 아바나의 한 식당으로 갔다. 쿠바 혁명과는 전혀 다른 상징성을 지닌 이름의 가게였다. 쿠바 타운의 번화가인 베르사유 칼레 오초(영어로는 'SW 8번가')에 위치한 이곳은 마이애미의 작은 쿠바를 연상시켰다. 정오가 되자 검은콩 수프와 플랜틴 바나나를 넣은 요리, 쿠바식 커피가 테이블에 올라왔다. 또 저녁이 되면 사람들은 가게에서 도미노 게임을 하거나 '글로리아 쿠바나'라는 상표의 시가를 피웠다.

나는 이곳 베르사유에서 베르트 메디나, 그리고 그의 남편과 저녁 식사를 했다. (두 사람은 20년 이상을 함께 살았으며 미국에서 동성 결혼이 합법화되지 않았던 시절에 캐나다에서 결혼식을 올렸다.) 저녁을 먹는 동안 베르트는 나에게 자신의 고향인 쿠바에 대해 이야기했다. 유년기를 보낸 섬, 몇몇 가족과 친척들이 살고 있는 그곳의 정취를 이야기했다. 그는 자신에게 쿠바는 영원한 조국이라고 강조했다.

베르트는 플로리다주에서는 쿠바에서 망명 온 사람들이 대우를 받는다고 설명했다. 정치적 이유로 피신 온 사람들은 미국 정부가 내쫓지 않고 체류할 권리를 부여하기 때문이다. 미국에 머무른 지 1년이 지나면 영주권을 뜻하는 '그린카드'가 발급되었다. 미국 정부는 한때 쿠바를 탈출한 난민이 미국으로 들어오면 바로 입국을 허용하는 '젖은 발, 마른 발 정책wet foot, dry foot policy'을 실시했다. 1995년 이후로는 미국 해양 경찰과 플로리다주의 해안 경비대가 쿠바나 제3세계로 난민들을 송환시키는 것이 아니라, 플로리다주에 들어오는 것을 허용했다. 그 결과 미국에는 약 180만 명의 쿠바인이 살고 있으며, 그중 60만 명이 마이애미 주변에 거주하고 있다.

리틀 아바나에는 쿠바인들의 정신이 살아 숨 쉬고 있다. 손으로 직접 만든 간판들과 확성기로 퍼져나오는 살사 음악, 쿠바를 그리워하는 타향살이의 흔적이 사방에서 느껴진다. 길거리를 여유롭게 배회하며 천성적인 낙천주의를 내비치는 쿠바인들의 모습을 보고 있자니, 실제로 아바나에 온 것 같은 착각마저 들었다. 게다가 두 지역 사이에는 시차도 없다. 베르트는 이렇게 말했다. "제 꿈은 일을 마치고 퇴근하자마자 모터보트를 타고 술 한잔 하러 아바나의 게이 바에 가는 거예요. 그런 다음 저녁에 마이애미에 있는 집으로 돌아오는 겁니다. 언젠가는 꼭 현실이 될 거라고 믿어요."

며칠 동안 나는 미국에 사는 쿠바 망명자들을 만났다. 이들은 불

확실한 미래에 반기를 들고 조국을 떠났다. 1960년대 초에 마이애미로 넘어온 카를로스는 마치 아이들을 구하는 피터 팬과 같은 영웅이었다. 그를 선두로 게이 1만4000명이 쿠바를 떠나 미국으로 왔기 때문이다. 카스트로주의에 반대하는 그는 우파 정치를 예찬했다. 공화당 의원을 뽑았다고 하는 그는 아시옹 쿠바나Acción Cubana라고 하는 극우파에 가까운 정당을 지지했다. 그는 나에게 최근에 쿠바 정권이 체포한 동성애자 수를 알려주면서 충격적인 수치라며 혀를 내둘렀다. 물론 그가 보여준 자료가 사실인지는 확인할 수 없었다.

이튿날 나는 베르트와 그의 남편을 그들의 집에서 다시 만났다. 부부가 키우는 귀여운 푸들이 애완견 숍에서 미용을 하는 날이었다.

"제 강아지가 쿠바인들보다 팔자가 더 좋은 것 같아요. 이보다 더 안전한 삶이 또 어디 있겠어요! 고급스러운 음식에다 자유롭게 돌아다닐 공간까지 있으니. 어쩌면 애도 게이의 라이프스타일을 마음에 들어할걸요."

베르트는 쿠바 게이들의 삶을 풍자하며 말했다. 집 안 냉장고에는 20년이 넘은 아바나 클럽의 럼주가 있었다.

그는 자랑스럽게 말했다.

"두 카스트로 형제가 세상을 떠나면, 이 럼주를 따서 마실 겁니다."

베르트는 민주주의를 지향하며 플로리다주의 하원의원이 될 날을 꿈꾼다. 마이애미에 사는 급진 카스트로주의 반대자들이 퍼뜨리는 게이에 대한 무시무시한 소문을 그는 과장이라며 일축했다.

"그 사람들은 아마 공산주의자이거나 아니면 공화당파일 거예요. 그 중간에 낀 사람들이 절대 아닐걸요."

베르트의 말에 따르면, 쿠바 정부는 완전한 몰락을 향해 치닫고 있었다. 게이 문제도 그들이 쇠퇴하게 된 원인 중 하나다. 그는 다음과 같이 강조했다.

"쿠바의 게이들은 다른 나라에서보다 많은 문제를 겪고 있어요. 게이인 것도 문제이지만 그보다 쿠바인으로서 사는 일이 더 힘겨운 거죠. 따라서 일단 쿠바의 사회적 문제부터 해결해야 합니다. 단체 결성권, 경제 회복, 표현의 자유, 정의를 수호하기 위한 부조리 척결이 선행되고 나서 게이 문제를 다뤄야 순서가 맞아요."

국제사면위원회Amnesty International에서 여러 차례 발표한 보고서에 따르면, '쿠바에서 표현의 자유는 크게 억압받고 있는 상황이며, 쿠바 정부는 계속해서 시민들이 단체를 결성하고 조합을 만드는 것을 강력하게 규제한다'. 베르트는 흥분한 목소리로 말을 이었다.

"카스트로 형제는 쿠바를 개혁하는 데 베트남이나 중국 정부보다 훨씬 못하지요. 경찰의 공권력을 고수하면서도 경제 자유화를 실현할 수 있었는데 말입니다. 그마저도 제대로 못 한 거예요. 피델 카스트로는 동성애자들을 강제 노역소에 보내면서도 얼토당토 않은 말을 했던 사람이에요. 강제 노역소에 있는 누구도 동성애자를 인정하고 그들의 말을 경청하려는 일반인은 없었다고요."

내가 만난 또 다른 쿠바 출신 미국인인 카밀로는 아주 짧게 자신을 소개했다.

"한마디로 전 '유카yuca, 한국 감자와 비슷한 쿠바산 뿌리식물'예요. 체 게바라가 살아생전에 좋아해서 자주 들고 다니던 음식인 '유카'를 자신에 빗대어 표현한 것이다. 하지만 카밀로는 쿠바에 가본 적이 한 번도 없다.

그의 부모님과 누나가 아바나 태생인 반면 그는 마이애미에서 태어났다. 쿠바 혈통을 가진 미국의 도시 남자, 그가 바로 카밀로다.

우리는 오션 드라이브에 위치한 뉴스카페에 들어갔다. 이곳은 마이애미비치 남쪽, 사우스비치 쪽에 있는 유명한 게이 비스트로_{편안한 분위기의 선술집, 작은 식당을 일컫는다}다. 카밀로는 이곳의 게이 라이프에 대해 자세히 설명해주었다.

"사우스비치에 사는 게이들은 자기 집에서 편안한 생활을 즐겨요. 굳이 삼삼오오 모여 게이 바를 찾아갈 필요가 없습니다."

한눈에 봐도 그는 게이 커뮤니티에 관심이 없는 듯했다. (그는 게이들만 있는 게토를 벗어나 살고 있으며 게이와 관련하여 사회적 투쟁을 하기보다는 놀고 즐기며 파티를 여는 삶이 더 좋다고 귀띔해주었다.)

물론 쿠바의 게이들과 정반대의 라이프스타일이긴 하다.

"두 카스트로 형제가 죽고 난 후에는 쿠바에서도 이런 삶이 가능할 거예요."

보디빌딩을 한 탄탄한 몸매를 가진 카밀로는 흰색 티셔츠를 입고, 그와 대비되는 색인 검정 야구모자를 썼다. 그는 마이애미 대학에 재학 중이었는데 젊은 오바마를 떠올리게 하는 외모였다.

사우스비치는 전 세계 게이들의 머릿속에 완벽한 미국식 게이 라이프의 정수를 경험할 수 있는 곳으로 자리잡고 있다. 연중 따사로운 햇살이 비치며 해변나나 가볍게 애인을 찾는 작업꾼들이 있고, 야자수와 아르데코의 건축 양식, 24시간 열려 있는 게이 바들, 마돈나의 별장이 있고, 미국 드라마 「마이애미 바이스」가 촬영된 이곳. 카밀로는 여기에 덧붙여 설명을 이어갔다.

"뉴스카페를 나와 해변 쪽으로 몇 미터만 더 가면, 세계적인 디자이너였던 잔니 베르사체가 한 정신 나간 남자의 공격을 받아 죽은 현장을 볼 수 있어요."

그는 이렇게 말하면서 상징적인 사건들이 일어난 이곳을 자랑스러워하는 듯했다.

새벽 3시, 뉴스카페는 마치 한낮인 것처럼 인파로 넘쳐났다. 우리 주변으로 빅 버거와 바위게 요리, 점보 칵테일을 주문하는 사람들이 몰려들었다. 여기서 빠질 수 없는 것이 있으니, 플로리다 남부의 대표적 디저트인 키 라임 파이다.

지금은 사우스비치 중심부의 대형 쇼핑몰로 바뀐 링컨 로드를 따라 나는 다양한 취향을 존중하는 게이 서점인 북스 앤드 북스에서 산 사진첩을 뒤적거렸다. 하지만 이름과는 달리 이곳도 사실은 서점이라기보다는 커피숍에 가까웠다. 가게 안으로 들어가서 본 메뉴는 '일반 채식주의자'와 '엄격한 채식주의자(우유, 달걀, 버터, 치즈를 먹지 않는 채식주의자)'를 구별해놓았고, 36가지의 서로 다른 치즈 케이크와 30가지의 피자, 150가지의 럼주가 적혀 있었다. 내가 테이블 하나를 차지하고 앉자, 스피너스의 노래 '아이 윌 비 어라운드I'll Be Around'가 오디오 스피커 너머로 흘러나왔다. 바깥은 그늘에 있어도 더운 섭씨 40도의 날씨였다.

사진첩을 넘기자 사우스비치의 모든 역사가 눈 아래 펼쳐졌다. 흑백 사진부터 컬러 사진까지, 뒤로 넘어가자 무지개 색깔도 보였다. 이곳은 게이 문화가 발전하기 시작했고, 게이 커뮤니티가 만들어진 원조의 땅이다. 이곳에서는 가게들이 게이에게 우호적인 게 당연한 일이 되었다. 20세기 초만 해도 사우스비치는 야자수 열매를 수확하는 거대한 농장 지대였다. 1910년, 사우스비치와 마이애미를 곧장 이어주는 첫 다리가 건설되면서 이곳은 주거지로서의 윤곽을 갖추기 시작했다. 1930~1940년대가 되자 아르데코 양식의 대형 호텔들이 들어섰고, 멀리서도 한눈에 알아볼 정도로 열대 기후의 휴양지 분위기를 풍겼다. 화려한 글씨로 장식된 간판들이 하늘에 닿을 듯 건물 위로 높게 걸렸다. 당시에 지어졌던 호텔로는 델라노, 콜로니, 월도프, 셀버른, 뢰스, 알비온 등이 있다. 유대인과 스페인어권 남미인, 쿠바인들이 1960년대에 대거 이주해오면서 이 지역은 백인 인구가 점점 줄어들고 대신 외국 혈통의 미국인들이 다수를 차지하는 도시로 변모했다. 즉, 소수 민족들이 이곳을 점령한 것인데, 지금이라고 크게 다르지 않다. 오늘날 마이애미비치에 거주하는 인구 중 53퍼센트가 스페인어권 남미인이고, 20퍼센트가 쿠바인이다. 옛 시절의 사진들을 살펴보니 이 지역이 어떻게 전 세계 게이들을 유혹하게 되었는지 그 굵직한 역사적 흐름을 이해할 수 있었다. 10여 개의 쇼핑몰이 세워지고 10차로의 복잡한 도로들이 여러 층으로 닦였다. 최신식 자동차 영화관과 멀티플렉스가 최초로 세워진 곳도 바로 여기다. 게다가 바다가 가까운 편인데도 이 지역에는 담수 또는 해수 수영장의 수가 다른 지역보다 월등히 많다.

1970년대 중반은 게이들이 사우스비치에 본격적으로 정착하던 시기다. 그렇다고 게이 커뮤니티가 (플로리다 남부 끝에 자리잡은) 키웨스트처럼 예술가들의 집단은 아니었다. 사람들은 주로 겨울에 이곳을 찾는다. 물론 여름에는 유럽인 관광객이 많지만, 관광 시즌이 아닌 비성수기에 사우스비치에 놀러 가면 확실히 게이들이 부쩍 많이 방문하는 것을 알 수 있다. 마이애미비치는 파티와 유행, 밤 시간이 전투적인 운동권이나 문화적인 테마보다 우선시되는 곳이다. 사우스비치에는 선남선녀들이 넘쳐난다. 톱 모델부터 디바 팝가수까지 화려한 사람들로 가득하다. '마이애미 사운드 머신'이 배출한 지역 출신 가수인 글로리아 에스테판은 솔로로 데뷔하기 전부터 마이애미 사람들에게 이미 스타였다. 게이들은 마이애미비치를 뉴욕, 샌프란시스코, 로스앤젤레스 다음으로 큰 미국의 게이 지역으로 인정한다. 그리고 이곳에서는 특히 디스코 장르가 가장 인기 있다.

다이애나 로스의 노래 '아임 커밍아웃I'm Coming Out'은 게이의 자유를 외치는 디스코 장르의 노래다. 다른 곳도 마찬가지이겠지만 마이애미에서는 1970년대 중반부터 디스코텍이 급격하게 늘어났다. 그래서 디스코라는 명칭이 음악 장르이기도 하지만 그 음악을 들으며 춤추는 장소를 지칭하는 데도 쓰였다. (이 단어는 1973년에 롤링스톤이란 이름으로 창간된 잡지 기사에서 처음 등장했다.) 우리는 밤새 유명 디스코 장르의 노래, 예를 들면 빌리지 피플의 '아이 엠 왓 아이 엠I Am What I Am' '인 더 네이비In the Navy'와 YMCA 그리고 아바의 '댄싱 퀸Dancing Queen', 그레이스 존스의 '아이 니드 어 맨I Need a Man', 보이스 타운 갱의 '캔트 테이크 마이 아이즈 오프 유Can't Take My Eyes Off You'를 들으며 춤을 추곤 했다.

그 시절과 오늘날의 단절은 단지 음악 장르에만 국한되지 않았다. 디스코는 일단 춤을 추게 만드는 음악 장르다. 또 믹스 버전으로 쉼 없이 나오기 때문에 중간에 끊기지도 않는다. 게이들은 무한 반복으로 나오는 노래 한 곡에 맞춰 밤새 춤추며 흥을 돋우었다. 이른바 '논 스톱 뮤직'인 것이다. 도나 서머의 '아이 필 러브I Feel Love'를 듣고 있으면 '너무 좋아, 너무 좋아……'를 반복하는 후렴구처럼 장시간 오르가즘을 느끼는 듯한 흥분마저 든다.

여기서 끝이 아니다. 다이애나 로스의 '마이 포비든 러버My Forbidden Lover', 시크의 '굿 타임스Good Times', 배리 화이트의 '캔트 겟 이너프 오브 유어 러브Can't Get Enough of Your Love', 글로리아 게이너의 '네버 캔 세이 굿바이Never Can Say Goodbye', 마돈나의 '홀리데이Holiday'까지 주옥같은 이 음악들은 커플 댄스보다는 솔로 댄스에 더 어울린다. 1970년대 초반까지만 해도 미국에서 게이 커플이 함께 춤추는 것은 상상도 할 수 없었다. 디스코는 무도회장의 무대를 휩쓰는 대중문화의 R&B만큼 폭발적인 인기를 끌었다. 경찰조차 함께 춤추는 두 동성애자를 막을 수 없었는데, 디스코 음악에 맞춰 각자 춤을 추기 때문이기도 하거니와, 모든 사람이 한데 어우러져 추기 때문에 커플 댄스를 구별하기조차 불가능했다.

디스코 열풍이 불면서 게이의 새로운 문화적 정체성이 형성되었다. 경찰관, 카우보이, 미국 육군 병사 지아이GI, 가죽 재킷을 걸치고 오토바이를 타는 남자의 이미지는 당시에 유행한 빌리지 피플 덕분에 게이하면 떠오르는 시대의 아이콘이 되었다. 그 시절에 게이는 남성적이고 마초적인 이미지가 있었다. 또 (시크의 멤버들이 그랬던 것처럼) 콧수염을 기르거나 리바이스 501의 단추 달린 청바지를 입은 보안관에 대한 판타지를 가지고 있었다. 이 보안관 이미지는 게이 일러스트레이터가 만든 '톰 오브 핀란드Tom of Finland'란 작품에서 탄생한 캐릭터다. 이처럼 그 시절에는 게이의 남성성이 강조되었다.

1973년부터 디스코 열풍은 미국의 대도시로 퍼지기 시작했다. 뉴욕의 유명한 클럽인 스튜디오 54가 특히 인기였는데 로스앤젤레스, 샌프란시스코와 함께 디스코텍이 붐을 일으켰다. 게이와 흑인 인구가 유독 많았던 마이애미는 이러한 열풍의 중심지였다. 디스코를 사랑한다는 것은 록을 거부한다는 것이었고, 소위 말하는 이성애자와 백인들의 문화를 거부하겠다는 의미를 내포했다. 빌리지 피플이 그랬던 것처럼 모두 자기가 원하는 정체성을 택하고 그 결정을 사랑할 자격이 있으며, 하위문화가 주류 문화가 될 수 있다는 것을 당시 미국인들은 몸소 체험했다. 디스코라는 장르가 어쩌면 미국 전역을 게이화했는지도 모르겠다.

사우스비치의 클럽들은 아침 시간까지도 사람들로 가득하다. 작별 인사를 하지 않겠다는 의미인지, '애프터 파티'라는 개념이 생겨나기도 전에 이미 실행에 옮기는 격이었다. 링컨 로드와 콜린스가, 워싱턴가와 오션 드라이브를 아우르는 사우스비치는 꼭 가봐야 할 워너비가 되었다.

아침부터 그 이튿날 아침까지 24시간 동안 이곳은 불이 꺼질 줄 모른다. '겨울 기념 파티'와 '화요일의 마티니 파티'(매주 화요일 마티니 칵테일을 마시며 다양한 장소에서 즐기는 게이 파티) 등 여러 테마의 파티가 연중 내내 이어진다. (미국인에게 마티니는 국민 칵테일로 불릴 정도로 대중화된 술이다.) '고고 보이스gogo boys'로 불리는 게이 댄서들도 이곳에선 일상이 되었다. 디스코의 여왕 마돈나는 당시 남자친구였던 빅터 칼데론이 사우스비치에 있는 클럽 리키드의 디제이가 되었을 때, 직접 클럽에 찾아와 큰 박수갈채를 받았었다. 지금은 그 인기가 디스코에서 하우스 장르, 테크노로 이어지고 있다.

1980년대 말, 디스코의 인기가 사그라들기 시작했다. 혹자는 1977년에 개봉한 영화 「토요일 밤의 열기Saturday Night Fever」에서 존 트라볼타가 디스코를 이성애자들의 음악 장르로 바꿔놓으면서 인기가 뚝 떨어졌다고 주장했다. 특히 마이애미는 갑자기 에이즈가 전염병처럼 번지는 바람에 게이의 밤 문화가 일시적으로 소강상태에 접어들었다. 빌리지 피플의 보컬이었던 레이 스티븐스는 1990년에 사망했고, 도나 서머는 기독교로 개종하면서 선교사로서 제2의 인생을 살았다. 글로리아 게이너는 자신을 좋아하는 게이 팬들을 예수 그리스도에게 인도하려고 애쓰면서 화려했던 디스코 시대는 막을 내렸다.

카밀로는 디스코 알레르기가 있는 사람처럼 평을 남겼다. "디스코는 너무 구닥다리예요. 지나치게 게이스러워서 낯간지럽죠. 흑인의 감성도 부족하고요. 저는 차라리 레게톤이 더 낫습니다. 디스코를 좋아하는 게이들은 아마도 현재 미국은퇴자협회American Association of Retired Persons의 멤버가 아닐까 싶네요!" (이 협회에는 4000만 명의 회원이 가입해 있는데 그중 게이가 많은 비중을 차지하고 있다. 노년에 이른 게이들이 은퇴 후 가입하는 단체다.)

그렇다고 미국의 모든 게이가 사우스비치로만 도피하는 것은 아니나. 그곳에서 동쪽으로 좀더 가면, 12번가 끄트머리에 화이트샌드 비치가 펼쳐져 있다. 해양 경비대가 있는 곳 주변으로 아르데코 양식의 형광 분홍색을 띤 작은 건물이 보였다. 수영을 해도 된다는 신호인 녹색 깃발과 하면 안 된다는 빨간색 깃발이 보였다. 거기에다 그곳에

게이 구역이라는 것을 확인시키려는 듯 무지개 깃발도 여기저기서 휘날렸다. 하지만 해양 안전 요원은 게이 인파에 둘러싸여 있는 것을 불편하게 여기지 않았다. 그 역시 게이였던 것! 해변에는 레즈비언도 많았다. 물론 게이들과 달리 레즈비언은 5번가와 11번가 사이의 해변을 더 선호했는데, 그곳은 가슴을 노출해도 되는 세미누드 해변이기 때문이다.

사우스비치에 있는 해변은 늦은 밤이 되면 안전을 위해 출입을 금지한다. 그래서 해변 순찰대는 밤에 순찰을 돌았다. 저녁에 시간을 보낼만한 장소가 주변에 한둘이 아니었기에 게이들은 선택장애를 일으킬 정도였다. 게이들은 주로 오션 드라이브에 있는 팰리스에서 밤을 보내기도 하는데, 이곳은 25년의 전통을 간직한 명예의 전당과도 같은 게이 바다. 바 입구에서 이어지는 길거리까지 사유화한 터라 드래그 퀸들이 거리로 나와 퍼포먼스를 펼치면 관중은 소리를 지르며 열광했다. 드래그 퀸들의 무대는 저녁 내내 행인들의 발걸음을 멈추게 했다. 특히 혼혈계의 잘생긴 톱 모델 출신의 댄서들이 등장하면 분위기는 한층 더 달아올랐다. 플로리다주의 꽃미남 게이들이 등장하고 남자로 착각할 수도 있을 것 같은 레즈비언, 마돈나의 개인 경호원이라고 해도 믿을 법한 몸 좋은 종업원들이 그 주변을 에워쌌다. 보디빌더와 같은 근육맨들의 수영복 안으로 손님들은 몇십 달러의 팁을 밀어넣었다. '바의 입장료는 없어도 팁은 없으면 안 된다'가 이 바의 철칙이 된 마케팅 전략이다. 바에 들어온 사람들은 목을 축이기 위해 쿠바식 칵테일(다이키리, 모히토)이나 브라질 칵테일(카이피리냐), 푸에르토리코의 칵테일(피나 콜라다)을 주문했다. 아니면 현지의 대표적인 술(마이애미 바이스, 섹스 온 더 비치, 허리케인)을 시키기도 했다. 나이와 인종, 경제 소득을 불문하고, 부잣집이든 아니든 상관없이 다양한 부류의 인간 군상이 이곳 사우스비치의 게이 지역에 하나의 작은 사회를 이루며 모여 있다.

늦은 저녁 시간이 되면, 게이들은 오션 드라이브로 떠나며 그 파가 나뉜다. 어떤 사람들은 잠을 자기 위해 귀가하고, 남은 사람들은 링컨 레인으로 향했다. 링컨 로드의 상업 지구 뒤쪽에 자리잡은, 눈에 잘 띄지 않는 좁은 길이다. 마이애미비치의 또 다른 부정적인 면, 무대의 뒤쪽을 보는 듯한 광경이 이제부터 펼쳐진다. 화려한 무대 뒤의 어두운 음지를 보는 듯, 이 좁은 길에서는 10여 명의 요리사가 담배를 피우며 짧은 휴식을 만끽하고 있었다. 또 주차장 근처에는 피자를 구울 때 쓰는 철판을 운반하는 짐수레들이 보였다. 그리고 한쪽에는 쓰레기통들이 모여 있었다. 밤새 열려 있는 멋진 레스토랑의 비상구도 보였다. 환기창의 팬이 시끄럽게 돌아가는 소리가 들렸고 멀리서 도시의 웅성거리는 소음이 들려왔다. 여러 게이 바가 시내 중심가에서 벗어난 한적한 동네에 있었다. 링컨 레인에도 보였는데, 빨래방을 개조한 론드리 바Laundry Bar가 눈에 띄었다. 이곳은 과거에 사용하던 세탁기가 장식품처럼 바 한쪽을 차지하고 있었다.

밤새 노는 것을 좋아하는 야행성 인간들은 부티크 호텔의 라운지 프라이빗 바로 향했다. 물론 게이들을 환대하는 바로 최근에 B.E.D.가 핫플레이스로 유명세를 탔다. 이 바의 콘셉트는 침대에 누워서 칵테일을 마시는 것인데, 술값이 터무니없이 비쌌다. (VIP 룸에는 일반 룸보다 큰 사이즈의 침대가 있다.) 어떤 게이들은 인기 많은 거리를 벗어나 촌스럽지만 현지 문화를 더 잘 느낄 수 있는 워싱턴가로 향했다. 추억의 디스코텍이 있는 거리인데, 갈 때마다 테마가 바뀔 정도로 수시로 문을 열고 닫기를 반복했다. 뜨거운 열정을 상징하는 빨간색을 콘셉트로 한 '칼리엔테 파티' '라틴의 밤' '수영장 파티' 등이 주요 테마였다. 사우스비치가 전 세계 게이들이 찾는 장소인 것만은 확실하다. 하지만 정작 미국에서 태어난 게이들에게는 일순위가 아니었다. 사우스비치는 라틴아메리카에서 온 게이들이 주로 찾는 곳인데, 그 이유는 글로리아 에스테판을 좋아하는 팬이 많아서다. 플로리다주에 사는 현지인 게이들은 성소수자라는 꼬리표에 대한 부담감과 더불어, 플로리다에 살지 않는 게이 인파 속에서 소외감을 느낀다고 호소했다.

'누가 우리보다 더 잘 사는가?'라는 슬로건이 아스토 호텔 레스토랑 광고에 실린 적이 있다. 워싱턴가에 위치한 이 호텔은 게이들이 자주 드나드는 숙박업소였지만, 지금은 아니다. 관광객, 가족 단위, 은퇴자들, 봄방학을 맞이해 스프링 파티를 즐기러 온 이성애자 대학생들의 예약이 쇄도하면서 호텔엔 더 이상 게이들에게 내줄 자리가 없었기 때문이다. 게이들은 사우스비치의 게이 문화가 퇴색되지는 않을까 염려했다. 마이애미는 이제 더 이상 게이들의 천국이 아니다. 관광 산업지로 변모하면서 말 그대로 대형 리조트 타운이 되어버렸다.

마이애미시는 플로리다 주민들이 내는 지역세를 올리는 대신 관광객을 주요 수입원으로 삼았다. 그래서 마이애미에 대한 관광세를 높게 책정해 과도한 세금을 챙기고 있었다. (주로 호텔, 모텔, 자동차 렌트에 추가로 붙는 세금을 말한다.) 또한 리조트 내 레스토랑의 모든 음식에는 리조트 관련 세금이 따로 붙는다. 결국 게이들은 가족의 울타리와 세금 폭탄을 피하기 위해 은신처를 옮길 수밖에 없었다. 쿠바 출신의 민주당 소속 정치인 마티 헤레라 보어가 마이애미의 새 시장으로 선출되면서 게이들을 위한 정책을 펼치고자 애를 썼다. 그녀는 게이 프라이드 행사가 있을 때도 행렬의 첫 줄에 섰고, 동성애 결혼 관련 법안을 통과시키기 위해 적극적으로 활동했다. 하지만 마이애미를 게이들의 관광지로 만들기 위해 노력했던 그녀의 노력은 결국 수포로 돌아갔다. 게이 타운을 설립하고자 했던 계획은 이뤄지지 못했고, 게이들은 계속해서 다른 곳으로 떠나고 있다.

그들의 새로운 이주 장소 중 하나로 떠오르는 곳은 바로 포트로더데일이다. 나는 며칠 후 베르트 부부를 다시 만나러 그곳을 찾았다. 마이애미를 등진 게이 커뮤니티는 플로리다 북부로 거처를 옮기기 시작했고, 이를 통해 이 지역이 경제 성장을 이루는 계기가 되었다. 이곳에 사는 동성애자들은 대다수가 커플이었다. 결혼을 하고 자녀도 있었는데, 앞서 얘기했던 '군집' 모델의 대표적인 사례로 볼 수 있다.

포트로더데일은 마이애미비치처럼 하나의 섬에 가까운 해안 지역인데, 규모는 마이애미비치보다 작다. 이곳에 있는 서배스천 스트리트 비치는 게이들이 주로 찾는 곳이다. 게이 구역을 일컫는 이름은 특이하게도 음절이 '마르mar'로 끝나는 곳이 많다. (가령 테르마르 스트리트Termar Street처럼.) 또 게이를 환영하는 호텔이 많은 것도 모자라 오로지 게이 손님만 받는 호텔도 있다. 방에는 에로틱한 게이 사진이 장식되어 있고, 침대 옆 테이블에 콘돔이 갖춰져 있다. 또 거실에는 게이들이 등장하는 소설, 에세이, DVD가 비치되어 있다. 심지어 코트야드 매리엇 호텔이나 페어필드와 같이 일반적으로 대중화된 호텔의 광고마저 이 지역에서는 GLB를 환영한다는 문구를 달고 나올 정도다.

(GLB는 LGBT 중 T가 빠진 것인데, 성소수자 중에서도 트랜스젠더는 수치스럽게 여긴다는 의식이 엿보인다.) 포트로더데일에서 장사를 하는 사람들은 신문에까지 게이들을 유혹하는 광고를 올릴 정도로 이들을 유치하기 위한 투자에 돈을 아끼지 않는다.

나는 베르트와 함께 포트로더데일에서 10킬로미터도 채 떨어지지 않은 곳에서 열린 파티에 참석하기 위해 또 다른 게이 타운인 윌턴 매너스로 이동했다. 이곳에도 게이 전용 해변(18번지 비치)이 따로 있다. 윌턴 드라이브 주변에는 게이 커뮤니티가 형성되어 있었다. 여러 호텔과 콘도 형태의 숙박업소들은 해안가로 놀러 온 게이들의 전유물이었다. 윌턴 매너스의 대형 쇼핑몰인 숍스에 가면 게이들을 위한 상업 지구라는 생각이 들지 않을 수 없다. 게이 전용 서점인 핑크 북스와 게이 부티크인 인사이드 아웃, (월마트를 벤치마킹한 것처럼 보이는) 게이 마트까지 정말 믿을 수 없을 정도다.

플로리다주의 다른 도시를 가봐도 동성애자들이 해변과 섬 투어를 점령하고 있었다. 사우스비치와 마이애미비치, 포트로더데일 외에도 게이 커뮤니티는 여러 곳에 흩어져서 발달해 있었다. (팜비치보다는 수가 적지만) 팜스프링스, 코럴 게이블스, 코코넛 그로브를 비롯해 플로리다의 작은 섬들, 키웨스, 키라고, 키비스케인 등이 있다.

키웨스트에 있는 레스토랑 겸 세련된 카바레인 라테다를 운영하는 두그 스트리프가 자세히 설명해주었다. "1980년대에는 키웨스트에서 게이 커뮤니티가 붐을 일으켰어요. 거기엔 일거리도 있었고, 프로빈스타운이나 파이어아일랜드처럼 환상의 도시가 아닌 현실적인 도시라는 인식이 강했죠."

플로리다 남부 끝자락에 있는 작은 섬인 키웨스트는 쿠바와 가장 가까운 거리에 위치한 지역이기도 하다. 하지만 게이의 성지라는 말은 이제 옛것이 되었다. 고속도로 US1을 따라 세 시간쯤 마이애미 남쪽으로 달리다가 다리를 건너고 여러 섬을 거치면 미국에서 가장 아름다운 지역인 이곳에 다다른다. 뉴욕 근처에 있는 파이어아일랜드는 인구가 많지 않은 데다 태풍이 불면 주택가들이 큰 피해를 입기 일쑤였다. 키웨스트의 주택은 목조 건물이 많아서 열대 기후의 태풍이 불면 속수무책이었다. 보스턴에서 가까운 프로빈스타운처럼 이곳도 예술적인 도시다. 이 세 곳은 한때는 게이 타운이었지만 지금은 이성애자 관광객들로 붐비는 관광지가 되었다. 지역별로 인기 음식도 다른데 프로빈스타운은 당근 케이크, 파이어아일랜드는 뉴욕 치즈 케이크, 키웨스트는 키 라임 파이가 유명하다. 200여 개의 바가 등록되어 있지만 그중 게이 바는 10여 곳이 고작이다. 트루먼가에 위치한 게이 앤드 레즈비언 센터Gay&Lesbian Center는 운동권 성향은 아니며, 게이들의 랜드마크를 방문하고 섬 투어를 주최하는 게이 전용 관광청이다.

이 관광청의 책임자는 다음과 같이 말했다. "우리는 1978년부터 게이 관광객들을 유치하려고 애썼습니다. 우리 고객은 LGBT로 그들의 주머니에서 달러가 나오도록 하는 일에 주력했지요." 그녀는 게이들이 키웨스트를 방문할 수 있는 여건을 마련하고 매달 여러 행사를 준비했다. 게이들이 함께하는 수상 스포츠를 비롯해 마을을 순회하는 LGBT 트롤리 투어Trolly Tour를 계획했다. (어니스트 헤밍웨이가 살았던 집, 그가 키웠다는 여러 마리의 고양이를 감상할 수 있는 장소에 버스가 멈췄다.) 그뿐만 아니라 작은 섬에 초대형 무지개 깃발을 걸어놓기도 했다.

(1년에 한 번씩 거대한 무지개 깃발을 면적이 아주 작은 섬의 한쪽 끝에서 다른 쪽까지 길게 걸어놓는 행사를 주최했다.)

미국의 여러 섬에 조성된 게이 커뮤니티는 아무래도 지리적 여건, 자연적 제약에 부딪힐 수밖에 없다. 키웨스트와 프로빈스타운, 파이어아일랜드와 함께 애리조나주의 사막 부근에도 게이 바들이 있다. 또 멕시코와 미국의 국경지대인 뉴멕시코주 및 텍사스주에서도 수많은 무지개 깃발이 휘날리고 있다. 이 지역에까지 깃발들이 걸려 있는 것도 놀라웠는데, 게다가 이렇게 많을 줄은 꿈에도 생각 못 했다. 지역 사람들은 자랑스럽게 무지개 깃발을 노출시켰으며 미국을 상징하는 국기인 성조기도 함께 걸어놓았다.

저 머나먼 대양을 바라보는 곳, 사막이 보이는 곳, 다른 나라로 이어지는 국경지대, 심지어 섬에서도 게이 커뮤니티는 자신들의 영토를 인정받기 위해 고군분투하고 있으며 시간이 지나면서 그 한계에 봉착하고 있다. 미국인 게이와 레즈비언들은 더 이상 미국 정부에 철저히 맞서거나 반사회적인 성향을 고집하지 않는다. 그들은 누구보다 더 미국화되어가고 있었다.

3장

**버락 오바마가 이끈
게이의 승리**

"저는 오늘 저녁 이 자리에 있게 되어 큰 영광입니다. 레이디 가가가 참여하는 자선활동의 일원이 된 것도 무척 감격스럽네요." 한 자선 모임에 참여한 버락 오바마가 재치 있는 농담을 던지며 연설을 시작했다. 그 자리에 모인 수백 명의 사람은 환한 미소를 지으며 그에게 박수갈채를 보냈다. 그는 연설 도중에 "드디어 제가 해냈습니다"라는 의미심장한 말을 했다. 그 자리에 있던 레이디 가가가 자리에서 벌떡 일어나 그를 바라보며 웃었다.

2009년 10월 10일, 미국의 전 대통령 버락 오바마는 인권 캠페인 Human Rights Campaign이 해마다 주최하는 갈라 디너쇼에 초대받았다. 미국 게이들을 위한 주요 로비 단체인 이곳은 워싱턴의 월터 컨벤션 센터의 대강연장에 게이 커뮤니티의 주역들을 한자리에 초청했다. 이브닝드레스와 턱시도를 입고 등장한 대표자들 가운데에는 국회의원, 대사, 연맹 단체 대표가 있었고, 빌 클린턴 내각 시절 부통령의 아내인 티퍼 고어도 있었다. 이처럼 1년에 한 번씩 기부금을 모으기 위한 자선 파티를 여는 데 드는 비용은 온전히 로비활동을 하는 단체에서 지불하며, 그 비용은 상상을 초월한다.

버락 오바마는 그날 검정 슈트에 넥타이를 매고 등장했다. 오프닝 연설 때 가벼운 농담을 던지긴 했지만, 그 뒤로는 매우 진지하고 의식 있는 발언을 이어갔다. 그는 미국의 LGBT 커뮤니티가 자신에게 많은 기대를 품고 있다는 것을 잘 알고 있었다. 그럼에도 불구하고 자신이 내놓은 정책이 아직은 그들에게 만족을 주지 못한다는 점도 알고 있었다.

"우리는 지금까지 많은 발전을 이뤘지만 아직 수정해야 할 법안이 남아 있습니다. 더 많은 사람의 마음을 열기 위해 좀더 노력해야 합니다."

오바마는 1969년 스톤월 항쟁을 언급하며 이 사건을 미국 게이운동의 승리라고 표현했다. 그리고 시민의 권리를 회복하는 운동인 동시에, 흑인들의 해방을 상징한다고 강조하며 위와 같이 말했다.

"게이의 인권을 수호하기 위한 역사적 투쟁은 오늘도 계속되고 있습니다. 저는 여러분에게 다음과 같은 메시지를 건네기 위해 이 자리에 섰습니다. 이 투쟁이 계속되는 한 저는 언제나 여러분과 함께할 것입니다."

관중은 일제히 박수갈채를 보냈다. 미국의 전 대통령의 긴 연설이 이어지는 동안에도 군중은 중간중간 계속 추임새를 넣듯이 박수를 쳤다. 이제 더 이상 동성애자들이 '이류 시민'으로 취급받는 일이 없도록 정책상의 변화를 시도한 대통령이 바로 버락 오바마였다. 이는 그의 선배였던 조지 W. 부시와는 정반대의 행보로, 오바마는 직장, 근무 조건, 군대에서 일어나는 동성애자를 향한 차별 대우를 법으로 금지하는 정책을 마련했고, 동성애 혐오가 미국 사회에서 근절되도록 노력했다. 오바마는 다음과 같이 말했다.

"미국에서 게이로 사는 게 두렵지 않도록 할 것입니다. 사랑하는 사람과 손을 잡고 길거리를 걸어도 아무도 해코지를 하는 일이 없는 사회를 만들 것입니다."

당시에는 동성애자의 결혼 합법화를 직접 언급하지는 않았다. 하지만 그가 동성애자의 결혼에 찬성하고 있다는 것을 그의 측근들은 암묵적으로 알고 있었다. 동성애자들 역시 작은 것부터 단계별로 실천하다보면 사회가 좀더 나은 쪽으로 개선되리라는 사실을 알았다. 그는 사람들 앞에서 서약했다.

"이것은 미국의 역사이며, 미래를 계획하고, 캠핑을 가고, 변화를 추구하는 모든 평범한 사람들의 역사가 될 것입니다. 희망은 증오보다 강하며 사랑은 무시와 욕설보다 힘이 셉니다."

오바마는 결론을 이야기하면서 연설을 마무리 지었다.

"이것은 미국이 여러분께 맹세하는 내용입니다. 하루하루 지날수록 법은 더 많은 사람을 이해시키는 방향으로 진보할 것입니다. 우리가 서약한 것들을 점점 더 실천해가게 될 테니까요."

미국의 인권단체는 워싱턴의 게이 구역인 뒤퐁 서클에 본사를 두고 있다. 17번가와 로드아일랜드가 사이에 그 건물이 있다. 이 단체는 9층짜리 근대식 건물로 백악관에서 몇백 미터 떨어져 있다. 큰 유리로 덮인 건물에는 '평등equality'과 '커뮤니티community'란 단어가 커다란 간판으로 걸려 있다. 또 무지개 깃발도 걸려 있어서 바람이 불 때마다 펄럭거렸다.

미국의 로비 단체들이 밀집해 있다는 유명한 거리인 케이가와도 가운데, 농업협회와 총기 수호 단체 등 여러 단체가 이 거리에 본사를 두고 있다. 인권단체는 다른 여러 단체와 함께 LGBT 커뮤니티에 많은 신경을 쓰고 있다.

1980년에 세워진 인권단체는 처음에는 규모가 작았지만, 빠른 속도로 성장해 미국 게이들을 보호하는 단체 가운데 선두를 달린다. 현재 150명의 직원이 일하며 연간 모금액이 4000만 달러 이상 된다. 이단체의 로고에는 파란색 바탕에 노란색으로 '평등'을 나타내는 문자가 새겨져 있다.

나는 인권단체 본사를 찾아가 의장 수전 솔킨드와 부의장 벳시 퍼셀을 직접 만났다.

"우리가 하는 일은 변호예요. 인권단체는 LGBT 커뮤니티를 위한 로비활동을 하고 있습니다. 우리 단체 이름에 게이, 레즈비언, 동성애자, 트랜스젠더란 명칭이 직접 언급되지는 않지만, LGBT가 인간의 기본 권리에 포함되는 건 당연하니까요."

그들이 언급한 '변호'라는 표현이 이 단체가 무슨 일을 하는지 한마디로 정의해주었다. 인권단체는 동성애자 관련 소송이 제기되었을 때 변호사 역할을 해주며, 지역 대표자들, 공권력, 기업, 일반 시민을 설득하는 일을 주된 활동으로 삼고 있다. 이들은 오늘날 150만 명의 회원을 보유하고 있다. 여기서 말하는 '회원'이란 연회비 35달러를 꾸준히 내는 모든 사람을 일컫지만, 예외적으로 단체 공식 이메일에 메시지를 보내며 1유로의 작은 정성이라도 기부하는 모든 사람을 가리키기도 한다. 정확한 회원 수가 몇 명인 게 뭐가 중요하겠는가! 그들이 무엇을 이뤄냈는지가 더 중요하다. 나는 본사에 있는 동안 미국의 '포스트게이'의 현대판 활동의 본거지에 온 느낌이었다.

인권단체 홍보팀에서 일하는 젊은 팀장 트레버 토머스가 워싱턴 본사 건물을 안내해주었다. 1층에 메리 앤 P. 코프린 미디어 센터가 있었는데, 인권 관련 전문 방송 프로그램을 제작하는 스튜디오와 인터넷 라디오 방송국이 있었다. 10명쯤 되는 엔지니어들이 분주히 움직이고 있었다. 미국의 대학가나 박물관처럼 내가 방문하는 공간마다 재정 지원을 해준 기부자의 이름이 방 입구에 새겨져 있었다. 회의장 이름은 테리 빈 콘퍼런스 룸이고, 정원에는 톰 힐리 앤드 프레드 P. 혹버그 가든이라고 적혀 있었다. 또 입구 로비에는 헬렌 앤드 조지프 루이스 로비라고 쓰여 있었다. 심지어 승강기에까지 기부자의 이름이 적혀 있다. 공공 기관이 아니라 전부 개인 기부자, 민간 단체였기에 그들을 향한 고마움을 이렇게라도 표현하려 했던 것이다. 2만5000~100만 달러의 고액을 투자하는 기부자의 이름은 인권단체 본사 입구의 대리석에 특별히 따로 새겨두었다.

나는 이 기관이 사법적인 문제에 얼마나 철저히 대비하고 있는지를 확인하고는 감탄을 금치 못했다. 일단 같은 건물 안에서 변호사와 법조계 고문관, 임시 계약직 직원과 자원봉사자로 들어온 인턴들이 함께 일했다. 트레버는 "미국에서는 어떤 사회 문제든 법적인 해결책을 강구해야 하는 일이 자주 발생합니다. 그래서 현지 법인과 함께 일하고 있습니다. 연방 법원에 가서 재판을 받아야 할 일이 생길 때 꼭 필요하니까요. 물론 미국 대법원에 갈 일이 생길 수도 있고요"라고 말했다.

미국 내에서 게이의 인권 문제는 오랫동안 두 가지 해석으로 갈렸었다. 다시 말해서 '물이 반밖에 없다와 물이 반이나 있다'의 비유처럼 낙관주의와 비관주의, 이 두 관점이 공존해왔다. 빌 클린턴은 게이에게 매우 우호적인 대통령이었다. 하지만 게이들이 겪는 고충을 실제로 해결하기 위한 합법적인 제도 마련은 등한시했다. 그 뒤를 이은 조지 W. 부시는 대선활동을 할 때만 해도 '동정심 많은 보수주의자'인 척 코스프레를 했지만 정작 대통령으로 선출되자 성소수자 편을 들어주기는커녕 전통적인 가족 체제를 강조하며 도덕적인 잣대를 엄격하게 들이댔다. 버락 오바마 정권이 들어서고 나서야 1960년대에 유행했던 유명한 슬로건이 내걸어지며, '이제는 말이 아닌 행동으로 보여줄 때' 임이 시사되었다.

2008년 11월 4일, 제1차 대선 투표 결과가 발표되던 날 저녁, 버락 오바마가 시카고에서 연설을 시작하자마자 자신이 당선된 것은 '젊은 이, 노인, 부자, 가난한 자, 흑인, 백인, 스페인계 남미인, 아시아인, 아메리칸인디언, 동성애자, 이성애자', 이들 모두가 있었기에 가능했다고 말했다. 그러면서 북아메리카의 미국 땅에서는 이들이 앞으로도 늘 함께할 것이라고 강조했다.

그 후 몇 주가 지나 백악관으로 들어간 버락 오바마는 자신의 집에 흑인 예술가이자 게이임을 커밍아웃한 글렌 라이곤의 작품을 전시했다. LGBT 문제를 여러 번 거론했던 버락 오바마는 게이의 인권을 위해 싸웠던 운동가이자 정치인이었던 하비 밀크의 암살에 대해 유감을 표하며 그를 추모하기도 했다. 또한 그는 백악관으로 250명의 동성애자를 초청해 스톤월 항쟁 40주년을 함께 기리기도 했다. 2011년에는 인권단체의 자선 바자회 기념으로 열린 갈라 디너파티에 참석해 동석자들에게 웃음을 선사했다. 그는 그곳에서 성소수자들의 리더나 다름없는 레이디 가가와 한자리에서 연설하게 된 것은 자기에게도 매우 득이 된다는 재치 있는 말까지 했다. 그는 행동뿐만 아니라 말에 있어서도 자신이 성소수자들 편에 있다는 인상을 주기에 부족함이 없었다.

버락 오바마는 미국 대통령으로서의 권한을 얻자마자 거의 바로 정부 내각을 통해 동성애자들의 인권 개선을 위한 의미 있는 정책들을 실시하도록 조치했다. 동성애 혐오자들이 일으키는 각종 범죄, 일터에서의 차별, 동성애자들의 의료 혜택, 외국인 국적을 가진 파트너의 영주권 보호까지, 모든 면에서 오바마 행정부는 적극적이었다. 2010년 '묻지도, 말하지도 말라Don't ask, don't tell'(미국 성소수자의 군 복무와 관련하여 자신이 동성애자임을 밝히지 말라는 제도)의 규율을 과감히 깨부수며 그는 클린턴 정권의 위선적인 정책에 종지부를 찍었다. 국제적인 무대에서도 그는 모든 장관과 연맹 단체들이 외국에서 일어나는 인권 유린 사태에 적극 개입하여 문제를 해결하도록 2011년 12월 6일 회람문을 발송할 만큼 국내뿐만 아니라 해외활동에도 각별히 신경을 썼다. 당시 국무부 장관이었던 힐러리 클린턴과 함께 오바마는 에이즈 바이러스 보균자를 미국에 입국시키지 못하게 하는 기존 미국 법을 철폐하고 전 세계에 동성애자란 이유로 형벌을 받아야 하는 사건에 대해 미국 정부가 우선적으로 개입할 것이라고 공표했다. 그러면서 자연스럽게 동성애자의 결혼 인정이 그들의 인권을 개선하기 위한 서양 국가의 중요한 화두로서 초석을 다지게 된 것이다.

버락 오바마가 권력을 잡은 초반에만 해도 상황은 좋지 않았다. 공화당 의원들이 억지로 밀어붙여 통과한 법안이 이어지고 있었고, 빌 클린턴 내각도 그에 대한 반대 의사를 밝히지 않은 가운데 1996년까지도 미국의 결혼 보호법Defense of Marriage Act은 결혼을 '한 남자와 한 여자'의 합법적인 결합으로 정의했다. 따라서 다른 나라에서는 합법화된 경우더라도, 동일한 성을 가진 사람과의 결혼은 인정하지 않았다. 그러나 2011년 드디어 오바마는 연방 정부에 의해 이러한 정의를 불식시키는 변화를 시도했다. 결국 미국 대법원까지 그의 편을 들어주어야만 미국 전역에서 동성애자들의 결혼이 가능해질 터였다. 젊은 두 여성 커플이 시작이었다. 한 명은 스페인어를 쓰는 남미인이었고, 다른 한 명은 페미니스트인 미혼 여성이었다. (풍문에 따르면, 후자의 여성이 정말 동성애자였는지에 대해서는 반론이 있다고 한다.)

2013년부터 2015년까지 동성애자들의 결혼을 둘러싸고 여러 소송이 이어졌다. 무정부주의자에 가까운 세력들의 전대미문의 스캔들이 계속되자 미국 연방 대법원이 결국 동성애자의 결혼을 합헌으로 인정한다는 결론을 내렸다. 물론 그 과정이 순조로웠던 것은 아니다. 어떤 주들은 동성애자 결혼을 인정했지만 끝까지 거부하는 주들도 있었다. 그러다보니 여러 차례 번복되는 소동도 일었다. 우여곡절 끝에 미국 연방 대법원은 마침내 이성애자이든, 동성애자이든 모두가 미국의 결혼 보호법의 대상자가 되어야 한다는 결론에 이르렀다. 실제로 대법원 판사들이 투표할 당시 4 대 4로 동일한 표를 얻었다가 마지막인 아홉 번째 판사 앤서니 M. 케네디가 찬성표를 던지면서 그 치열했던 공방전은 결국 동성애자들의 결혼을 통과시키는 것으로 결론 났다고 전문가들은 전했다. 그의 마지막 공이 결정적인 한 방을 날린 셈이다. 하지만 케네디 판사의 전력을 살펴보면, 처음에 보수당을 지지했던 그의 성향이 세월이 흐르면서 달라진 것을 알 수 있다. 1996년에는 동성애자들의 인권에 대하여 '자유주의자' 입장을 고수했다면, 2000년 콜로라도주에서 동성애자를 거부하는 보이스카우트 연맹 단체의 차별에 맞서 싸운 적도 있다. 또한 2003년에는 일명 '항문성교'를 금지하는 제도를 폐지하는 일에도 가담했다. 2013~2015년에 그는 동성애자의 인권을 보호하는 쪽으로 전향했고 결국 결혼 합헌에 찬성하기에 이르렀다. 사실 법원에서의 판례라고 하는 것은 100퍼센트 객관성을 띤 과학적 이론은 아니니 말이다.

2013년 6월, 동성애자의 결혼 법안이 미국 연방 대법원 심리에서 처음으로 통과되었다. 6월 26일 두 차례의 투표 결과, 연방 대법원은 동성애자들의 결혼을 무효화하는 기존 법이 헌법에 위배된다고 판단했다. 캘리포니아주에서 국민 투표인 일반 투표를 능가하는 권리수호 원칙에 따라 처음으로 동성애자들이 결혼을 할 수 있도록 인정했다. 미국의 LGBT 운동가들이 승리한 역사적인 순간이었다. 물론 많은 사람이 기대했던 바처럼, 모든 주에서 동시에 합헌 결정을 인정한 것은 아니었다.

미국의 모든 주가 이 법안을 받아들이기까지는 시간이 꽤 걸렸는데, 대법원 판사 중 한 명이었던 루스 긴즈버그의 말을 들어보면 이해가 더 빠를 것이다. 페미니스트이면서 동시에 자유주의 사상가인 그녀는 케네디와 반대로 동성애자들의 결혼 합헌이 천천히 진행되어야 한다고 생각하는 입장이었다. 왜냐하면 과거에 대법원이 낙태 합법화를 결정했을 때, 루스 긴즈버그도 당연히 찬성했던 그 법이 너무 빨리 진행된 나머지 역효과가 발생했기 때문이다. 1973년 전국을 떠들썩하게 했던 역사적인 판례 '로 대 웨이드Roe vs. Wade' 소송을 떠올려보자. 미국의 최고 재판소인 대법원은 낙태를 헌법에 의해 인정했다. 하지만 몇십 년 동안 낙태가 불법이었던 미국에서 이 판례로 인해 여러 주에서 낙태가 빠른 속도로 합법화됨에 따라 결과적으로 출산율이 저하되고 말았다.

이런 예상치 못한 결과를 피하기 위해서라도 긴즈버그 판사는 이번 건에 대해 다수의 의견이 합일점을 찾을 때까지 신중하게 시간적 여유를 갖고자 했다. 그래서 동성애자의 결혼을 합법화하는 과정에서 법원이 천천히 진행하길 원했다. 낙태 합법화가 그랬더라면 더 좋았을 거라는 아쉬움이 남았기에 그녀는 이번 결정만큼은 신중을 기하고자 했다. 선고하기 전 한 번 더 심사숙고하는 것이 현명할 테니까. 또 국민의 여론이 성숙해질 때까지, 논쟁이 되고 있는 담론이 안정권에 들어설 때까지 잠시 기다려보는 것도 먼 미래를 내다볼 때 필요하다고 믿었다. 긴즈버그 판사는 대법원이 동성애자의 결혼 금지가 헌법에 위배되는지에 대하여 근본적인 부분까지도 심사숙고하길 원했다. 대다수의 연방 주들이 그것을 실행에 옮기게 되는 만큼 큰 결정일 테니까.

2013~2015년, 이 법안의 통과를 둘러싸고 연방 의회에서 일반 투표를 실시하겠다는 결정을 내리자 상황은 더 복잡한 양상을 띠기 시작했다. 찬성파만큼이나 반대파도 많아 서로 팽팽하게 긴장관계를 유지한 터라 이 소식과 함께 대규모 국민 집회가 이어졌다. 결국 주마다 각자의 상황에 맞는 선택을 하면서 그 격차는 더 벌어졌다. 어떤 주는 동성애자의 결혼을 완전히 인정했고, 어떤 주는 '결혼'이라는 명칭 대신 동성애자들의 '동거관계domestic partnerships'를 허용했다. 또 어떤 주는 이따금 '호혜적 수익자reciprocal beneficiary' 개념으로 동성애자의 동거를 인정했다. 이처럼 동성애자들이 한집에 사는 것을 법적으로 인정하는 주와 그렇지 않은 주로 양극화가 일어났다. 2013년에 37개 주에서는

여전히 '남성과 여성의 결합'으로 결혼을 정의했다. 해당 연방 주의 자체적인 법안에 따라 그렇게 결정을 내린 것인데, 더 심각한 문제는 어떤 주에서는 같은 성을 가진 사람들의 단순 동거도 법적으로 엄격하게 금지했다는 것이다. 미국 언론에서도 이와 관련하여 의미심장한 표현을 썼는데, '동성애자의 결혼을 둘러싼 50개 주fifty states of gay marriage'라는 명칭이다. 모든 주의 통합이 필요한 상황에서 반목 현상만 고조되는 가운데 '불화'가 점점 심해지고 있었던 것이다.

그러나 해를 거듭할수록 동성애자의 결혼을 반대하던 보수당 지지자들이 세력권을 잃어감에 따라 여론에서도 힘을 잃기 시작했다. 결국 게이의 역사는 새로운 변화의 길을 걷게 되었고, 오바마가 재선에서 승리했을 때, 그가 속한 민주당이 내건 슬로건은 '전진Forward'이었다. 드디어 동성애의 역사에서 진정한 전진이 한 발짝 더 내딛는 계기가 되었다. 이러한 상황은 라이벌인 공화당이 게이들의 역사를 '후퇴'시킬 뻔했던 것과 대조적이었다. 미국인은 진보하길 원한다. 특히 그들은 인권단체 캠페인 활동가들이 단체로 맞춰 입은 티셔츠에 적힌 문구처럼 '역사적으로 바른길'을 걷고 싶어한다.

미국 대법원은 대상이 누구든 간에 차별하지 않는, 모든 형태의 결혼을 유효화하는 여러 판례를 거치면서 동성애자의 결혼 금지가 위헌임을 다시 한번 입증했다. 2014년 10월 6일, 미국 대법원은 동성애자의 결혼에 대해 위헌을 내리는 결정을 일단 유보 상태로 미루었다. 판결을 내리길 거부했다는 것은 미국 역사상 매우 놀라운 사건이 아닐 수 없다. 동성애자의 결혼을 찬성하는 사람들은 그날을 긴 고난이 끝나고 행복의 서막이 열리는 것처럼 반겼다고 한다. 반면에 대지진과도 같은 격변기를 예고하는 이 결정이 돌이킬 수 없는 결과를 낳을까봐 반대파는 충격에 빠졌다고 한다. 결국 대법원은 세 차례의 항소(제4 순회법원, 제7 순회법원, 제10 순회법원)를 거쳐 동성애자 결혼을 합헌으로 인정했다. 그 결과 오클라호마, 유타, 버지니아, 인디애나, 위스콘신주는 동성애자 결혼을 인정하게 되었다. 주 연방 의회의 투표 또는 일반 투표를 거쳐 이 법이 통과되는 주가 하나둘 계속 늘어났다. 2012년에 9개 주였다면, 2013년에는 13개 주, 2015년 4월에는 자그마치 36개 주로 늘어났다. 이런 추세라면 미국의 모든 주가 합법화될 날이 머지 않았다. 최후의 시민권이라 불리는 동성애자의 결혼법은 국민이 누릴 수 있는 마지막 합법적인 권리가 된 것이다.

자율권

메리 보노토를 처음 만나던 날, 나는 생각보다 소극적인 그녀의 태도에 적잖이 놀랐다. 짧은 머리카락에 파란 눈동자를 가진 그녀는 심플한 롱 재킷에 속에는 블라우스를 입고 있었다. 아주 차분하면서도 결단력 있어 보였다. 게이의 결혼과 관련해서 그녀는 미국 사회를 변화시킨 주요 인물 중 한 사람이다. 메리 보노토는 일단 '게이의 결혼marriage gay'이라는 단어를 거부했다. 인간의 평등성을 제대로 살린 표현이 아니라는 이유에서다. 미국의 여러 단체가 강조하는 것처럼, 그녀는 '같은 성을 가진 사람들의 결혼same-sex marriage'이란 표현을 강조했다. 그녀는 그 표현이 성소수자를 객관적으로 평등하게 나타낸다고 주장했다.

1961년, 뉴욕주의 뉴버그에서 태어나 성장한 그녀는 보스턴의 노스이스턴 대학에 재학 중일 때 자신의 성 정체성에 눈을 떴다. 몇 년 뒤, 법학과를 졸업하고 변호사 자격증을 따 메인주에서 변호사로 일했다. 가톨릭 집안에서 성장했던 그녀는 가톨릭 신자였고 흑인 인권운동의 역사와 사회 정의 실현에 유독 관심이 많았다. 그녀의 롤모델은 바로 1954년에 인종차별 철폐를 이룬 변호사이자 미국 대법원 최초의 아프리카계 미국인인 서굿 마셜이다. 여러 번 망설인 순간도 있었지만, 그녀는 결국 레즈비언의 인권 개선을 위한 활동에 적극 가담했다. 또 동성애자 권익단체Gay&Lesbian Advocates&Defenders, GLAD에서 변호사로서 큰 영향력을 발휘하는 위치에서 활동하고 있다. 보스턴에 거주하면서 자기 삶에 만족하던 그녀의 주요 활동 무대는 미국 동북부 뉴잉글랜드에 속한 6개 주였다. 1990년으로 시간을 거슬러 올라가보자.

메리 보노토는 그해에 결혼을 원하는 레즈비언 커플의 법적 소송을 의뢰받았다. 하지만 그녀는 자신이 그 소송을 감당할 수 없다고 판단해 의뢰를 거절했다. 그녀는 당시를 회상하며 입을 열었다.

"그 소송을 책임지고 변호할 자신이 없었어요. 그땐 저도 결혼이 너무 하고 싶었습니다. 하지만 과연 그게 가능할지 스스로에게 질문을 던지던 시점이었죠. 저는 당시에 노동 현장에서 동성애자들이 받는 차별에 맞서 싸우는 일에 열중하고 있었어요. 매우 심각한 수준이었거든요. 그러다보니 결혼은 지나치게 무모한 투쟁이란 것이 맨 처음 들었던 생각인 것 같아요. 결혼? 그땐 타이밍이 좋지 않은 주제라고 여겼던 거죠."

메리 보노토는 일터에서의 차별을 없애고 동성애자 커플의 인권, 의료보험, 입양할 권리, 부모가 될 자격, 유산 상속의 권한, 전환 가능한 연금 제도를 개선하는 데 힘썼다. 그때만 해도 동성애자 결혼은 안중에도 없었다. 실용주의적 사고가 강했던 그녀는 세상은 아주 천천히 변화할 것이라고 예상했다. 천천히, 돌다리도 두들겨보고 건너듯, 동성애자를 보호하기 위한 법제도가 신중하게 진행되기를 기대했다. 마치 어린아이가 처음 두 발로 아장아장 걷기 시작하는 것처럼 속도는 느릴 수 있지만, 그에 대한 최종 목표는 무엇보다 확실했다. 바로 '평등'이었다.

감성에 젖은 마음이 움직여서 한 결정이 아닌, 온전히 이성으로 판단해 자기 신념을 실천에 옮기는 행위는 실제로 인권운동가에게 보기 드문 모습이다. 그러나 그녀는 예외적인 인물이었다. 동성애자 결혼에 대한 그녀의 생각 역시 세월이 흐르면서 조금씩 달라졌다. 그리고 '평등'을 주제로 한 담론이 점점 비중을 늘려갔다. 그녀는 이렇게 말했다.

"평등을 위해 투쟁한다는 주장은 매우 현명한 추론이에요. 왜냐하면 그러한 결정이 곧 미국의 역사가 될 테니까요. 모든 커플을 평등하게 보호하는 일이야말로 국가가 철저히 담당해야 할 영역입니다. 결혼할 자유는 어쩌면 인간으로서 가장 기본적인 권리 중 하나이니까요. 게다가 모든 미국인이 한 명도 예외없이 가져야만 하는 권리이고요."

미국 하와이주에 이어 버몬트주에서의 씁쓸한 실패(이 두 곳에서 동성애자들의 동거는 법적으로 승인되었지만, 결혼은 통과되지 못했다)를 맛봤던 메리 보노토는 한 가지 크게 깨달은 점이 있다. 완벽한 평등성의 실현만이 동성애자에게도 이성애자와 같은 결혼을 가능케 한다는 것을 말이다. 그녀는 더 자세한 설명을 이어갔다.

"법을 바꾼다고 모든 문제가 해결되는 것은 아니에요. 모든 LGBT가 실천할 수 있는 행동 강령이 뒤따라야 합니다. 동성애자 부모라는 표현도 저는 마음에 들지 않아요. 인간이라면 누구나 부모가 될 수 있고, 될 자격을 가졌다고 생각합니다. 동성애자 결혼이란 표현도 이제는 굳이 쓸 필요가 없지요. 인간이라면 모두가 '결혼'할 수 있다고 생각하는, 그런 인식이 세상을 바꿀 수 있어요. 동성애자와 이성애자의 결혼에 차이점이 있다고 생각하면 안 됩니다. 물론 국제결혼이 있고, 백인끼리 하는 결혼이 있어요. 중요한 사실은 모두 두 사람이 사랑해서 하는 것이고, 서로에게 서약을 하는 신성한 행위라는 점에서는 다 똑같다는 겁니다. 요즘 저는 '같은 성을 가진 두 사람'이란 표현도 쓰지 않으려고 해요. 그냥 간단하게 '두 사람의 결혼'이면 족한 거죠."

그녀에게 결혼 제도는 사람들의 사회적 인식을 바꿀 수 있는 중요한 모티브로 작용하는 것 같았다. 같은 성을 가진 커플이 합법적으로 결혼할 수 있을 때, 동성애자의 인권이 준수된다고 말할 수 있기 때문이다. 2001년 오랜 망설임 끝에 그녀는 뉴잉글랜드에서 가장 영향력 있는 세 번째 주, 매사추세츠주(주도는 보스턴)를 상대로 동성애자 결혼 합법화를 위해 싸우기로 결심했다.

동성애자 커플 일곱 쌍을 변호하기로 한 그녀는 연방 주의 행정 법원에서 열띤 공방전을 펼쳤다. 일단 이 주가 동성애자의 결혼을 인정하지 않는 것은 매사추세츠주의 헌법에 명시된 평등의 원칙에 위배된다면서 항소를 했다. 예상대로 항소는 제1심 법원에서 기각되었고, 그녀는 보스턴에 위치한 매사추세츠주 최고 법원에 재심을 신청했다.

그러는 동안 해당 주의 많은 인권운동가는 동성애자들의 인권 변호활동을 더 활발하게 펼쳤다. 2001~2004년, 나는 보스턴에 체류했던 터라 여러 단체의 집회와 운동을 지켜보고 있었다. GLAD 단체와 인권감시단체, 또 다른 성소수자를 위한 단체인 매스 이퀄리티Mass Equality가 법원과 매사추세츠주 연방 의회 앞에서 시위를 하는 모습도 지켜봤다. 이들은 소규모 행렬을 이어갔는데, 그 행렬엔 나도 있었다. 이들은 호텔이나 개인 주택에서 회의를 했다. 말 그대로 어느 가정집 식탁 주위에 둘러앉아서, 혹은 시청사 건물 안 봉헌실에서, 정원 뒤에 있는 안뜰에서 주로 모였다. (미국인은 흔히 이 세 장소를 비밀의 화원처럼 은밀한 이야기를 나누는 곳으로 여긴다.)

그렇게 매사추세츠주의 게이 인권 연대 모임의 규모는 점점 더 커졌다. 몇십 명을 기준으로 보스턴에서 시작했던 집회가 몇백 명의 연좌농성으로 확대되었다. 기금활동을 위한 디너파티를 비롯해 기자 청문회 자리에서 나는 메리 보노토를 봤다. 그녀에게는 미팅이 줄줄이 예약되어 있었고, 이메일로는 배포해야 할 각종 자료 목록이 쌓여갔다. 시위 참가자 수가 기하급수적으로 늘어나면서 길거리는 어느새 무지개 깃발로 거대한 물결을 이루었다.

보스턴에 있는 동안 깜짝 놀랐던 점은 미국의 동성애자를 위한 인권활동이 갑자기 빠른 속도로 '전복 현상bottom up'을 일으켰다는 것이다. 꼴찌였다가 일등이 된 것처럼 180도 달라진 광경에 어안이 벙벙했다. 나중에 샌프란시스코, 워싱턴, 뉴욕을 비롯한 미국의 도시들을 조사하면서 나는 보스턴 현상을 여러 곳에서 또다시 목격했다. 중앙집권화적인 움직임이 아니었다. 사회의 기저에서 서서히 시작되어 현지

인권운동가들이 동참했고, 나중에는 여러 단체의 수뇌부와 연방 주의 주도, 연방 의회에까지 영향력을 미쳤다. 이러한 변화는 유럽의 '하향식top down' 구조와는 사뭇 대조적이다. 왜냐하면 유럽에서는 피라미드식 서열 구조에 따라 어떤 집회나 운동이 위에서 아래로 내려가는 식으로 이뤄지는 경향이 있기 때문이다. 물론 지역별 격차는 있다. 사회 활동에 적극 개입하는 참여자들은 자유롭게 자신의 전략을 펼치며 우선순위를 스스로 정의하면서 자율권을 행사한다. GLAD 단체나 인권감시단체는 각자 독립성을 유지하며, 자체적으로 자금 운용을 해나간다. 물론 워싱턴 연방 기구가 재정 지원과 사법적인 도움을 주지만 이는 부분적일 뿐이다. (실제로 인권감시단체는 매스 이퀄리티에 100만 달러 이상을 지원하며 매사추세츠주의 동성애자 결혼 합법화를 지지하고 있다.) 미국 내 여러 인권 관련 단체들은 종종 시위 현장에 정규 직원들을 내보내곤 한다. 지역마다 시급히 해결해야 할 과제를 더 효과적으로 실현시키고자 현장에 나간 자원봉사자들을 돕기 위해서다.

"우리는 '자율권'의 원칙에 따라 움직입니다."

인권감시단체에 기부금을 꾸준히 내고 있는 잘나가는 대기업 간부이자 이사직 임원인 샌드라 하트니스가 말했다. 나는 그녀를 고급 호텔에서 만나 인터뷰했는데 특히 '자율권'이란 단어를 강조했다.

"여기서 말하는 '자율권'이란 힘을 주는 것이며, 그 힘이 현장에서 사람들을 위해 이롭게 사용되어야 함을 뜻해요. 도시 어디서든 개개인에게나 자치 단체에 힘을 부여할 줄 알아야 합니다. 그렇게 되어야 사람들이 한자리에 모여 자율적으로 문제를 해결하고 잘못된 법을 시정할 수 있답니다. 우리는 시민들이 자발적으로 그 일을 할 수 있도록 도와주는 거예요. 따라서 권력은 우리에게 있지 않고 시민들 자신에게 있는 거지요. 모든 것은 가장 기초적인 데서 시작됩니다. 기적이 있다면 그것은 각자 자신이 추구하는 방향을 선택하되, 그 길이 모두 함께 걷는 길이 되는 겁니다. 그런 의미에서 '자율권'이야말로 미국 땅의 숨겨진 보배와도 같은 노하우라고 할 수 있지요."

중앙집권화가 아닌 지역 분산화가 우리에게 이롭다는 것을 증명해주는 사례는 더 있다. 바로 법적 소송이 일어났을 때인데, 모두를 위한 결혼, 즉 동성애자도 차별 없이 결혼할 수 있게 해달라는 법적 소송은 특정 지역에서 시작되었다. 미국 연방 대법원이 최종 판결을 내린 것은 맞지만 첫 단추는 늘 작은 곳에서 끼워지게 마련이다. 인권감시단체 부의장인 벳시 퍼셀이 설명했다. "이 투쟁은 각 주, 각 도시, 각 기업, 각 커뮤니티가 독립적으로 이어갈 겁니다."

(1970~1980년대 스톤월 사건 이후의) 전통적인 게이 운동권과 달리 오늘날 포스트게이 운동권은 여러 지역에 분산되는 형태를 띠며, 이념보다는 실용주의를 앞세우는 특징을 갖고 있다. 과거 운동권이 정치적으로 급진주의이며, 활동 영역이 대도시에 국한되거나 여러 분파의 소집단으로 분리되었던 것과는 사뭇 다른 모습이다. 인권감시단체는 오늘날 게이 인권단체들의 통합을 위해 가장 활발하게 활동하는 중심 역할을 한다. 그렇다고 이 단체가 가장 중요한 제1단체라는 것은 아니고, 여러 단체와 함께 평등한 위치에 있다. 또한 게이 앤드 레즈비언 빅토리 펀드Gay&Lesbian Victory Fund는 미국 전역을 대상으로 공개적으로 동성애자임을 커밍아웃한 후보자를 지원하는 기금 단체로 활동 중이다. GLAD 단체와 함께 램다 리걸Lambda Legal은 법적 소송에 휘말린 동

성애자를 변호하는 미국 최대의 법률 조직이다. 이외에도 주마다 비영리 단체들이 꾸려져 지역 의회가 모두의 결혼을 합법화하도록 힘쓰고 있다. 그중 대표적인 지역 단체를 들자면, 이퀄리티 캘리포니아, 이퀄리티 플로리다, 이퀄리티 미시시피, 이퀄리티 텍사스, 펜실베이니아주에 있는 키스톤 이퀄리티가 있다. 그리고 매사추세츠주에서는 동성애자 결혼법을 인정받기 위해 인권감시단체와 함께 매스 이퀄리티가 활동 중이다.

2003년 3월 4일, 메리 보노토는 주 연방 법원의 판사 7명 앞에서 보스턴에서 결혼하고자 하는 동성애자들을 위한 변호를 시작했다. 똑똑하고 참을성 많은 그녀는 미국 시민의 평등성을 논거로 들며 차분하게 변론을 이어갔다. 그녀는 시민권의 내용을 상기시키면서 동성애자를 제2계급으로 정의하는 기존 법체계에 반론을 제기했다. 이들이 결혼을 합법적으로 할 수 없는 것은 일반 국민으로 인정하지 않는다는 것을 의미하기 때문이다. 또한 동거의 권리를 인정하는 것만으로는 불충분하다고 쐐기를 박았다. 그녀의 변론을 간단히 들어보자.

"결혼이라는 것은 사회적인 보호법을 기초로 세워진 제도입니다. 결혼은 모든 사람이 사랑과 맹세로 이뤄낸 궁극적인 표현입니다. 이점은 모든 사람이 인정하는 바이며 우리는 결혼 제도를 정의 내릴 때 이 점을 꼭 고려해야 할 것입니다."

2003년 11월 18일, 매사추세츠주 연방 법원의 수석 판사인 마거릿 마셜은 4 대 3의 표결 결과를 공개했다. 결국 소송을 제기한 원고 측 입장을 손 들어주는 승소였다. 미국 최고 연방 대법원의 판례를 언급하며 해당 표결을 부치기 몇 달 전, 텍사스주에서조차 동성애자 차별법을 철폐했다는 소식을 강조했다. 마거릿 마셜은 다음과 같이 주장했다.

"우리는 모두에게 해당되는 자유를 정의 내릴 권한이 있으며, 도덕적인 선과 악의 잣대로 그 자유를 판단해서는 안 됩니다."

역사적으로 '굿리지Goodridge' 소송으로 알려진 이 판결은 레즈비언 커플이 제기한 것으로 메리 보노토가 변호를 맡았다. 굿리지는 이 커플의 성이다. 매사추세츠주에서 처음으로 같은 성을 가진 커플의 결혼을 인정한 최초의 승소 결과였다. 법원은 연방 주에 80일 안에 이 레즈비언 커플의 결혼을 인정하라는 판결을 내렸다. 당시 매사추세츠 주지사였던 밋 롬니가 타협점을 찾으려 했지만 수포로 돌아갔고, 여러 차례 항의가 빗발치면서 결국 연방 주의 기존 법을 수정하기에 이르렀다. 2004년 5월 17일 낮 12시 1분, 드디어 첫 결혼식이 보스턴 근교 케임브리지 시청에서 치러졌다. 같은 성을 가진 수백 명의 커플은 전날부터 밖에서 줄을 서며 하객이 될 준비를 했다. 이 자리에는 승리감에 도취된 메리 보노토도 참석했다. 나도 그날, 그곳에 가서 사람들을 지켜봤다. 2004년 이후 매사추세츠주에서만 대략 6200쌍의 동성애자 커플이 결혼식을 올렸다.

자연 현상에 비유하자면, 미국 땅에 대지진과 같은 지각 변동이 일어난 것이다. '굿리지' 소송은 미국 전역의 동성애자들의 삶을 바꿔놓았다. 그 뒤로는 미국의 다른 주에서도 같은 계보를 잇는 일이 일어났다. 마치 파장이 주변에까지 잔향을 일으키듯 미국 안에서뿐만 아니라 수십 개의 국가에서도 비슷한 개혁이 일어났다. 스톤월은 1969년에 게이의 자유를 향한 혁명을 일으켰고 그 여파가 전 세계로 확산되었다. 이번 '굿리지' 소송 역시 전 세계 동성애자 커플들이 합법적으로 결혼할 수 있는 큰 변화의 물꼬를 터준 계기가 되었다.

수백 명의 개인과 여러 단체가 매사추세츠주 법안 수정에 큰 영향을 미친 것 또한 사실이다. 메리 보노토는 그중에서도 선구자적 역할을 한 인물이었다. 워싱턴에 사는 수전 솔킨드도 그 점을 인정했다. "메리 보노토는 아주 힘겨운 과제를 멋지게 해결한 사람이에요. 그 어떤 전략과도 비교할 수 없는 완벽한 전략을 선보였다고 할 수 있습니다." 그 후 미국 50개 주의 수만 명에 달하는 시장과 국회의원, 인권운동가들은 자신이 살고 있는 주에서도 동일하게 법이 바뀔 수 있도록 수차례 소송을 제기했다. 실패도 있었지만 넘어져도 다시 일어나는 오뚝이 정신으로 그들은 포기하지 않았고, 결국 아름다운 승리를 이뤄냈다.

동성애자 결혼에 반대하던 사람들도 이러한 변화가 미국 역사에 어떤 바람을 불러일으킬지 짐작했다. 그들은 법원이 그들의 편을 들어주지 않아 패배한 적도 있지만, 이제는 동성애자의 문화를 인정하지 않을 수 없는 상황을 받아들일 시기라는 것도 예상했다. 미래에 대한 낙관적인 긍정주의가 각 진영으로 물결치듯 밀려오자 반대파들은 전보다 더 힘을 키워 투쟁하지 않으면 안 되었다. 그 진영에는 조지 W. 부시 전 대통령이 있었다. 그는 여전히 자기 입장을 굽히지 않았으며 2004년 1월, 공식 연설 자리에서 법원 판사들이 내린 극단적인 판결을 호되게 비난했다. 남부뿐만 아니라 중서부에 위치한 연방 주에서는 보란 듯이 '남성과 여성'으로 국한된 결혼 제도를 합법화하겠다는 투표 결과를 발표했다. 상황이 불리해지자 반대파의 강경한 입장은 전보다 더 굳건해졌다. 이제 본격적인 전쟁이 시작된 것이다.

메리 보노토는 현재 메인주 포틀랜드에서 아내 제니퍼 리긴스와 20년째 결혼생활을 이어가고 있다. 두 사람은 보스턴에서 결혼식을 올렸다. 그리고 둘 사이에는 쌍둥이 딸이 있다.

문화 전쟁

콜로라도주 덴버에서 남쪽으로 100여 미터 떨어진 곳에 자리잡은 콜로라도스프링스는 미국 우파 기독교인들이 인구의 다수를 이룬다. 주간 고속도로 제25호선은 이곳에서 흔히 '로널드 레이건 고속도로'란 별칭으로 불린다. 이 도로를 달리다보면, 기독교 비영리 단체인 포커스 온 더 패밀리의 본사를 안내하는 표지판이 나타난다. 그 표지판이 안내하는 길을 따라가다보면, 왼편으로는 미 공군 부대의 주요 기지가 나오고, 오른편으로는 고속도로 출구인 익스플로러 드라이브 제8655호선이 나온다. 익스플로러 드라이브는 사실 이 기독교 단체의 주요 활동 구역이다. '탐험하다Explorer'란 단어 선택이 탁월하다는 생각이 들었다. 우리가 우주선 탐사 여행을 떠날 때는 또 다른 세상, 또 다른 시간으로의 여행을 떠나는 것이 아닌가! 나에게 적대적인 시선으로 비칠 수 있는 낯선 곳으로 떠난 여행길에 오른 나는 정말 또 다른 행성에 당도한 듯한 인상을 받았다.

포커스 온 더 패밀리의 부의장인 폴 매커스커가 반갑게 맞아주었다. 그는 여러 권의 책을 출간하고 기독교인들 사이에서 성공적인 작품을 무대에 올린 극작가였다. 지식인 엘리트 계층인 그는 내게 예수 그리스도를 자신의 친구 중 한 사람인 것처럼 말했다. 그러면서 20년 전부터 미국 선교사들이 이룬 업적에 대해 자랑하듯 이야기를 늘어놓았다.

"선교사들은 오래전부터 전통적인 방식을 고수하면서 작은 교회와 예배 의식에 만족하며 살아왔어요. 우리는 선교활동을 위해 미디어와 신기술의 시대에도 잘 적응하며 지내고 있답니다. 이곳에서 기독교인을 위한 라디오와 TV, 영화, 도서, 자료들을 제작하고 있지요. 그런 면에서 기독교 엔터테인먼트도 매우 중요한 산업으로 자리매김했고요. 우리는 전 세계인에게 영향을 미치고 있답니다."

그의 안내를 받으며 포커스 온 더 패밀리 내부를 돌아봤다. 1300명의 사람이 신고전주의 양식의 장엄한 분위기가 풍기는 여러 건물로 흩어져 각자의 부서에서 일하고 있었다. 한눈에 보기에도 매커스커는 내가 깜짝 놀라길 기대하는 눈치였다. 그는 으리으리한 라디오와 TV 제작 현장도 보여주었다. 그곳에서 아이들을 위한 드라마를 촬영하는데, 600시간이 넘는 분량의 영상을 찍었다는 설명도 덧붙였다. 종교단체를 방문한다기보다는 하나의 거대 미디어 그룹을 탐방하는 듯했다. 그는 멜 깁슨이 감독으로 참여한 영화 「패션 오브 더 크라이스트」에 대해서도 언급했다. 그러면서 멜 깁슨이 직접 포커스 온 더 패밀리 본사에 찾아와 자기 영화를 시사회로 보여주었다는 말도 했다. 실제로 매커스커는 기독교인들과 디즈니 사이의 갈등을 중재한 해결사 중 한 명이었다.

"디즈니랜드가 '게이 데이Gay Day'를 만들었을 당시 우리 단체는 크게 반대하며 항의했어요. 디즈니 월드에서 게이 커플들이 서로 손을 잡고 춤추는 날을 만들었다는 걸 도저히 용납할 수 없었으니까요. 우리는 디즈니랜드사에 정식으로 항의했고, 게이 데이를 폐지하도록 수백 번의 집회와 시위를 이어갔답니다."

(당시 디즈니 스튜디오의 사장이었던 제프리 캐천버그와 나중에 인터뷰를 했을 때, 그는 게이들을 위한 행사를 주최했던 이유는 월트디즈니의 최고 경영자이자 회장이었던 마이클 아이스너와 이미 심도 있는 논의 끝에 결정한 사항이기 때문이라고 밝혔다. 외부 압박이 계속된 것은 사실이지만, '게이 데이'를 취소할 명분은 전혀 없었다고 밝혔다.)

반면에 매커스커의 입장은 달랐다. 그의 주장은 이랬다.

"월트디즈니 역시 우리 단체의 영향력을 제대로 확인했을 거예요. 월트디즈니의 드림웍스가 「나니아 연대기」를 개봉하기 전에 우리한테 먼저 연락을 취했고, 영화에 기독교적인 메시지가 있다는 것을 알려줬습니다. 기독교 소설을 각색한 영화라는 소식에 우리도 얼마나 감동받았는지 몰라요."

나는 100여 명의 직원이 근무하는 거대한 사무실을 지나갔다. 바쁘게 일하는 직원들은 전화기를 붙들고 있거나 수천 통의 이메일을 보내고 있었다. 국회의원, 기업, TV 방송국에 발송하는 것이었다. 매커스커가 설명한 대로 그들이 피력하는 로비 전략은 매우 단순하면서도 효율적이었다. 어떤 TV 프로그램의 내용이 가족의 전통적인 가치에 위배되면, 포커스 온 더 패밀리 직원들은 일동 회의실에 들어가 작전을 세운다. 전 세계 수만 명이 넘는 운동가들에게 알리기 전에 작전 회의부터 하는 것이다. 그는 이렇게 설명했다.

"우리는 그들에게 보내는 이메일에 최고 경영자의 연락처와 이메일 주소를 적어서 반가족주의를 조장하는 방송과 광고 계약을 이어갈 시 해당 기업의 모든 제품, 가령 세제나 유제품 불매운동을 벌이겠다고 말한답니다. 그런 다음 문제가 되고 있는 TV 프로그램이 방영되는 동안 그 기업의 광고가 나오는지 철저히 조사합니다. 이런 식으로 TV 방송사가 광고주를 잃게 된다면 결국 해당 프로그램은 조기 종영되거나 갑자기 중단될 수밖에 없죠."

나는 폴 매커스커의 사무실 안으로 들어갔다. 로널드 레이건과 조지 W. 부시 대통령의 사진이 심리학자 제임스 돕슨 사진 옆에 함께 걸려 있었다. 포커스 온 더 패밀리의 창립자인 제임스 돕슨은 TV 기독교 방송에서 목회를 하는 목사로 인지도가 높은 기독교인 중 한 명이다. 나는 그의 사무실에서 이미 사용한 흔적이 역력한 주사기 바늘을 봤다. 곧바로 마약 중독자가 쓴 주사기냐고 물었다. 매커스커는 내 유머 감각에 대해 전혀 동조하지 않겠다는 듯 굳은 표정을 지으면서 당뇨병 환자들에게 사용하는 주사기라며 짧고 굵게 대답했다.

포커스 온 더 패밀리는 동성애자들을 불쌍한 희생양으로 여겼다. 1980년대 말, 이 단체는 한바탕 스캔들을 일으켰던 문화 전쟁의 주동자였다. 이 로비 단체는 다른 로비스트들과 함께 연방 정부 산하의 문화예술 부서를 비난하는 주장을 펼치곤 했다. 특히 동성애 코드의 에로틱한 전시회에 연방 정부가 지원활동을 펼친 바 있는데, 이 단체는 동성애를 주제로 한 모든 현대 예술을 적으로 여기며 맞서 싸울 준비를 했다. 현대판 십자군 운동이 따로 없었다. 실제로 사진작가인 로버트 매플소프와 안드레이스 세라노의 창작활동에 거세게 반대했다. (안드레이스 세라노의 작품 「피스 크라이스트Piss Christ」는 오줌통에 잠겨 있는 십자가를 묘사한 사진이다.) 또한 낸 골딘도 에이즈를 주제로 한 이미지와 디아포라마로 기독교인들의 공격 대상이 되었다. 이외에도 퀴어 문화를 주제로 다양한 작품활동을 펼치는 몇몇 예술가(캐런 핀리, 존 플렉, 홀리 휴스, 'NEA4'라는 가명으로 알려진 팀 밀러 등)가 기독교인들의 검열 대상에 올랐다. 공화당의 이념에 반대하고, 프로-게이를 지향하는 토니 쿠슈너의 연극 「미국의 천사들」도 기독교 단체로부터 상연 금지 위협을 받았다. 매커스커는 투쟁의 최정점에 선 리더의 입장으로서 자신의 생각을 굽히지 않았다. "우리 단체는 이런 작품을 볼 때마다 충격을 받을 뿐 아니라, 너무 화가 납니다."

나는 낸 골딘, 존 플렉, 홀리 휴스, 팀 밀러, 토니 쿠슈너와, 이들의 예술에 돌을 던지는 자들과의 전쟁이 왜 시작된 것인지 진지하게 아주 오랫동안 대화를 나눴다. 동성애를 주제로 한 예술작품들이 기독교를 중상모략한다고 여기는 것이 아니냐는 의견에 모든 예술가가 고개를 끄덕였다. 그 결과, 그들이 기독교 단체의 공격 대상이 되어버린 것이니까. 1990년대 현대 예술에 맞선 이들의 전쟁은 어떤 면에서 보면, 포커스 온 더 패밀리를 비롯한 수많은 기독교 단체가 2000년대에 미국 동성애자의 결혼을 인정해달라고 외치는 운동에 비난의 화살을 던졌던 것보다 더 폭력적이고 격렬했다.

매커스커와의 인터뷰를 마치고 나서 이번에는 콜로라도스프링스에 있는 새생명교회New Life Church를 찾아갔다. 순백색의 거대한 교회 건물의 웅장함은 마치 이동식 서커스장을 떠올리게 했다. 천막이 아닌 시멘트로 지은 서커스장이라면 이 대형 교회를 닮지 않았을까 절로 상상이 되었다. 독실한 기독교인들이 다니는 이 교회의 목사는 유명한 로스 파슬리다. 나는 7000명이 넘는 교인이 모인 예배당으로 들어갔다. 그곳은 팝가수의 콘서트장을 방불케 할 정도였다! 내 앞에 5명의 기독교인 록 그룹이 무대 위에서 연주하며 노래를 하고 있었다. 신성한 제단 앞에 족히 100명은 되어 보이는 합창단원들이 코러스를 넣었다. 전도사로 보이는 20명의 사람들은 옷깃에 소형 마이크를 차고 있었다. 파슬리 목사 주변으로 10여 개의 대형 스크린이 걸려 있어서 멀리서도 이 많은 사람을 다 볼 수 있었다. 목사가 움직일 때마다 천장에 달린 자동 조명이 그의 머리 위를 수시로 비추었다. 마치 커다란 후광이 비추는 것처럼 백색 조명 아래 그가 서 있었다. 파슬리 목사의 재킷 안에 자동 인식 칩이 내장되어 있었기에 조명이 그가 움직일 때마다 자동으로 따라 움직이는 것이었다. 신도들은 흥분한 듯 보였고 함께 찬양을 하며 박수를 쳤다. 예배가 끝나고 나는 목사와 정식 인터뷰를 했다. 미국 선교 활동가 중에 그는 으뜸가는 대스타였다. 사무실로 가자 파슬리가 땀을 흘리며 긴장이 풀린 모습으로 맞아주었다. 그는 마치 우리가 오랜 친구라도 되는 양 편하게 내 이름을 불렀다. 자신의 신형 아이폰을 보여주더니 성경 전문을 읽을 수 있는 애플리케이션을 다운받았다며 기분 좋아했다. "우리는 복음주의를 전파하는 기독교인들로 엄격한 청교도주의를 완강히 거부합니다. 공연, 창작물, 엔터테인먼트를 좋아하죠. 이유는 젊은이들에게 가까이 다가가 복음을 전파하고 싶기 때문입니다. 그래서 기독교가 즐겁고 재미있는 종교라는 인식을 심어주는 데 성공했고요. 기독교 문화는 터닝 포인트를 맞았고, 힘든 시련을 겪은 적도 물론 있습니다. 하지만 성경에 나오는 기드온을 보세요. 그가 정말 혼자였을까요? 아니면 수천 명의 용사가 옆에 있었나요? 우리는 기드온과 같은 존재입니다. 항상 망설이고 집단 속에서도 외로움을 느낍니다. 하지만 용기를 갖는다면 우리는 혼자가 아니라 수천 명이 함께하는 것처럼 든든함을 느끼게 될 겁니다." 파슬리 목사가 흥분한 목소리로 열변을 토했다.

그로부터 몇 달 후, 새생명교회의 창립자인 테드 해거드가 국가적 스캔들에 휘말리는 사건이 발생했다. 그는 파슬리 목사보다 높은 위치에 있는 교회 간부였다. 결국 테드 해거드는 마이크 존스에 의해 고소를 당했다. 스스로를 그의 전용 안마사이자 남자 애인이라고 밝힌 이 청년은 3년 동안 테드 해거드에게 돈을 받는 대가로 그가 요구하는 서비스를 해주었다. 마이크 존스가 결국 세상에 진실을 폭로한 것이다.

"저는 그자가 동성애자 결혼에 대해 훈계하며 질책한다는 사실을 알고 분노를 참을 수 없었어요. 음지에서는 남자인 저와 성관계를 하면서 그런 이중적인 모습을 보이다니. 두 얼굴을 가진 그의 위선을 폭로하기로 마음먹은 겁니다."

여하튼 공식적으로는 동성애 혐오자라고 하면서 남몰래 남성 출장 서비스 사이트인 '렌트보이rentboy.com'를 드나든 목사의 스캔들은 그리 놀라운 사건도 아니다. 결국 그는 새생명교회 간부 자리에서 물러났다. 그 후로 여러 목사의 도움을 받아 다시 '이성애자'로 돌아가기 위한 특별 치료를 받는 중이라는 풍문이 돌고 있다. 일명 동성애자에서 이성애자로 되돌리겠다는 목표로 기독교인들이 함께 그를 돕고 있다는데, 테드 해거드는 새생명교회를 떠나 자신의 새 교회를 꾸렸다고 한다. 앞으로 그 교회는 '문젯거리가 끊이지 않을 이성애자들의 교회'

가 될 것 같은 예감이 드는데, 그 예감은 결코 빗나가지 않을 것이다.

데인 그램스는 복음주의 기독교의 특징을 완벽하게 파악하고 있었다. 인권감시단체의 인터넷 전략팀 부장인 그는 뉴욕에 사무실을 두고 있다. 그와 리츠에서 인터뷰를 하기로 약속했는데, 헬스 키친에서 최고로 유행하는 게이 구역에 위치한 바였다. 그곳에서 만난 데인 그램스는 프랑스산 고급 레드와인을 한 잔 홀짝거리면서 적극적으로 인터뷰에 응했다.

그는 이렇게 말했다.

"오늘날 복음주의 기독교인들의 힘이 얼마나 강력한지는 우리도 잘 알고 있어요. 그렇기 때문에 그에 맞서 싸우려고 만반의 준비를 하고 있는 겁니다. 조지 W. 부시는 미국에서 동성애자의 결혼을 허락하지 않는 법을 통과시켰고, 그 법에 반대하는 70만 명의 시민이 미국 전역에서 시위를 벌였습니다. 48시간 만에 60만 달러의 기금이 모였고, 대통령의 결정에 반대하는 100만 건 이상의 탄원서가 백악관과 연방 의회에 전달됐어요. 그렇게 미국에서 전투적인 동성애자 인권운동가들이 새롭게 결성된 겁니다."

(그가 깜박 잊고 말하지 않은 부분이 있는데, 이러한 피나는 노력에도 불구하고 부시는 법안을 통과시켰고, 미국 시민들은 2011년 2월 버락 오바마 정권이 그 법을 철폐할 때까지 힘겨운 저항을 이어가야만 했다.)

인권감시단체는 평등을 강조하는 캠페인 활동을 확실하게 하고자 인터넷도 적극 활용했다. 디지털 플랫폼을 이미 구축해둔 상태다. 데인 그램스가 그 부분을 자세히 설명했다. "우리 단체는 전략상 인터넷을 가장 핵심부에 두고 있어요. 많은 사람의 참여를 확보하는 데 인터넷만 한 도구도 없지요."

과거에 그린피스에서 인터넷 디렉터로 활동한 경력이 있는 데다 미국의 여러 대학에서 인터넷 관련 강의를 한 적이 있는 그는 인권감시단체로 이직하면서 웹사이트를 책임지고 있다. 그는 세 가지 주요 캠페인 활동의 담당자인데, 첫째는 인터넷 홍보팀으로 인권감시단체와 이 단체의 직무에 대해 홍보하는 부서를 맡고 있다. 둘째는 인터넷으로 하는 로비활동을 담당하며, 마지막 셋째로는 기금을 모으는 e-펀드 관련 업무도 맡고 있다. 인권감시단체가 인터넷 기술을 활용하는 유일한 로비 단체는 아니다. 하지만 전국적으로 동성애자들을 위해 해마다 수백만 달러의 기금을 사용하는 단체인 것은 맞다.

그는 '빠른 속도'라는 단어를 힘주어 강조하며 이렇게 말했다.

"결국 예전과 달라진 점은 모든 게 속도전이라는 거죠."

데인 그램스는 자신이 사용하는 매개체들에 대해 자세히 설명해주었다. 버튼 하나만 클릭하면 즉시 기부가 되는 애플리케이션을 개발한 것도 보여줬다. 스마트폰만 사용해도 집회가 가능한 '모바일 집회mobile activisme'도 주도했다. 또 전화, 이메일, 오프라인 방문 등 여러 채널을 통한 기부금 모금활동도 다 그가 개입한 아이템들이었다. 나는 그와 이야기를 나누면 나눌수록 그가 인권단체의 일원이라기보다는 미국 드라마 「매드 맨Mad Men」의 새로운 시즌에 등장하는 매디슨가의 광고 회사 직원 같다는 느낌을 받았다. 왜냐하면 자꾸만 영어로 마케팅 전문 용어를 섞어가며 설명했기 때문인데, '입소문이 퍼지다go viral' '아이덴티티 마케팅identity marketing' '포커스 그룹focus groups'이란 표현을 종종 썼다. 여기서 끝이 아니었다. 그는 경영학과 학생들이 자주 쓰는 표현도 되풀이하면서 그다음 과제, 즉 어떻게 하면 복음주의 기독교인들을 기술 부문에서 점령할 수 있는가에 몰두했다. SNS, 인스턴트 메시지, 위치 확인 시스템, 태블릿에 집중된 과학기술의 개발에도 신경 쓰고 있었다. 인권감시단체는 현재 페이스북에 240만 명, 트위터에는 60만 명, 인스타그램에는 24만 명의 친구를 보유하고 있다. 그럼에도 불구하고 현지 캠페인 활동을 펼칠 때, 실질적인 참가자를 더 많이 모으려고 혈안이 되어 있다.

워싱턴에 위치한 인권감시단체 본사에서 만난 수전 솔킨드는 단체의 임직원 목록을 보여주었다. 이 단체가 직접 결정하며 업데이트를 할 때마다 바꾸는 명단으로, 국가 정책을 담당하는 공무원과 현지 정치인들이 다수 포함되어 있었다. 그들은 성소수자의 인권을 토대로 유권자들에게 표를 얻고 있었다. 지역 상황에 따라, 현 세태에 따라 인권감시단체는 지역별로 타깃이 된 대상들에게 수천 통의 이메일을 전송했다.

수전 솔킨드 옆에 있던 단체의 행정 책임자인 샌드라 하트니스가 덧붙여 말했다.

"테네시주와 노스캐롤라이나주에서는 연방 의회에서 투표가 진행될 당시 현지 국회의원들이 며칠 만에 70만 통의 이메일을 받았다고 합니다. 그런 결과를 보면, 우리 단체가 하는 일이 상당히 효과가 있다는 걸 알 수 있어요."

(비록 그녀는 투표 결과를 언급하지 않았지만, 실제 투표 결과는 부정적이었다. 테네시주와 노스캐롤라이나주는 그해 의회에서 동성애자의 결혼 법안을 통과시키는 데 실패했다.)

지역 선거구 의원들만이 인권감시단체의 주요 고객층은 아니었다. 언론 매체와 각종 단체, 학교와 교회도 집계 대상이자 평가 대상에 속한다. 일반적으로 기업의 운영 방침에 따라 인권감시단체 역시 '기업 평등 지수Corporate Equality Index'의 대상이 되었다. 이 지수는 해마다 미국 기업들이 차별적인 정책으로 직원들을 대우하지는 않는지 확인하는 테스트의 일종이다. "지역 국회의원들을 설득하는 데 아직 애로 사항이 있긴 하지만 그래도 예전보다는 많이 개선된 편입니다. 사기업과의 관계도 우호적인 편이고요. 정부와의 관계 구축에 있어 부족한 점을 사기업의 우호적인 관계 개선으로 충족시켰다고 할 수 있죠." 인권감시단체의 대표인 수전 솔킨드가 말했다.

사실 그녀의 말은 매우 의미심장하다. 미국에서는 의회뿐만 아니라 강력한 힘을 가진 곳이 바로 사기업이기 때문이다. 사회복지나 의료 보건과 관련된 부대적인 시스템을 결정하는 데 있어 공공 기관만큼 중요한 역할을 하는 곳이 바로 사기업이다.

이제 다시 본론으로 돌아가, 복음주의를 전파하는 기독교인 이야기로 넘어가자. 동성애자들의 인권 수호를 위한 시위가 있을 때마다 반대편에서 보수 성향이 강한 기독교 단체가 맞대응을 한다. 우리는 이 과정을 어떻게 해석해야 할까? '눈에는 눈, 이에는 이'에 해당되는 반응으로 볼 수 있다. 또 동성애자들의 결혼을 긍정적인 시각으로 바라보는 TV 프로그램에 대해 보이콧을 하겠다고 협박하는 기독교 단체들을 어떻게 평가해야 할 것인가? LGBT 운동가들도 동성애 혐오자들과 관련된 제품을 사지 않겠다고 보이콧을 선언한 적이 있다. 지역 언론사가 게이에 대해 부정적인 기사를 낸다면? 운동가들은 그 즉시 일간지 독자란에 동성애자 차별에 대한 증언과 증거 자료를 보내며 말 그대로 당한 만큼 복수를 한다. 한 기업이 동성애 혐오자로 구성된 단체에 기부금을 보내면? 운동가들은 그 기업의 제품에 대해 바로 불매운동을 시작하는 식이다. 콜로라도주의 질 재단Gill Foundation은 대놓고 게이 레즈비언 펀드를 만들었다. 그래서 각종 사회활동을 하는 공공 기관, 교육 기관, 문화 센터에 재정 지원을 이어갔다. 기금명이 명시하듯이 동성애자와 비동성애자들의 차이를 없앤다는 목표가 명확한 재단이다. 콜로라도스프링스에서 나는 다양한 활동을 두 눈으로 목격했다. 단체 소속 직원들은 보수주의자들의 강제력 짙은 억지 주장을 완강히 거부하며 미국에서 보수적인 기독교인들이 가장 많이 산다는 이 지역에서 당당히 자신의 목소리를 내고 있었다.

미국의 수십 개 도시에서 동성애자를 위해 싸우는 운동가들을 만나본 결과, 그들은 정말 믿을 수 없을 정도로 전투적이었다. 물론 여러 주를 다닌 결과 서로 다른 삶을 사는 사람들을 만날 수 있었다.

포커스 온 더 패밀리의 폴 매커스커가 나에게 했던 말이 문득 생각났다.

"진실은 매우 단순합니다. 국민 투표 결과를 보세요. 국민이 동성애자들의 결혼을 거부했어요. 그들의 결혼은 이 사회에서 인정받지 못할 겁니다."

2000년대와 2010년대에 나타난 투표 결과는, 그의 말이 사실임을 입증해주었다. 30개 이상의 주에서 치러진 일반 투표에서 다수의 국민은 동성애자들의 결혼에 반대 의사를 표했다. (그러나 2012년 11월을 기점으로 상황은 달라졌다. 그해에 네 차례의 투표가 실시되었고, 처음으로 동성애자들의 결혼을 인정한 주가 생겨났다.)

각 주에서 보수주의자들은 의심할 여지 없이 효과적인 캠페인 활동에 주력했다. 특히 지역 단체에 재정 지원을 아끼지 않으면서 자신들의 신념을 강조했다. 보수주의자들은 '국립결혼협회National Organization for Marriage'를 비롯해 개신교 교회들과 보수주의를 지향하는 흑인 목사들, 가톨릭교 학회를 주요 타깃으로 삼았다. 동성애자들의 결혼에 반대하는 사람들 가운데 공화당을 지지하는 당원 홍보관인 쉰일곱 살의 프랭크 슈버트도 있었다. 그는 2008년에 4000만 달러의 기부금을 모으는 데 성공했고, 그 돈을 캘리포니아주가 동성애자들의 결혼을 합법화하지 못하도록 투쟁하는 데 사용했다. 2012년, 그는 미국의 여러 연방 주에서 결혼 법안을 두고 투표를 부치는 과정에 개입하여 보수주의자들에게 어떤 활동을 해야 하는지 조언하는 역할도 잊지 않았다. 그의 전략은 간단했다. 겉으로는 동성애 혐오자라는 인상을 주지 않고, LGBT의 인권을 존중하는 제스처를 취하는 것이다. (실제로 그의 여자 형제가 레즈비언이라는 얘기까지 했을 정도다.) 그러면서 버락 오바마의 재선에 투표하는 것은 어디까지나 국민의 자유라며 유권자들의 마음을 얻는 데 성공했다. 한편으로 그는 결혼이라는 제도의 전통을 훼손하는 극단적인 변화에는 반대했다. 2012년 TV의 한 채널에서 대대적으로 전파를 탄 그의 연설 메시지를 요약하면 다음과 같다. "이 세상의 모든 사람은 자신이 원하는 사람을 사랑할 권리가 있습니다. 하지만 결혼이라는 제도를 바꿀 자격이 모든 사람에게 있다는 뜻은 아닙니다."

프랭크 슈버트는 이 말을 계속 되풀이했다. 그를 직접 만나 인터뷰를 한 적은 없지만, 『뉴욕 타임스』에 실린 그의 인터뷰 기사를 여기에 인용해보려 한다. 그는 인터뷰에서 다음과 같이 말했다.

"게이와 레즈비언의 인권은 충분히 존중받을 만합니다. 하지만 결혼이라는 제도를 뒤집지 않는다는 전제 하에서만 존중받을 수 있다고 생각합니다."

캘리포니아주 소속 인권감시단체 책임자인 앨런 업홀드는 양 진영의 전쟁이 오래전부터 이어져온 것을 잘 알고 있었다. 그는 말했다. "우리는 결혼을 새롭게 정의 내리고 싶은 것이 아니라 차별을 철폐하고 싶은 겁니다. 그런 날이 올 때까지 전쟁은 이어질 거예요. 절대 이대로 물러서지 않을 겁니다."

구릿빛 피부에 근육질 몸을 가진 40대의 이 남자는 흡사 서부 할리우드의 전형적인 게이를 그대로 본뜬 인조 로봇 같았다. 로스앤젤레스의 샌타모니카 대로에 자리잡은 게이 바인 애비의 게이 직원을 떠올리게 하는 외모의 소유자였다.

앨런은 한집에서 12년째 같이 살고 있는 남편을 소개했다. 그의 남편은 MTV의 게이 채널인 로고의 경영진이다. 그는 남편에 대해 이렇게 말했다.

"우리는 공식적으로 결혼한 사이는 아니에요. 만약 우리가 결혼을 했다면 지금의 모습으로 살지 못했을지도 몰라요!"

사실 동성애자 결혼은 2008년 6월에 이미 합법화되었다. 그러다가 5개월 후인 11월에 다시 무효가 되었다. 일반 투표 결과, 법안이 번복되는 상황이 벌어졌기 때문이다. 그 후에도 의견 차이로 인한 갈등은 여러 차례 계속되었다. 그리고 법적 소송 또한 끊임없이 제기되었다.

캘리포니아 지사 인권감시단체는 미국 전역에 걸친 서른네 지점 중한 곳이었다. 롱비치 인권감시단체, 그레이터 뉴욕 인권감시단체, 캐롤라이나 인권감시단체 등 지역마다 현지 상황에 맞게 투쟁을 이어갔다.

세상에 아직 잘 알려지지 않은 비밀이 가득한 매우 신비로운 게이구역인 샌프란시스코의 카스트로가 575번지에는 현재 인권캠페인이운영하는 가게가 있다. 그런데 주소지에 적힌 곳을 찾아가보니, 그곳이 예전에 하비 밀크가 사진기를 팔았던 가게였다는 것을 알게 되었다. 이 얼마나 상징적인 장소인가! 하비 밀크는 미국에서 국회의원에당선된 최초의 게이였으며 불운하게도 한 동성애 혐오자에게 암살당하면서 생을 마감한 최초의 미국인이었다. 인권감시단체는 동성애 혐오자에 의해 살해당한 그를 추모하기 위해 이 가게를 열었다. 그리고전 세계 동성애자들을 위한 인권운동의 아이콘으로 그를 기억했다.

하지만 내가 직접 방문한 가게에서는 게이 인권을 위한 전투적인분위기가 느껴지지 않았다. 동성애를 위한 단체가 관리하는 가게라기보다는 디즈니 기념품 가게에 온 느낌이랄까! 그곳에서는 장식용 핀과게이들이 좋아할 만한 스타일의 모자, 욕실 타월, 무지개 색 넥타이를팔았다. 인권감시단체도 게이의 인권을 변호하고자 했던 취지가 상업적인 물건 판매로 변질된 사실을 체념하듯 받아들였다. 게이를 상징하는 아이콘이 상품화를 위한 브랜드로 쓰이는 현장이었기 때문이다. 게이가 자기 남편에게 줄 만한 반지를 산다면? 차 번호판에 장식할 무지개 색 번호판, 동성애의 정체성을 암시하는 10여 벌의 티셔츠와 동성애적 나르시시즘을 상징하는 물건들을 사고 싶다면? 인권감시단체의 로고가 새겨진 강아지 밥그릇을 원한다면? 그렇다면 이곳에 오면 된다. 샌프란시스코의 카스트로가에 있는 이 가게에는 프로빈스타운이나 워싱턴의 다른 가게에서 보던 물건을 원 없이 구경할 수 있다. 심지어 판매 전용 사이트(shop.hrc.org)도 있다.

이처럼 새로운 스타일의 게이 인권을 위한 활동이 모든 이에게 동조를 얻는 것은 아니다. 좌파도 우파도 아닌 중도파를 지향하는 인권감시단체는 우파적 입장에도, 좌파적 입장에도 똑같이 비판적인 위치를 고수한다. 보수 노선을 걷는 게이 지식인 앤드루 설리번은 우파 성향의 가톨릭교도이며 영국계 미국인으로, 인권감시단체가 '민주당의 인공위성'과 같은 앞잡이 역할을 한다고 비판했다. 반면에 좌파 성향의 동성애자들에 대한 비판도 만만치 않았다. 가장 먼저, 인권감시단체가 대외적인 체면에 지나치게 신경 쓰다보니 인권을 수호하는 기존 신념을 저버리는 결과를 낳았다고 쓴소리를 했다. 또 트랜스젠더의 인권 문제에 대해 걱정하기보다는 골드만삭스와 같은 돈 많은 주식 은행의 부자에게 발언권을 주며 갈라 디너파티를 주최하는 행위를 속물적이라고 비난했다. 또 사람들은 인권감시단체가 에이즈 퇴치를 주제로 애매모호한 정책을 발표했으며, 해외에서 벌어지고 있는 대다수의 문제를 등한시한다고 지적했다. (글로벌 인권감시단체가 출범한 지 오래되지 않은 것은 맞지만) 트랜스젠더의 심각한 차별 문화에 대해 너무 안일하게 접근하는 것이 좌파적 성향의 동성애자들에게는 여전히 불만거리였다. 게다가 정치적으로 중립을 유지하다보니 일부 공화당 의원을 지지하는 듯한 인상을 주는 것 또한 불만 사항이었다. 혹자는 이 단체가 퀴어로 대변되는 반反문화, 일반 대중을 표상하거나 게이 운동을 위한 단체라기보다는 기존 질서 유지에 집착하는 체제 순응주의자들의 집단이라고 평가하기도 한다.

"급진 좌파들은 우리를 보수주의자라고 말하더군요. 그래요. 우리는 좌파 노선을 지향하지는 않습니다. 시대가 바뀌었어요. 우리는 민주당, 공화당, 이 두 진영과 함께 일하고 싶은 겁니다. 요즘엔 보수 성향의 민주당 지지자도 있고, 중용의 온건주의를 더 선호하는 공화당 지지자도 있으니까요."

데인 그램스도 그 부분을 인정한다며 위와 같이 시인했다. 로스앤젤레스의 인권감시단체에서 일하는 앨런 업홀드도 그 점에 동의하는 말을 했다.

"급진적인 운동가들이 필요한 시절도 있었습니다. 하지만 그러다보니 우리와 동업하던 일부 단체와 단절되는 결과를 낳았어요. 오늘날 우리는 모든 담론에 끼고 싶습니다. 선정적인 자극이나 협박의 메시지가 아닌, 대화의 장에 참여하고 싶어요. 미국의 고유한 문화적 맥락 속에서 살펴보면, 보수주의를 지향하는 우파의 문화는 애국주의와 가족주의에 좀더 가치를 두는 경향이 있다는 걸 우리도 아니까요. 결혼제도와 입양, 군 입대 자격과 관련하여 우리는 모든 미국인이 지지하는 가치를 똑같이 따르고 싶을 뿐입니다."

한편 인권감시단체 책임자인 수전 솔킨드는 세간에서 비판하는 부분을 잘 이해했다.

"우리 단체 멤버들은 회의실에 둘러앉아 여러 관점의 의견을 들어보고 서로의 차이를 인정합니다. 급진적인 목소리도 경청하며 연방 주의회, 기업, 해당 주의 국회의원들과도 대화의 장을 갖고 싶어하니까요. 우리는 현실적인 진보를 원합니다. 그래서 모든 일이 원만하게 해결되도록 힘쓰고 있고요. 협상은 언제든 받아들일 의향이 있습니다. 그렇다고 쉽게 양보하며 타협하겠다는 의미는 절대 아니에요."

인권감시단체의 행정 업무를 맡고 있는 샌드라 하트니스도 지금까지의 변화 과정을 요약하듯 설명했다.

"우리는 좀더 현대화된 성격의 운동, '포스트게이'에 걸맞은 단체가 되고 싶습니다. 양쪽의 대립된 의견을 절충하는 방안을 고려하고 있지요. 지역의 고유한 특성을 인정하면서도 매우 실용적인 해결책을 모색하고 있어요. 우리 목표는 결국 현실성을 살리자는 취지에 있답니다. 그런 맥락에서 볼 때, 우리 단체는 과거 게이들의 인권을 위해 만들어진 협회와는 다를 거예요. 공화주의자가 우리 뜻에 동의한다면, 우리는 그를 지지할 것이고, 동성애자 결혼에 적대적인 민주주의자가 있다면 우리는 그와 충돌할 수밖에 없을 겁니다!"

물론 내가 미국의 여러 지역을 돌아다니면서 만났던 인권감시단체의 운동가들은 대부분 지난 수년간 민주당 후보를 찍은 사람들이었다.

역사는 아마도 날짜와 형태를 정확하게 기억하기 위해 만들어진 것 같다. 2012년 5월 9일, 당시 미국 대통령은 ABC 뉴스와의 인터뷰에서 동성애자 결혼에 대한 질문에 다음과 같이 대답했다. "지금 이 순간, 저는 확실하게 말할 수 있습니다. 개인적으로 같은 성을 가진 커플이 결혼할 권리를 인정해야 한다고 생각합니다. 그렇기 때문에 이 문제를 해결하는 것은 저 개인에게 있어서도 매우 중요한 일입니다." 버락 오바마는 자기 소신을 끝까지 굽히지 않았고, 결국 집권 몇 년 뒤에 동성애자 결혼을 합법화하는 변화를 가져왔다. 그가 과거에 이 문제에 대해 말을 아꼈던 이유는 기존 현행법인 동거 허용만으로도 충분하다고 생각했기 때문이다. 하지만 주변의 게이 친구들과 긴 대화를 나누고, 아내 미셸 그리고 두 딸과도 대화를 나누면서 점점 동성애자 결혼을 합법화하는 것이 마땅하다는 결정에 이르렀다. 하지만 이런 의미심장한 선언에 대해 혹자는 너무 무모할뿐더러 신변에 위협이 될 수도 있는 발언이라고 평가하기도 한다. 2012년 9월, 민주당은 노스캐롤라이나주 샬럿에서 개최된 미국 민주당 전당대회에서 이 문제를 가장 중요한 정책 내용으로 결정했다. 수전 솔킨드는 그때의 상황에 대해 이렇게 말했다.

"민주당에도 큰 변화의 시작을 알린 날이었어요. 앞으로 민주당 후보가 1차 투표에서 민심을 얻으려면 무엇보다 동성애자 결혼에 찬성할 수밖에 없는 분위기였으니까요."

남녀노소, 인종에 상관없이 미국인은 처음으로 미국 대통령이 카메라 앞에서 동성애자 개개인의 선택을 존중하고 그들의 인권을 이야기하는 모습을 목격했다.

오바마 전 대통령은 2012년 11월에 대선을 반년쯤 앞두고 왜 이처럼 급진적인 변화를 시도한 것일까? 그로 인한 위험부담이 상당할 수도 있음을 예상치 못했던 것일까? 어쩌면 그는 민주당의 두 얼굴에 적잖이 실망하던 차에, 진정한 민주주의의 기본 원칙인 모두를 위한 인권을 강조하고 싶었는지도 모른다. 그래서 젊은 청년과 여성들의 마음을 움직이고, 좌파를 지지하는 그들의 날개에 힘을 실어주고 싶었던 것은 아닐까? 어쨌든 동성애자의 결혼 문제는 대선 후보자가 던질 화두로는 상당히 충격적인 주제인 것만은 확실하다. 한 가지 더! 오바마는 절대다수의 동의를 얻는 정책을 집행하고 싶어하는 정치가다. 보수주의자들이 강조하는 가족주의, 가족을 이루는 권리는 누구에게나 동일하게 주어져야 한다는 좌파의 요구, 동성애자들의 요구를 미국 국민에게 설득하고 싶어했다. 그 과정이 성공한다면 미국을 하나로 통합할 수 있으리라 여겼다. 단기적인 관점에서 볼 때, 그의 선택은 미국의 양극화를 더 조장하는 결과를 낳았지만. 무엇보다 그는 여론이 동일한 성을 가진 커플의 결혼에 대해 열린 마음으로 대해주길 원했고, 미국인들이 좀더 열린 사고를 하길 기대했다. 그는 자기 생각도 과거와 달라졌다면서 개인적인 경험담까지 털어놓을 정도로 이 문제에 적극 개입했다. 뿐만 아니라 미국의 흑인들이 시민법에 따라 인권을 보호받을 수 있도록 설립된 단체인 전미유색인지위향상협회National Association for the Advancement of Colored People는 즉각 오바마의 입장을 지지했다. 오바마의 공약은 여러 단체의 활동에 힘을 실어넣는 동력원으로 작용했다.

게이 문제를 담당했던 빌 클린턴 정부 시절의 전 고문관 리처드 소카리즈는 내게 이렇게 말했다. "여론 조사를 할 때마다 지지율은 계속 올라갔어요. 결국 미국인이 동성애자의 결혼을 빠른 속도로 수용한다는 것을 여실히 보여줬죠. 지지하는 당에 관계없이 익명의 개개인의 인식이 이처럼 순식간에 긍정적으로 바뀔 줄은 여론 조사원들도 미처 예상 못 했답니다. 이전 세대에서는 금기어였던 것이 이제는 모두가 이야기하는 자연스러운 주제가 되었어요. 만약 버락 오바마가 공개 연설 자리에서 대대적으로 언급하지 않았다면 불가능했겠죠. 대중 앞에 선두로 나서주지 않았다면 이런 놀라운 변화는 상상하기 힘들었을 겁니다." 한편 오바마는 2012년 대선활동에 필요한 후원금을 모으는 데 미국 부자들의 지지가 필요했을 것이다. 그의 연설이 끝나자마자 이메일이 쏟아져 들어왔다. 메일 제목에는 '결혼'이라는 단어가 빠지지 않았는데, 그의 공약을 지지하는 사람들이 후원을 하겠다는 내용이었다. 할리우드 영화계의 부유층, 샌프란시스코의 IT 산업체들, 뉴욕의 엔터테인먼트 에이전시에서 그를 지지하겠다는 메일을 보내왔던 것이다. 비록 자신은 동성애자가 아니지만 동성애자 결혼이 미국에서 합법화되기를 응원하는 사람들이었다. 대표적인 예로 스타벅스, 구글, 애플, 마이크로소프트, 나이키의 임원들이 열렬한 지지자로서 게이 인권단체에 재정적인 후원을 아끼지 않는다. 2012년에 아마존 CEO인 제프 베이조스는 자신의 서명과 함께 160만 유로짜리 수표를 동성애자 결혼을 합법화하는 운동의 모금액으로 기부했다. (정반대로 애틀랜타주의 패스트푸드 체인점인 칙필에이는 동성애자의 결혼 합법화에 반대하는 운동에 모금한 사실이 드러나기도 했다.) 할리우드의 거물급 제작사이자, 속칭 드림웍스 SKG 영화사의 대표적인 게이로 유명한 데이비드 게펀도 합법화를 위해 싸우는 단체에 수백만 유로를 기부했다. 오바마 정권이 이렇게 게이들의 인권 향상에 적극 동참하게 된 배경에는 오바마와 친분을 맺고 있는 여러 예술인의 도움이 있었다. 레이디 가가, 마돈나, 조지 클루니, 브래드 피트, 리키 마틴 등 이들 모두 동성애자의 결혼에 찬성하는 스타들이다.

개인적인 친분, 전략적인 선택, 여론 조사의 여파, 주변 상황의 우연한 타이밍이 실타래처럼 얽히고설킨 결과로 볼 수도 있는데, 미국 대통령 한 사람이 동성애자 결혼을 언급하며 판도라의 상자를 연 순간, 상황은 역전되었다. 이와 더불어 그는 또 다른 확고한 주제를 덧붙였다. 그것은 바로 미국의 흑인 인권 문제였다.

미국은 오랫동안 '분리하지만 평등하게separate but equal'란 원칙을 강조하는 정책을 펼쳤다. 오바마는 자신의 저서에서도 그 부분을 다루었다. 그는 이 원칙이 흑인을 차별하는 정책이라 생각했고, 자신이 대선에 성공함에 따라 미국 흑인의 자유로운 해방을 향한 새로운 단계를 모색하기 시작했다. 게이 작가인 앤드루 설리번은 오바마의 이런 생각을 다음과 같이 멋지게 설명했다.

"버락 오바마는 동성애자들을 향해 이제 집 안 벽장에 숨어 있지 말고 당당하게 나오라고 외쳤지만, 또 다른 벽장에 있는 사람들에게도 나오라고 소리쳤습니다. 바로 흑인들이었죠. 게이가 스스로 게이임을 커밍아웃하듯, 이제 흑인들도 당당히 자기 정체성을 드러내야 한다고 말이에요."

이 두 가지 문제는 어떤 공통분모를 갖고 있을까? 둘 다 인권을 다룬다는 점에서 명백히 시민법을 짚고 넘어가지 않을 수 없다. 버락 오바마는 성소수자들의 인권을 온전히 인간으로서 마땅히 가져야 할 권리로 확장하여 국제사회에 개혁의 바람을 일으킨 위인 중 한 사람이다. 존 F. 케네디와 린든 존슨에 이어 50년이 지난 후에야 흑인의 인권을 공식 연설에서 강조한 대통령이 드디어 나타났다. 버락 오바마는 흑인과 성소수자들의 인권을 강조하는 법안을 통과시키고자 했다. 그의 정치적인 투쟁은 마틴 루서 킹이 처음 내세웠던 시민법의 흐름을 천천히 따라간 것으로 해석될 수 있다. 1967년 혁명적인 게이들의 시위와 미국 대법원에서 '러빙 대 버지니아Loving v. Virginia' 소송에 대한 판례가 나오면서 서로 다른 인종 사이의 결혼이 합법화되었기에 오늘날의 인권운동도 가능했다. 과거 미국의 16개 주에서는 피부색이 다른 커플의 국제결혼이 금지된 시절도 있다. 이러한 개혁이 과거에도 있었기에 대법원은 결혼할 권리를 인간이 시민으로서 가질 기본적인 자격으로 보게 되었다고 할 수 있다. 버락 오바마의 친부모도 인종이 달랐지만 법을 어기고 혼인한 부부였다. 실제로 서로 다른 인종이 결혼할 수 없었던 시절에 그의 부모가 살았기에 아들 오바마는 부모의 생활이 어떠했는지 잘 알고 있었을 것이다. 그래서 미국인의 역사에 다시는 그런 시련이 일어나지 않도록 하고 싶었는지도. 결단력 있고 체계적인 방법론을 선호하는 그는 늘 자신이 내린 결정에 대해 소신을 굽히지 않으려 애썼으며 사회 정의를 실현하기 위한 목표를 갖고 정치생활을 이어갔다.

2012년 11월 6일, 버락 오바마는 재선에서 승리했다. 모두를 위한 결혼을 지지했던 그의 정책이 국민의 마음을 정말 움직였던 것일까? 그가 시대를 바꾸는 개혁적인 대통령으로 자리매김했다는 증거로 또 한 번 대통령이 된 것일까? 어쨌든 금상첨화로 같은 시기에 미국의 4개 주(메인, 메릴랜드, 워싱턴이 해당되며 미네소타에서는 동성애자 차별법과 관련된 투표가 연기되었으니 반은 승리한 결과)에서 동성애자의 결혼을 지지하는 투표 결과가 때마침 발표되었다. 게이 인권단체들은 2600만 유로의 후원금을 국민 투표와 관련된 여러 활동에 지출했다. 공화당 소속의 밋 롬니가 대선에서 실패한 이유도 스페인어권 라틴인과 여성, 게이들을 비하한 발언 때문이라는 분석이 나왔다. 투표소를 나온 시민들을 대상으로 갤럽 조사를 한 결과, 유권자 중 5퍼센트는 자신을 동성애자라고 밝혔고 76퍼센트는 버락 오바마를 지지하는 반면, 22퍼센트만이 밋 롬니를 지지한다고 밝혔다. 대선 결과 발표 후 『뉴욕 타임스』 기사를 살펴보면, 민주당과 공화당 사이에서 왔다 갔다 하는 정치적 성향이 뚜렷하지 않은 '그네 타기 하는 주Swing States'의 표 차이는 확실하게 있었다. "이번 버락 오바마의 재선 성공은 이성애자 백인 남성이 주도권을 잡는 시대가 막을 내리고 새로운 시대의 헤게모니가 미국 땅에 시작되었음을 알린다"며 『LA 타임스』의 폴 웨스트 기자는 논평을 남겼다. 같은 날, 위스콘신주의 민주당 의원인 태미 볼드윈은 레즈비언이라고 커밍아웃한 상태에서도 당당하게 미국 상원의회에 들어가게 되었다. 2012년 11월 6일의 승리가 미국 전역에 큰 변화의 바람을 불게 한 것만은 확실했다.

국제사회에서도 버락 오바마가 동성애자 결혼을 지지한 연설은 상당한 반향을 일으켰다. 이는 전 세계에서 게이 인권을 지키기 위해 싸우는 운동가들에게 응원의 메시지였기 때문이다. 중국, 일본, 러시아, 라틴아메리카의 운동가들은 한목소리로 오바마 대통령이 그들에게 큰 힘이 된다고 고백했다. 2012년 5월 『뉴요커』라는 미국 잡지의 머릿기사에 아주 심플한 그림 하나가 실렸다. 무지개 깃발이 휘날리는 백악관이었다.

2013년 1월 21일, 오바마 대통령의 야심은 한발 더 진보했다. 대통령 임직을 두 번째로 맡게 되는 공식 연설장에서 그는 미국인의 지성을 인지하며 모든 시민은 평등하다는 것과, 그들의 인권을 변호하기 위해 활동했던 모든 운동가의 업적을 상기시켰다. 그러면서 세니커폴스, 셀마 그리고 스톤월을 직접 언급했다. 오바마 대통령은 이 세 곳을 언급하는 가운데 여성 인권에 있어 굵직한 획을 그은 상징적인 연도까지도 관련지어 설명했다. (1848년에 여성 인권을 위한 대회가 뉴욕주에 위치한 도시인 세니커폴스에서 처음 열렸다. 흑인 인권운동은 1965년 앨라배마주의 셀마에서 시작되었다. 당시 경찰의 개입으로 시민권을 외치던 시위자들이 크게 다치는 사태가 일어났다.) 앞서 여러 번 말했듯이 게이 인권의 시발점이 된 것은 1969년 스톤월이었다. 여성, 흑인, 동성애자들의 인권을 수호하기 위한 운동은 버락 오바마가 궁극적으로 동성애자 결혼을 인정하게 된 밑거름이 되었다. 그는 자신이 생각하는 평등에 관한 철학을 이야기하며, 게이와 레즈비언은 마땅히 인간이 누려야 할 권리를 가져야 한다고 강조했다.

2015년 6월 26일: 법원에서 일어난 스톤월 항쟁

마이클 데네니는 아직도 믿기지 않는 눈치였다. 오래전부터 염원해왔던 동성애자의 결혼이 미국에서 실제로 가능해진 것이 기적 같았기 때문이다. 미국 50개 주는 대법원의 판결에 따라 역사적인 이 결정을 모두 따르기로 했다. 2015년 6월 26일 금요일 대법원의 결정은 국가 전체에 걸쳐 중대한 진보를 이루고야 말았다. 한 개인의 삶에 비춰볼 때도 가히 혁명적인 일이었다.

　마이클 데네니는 지난 삶을 회고하며 게이로서 기나긴 여정을 걸어왔기에 이 소식이 자신에게 얼마나 중요한지 뼈저리게 느꼈다. 뉴욕에 위치한 그의 자택에서 긴 대화를 나누는 동안 그는 이렇게 말했다.

　"제가 뉴욕에 처음 도착했을 때만 해도 게이 바에서 술을 판매하는 것 자체가 금지였어요. 게이끼리 삼삼오오 모여 있는 것도 경찰에게는 눈엣가시였고요. 성소수자들을 보호하는 법은 없었으니까요. 심지어 우리를 게이라고 부르는 것조차 꺼릴 정도로 금기시되던 세상이었죠. 그런데 지금은 게이끼리 결혼하는 것이 합법이라니!"

미국 대법원이 같은 성을 가진 커플의 결혼을 인정해달라는 소송을 맡게 된 날짜는 정확히 말하면 2015년 4월 28일이었다. 제1심에서 몇 달째 여러 주가 서로 다른 판례를 보임에 따라 최종 결정을 대법원이 맡게 된 것이었다. 동성애자의 결혼을 위법으로 여겼던 주는 켄터키와 미시간, 오하이오와 테네시였다. 2시간 30분 동안 9명의 판사는 양측 원고와 피고의 입장을 들었고 최종 결정을 내릴 순간에 직면했다. 원고를 대변했던 변호사 중에 메리 보노토도 있었다. 그녀는 미국 법조계의 유명인 중 한 사람이었다. 또 그 당시에 오바마 행정부를 대변하던 차장 검사도 동성애자 결혼에 찬성하는 입장을 즉각 표명했다.

하지만 최종 판결을 듣기까지는 두 달이 더 걸렸다. 마침내 6월 26일, 대법원은 찬성 5표, 반대 4표로 '오버거펠 대 호지스Obergefell v. Hodges' 소송에서 원고 편을 들어주었다. 그중 앤서니 M. 케네디 판사는 보수주의자였지만 이번에는 민주주의자에 가까운 투표를 했고, 그 결과 동성애자의 결혼 금지가 위헌이 된 역사적인 혁명이 일어났던 것이다. 그는 자기 결정에 대해 확신했고 그와 관련된 논평까지 글로 남겼다. 케네디 판사가 쓴 글의 마지막 문장은 사람들의 입소문을 타고 유명해졌다. 다음은 그의 글을 인용한 발췌문이다.

"결혼만큼 사랑과 성실, 헌신과 희생, 가족을 이어주는 중요한 결합은 존재하지 않을 것이다. 남성과 여성의 결합에서 더 나아가 동성을 사랑하는 게이와 레즈비언 원고들에게도 결혼은 존중받아 마땅한 권리라고 생각한다. 그들의 호소는 동성애자들도 결혼 제도를 존중한다는 것을 의미한다. 따라서 그들도 상대 파트너를 법적인 배우자로 인정하고 싶어하기 때문에 결혼 제도를 지키려 하는 것이다. 동성애자들도 혼자서 고독하게 생을 살고 싶지 않은 것이며 인간의 문명이 이룩한 고전의 관습에서 배제되고 싶지 않다는 의사를 표출한 것이다. 그렇다면 법 앞에서 그들은 존엄한 평등권을 요청한 것이기에 헌법은 그들에게 결혼할 권리를 인정해주어야 한다."

자유주의자인 4명의 또 다른 판사들(소토마요르, 케이건, 긴즈버그, 브라이어)도 그와 함께 현대의 게이운동의 멋진 페이지를 장식해줄 역사적인 투표 현장에서 찬성표를 던졌다. 미국의 36개 주는 이미 결혼을 합법화했으며 나머지 주들도 시간은 조금 걸렸지만 차례로 동성애자들의 결혼을 인정했다. 미국만이 전 세계에서 동성애자들이 결혼할 수 있는 유일한 국가는 아니다. 그러나 역사상 그들이 이뤄낸 성공은 세계적으로 큰 상징성을 지니고 있다. 네덜란드가 가장 먼저 인정한 나라이고, 그다음으로 남아프리카공화국과 아르헨티나, 스페인, 포르투갈이 미국보다 먼저 동성애자들의 결혼을 인정했다. 프랑스에서는 2013년 4월 23일 드디어 해당 법안이 국회를 통과했는데, 찬성 331표, 반대 225표로 성공할 수 있었다. "우리가 내린 결정에 대해 커다란 자부심을 느낍니다." 프랑스 법무부 장관인 크리스티안 토비라가 토론장에서 말했다. 게이들이 당당하게 고개를 들고 사는 세상이 될 수 있도록 결혼 금지법을 없애는 과정에서 많은 혼란이 있었다. 특히 파리의 거리에 동성애자들의 결혼을 반대하는 수만 명의 인파가 몰리면서 동성애 혐오자로 구성된 보수 단체와 정통 가톨릭교 단체, 우파 소속의 의원들이 격렬한 시위를 이어갔다. 그러나 정부가 내린 결정은 동성애자들 편이었다. 의회 전당에서 투표 결과를 발표하던 날, 꼭 성 공하겠다는 강한 의지에 불타 있던 법무부 장관은 소감을 밝히며 이 렇게 말했다. "지금 이 순간, 벅찬 감동에 마음이 먹먹할 정도입니다."

반면 미국에서는 게이의 인권 투쟁에 대한 법적 개입이 유럽보다 훨 씬 많았고, 지역적으로 분산화된 경향이 더 강했다. 수백 개 단체와 함 께 수많은 변호사, 로비스트, 지역 선거구 의원들이 힘을 합쳐 지역별 로 대규모 집회를 열었고, 수천 명의 시민이 한자리에 모였다. 미국 전 역에서 골고루 시위가 일어났는데, 결국 미 대법원은 동성애자 결혼을 합헌으로 인정하기로 결정했다. 이에 따라 대부분의 연방 주가 그 법을 채택했으며, 여론도 시간이 지날수록 점점 호의적인 반응을 보였다.

이제 퇴직한 은퇴자 마이클 데네니는 역사적인 '오버거펠 대 호지스 소송'을 내 앞에서 계속 반복했다. 사실 1970~1980년대만 해도 그는 동성애자의 결혼 문제에 적극적으로 가담하지 않았다. 지난 수십 년 동안 그는 '부르주아화embourgeoisement'보다는 '자유로운 해방'을 외치는 운동가로 활동했다. 또 결혼이 제도화되는 형식적인 측면보다는 '자 유분방주의libertinage' '성적인 자유' '파티'를 더 중요하게 강조했다. 그러 던 중 마이클 데네니는 동성애자의 결혼 합법화가 마치 자신의 일인 양 승리의 도취감을 맛봤다고 했다.

마이클 데네니는 뉴잉글랜드주 로드아일랜드에서 태어났으며, 1971년 에 게이 혁명이 한창인 도시 뉴욕으로 건너갔다. "제가 맨해튼으로 이 사했던 이유는 게이로 살기 위해서였어요. 과연 게이인 내가 이 나라 에서 제대로 살 수 있는지 실험해보고 싶은 마음도 컸고요. 그래서 새로운 도시로 건너가는 게 더 수월하리라 생각했던 거죠." 그는 자기 경험담을 들려주었다. 낮에는 인권단체에서 활동하고, 밤에는 그리니치빌리지의 바와 클럽을 드나들었다. 그는 덧붙여 말했다. "저녁마다 그 동네에는 동성애자로 넘쳐났어요. 그래서 항상 길거리에서 동성애자들과 마주칠 수 있었는데, 한마디로 24시간 동안 게이들과 함께할 수 있는 곳이었습니다."

마이클 데네니는 게이 문학잡지인 『크리스토퍼 스트리트』와 1969년 6월에 '게이의 바스티유 감옥'을 점령한 것과 같은 대혁명이 일어난 거리 이름이 같다는 것에 의미를 두었다. LGBT 역사상 가장 유명한 항쟁이 스톤월 인 앞에서 일어났는데 그 바가 있던 거리의 이름이 바로 크리스토퍼 스트리트였다. 그 사건 이후로 전 세계 사람들은 '게이 프라이드'를 외치며 퍼레이드 행사로 그날을 추모하고 기념하게 되었다.

마이클 데네니는 1976년부터 1995년까지 발행된 『크리스토퍼 스트리트』를 모아두었다며 보여주었다. 페이지를 넘기면서 그는 게이 인권 활동에 중요한 획을 그었던 시대를 떠올리며 오늘날 동성애자의 결혼이 통과되기까지 큰 힘을 아끼지 않았던 숨은 공적과 발전 과정에 대해 자세히 설명했다. "이렇게 빠른 속도로, 이렇게 멀리까지 진보할 줄은 꿈에도 몰랐어요. 『크리스토퍼 스트리트』가 처음 출간될 당시만 해도, 제가 살아 있는 동안에 동성애자끼리 합법적으로 결혼식을 올리는 날이 올 거라고는 감히 상상도 못 했는데…… 그게 벌써 40년 전이네요."

1970년대 말에 그는 게이임을 커밍아웃한 기자로 활동했으며, 나중에는 잡지사에서 편집자로도 일했다. 그는 또 정규 과정을 밟은 역사학자이기도 하다. 그는 1960년대에 작가 해럴드 로젠버그의 도시인 시카고에서 대학을 다녔다. 또 나중에는 유명한 프랑스 철학자인 미셸 푸코도 시카고에 살았는데, 그때 만난 두 사람은 서로 친분을 쌓을 수 있었다. 그는 학창 시절, 시카고 대학 출판부에서 아르바이트를 했다. 이 출판사는 지금도 미국의 유명 대학 출판사로 명성이 높다. 그가 발표한 박사 논문의 심사위원으로는 철학자 한나 아렌트가 있었다. 그는 훗날 그녀 밑에서 연구원으로 활동한 경력도 있다. 그의 동성애적 정체성은 그가 일하는 데 전혀 문제가 되지 않았다. 그는 당당하게 게이 커뮤니티에 속해 있었고, 이는 한나 아렌트의 표현을 빌리자면 '모든 논쟁과 담론을 뛰어넘어 너무나 당연하고 자명한 이치'였다. 그는 생각의 자유를 결코 구속시키지 않았으며 게이 커뮤니티도 그것에 있어서 의심하지 않았다. 의견의 다양성을 인정하면서 그로 인해 발생하는 혹평과 비난에 맞섰고, 무엇이 옳고 그른지에 대한 판단을 함에 있어서 한 번도 흔들리지 않았다.

마이클 데네니는 어쩌면 지난 50년 동안 미국의 게이 편집자들 가운데 가장 훌륭한 사람 중 한 명으로 꼽을 수 있을 것이다. 그는 『크리스토퍼 스트리트』 편집부에서 일하면서 젊은 신인 작가들을 발굴하고 공동 작업을 이어갔다. 이성적인 판단을 뛰어넘는 감각적인 재능이 있는 편집자였다. 그때를 회상하면서 그는 말했다. "잡지에 실을 기사의 양이 부족할 때는 에드먼드 화이트와 같은 몇몇 작가가 네댓 꼭지의 기사를 맡아 쓴 적도 있어요. 서로 다른 가명으로 글을 기사화하며 페이지를 채웠던 거죠!" 또한 편집장으로 승진하면서 그는 좀더 새로운 재능을 발굴하리라는 야심찬 계획을 세웠다. 그래서 맥밀런 출판사와 손을 잡고 게이와 관련된 최초의 책을 출간하려고 계획했다. 하지만 둘 사이의 관계가 점점 악화되면서 결국 계획은 수포로 돌아갔다. 왜냐하면 마이클 데네니는 게이이면서도 히피적인 정신이 강한 사람이었기에, 과거에 의상 제작을 했던 '올드 스쿨old school'한 스타일의 맥밀런과는 서로 성향이 맞지 않았던 것이다. 점심 식사 때마다 둘은 마티니 칵테일을 마시며 회의를 했지만, 결국 데네니의 지나치게 강한 동성애적 색깔에 반감을 느낀 맥밀런 출판사는 그를 해고했다. 그 뒤로 그는 편집장과 시리즈물 담당 책임자의 직급으로 새 직장인 세인트 마틴 출판사에 입사했다. 1976년부터 그는 그곳에서 당대의 실력 있는 작가들의 책을 출간했다. 그의 사무실은 5번가와 첼시의 신흥 게이 구역 사이에 위치한 플랫아이언 빌딩에 있었다. 그곳을 찾았던 유명 작가들을 회상하며 그는 입을 열었다. "저는 이 작가들의 작품을 세상에 내놓고 싶었어요. 하지만 그 분야의 전문가로 나서기에는 아직 내공이 부족하단 생각이 들었지요. 그래서 일단은 일반 대중의 마음을 사로잡을 수 있는 주류 작가들의 책부터 출간했던 겁니다."

많은 작가 가운데 소설가 에드먼드 화이트는 『크리스토퍼 스트리트』에서 일할 때도 여러 번 글을 써준 고마운 작가였기에 데네니는 그의 소설 『나폴리 왕을 위한 야상곡』을 가장 먼저 편집했다. 이외에도 폴 모넷, 앤드루 홀레란, 펠리스 피카노, 에단 모든, 데이비드 레빗, 브래드 구치 등 10여 명의 작가도 그가 출간을 염두에 둔 확실한 이들이었다. 그는 당시 게이 출신의 편집장으로서 최고 자리에 있었으며, 게이의 자유와 에이즈 퇴치 운동이 일어난 후에도 '포스트스톤월 및 에이즈 조기 예방'을 위한 활동에 적극적으로 참여했다. 또한 그는 세상에 잘 알려지지 않은 신인 게이 작가를 찾는 일까지 도맡아 했는데, 그렇게 발표된 첫 소설이 바로 『파고』다. 이 소설을 쓴 숨은 작가가 바로 래리 크레이머다.

1970년대 말에서 1980년대 초반, 게이 전용 서점이 미국 전역에 하나둘 문을 열기 시작했다. 데네니가 그때의 상황을 떠올리며 말했다.

"제가 게이들을 독자로 삼은 책을 만들기 시작할 때, 이미 미국에 8~9곳의 게이 전용 서점이 있었어요. 그런데 지금은 웬만한 대도시에는 다 있죠. 그 수를 세어보면 50곳은 될 겁니다."

1981년 5월 18일에 에이즈라는 무서운 병의 존재가 전 세계에 대대적으로 알려지면서 처음에는 남자 동성애자들에게 많다는 소문이 퍼져 에이즈는 '게이 캔서gay cancer'로 불렸다. 그는 또 다른 게이 잡지인 『뉴욕 네이티브』에 『크리스토퍼 스트리트』의 직장 동료들과 함께 에이즈를 주제로 한 글을 편집해 발표했다. 그렇게 게이의 자유로운 해방을 외치는 장소에는 반드시 그가 있었다. 에이즈 문제로 동성애자들이 큰 곤욕을 치를 때도 선두주자로 기꺼이 나섰던 것이다.

이듬해에도 데네니는 에이즈를 주제로 한 30여 권의 책을 편집하는 일에 참여했다. 또 래리 크레이머가 쓴 기사 「1112 그리고 카운팅」의 편집에 이어 「홀로코스트의 보고서」 편집에도 그가 직접 참여했다. 데네니는 여기서 그치지 않고, 1982년 에이즈에 감염된 게이들을 돕는 단체인 '게이건강대책위원회Gay Men's Health Crisis'를 출범시켰다. 그러고 나서는 또 다른 게이 인권단체인 '액트 업Act Up'을 만들기도 했다. 데네니는 그 후에도 세계적인 베스트셀러 작가인 랜디 실츠의 유명한 작품 세 권을 출간했다. 랜디 실츠는 에이즈 질병이 확산되던 초기에 미국의 전 대통령인 레이건 정부가 펼친 실패한 정책을 비평한 책 『앤드 더 밴드 플레이드 온And the Band Played On』이 큰 성공을 거두며 일약 베스트셀러 작가로 올라서는 데 성공했다. 또 에이즈의 원인인 레트로 바이러스, 즉 인체면역결핍병원체HIV를 발견하면서 갤럿 박사와 몽타니에 학자가 서로 이견을 내놓으며 갈등이 불거진 논쟁에 대한 자세한 내용도 언급했다. (랜디 실츠는 자신의 책에서 미국인 학자보다는 프랑스인 학자 편을 들어주었다.) 뿐만 아니라 이 책에는 1981~1984년에 에이즈와 관련하여 이를 게이들의 질병으로 몰아갔던 사회 풍토, 그러한 편견을 부인해야만 했던 남자 동성애자들의 씁쓸한 과거의 흔적들이 담겨 있다. 초반에는 남자 동성애자들이 적극적으로 부정하지 않기에 사태의 심각성을 가볍게 본 것도 문제의 원인이 되었다. 데네니는 과거를 회상하며 슬퍼했다. 그리고 이렇게 요약했다.

"혼돈과 부인, 회피, 공포, 패닉이 심화되는 지옥 같은 2년을 보내고 나서야 우리는 에이즈가 남자 동성애자들에게만 나타나는 병이 아니라 당시 발생한 일반적인 질병이라는 것을 부인하지 않게 되었습니다."

『앤드 더 밴드 플레이드 온』이 발표되던 1987년, 독자들은 이 책에 대해 격렬한 반응을 보였다. 일부 게이 운동가는 이 책의 내용을 이해할 수 없다고까지 고백했다. 1994년 에이즈로 사망한 저자 랜디 실츠는 데네니가 이 책을 출간하지 말았어야 했다면서 출간된 지 30년 만에 심경을 고백했다! 하지만 역사학자들 사이에서는 매우 중요한 단서를 제공한 책으로 기억되었다. 한나 아레트와 한길을 걸었던 데네니도 그 점을 부인하지 않고 이렇게 덧붙였다. "저는 게이도 게이 커뮤니티를 비판할 자격이 있다고 생각해요. 미국인이 미국을 비판할 수 있고, 유대인이 유대인 커뮤니티의 잘못된 점을 지적할 수 있는 것처럼 말이죠."

마이클 데네니는 수십 년째 뉴욕의 어퍼 웨스트사이드에 살고 있다. 센트럴파크에서 멀지 않은 83번가인데, 노총각이 사는 티가 확 나는 그의 아파트 안으로 들어가자 막 도배를 끝낸 집 같은 내부에는 온통 책으로 가득했다. 색이 노랗게 바랜 『크리스토퍼 스트리트』들은 여전히 그대로 있었다. 그가 어떤 사람인지 정의해주는 중요한 자료이기 때문이다. 그는 자신이 편집했던 잡지들의 낡은 페이지를 넘겼는데 50년도 채 되지 않아 이룩한 게이운동의 역사를 하나하나 되짚어보는 것 같았다. 동성애자로서 한평생을 살았던 그는 스톤월 항쟁이 발생했던 때부터 동성애자의 결혼 합법화를 이룬 현대를 목격한 산증인이었다. 이 아름다운 역사, 믿을 수 없는 서사적 연대기는 에이즈 질병의 출현으로 한 차례 비극을 경험했지만, 과거나 지금이나 고유의 존재감을 잃지 않았다.

지금도 프리랜서 편집자로 계속 일하고 있다는 데네니는 죽을 때까지 지성인으로서의 삶, 게이로서의 인생을 살아갈 것이라고 말했다. 그의 시선은 매우 부드러웠지만 눈빛만큼은 호기심으로 가득 차 있었다. 앞으로 또 어떤 일이 벌어질까? 그는 동성애자가 결혼할 수 있게 된 것만으로도 현시대의 해피엔딩을 이룬 것이라고 강조했다. 앞으로 미국은 또 다른 새로운 시대의 막을 열 것이다. 게이의 완전한 자유의 해방이 바로 새로운 페이지의 제목이 될 것이다.

우리는 센트럴파크를 걸었다. 그는 매일 이 공원에 들러 산책을 한다고 했다. 최근에는 새로운 프로젝트를 준비 중이라며 깜짝 발표를 했다. "우리는 스톤월 인을 세계 문화유산으로 지정하고 싶어요." 계획을 달성하기 위해 그는 몇몇 지인과 게이 출신의 백만장자인 부자들에게 연락을 취했다. (그중에는 페이스북 공동 창립자도 있다.) 데네니는 오바마 대통령에게도 편지를 썼다. 결국 대통령도 그의 요구에 응해 스톤월 인을 일종의 국립공원처럼 대중에게 개방하기로 결정했다! 그도 이제 맞장구치며 "술집이었던 바가 국립공원이 되었다"면서 흡족해했다.

이 결정과 관련하여 부연 설명을 하자면, 미국에서는 대중에게 개방된 공공건물이 역사적인 장소로 인정받는다. 마찬가지로 스톤월 인이 국립공원으로 활용되려면, 먼저 내무부 산하의 국립공원 관리공단의 승인 허가를 받아야 한다. 이 자격을 인정받고 나면 스톤월 인은 국가의 보호 하에 훼손되지 않고 보존될 수 있다. 국가가 바의 소유주로부터 땅을 사들임에 따라 이곳은 재단으로 넘어가고 '게이 프라이드'의 근원지로서 수만 명의 관광객이 앞으로 찾게 될 명소로 자리잡을 것이다.

마이클 데네니는 게이운동이 붐을 일으킨 초반 1940년대를 주름잡았던 대표적인 지도자 중 한 사람이다. 그리고 지금은 좀더 고차원적인 수준까지 구상할 정도로 그는 여전히 쉼 없이 노력한다. 게이 인권운동의 미래를 그는 어떻게 보고 있을까?

"글쎄요, 질문에 바로 대답하기가 어렵군요! 스톤월 인에서의 혁명과 게이의 자유로운 해방에 뒤이어 에이즈 문제, 동성애자의 결혼 합법화 등등 지금까지 우리가 결코 예상하지 못한 큰 혁명적인 사건들이 잇달아 발생했어요. 그래서 게이 역사의 다음 페이지를 어떤 일이 장식할지는 상상을 못 하겠어요. 앞으로 무슨 일이 일어날지 모르겠지만, 아주 좋은 일이 일어날 것 같다는 예감이 드네요. 드디어 제가 처음으로 게이의 미래에 대해 낙관적인 생각을 품게 된 걸 수도 있고요."

4장

마오쩌둥의 새 동료들

내가 만난 궈쯔양의 티셔츠에는 '퉁즈TONGZHI, 同志'라는 대문자 단어가 무지개 색깔로 새겨져 있었다. 그는 이 단어가 중국어로 '나는 게이이며 그것을 자랑스럽게 여긴다'는 뜻이라고 설명해주었다. 동성애자들 사이에서 쓰는 일종의 은어인데, 사실 중국어로 '퉁즈'는 민중으로 구성된 군부대를 뜻한다. 또 공산주의자들에게는 한 형제와 같은 '동료'를 뜻하기도 했다. 1990년대부터 타이완과 홍콩에 사는 동성애자들은 '퉁즈'라는 단어로 자신들을 표현했다. 중국 대륙으로 이 표현이 확장되기 전까지는 그랬다. 궈쯔양이 말했다. "퉁즈는 암호화된 표현이에요. 그래서 일종의 묵언의 표현처럼 동성애자끼리만 아는 단어로 통했습니다. 외설적이고 의학적인 의미가 담긴 단어로 부르기보다는 좀더 긍정적이고 유동적 의미를 가진 단어를 동성애자의 은어로 쓰고 싶었으니까요. 그래서 게이, 레즈비언, 트랜스젠더 상관없이 모든 동성애자를 이 단어로 불렀지요."

궈쯔양의 나이는 스물다섯 살이다. 그는 자신이 입고 있는 티셔츠에 자부심을 느끼는 듯했다. 여벌의 티셔츠가 있으니 나한테도 선물로 주겠다고 했다. 굽이 좀 있어 보이는 운동화를 신었는데, 거기엔 미국 성조기가 그려져 있었다.

베이징에서 동북쪽으로 가면, 이 도시를 둘러싼 세 번째 외곽 지역인 차오양구朝陽區가 나온다. 이 지역에 위치한 허름한 건물 21층을 찾은 나는 아이바이Aibai라고 하는 단체를 방문했다. 동명의 웹사이트 주소를 가진 이 단체는 중국의 게이 관련 웹사이트에서 규모가 가장 큰 곳 중 하나다.

1998년에 출범한 아이바이는 미국에 본사를 둔 협회로 주요 회원들은 로스앤젤레스에 거주하는 중국계 미국인으로 이루어져 있다. 그러다가 점차 중국 대륙에 있는 이들까지 회원으로 가입했다.

"우리는 너그러운 마음을 가졌습니다. 이 땅에서 이뤄야 할 교육적인 소명의식을 가진 존재들이니까요. 우리는 정치 체제를 비판하지도 않고 포르노그래피 이미지를 사이트에 올리지도 않습니다. 따라서 중국 정부도 동성애와 관련된 우리 사이트를 특별히 검열 대상으로 취급하지도 않았지요. 중국 정부는 과열된 종교적인 선포, 포르노그래피를 엄격히 금지합니다. 또 인권, 즉 인간의 권리에도 일부 제약을 가하고 있습니다. 왜 중국 땅에서 동성애가 금지되어야 하는 거죠?"

아이바이의 중국 지사 대표인 장후이는 순진한 척 너스레를 떨며 이렇게 물었다. 그는 계산된 듯한 대사를 외우는 것처럼 이어서 다음과 같이 말했다. "정부를 상대로 하는 정치적인 로비활동은 우리 단체의 목표가 아닙니다. 우리는 일단 대중의 마음을 움직이는 일부터 해야 한다고 생각하니까요."

내가 들어간 방은 10개의 작은 책상이 다닥다닥 붙어 있는 곳이었는데 아마도 연수를 받는 강의실인 듯싶었다. 책상 위에마다 스카치테이프와 풀, 스테이플러, 가위와 계산기 같은 사무용품이 놓여 있었다. 교육 현장에 와 있다는 느낌이 확 들었다.

귀쯔양을 포함한 몇몇 인권운동가가 방으로 들어와 우리와 합류했다. 귀쯔양이 먼저 입을 열었다.

"우리는 이곳의 회색 지대에 존재한다고 보면 됩니다. 완전한 금지도, 허용도 아닌 그 중간 단계인 거죠. 죄는 지었지만 암묵적으로 눈감아주는 대상입니다. 공산주의 나라인 중국은 동성애와 관련해 공개적으로 찬성도 안 하지만, 그렇다고 반대하지도 않아요. 동성애자들의 인권을 신장시키는 활동을 하는 것도 아니고요. 서양에서는 오늘날 중국이 동성애자를 억압한다고 생각하는데, 실제로 그렇지도 않아요. 동성애자들을 교도소에 가두지 않을 뿐만 아니라 동성애자 관련 차별법도 없습니다. 그저 이곳에서 동성애는 이도 저도 아닌 상태예요. 합법도 불법도 아닌 거죠. 공산주의 이념에 동성애는 존재하지 않으며, 중국 정부에게 그들은 관심 밖의 존재입니다. 하지만 조만간 바뀔 테니 지켜보세요. 이 넓은 땅 곳곳에 동성애자들이 살고 있습니다!"

이튿날 저녁, 나는 베이징의 광차이 구역에 위치한 '데스티네이션'에 갔다. 귀쯔양과 장후이가 안내한 디스코텍이다. 규모가 꽤 컸는데 옛 공장을 개조해서 만든 무도장으로 서로 다른 분위기의 바 네 개가 마련되어 있으며 수많은 털북숭이 곰 인형이 장식된 '베어 게이'들을 위한 프라이빗 룸이 따로 있었다. 2층으로 올라가자 현실에서는 볼 수 없는 특이한 분위기의 작은 바가 여러 개 더 있었다. 3, 4층에는 게이를 테마로 한 현대 예술작품이 전시되어 있었고, 작은 대기실 같은 방에는 에이즈 검사를 즉석에서 할 수 있도록 테스터기가 마련돼 있었다. 주말마다 약 500명에서 700명이 이 디스코텍을 찾는다고 했다.

"경찰이 온 적은 한 번도 없어요. 별로 관심이 없는 거죠. 중국 경찰들은 대체로 우리한테 친절해요. 대중도 그렇고요. 우리를 그냥 내버려 두는 겁니다. 우리가 정치적인 투쟁을 하지 않는 한 앞으로도 간섭하지 않을 거예요. 우리가 정부에 반대하지만 않으면 무사통과인 거죠."

데스티네이션의 매니저인 레이 장이 말했다. (하지만 2008년 3월, 그러니까 그와 인터뷰를 하기 몇 년 전에 경찰이 디스코텍을 급습한 적이 있다. 이 디스코텍이 정부 관할 당국의 명령을 지키지 않아 충돌이 일어났던 것이다.)

디스코텍 한쪽 벽에는 중국어로 된 작은 안내판이 있었다. 고객들에게 주의를 주는 경찰의 경고가 담긴 문구였다. '마약 금지' '매춘 금지' '도박 금지'라고 적혀 있었다. 더 멀리 안쪽으로 들어가자 공산주의를 상징하는 아이콘인 군인 출신의 중국 영웅, 레이펑雷鋒의 동상이 떡하니 있었다. 하지만 나와 동행한 인물 중 한 사람이 이렇게 외쳤다. "나쁜 놈." 그러자 주변에 있던 사람들이 일제히 웃음을 터트렸다. 공산주의 중국이 과거에 올림픽 게임을 치르는 동안 정부가 발표한 관광청 안내 책자에는 데스티네이션이 버젓이 소개되어 있었다. "2008년 베이징 올림픽을 기념하면서 중국 정부가 이 클럽을 홍보했다니까요. 우리를 세상 사람들에게 알리려 했던 거죠. 우리 존재가 마치 가게 쇼윈도에 진열된 물품인 것처럼 말입니다."

레이 장이 자초지종을 설명했다. 중국 정부의 이러한 선전활동은 추악한 그들의 음모를 감추기 위한 겉치레는 아닐까? 어쩌면 그럴지도 모른다. 고립된 공간, 다른 곳에서는 찾아볼 수 없는 상황이 중국에서 벌어지고 있는 것일까? 단정 짓기에는 아직 이르다. 어찌됐든 중국은 느린 속도로 동성애자의 존재에 눈을 뜨고 있는 것만은 확실하다. '동지'(중국에서 게이끼리 서로를 은유적으로 부르는 속어)가 중국에 살고 있다는 현실을 자각하기 시작한 것이다.

류예劉燁는 신흥 공업국가에서 떠오르는 젊은 영화배우다. 나는 베이징의 리츠칼튼 호텔에서 그를 만났다. 중국 드라마에 출연해 일약 스타가 되었으며 할리우드에서는 메릴 스트리프와 함께 촬영한 적도 있다. (실제로 그와 함께 호텔 밖을 나오자 길거리에 있던 젊은 여성들이 그의 앞을 가로막았다.) 그의 첫인상은 다소 조용하고 정숙해 보였다. 멋진 가죽 재킷을 걸치고 커다란 인조 가죽 소파에 앉아 경직된 표정을 짓고 있었는데, 서른 살도 안 되어 보이는 얼굴이었다. 중국에서는 멋진 몸 덕분에 섹시 스타라는 수식어가 붙었는데, 그런 표현이 다소 놀랍다는 듯 젊은 배우가 자신에 대해 다음과 같이 간략하게 소개했다. "저는 마오쩌둥 시대에 태어났고 중국이 신흥 공업국가로 급부상하는 시기에 성인이 되었습니다." 영화배우이면서도 쿵푸와 같은 무예를 연마한 그는 중국의 유명 영화감독들(첸카이거, 장이머우, 존 우)의 작품에 출연해 멋진 무술 실력을 선보였다. 하지만 영화보다 TV 드라마 시리즈에서 게이 역할을 맡으면서 그의 인기는 한층 더 올라갔다.

"중국에서는 TV 프로그램의 콘텐츠가 영화보다 더 자유로워요. 그래서 문화대혁명, 정부 반역자에 대한 캐릭터도 맡을 수 있습니다. 또 동성애자 역할도 할 수 있지요. 중국 영화에서는 볼 수 없는 캐릭터들이 드라마에서는 검열되거나 삭제되지 않고 그대로 살아 숨 쉴 수 있답니다."

그의 이야기를 들으면서 나는 문득 중국 정부의 정책이 좀 이상하다는 생각이 들었다. 영화 콘텐츠는 엄격하게 통제하면서 정작 TV 드라마 제작에는 관용을 베풀다니…… 실제로 중국 국민 가운데 영화관에 자주 갈 수 있는 형편의 사람이 거의 2000편에 달하는 중국 드라마 앞에서 TV를 시청하는 사람 수보다는 비교도 안 될 정도로 적을 텐데 말이다.

사실 중국 배우인 류예를 국제적인 스타로 만들어준 영화는 바로 「란유Lan Yu」다. 이 영화는 두 남자의 사랑을 그린 작품으로, 류예는 주인공인 감수성 짙은 보통의 게이 역을 맡았다. 이 영화는 타이완을 비롯해 홍콩에서 극찬을 받으며 미국에까지 소문이 퍼졌다. 또 게이 페스티벌에서도 상영될 정도로 유명세를 얻었지만, 정작 중국에서는 검열을 받아 상영되지 못했다. (영화 내용 중에 톈안먼 사건과 관련된 영상이 등장했기 때문이다.) 그럼에도 불구하고 DVD가 중국의 불법 시장에서 거래되었다. (나는 상하이와 선전의 DVD 가게에서 이 영화를 찾을 수 있었다.) 또한 이 영화는 홍콩과 타이완의 TV에서도 방영되었는데, 이 채널은 아시아 전역에 전파를 타는 방송 프로그램으로, 불법이긴 하지만 중국 대륙에서도 운 좋게 볼 수 있는 경로였다. 류예는 철학자의 아우라를 풍기며 이렇게 주장했다. "사실 우리가 생각하는 것만큼 중국의 시스템이 경직된 것은 아니에요. 모든 것이 끊임없이 유동적으로 변하고 있으니까요. 모든 게 금지되었다가 이제는 모든 게 가능한 시대로 변화하고 있습니다. 이 과도기에 금기시되던 대상들이 점차 열리고 있어요. 아직 성숙한 시장이라고 말하기에는 이르지만요." 이 배우는 자신은 경찰과 한 번도 충돌한 적이 없다고 했다. 비록 그는 중국의 동성애를 다룬 유명한 게이 영화의 주인공이었지만 직접적인 제재는 없었다고 강조했다. 그 뒤로 그는 중국 정부의 검열 대상에서 제외된 마오쩌둥을 그린 대중적인 영화에도 출연해 열연했다.

"자부심을 가져라. 절대 숨지 마라Be proud, Don't hide." 2012년 6월, 나는 상하이의 게이 프라이드를 기념하는 파티에 참석했다. 그곳에서 만난 레즈비언 샬린 류가 말했다. "아주 간단하지만 확실한 슬로건을 말씀드리죠. 바로 자부심을 가져라. 절대 숨지 말라는 겁니다." 말레이시아 출신의 그녀는 이번 상하이에서 개최된 게이 프라이드에 참석한 레즈비언 운동가였다.

나는 황푸강 서쪽 둑길에 위치한 분두번드 구역의 커피숍 리코리코에 가봤다. 상하이에서 가장 세련된 곳 중 손에 꼽히는 번드 구역의 강변에서 바라본 밤 풍경은 숨이 멎을 정도로 환상적인 경관을 뽐냈다. 멀리 보이는 푸둥浦東의 마천루는 밤이 되자 화려한 조명으로 빛났고, 그중에서도 동방명주탑은 무지개 깃발처럼 알록달록 여러 색깔로 빛났다. 중국인들은 10여 년 만에 맨해튼과 견줘도 손색없는 신도시를 개발하는 데 성공했다.

리코리코 안으로 들어가자 이미 파티가 한창이었다. 게이의 상징인 무지개 깃발이 번드 구역 곳곳에서 펄럭였다. 중국에서 게이 프라이드가 열린 지 4년째를 맞이해 52곳의 후원자가 이 행사를 지원했다. 300명이 넘는 사람이 프라이드 행렬에 참여했다. 13억 인구가 살고 있는 중국 땅에서 이 숫자는 매우 적다고 볼 수도 있다. 하지만 샬린 류의 의견은 달랐다. 중국에서 커밍아웃을 한다는 것은 다른 나라에서보다 더 용기를 필요로 하는 일이기 때문이다.

"아직은 초반이니까 이 정도 인원이 참여한 것도 대단하다고 생각합니다. 게이 프라이드를 프라이빗 파티처럼 꾸며야만 했어요. 그래서 일부러 바리케이드를 설치한 거고요. 아무래도 베이징보다는 상하이에서 게이 프라이드를 하기가 더 수월했답니다."

마케팅 회사에서 근무하는 젊은 게이 청년인 딜런 천과도 인터뷰를 했다. 샬린과 함께 이번 게이 프라이드의 공동 주최자인 그는 다음과 같이 말했다.

"그 나라의 수도에서 멀리 살수록 집집마다 케이블 위성 채널 설정이 더 자유롭죠. 정치적 압박이 덜할수록 게이들은 눈에 더 잘 띈답니다."

그는 이번 행사가 '게이들의 행진'이나 공공연한 '집회'가 아니라, 일주일 동안 게이 문화를 사람들에게 알리는 파티라고 강조했다. 그래서 각종 전시와 스포츠 경기, 영화 상영, '핑크 피크닉Pink Picnic'과 같은 테마의 파티가 준비되었는데, 20여 개의 크고 작은 이벤트와 행사들이 '게이 위크gay week' 기간에 진행되었다. 딜런 천이 말을 이어갔다.

"우리에게는 동성애자들이 자발적으로 활동할 수 있도록 지역적인 통합을 이룬 것만으로도 충분해요. 굳이 중국 정부가 모든 것을 다 포용하길 바랄 필요는 없어요. 우리는 '게이 프라이드'라는 표현을 쓰지 않습니다. 대신 '게이 프라이드 페스티벌'을 쓰지요. 가능하다면 중국어보다는 영어로 홍보를 함으로써 중국 공무원들에게 반감을 사는 걸 피하려고요. 물론 경찰이 중간 점검을 위해 찾아오기는 합니다. 아까 당신도 봤겠지만 경찰이 찾아와도 우리가 준비한 행사를 진행하도록 내버려두지요."

그러다 갑작스러운 혼란이 발생해 현장에 있던 나는 깜짝 놀랐다. 경찰 때문인가? 대중이 한쪽으로 몰리는 일이 일어났기 때문이다. 알고 보니 유명한 아시아 걸 그룹인 블러시가 온 것이었다. 공연을 위해 걸 그룹이 등장하자, 순간 사람들이 소리를 지르며 동요를 일으켰다. 딜런 천도 흥분한 목소리로 말했다.

"이번 페스티벌을 지지해주려고 일부러 찾아온 가수들이에요. 이 걸 그룹은 중국 본토뿐만 아니라 한국과 일본에서도 인기가 많습니다."

자정이 되자 파티장의 분위기는 점점 더 고조되었다. 그곳에서 몇백 미터 떨어진, 같은 번드 구역에 위치한 인디고 호텔 밑에 자리잡은 MJ 클럽도 '에인절Angel'이라는 테마로 파티를 열었다. 나는 리강과 함께 그 곳도 방문했다. 게이 운동가이자 기자인 그는 상하이의 aibai.com 웹 페이지의 관리자였다. 호텔 클럽에 들어가는 순간, 인파에 깜짝 놀라고 말았다. 컨버스 또는 허시 퍼피스 브랜드의 신발을 신고, 역시나 애버크롬비앤피치 티셔츠를 입은 게이들이 떼지어 있었다. 한국의 남자 아이돌 그룹의 화려한 헤어스타일을 따라 한 게이 커플도 많았다. 이들은 미국 팝 음악에 맞춰 춤을 추었다. 초현대화된 시설을 자랑하는 이 클럽은 뉴욕에 있는 여느 핫한 클럽과 견줘도 뒤지지 않았다. 두 명의 DJ가 최신 노트북인 맥북 프로를 연결해 믹싱 작업을 하고 있었다. 대형 스크린을 통해 중국어와 영어로 '존중Respect' '포괄하는 Inclusive' '다양성Diversity'이란 단어들이 짧지만 강렬한 메시지를 전달하며 등장했다. 또 중국의 여러 SNS 사이트와 함께 게이 파티의 테마였던 '에인절'의 공식 사이트 주소도 스크린에 보였다. (미국의 대표 SNS 인 페이스북과 트위터는 중국에서는 공식적으로 금지되어 있기에, 이런 식의 SNS 광고는 의미심장한 홍보활동이 아닐 수 없다. 따라서 해외 트렌드에 관심이 많은 중국인들은 비공식적인 경로를 통해 외국 SNS에 접속한다.)

편안한 분위기의 바에는 다소 젊은 연령층이 많았다. 대부분 중국인이었다. (이곳은 특이하게도 상하이, 번드 구역에서 본 바 라운지, 엠, 차르, 글래머 바와는 달리 외국인이 드물었다.) 젊은 친구가 많았지만 사회 계층은 골고루 섞여 있는 듯 보였다. 파티가 끝나갈 무렵, 클럽은 상하이의 인구 밀집 구역까지 바래다주는 전용 버스를 운행했다. 비싼 택시비를 낼 돈이 없는 저소득층 젊은 게이들을 위한 클럽의 서비스였다.

밤새 그곳에 있으면서 나는 또 한 번 놀라운 장면을 목격했다. 대부분의 중국인은 무대에 서 있든, 바에 앉아 있든 시도 때도 없이 스마트폰에서 눈을 떼지 않고 뭔가를 자꾸만 눌러대는 것이었다. 춤을 추면서 그들은 중국의 새로운 게이 라이프스타일을 구축하고 있었다. 바로 SNS와 웹사이트 문화였던 것이다. 나는 드디어 에인절 파티를 끝내고 깊은 밤 밖으로 나서면서 마지막으로 사람들이 각자 손에 들고 있는 스마트폰에서 나오는 수많은 불빛이 물결을 이루는 모습을 봤다. 앞으로 중국의 게이들이 저 불빛처럼 혜성과 같이 등장할 것 같다는 예감이 불현듯 들었다. 나는 마지막으로 클럽에 같이 와준 기자 출신의 리강에게 해외로 이민 갈 생각은 없느냐고 물었다. 그는 이렇게 대답했다.

"중국 땅에서 도망치라고요? 굳이 왜요? 상하이에서 게이로 사는 건, 뉴욕이나 파리에서보다 더 좋을 텐데요. 내가 아니라 오히려 그들이 이곳으로 옮겨오는 게 나을걸요."

공자가 저지른 실수

중국에서 조사를 이어가는 동안, 나는 2008년과 2012년에 10개 도시를 방문했다. 그러면서 지역별로 게이들의 생활상에 격차가 있다는 사실을 발견했다. 한편으로, 중국 사회에서는 여전히 전통 사상이 지배적이며, 공산당 역사가 깊이 뿌리 내려 있다. 또 공자의 철학인 유교가 기원전 5세기부터 중국 조상들의 사고방식을 결정해왔다. 그래서 나이 많은 연장자에 대한 존경과 부모에 대한 효, 가족주의, 갖은 예절을 차리는 의식과 사회적 규율에 대한 충성, 겸손한 태도가 무엇보다 중시되는 나라가 바로 중국이다. 국가가 조화를 이루려면 분리보다는 다수가 인정하는 합의를 특권화하고, 충돌하는 대결 구도보다는 신중한 분별력을 더 강조해야만 한다고 중국인은 생각한다. 고대의 공자 사상에서 영향을 받는 대다수의 중국인은 '침묵이 금'이라고 여긴다. 그러다보니 사회적으로 동성애를 주제로 삼는 것에 말을 아끼는 분위기가 강했다. 불협화음, 부조화를 일으킬 대상에 대해서는 차라리 침묵하는 것이 도의라고 여겨서일 것이다. 국가의 조화를 담보로 동아시아의 많은 동성애 혐오자는 잠복기 상태에 있는 동성애 문제에 대해 침묵하는 국가의 입장을 자기네에게 유리한 쪽으로 악용하기도 한다.

과거 마오쩌둥이 내세운 토지개혁을 통한 평등주의 사상은 오랫동안 동성애자를 인정하지 않는 방향으로 전개되었다. 따라서 마오쩌둥의 정치는 동성애 혐오를 조장하고, 나아가 동성애자를 범죄자 취급하는 분위기가 강했다. 물론 지금의 중국 공산주의 정권은 그때보다는 훨씬 너그러워지긴 했다. 그래도 국가의 조화를 가장 중요하게 여기는 전통은 동성애자를 평등한 일반 국민으로 보기를 거부했다. 인간으로서 마땅히 누릴 자격이 있는 대상에서도 동성애자는 제외되었다. 중국 내에서 동성애자 인권 보호를 위한 비영리 단체를 만드는 것자체가 현실적으로 불가능했다. 하나 더 덧붙이자면, 중국의 동성애자들은 이동의 자유마저 박탈당한 채 살았다. 워낙 인구가 많다보니 중국 정부는 대륙 내의 이동을 행정적으로 관리한다. 그래서 외국에 갈때 여권이 필요한 것처럼, 같은 국가 안에서도 이동에 필요한 통행증을 소지해야 했다. 심지어 중국은 한 가정 한 자녀를 법으로 정했던 나라가 아니던가! 게다가 장자가 재산을 상속받는 제도 때문에 중국은여전히 딸보다는 가문을 잇는 아들을 더 선호한다고 한다. 특히 부모가 은퇴하면 아들이 부모를 한집에서 부양하는 것을 당연한 듯 여긴다. 그런데 생각해보라! 그렇게 귀하게 낳은 아들이 동성애자라고 커밍아웃을 한다면? 그러면 그 집안의 사회적 신분이 무너지지 않겠는가! 내가 중국에서 만난 게이들은 대부분 이런 전통적인 가족 체계를인정했다. 사적으로는 공산주의를 비판했지만 공적으로는 이들도 큰소리를 내지 못했다. 중국에서 행복하게 살려면 감추는 것이 편했다. '묻지도 말하지도 말라'는 말이 딱 통하는 나라가 이곳이었다. 중국에사는 동성애자들은 주로 인터넷을 통해 짝을 찾고 게이 바에서 친교를맺는다. 하지만 그들만의 게토에서 동성애자임을 밝힐 뿐, 대외적으로동성애자의 인권을 위해 싸우거나 연대 모임을 만들어 운동을 하는일에는 매우 소극적이다.

베이징에서 인터뷰를 했던 레즈비언 블로거 리사는 이렇게 말했다.

"이곳 사람들은 공자의 사상을 절대적인 진리로 믿어요. 또 자기 이야기를 남에게 잘 하지도 않죠. 그렇다고 동성애자를 거부하며 밀어내는 것은 아니랍니다. 사실 공자도 알고 보면 동성애자였대요. 그 역시 살아생전에 결혼한 적이 없고, 좋아하는 남자 제자가 여럿 있었다는 이야기가 전해옵니다. 그중에서도 안회라는 젊은 제자를 끔찍이도 아꼈다고 들었어요!"

물론 시간이 걸리겠지만 여러 변화의 흐름으로 보건대, 앞으로 중국 역시 점점 동성애자들에게 자유를 허용하는 쪽으로 개방될 것이다. 현재 게이 바들이 문을 열고 있고, 공산주의보다는 신자본주의를 점점 더 쫓아가고 있기 때문이다. 현재 중국에서 회사를 설립하고 이윤을 추구하는 기업가가 늘고 있다. 따라서 게이와 관련된 상품화에 눈을 뜬 사업 아이템을 놓칠 리가 없다. 나와 대화를 나눴던 중국 출신의 게이 사장들은 이미 공산당 및 노동인민군대 관계자와 연락을 취한 적이 있다고 털어놓았다. 앞으로 중국의 게이 시장은 단순히 정책과 연대 단체들의 규모 확대에 국한되지 않고, 자유화의 바람을 맞아 더 빠르게 발전할 것이다. 2011년에 발표한 통계 자료에 따르면, 중국의 동성애자 수는 2900만 명으로 집계된다. 거의 3000만 명이나 된다! 그렇지만 내가 보기에 실제로 동성애자는 이보다 훨씬 더 많을 것 같다.

베이징과 상하이 외에도 중국의 다른 대도시에서는 게이 바가 빠른 속도로 늘어나고 있다. 대표적인 예가 난징이다. 나는 이곳에 유명한 게이 바인 레드 바와 예산텅을 여러 번 가봤다. 또 요스 마이트란 이름의 레스토랑에서는 게이 운동가로 활동하는 단체 회원들을 만나 인터뷰도 했다. 게이 전용 웹사이트는 해당 도시의 대학과 연계되어 있었다. 난징에 있는 다른 게이 바들은 상대적으로 덜 대중화되어 있는데, 그 이유가 머니 보이스Money Boys의 경우는 남자 매춘 행위가 이뤄지는 게이 바라는 소문이 돌고 있기 때문이다. 이외에도 게이들에게 우호적인 파티는 자주 있다. 또한 선전과 광저우, 중국 남부 지방에서도 게이 커뮤니티는 활발해지는 추세다. 게다가 커피숍, 티 하우스, 사우나, 테마가 있는 카바레가 언더그라운드적 성향이 짙은 게이 라이프의 주요 접선지가 되고 있다며 인터뷰에 응한 운동가들이 말했다. 그들은 내가 가보지 못한 도시인 시안, 다리, 충칭, 청두, 선양, 우루무치, 우한, 쿤밍의 게이 커뮤니티에 대해 자세히 설명해주었다. 놀랄 것도 없이 그곳은 대도시가 아닌 지방이었기에 라이프스타일이 훨씬 열악했다. 지금 시대에도 정략결혼을 하는 사람들이 사는 마을이었다. 대도시에서는 상상할 수도 없는 일들이 속세와 거리가 먼 외딴 지역에서 자행되고 있다. 그래서 그곳에 사는 게이들은 대도시에 사는 것보다 심적으로 훨씬 더 열악한 환경에 노출되어 있다. 다른 지역으로 이주할 때는 통행 허가증이 없으면 이사도 자유롭게 갈 수 없다.

중국의 동성애 인권운동가들은 다른 나라에 비해 매우 신중하게 처신했는데, 그런 면이 다소 소심해 보였다. 어쨌든 에이즈 퇴치 운동을 하는 협회는 점점 힘을 키워가고 있으며, 베이징에는 게이 레즈비언 센터가 있다. 베이징의 LGBT 센터 공동 창립자인 빈쉬를 중국 수도에 갔을 때 만났다. 그녀가 말했다. "우리 협회는 사실 상업적인 목적으로 만들어진 회사라고 보시면 돼요. '문화적 홍보'를 목표로 이윤을 추구하는 집단이거든요. 그런 의미에서 비정부 기구도 아니고, 연대 모임을 위한 협회도 아닌 거죠." 이 센터는 경찰의 압력 때문에 이미 두 차례나 본사를 옮겨야만 했다. 그럼에도 불구하고 이들의 투쟁은 지칠 줄 몰랐다. "우리는 매우 신중하게 처신하려고 애씁니다. 괜히 자극할 필요가 없으니까요. 그렇다고 자포자기하며 체념하려는 생각은 없어요. 우리는 동성애자의 인권이 침해당하고 있다는 것을 고발하는 취지가 아닌, 모두를 위한 공동체 정신을 강조하는 조직이 되고 싶습니다."

이어서 게이 레즈비언 센터 소속의 또 다른 활동가인 스티븐 레오넬리가 설명을 해줬다. 그는 미국 국적을 가졌지만 중국어를 능통하게 구사했다. 나는 중국의 여러 LGBT 단체를 가봤지만 게이 레즈비언 센터가 북미에 있는 여러 재단으로부터 재정적인 후원을 받는 유일한 기관이라는 사실을 눈치 챘다.

인터뷰가 길어지면서 나는 중국에 동성애자를 위한 협회가 거의 100개나 있다는 정보도 들었다. 그중 50곳은 레즈비언을 위한 연맹 단체다. 또 동성애자들을 구독자로 하는 신문과 수많은 웹사이트가 중국 정부의 허가 아래 운영되기도 하고, 비밀리에 불법으로 운영되기도 한다는 사실 또한 접했다. 빈쉬는 이야기를 이어갔다.

"솔직히 중국 정부가 동성애자에 대해 어떤 전략을 펼치고 있는지 해독하기가 쉽지 않아요."

어찌됐든 부인할 수 없는 사실은 현재 중국 내에서 게이 커뮤니티가 점점 커지고 있다는 점이다. 혁명은 지금 이 시간에도 이뤄지고 있다. 서양에 보도되지 않아서 잘 모를 뿐, 중국의 게이 라이프는 현재 진행형이다. 이러한 흐름은 아무도 감히 멈출 수 없을 것이다.

중국의 게이 혁명의 일등 공신 중 한 명인 완옌하이에 대해 짚고 넘어가자. 항상 진지한 표정을 하고 직사각형 테의 안경을 끼고 있는 이

키 작은 중국인은 스스로를 '정신적인 양성애자'로 정의한다. (그는 결혼을 했으며 딸을 둔 아빠이기도 하다. 하지만 대학 시절 남자와 교제를 한 적이 있다고 고백했다.) 완옌하이는 항상 이스트팩 배낭을 메고 있었고, 그 안에는 늘 노트북이 들어 있었다. 그가 말했다. "저는 많은 연락처와 암호, 비밀을 가지고 있어요. 그래서 가방을 내려놓을 수가 없습니다. 누군가가 제 컴퓨터를 해킹해서 정보를 캐내간다면, 중국 게이 인권운동에 큰 지장을 초래할 수 있기 때문이죠."

타이완에서 만났을 때, 그는 황급한 목소리로 혼잣말처럼 중얼거리듯 위와 같이 말했다. 사실 나는 그 전에 뉴욕에서 며칠 동안 그를 본 적이 있다. 그리고 그 몇 달 전에도 파리에서 마주친 적이 있다. 여러 대륙을 오가며 활동 중인 완옌하이는 자신이 전 세계를 돌아다니며 동성애자의 인권 신장을 위해 어떤 활동을 하는지 구체적으로 설명했다. 그러면서 자신이 동성애자를 위해서만 싸우는 것이 아니라 모든 인간, 인류의 인권과 관련하여 좀더 광범위한 투쟁을 하고 있다고 강조했다.

이처럼 이곳저곳을 다니며 활동했기에 체류 상태가 안정적이지 않았던 그는 반항심과 동시에 죄의식에 사로잡혀 있는 사람 같았다. 그는 중국에서 여러 차례 큰 사건에 휘말린 적이 있다. 의대생 출신이었던 그는 1986년 대학생 시절부터 상하이의 민주 투쟁에 가담했다. 또 1989년에는 톈안먼 광장에 있었다. 이미 경찰의 감시 대상으로 낙인찍혔던 그는 에이즈 환자의 인권 개선을 위해 싸웠고 곤경에 처한 동성애자들을 도와주는 핫라인 상담 전화 시스템도 중국에 처음 개설했다. 그런 까닭에 직장생활을 제대로 이어갈 수 없었던 그는 설상가상

월급이 40퍼센트까지 삭감되면서 베이징의 국립 의료보건 기관의 부당한 차별을 견디지 못하고 결국 사직서를 내고 말았다. 하지만 그는 통찰력 있는 똑똑한 남자였다. 동성애자를 대상으로 한 에이즈 예방 관련 비정부 기구를 새롭게 출범시킬 기회를 놓치지 않았다. 형법에 따르면, 당시 중국은 일반적으로는 동성애, 개별적으로는 두 남자의 성관계를 일종의 집단적 파괴주의로 규정했다. 완옌하이는 다른 의사 및 성의학자들과 함께 이 법을 폐지하기 위해 노력했다. 결국 1997년에 형법이 바뀌면서 중국 땅에서 동성애는 처벌 대상에서 제외되었다.

완옌하이는 차분한 목소리로, 하지만 살짝 떨려 하면서 그때의 상황을 요약해주었다. "그 뒤로 중국에서 동성애는 더 이상 불법이 아니에요. 중국 정부를 걱정시키는 대상은 결코 동성애자들이 아닙니다. 동성애자들이 그들만의 커뮤니티를 조직하는 것, 바로 그것을 우려하는 거죠."

나는 그의 대답이야말로 중국의 게이 인권운동가들의 실체를 드러내는 표현이라고 생각한다. 그해를 기점으로 실제로 중국에서는 더 이상 동성애자라는 이유로 체포되거나 감옥에 가는 일이 없어졌다. 이제는 동성애를 일종의 정신병으로 간주하는 중국의 법 조항을 수정하도록 그는 수백 명의 지인과 집회를 가졌다. (이 투쟁도 마침내 결실을 맺었는데, 2001년 중국의 법 조항에서 해당 내용이 삭제된 것이다.) 그는 인터넷을 통해 중국어로 출간되는 LGBT 잡지의 편집 일도 막 시작했다. (하지만 이 잡지는 중국 공안법에 위배된다는 이유로 매번 검열되어 삭제되었다.) 완옌하이는 중국의 이런 상황에 대해 다음과 같은 분석을 내놓았다. "요즘 중국 경찰이 동성애자를 삼엄하게 통제하지는 않아요.

하지만 동성애자 인권운동가들은 철저히 감시하고 있습니다. 공산주의자들은 문제의 불씨를 활활 타오르게 할 대상부터 처리하고 싶었겠죠. 어차피 이렇게 많은 인구를 똑같이 통제할 수는 없잖습니까! 매일 수천만 명의 동성애자가 연애할 상대를 찾고 있는데 말이죠. 동성애를 완벽하게 막을 수 없으니 내버려두는 수밖에요. 반면에 관할 당국의 표적이 된 사람들이 바로 우리와 같은 운동가예요. 우리가 하는 말이나 행동이 정치적으로 문제 될 경우, 바로 협박이 뒤따르고 이따금 체포되거나 교도소에 구금되기도 한답니다."

2002년에 약 한 달 동안 구금형을 선고받았던 그는 불순한 피를 가진 사회 무법자라는 말도 안 되는 스캔들에 휘말려 한바탕 곤욕을 치렀다. 다행히 무죄로 밝혀져 풀려났지만 그 후에도 공안 경찰의 삼엄한 감시를 받아 집 밖에는 나갈 수도 없었다. 그는 중국 동성애자에게서는 보기 드문 야심 찬 기지와 용맹함을 지닌 운동가였다. 과거 게임에서 졌던 순간을 만회하기 위해 다음 판에서는 두 배의 판돈을 거는 무모함이 있긴 하지만, 그의 그러한 내기는 결코 단순히 게임을 위한 것이 아니다. 그의 인생 전체가 걸린 일이었다. 완옌하이는 과거에도 그랬고 지금도 여전히 중국의 동성애자 결혼을 통과시키기 위해 예리하면서도 탁월한 방식으로 활동을 계속해나간다. 뒤를 몰래 미행하는 등 경찰의 압박이 점점 거세질수록 그 역시 굽힘이란 없다. 완옌하이가 말했다. "저는 중국 정부와 오랫동안 복잡한 게임을 이어가고 있어요. 아무도 이 게임의 끝이 어디일지 알지 못합니다. 저는 끝까지 쳐들어갈 겁니다. 그래서 이 정권이 가진 부조리의 실체를 속속들이 헤집어놓을 생각이에요."

2008년에 그는 전 세계 인권운동가 333명의 목록에 들어갔고, 차트 08에 당당히 서명할 수 있었다. (그의 친구인 인권운동가 류샤오보는 중국에서 수감 상태였지만, 2010년 노벨 평화상을 받았다.) 완옌하이는 동지의 무죄를 주장하며 석방을 위해 싸우는 단체를 만들었다. 하지만 사소한 것에 집착하는 관료주의 체제로부터 위협을 받는 대상이 되었다. 결국 그는 정부 관할 당국을 상대로 돌직구 대결을 펼쳤고, 상황은 돌이킬 수 없는 사태로 점점 더 심각해졌다. 2010년 5월, 마침내 그는 가족과 함께 홍콩으로 떠나는 비행기 표를 샀다. 그리고 예고 없이 갑자기 홍콩이 아닌 미국으로 환승을 했고, 그 이후로 본국에 돌아가지 않은 채 망명자로 살게 되었다.

타이완에서 만났을 때 완옌하이는 이렇게 말했다. "이 모든 투쟁은 결코 저 자신을 위해 하는 게 아닙니다. 사람들을 돕는 데 최선을 다하고 싶은 것, 그뿐이에요. 동성애자의 인권은 인간의 기본 권리를 다루는 문제이니까요."

홍콩과 타이완 그리고 싱가포르. 중국 대륙 바깥에 있지만 매우 중요한 역할을 하는 세 곳이다. 금융권이 집중되어 있으며 문화적인 교집합이 이뤄지는 이곳들은 아시아의 게이들에게는 그야말로 핫플레이스 중 핫플레이스라 할 수 있다. 이 세 지역에서 활동하는 게이 인권운동가들을 만나본 결과, 나는 그들로부터 중국의 동성애자들이 처한 현실을 가장 확실하게 들을 수 있었다.

영국의 지배하에 있던 홍콩이 1997년 중국에 반환되면서 홍콩은 동성애자뿐만 아니라 인권 문제 전반에 대해 예민하게 반응했다. 홍콩에서는 LGBT 단체가 늘고 있으며, 전보다 더 관용적으로 수용되고 있다. 길거리를 다니면서 게이들이 자주 모이는 장소를 찾는 것은 어렵지 않다. 동성애자를 범법자로 여겼던 법도 1991년에 폐지되었다. 2012년에는 한 국회의원이 자신이 동성애자임을 공개적으로 밝혔다. 바로 레이먼드 찬인데, 그는 홍콩에서도 동성애자의 결혼이 가능해지도록 열심히 싸우고 있다.

홍콩에 이어 중국 대륙에 있는 게이 커뮤니티도 동성애자의 인권에 점점 관심을 갖는 추세다. 대부분 학자들과 비정부 기구에 소속된 일원이었는데, 이들은 일단 국제사면위원회와 국제인권감시기구의 아시아 지부 중국 지점을 출범시키는 작업부터 착수했다. 700만 명의 인구가 거주하는 홍콩은 13억 인구가 사는 중국 대륙과 비교하면 몹시 작은 땅덩어리긴 하다. 레인보우 액션Rainbow Action에 소속되어 저항활동을 펼치는 인권운동가 펑이 말했다. "홍콩에서는 해마다 6월이 되면 톈안먼 사건을 추모하는 집회를 열어요. 중국 역사에서 잊을 수 없는 사건이니까요. 또 이곳 사람들은 2004년부터 6월 말이 되면 매년 게이 프라이드 행사를 합니다."

홍콩에서 인권 관련 '모니터링'을 담당하고 있는 비정부 기구 레인보우 액션 덕분에 나는 중국 게이들의 현주소를 좀더 자세히 접할 수 있었다. 홍콩에서 활동하는 게이 인권운동가들은 중국 대륙에서 일어난 여러 사건을 자세히 설명해주었다. 예를 들면, 동성애 혐오자인 경찰들이 광둥에서 있었던 게이 파티에 갑자기 침입해 난동을 벌인 사건, 2009년 광저우의 한 공원에 모여 있던 동성애자 50여 명을 강제로 체포한 사건을 들 수 있다. 2011년 4월, 상하이에 있던 게이 바인 큐 바는 갑자기 경찰이 영업 단속을 하러 들이닥쳤고 결국 강제 폐업을 당했다. 2008년 동성애에 대한 반감이 거세지면서 포르노그래피를 조장한다는 이유로 게이 전용 커피숍과 사우나도 강제 철거의 희생양이 되었다. 베이징에서 열린 LGBT 영화제는 매번 경찰의 간섭으로 취소되기 일쑤였다. 2010년에는 레즈비언들이 만든 20여 개의 블로그 글들이 삭제되었다. 중국 공안법에 따라 수많은 웹사이트 홈페이지가 주기적으로 검열 대상에 올랐기 때문이다. 내가 홍콩에서 만난 게이 인권운동가들은 행정상의 제약과 경찰의 개입을 강렬하게 비판했다. 그리고 중국 대류에서 만든 법이 얼마나 자의적이고 현실성이 없는지도 지적했다.

인터넷과 함께 사이버 공간에서의 탄탄한 네트워크 구축 덕분에 홍콩과 타이완, 미국 등 대도시에 있는 차이나타운에서는 동성애자들의 인권 개선을 위한 운동이 활발히 이뤄지고 있다. 다만 중국 대류에서만 인권 침해가 계속되고 있으며, 이는 종종 언론 매체를 통해 보도되고 있다. "만약 지금 중국 대류에서 동성애자를 상대로 권력 남용과 불법 행위가 자행되고 있다면 그것은 마오쩌둥의 나라, 중국에서 벌어지는 '조직화된 거세 작업'으로 해석될 수 있을 겁니다. 하지만 좀더 깊이 들어가 분석하면, 중국은 동성애자들에게 관심이 없어요. 그들의 성 정체성을 인정하는 일도 관심 대상이 아니며, 그들을 억압하는 것 역시 최종 목표는 아니라는 거죠."

국제사면위원회의 한 책임사가 요약 정리를 하듯 설명해주었다. 나는 그를 홍콩의 프린스 테라스라고 하는 시크한 동네에 위치한 커피숍, 라벤더에서 만났다. (그는 실명을 밝히길 꺼렸다. 홍콩의 국제사면위원회에 소속된 사람으로서 중국의 인권 문제와 관련하여 공개적으로 입장 표명을 하는 게 편치 않아서라고 답했다.) 그는 이렇게 덧붙였다. "개개인의 자유는 엄연히 상대적인 자유의 영역에 속하겠지만, 우리는 일반 대중을 위한 투쟁을 하는 운동가들입니다. 우리는 게이들의 전반적인 인권을 수호하기 위해 조직을 만드는 것이며 성소수자와 관련된 영화 페스티벌을 주최하는 것도 그들의 인권 신장을 위한 행사 중 하나가 될 것입니다. 그렇다보니 중국 대륙에서는 이런 행사를 열기만 하더라도 상당한 위험부담이 뒤따라요. 그러나 우리는 동성애자뿐만 아니라 여성 인권을 위해 싸우는 페미니스트들 및 여러 분야에서 인권 유린의 현장을 고발하는 모든 운동가와 함께합니다. 국제사면위원회는 현재 중국 대륙에는 설립되어 있지 않지만 말입니다."

내가 홍콩에서 만난 인권운동가들 가운데 레즈비언인 자오는 중국 정부의 비이성적인 체제를 비판하며 확실한 보호법이 전혀 없다고 강조했다. 호라이즌스Horizons라는 단체에서 활동하는 젊은 여성인 그녀는 이렇게 말했다. "중국 공산당은 진정한 '공산주의'가 무엇인지 다시 정의해야 합니다. 그리고 시대마다 공동체의 의미는 계속 바뀌고 있어요. 언젠가는 공산주의가 자본주의의 가장 방탕한 등가물로 취급될 날이 올 수도 있습니다. 그런 세상이 도래한다면 아마 공산주의가 동성애자를 포용하는 톨레랑스를 보일지도요. 톈안먼 사건이 그러했듯 중국은 격변기를 맞고 있습니다. 확실하게 정해진 규칙은 없는 것 같아요."

하지만 그 옆에는 그녀의 의견에 동의하지 않는 반대파 운동가도 있었다. 중국 정세를 연구하는 학자인 그는 자기소개를 하면서 신원을 밝히길 꺼렸다. 홍콩에서 만난 그는 그녀의 이야기를 비꼬듯 이렇게 응수했다. "공산당은 매우 현실적인 정책에 기반해 세워진 정치 이념입니다. 동성애 문제는 중국 정부가 출산율을 억제하기 위한 모든 노력을 다한 뒤에 비로소 공론화될 주제입니다. 한 가정에 한 자녀만 낳도록 한 출산 제한 정책과 적극적인 피임 실천이 대표적인 예이지요. 마오쩌둥이 권력을 쥐고 있던 시절에 동성애가 심각한 질병 취급을 받은 건 사실이에요. 1980년대에 들어서야 비로소 동성애를 공산주의의 맥락에서 이해하기 시작한걸요! 사실 동성애자들의 인구 문제는 경제 계획에 인구 문제를 대입시키는 맬서스의 인구론인 맬서스주의와 밀접한 관련을 맺고 있어요! 앞으로 중국은 분명 동성애자들을 용인하게 될 겁니다. 인구 고령화가 심해질수록 국가의 출산 정책은 다시 화두에 오를 거고요. 그렇게 되면 동성애자들의 인구 증가로 인한 파급 효과가 그만큼 대가를 치르겠죠."

인구 통계학적인 관점에서 해석한 동성애 문제는 싱가포르에서 인터뷰했던 스튜어트 코에의 생각과도 일맥상통했다. 범아시아적 웹사이트인 ridae.com의 창립자인 그는 "게이들은 요즘 중국에서 많이 인정받는 분위기예요. 어차피 게이 커플들은 아이를 낳지 않습니다. 결과적으로 동성애자 커플의 증가가 중국 정부가 내세운 출산율 억제를 도와주고 있는 셈이죠"라고 말했다.

중국 정부는 게이들을 협박하는 데 전혀 거리낌이 없었다. 물론 쿠바, 베네수엘라, 러시아, 이집트에서 그랬듯이 해당 국가는 정부의 이데올로기에 거슬리는 상대의 이미지를 훼손하고 폄하하는 일에 주저함이 없었다. 정부에 이견을 제기하는 반대파와 기자, 블로거들은 그에 상응하는 대가를 치러야만 했다. 비록 그들이 이성애자일지라도 거짓 루머를 퍼트려서 동성애자로 둔갑시킨다. 정부가 언론에 뇌물을 주면서 빠르게 소문을 과장하는 수법이었다. 중국 출신의 감독인 자장커가 그랬다. 언더그라운드적인 영화가 중국 정부 체제와 맞지 않는 이야기를 보여준다는 이유로 이 감독은 남창이라는 소문에 휘말려야만 했다. 이 영화는 칸 영화제에 초청되었을 뿐만 아니라, 뉴욕과 토론토 영화제에도 출품되었다. (그의 영화 「소요에 맡기다Unknown Pleasures」는 중국에서 첫 외동아들과 딸로 태어나야 했던 1세대들이 미국 문화를 접하면서 느낀 고독한 감정을 다룬 소외된 성 정체성을 주제로 한 작품이다.) 자장커 감독이 남자와 성매매를 했다는 소문이 퍼졌지만, 정작 문제의 불씨가 된 성매매 남성은 알고 보니 상하이의 언론사에 해당 정보에 대한 증거 자료를 제시한 적이 없는 것으로 판명났다.

역설적으로 들릴 수 있지만, 홍콩을 지금까지 세 차례 방문하면서 나는 이곳의 게이 운동권이 중국 대륙의 공산주의와는 구별되는 홍콩 고유의 정체성을 간직하려고 애쓰는 것처럼 느꼈다. 홍콩의 센트럴 구역에 자리한 커피숍 티카에서 만난 LGBT 관련 현지 운동가인 빌리 렁은 이렇게 말했다.

"홍콩 정부는 동성애자에게 신경 쓰지 않아요. 차별도 없고, 게이 바를 엄격하게 금지하는 행정 절차도 없습니다. 그러다보니 중국처럼 그들을 체포할 명분이 없는 거죠."

나는 2014년과 2015년, 두 차례에 걸쳐 조슈아 웡을 만났다. 그는 엄브렐라Umbrella라고 하는 운동 단체에 속한 대학생 리더였다. 여성과 LGBT의 인권 문제뿐 아니라 홍콩의 자유해방에도 관심이 있는 단체였다. 인터뷰에 기꺼이 응해준 그가 말했다.

"우리 엄브렐라 단체는 구세대가 강조했던 이념과는 좀 다른 입장입니다. 지난날 오랫동안 등한시해왔던 주제에 관심이 많은데, 예컨대 젠더 문제를 들 수 있어요."

나는 홍콩에서 대학생 수천 명이 모인 집회를 세 곳에서 목격한 바 있다. 바로 아드미랄티, 몽 콕, 코즈웨이 베이였다. 모두 '엄브렐라 단체의 혁명'을 주도한 장소로, 집회 장소의 천막에는 수많은 성소수자와 LGBT를 상징하는 깃발이 보였다. 베티와 애비는 그 자리에서 만난 레즈비언 커플인데, '낚시질Fishing'이란 테마로 게이 파티를 주최한 자들이었다. 두 사람은 현지의 많은 동성애자가 자발적으로 엄브렐라 운동에 동참한다고 말했다.

홍콩의 민주화 시위가 있었던 '센트럴 점령Occupy Central' 현상에 이어 홍콩의 여러 예술가와 유명 가수들이 자신의 성 정체성에 대해 공개적으로 커밍아웃을 했다. (앤서니 웡과 데니스 호가 엄브렐라 운동의 유명 인사라 할 수 있다.) 동성애자들을 위한 운동은 그 자체로도 수십 개의 소연합 그룹으로 구성되어 있는데, 2008년에 꾸려진 이들의 연대 집회를 '핑크 알리앙스Pink Alliance'라고 불렀다. 1991년 이래 홍콩에서 동성애는 합법이었으며 2014~2015년 동성애자의 결혼을 합법화하기 위한 운동이 활발히 이뤄졌다. 100여 차례의 집회가 있었지만 현실적으로 법안 통과는 불발되었다. 매년 홍콩에서는 게이 프라이드가 열렸는데 홍콩, 상하이 은행 그룹인 HSBC의 전폭적인 후원을 받아 행사 기간에는 거리에 무지개 깃발이 휘날렸다. 게이 구역에는 인파가 몰렸으며, 왕자웨이 감독의 영화 「중경삼림」의 촬영지로 유명한 곳은 특히 다양한 바와 클럽, 반反문화적인 게이 서점이 즐비해 있는 장소였다.

뿐만 아니라 인기 절정의 유명 가라오케들도 있다. 홍콩은 독립 국가 형태를 띠고 있는 듯하지만 시간이 흘러 언젠가는 중국의 한 도시인 속국에 가까운 형태가 될지도 모른다. 그렇지만 지금 홍콩은 저항 중이다.

쉬 울프

앤 통의 아이폰 벨소리는 가수 샤키라의 노래인 '쉬 울프She Wolf'였다. 그녀는 나와 인터뷰를 하던 중 잠깐 전화를 받았고, 상대와 중국어로 통화했다. 전화를 끊은 후 다시 이야기를 이어갔다. "저는 타이완 출신의 레즈비언이에요! 그래서 여기서는 두 소수 집단에 속한답니다! 멋지지 않나요? 타이완이 하나의 나라라고 보세요? 많은 사람이 아니라고 생각해요. 하지만 그건 우리 타이완 사람들이 풀어야 할 숙제가 아닌가 싶어요. 어쨌든 이곳의 게이 라이프는 매우 활동적입니다."

나는 타이완의 루스벨트가에 위치한 타이완 퉁즈 핫라인Taiwan Tongzhi Hotline 본사를 방문했다. 그곳에서 처음 만난 서른한 살의 여성 앤 통은 캐주얼한 청바지와 운동화 차림으로 나를 맞이했다. 그녀는 타이완의 상황에 대해 이야기했다. "이곳 타이완에 사는 동성애자들의 모습은 중국과는 많이 달라요. 일단 그 점이 정치적인 이슈가 되고 있는데, 이곳 게이 인권단체들은 어쩔 수 없이 '언더그라운드'적인 성격이 강해요. 매우 활동적이지만 겉으로 지나치게 드러나는 과시용은 자제한답니다. 그렇지만 타이완의 게이들은 굉장히 진보적인 생활을 하고 있답니다. 10월 말에 게이 프라이드 행사가 진행되는데, 2003년부터 해마다 수만 명의 성소수자가 함께 가두 행렬을 벌여왔지요. 마지막에 이 행렬은 대통령 관저궁 앞에서 막을 내립니다. 타이완의 민주당이 우리 목소리를 경청할 뿐 아니라 대표적 신문인『타이베이 타임스』도 동성애자에게 우호적이에요. 물론 아시아의 많은 나라가 그렇듯, 타이완에 문제가 전혀 없다고 할 순 없어요. 타이완의 경우는 정치적이거나 종교적인 문제라기보다 가족, 전통과 관련된 정신적인 문제가 더 크답니다. 바로 공자가 강조한 사상이 문제였던 거죠!"

타이완의 이 단체에서는 현재 수십 명의 젊은 인권운동가가 일하고 있다. 사무실 벽에는 커다란 무지개 깃발이 그려져 있으며, 레이디 가가의 노래 '본 디스 웨이Born this Way'의 포스터가 걸려 있다. 대형 선풍기에선 소음이 났고 모두들 섭씨 35도의 폭염에 익숙한 표정이었다. 하루 전날, 소형 태풍이 타이완의 수도 타이베이를 한 차례 휩쓸고 지나간 뒤였다.

타이완 퉁즈 핫라인의 또 다른 책임자인 뤼신제가 옆에서 거들며 말했다. "우리는 중국 단체들이랑 많은 일을 합니다. 미팅도 자주 갖고요." 현재 이곳에서 일하는 정규 직원은 5명이고, 자원봉사자는 200명이나 된다. 이따금 타이완에서는 중국이라는 동포 국가에서 벌어지는 끔찍한 사건들을 방송에 내보내는데, 그러면서 자신들의 진보 성향을 강조하기 위해 라이벌 관계인 중국 대륙의 불행한 소식을 과장해서 전하고 있었다. 물론 인정하고 싶지 않지만 둘 사이의 차이점보다는 유사성이 우리에겐 더 충격으로 다가온다.

앤 통은 아이러니하지만 그게 현실이라는 말투로 믿을 수 없는 이야기를 꺼냈다. "동성애와 관련해 신중한 입장을 보이는 것은 사실 타이완도 중국 대륙과 비슷해요. 개인보다 집단을 강조하는 공통된 문화에서 비롯된 것이지요. 소외된 자! 아웃사이더인 게이! 어쩌면 중국에서 나는 타이완인이라고 선포하는 것과 같답니다! 사람들 앞에서 대놓고 소리치지는 않아도, 우리의 현재 모습과 같아요! 우리의 진짜 정체성을 사방에 드러내지 않은 채 살고 있는 거니까요! 이 작은 땅덩어리의 국제적 위상은 중국이 발표한 내용처럼 중의적이고 애매모호합니다. 타이완은 하나의 국가로서 존재하지만, 게이들처럼 '벽장 속에' 갇힌 존재니까요."

이 단체가 있는 타이베이의 구역에 게이 전용 서점이 두 곳 있다고 해서 연달아 찾아갔다. 하나는 '러브 보트'이고 다른 하나는 '진 진스 북스토어'다. 러브 보트는 특이한 취향이 돋보이는 레즈비언 전용 가게다. 명상에 관한 작품도 있고, 타로 카드를 즐기는 방도 서점 안에 마련되어 있다. 한쪽 구석에서는 마사지를 받을 수도 있으며, 중국의 점성술로 점을 보는 곳도 있다. 이 가게의 매니저인 올리비아는 우롱차를 대접했고, 우리는 오랫동안 대화를 나눴다. 그녀는 타이완에서 동성애가 여전히 적극적인 공론화의 주제에 끼지 못하는 것을 걱정했다. 물론 중국보다는 상황이 낫지만 그래도 동성애의 자유로운 해방과 민주적인 변화에도 불구하고 아직까지 그녀의 성에는 차지 않았다. 그녀는 중국어로 동성애자를 뜻하는 중의적 표현인 '퉁치同妻' 현상에 대해서도 언급했다. 중국어로 '퉁즈'는 남자 게이를 뜻하며, 레즈비언은 '아내'를 뜻하는 '치쯔妻子'로 불린다고 했다.

하지만 타이완 정부는 결혼한 유부녀들이 자신의 동성애적인 성적 취향을 드러내 밖에서 여자를 만나는 행위는 명백히 이중생활이며, 인구수에도 영향을 끼칠 것으로 예측하고 있다. 또한 동성애자들의 갑작스러운 커밍아웃 빈도수의 증가로 말미암아 국민은 정신적인 충격을 받아 침체기를 겪을 것이며, 도미노 현상처럼 경제 성장에도 지장을 줄 것이라 걱정하고 있다! 그럼에도 불구하고 '퉁즈' 집단을 지지하는 사람들은 존재한다. 타이완에서는 중국 대륙인들에게 용감히 맞서는 LGBT 인권운동가들이 여러 해결책을 제시하고 있다. 먼저 이들은 동성애자의 결혼 및 입양을 합법화해달라고 요구했다. 올리비아는 오늘날의 현실을 개탄하며 다음과 같이 말했다. "타이완 정부가 해당 법안을 국회에 상정하기는 했지만 양측의 찬반론만 이어질 뿐, 제대로 된 법안 투표는 이뤄지지 않고 있어요. 첨예한 대립으로 걱정 근심만 늘고 있지요. 사람들이 여전히 공자의 유교 사상에만 집착하고 있어서 문제랍니다. 만약 타이완에서도 동성애자들이 결혼할 수 있게 된다면, 아시아 최초로 게이의 결혼이 합법화된 나라가 될 텐데 말이죠."

러브 보트에서 100미터쯤 떨어진 곳에 있는 진 진스 북스토어는 타이완 게이들을 위한 관광청 및 신문, 잡지, 기념품과 함께 책을 파는 서점이 합쳐진 느낌이 물씬 풍긴다. 나는 가게 안으로 들어가 수백 권의 책을 구경했다. 중국어로 번역된 '마렛 야코빈'이 가장 먼저 눈에 띄었다. 여러 나라의 퀴어 드라마 시리즈물인 「엘 워드」「퀴어 애즈 포크」와 토니 쿠슈너의 미니시리즈인 「에인절스 인 아메리카」도 있었다. 수많은 아시아 '드라마'도 진열대를 가득 채웠다. 영화작품에서는 역시나 구스 반 산트의 「하비 밀크」가 빠질 수 없었다. 다양한 장르의 만화책도 역시나 동성애를 주제로 한 것이었다. 서점 벽 한쪽에 눈에 확 띄는 포스터가 걸려 있었는데, 바로 영화 「브로크백 마운틴」의 배경을 담은 사진이었다.

상하이, 리우데자네이루, 모스크바, 자카르타, 베이루트와 마찬가지로 이곳 타이완에서도 전 세계의 유명한 게이 아이콘은 비슷했다. 게이 전용 커피숍과 서점, LGBT 단체들의 벽에서 비슷한 이미지들을 구경할 수 있기 때문이다. 전 세계 오대주를 다 다녀본 결과, 내가 반드시 보게 되는 이미지의 주인공들은 바로 하비 밀크, 레이디 가가, 엘턴 존, 리키 마틴, 그리고 「브로크백 마운틴」의 두 카우보이 주인공이다. 심지어 보고타의 차피네로 구역에는 게이들이 자주 가는 커피숍 이름이 브로크백 마운틴이었으니 두말하면 입 아프지 않겠는가!

베이징에서 만난 한 영화 제작사 관계자인 이자벨 글라샹이 해준 말이 문득 떠올랐다. "이안 감독은 중국 영화의 자유를 상징하는 신화적인 인물이에요. 물론 삭제와 검열의 감독이란 수식어가 붙여지기 전에 말이죠." 타이완 출신의 이안 감독은 미국에서 유학을 했으며 NBC-유니버설의 계열사 중 하나인 포커스 피처스 제작자인 제임스 샤머스와 함께 영화를 만들기 시작했다. 그는 1993년부터 동성애를 다룬 시나리오를 친구 제임스와 공동 작업으로 진행했다. 그렇게 만들어진 퀴어 영화가 바로 「결혼 피로연」이다. 그는 2000년에 「와호장룡」을 발표하면서 전 세계인에게 훌륭한 영화감독으로 인정받았다. 나는 뉴욕의 소호 구역, 블리커가에 위치한 포커스 피처스 본사를 방문해 제임스 샤머스와 운 좋게 인터뷰를 할 수 있었다. 그는 이안 감독에 대해 이렇게 평가했다. "이안 감독은 한마디로 아웃사이더예요. 자신의 은신처를 찾아 세계 곳곳을 헤맨 피난민이었죠. 그는 근대화와 전통 사이에서 고민했고, 아시아와 아메리카, 타이완과 중국 사이의 팽팽한 긴장관계 속에서 자기 자리를 찾으려고 애썼던 사람입니다."

제임스 샤머스는 지금까지 여러 편의 영화 제작에 참여했다. 대표적인 작품으로 「사랑도 통역이 되나요」와 (체 게바라의 삶을 그린) 「모터사이클 다이어리」 「하비 밀크」 「브로크백 마운틴」 등이 있다. 특히 마지막 영화는 웨스턴 문화와 게이의 삶을 접목시킨 수작으로 전 세계인의 사랑을 한 몸에 받았다. 미국의 전 대통령 조지 W. 부시는 캔자스주의 정당 집회에 참석해 연설하던 중 이 영화의 흥행과 카우보이를 캐릭터로 설정한 것에 대해 비꼬듯이 말했다. "저는 그 영화를 보지는 않았습니다. 하지만 카우보이에 대해 말할 기회가 생겨서 기분이 좋군요. (청중 웃음) 진정한 카우보이들이 있어요. 저는 여러분이 진짜 카우보이가 일하는 목장에 가보시길 권합니다."

부시가 이런 발언을 하자마자 전 세계로 일파만파 퍼졌다. 이 영화는 오스카상 세 개 부문을 석권한 영화였다. 제임스 샤머스는 이 영화의 시나리오를 공동 작업했지만 자기 이름이 엔딩 크레디트에 올라가지 않길 원했다고 고백했다.

중국에서 「브로크백 마운틴」은 빛을 발하지 못했다. 왜냐하면 중국 정부가 두 카우보이 청년의 사랑을 그렸다는 이유로 국내 개봉을 금지했기 때문이다. 이안 감독은 그 후 「색, 계」를 찍었지만 이 역시 검열 대상이 되었다. 영화 속 일본인에 대한 관점이 문제의 소지가 있는 데다 성적인 묘사가 너무 적나라하다는 이유에서였다. 나는 베이징에서 소니-컬럼비아 중국 지사의 책임자로 있는 이초우와도 인터뷰를 시도했다. 그는 중국의 숙명에 대해 체념하듯 말했다. "중국에서는 아주 모호한 잣대로 검열을 하고 있어요. 폭력성과 성적 노출이 문제될 때도 있고, 동성애 자체가 피해야 할 금기어가 되기도 합니다. 하지만 천재적인 재능의 소유자인 이안 감독은 중국인을 자극했을 뿐만아니라, 주인공을 게이 카우보이로 설정해 미국인에게도 큰 자극을 주었답니다."

「브로크백 마운틴」이 하나의 터닝 포인트 역할을 한 영화인 것은분명했다. 비록 중국 상영관에서 공식적으로 볼 순 없었지만, 불법 영화 시장에서는 손쉽게 구할 수 있었다. 또 중국 대륙에 불법으로 설치한 인공위성 채널에서도 정부의 눈을 피해 몰래 방영되곤 했다. 홍콩과 타이완에서는 중국의 엄격한 검열에 희생되는 모든 것이 인기 대상이 되는 역설적인 현상이 일어났다. 그래서 홍콩과 타이완 사람들은 이 영화를 특히 더 애지중지했다.

세 번째 중국의 도시로 불리는 싱가포르는 어떨까? 홍콩과 타이완이 인권을 강조한다면, 싱가포르의 권위주의 정부는 여전히 중국에게동성애에 대해 선도하는 입장을 보여주지 못하고 있다. 그래서 싱가포르에서는 동성애가 아직 불법이다. 물론 도시국가 형태를 띠는 싱가포르에 사는 게이들은 동성애 문화를 하나의 상품으로 코드화하며'제3의 노선'을 대안책으로 선택할 수밖에 없다.

머리에 딱 맞는 야구 모자, 큰 선글라스, 헐렁한 티셔츠가 트레이드마크인 에카차이 우에크롱탐은 유명한 영화인이다. 나는 그를 싱가포르 차이나타운의 어느 호텔 커피숍에서 처음 만났다. "저는 중국계이지만 싱가포르에 살고 있어요. 하지만 국적은 타이예요. 제가 만든 영화들은 장르가 참 다양하지요." 그는 나를 보자마자 영화 이야기부터 꺼냈다. 그가 찍은 장편영화 「쾌락 공장」은 싱가포르의 매춘을 다룬 작품이다. "타이에서는 섹스 산업이 체계화돼 있어요. 이곳은 네오빅 토리아 시대의 분위기가 강한 것치고는 성을 상품화한 게 낙후된 편은 아닙니다. 제가 무대에 올린 연극 「스트리트 워커스Street Walkers」에는 싱가포르에서 매춘 행위를 하는 젊은 말레이시아 청년 3명이 등장한답니다. 물론 이곳이 싱가포르이다보니 결말은 훈훈해요. 윤락행위를 반성하는 한 게이 청년이 무대에 등장해 이 세 청년을 악의 구렁텅이에서 꺼내 올바른 길로 이끄는 내용입니다!"

싱가포르는 경제적으로 잘사는 도시국가다. 실업률이 매우 낮은 이 독재 도시국가는 두 얼굴을 가지고 있다. 한편으로는 정부가 아시아의 고유한 가치의 특수성을 인정하면서도 인권을 보장하라는 국제적인 압력에 대해서는 강경하게 맞대응하며 자기 입장을 고수하기 때문이다. 1993년 빈에서 열린 UN 산하의 콘퍼런스에 참석한 싱가포르의 부총리는 UN이 정의한 인권에 대해 반박하면서 자국의 입장을 밝혔다. "몇몇 나라는 자기네 시각에서 인권을 정의합니다. 그리고 마치 그 정의가 전 세계에 부합하는 절대적 진리인 양 강조하는데, 이는 잘못됐습니다."

그는 이어서 다음과 같이 덧붙였다. "싱가포르 국민을 비롯해 세계 여러 국가는 여전히 동성애를 한 개인이 자유롭게 결정하는 삶의 선택 사항으로 보지 않아요. 그중 대다수는 결혼 제도가 서로 다른 성을 가진 두 사람의 사회적인 결합이라고 생각합니다."

국제 무대에서 그리고 싱가포르 국영 TV에서 수차례 주문을 외우는 것처럼 반복되는 이러한 주장에도 불구하고 싱가포르에서 동성애 문제는 서서히 대화의 장이 열리고 있다. 2007년에는 싱가포르 총리 리셴룽이 동성애자 차별법을 폐지하는 정책에 동의한다고 공식 선언했다. (물론 그렇다고 동성애자 차별법이 바로 폐지된 것은 아니다.) 그래도 사회 분위기가 예전보다 많이 관대해져서 수많은 게이 바가 문을 닫지 않아도 되었다. 싱가포르 총리는 국가의 현재 질서를 유지하길 원했고, 그런 의미에서 매우 의미심장한 발언을 했다. 그는 국민에게 다음과 같이 공표했다.

"합법적인 틀에서 무질서와 중의적인 측면을 받아들이는 것이 전체적인 틀을 유지하는 데 필요하기도 합니다. 국민 여러분의 태도를 180도 바꿀 필요는 없습니다. 사람들이 사적 영역에서 무엇을 하든, 그것은 우리가 알 바 아니겠지요. 하지만 공공장소에서는 확실한 질서 유지를 위한 규칙이 필요합니다."

결국 그가 강조하고 싶은 요점을 한마디로 하자면 '묻지도, 말하지도 말라'였다. 싱가포르의 게이 구역은 네일 로드와 사우스 브리지 로드 주변의 차이나타운 안에 소규모로 퍼져 있다. 이곳은 불교 신전과 불법으로 복제한 DVD 가게들이 즐비해 있는 차이나타운에 속하며 중국에서 제작한 독립영화들을 구할 수 있다. 싱가포르는 중국과 문화적으로나 경제적으로 매우 가까운 사이다.

전통과 근대화 사이에서 싱가포르는 혼란을 겪었다. 불교를 믿는 절이 게이 바 바로 옆에 있다니…… 무지개 깃발이 빨간 전등과 나란히 걸려 있는 풍경이 펼쳐졌다. 또 상점에는 분홍색 콘돔이 대나무로 만든 격자무늬 장식 벽에 걸려 있다. 서로 어울릴 것 같지 않은 두 대상의 만남은 이 구역에서 전혀 문제가 되지 않는다. 영어를 완벽하게 구사하는 알렉스 아우는 자신이 운영하는 블로그 '여닝브레드 yawningbread'가 많은 관심을 받으면서 유명해진 시민운동가였다. 차이나타운의 크레타 에이어 로드의 게이 커피숍에서 그를 만나 싱가포르에서 성소수자로 사는 게 어떤 것인지에 대해 이야기를 들었다. "경쟁구도가 심한 편이에요! 싱가포르 내 기업들은 성적인 것에 지나칠 정도로 관대한 편입니다. 하지만 사회적 위치에 따른 역할과 동성애에 대해서는 그렇지 않아요. 서양인들이 착각하는 점이 있는데 싱가포르는 결코 아시아의 서양이 아니랍니다. 동양적인 가치를 매우 중요시하죠. 싱가포르의 법을 보면 이율배반적인 게 한두 가지가 아닙니다. 중국과 정반대예요! 동성애자라는 사실이 발각되면 구금 2년형을 선고받는 나라입니다. 중국에서는 더 이상 불법이 아닌데 말이죠! 이곳에 사는 LGBT 성소수자들은 어쩔 수 없이 정체성을 숨기며 살아요. 아시아는 정말 모순 덩어리죠."

우리가 만났던 바의 이름은 중국어가 아닌 서양의 알파벳 대문자로 DYMK라고 적혀 있었다. 나는 알렉스 아우에게 이것이 무슨 뜻인지 물었다. 그러자 그는 이 약자가 '너희 엄마도 아시니?Does Your Mother Know'의 영어 약자라고 대답했다.

이 구역 안에는 크게 두 종류의 게이 바들이 은밀하게 영업 중이다. 알렉스 아우는 마치 신비로운 비밀을 해독하듯 털어놓았다. "이곳에는 외국인을 고객으로 유치하는 서양풍의 게이 바들이 있습니다. 호주 시드니에 있는 게이 바를 모델로 삼았지요. 실제로 호주의 게이 바 문화가 우리 나라에 많은 영향을 주었답니다. 아니면 로스앤젤레스나 샌프란시스코의 아시아인들이 밀집해 사는 타운에서 자주 보는 스타일의 게이 바들도 있어요. 그런 곳에서는 탄탄한 근육질 몸매의 게이들을 만날 수 있습니다. 운동과 자기 관리가 철저한 미국의 게이 문화는 싱가포르 게이들에게 그대로 영향을 끼쳤답니다. 또 전통적인 아시아 문화를 경험할 수 있는 게이 바도 있고요. 또 다른 신세계죠."

네일 로드에 위치한 탄트릭 바와 터부에서 만난 남자 종업원들은 정말 훈훈했다. 상의를 입지 않은 채 멋진 상반신을 손님들에게 서비스로 선사하고 있었다. 이곳 분위기 또한 매우 훌륭했다. 바 직원들은 영어를 기본으로 구사했으며, 흘러나오는 음악은 대부분 미국 팝이었다. 탄트릭 바에서 일하는 레즈비언 여성 켈리가 손님에게 위스키 코카를 막 대접하고 있었다. 그녀는 내게 이곳 게이 라이프스타일의 모순되는 자유의 두 모습을 이야기해주었다.

"이곳에서도 미국처럼 선교활동을 하는 기독교 단체들이 동성애자의 자유를 억압하고 있어요. 정부도 이들과 충돌하길 꺼리기 때문에 동성애 금지법을 철폐하지 않고 있지요. 싱가포르 정부는 언론을 탄압하며 LGBT 단체들을 툭하면 문 닫게 할 뿐 아니라 정기적인 단속을 벌이고 있답니다. 물론 이 나라에서 권력을 가진 로비 단체들 가운데 동성애자들이 속한 곳이 몇몇 있어요. 그래서 이 바에서 보는 것처럼, 정부가 게이 바의 단속에 있어서는 관용을 베푼답니다. 로비 단체의 입김이 들어간 바이니 영업하게 내버려두는 거죠. 이게 바로 그들이 강조하는 현상 유지입니다. 싱가포르에서는 이런 식으로 일이든 사업이든 만사가 이뤄지거든요."

이따금 동성애자들의 전용 출입을 우회적으로 표시하는 곳도 있었다. 대표적인 예가 네일 로드에 있는 '라커 룸 스포츠'였다. 커피숍과 바를 겸하는 이 가게는 언뜻 보기에는 실내 장식이 축구 선수들의 라커 룸을 연상시켰다. 샤워실과 함께 현지인들이 좋아하는 스포츠 용품들(볼라 틴, 세팍타크로 볼, 파이브 스톤즈 백)이 가게 안에 있기 때문에 처음에는 이곳의 용도가 잘 파악되지 않았다. 하지만 알고 보니, 이곳은 운동 빼고는 모든 것을 할 수 있는 장소였다. 라커 룸 스포츠 입구로 들어가자 'PLU와 모든 오픈 마인드의 사람들PLU and All Open-Minded People'의 공간이라고 명시되어 있었다. 나는 PLU가 무슨 뜻인지 몰라 어리둥절해했다. 알고 보니 이 약어는 싱가포르의 게이 출신 로비스트들을 지칭하며 '피플 라이크 어스People Like Us'의 약자라고 했다. 그래서 현지인에게는 이 약어가 일상적으로 사용되어서 PLU가 게이를 뜻하는 속어가 되었다고 한다.

시간이 흘러 밤늦은 시각이 되었고, 나는 이번에는 차이나타운의 뉴 브리지 로드에 있는 게이 클럽 '세임'으로 향했다. 아까 갔던 바와는 또 다른 분위기였는데, 현지 느낌이 좀더 강했다. 싱가포르 사람끼리 옹기종기 모여 있고, 서양인과 대화를 나누는 현지인은 거의 없었다. 몇몇 현지인이 싱가포르식 전통 당구를 쳤는데, 그 규칙을 이해하기는 어려웠다. 게다가 이곳에서는 대부분 중국어로만 대화를 나눴다. 그들에게 말을 걸어봤지만, 영어가 너무 서툴렀다. 좀 전에 서양화된 게이 바에서는 소통이 잘됐는데 여기는 대화가 거의 불가능했다. 음악도 아시아 스타일이었다. 주로 홍콩과 중국의 유행 가요와 한국의 케이팝이 흘러나왔다. 가라오케도 현지에서는 수입이 꽤 쏠쏠한 사업이었다. 싱가포르인들은 사람들 앞에서 선곡한 노래를 부르는 일에 익숙했다. 내가 클럽을 찾았던 저녁에 우연히 게이들로 구성된 현지 운동선수 팀인 '드래건 보팅' 소속 팀원들이 와 있었다. 자정 무렵이 되자, 메인 스테이지에서 손님들이 자리를 비우기 시작했다. 이윽고 여장한 남자들이 등장해 화려한 조명을 받으며 무대에서 멋진 쇼를 펼쳐 보였다. 여장 배우들은 관객을 향해 음란한 농담을 이어갔다. 립싱크로 노래를 불렀는데 다 중국어 노래였다. (그날, 클럽에 나와 동행한 레즈비언 여기자인 웅 이쳉이 다행히 옆에서 노래 가사와 대사를 통역해주었다. 하지만 배우들이 너무 옛날식 아재 멘트를 날릴 때는 그녀조차 무슨 말인지 모르겠다고 했다.)

서양 문화가 뒤섞이지 않은 싱가포르만의 고유한 게이 라이프스타일을 발견할 수 있는 장소는 이외에도 많았다. 차이나타운에 있는 디스코텍 플레이는 아시아 출신의 손님만 출입할 수 있었다. 그곳에서 영어권 음악은 아예 나오지도 않았다. 나는 웅 이쳉의 통역 덕분에 한 손님과 인터뷰를 할 수 있었다. 그 젊은 게이 청년은 자신이 싱가포르를 너무나 사랑하는데 앞으로 이곳의 게이 문화가 서양 문화를 흡수해 변질될까봐 걱정된다고 털어놓았다. "저는 아시아인이에요. 그리고 앞으로도 그렇게 살고 싶습니다. 이곳에 드나드는 아시아 출신 게이들이 서양 물을 먹은 젊고 섹시한 남자라는 수식어를 갖는 게 싫어요."

그의 목소리는 호소력이 짙었다.

저녁 파티를 끝내고 집으로 돌아갈 무렵, 나는 플레이의 사장에게 개인 면담을 청했다. 그는 중국계 출신이고 한눈에도 호감형은 아니었다. 게다가 내가 인터뷰를 청했을 때도 시간이 없다면서 처음에는 바로 거절했다. 그는 이렇게 말했다.

"제가 보기에 싱가포르 사람들은 혼자서는 일을 잘 해결하지 못하는 것 같습니다. 예를 들면 게이들과 경찰 사이에 발생하는 갈등관계에서도 10년째 현실을 제대로 직시하고 있질 못해요. 이 섬 전체를 두고 볼 때, 도난이나 강도 같은 사고 발생률은 극히 낮고, 범죄의 대부분은 미성년자인 청소년들에 의한 비행입니다. 이곳의 게이들이 인정받기 위해 서양 문화를 받아들일 필요는 없다고 생각합니다. 저는 싱가포르가 중국의 베이징만 따라가도 좋을 것 같아요. 굳이 워싱턴의 게이 라이프를 흉내 낼 필요는 없는 거죠."

디스코텍 안에 있던 사람들이 모두 자리를 파할 시간이 되었다. 젊은 사장은 나에게 작별의 손짓을 했다. 그러면서 마지막으로 이렇게 말했다. "싱가포르에서 게이의 인권이 개선되고 있는 것은 사실이에요. 동성애자의 인권이 나아지는 속도가 동성애 혐오보다 훨씬 더 빠르게 진행되고 있습니다. 그 이유는 아주 간단해요. 동성애 혐오자들은 한마디로 시대의 흐름을 읽지 못하는 시대착오주의자들인 거죠!"

나는 지금껏 그가 한 말 중에 싱가포르를 '섬'이라고 표현했던 순간이 가장 뇌리에 박혔다. 이곳에 와서 처음으로 듣는 단어였다. 젊은 게이 사장은 싱가포르를 독립적인 도시국가가 아닌, 국제적인 도시도 아닌, 중국에 속한 섬나라쯤으로 여기는 듯해 적잖이 충격이었다.

라이스 퀸과 찰기 있는 쌀밥

도쿄의 한 게이 바 입구에 '워더프 바는 일본인과 아시아인만 출입 가능합니다. 감사합니다'라는 문구가 영어로 선명하게 적혀 있었다. 그 메시지는 너무나 강렬했다. 백인을 포함한 서양인은 들어오지도 말란 소리다!

전 세계 어디를 가도, 서양인 출입을 금하기 위해 대놓고 인종차별을 하는 게이 바는 없었다. 일본의 동성애자 예술가 협회인 '레인보우 아트'를 발족한 협회장 가토 유지는 왜 이런 상황이 벌어졌는지 자세히 설명해줬다. "아시아 게이들은 같은 아시아 출신 게이끼리만 모이는 공간을 선호하는 경향이 있어요. 그 이유는 여러 인종이 함께 있는 것을 피하기 위함인데, 이런저런 루머나 문제를 일으키고 싶지 않아 사전에 벽을 치는 거죠. 동성애자들 사이에서는 아시아인끼리 교제하는 문화를 '찰기 있는 쌀밥sticky rice'이라고 장난치듯 부른답니다. 그리고 서양의 백인 애인을 좋아하는 아시아 게이를 '포테이토 퀸potato queen'이라 하고, 반대로 동양인 애인을 좋아하는 서양 게이를 '라이스 퀸rice queen'이라고 불러요. 물론 서양의 백인 게이 중에도 같은 피부색을 가진 인종만 좋아하는 부류가 있죠. 이곳 사람들은 그런 백인 게이들을 '매시트 포테이토 퀸mashed potato queen'이라고 부른답니다." 나는 그녀의 설명을 듣는 내내 적잖이 당황했다.

나는 누군가를 만나기 위해 도쿄의 게이 구역인 신주쿠 니초메에 갔다. 그곳 스타벅스에서 스나가와 히데키를 처음 만났다. '도쿄 프라이드' 담당자인 그는 일본의 국가주의가 모순되는 두 얼굴을 가졌다면서 일본의 상황에 대해 설명해주었다. "일본은 늘 친미파와 친아시아파로 갈려요. 그래서 무슨 주제를 갖고 토론하든 항상 두 파가 서로 갈등한답니다. 게이가 사회 이슈가 되었을 때, 친미파가 드러내놓고 옹호하기보다는 친아시아파가 암묵적으로 동조하는 분위기가 더 강했어요. 왜냐하면 동성애를 '예외주의'로 본 친아시아파가 우리를 보호해주려고 한 거죠. 즉, 그런 식으로 일본인들은 일본 스타일로 동성애를 받아들이고 있습니다."

그는 일본 사무라이의 역사와 야오이 만화에도 남성끼리의 사랑이 등장한다면서 예를 들었다. 또 레즈비언 이야기를 다룬 만화를 현지어로 '유리Yuri'라 부른다고 했다. 실제로 미시마 유키오라는 일본 게이 작가는 일본의 전통적인 자살 방법인 배를 가르는 할복자살로 생을 마감했다고 덧붙였다. 그러고는 설명을 이어갔다. "일본 사회는 동성애를 수용하는 분위기예요. 하지만 그 인정이라는 단어는 그들만의 리그, 사회적인 단결성을 인정한다는 의미가 더 클 거예요. 그래서 일본의 몇몇 게이 바는 서양 백인이 아예 들어갈 수가 없습니다. 또 여성들조차 게이 바에 출입할 수 없을 정도예요. 인종끼리의 혼합이 없는 순수한 단일 민족성을 이상화하는 이런 현상은, 소위 말하는 '가쿠사 샤카이kakusa shakai'를 피하기 위해서랍니다. 이 말의 의미는 그림의 전체적인 조화에 방해가 되는 이질적인 요소들을 한곳에 두지 않는다는 뜻이에요. 일본이라는 나라가 원래 그렇답니다. 도덕적인 잣대에 있어서 매우 보수적인 성향이 아직까지 남아 있어요."

스나가와의 어조는 확신에 차 있었다. 2005년부터 '도쿄 프라이드'를 주최하면서 해마다 수천 명이 가두행렬을 벌이지만, 그 과정이 매번 순조로웠던 것은 아니기 때문이다. 게다가 일본에서는 게이 프라이드가 정식 기간인 6월이 아니라 8월에 열린다. 그는 도쿄가 6월에 장마철이라 비가 너무 많이 오기 때문이라고 덧붙였다. 하지만 나는 그 말이 핑계처럼 들렸다. 미국식 달력에 맞춰 게이 프라이드를 열고 싶지 않은 일본인의 고집이 그의 말투에서 느껴졌기 때문이다.

나는 일본에서 규모가 꽤 큰 게이 협회의 본사를 방문하러 갔다. 건물에 도착하기도 전에 주변 거리에는 이미 사람들이 웅성거리며 모여 있었다. 건물 안으로 들어가지 못한 젊은이들은 계단에 앉아 있었다. 내부 벽에는 딱 봐도 게이들을 찍은 포스터와 무지개 깃발이 있었다. 내가 그곳에 도착하기 24시간도 채 되기 전에 이 협회는 SMS로 깜짝 이벤트 소식을 전했다. 즉흥적인 토론회 콘서트를 열겠다는 것이었는데, 도쿄에 여러 게이 단체의 대변인들이 그날 한자리에 모였다. 일본인 특유의 다소곳함과 정색하는 듯한 태도가 자유분방한 토론장과는 사뭇 어울리지 않는 분위기였다. 그곳에는 100여 명의 게이 인권운동가를 비롯해 사회민주당 소속 보좌관들, 선거를 앞둔 후보자들, 노조 대표, 블로거, 게이 기자, 프리랜서 영화인, 유튜브에 동성애와 관련된 이슈를 올리는 전문가까지 와 있었다. 또 일본 총대학생 연합 LGBT 단체인 '레인보우 칼리지Rainbow College' 대표도 있었다. 토론회의 시작을 알리는 연설은 오쓰지 가나코가 맡았다. 그녀는 자신이 레즈비언이라는 사실을 당당하게 커밍아웃한 최초의 일본 여성 정치인이다. 그녀는 토론회 주제를 소개하며 이렇게 말했다. "아이러니한 점은 일본이라는 나라가 경제적으로나 기술적으로는 초고속으로 발달한 산업국가이지만, 동성애의 인권 문제에 있어서는 한참 뒤처져 있다는 사실입니다."

두 시간 동안 동성애를 주제로 한 질의응답이 이어졌다. 토론 중간에 동양과 서양이 동성애에 대해 서로 다르게 인식하고 있는 것은 아닌지 하는 질문이 갑자기 나왔다. 하지만 대부분의 참가자는 그렇지 않다고 답했다. 게이 인권운동가들은 동양인과 서양인 모두 게이 문제를 해결하기 위해 비슷한 가치를 가지고 노력하고 있다고 항변했다. 토론회에 참가한 한 여성이 그 문제에 대해 입을 열었다. "더 이상 서양과 일본을 편 가르기 하듯 구별 지을 필요가 없습니다. 동성애자의 인권은 범세계적인 이슈니까요." 하지만 그녀와 견해차를 보인 사람들도 있었다. 한 대학생이 그 의견에 반론을 제기했다. "동성애를 반대하는 사람들을 가만히 보면, 편견과 선입견이 심각한 것을 알 수 있습니다. 여기에는 특히 가족을 매우 중시하는 일본의 전통문화가 큰 영향을 미친 것 또한 사실이에요. 유교가 강조하는 조화로움에 대한 가치를 지나치게 중시한 결과라고 할 수 있죠. 그래서 일본에는 결혼 또는 동거를 하지 않은 채, 자신의 성 정체성을 숨기며 이중생활을 하는 사람이 많은 겁니다."

그러자 토론장이 일순간 술렁였다. 그의 의견에 동의하는 사람도 있지만, 부정적인 뉘앙스를 풍기며 동조하지 않는 사람들도 있었다. 그러자 가미카와 아야가 마침내 입을 열었다. 그녀는 도쿄에서 합법적으로 성전환 수술을 할 수 없었기에 싱가포르에서 수술을 한 트랜스젠더다. 현재 정치 참여를 활발하게 하고 있는 그녀는 일본 동성애자들이 어떻게 살고 있는지에 관한 이번 토론 주제를 함축하며 말했다. "이 나라에 살고 있는 게이들은 아직 제대로 된 인권을 보장받지 못하고 있어요. 일본 사회는 우리를 묵인합니다. 게다가 대놓고 차별하지는 않아서 겉으로는 일본의 동성애자들이 문제없이 잘 사는 것처럼 보여요. 그런 까닭에 쉽게 연대 모임이나 집회를 여는 게 여의치 않아요. 일본에 동성애자 차별법이 있는 것도 아니고요. 하지만 현실은 시궁창처럼 형편없습니다. 우리는 권리를 박탈당한 사람들이 돼버린 거죠. 대다수의 일본인에게 동성애가 성 정체성이 아니라 개인적인 경험이나 시도로 인식되고 있는 것이 가장 큰 문제예요. 즉, 사적인 영역에 속하는 개인의 선택으로 치부하는 겁니다. 바로 여기서 우리 나라와 서양 국가 사이에 심각한 괴리가 생길 수밖에 없는 거예요. 전 세계에 존재하는 동성애에 대해 일본은 제대로 인정하지 않고 있습니다."

신주쿠 니초메에는 게이 전용 바, 식당, 가라오케, 커피숍, 작은 카바레가 100곳은 족히 넘어 보였다. 도쿄가 세계적인 게이의 도시로 불리는 이유를 이곳에 와보니 알 것 같았다. 다른 나라와 비교해볼 때, 이 구역에 즐비한 가게들은 다닥다닥 붙어 있어서 그런지 일반 개인 집에 놀러 온 것처럼 소박하고 아기자기했다. 일명 '스낵바' 형식으로 된 작은 바들이 건물 층층마다 있는데, 각각의 술집이 수용할 수 있는 인원은 15명 내외가 고작이었다. 그래서 문을 열고 안으로 들어가면 정말 친구네 집에 온 듯한 기분이 들었다. '레인보우 아트' 협회에 소속된 가토 유지가 나를 바 안쪽으로 안내하며 말했다. "여기엔 분위기가 화기애애한 술집이 많아요. 작은 테이블에 두세 명이 옹기종기 모여서 술을 마시는데 술집 사장과도 자유롭게 대화를 나눌 수 있어요. 간단한 야식 메뉴를 여러 개 시키며 밤새 수다를 떨기에도 좋습니다. 도쿄에는 이처럼 소규모 사람들이 모여서 사교활동을 할 수 있는 환경이 잘 조성돼 있지요."

나카가 쪽으로 나가자 미로처럼 복잡하게 뒤얽힌 좁은 길들이 보였다. 그 골목이 그 골목 같아서 헷갈렸지만, 가게를 홍보하는 형형색색의 네온 간판들이 내 눈에는 매우 이국적으로 느껴졌다. 나는 그곳의 한 유명한 게이 바를 가봤다. 그 바는 건물을 통째로 쓰고 있었는데 1층은 술 마시는 곳이고, 2층은 가라오케이며, 3층은 프라이빗 룸, 4층은 춤을 추는 댄스홀이었다. 이런 식의 구조는 미국과 대조되었다. 만약 로스앤젤레스에 있는 게이 바라면 단층으로 넓은 규모의 홀을 활용했을 것이다. 그런데 이곳 일본은 건축학적으로 좁은 땅을 여러 층으로 활용하는 술집이 상대적으로 훨씬 많았다.

나는 이 구역의 여러 바를 돌아다니며 일본인 친구들과 대화를 나눴다. 그들은 게이 커플들이 사랑을 나누고 싶을 때 저렴하게 대실을 한다는 러브호텔도 보여줬다. 또 일본식 증기탕인 '소프 랜드Soap Land'와 게이 전용 호스트바도 소개했다. 보통 이성애자 남성들이 출입하는 룸살롱과 비슷한데, 여자 대신 남자가 손님을 맞이하는 게 차이점이다. 게이 전용 코인 노래방도 있는데, 혼자 가서 노래를 불러도 되지만 보통 게이 커플이 그 작은 부스 안에 들어가 노래 대신 애무를 하며 은밀한 시간을 보낸다고 했다. 이 구역에는 게이들이 즐겨 찾는 작은 식당도 많았는데, 특히 소바(메밀국수) 메뉴가 인기 있었다.

또 다른 저녁엔 새로운 사람을 만났다. 일본 인권변호단체에서 일하면서 '게이 재팬 뉴스'의 기자로 활동 중인 야마시타 아즈사를 신주쿠 니초메의 한 게이 커피숍에서 만나 담소를 나누었다. 그는 도쿄의 젊은 20대 동성애자들의 현실을 부정적인 시각으로 바라봤다.

"이곳 동성애자들은 밖에 나가 놀며 즐기는 문화를 좋아해요. 게이의 인권 문제를 위해 싸우는 데는 별로 관심이 없는 편이죠."

우리는 사람들이 꽉 찬 또 다른 게이 바에서도 대화를 이어갔다. 그가 내게 물었다.

"왜 일본인 동성애자들이 자기 권리를 쟁취하기 위해 싸우지 않는지 아세요? 바로 탄압을 받지 않기 때문입니다. 일본 사회는 동성애자를 사회적으로 거부하지 않아요. 매우 고전적인 대답처럼 들리겠지만, 굳이 피곤하게 커밍아웃할 필요 없이 이중생활을 즐기기만 하면 된다이거죠. 몹시 이기적이고 위선적인 생각 아닙니까? 제가 보기에 이젠일본도 바뀌어야 합니다. 현실을 직시하고 동성애자의 인권을 더 개선하는 방향으로 발전해나가야 할 때예요."

제377조항. 아시아 여러 국가에서 게이 문제는 이 형법 조항으로 요약될 수 있었다. 인도, 파키스탄, 미얀마, 방글라데시, 싱가포르와 말레이시아는 형법 제377조항에 동성애를 금지한다고 명시했다. (홍콩도한때 동성애를 범죄로 규정했으나 1990년에 해당 조항을 삭제하면서 차별법이 폐지되었다.) 이는 아시아 여러 나라에 널리 퍼진 조항이었는데, '동성뿐만 아니라 인간이 동물과 하는 성관계를 포함해 자연의 순리를 거스르는 모든 육체적 관계를 법으로 금지'한다는 내용이었다.

이 법 조항과 관련하여 간단히 보충 설명을 하면 이렇다. 아시아의고유한 특징이거나 지역적 특성이 반영된 결과가 아니라 식민지 제국주의의 잔재로 해석하면 된다. 과거 대영제국의 보호령 아래 있었던여러 아시아 국가를 '코먼웰스Commonwealth'의 형태로 지배하기 위해 영국은 동성애 혐오를 공포 정치의 한 수단으로 삼았던 것이다. 즉 영국이 1860년 이들 국가의 형법 제377조항에 동성애를 금지시키라고 명령했던 역사적 배경이 있는 것이다.

그러나 이 법 조항은 동성애뿐만 아니라 특이한 사항까지도 한 범주에 포함시킴으로써 혼란을 가중시켰다. 동성애와 동물성애를 같은 조항에 포함시켰을 뿐 아니라 상대방의 동의와 상대의 나이 같은 세부적인 부분에 대해서는 언급조차 하지 않았던 것이다. 강간과 소아성애를 동성애와 구별지어야 마땅한데도 마치 동성애를 잘못된 성범죄처럼 명시한 것이 큰 오류였다. 이 항목은 대영제국 시절, 영국이 성의 없게 만든 것이며 특히 인도의 형법은 과거 영국의 지배를 받던 시절의 법안을 토대로 제정되었다. 대영제국은 아시아뿐만 아니라 호주, 아프리카까지 세력을 확장함에 따라 피식민지 국가 국민을 일괄적으로 통솔하기 위한 제국주의 법을 확대시켜야 했다. 우리는 그 잔재인 형법 제377조항이 지금까지 폐지되지 않고, 아시아 10개국뿐만 아니라 영국의 지배를 받았던 영어권 아프리카 국가 약 15개국에서도 버젓이 통용되고 있다는 사실을 확인할 수 있다. 그래서 아직까지 같은 성을 가진 두 사람의 결합을 마치 토착민의 부도덕한 행위로 치부하며 범죄 취급을 한다. 그 당시 영국 출신 총독의 표현을 빌리자면, '동양의 악'인 동성애를 엄벌하겠다는 공포 정치가 사라지지 않고 있는 것이 작금의 현실이다. 식민지를 개척한 착취자들은 기존의 피식민지 국가에서 허용되던 동성애를 금지하려고 애쓰는가 하면, 트랜스젠더들에게 범죄자라는 주홍글씨를 낙인찍으려는 전략을 펼친다. 대표적인 사례가 바로 인도다. 나는 인도에서 체류하며 현지 조사를 하는 동안 여전히 동성애 혐오를 조장하는 분위기를 목격했다.

　나는 뭄바이, 주후의 해변가에 자리잡은 매리엇 호텔에 묵고 있었다. 인도의 봄베이를 이제는 뭄바이라고 부른다. 바비라는 이름의 게이 청년이 파티에 초대해왔다. '게이봄베이gaybombay.org'라는 사이트에서 활동하는 그는 성을 밝히지 않고 이름으로만 자기를 소개했다. 나는 자정 무렵 웅장한 궁전 같은 건물 지하에 자리한 프라이빗 클럽으로 들어갔다. 때마침 아주 화려하고 은밀한 파티가 열리고 있었다. 아는 사람만 아는 소수 인도인들의 비밀스러운 공간인 듯했다. (작가 살만 루슈디가 한 말을 그대로 인용하자면) 인도는 '쿨'하기보다는 '핫'한 나라다. 여성들은 휘황찬란한 스카프로 몸을 두른 채 근사한 드레스를 입고 있었고, 남성들은 터번에 세련된 슈트 차림이었다. 마치 HSBC 은행원의 옷차림처럼 댄디한 스타일이었다. 휘핑크림을 얹은 대형 케이크가 뷔페 코너에 준비되어 있었고, 사람들은 서로 부둥켜안으며 자유로운 스킨십으로 상대를 유혹하느라 바빴다. 초대된 손님 중 게이의 비중이 가장 높았다. 남자와 여자가 한자리에 있었으며, 사교 파티지만 절제된 분위기를 풍겼고, 지켜야 할 에티켓을 엄격히 준수하는 격식 있는 모임이었다.

잡지 『보그 인디아』에서 패션 담당 책임자로 일하는 열정 넘치는 반다나 테와리는 이렇게 말했다. "이 파티는 다른 데서도 볼 수 있는 평범한 파티가 아니에요. 진짜 '축제'랍니다." 그녀는 이곳에 있는 것만으로도 너무나 행복해 보였다. "축제라는 표현을 쓴 것은 이곳에 인도인들이 정말 사랑하는 모든 게 다 있기 때문이에요. 글래머러스한 매력, 사람, 패션, 감정, 비현실성, 이 모든 게 공존하는 파티지요. 누가 누구랑 잤을까? 누가 제일 악동일까? 누가 제일 인기가 많을까? 누가 재벌 자식일까? 온갖 가십거리가 가득한 곳이랍니다. 더 깊이 들어가려고는 하지 마세요! 성적 취향은 중요하지 않습니다. 여기서는 외모와 에티켓만 갖추면 만사형통이니까요. 저는 이런 유의 파티에 와서 그들에게 우리 잡지인 『보그 인디아』를 홍보하면 그만이지요."

파티 애호가인 두 사람과 크게 웃고 대화를 나누는 사이, 바비가 이 파티에 대해 어떻게 생각하는지 물어왔다. 그러면서 그는 이곳은 더 이상 뭄바이가 아니라 '뭄게이MumGay'라고 농담하듯 얘기했다. 사실 인도 게이 단편영화인 「봄게이BomGay」를 패러디한 말장난이었다. 이 영화는 1996년 현지에서 개봉했을 때 국가적으로 커다란 논란거리가 되었다. 바비는 인도에서 동성애가 어떤 이미지로 풍자되고 있는지 설명했다. 이는 아시아의 다른 국가와 유사하게도 고전적인 3단계로 설명될 수 있다. 첫째, 사법적으로 동성애는 범죄 행위였다. 둘째, 사회적으로는 질서를 어기는 규칙 위반으로 간주된다. 하지만 실제로 경찰은 이 법을 알면서도 모르는 척 동성애자들을 눈감아준다. 그는 덧붙여 말했다. "인도 정부는 국민을 '견제'하기 위한 수단으로 동성애자 차별법을 폐지하고 오랫동안 방치해두었답니다. 그러면서도 동성애자를 법적으로 차별하면 여론이 들고일어날 수 있기 때문에 공개적으로 처벌하는 것은 원하지 않았고요. 그러다보니, 인도의 동성애자들도 서서히 자유롭게 자기 삶을 즐기려 하고 있지요."

미국의 외교 정책 가운데 공산주의가 전 세계에 확산되는 것을 막기 위한 정책을 '봉쇄 정책'이라고 표현하는데, 나는 이 '봉쇄'라는 단어가 동성애자를 대상으로 한 법을 설명하는 데 쓰일 줄은 미처 몰랐다. 국립에이즈예방협회National Aids Control Organization가 집계한 통계 결과에 따르면, 인도에 거주하는 동성애자 인구는 7000만 명에 이른다.

하지만 시대가 바뀌면 상황도 그에 따라 변화하기 마련이다. 2008년 6월, 게이 프라이드가 인도 수도에서 처음으로 출현했다. 1000여 명의 사람이 가두행렬을 펼쳤으며 국내 언론사도 이 행사를 대대적으로 보도했다. 이듬해에 뉴델리 대법원은 형법 제377조항이 위헌이라고 판결했다. 드디어 인도의 동성애자 차별법이 폐지된 것이다. 인도의 사법 기관이 동성애자의 인권 문제에 대한 중대 관결을 내린 사례가 드디어 서막을 연 셈이다.

'나즈 파운데이션 트러스트Naz Foundation Trust'에서 게이의 인권 변호를 위해 싸우고 있는 인도인 라지브는 인터뷰를 하면서 이렇게 말했다. "이 조항은 과거에 존재는 했지만 실제로 통용되지는 않았어요. 말의 머리털 하나로 매달아놓은 다모클레스 머리 위의 칼처럼 위협적인 존재이긴 했죠. 그래서 많은 인도인이 자신의 성 정체성을 드러내지 않고 숨겼던 겁니다."

그가 일하는 단체는 동성애자 차별법을 폐지하기 위해 출범한 기관이었다. 발리우드Bollywood의 많은 영화배우와 작가들이 이 단체를 지지했다. 노벨 경제학상을 수상한 인도인 아마르티아 센을 비롯해 인도의 왕족 가문 출신의 왕자인 만벤드라 싱 고힐은 용감하게 자신이 게이라는 사실을 밝힌 유명인이다. 하지만 이 단체는 수많은 종교인 지도자들의 신랄한 비난을 받고 있다. 특히 이슬람교도들은 '인도가 서양 문화에 영향을 받아 고유한 전통을 말살하고 있으며 젊은 인도 청년들을 부패하게 만들고 있다'면서 게이 단체들을 비난했다. 이처럼 종교단체의 로비활동에 압력을 받은 인도 대법원은 결국 2013년 12월에 동성애자 차별법을 부활시켰다. 인도의 전 외무부 장관이자 국회의원 출신인 샤시 타루르는 이 소식에 아연실색했다. 2015년, 뉴델리에 있는 명성이 자자한 사무실에 찾아갔을 때 그는 이렇게 말했다. "저는 인도의 좌파에 속하는 의회당의 이름을 걸고, 이 법을 다시 수정하는 일에 동참할 생각입니다. 대법원이 판결을 번복함으로써 인도 동성애자들이 처벌받는 일이 없도록 해야 하니까요." (결국 2015년 12월에 차별법 폐지를 둘러싼 의회 투표 결과, 찬성 71표, 반대 24표로 승리를 거두었다.) 하지만 안심하기에는 아직 일렀다. 인도 대법원은 2016년 6월 29일 판결을 또다시 뒤집었다. 동성애자 차별이 위헌인지 아닌지를 재검토한 끝에 내린 최종 결론이었다.

인도 사회민주당의 유명 인사인 자야 자이틀리는 LGBT 성소수자의 인권을 누구보다 수호하는 정치인이다. 그녀는 인터뷰를 하면서 이렇게 대답했다. "어떤 대가를 치르더라도 인도에서 동성애자의 인권은 보장되어야 합니다."

정교분리 원칙, 즉 종교와 정치를 엄격히 분리해야 한다고 강조한 그녀는 사회 비판 정신이 강했다. 내가 뉴델리에서 만난 대부분의 유명 인사처럼 그녀 역시 당시 인도의 여당인 보수당을 비판했다. 나렌드라 모디 총리와 함께 인도인민당BJP, Bharatiya Janata Party은 힌두교에 기반한 국가주의를 정치 이념에 접목시키려 애썼다. 그녀는 그런 정치적 발상이야말로 '케케묵은 무정부주의적 사고'라며 일침을 놓았다. 자야 자이틀리는 여성의 인권을 고려하지 않는 반페미니즘과 마초주의, 동성애 혐오가 현 인도 정부의 특징이라는 말도 서슴지 않았다. 그러나 발리우드 영화의 거물급 제작자 중 한 사람인 이미트 카나는 인도 총리의 정치적인 선택에 대해 어느 정도 동조하는 듯한 뉘앙스로 인터뷰를 했다. (그는 영화 제작뿐만 아니라 인도 영화에 등장하는 노래 가사를 쓴 작사가이기도 하다.) 하이엇 리전시 호텔 바에서 그를 만났는데 그는 다음과 같이 말했다. "저는 예전에는 국수주의를 강조하는 모디 총리를 그리 지지하지 않았어요. 하지만 그는 조금씩 달라지고 있죠. 경제를 위해 그가 내놓은 정책에 저는 찬성합니다. 그는 다수의 민족과 종교가 뒤섞인 인도를 제대로 통치할 수 있는 사람이에요."

물론 발리우드에서 영화를 제작하는 그 역시 동성애에 대해 우호적인 입장을 보였다. 그래서 인도가 좀더 열린 사고로 게이 문제를 해결해야 한다는 데에는 반대하지 않았다.

아시아의 다른 나라들처럼 인도 역시 법이 달라진다고 다 해결되는 것은 아니다. 동양 문화는 여전히 동성애를 터부(금기)로 여긴다. 사회적 가치, 카스트 제도, 정략결혼, 커밍아웃을 했을 때 박탈당하는 유산이나 상속 등 여러 요소가 복잡하게 얽혀 있다. 동성애자가 자유롭게 해방되기에는 문화적 제약이 너무 많은 것이다. 심지어 인도 건국의 아버지인 간디의 사생활에 대해 깊이 있게 파헤치려고 하면, 인도인들은 잠깐 이성을 잃고 예민하게 반응했다.

하지만 미국 기자인 조지프 렐리벨드는 이에 아랑곳 않고 간디의 삶을 기록한 전기를 썼다. 퓰리처상을 수상한 그는 2011년『위대한 영혼Great Soul』을 출간했고, 독자들의 반응은 폭발적이었다. 이 책에서 근대 인도를 창시한 아버지로 신격화된 간디가 양성애자였을 것이라는 추측을 제기했기 때문이다. 조지프 렐리벨드의 주장에 따르면, 간디는 유대인 출신의 독일 건축학자인 헤르만 칼렌바흐를 열렬히 사랑했다고 한다. 헤르만 칼렌바흐는 실제로 아주 섹시하고 교양 있는 문화인으로, 21년 동안 남아프리카공화국에 거주했다. 자신의 주장을 입증하기 위해 렐리벨드 기자는 미발표 편지들을 입수했고, 그중 일부만 발췌하는 형식으로 자서전에 인용했다. 간디와 칼렌바흐의 사랑이 사실인지 확인하고 싶었던 나는 남아프리카공화국에서 두 사람이 함께 살았다는 집을 찾아갔다. 그곳에서 두 사람이 실제로 주고받은 편지들을 열람할 수 있었다. 자필로 된 수백 장의 편지와 타자기로 친 편지를 모두 읽을 수 있었다.

요하네스버그 북부에 자리잡은 파인스 가 15번가에 위치한 사티아 그라하 하우스는 현재 게스트하우스로 운영되고 있다. 만약 당신이 채식 요리를 좋아한다면, 이곳의 엄격하게 친환경적으로 디자인된 방을 예약하면 된다. (지붕과 맞닿아 있는 다락방, 이름하여 '칼렌바흐의 오두막'에서 나는 일주일간 묵었다. 둥근 나무를 깎아 정교하게 재단해 벽과 천장을 만들었고, 지붕은 지푸라기를 엮은 초가집 형태였다.) 변호사였던 간디는 젊은 시절 남아프리카공화국에 처음 도착했을 때 서양식 양복을 입었다. 하지만 그곳을 떠날 때는 흰색의 심플한 도티인도 남자들이 몸에 두르는 천를 입고 연륜을 갖춘 성숙한 남자의 모습이었다. 그는 그곳에 거주하는 동안 아프리카에 망명한 인도인들을 위한 인권 투쟁에 적극 가담했다. 그러면서 사회 정의의 실현과 반식민주의를 외치는 가운데 비폭력의 원칙을 완성하는 계기를 마련했다. 그는 그곳에서 1904년 칼렌바흐를 처음 만났다. 두 지식인은 금세 절친한 친구가 됐으며, 둘 사이에는 단순하게 정의 내리기 어려운 애정관계가 형성되었다.

"그들의 관계는 매우 친밀했어요. 둘 사이가 무척 가까웠다는 것은 부인할 수 없는 사실이지요. 하지만 간디는 순결한 삶을 살겠다고 서약한 분인지라 둘 사이에 육체적 관계가 있었는지는 단정 짓기 힘들어요. 칼렌바흐는 미남이었고, 동성애자였다는 설이 유력합니다. 그리고 평생 독신으로 살았어요. 둘 사이의 관계를 단순히 우정으로만 정의 내릴 수는 없어요. 분명 끈끈한 애정관계가 있었던 것은 맞아요." 요하네스버그의 간디 박물관 관리자인 로렌 세갈이 신중한 태도를 견지하며 이렇게 말했다.

실제로 간디와 칼렌바흐는 한집에 살았다. (동거 기간은 1908년에서 1914년 사이다.) 그리고 한 식구처럼 가족관계를 이루며 살았는데, 이는 두 사람이 주고받은 편지에도 명확히 적혀 있다. 간디가 쓴 수많은 편지를 읽노라면, 놀라운 점이 한두 가지가 아니다. 편지에는 사랑에 대한 이야기가 버젓이 적혀 있었다. 둘의 관계에서 누가 지배적이고, 누가 지배당하는지 서로를 애칭으로 부르는 별명만 봐도 알 수 있었다. 심지어 편지에는 바셀린 크림에 대한 언급까지 있을 정도다. 간디는 칼렌바흐가 어떻게 자기 육체를 소유하게 되었는지 자세히 적었다. 두 사람은 사랑의 서약도 했다. '이 세상 사람들이 이해할 수 없는 유형의 사랑'을 이야기하는 편지를 나는 직접 읽었다. 칼렌바흐는 간디가 인도에 체류하는 동안 그를 만나러 갈 수 없었다. 당시 그는 인도 땅을 밟을 자격 조건이 안 되었기 때문이다. 두 사람이 어쩔 수 없이 떨어져 지내야 했을 때, 칼렌바흐는 간디의 꿈을 꾼다고 고백하기까지 했다. 간디가 남아프리카공화국에 체류하는 동안 그의 삶을 기록한 전기작가 에릭 이츠킨에게도 이에 관한 질문을 건넸고, 그의 대답 역시 마찬가지였다. "이 편지들은 확실히 연애편지입니다. 두 남자는 서로에게 끌렸고, 매력을 느낀 게 분명해요."

또 사티아그라하 하우스에 있는 여러 고문서 가운데 간디와 칼렌바흐의 공동 서명이 남겨진 특이한 메모도 봤다. 그 메모에 따르면, 칼렌바흐는 '간디가 부재하는 동안 절대 다른 사람과 결혼해서는 안 되며, 여성들에게 눈길 한번 줘서도 안 되'었다. 젊은 시절, 천사처럼 순수하고 다정하며 여자처럼 몸도 호리호리했던 간디가 남아프리카공화국에서 이 남자와 함께 살던 시절의 그의 사진들을 보면서 문득 의구심이 들기 시작했다.

그렇다면 이 둘은 과연 어떤 유형의 커플인가? 간디는 혹시 양성애자였던가? 한마디로 단정 짓기는 어렵다. 게다가 그의 삶을 다룬 전기에서도 그 문제에 대해 명쾌한 결론을 내리지 않고 있다. 이 점과 관련해 몇몇 역사 전문가는 둘의 관계를 완전한 게이 커플로 보기보다는 '동성연애'를 좋아하는 관계로 봐야 한다고 주장했다. 프랑스의 두 지성인 몽테뉴와 라보에티의 관계처럼 말이다. 두 사람은 지적 교류로 친밀한 우정을 나누면서도 감정적인 애정이 우정 이상으로 짙었다. 하지만 정말 둘 사이에 육체관계가 있었는지를 추궁하다보면, 확실한 증거는 부족하다. 프랑스의 여류 소설가 마르그리트 유르스나르가 한 멋진 표현을 그대로 인용하자면 '팩트를 알기 원하도록 만드는' 이상야릇한 관계가 아닐 수 없다.

2011년 봄까지도 인도는 간디의 남자관계에 대해 침묵으로 일관했다. 외국에서 그의 삶을 진지하게 기록한 전기가 출간되자, 인도 국민은 그 책을 읽기도 전에 마치 자신이 모욕을 당한 것처럼 기분 나빠했다. 게다가 간디가 태어난 구자라트주를 비롯해 인도의 몇몇 주에서는 아예 도서 판매가 금지되었다. 구자라트 주지사는 이 책에 대해 '사악한 변태적 내용이 담긴 책'이라며 비난의 목소리를 높였다. 인도 법무부 장관도 '이 책은 인도 국가의 자부심에 생채기를 낸 것이므로 용서

할 수 없다'며 불편한 심기를 드러냈다. 그러나 간디의 유가족은 도서 판매 금지를 오히려 비판했다. 간디의 증손자인 투샤르 간디는 이 책이 인도에서 합법적으로 읽힐 수 있게 하고자 싸웠다. 인도의 LGBT 단체들은 간디의 동성애적 발견을 환영하는 입장이었다. 자신들의 블로그에 자축의 글을 남기며 인도를 상징하는 인물인 간디가 관용주의의 모델로서 LGBT의 새 아이콘이 되어주길 바랄 정도였다.

게이를 상징하는 아이콘이 있든 없든, 인도는 지금도 조금씩 달라지고 있다. 간디의 숭배자이자 '나즈 파운데이션 트러스트'에서 일하는 라지브를 뭄바이에서 만났을 때 그는 이렇게 말했다. "소극적이긴 하지만 분명 인도도 서서히 변하고 있어요. 게이 프라이드도 몇몇 대도시에서 주최되고 있지요. 디스코텍에서는 '핑크 나이트pink nights'라고 해서 동성애자들을 위한 파티를 열고 있고요. 뭄바이에는 퀴어잉크QueerInk라는 게이 전용 서점이 있고, 발리우드 스타들도 가끔씩 작품에서 동성애자 캐릭터를 연기한답니다."

나는 뉴델리에서 보이존 델리, 펙스 N. 핀츠, 쿠키 등 여러 게이 바를 확인했다. '나즈 파운데이션 트러스트'와 같은 게이 인권단체 몇몇은 인도 정부의 승인을 받아 운영되었는데, 이러한 변화는 아시아의 다른 나라들, 즉 중국이나 베트남, 싱가포르에서는 상상도 할 수 없는 변화였다.

이러한 발전이 있게 된 궁극적인 원인에는 인구 구조상의 변화도 있다. 인도는 15세 미만의 인구가 (전체 인구의 약 3분의 1에 해당되는) 3억 7000만 명인 젊은 국가다. 인도의 영화감독 리테시 시드와니는 다음과 같이 말했다. "인도의 청소년들이 바뀌고 있어요. 이들은 전보다 더 많은 교육을 받으며, 인터넷에 접속하고 휴대전화를 사용한답니다. MTV 채널을 시청하며 예전보다 더 많이 미국으로 여행을 떠나는 추세예요. 우리 어른들도 청소년들과 함께 바뀌어야 합니다."

파키스탄 출신의 시드와니는 엑셀 엔터테인먼트를 운영하는 45세의 젊은 사장이다. 그는 최근 록 스타일과 도시 스타일의 발리우드 영화를 여러 편 찍었다. 뭄바이의 중심지인 산타크루즈에 위치한 그의 사무실을 찾아간 나는 그에게 인도 젊은이들의 변화에 대해 물었고, 그는 '이처럼 새로운 청년 문화가 앞으로 인도를 뼛속까지 깊이 바꿀 것'이라고 강조했다.

그로부터 며칠 뒤, 뉴델리 남쪽에 있는 사케트의 쇼핑몰인 시티워크를 방문한 나는 그곳에서 나빈을 만났다. 그는 PVR 그룹이 운영하는 멀티플렉스에서 일하는 청년이었다. 신중해 보이면서도 매력 있는 그는 자기를 게이봄베이 사이트 회원이라고 소개했다. 그러나 그는 다른 대화 상대보다는 인도의 미래에 대해 덜 낙관적이었다. 그는 영화 「파이어Fire」에 이어 레즈비언들이 등장하는 「걸프렌드」가 인도에서 개봉되었을 당시의 상황을 잊을 수 없다고 했다.

"그 영화가 개봉되자 정통 힌두교를 믿는 우파의 거센 저항이 빗발쳤어요. 결국 이 영화를 상영하는 영화관들은 공격을 받았지요. 영화 포스터가 갈기갈기 찢기며 훼손되고 말았답니다."

그는 할 말이 더 있었던지 다시 입을 열었다.

"인도는 미국이나 타이, 필리핀과 달라요. 타이완, 홍콩 그리고 싱가포르와도 상황이 같을 수가 없습니다. 이 나라는 결코 게이에게 우호적이지 않아요. 앞으로 동성애자들이 넘어야 할 산이 많지요. 지금은 그 긴 여정의 시작에 불과합니다."

아시아 지역을 조사하는 동안 나는 이들 동양 국가가 동성애에 대한 인식이 제각각 다르다는 것을 확인했다. 그러면서도 연구하는 내내 이들을 하나로 이어주는 공통분모가 있지 않을까 궁금했다. 어쩌면 유교적 사고가 그런 것일까? '퉁즈'를 강조하는 중국식 유대관계? 끈적끈적한 밥풀? 라이스 퀸의 정체는 무엇이란 말인가? 하지만 이러한 질문은 사실 별로 의미가 없다. 지역적인 특성과 미묘한 뉘앙스의 차이를 다 이해하지 못하는 한, 우리가 아시아의 동성애를 어떻게 하나로 통합할 수 있단 말인가! 게다가 내가 조사하지 않은 아시아 국가들은 미지의 영역으로 남아 있다. 가장 먼저 네팔을 예로 들 수 있다. 변호사이자 국회의원 출신인 수닐 바부 판트는 용기 있게 자신의 성 정체성을 사람들에게 알린 네팔 최초의 정치가로 기억될 것이다. 또 몽골 청년 수흐라그차 미지드수렌, 짧게 줄여서 수키는 게이 인권단체를 만들려고 했다. (하지만 결국 그의 노력은 수포로 돌아갔고, 그는 조국을 떠나 대한민국으로 망명 신청을 했다. 나는 그와 서울에서 인터뷰를 할 수 있었다.) 미얀마에서는 아웅산 수지가 처음으로 여성과 동성애자의 인권을 위한 운동을 실천에 옮겼다. 중앙아시아의 소비에트 연방에 속했던 공화국들에 대해서는 아직 자세한 정보를 접하기가 어렵다. 뿐만 아니라 아프가니스탄이나 북한의 동성애에 대해서는 얻을 수 있는 정보가 희박하다. 반면 파키스탄에서는 트랜스젠더의 수가 점점 증가함에 따라 '사회적인 성'에 관심을 가질 수밖에 없는 분위기다. 캄보디아와 필리핀은 어떨까? 이 두 나라는 미성년자인 청소년들의 매춘 행위가 심각하다. 사진작가 낸 골딘은 자신이 발표한 작품전 '숫자의 욕망Desire by Numbers'에서 이들 나라의 폭력적인 성범죄 현장을 직접 사진으로 보여줬다. 이어서 방글라데시와 라오스, 말레이시아는 상황이 크게 달랐는데, 이곳은 동성애자 전용 마사지 숍, 꽃가게, 트랜스젠더 전용 카바레가 정부의 허가 아래 운영되었다. 심지어 동성애자들이 모이는 게스트하우스가 따로 있을 정도다. 말레이시아 전 총리는 동성애를 서양의 데카당스를 상징하는 하나의 코드로 해석할 정도였다.

설령 아시아 전체를 아우르는 동성애적 코드가 존재하지 않는다 하더라도, 나는 이 책을 집필하기 위해 방문한 10여 개 국가에서 일어난 변화의 운동에 하나의 공통점이 있다고 말하고 싶다. 그것은 바로 아시아의 '정신적인 깨어남awakening'이다. 나는 도쿄, 상하이, 싱가포르, 타이완 곳곳에서 이 단어를 수시로 들었다. 현실을 직시하는 시각을 갖게 된 이상 다시 옛날로 후퇴하는 것은 불가능하다. 내가 인도네시아, 베트남, 타이에서 만난 세 사람만 봐도 아시아인의 독특한 사고방식을 알 수 있었다. 직업도 저마다 달랐는데 한 명은 사회 운동가였고, 다른 두 명은 사장과 기자였다.

인도네시아에서 만난 툰킹 우이, 짧게 줄여서 '킹'이라 불리는 남자는 이렇게 말했다. "동남아시아에 속한 우리 나라는 지금 아주 흥미로운 단계에 접어들었어요. 동성애자를 향한 긍정적인 시각이 점점 사회 전반으로 퍼지고 있지요."

그는 인도네시아의 게이 인권운동가들 중에서도 최고 리더로 활동하고 있다. 인도네시아는 2억3800만명의 인구로 구성되어 있는 반도 형태로, 1만7000개 이상의 섬으로 이루어진 데다 땅이 워낙 넓어서 같은 나라 안에서도 시차가 네 가지로 구분된다. 전 세계에서 네 번째로 인구가 많으며 국민 대부분은 이슬람교를 믿는 신도들이다. "인도네시아는 민주주의 국가이면서 신흥 공업국이며 이슬람 국가입니다. 이런 곳에서 동성애 문제가 개선되고 있다는 것은 아시아 전역, 아니 더 나아가 다른 이슬람 국가에도 상당한 영향을 미칠 것으로 봅니다. 아시아의 '정신적 깨어남', 바로 현실에 대한 자각이 중요한 시기인 거죠."

킹이 말했다. 나는 인도네시아의 수도 자카르타에서 게이 바인 라덴푸르 바를 찾아갔다. 그곳에서 기부금을 모으는 자선 바자회를 열고 있었는데, 주최자가 킹이었다. 바로 게이 프라이드를 열기 위한 자금을 모으는 행사였다. 내 주변으로 수많은 사람이 영어 버전의 음악을 따라 부르며 큰 소리로 웃으면서 파티를 즐겼다. 한쪽에서는 대형 스크린에 장편 영화를 상영해주었는데 동성애자에 관한 영화는 아니었다. 다른 나라의 게이 바나 클럽, 커피숍에서도 꼭 게이 영화만 틀어주는 건 아니었다. 리우데자네이루의 게이 클럽, 상하이의 인기 있는 카페, 요르단의 보기 드문 게이 바에서도 상영되던 영화가 이곳 자카르타에서도 상영되는 걸 보면 사람 사는 데는 다 비슷한 듯싶다. 그 영화는 바로 「슬럼독 밀리어네어」였다.

60대인 킹은 차분하고 진지한 남자였다. 수다스러운 것과는 거리가 멀었는데, 자기주장을 펼칠 때는 완강한 자신감이 느껴졌으며 사실에 기인한 정확한 내용만 전달하려고 애썼다. 그는 인도네시아의 게이 단체인 '레인보우 플로Rainbow Flow'의 창립자 중 한 사람이다. 그는 흡족한 표정을 지으며 답했다.

"이곳에는 동성애자 차별법이 없어요. 우리는 아랍인도, 페르시아인도 아닌 아시아인입니다. 이슬람교도이기 전에 아시아인이니까 여느 이슬람 국가들과는 법이 다른 거겠죠. 좀더 관용적인 이슬람 국가인 인도네시아는 아시아의 이슬람을 상징한답니다. 물론 동성애자들이 이성애자와 동일한 권리를 다 누리고 있는 것은 아니에요. 모든 영역에서 똑같은 자격을 획득하는 것은 어렵습니다. 자신과 다른 종교를 가진 사람과 결혼하는 것이 쉽지 않듯이, 같은 성을 가진 사람끼리의 결혼을 허용하는 것도 쉬운 문제는 아니니까요! 그럼에도 불구하고 우리는 그 권리를 얻기 위해 매년 게이 퍼레이드를 열고 있습니다. 물론 정통 이슬람주의자들은 이에 맞서 대립 구도를 이어가고 있지요. 특히 라마단이슬람교의 금식 기간 때 동성애자를 공격하는 발언과 행동을 합니다."

킹의 말을 듣다보면, 그가 천성적으로 평화주의자임을 느낄 수 있다. 내가 알기로는 이슬람 과격 단체들이 게이 인권단체들을 위협하고 그들에게 협박 메시지가 담긴 편지를 보내며 '정신적인 적군'이라고 표현할 정도로 서로 사이가 안 좋지만, 킹은 상대편을 비방하거나 욕하지 않았다. 시지프스의 신화에 등장하는 영원한 굴레를 벗어날 수 없다면, 킹은 묵묵히 자기 길을 조용히 가는 사람 같았다. 그의 영혼은 세상의 공격에 흔들리지 않았다. 그런 그의 모습은 사뭇 감동을 일으켰다. 그가 다시 입을 열었다. "제가 맡은 역할은 인도네시아에 게이 커뮤니티가 안정적으로 자리를 잡도록 하는 거예요. 지금도 그 임무가 달성되도록 노력하고 있습니다. 현재 25개 이상의 협회와 단체가 있어요. 저는 동남아시아 전체를 잇는 거대한 LGBT 네트워크를 구축할 겁니다. 그 일도 같이 진행 중이지요. 그러기 위해서는 아시아 국가의 정부들이 동성애자 역시 보호받아 마땅한 국민임을 인식하고, 그들을 보호해줘야 해요. 그래서 우리는 정부를 설득하는 운동을 비폭력적으로 벌이고 있답니다."

"베트남에서 게이 인권을 개선하려면 여전히 갈 길이 멉니다. 왜냐하면 우리 나라에는 두 가지 편견이 강하게 뿌리박혀 있거든요. 일단 아시아 국가이면서 공산주의 정권이다보니 넘어야 할 산이 두 개인 거죠."

동이 위와 같이 설명했다. 나는 하노이와 사이공에서 멀리 떨어진 베트남 북부의 후에라는 곳에 도착했다. 돈을 밝히는 사업가 기질이 다분한 동은 이미 게이 바 두 곳을 차린 사장으로, 그 역시 동성애자다. 두 개의 바 중 하나인 루비에 직접 가봤는데, 서양의 여느 게이 바와 분위기가 비슷했다. 벽에는 호찌민의 초상화가 걸려 있으며, 그 옆에 낫과 망치가 상징적으로 그려져 있었다. 동은 시장 원리를 신봉하며 다시 입을 열었다. "앞으로 이곳에도 자본주의 바람이 확산되면 소규모 상권이 활발해질 거예요. 그러면 동성애자들의 상권도 곧 자유를 얻을 겁니다." 나는 그에게 베트남이 여전히 공산주의 국가인지 물었다. 그러자 그는 미소 띤 얼굴로 이렇게 대답했다. "공산주의가 아닌 사회주의 정권이 현 정부의 정치적 이념입니다. 하지만 실제로는 완전한 사회주의 국가도 아니에요! 보세요! 시장경제를 믿을 수밖에 없는 구조 속에 살고 있는걸요."

베트남에서 깜짝 놀랐던 점은 중국에서와 마찬가지로 관할 당국의 입장과 일상생활 사이의 괴리였다. 정부 관계자들은 동성애 혐오를 표방하는 발언을 서슴지 않지만, 정작 일상생활에서 동성애자들은 자유를 만끽하고 있다. 이론과 실제의 커다란 격차랄까. 베트남에도 에이즈 퇴치를 위한 단체들이 있다. 대표적으로 (하노이에서 직접 방문하기까지 했던) 하이 당 클럽Hai Dang Club이 있다. 이외에도 ISEE라고 하는 비정부 기구는 에이즈 문제뿐만 아니라 소수 민족들을 보호하기 위해 출범한 단체였다. (ISEE의 의장인 레꽝빈은 내게 미국 재단인 포드로부터 재정 지원을 받는다고 말했다.) 하노이에는 까페 모까Cà Phê Môca라고 하는 가게를 비롯해 게이 전용 커피숍이 꽤 있었다. 동은 정부를 공개적으로 비판하지 않는 이상 베트남은 동성애자로서 살기 좋은 나라라고 주장했다. 그러나 언론의 자유와 협회나 기구의 자유는 제한되어 있다고 덧붙였다. (실제로 베트남 국민은 여권을 획득하기가 매우 어렵다고 한다.) 하지만 아이러니하게도 돈만 있으면 베트남에서 게이 전용 커피숍을 차릴 수 있다고 했다. 즉, 돈을 벌 수 있는 상업 행위에는 정부가 관대한 편인데, 그러다보니 상대적으로 게이들의 자유가 상업화의 물결을 타고 저절로 해방의 물꼬를 튼 셈이다. 나는 그가 소유한 또 다른 바인 베스빠스에 앉아 그 앞으로 지나가는 수많은 젊은이를 구경했다. (야자나무 잎을 엮어 만든 베트남의 전통 모자인) 논non을 쓴 중년 여성이 어깨에 긴 작대기를 걸치고, 양끝에 양동이를 매단 채 위태롭게 지나가는 모습이 보였다.

빠이산 리키드쁘리차꿀은 서른일곱 살로 타이의 인권운동가이자 기자다. 그는 타이의 국민 신문인 『더 네이션The Nation』에 동성애 관련 칼럼을 쓰고 있다. 나는 그를 방콕의 실롬 구역에서 만나 인터뷰했다. 그는 이렇게 말했다. "타이는 동성애자들에게 매우 관대한 나라예요. 그러다보니 동성애 관련 이슈는 심각하게 거론되지도 않지요. 굳이 공개 토론을 해야 할 주제로 여기질 않는 겁니다. 이곳 실롬은 동성애자들에게 매우 유명한 그들의 아지트와 같은 곳이에요. 이성애자들에게 빳뽕 로드가 인기 있다면, 동성애자들에게는 이곳이 핫플레이스 죠. 그렇다고 이 구역이 타이 전체를 대표하는 것은 아니니 오해는 마시고요."

게이 구역인 실롬에 도착했을 때, 나는 아시아의 또 다른 나라에 온 듯한 기분이었다. 실롬 소이 2번지와 4번지 사이에는 실로 150개는 족히 넘어 보이는 작은 가게들이 즐비해 있었다. 그 안에는 사우나만 해도 30곳은 되어 보였다. 이 구역은 테러와 미성년자 매춘 행위를 막기 위해 경찰의 삼엄한 감시를 받고 있다. 실롬 소이 2번지 안으로 들어가면 보안 검색대를 통과해야 하며, 신분증을 제시한 20세 이상의 성인들만 출입 가능하다. 가장 유명한 게이 바로는 텔레폰과 스핑크스, 발코니가 있다. 빠이산에 따르면, 이 바에서 일하는 종업원들은 의외로 이성애자라고 한다. 몇몇 가게는 아시아인 전용이었으며, 일부 가게에는 서양인들도 출입할 수 있었다. 바빌론이라고 하는 유명한 사우나는 모텔 바락과 연결되어 있는 구조였다.

저녁 모임이 거의 끝날 무렵, 실롬 소이 2번지에 모인 인파가 3층짜리 DJ 스테이션이란 이름의 디스코텍 안으로 들어갔다. 실롬의 게이 구역은 진정한 타이 동성애자들의 일상을 볼 수 있는 곳이라기보다는 성을 상품화한 관광지 같았다. 빠이산이 자세히 설명해주었다. "타이의 많은 게이 청년은 호기심을 채우려고 실롬 구역으로 오곤 해요. 그게 아니면 매춘 행위를 목적으로 오는데, 좋게 말하면 '전문 남자친구'를 대행해주는 일을 하며 돈을 버는 거죠. 좀 짓궂게 표현하면 '머니보이money boy'라고 해서 돈을 벌기 위해 게이들을 찾는 거예요. 매춘을 알선하는 가게는 주로 실롬 소이 6번지에 밀집돼 있습니다. 성 정체성을 값으로 매긴다니, 어쩌면 불쾌한 일이죠. 사회적 신분 상승을 위해 자기 육체를 파는 동성애자들의 현실이 적나라하게 드러나는 동네랍니다."

빠이산은 특히 게이 매춘보다 '레이디 보이lady boy'에 더 관심이 많았다. 타이 고유의 특징인 여장 남자들은 사회적으로 주어진 성인 '젠더'를 스스로 선택한 자들이다. 그들은 성전환 수술을 한 뒤에도 고국에서 전혀 배척당하지 않았다. 오히려 그런 부분이 자랑거리가 된다며 빠이산은 한 가지 예를 들어주었다. "타이인들은 트랜스젠더로만 구성된 '아이런 레이디즈Iron Ladies' 농구팀을 열렬히 응원한답니다." 실제로 이 팀은 아시아 국제 경기에 나가 우승한 적도 있다. 지리적으로 가까운 나라인 말레이시아, 이슬람 국가와의 원정 경기에서도 이기고 돌아왔다.

타이의 '레이디 보이', 중국의 게이를 이르는 '퉁즈', 레즈비언을 이르는 '라라lala', 싱가포르와 난징의 가라오케에서 떼창을 부르는 세속인들, 서양 음식을 '한국화'하는 퓨전 요리의 명가인 대한민국의 게이 레스토랑, 도쿄의 비아시아인은 출입 금지인 게이 바……. 아시아 국가들은 서양과는 차별화된 개성과 특징을 살리며 동성애를 그들의 문화권에 흡수시키면서 살고 있다. 아시아 게이의 라이프스타일이 서양의 것과는 기본적으로 거리가 있을 뿐 아니라, 아시아 각국의 고유한 속도와 개성을 살려 그들 나름의 진보를 이루고 있었다. 자유로운 해방을 굳이 '미국화'하여 그대로 답습하지 않았다. UN에서 동성애자 차별법 폐지를 회담의 주요 안건으로 상정했을 때, 아시아의 정상급 지도자들, 특히 싱가포르, 말레이시아, 중국 지도자들이 법안 폐지에 반대했는데, 사실 게이 관련 문제는 서양에서 걱정하는 것처럼 '문젯거리'라기보다는 범세계적인 '주제'로 보는 것이 마땅하다. 동성애는 국제적인 주제이면서 동시에 지엽적인 주제가 될 수 있기 때문이다. 싱가포르에서 만난 한 대학 교직원인 러셀 헹 히앙은 이러한 상황에 대해 일목요연하게 정리해주었다. 그는 '피플 라이크 어스'라는 게이 인권단체를 세운 인물로서 이렇게 말했다.

"아시아에서는 '커밍아웃'을 하는 것 자체가 자연스러운 일이 아닙니다. 유교적 도덕관, 전통적 사고와 당연히 부딪칠 테니까요. 그래서 아시아의 동성애자들은 '커밍홈coming home'을 한답니다. 가족에게만 고백하고, 자신의 파트너와 소통하면 그 뒤로는 안정적인 커플관계를 이어나갈 수 있는 거예요. 굳이 일터나 사회 전체에 자신의 성 정체성을 공표할 필요가 없이 말이죠. 그런 식으로 우리는 우리만의 스타일로 아시아의 게이 라이프를 살고 있지요."

5장

성적인 성향

"나는 영국을 대표하는 유럽 의원이었어요. 국적에 상관없이 유럽의 모든 동성애자를 대변하는 의원이었지요." 마이클 캐시먼이 여유로운 자태로 이렇게 말했다. 그는 자기 사무실에 있는 커다란 소파에 앉아 있었고, 그의 정면에는 커다란 무지개 깃발이 걸려 있었다. 그는 자신이 걸어온 길을 자세히 얘기하고 싶어하는 눈치였다. 기나긴 여정 끝에 결국 브뤼셀의 이 명성 높은 자리까지 왔으니 할 말이 많을 듯했다. 내가 그와 인터뷰한 시점은 영국이 브렉시트Brexit를 결정하기 전이었다. 즉, 영국이 EU 회원국에서 탈퇴하느냐 마느냐를 두고 논쟁이 불거지기 전이었다.

파란색 셔츠에 빨간색 넥타이를 맨 백발의 그는 한눈에도 교양 있어 보이는 말쑥한 신사였다. 그의 행동이나 재능은 소설의 주인공인 도리언 그레이를 연상시켰다. 영국 작가 오스카 와일드처럼 그는 문학과 책 읽기에 사로잡혔었지만, 유럽의 동성애자들이 무자비하게 차별받고 희생당하는 모습을 보고는 동성애 혐오에 맞서 싸우기로 결심했다.

그는 1950년 이스트 런던의 가난한 집안에서 태어났다. 어머니는 가정주부이고, 아버지는 부두에서 선박의 짐을 나르는 노동자였다. 그와 대화를 나누는 동안 브론스키 비트의 뮤직비디오 '스몰타운 보이'에 나오는 멋진 영상이 파노라마처럼 내 머릿속을 스쳐 지나갔다. 뮤직비디오의 내용은 이렇다. 런던 외곽에서 태어난 한 청년이 자신이 게이임을 자각하지만, 집안은 동성애 혐오가 강한 분위기였다. 어머니는 그에게 무한한 애정을 주고 스킨십을 하지만, 아버지는 아들의 손도 잡지 않는다. 이 청년은 친구, 음악, 문화생활을 통해 자유를 느끼고 삶의 가치를 찾는다. 그러면서 자신과 같은 성 정체성을 지닌 게이들과 유대관계를 다지게 된다는 이야기다. 그런데 마이클 캐시먼은 어쩌다가 어린 나이에 연극에 관심을 갖게 되었을까? 그는 어떻게 어린 나이에 배우가 될 수 있었을까? 우연의 일치였을 수도 있다. 그는 열두 살에 첫 역할을 맡아 노래와 춤, 연기를 소화했다. 뮤지컬 「올리버」에서 그는 주인공 올리버 트위스트 역할까지 소화했다. 그는 연극을 정말 좋아했는데, 나와 인터뷰하는 동안에도 셰익스피어의 작품 속 구절을 암송해주었다. 그의 사무실 한쪽 벽에는 율리우스 카이사르의 사진과 그의 모친 사진이 붙어 있었다.

마이클 캐시먼은 오랜 세월이 걸렸지만 끝내 자랑할 만한 성공을 이뤄냈다. 그가 꿈꿨던 것보다는 덜 화려할지 몰라도, 영국 인기 드라마에 출연하는 횟수는 적을지라도, 런던의 극장가인 웨스트엔드의 포스터에 얼굴이 나올 정도면 분명 성공한 인생이다. 또한 그는 뮤지컬 「벤트Bent」에서도 멋진 연기를 소화해냈다. 키치풍의 에피소드와 다소 가벼운 소재의 에피소드에서도 얼마나 열연을 했는지 모른다. 게다가 드라마에서 두 게이가 키스를 하는 장면이 영국에서 화제가 되었을 때도 그는 빠지지 않았다. 1986년, BBC에서 방영한 드라마 「이스트-엔더스」에 출연해 키스를 한 배우가 바로 그다.

1980년대 말, 마이클 캐시먼은 자신의 활동 영역을 갑자기 바꿨다. 몇몇 친구와 함께 LGBT 단체 '스톤월'을 만들고 게이의 인권을 위해 싸우는 활동가로 변신한 것이다. 당시는 마거릿 대처 수상의 임기가 끝날 무렵이었는데, 영국 의회에 동성애자 차별법 제28조항을 폐지해 달라고 호소하기 위해 결성된 단체라고 할 수 있다. 스톤월이라는 이름은 미국의 혁명에서 영감을 받아 정한 이름임이 확실했다. 그가 만든 것은 영국 내 동성애자의 인권을 수호하는 최초의 단체가 되었다. 그는 자신을 급진좌파라고 소개했다. 그렇게 그는 제3의 인생을 맞이했다. 노조 단체, 소수파와 가까워지기 어렵다고 판단한 그는 당시 노동당과 가까워졌고, 결국 노동당의 일원이 되어 유럽의회 선거에 출마하게 된다. 그리하여 1999년에 의원에 당선되었다. 마이클 캐시먼이 당시의 상황을 설명해주었다. "그 시기에 저는 오로지 LGBT 문제에만 관심 있었어요. 그래서 영국인을 대변하는 대표자가 되어 범세계적으로 싸워야겠다는 결단을 내렸지요. 그렇게 되면 모든 사람과 대화를 나눌 수 있으니까요. 그러면서도 저는 제가 속한 커뮤니티를 등지지 않고 두루두루 보살필 생각이었답니다."

인권운동가에서 정치가로의 전향은 성공적이었다. 시민운동가가 정치인이 되면 초심을 잃기 쉬운데, 그렇게 되지 않은 보기 드문 사람이다.

유럽의회 의원이 된 그는 자기 사무실 책상 주변에 놓여 있는 사진 속 여러 인물을 보여주었다. 그는 빌 클린턴, 토니 블레어, 에드 밀리밴드와 나란히 사진을 찍었다. 밀리밴드는 장관이었다가 영국 노동당 대표가 된 젊은 정치인인데, 그 옆에 정체 모를 남자도 있었다. 나는 웃으며 그의 애인인지, 아니면 에드 밀리밴드의 애인인지 물었다. 그러자 캐시먼이 미소 지으며 자기 남자친구 폴이라고 소개했다. 두 사람은 30년 넘게 동고동락한 사이였다. 에드 밀리밴드의 남자가 아닐까 의심했는데! 하긴, 모든 영국인이 동성애자는 아니니까. 비록 프랑스의 전 총리 에디트 크레송이 영국 매체에 농담조로 영국인을 풍자하는 말을 하긴 했지만, 어디까지나 농담이었다! 내가 여러 차례 만나본 에드 밀리밴드는 확실히 동성애자 인권운동을 지지하는 사람이었다. 두 아들의 아버지인 유부남 조 피트 역시 동성애자에게 우호적인 노동당원이었다. 물론 햄릿의 딜레마에 빠진 시기도 있었다. 마르크스주의를 신봉하는 부친과, 토니 블레어 내각 시절 외무부 장관이었던 형 데이비드의 영향을 받아 갈등하는 시기도 있었지만, 조 피트는 가족과의 불협화음에도 굴하지 않고 당당히 노동당의 리더십을 예찬했다. 나는 캐시먼에게 영국에서는 동성애가 여전히 정치적으로 공개하면 안 되는 스캔들인지 물었다. 이런 질문을 하면서도 나는 속으로 시대착오적인 구식 질문을 하는 것만 같아 내심 마음에 걸렸다. 영국의 정치적 리더들이 여전히 '옷장 속에' 갇혀 있다면? 확실한 점은, 캐시먼의 삶은 당당히 옷장 밖으로 나온 선택이었다는 것이다. 영국 노동당을 게이의 인권 문제 개선에 있어 적극적인 서양의 대표 정당으로 만드는 데 성공했으니 말이다.

브뤼셀에서 만난 마이클 캐시먼은 유럽의 LGBT 문제를 해결하기 위한 자문역이자 보좌관이었으며, 유럽의회 의원들을 대표하는 자리에까지 올라 있었다. 유럽의회에는 총 754명의 의원이 있었는데, 그중 150명이 속한 효과 만점의 네트워크를 구축한 주역이었다. 이것은 EU

회원국들의 LGBT 인권 개선을 위한 상호 교류가 활발해지는 데 기여했다. 나는 브뤼셀에서 이탈리아 출신의 급진좌파에 속하는 또 다른 조력자인 오타비오 마르초키도 만났다. 그는 "사람과 사람 사이의 관계를 다루는 문제인 만큼 불분명한 부분은 있어요. 딱 정형화된 틀이 있다기보다는 유동적이죠"라고 말했다.

게이를 위한 로비스트라고 할 수 있을까? "우리가 하는 일은 로비 활동이 아닙니다. 우리는 그저 투표에 의해 뽑힌 의원일 뿐이며, 스스로에게 지나치게 과중한 책임을 부여하고 싶지도 않습니다."

캐시먼이 상황을 상대화시키며 이렇게 답했다. 유럽의회 의원들이 함께하는 LGBT 연대는 1년에 네다섯 번 브뤼셀이나 스트라스부르에 모여 회의를 한다. 평소에는 공식 사이트(lgbt-ep.eu)를 통해 소통하며, 이메일을 통해 다량의 정보가 담긴 목록과 실시간 집회 스케줄을 주고받는다.

"우리는 LGBT의 인권을 다루는 주제에 관심이 많은 의원들입니다. 우리를 뽑아준 사람들에게 이 사안은 매우 중요하니까요. 유럽의회 의원들은 정치적으로 중립 노선을 지키는 조언을 높이 평가합니다. 그래야 세상의 문제들을 제대로 해결할 수 있으니까요. 정치 이념이 자유주의든 공산주의든 간에, 정작 중요한 문제는 따로 있지요."

인터그룹에서 일하는 정규 직원인 브루노 셀룬이 말했다. 이 그룹에서 중재자 역할을 맡고 있는 그는 인터뷰를 하면서 이렇게 말했다. "우리는 딱딱한 형식주의를 지양하는 단체입니다. 한번은 슬로바키아의 보수당 의원이 유럽의회 소속 전체 의원과 직원 5000명에게 보내는 단체 메일에 자신은 '결혼과 가족을 매우 신성한 것으로 여긴다'는 발언을 했어요. 그러자 누군가가 아버지 두 사람과 어머니 두 사람으로 이루어진 가족도 포함하는 거냐고 묻는 메일을 보냈답니다. 우리 그룹은 유럽의회 퀴어 문화의 핵심부를 맡고 있지요."

한번은 이탈리아 총리 실비오 베를루스코니가 공식 석상에서 "게이가 되느니 차라리 여러 미인과 사랑을 하고 싶다"라는 발언을 한 적이 있다. 그때도 인터그룹 회원들은 당시에 베를루스코니가 모로코 출신의 미성년자 매춘부 소녀인 루비와 성관계를 가졌다는 사실을 폭로하며 그를 조롱했다. 이 회원들은 한 나라의 수뇌부일지라도 이메일을 통해 얼마든지 그의 행태를 비꼬며 놀릴 정도로 분위기가 자유로웠다.

유럽의회 의원들은 인터그룹 외에도 여러 단체를 출범시켰다. 유럽 사회주의 당원들이 만든 '레인보우 로즈Rainbow Rose'를 비롯해 여러 LGBT 단체가 생겼다. 벨기에 총리 엘리오 디 루포의 대변인인 기욤 드 발크는 이렇게 설명했다. "유럽의회를 구성하는 정당마다 강조하는 고유한 규율이 매우 확고해요. 그렇기 때문에 각각의 정당은 네트워크를 구축해서 그들의 목소리를 확실하게 내고 싶어한답니다."

2015년, 나는 몽스 시청에서 엘리오 디뤼포를 만나 그와 오랜 시간 인터뷰를 한 적이 있다. (당시에 그는 몽스 시장이었다.) 그의 확고한 결단력은 타의 추종을 불허했는데, 결국 그가 나중에 한 나라의 총리가 되어 EU의 중심에 서게 되었을 때 나는 감동을 받았다. 그는 내게 각 정당이 단합하며 의견 일치를 보이는 것이 유럽의 문제를 해결하는 열쇠가 될 것이라고 강조했다. 그래야만 모두가 염원하는 법 조항을 채택할 수 있기 때문이다. 엘리오 디뤼포는 이렇게 말했다.

"저는 벨기에의 사회주의당을 대표하는 사람입니다. 이 당은 사회적, 윤리적 진보를 이루기 위해 끊임없이 노력하지요. 저는 낙태, 안락사, 동성애자의 결혼, 이 모든 선택이 합법화되어야 한다고 주장합니다. 우리는 결국 민주기독교당이 아닌 자유당 의원들과 힘을 합쳐 실리를 추구하는 개혁을 이뤄냈습니다." 그의 말대로 당마다 고유한 개성과 차이는 있지만, 진보를 주장하는 좌파 당원들이 유럽의 화합을 위해 힘을 합친다면 문제를 더 성공적으로 해결할 수 있었다. 그는 다음과 같이 덧붙였다.

"벨기에는 실용성을 매우 중요시하는 나라이며, 미래 지향적이고 굉장히 건설적인 대안들을 내놓으려고 애씁니다. 그래서 다른 나라보다 한 발짝 앞서나가기 위해 힘쓰지요. 비록 천천히 작은 보폭으로 앞서가더라도 모두가 화합하는 길을 모색하려고 합니다."

그렇다면 벨기에야말로 유럽인들이 닮아야 할 모델이 아닐까?

브뤼셀이 강조하는 진보 사상은 EU가 체결한 조약 및 형식주의와 충돌할 때도 있다. LGBT 문제와 관련하여 중재 역할을 하는 그룹과 여러 정당의 협력을 도모하는 그룹은, 28개국 각 나라의 정부 수뇌부를 재조직화한 EU 이사회와 유럽 헌법에 따라 판결을 내리고 이를 관리하는 유럽 위원회보다는 아무래도 불확실한 측면이 있긴 하다. 특히 LGBT와 관련된 주제는 어느 한 부서가 담당한다기보다는 여러 부서(건강과 관련된 기본 권리, 채용, 개발, 국내 문제, 해외 문제)와 관련된 일이다. 게다가 EU의 관료주의 체제는 하루아침에 바뀌지 않는다. 그렇기 때문에 EU도 느린 속도로 진보를 향해 한 걸음씩 나아가고 있다.

2015년, 유럽 위원회는 'LGBT의 평등을 수호하기 위한 활동 방안'

을 공개했다. 발표된 내용에는 장기적 관점에서 살펴본 구체적인 목표나 행동 강령이 명시되어 있지 않았다. 그저 여러 분야와 관련하여 제안한 아이디어 목록만 나열되어 있었다. 유럽의회 의원으로 활동하던 시절, 마이클 캐시먼은 나한테 이렇게 말했다.

"일단 제가 가장 중요하게 생각하는 전략은 차별을 없애는 겁니다. 동성애자들에게 불공평한 대우나 조건을 없애는 법안을 통과시키는 것이 첫째로 해결해야 할 숙제이며, 그다음에는 유럽 내에서 동성애자의 결혼 합법화를 이뤄내는 것입니다."

그의 전략은 매우 꼼꼼하고 치밀했다. 기욤 드 발크가 그 내용을 좀더 자세히 분석해서 설명해주었다.

"각 개인이 자신의 성 정체성을 선택하는 일과 관련하여 구체적인 법령이 제정되는 것이 가장 시급합니다. 유럽 위원회가 이미 그 일을 시작했고, 유럽의회도 2009년 4월부터 그와 관련된 결의안을 통과시키기 위한 투표를 실시했습니다. 또 EU 이사회는 8년 전부터 이 결의안을 채택하기 위한 입장을 취하고 있답니다."

EU 이사회는 지난 수년 동안 전 세계 LGBT의 인권이 보장받을 수 있도록 (아직은 모호하지만) 행동 강령을 내놓았다. 비록 관련 부서에 속한 장관들이 언행일치를 보이진 않지만, 서서히 변화의 바람이 불고 있다. 유럽 위원회는 최근 동성애자 커플들이 피해를 보지 않도록 회원국의 재산 소유법과 유산, 상속 제도와 관련하여 동성애자를 차별하는 법들을 수정하도록 권고했다. 유럽의회도 그 점에 동의했으며 각 정부의 수뇌부도 만장일치로 동성애자를 향한 차별적인 대우를 철폐해야 한다는 데 동의했다. 하지만 폴란드와 헝가리 정부는 2015년 12

월에 이러한 차별법 철폐를 둘러싸고 투표를 실시했는데, 그 결과 반대표의 우세로 법안 수정에 실패하고 말았다. 결국 두 나라의 동성애자들은 이러한 최소한의 평등도 보장받을 수 없었다.

비록 기밀 사항도 많고 절차도 느리지만, 이따금 현장에서의 급박한 상황이 즉각적인 반응을 요하기도 한다. 그럴 때는 유럽의회나 위원회의 법안 개정, 회의를 기다릴 시간조차 없다. LGBT의 인권을 수호하는 유럽의회 의원들은 공식 성명을 발표하고 필요한 곳으로 바로 자리를 이동한다. "동성애자의 인권과 직결된 문제가 발생하면 우리는 유럽의회의 인터그룹을 선두에 내세웁니다. 공식 성명을 발표한 후 바로 행동을 취하는 거죠. 그런 까닭에 인터그룹의 위상은 무시할 수 없는 위치로 올라설 수밖에 없습니다. 종종 지역 신문에서 인터그룹을 유럽의회와 동일시하기도 하는데, 굳이 아니라고 정색할 이유는 없어요. 좀 애매한 면이 있는데, 오히려 그 점을 노리는 거죠."

마이클 캐시먼의 보좌관인 마리스 세르게옌코를 브뤼셀에서 만났을 때, 그가 귀띔해준 내용이다. 라트비아 출신인 그는 공식 성명서를 직접 작성할 뿐 아니라 현장에 투입되어 EU 내 인터그룹의 대변인 역할도 맡고 있다. 러시아 상트페테르부르크에 있는 의회에 동성애 혐오에 기초한 법안이 상정되었을 때에도 현장에 마이클 캐시먼이 있었다. 또 우크라이나 키예프에서 동성애자 차별법이 통과되려고 할 때도 그는 현장에 있었다. 불가리아, 몰도바, 헝가리에서도 마찬가지였다. 그는 게이의 인권이 침해되는 곳이라면 어디든 쫓아가 집회를 열고 반대운동을 펼쳤다. 바르샤바와 부쿠레슈티에서 열린 게이 프라이드가 폭동자들에 의해 중단되었을 때도 그는 바로 비행기를 타고 현장에 나가 마이크를 잡았다. 그리고 충돌 사태를 막기 위해 개입했다. "마이클 캐시먼은 진정한 배우예요. 그가 대중 앞에서 말을 하면, 그 자리가 회의장이든, 게이 프라이드 현장이든 카리스마가 폭발적으로 뿜어져 나온답니다. 모든 사람이 그의 말을 경청하지 않고는 못 배기거든요."

그의 옛 동료인 네덜란드 출신의 전 유럽의회 의원 보리스 디트리흐가 말했다. 그는 캐시먼과 함께 루마니아 현장에 나간 적이 있다. 마이클 캐시먼, 그는 누구인가? 동에 번쩍 서에 번쩍하는 마술사란 말인가? 영국이 브렉시트를 결정하기 전, 그는 내게 다음과 같이 말했다. "유럽은 중요한 가치들이 모인 곳이에요. 적어도 제게는 그렇습니다. 여러 가치 중에는 불평등을 없애는 차별 금지도 포함되어 있죠. 유럽은 말 그대로 개인들의 권리가 존중받는 곳이어야 합니다. 그래서 저는 그 가치가 훼손되지 않도록 날마다 싸우고 있어요."

북유럽은 어떤 유형일까?

마이클 캐시먼이 동경했던 가치를 소중하게 여긴 유럽은 현재 불완전한 상태에 놓여 있다. 결국 영국이 EU를 탈퇴하기로 결정하지 않았던가! 북유럽에 비해 중부유럽과 동유럽에는 LGBT의 인권 개선에 있어서 상대적으로 뒤처진 나라들이 꽤 있다.

그렇다면 북유럽 모델이란 대체 어떤 것일까? 매력적인 유형임은 틀림없겠지만, 북유럽이라는 모호한 단어는 구체적으로 어떤 나라인지 지리상의 수수께끼를 남긴다. 게다가 여러 국가를 한 번에 일컫는 거라면 개별적인 이질성을 놓칠 수밖에 없다. 정치적인 측면에서 볼 때, 북유럽 국가들로 구성된 연합체는 존재한다. 스칸디나비아 지방에 해당되는 덴마크, 노르웨이, 스웨덴이 있으며 핀란드, 아이슬란드도 여기에 속한다. (물론 아이슬란드는 대서양 북쪽 끝자락에 위치한 먼 나라이긴 하다.) 북유럽인들이 다른 유럽 국가보다 진보적인 개혁에 앞장선 것은 사실이다. 그런 면에서 북유럽은 동성애자의 인권을 상대적으로 이른 시기부터 보장해왔다. 가령 동성애자 차별법을 폐지하는 데 유럽 최초로 나선 곳은 덴마크였다. (덴마크가 1933년에 해당 법을 폐지했다면, 노르웨이는 북유럽 국가 중에서는 꼴찌로 1972년에 폐지했다.) 또한 덴마크는 1989년부터 동성애자들의 사실혼에 근거한 동거를 법적으로 인정했으며, 몇 년의 시간차를 두고 북유럽의 다른 나라들도 차례로 이를 인정했다. 2001년에 네덜란드는 동성애자의 결혼을 인정하면서 유럽에서 첫 번째로 결혼을 합헌으로 결정한 나라로 급부상했다. 그 뒤를 이어 북유럽 국가들(노르웨이, 스웨덴, 덴마크, 아이슬란드, 핀란드)도 일제히 동성애자 결혼을 합법화했다. 2010년에 아이슬란드 총리는 자신이 레즈비언이라는 사실을 공개했으며, 애인과 결혼식을 올렸다. 이로써 세계 최초로 동성과 결혼한 총리라는 역사적인 기록도 남겼다.

만약에 북유럽이 LGBT 문제 해결에 있어서 가장 이상적인 롤모델이라면, 그 안에 네덜란드와 벨기에, 룩셈부르크도 솔선수범한 국가로 포함시켜야 한다. 기욤 드 발크는 그 점을 인정하면서 이렇게 말했다. "벨기에와 네덜란드, 룩셈부르크 이 세 나라를 이르는 베네룩스 지역과 스칸디나비아 지역을 북유럽 모델이라고 할 수 있지요. 이들 국가는 유럽에서 동성애자의 인권을 가장 먼저 개선시킨 모범 국가입니다. 예를 들어 벨기에에서는 1999년부터 2007년까지 입법 기관이 좌파 여당에 힘입어 두 차례나 법을 바꿀 수 있었지요." 나는 브뤼셀에 있는 벨기에 국회의사당에서 현지 연방 의원인 카린 랄리외를 만나 인터뷰를 했다. 그녀는 다음과 같이 말했다. "저는 2000년부터 국회의원으로 재직하고 있습니다. 저 역시 동성애자이며 결혼하고 아이까지 입양할 수 있었어요. 벨기에 정부가 동성애자를 위해 모든 법안을 통과시킨 덕분이죠."

벨기에 왈롱 지방에 있는 LGBT 연맹 단체 대표인 티에리 들라발의 의견도 들을 수 있었다. 그는 이렇게 말했다. "플랑드르는 LGBT의 인권에 있어서 늘 앞서가는 지역이었습니다. 오늘날 벨기에에서 동성애자들이 결혼할 수 있게 된 것도 북부 지방에서 시작된 운동 덕분이었지요. 바로 암스테르담, 네덜란드가 첫 단추를 끼웠으니까요. 프랑스는 아니었습니다. 벨기에에서 처음으로 게이 프라이드가 열린 곳은 브뤼셀이 아니라 앙베르였어요."

나는 그에게 게이 프라이드가 왜 수도에서 열리지 않았는지 물었다. 그러자 티에리는 "제 생각에는 네덜란드의 프로테스탄트 문화 때문인 것 같습니다. 브뤼셀보다 앙베르의 분위기가 덜 엄격하고, 도덕적인 문제에 있어서 좀더 열린 사고가 지배적이기 때문에 그런 것 같아요"라고 말했다.

덴마크의 수도 코펜하겐 시내의 뇌레포르트 지하철역에 내리면, 근처에 티볼리라는 조용한 게이 구역이 있다. 심플함을 강조하는 북유럽 특유의 분위기가 물씬 풍기는 이곳에는 10여 개의 커피숍이 즐비해 있다. 게이를 환대하는 곳이라고는 하나 한낮에는 일반 커피숍과 큰 차이가 없어 보였다. 그래서 이곳이 게이 전용이 맞는지 의심이 들 정도였다. 자녀와 함께 온 레즈비언 커플부터 가족 단위의 손님, 대학생, 게이 커플들이 한데 섞여 있었다. 덴마크 사람들은 추운 날씨에도 불구하고 자전거를 애용했다. '포스트게이' 문화가 느껴지는 이곳의 분위기는 정말이지 평온 그 자체였다. 길거리에는 자전거가 주로 지나다녀서 시끄러운 자동차 경적도 거의 들리지 않았다. 리빙 룸이나 카페 앙팀과 같은 커피숍 안에는 딱 봐도 레즈비언인 듯한 손님들이 앉아 있었다. 이곳이 정말 게이 구역이 맞는지 다시 확인하려면 해가 져야만 한다. 오스카 바, 코드, 멘즈 바와 같은 게이 바가 저녁에 문을 열면, 확실히 많은 게이가 이곳을 찾기 때문이다. 덴마크의 게이 월간지인 『아웃 앤 어바웃』에는 매달 게이 전용 또는 게이와 레즈비언 전용 바들을 소개하는 코너가 있다. 마치 우리가 바에 들어갈 때조차 이성애자와 동성애자를 구분하지 않으면 안 되는 양 출입 가능한 술집을 따로 표시해둔 것인지도 모르겠다. 외르스테스 공원 주변에는 펑키 스타일의 레즈비언들이 자주 모인다. 머리카락을 형광 핑크색으로 물들인 반사회적 정신의 소유자들과 마주치곤 한다. 그곳에서 만난 요나탄은 게이 인권운동가로서 스포츠를 좋아하는 남자였다. 그는 '월드 아웃게임World Outgames'에 대해 얘기해주었다. 코펜하겐에서 동성애자끼리 올림픽 게임을 한다는 말이었다. 그 구역에서 만난 여러 게이와 대화를 나누면서 나는 덴마크란 나라에서는 동성애 문화가 아주 평범한 통속적인 일상이 되어간다는 것을 깨달았다. 그래서 이곳 게이들은 굳이 동성애자끼리 모이는 게이 구역을 찾을 필요도 없었다. 자기가 살고 있는 곳이 어디든 거기서 행복한 삶을 누리고 있는 듯했다. 북유럽의 모델이란 바로 이런 것이 아닐까? 복잡하지 않고 간단하면서도 효율적인 게이들의 라이프스타일. 그것이면 족하다.

덴마크에서 동성애자 간의 사실혼에 의거한 동거는 오래전부터 조용히 진행되어왔다. 이와 관련하여 격렬한 갈등은 일어나지 않았다. 탄원서를 제출하거나 집단 시위가 발생하지도 않았다. 프랑스나 스페인, 미국과 달리 덴마크에서는 매우 차분한 분위기 속에서 동성애자 커플들이 보금자리를 마련할 수 있었다. 2012년 6월, 덴마크 법원은 동성애자의 결혼을 인정했다. 투표 결과, 다수결에 따라 찬성표가 반대표보다 더 많이 나왔고, 북유럽의 한 나라인 덴마크는 국민을 통합하기 위한 하나의 형태로서 다수의 의견을 따르는 것이 이롭다는 결론에 이르렀다.

2005년에 덴마크에서는 이슬람교의 마호메트를 풍자하는 스캔들이 정말 단 한 번도 일어나지 않았을까? 북유럽의 다른 나라들처럼, 이곳에서도 극우파의 힘이 점점 더 세지지 않았을까? 북유럽의 사회적 조약이 약화됨에 따라 덴마크에도 경제적 타격이 있었을 텐데 괜찮았을까? 경제적 재분배의 원칙과 국민의 유대관계는 전보다 더 끈끈해졌을까? 의문이 꼬리에 꼬리를 물었다. 북유럽의 대표적인 모델이 명성을 이어가고는 있지만, 몇 년 전부터 발전 속도가 조금 더뎌지고 있는 것도 사실이다. 코펜하겐, 헬싱키, 스톡홀름, 암스테르담에서는 현재 유럽의 게이 인권 문제를 개선하기 위해 연구하는 사회 연구소가 설립되어 있다.

특히 북유럽의 변화를 가장 극명하게 확인할 수 있는 곳은 네덜란드의 암스테르담일 것이다. 유럽 게이의 수도로 알려진 이곳은 관광객을 사로잡는 마케팅에 게이 문화를 접목시켰다. '아이 암스테르담ı Amsterdam'이란 슬로건이 붙은 이 도시의 구시가지에 가면 안네 프랑크의 생가가 나온다. 그리고 베스테르마르크트 광장 한복판에는 '핑크 포인트Pink Point'라고 하는 게이 관광 안내소가 마련되어 있다. 그곳에서는 암스테르담의 게이 라이프를 구경할 수 있는 지도를 무료로 제공한다. 나는 곧 게이 문화를 선전하는 엽서와 군것질거리를 샀다. 안내소에서 제공하는 여러 소책자 가운데 한 광고가 내 시선을 사로잡았다. 게이들을 상대로 하는 말 같았는데, '누가 당신을 학대하거나 공격하거나 욕하나요? 그렇다면 지금 바로 우리에게 신고해주세요. 우리가 대신 상대해줄게요'라는 문구였다. 그 공익 광고는 다름 아닌 암스테르담 경찰서에서 만든 것이었다. 나는 그곳에서 몇 걸음 더 가면 나오는 동성애자기념비Homomonument도 봤다. 제2차 세계대전 동안 유대인 수용소로 끌려간 동성애자들의 희생을 추모하기 위해 세워진 비였나. 분홍색 화강암이 삼각형 모양으로 새겨진, 절제된 형태가 인상적인 비였다.

거기서 좀더 걸어가면 케르크스트라트와 스파위스트라트 사이에 무지개 깃발이 펄럭이는 커피숍과 식당, 바들이 즐비해 있다. 게이 취향의 물건을 파는 기념품 가게는 도시 전체에 산발적으로 있다. 당연히 게이 전용 서점도 있으며, 심지어 콘돔 가게까지 있다. 전 세계의 콘돔 브랜드가 한자리에 모인 이곳에 가면 다양한 색깔과 향, 사이즈의 제품을 구매할 수 있다.

평화주의적 동성애가 반문화와 어우러지며 탄생한 게이 문화가 이런 것 아닐까! 암스테르담은 마리화나를 피우는 것이 합법화되어 있다. 대낮에 거리 한쪽에서는 마리화나를 팔고, 다른 한쪽에서는 채식주의자를 위한 유기농 제품을 판다. 네덜란드의 동성애자들은 양쪽 모두를 애용한다. 나는 암스테르담 외곽에서 밤에 즉흥적으로 열리는 퇴폐적인 파티에 대한 정보를 입수하고 그곳에 가봤다. 현지어로 일명 'BAF 파티'였는데, 파티 장소는 인적이 드문, 다 무너져가는 어느 폐가 창고였다. 갑자기 남장을 한 패리스 힐턴처럼 생긴 사람이 나타났다. 트랜스젠더였다. 그녀는 손에 팅커벨 요정 인형을 들고 등장했는데, 그 주변을 파파라치들이 에워쌌다. 그녀는 하이힐을 신었고, 키가 정말 컸다. 나는 바이킹족 여자 정도면 키가 저렇게 클까, 순간 상상의 나래를 펼쳤다. 이 파티를 위해 준비된 일종의 행위예술인 해프닝이었다. 파티에 온 사람들을 둘러보니 커튼을 걸치고 온 건가 싶을 정도로 긴 원피스를 입은 게이 청년도 보였고, 찢어진 사각팬티를 잎사귀를 엮어 장식으로 마무리한 청년도 보였다. 그 게이 청년은 한 손에는 깃털, 다른 한 손에는 나뭇가지를 든 채 걸어다녔다. 세 번째로 눈에 띈 청년은 스키니진을 입고 있었고, 머리 스타일은 아메리칸인디언인 이로쿼이족을 떠올리게 했다. 세 사람 모두 잡지 『보그 옴므』에 등장할 법한 포스를 뿜어냈다. 수많은 사람이 파티장을 찾았다. 춤을 추고 서로 껴안고 애무하는 이들을 보면서, 나는 문득 이곳 사람들의 머리카락이 달걀노른자에 가까운 톤이 많다는 사실을 알아차렸다. 그 색깔은 흡사 네덜란드 출신의 화가 반 고흐의 유명한 밀밭 그림의 색깔과 비슷했다.

핌 포르타윈처럼 인지도 높은 정치인의 힘이 세지면서 결국 네덜란드에도 문제가 생겼다. 자신의 이익을 추구하기 위해 대중을 선동하는 포퓰리스트였던 그는 공개적으로 게이임을 커밍아웃한 정치인이다. 그는 자국이 이슬람의 영향을 받는 것을 원하지 않았다. 그 이유는 전통적인 고유의 가치를 지키기 위함이라기보다는 성적 자유, 동성애를 지키기 위한 선택이었다. "핌 포르타윈은 참 특이한 인물이었어요. 포퓰리스트였는데 게이이면서 동시에 반이슬람주의자였지요. 그렇다보니 네덜란드에서 상상도 하기 힘든 충돌이 벌어지고 말았습니다. 매우 온건파적인 정치를 수호했던 북유럽 국가에서 반아랍주의와 친동성애를 동시에 내세우는 극우파 정당이 탄생했으니까요."

네덜란드의 국회의원인 보리스 디트리흐가 말했다. 나는 그를 암스테르담에서 만났는데, 그는 좌파였다. (2002년에 핌 포르타윈은 한 동물 보호 운동가에 의해 암살되었다. 이슬람 혐오를 내세우는 그에게 격한 반감을 품은 남자였는데, 이 운동가는 좌파 정신이 투철했다고 한다.) 2012년 국회의원 선거가 실시되고, 극우파 정당은 결국 네덜란드 국민의 표를 얻는 데 실패하고 말았다. 하지만 그렇다고 포기할 당원들이 아니었다. 수십 년 전에는 상상조차 할 수 없었던 '호모 국가'를 만들겠다는 발상이 지금은 현실이 되어버렸다.

네덜란드뿐만 아니라 극우파의 권력은 북유럽 곳곳에서 점점 세력을 넓혀가고 있다. 덴마크, 오스트리아, 벨기에의 일부 플랑드르 지역에서도 극우파가 자신의 목소리를 내고 있는 상황이다. 현재로서는 LGBT의 인권 문제가 그들의 공격 대상은 아니다. (하지만 스위스에서는 상황이 달랐다. 중도파를 지향하던 민주연합당이 최근 들어 동성애를 혐오하는 정책을 추진한다는 의혹을 받고 있기 때문이다.)

같은 유럽권이지만 또 다른 유럽이라 할 수 있는 동유럽은 어떨까? 그곳은 그 나름의 고충을 겪고 있다. 북유럽 모델과 정반대로 보일 수도 있는데, 동유럽 대부분의 나라는 최근까지도 동성애를 법적으로 엄격히 규제했다. (1990년대와 2000년대에 EU의 압박을 받으면서 그 뒤로 조금씩 개선되기 시작했다.) 체코공화국과 슬로베니아, 헝가리, 에스토니아, 크로아티아는 같은 성을 가진 사람들의 사실혼에 근거한 동거를 인정했다. 게이의 인권과 관련하여 우크라이나, 러시아, 몰도바, 세르비아, 폴란드는 유럽 및 유럽 주변 국가 중 최하위권에 속한다. 북유럽 모델에 맞서, 동유럽은 앞으로도 쭉 그와 정반대의 모델을 고수할 것인가?

"동성애자들이 유럽을 위험에 빠뜨리고 있다"

나는 로베르트 비에드론의 근사한 사무실에 초대받아 갔다. 그의 사무실은 여러 개의 초와 향으로 꾸며져 있었다. 머리카락이 희끗희끗한 이 남자는 최근 폴란드 국회의원 선거에서 당선된 정치가였다. 비에드론은 "저는 게이의 인권을 위해 싸우는 운동가였습니다. 그런데 지금 보세요. 폴란드 역사에 길이 남을 최초의 게이 출신 국회의원이 됐네요"라며 말문을 열었다.

그에게 나이를 묻자 30대라는 답변이 돌아왔다. (사실 외모로만 봤을 때는 40대인 줄 알았다. 즉, 동안은 아니었는데 나중에 다른 게이 인권운동가들이 귀띔해주기를 그가 젊어 보이기 위해 자기 관리를 매우 열심히 한다고 했다. 정말 게이다운 행동 아닌가!)

"폴란드에서 LGBT의 인권은 조금씩 개선되고 있어요. 하지만 우리는 치열한 전쟁터의 시작점에 서 있을 뿐이랍니다." 비에드론이 이어서 말했다. 1989년에 폴란드는 본격적인 민주화의 길을 걸었다. 그때부터 게이의 인권을 보장하기 위한 운동이 시작되었고, 게이 바들도 생겨났다. 폴란드는 EU 덕분에 동성애자 차별법을 철폐할 수 있었다. 하지만 그 외의 영역에서는 아직 인권이 제대로 실현되는 국가가 아니었다. 법으로는 인정했지만, 사회적인 분위기는 여전히 동성애 혐오가 강했다. 길거리 벽에는 폴란드 출신의 소설가 비톨트 곰브로비치의 초상화가 그려져 있었다. 그는 폴란드의 독특한 사고방식을 자명한 양성애적 코드라고 정의한 바 있다. 이 말은 소수가 사용하는 언어에 대한 사랑, 지역적 특수성에 대한 사랑, 폴란드 문화를 향한 열정을 강조하면서도 다른 한편으로는 로컬리즘에 대한 거부, 전체주의에 맞선 개인주의의 수호가 서로 이율배반적인 가치를 바란다고 하여 이성과 동성을 동시에 좋아하는 양성에 빗대어 표현한 것이다.

폴란드의 전 대통령 브로니스와프 코모로프스키는 EU의 가치를 옹호하는 중도파 정치인이었다. 그에 반대하는 야당 의원들은 '동성애를 인정하게 되면 문명이 후퇴할 것'이라고 경고했다. 폴란드의 야당파 국회의원들은 심지어 국회의사당에서 열린 회의에 참석한 비에드론을 면전에 대고 조롱했다. 그의 동료였던 안나 그로츠카는 폴란드의 국회의원 가운데 최초의 트랜스젠더 여성이었다. 그녀는 나와 인터뷰할 당시, 동료 의원들이 자신을 부를 때 남성을 일컫는 호칭을 쓴다며 불평했다. 아이러니하게도 폴란드는 동성애자의 인권을 보장하지 않는 차별법이 철폐되었음에도 불구하고, 차별법이 존속하는 나라보다 보이지 않는 차별이 더 심하게 일상에 공기처럼 스며 있었다. 관용주의 정신이 부재한 상황에서 그로츠카와 비에드론은 포기하지 않고 싸웠다. 동성애자의 사실혼에 근거한 동거를 합법화하는 것은 물론 동성애 혐오자들의 폭력적인 언행을 벌하는 법적 제도 마련을 위해 싸웠다. 그로츠카는 기쁜 내색을 하며 말했다. "우리는 결코 혼자가 아니에요. 비록 국회의원 가운데 LGBT는 저와 비에드론 두 사람뿐이지만, 우리 뒤에는 사회민주당과 좌파 정치인들이 있어요. 40명이넘는 이들이 늘 우리 편이 되어준답니다." (2014년 말에 비에드론은 슬루스크의 시장으로 당선되었다. 이 도시는 10만 명의 인구가 거주하며 대다수가 보수 성향인 도시로 유명했지만, 사람들의 생각이 점점 달라지고 있다는것을 입증하는 듯 그는 당당히 시장으로 뽑혔다.)

이튿날 나는 자유민주당 대표인 야누시 팔리코트를 만나기 위해다시 국회의사당으로 향했다. 폴란드의 유명인인 그는 백만장자였다(보드카 사업으로 떼돈을 벌었다). 그는 게이 국회의원과 트랜스젠더 국회의원도 한자리에 모이도록 주선했다. 야누시 팔리코트가 자신의 포부에 대해 이야기했다. "저는 자유주의를 지향하는 좌파 정치인입니다. 국내에서 마리화나가 합법화되어야 한다고 생각하죠. 또 위조 및불법복제 방지 협정Anti-Counterfeiting Trade Agreement에 대한 익명성을 보장받아야 한다고 생각하며, 성소수자들 편에서 싸울 각오를 하고 있습니다. 저는 가톨릭교의 힘이 강력한 나라일수록 정교 분리가 이뤄져야 한다는 생각을 절대적으로 지지합니다. 제가 지지하는 가치들은서로 일맥상통합니다. 근대화된 폴란드, EU와 한길을 가는 폴란드,

사회적 억압을 철폐하는 폴란드를 만들고 싶은 것뿐이니까요."

폴란드에서 게이의 인권이 제대로 보장받지 못하는 중요한 이유 중하나로 바로 가톨릭교의 권력 남용을 들 수 있다. 게다가 폴란드 동부와 남부 지방은 정통 교리를 강조하는 보수적 가톨릭교도가 많이 살고 있어 차별이 더 심하다. 러시아에서 만난 이고르 이아시네는 미소띤 얼굴로 이렇게 말했다. "(게이로 의심받았던) 차이콥스키의 음악이 콘서트홀에 울리게 됐을 때부터 러시아의 진정한 게이 인권 집회가 시작된 것이지요."

그는 이어서 노래를 부르기 시작했다. 한 손에 확성기를 든 그는 뺨에 무지개 깃발의 페이스페인팅을 했다. 그는 대중을 향해 연설했고, 이어서 사람들이 춤을 추도록 흥을 돋웠다. "동성애를 극도로 혐오하는 러시아의 전반적인 사회 분위기 때문에 마음이 편치 않았어요. 그래서 뭐라도 해야 될 것 같다는 생각에 전략을 세웠죠. 일단 게이의인권을 부르짖는 운동이 러시아에서도 강력한 힘을 발휘할 수 있다는것을 증명하는 게 첫 과제였습니다. 저는 사람들을 모아 모임을 만들었어요. 정치적으로도 적극 개입하며 저를 도와줄 조력자들을 찾는일에 앞장섰습니다. 일단 모이는 사람의 수가 많아야 힘도 세질 수 있다는 생각이 들었어요. 그리고 어떻게 인권을 보장받아야 할지 공부도 해야 했답니다. 저는 대규모 집회를 어떻게 가능하게 할지 머리를굴렸어요. 2011년, 푸틴의 재선이 확실시된 이후로 저는 푸틴의 집권에 반대하는 시위를 열기로 결심했답니다. 그러자 러시아 정부는 우리 모임의 영향력에 대해 조금씩 걱정하기 시작하더군요. 그제야 우리를 자기네 라이벌로 진지하게 고려한 것이지요."

이고르 이아시네가 장황한 설명을 늘어놓았다. 이고르가 출범시킨 LGBT 단체의 이름은 '평등을 향한 행진 캠페인Equality March Campaign'이었다. 이 단체는 주기적으로 길거리로 나가 수만 명의 사람과 더불어 푸틴 정권에 반대하는 시위를 벌였다.

나는 2012년 9월에 러시아 LGBT 인권운동가들과 함께 가두행렬에 참여한 적이 있다. 모스크바 거리를 다니는 내내 도시는 축제 분위기를 띠었다. 행렬이 있기 몇 주 전, 세 명의 젊은 여성이 경찰에 체포되었다. 바로 펑크록과 함께 페미니즘을 표방하는 여성 인권단체 '푸시 라이엇Pussy Riot'의 회원인 나디아, 예카테리나, 나데이다였다. 결국 가두행렬에 나온 사람들은 체포된 그녀들의 이름을 깃발에 적었다. LGBT 활동가는 100여 명에 불과했지만 푸틴 정권에 반대하는 시위자는 5만 명이 넘었다. 그 속에 합류한 운동가들은 더 큰 소리로 권리를 주장했다. 그래서 더 많은 사람의 눈에 띄지 않았겠는가! 사진작가와 카메라맨들이 그 주변을 에워쌌다. 무지개 깃발은 멀리서도 잘 보였다. 러시아어로 퀴어 인권을 알리는 문구들을 슬로건으로 적었다. 어떤 깃발은 영어로 적혀 있어서 외국인의 시선을 더 강렬하게 끌어당겼다. 영어로 'No fear(두렵지 않다)' 'Go down Putin, Let my pussy free(푸틴은 하야하라. 그리고 푸시 라이엇을 해방시켜라)'라고 적혀 있었다. 또 어떤 표지판에는 'Gay Pride sent to Siberia in chain(게이 프라이드는 쇠사슬에 묶인 채라도 시베리아까지 간다)'라고 쓰여 있었다. ('푸시 라이엇'의 멤버들이 펑크록 정신을 넣어 만든 기도문의 일부였다.)

길게 늘어선 가두행렬 속에서 사람들은 저마다 자신이 원하는 것을 요구했다. 시민들이 자유롭게 모인 이 집회에는 대학 총학생회, 여성 인권단체, 예술가, 블로거, 무정부주의자들이 뒤섞여 있었다. 이상하게 들릴지 모르지만, 이 행렬에는 푸틴 정권의 우파 정치에 동조하는 데다 한발 더 나아가 정통 러시아 정교회를 추종하는 스탈린주의자들까지 있었다. 일명 초국가주의를 주장하는 반대파다. 이고르 이아시네는 푸틴 정권을 둘러싼 두 슬로건 사이에서 숨을 깊게 내쉬며 침묵했다. 그리고 잠시 후 자신이 생각하는 전략에 대해 설명했다.

"우리는 국민의 지지를 얻어야 합니다. 제가 가장 우선적으로 생각하는 것이 그거예요. 일단 청년과 젊은이들부터 설득해야 합니다. 모스크바 출신의 시민, 예술가, 교육을 어느 정도 받은 교양인들이 동성애자 편에 서야만 해요. 동성애자끼리만 모여 문제를 개선하려고 하면 아무 소용이 없습니다. 그래서 우리가 여기에 와 있는 거예요. 오늘 같은 집회에 참석하는 것도 국민과 더 가까워지기 위해서죠. 물론 이 자리에는 우리가 싫어하는 국가주의 예찬자들도 있어요. 그들은 우리를 이상한 시선으로 쳐다볼 겁니다. 심지어 함께 가두행렬을 하는 동안에도 우리한테 욕을 퍼붓거나 폭력을 행사하려는 사람들도 있겠죠. 물론 초반에는 이들이 우리의 참여를 완강히 거부했습니다. 시위 주최자들에게 우리가 현장에 나오지 못하게 해달라고 부탁했을 정도니까요. 그들은 LGBT가 그들의 이미지에 나쁜 평판을 끼칠까봐 두려운가봐요! 결국 우리는 행렬의 끝자락에 서게 됐어요. 무지개 깃발을 자랑스레 흔들면서 말이에요. 하지만 지금은 상황이 나아져서 이시위를 주최하는 단체로부터 합류할 기회를 얻게 되었답니다. 그래서 재정 지원을 얻기 위한 모금활동을 하고 있고 시위를 중재하는 역할을 하려고 해요."

이고르가 자신 있는 목소리로 말했다. 그러면서 빈 깡통을 내밀었는데, 알고 보니 러시아 화폐인 루블을 모으는 자선 모금함이었다. 그는 시위 행렬에서 마주치는 사람들에게 거리낌 없이 깡통을 내밀었다. 우리 머리 위로는 경찰대 소속 헬리콥터가 순찰 중이었다. 헬리콥터가 지상에 가까워질수록 프로펠러 소리가 몹시 시끄러웠다. 거리 구석구석마다 수많은 경찰이 경찰모를 쓴 채 차가운 눈빛으로 시위자들을 감시했다. 총알받이 조끼를 입은 경찰관도 몇 명 보였다. 그런데 조끼 앞에 러시아 알파벳인 키릴 문자로 '오모oмoн'라고 적혀 있는 것이 아닌가! 나는 왜 그 글자가 쓰여 있는지 이해할 수 없었다. 이고르는 '친푸틴 정권의 특별 경찰대'를 이르는 약자가 러시아어로 '오모'라고 설명해주었다.

블라디미르 푸틴과 드미트리 메드베데프는 러시아를 동방정교의 국가로 만들려고 애썼다. 그러다보니 그들은 정치가로서보다는 종교인의 시각으로 게이와 레즈비언을 격렬하게 비난했다. 실제로 유럽의회와 유럽인권위원회가 1993년에 동성애자 차별법을 폐지하도록 요구했는데, 그 결과 러시아 내의 동성애자 차별법은 법적으로 사라졌다. 그러나 정부가 실질적으로 동성애자 차별을 없애기 위해 적극적으로 노력한 흔적은 거의 찾아볼 수 없다. 오히려 정반대로 동성애자를 구속하는 빈도수가 점점 늘어났다. 실제로 법적으로 전혀 하자가 없는 일부 게이 바가 갑자기 문을 닫는 사태가 벌어졌다. 게이들이 서로 모여 연애 상대를 찾는 외부 장소는 낮이든, 밤이든 관할 기관의 감시를 받기 일쑤였다. 지난 몇 년간, 모스크바에서 게이 프라이드를 열기 위한 계획은 정부의 개입으로 인해 늘 마지막에 수포로 돌아갔다.

LGBT 운동가들은 동성애 혐오자들의 공격에 속수무책으로 당할 수밖에 없었다. 이따금 까닭 없이 운동가들이 경찰에 연행되기도 했다. 그중 한 명이 바로 이고르 이아시네였다.

나는 지금 모스크바에서 가장 핫하다는 게이 구역에 와 있다. 내가 찾아간 바는 이름도 참 상징적이었다. '선전'을 뜻하는 '프로파간다Propaganda'는 과거에 러시아의 국가보안위원회KGB에서 가까웠다. 키타이고로드 구역에서 가장 특이하면서도 멋진 이곳에는 층별로 미로와도 같은 공간이 펼쳐진다. 발코니와 함께 외따로 떨어진 테이블들이 구석마다 세팅되어 있다. 바와 레스토랑을 겸하는 곳인데, 주말에는 게이 클럽으로 변신했다. 가게 내부는 역시나 무척 아름다웠다. 블라디미르 푸틴 정부는 동성애자들의 '프로파간다', 즉 구호 선전을 금지하겠다는 강경한 입장을 내비쳤다. 그는 게이들이 몰려 있는 장소를 법으로 엄격히 제재하겠다고 선포했다. 또 에이즈 예방운동에 대해서도 회의적이었는데, 그 캠페인의 주요 대상이 동성애자이기 때문이다. 모든 언론 매체는 동성애에 대해 열띤 토론을 벌였다. 하지만 이 가게, 프로파간다는 보란 듯이 푸틴에 대항하는 이름으로 영업을 이어가고 있다.

서른두 살의 이고르 이아시네는 부드러우면서도 카리스마 넘치는 남자였다. 차분하면서도 상대를 유혹하는 묘한 매력의 소유자였고, 치밀한 전략을 세울 줄 아는 똑똑한 뇌섹남이었다. 뿐만 아니라 근육질에 머리를 짧게 깎은 모습은 한눈에 봐도 극우파나 동방정교회 보수 단체 사람이 달려들면 바로 주먹을 한 방 날릴 것 같은 분위기를 풍겼다.

"저는 자극적인 메시지를 원하지 않아요. 일부 과격한 게이 인권활동가들은 크렘린 궁전 앞에서 '모스크바 프라이드'를 열고 싶어합니다. 또 붉은 광장에서 게이 프라이드를 하고 싶어하죠! 왜, 차라리 톈안먼 광장에 가서 프라이드를 하자고 하지 그래요? 문제는 이렇게 자극적인 상황을 연출하는 것이 결국엔 비생산적인 결과를 낳는다는 겁니다. 동성애자를 위한 구체적인 인권을 개선하는 데 큰 도움이 되지 않으리라는 걸 저는 잘 알아요. 제가 원하는 것은 신뢰가 가는, 근대적인 게이 운동을 발전시키는 거예요. 법의 테두리를 벗어나지 않는 선에서 정부의 허가를 받는 집회와 시위를 하고 싶습니다. 그러려면 푸틴 대통령보다 더 머리를 잘 써야 해요. 게이 인권운동가들을 체포하기 위해 혈안이 되어 있는 그에게 덜미가 잡히면 안 되니까요."

이아시네가 말했다. 그는 모스크바의 게이 인권운동가들에게 새로운 얼굴을 만들어주고 싶어했다. 더 나아가 러시아의 얼굴을 새롭게 꾸미길 원했다. '러시아 투데이'라는 국제 TV 채널에서 일하는 기자인 그는 아랍어와 영어를 유창하게 구사했다. 또 인터넷에 대해서도 박학다식했으며, 시청각 자료의 검열이 다반사인 나라에서 어떻게 중용을 지켜가며 처신해야 하는지에 관한 노하우도 잘 알았다. 그는 러시아의 현실에 대해 이렇게 시인했다. "러시아에서는 게이의 라이프스타일이 언더그라운드적이라고 보면 됩니다. 우리 의지와 상관없이 그렇게 돼버렸어요. 하지만 앞으로는 달라져야 해요. 음지가 아닌 바깥세상으로 더 많이 나와야 합니다."

이고르 이아시네가 러시아에서 게이로 커밍아웃한 유일한 공인은 아니다. 모스크바 LGBT 레인보우 협회 의장인 스물다섯 살의 안드레이 오볼렌스키가 자세한 상황을 설명해주었다. "이 나라의 문제는 민간인으로 구성된 시민 협회를 자유롭게 만들 수 없다는 거예요. 동성애자를 위한 단체들은 합법적으로 등록된 기관이 아닙니다. 그래서 우리끼리 하는 집회는 국가의 허가를 받지 않은 불법 집회가 대부분이죠. 정식 등록을 인정받은 단체들도 있긴 한데, 예를 들면 LGBT 영화 페스티벌 집행위원회가 있어요. 단체 사람들은 '플래시 몹flash mob'이라고 해서 단시간에 대중을 모아 깜짝 집회를 열기도 합니다. 그래야 경찰의 감시망을 피해 전략적으로 집회를 성공시킬 수 있거든요. 우리는 집회를 할 때, 사전에 미리 공지하지 않아요. SMS나 Vkonstakte.ru(러시아판 페이스북으로, 최근에 자신의 연애 상태를 '동성애자 커플'로 표시할 수 있도록 회원들에게 허용한 SNS 사이트)를 통해 불시에 집회 장소와 시간을 알려요. 또 1인 시위도 자주 하는데, 한 사람이 무지개 깃발을 흔들며 피켓 시위를 하는 것은 법적으로 전혀 문제 되지 않거든요. 러시아는 시위자가 한 명일 경우에는 그 시위를 불법 집회로 규정하지 않습니다."

2000년대 말부터 러시아는 동성애자를 향한 모든 '선전'용 문구를 금지하는 적대적인 강령을 강화했다. 러시아 지역 의회뿐만 아니라, 2013년 6월에는 제국 의회인 두마에서도 이와 관련된 법안을 통과시켰다. 러시아의 동성애 혐오 풍토는 대통령 관저실인 크렘린에 의해 널리 퍼져갔다.

역설적으로 들리겠지만, 이와 함께 러시아 대도시에는 게이 전용 클럽과 바가 점점 늘어나는 추세다. 물론 정부가 권장한 것은 결코 아니며, 시장경제 논리에 따라 대도시에 동성애자 인구가 증가한 결과다. 상업적인 활동에 있어서 이윤을 추구하는 가게 사장들은 동성애자 고객의 수요를 충족시키기 위해 공급량을 늘릴 수밖에 없다. 나는 파리나 런던, 뉴욕의 여느 파티가 부럽지 않은 게이 파티를 모스크바에서 봤다. 모스크바 중앙역 3층짜리 대형 클럽에 1000명은 됨 직한 수많은 동성애자가 모여 파티를 즐겼다. 멕시코, 브라질, 중국에서처럼 이곳 게이 클럽 역시 파격적이고 흥을 돋우는 분위기는 어느 나라랑 견줘도 부럽지 않을 수준이었다. 신흥 공업국가로 부상한 이 나라 게이의 라이프스타일은 내 눈에는 혜성처럼 떠오르는 새로운 발견 그 자체였다.

경찰과 정치인들의 압박에도 불구하고 러시아 사회는 자유의 목마름을 스스로의 힘으로 서서히 채워나가고 있다. 인권단체 '싱크탱크'들이 생겨나고, 합법적이든 아니든 여러 단체가 조직되면서 민간 기업의 물꼬를 트는 분위기가 사회 전반으로 점점 확산되기 시작했다. 상트페테르부르크에서는 게이들의 언더그라운드 문화가 활발했다. 펑크 문화를 받아들인 레즈비언들과 함께 게이들은 퀴어 파티도 자주 열었다. 러시아에서 유명한 게이 사이트를 운영하고 있는 레오니드와 붉은 광장의 커피숍 GUM에서 인터뷰를 했다. 그는 이렇게 말했다. "푸틴 대통령이라고 모든 것을 알지는 못해요! 모스크바에는 게이들이 출입하는 사도마조히즘 클럽까지 있답니다. 그곳에서는 과거 러시아 제국이 고문 도구로 썼던 물건들이 그대로 사용되지요. 바로 갈고리가 달린 채찍이에요. 가죽으로 된 긴 줄 끝에 쇳덩이가 달려 있는데, 러시아 동성애자들은 역시 러시아 스타일로 사도마조히즘을 즐기죠!"

어쩌면 혹자들의 예언대로 프랑스에서 일어났던 5월의 68혁명이 이곳에서도 일어날 수 있을까? 모스크바나 상트페테르부르크처럼 대도시에서는 이미 반정부 항쟁이 지속되고 있는 것 아닌가? 아니면, 정반대로 동방교회와 손잡은 푸틴 정권이 강압적으로 권력의 채찍을 휘두를 것인가? 나는 세계 체스 대회 챔피언 출신인 게리 카스파로프를 두 차례 만났다. 누구보다 푸틴을 싫어하는 레오니드는 만날 때마다 현재 러시아에서는 다시금 '독재'의 바람이 불고 있다고 거듭 강조했다. 나는 그를 2015년 로마에서 한 번, 이듬해인 2016년 당시 그가 살고 있던 뉴욕에서 또 한 번 만났다.

러시아인 가리 카스파로프는 "국가보안위원회가 현재 러시아를 장악하고 있습니다. 푸틴은 그 위원회의 옛 책임자였고, 우리는 공산주의가 몰락하기 이전 시대로 회귀하고 있지요"라고 말했다. 그는 한때 러시아 대선 후보로 지명됐지만 일시적인 해프닝으로 끝나고 말았다. 반체제파, 소수 민족, LGBT의 인권을 개선하는 일에 앞장서는 전직 체스 챔피언 가리 카스파로프는 러시아에서 푸틴에 맞서 힘겨운 투쟁을 이어가고 있다. 그는 페이스북 계정에 25만 명의 친구를 보유하고 있으며, 트위터 팔로어는 16만 명이나 된다. 그래서 즉흥적으로 집회를 열 때마다 SNS를 통해 참여자를 모집한다. 그는 덧붙여 이렇게 설명했다. "우리는 새로운 방식으로 국민을 지배하려 하는 독재 정치에 맞서 싸우고 있어요. 과거 정부보다 더 자의적이고 술책에 능한 독재인 거죠. 부패는 뭐 말할 것도 없고요. 현 정권은 나라 안팎으로 예전보다 더 치밀한 프로파간다를 내걸며 완벽한 선전활동을 하고 있답니다."

나는 맨해튼의 브로드웨이에 있는 그의 아파트에서 인터뷰를 했지만 그는 자신의 집 주소를 직접적으로 알려주지는 않았다. 그는 이런 말도 했다. "푸틴은 게임의 왕입니다. 러시아에서는 모든 것이 완벽하게 통제되고 있어요. 공격적이고 심각한 프로파간다를 내세우고 있지요. 그는 미디어 전체를 감시하고 있습니다. 인터넷도 그의 검열 대상에서 예외는 아니에요. 게다가 가짜뉴스fake News를 전달하는 웹사이트도 많은 데다 말도 안 되는 소문들이 여기저기에 떠돌고 있어요. 또 푸틴은 러시아 밖에서는 놀라운 외교 책략을 선보이는 동시에 서양의 민주주의가 가진 한계를 교묘하게 드러내려고 한답니다. 민주주의 이념에도 빈틈이 있다는 것을 그 역시 누구보다 잘 알고 있는 거죠."

러시아의 현 대통령은 1991년에 공산주의의 붕괴 이후로 자유를 얻게 된 모든 것을 다시 구속하는 일에 몰두하고 있다. 두마가 동성애자의 '선전'을 막는 새 법안을 통과시킴에 따라 러시아는 '같은 성을 가진 사람들의 관계에 관심을 갖게 하는 모든 정보의 유출과 유통을 법적으로 금지'시켰다. 유럽에서는 동성애 혐오의 산물인 차별법들이 폐지되고 동성애자를 인정하는 사회 분위기가 확산되는 반면, 러시아는 정반대 길을 걷고 있는 셈이다. 오히려 동성애자를 차별하는 법을 만들고 그들을 인정하지 않으려 하며 시대를 거스르고 있다. 2013년에서 2016년 동성애를 혐오하는 사람들이 자행한 폭행 사건은 어마어마하다. 하지만 그들은 솜방망이 처벌을 받고 풀려났다. 설상가상으로 그 시기에 동성애에 반대하는 방송이 늘어났다. 여론은 게이들에 대해 관대해지기보다는 그들을 향해 눈살을 찌푸렸다. 2007년 러시아에서 실시한 여론 조사 결과, 응답자의 19퍼센트가 동성애를 '범죄'라고 생각한다는 입장을 보였다. 그런데 오늘날에는 같은 질문에 42퍼센트가 '범죄'라고 답했다.

"러시아는 잘못된 방향으로 가고 있는 게 확실해요."

붉은색 머리카락의 젊은 여성 타냐 록시나가 의견을 내놓았다. 그녀는 인권감시단체에 소속된 일원으로 러시아의 인권 개선을 위해 지칠 줄도 모른 채 일하면서 하루를 보낸다. 나는 그녀를 모스크바에서 만나 이야기를 나눴다. 호소력 짙은 카리스마가 느껴지는 걸걸한 목소리로 그녀는 말했다.

"우리는 사적인 삶에 있어서는 많은 자유를 누리며 살아요. 자신이 읽고 싶은 신문을 선택해서 읽고, 웹 서핑도 자유롭지요. 게이든 레즈비언이든 자신이 만나고 싶은 상대와 연애를 할 수도 있답니다. 여행도 자유롭게 하고 현 정권의 체제에 반대하는 입장도 비교적 자유롭게 표출할 수 있어요. 예전의 소비에트 연방 시절이 아니니까요. 하지만 우파 정권이 들어서면서 상황은 점점 과거로 돌아가고 있습니다. 캅카스 북쪽에서 활동한 일부 행동주의자가 경찰의 고문을 받은 사건이 있는가 하면, TV 채널이 정부의 손아귀에 들어가면서 언론의 자유가 침해받고 있죠. 정의가 제국주의의 권력 밑으로 들어가버린 겁니다. 설상가상으로 러시아 동방교회는 크렘린의 정책에 말도 안 되는 영향력을 행사하고 있어요. 게이들을 선동하는 모든 수단과 활동을 금지하는 새 법안은 모순덩어리입니다. 그것은 헌법에 위배되는 내용으로, 러시아의 기존 법령과도 맞지 않을뿐더러 러시아가 체결한 외국 조약의 조항에도 어긋나지요."

LGBT의 인권 수호를 위한 활동은 블라디미르 푸틴의 부패하고 냉소적인 정책에 들어설 자리가 없다. 그는 보드카, 석유를 가진 소수자들의 정치, 즉 과두정치와 가스 그리고 핵무기 코드에만 관심이 있다.

이 러시아 대통령은 공개 석상에서 동성애자에 대해 좋다, 나쁘다를 언급한 적이 아예 없다. 왜냐하면 그 주제는 그의 관심사가 아니기 때문이다. 게다가 푸틴의 대변인 드미트리 페스코프는 '서방세계의 사람들이 자신을 어떻게 판단하는지에 대해서도 전혀 신경 쓰지 않는다'고 밝혔다(『뉴요커』와의 인터뷰에서 그가 한 말을 인용한 것이다). 드미트리 페스코프는 미국인과 유럽인들이 러시아의 자유와 인권 문제에 대해 마치 선생님인 양 가르치려는 태도를 공개적으로 비난한 인물이기도 했다. 특히 푸틴의 대변인은 과거에 미국 국무부 장관이었던 힐러리 클린턴이 러시아의 동성애 문제에 대해 언급하며 비난했을 때도 같은 입장을 고수했다. 그는 이에 대해 비꼬듯이 사석에서 자신의 생각을 드러냈다.

"글쎄요, 미국의 내각이 그런 말을 하다니. 국채가 상당한 나라가! 나라의 경제가 무너져가고 있는데! 아프가니스탄에서 벌어진 악몽 같은 기억! 이라크의 참혹했던 과거는 어떻고요? 세계 경제를 침울하게 만든 나라가 지금 러시아의 동성애자가 처한 상황에 대해 걱정하다니! 하하하! 지난번 라디오를 통해 미국 장관이 우리 나라에 대해 걱정한다는 소식을 듣고 어찌나 웃음이 나오던지!"

오늘날 푸틴의 야심에 가득 찬 권위주의적인 정치 성향은 공산주의보다는 국가주의에 더 가깝다. 그는 슬라브족의 후예이자 키릴 문자를 쓰는 러시아인으로서의 자부심을 강조하고, 과거 러시아 제국의 황제 시절을 떠올리며 더욱 강력해지길 원했다. 특히 그는 동방교회의 대가족 중심주의를 기반으로 자신의 동맹군을 키우는 일에 집착했다. 그래서 반서양적인 정서와 반미 정신을 자신의 국수주의적 이데올로기의 토대로 삼으려고 했다. 이러한 망상에 사로잡힌 그는 LGBT의 인권 문제를 서양에서 들여온 짐짝 취급하며 EU와 미국의 중재 및 개입을 적대적인 시선으로 바라봤다. 이러한 상황에서 러시아는 앞으로 어떻게 될까? 모스크바에서 만난 사람들은 이에 대해 열띤 논쟁을 벌였다. 대화를 나눈 러시아인들 중에는 게이 커뮤니티에 속한 사람들도 있고, 인권단체에 소속된 사람들도 있었다. 그들은 비정부 기구 단체의 간접적인 도움이 절대적으로 필요하다고 강조했다. 그리고 지역별로 게이 구역이 발전할 수 있도록 게이 문화에 대한 긍정적인 인식과 소통의 문화가 형성되는 게 우선이라고 조언했다. 전통적인 가치를 중요시하는 보수적인 러시아에서 무모하게 정면 대응해 과격하게 활동하기보다는 소통과 설득을 우선순위에 놓아야 한다는 것이다. 또 다른 게이 인권운동가들은 러시아의 LGBT 인권이 개선될 수 있도록 서양인들이 좀더 강경하게 개입해야 한다고 말했다. 그러면서 유럽 인권 법원이 러시아에 3만 유로의 벌금을 내도록 판결을 내린 것을 높이 샀다. 러시아 정부가 자국의 게이 프라이드를 금지시킨 것에 대해 유럽이 대신 벌을 준 사건이었다.

이고르 이아시네는 인터뷰를 마칠 즈음 다음과 같이 결론을 내렸다. "우리는 EU로부터 영향을 많이 받았습니다. 우리가 본받고 싶은 롤모델이니까요. 하지만 어쩔 수 없이 우리는 러시아인의 피를 갖고 태어난 사람들이에요. 그렇기 때문에 게이 인권운동도 해외가 아닌 이곳에서 해야 합니다. 러시아인들이 주도하는 활동을 실현시키는 것이 우리 임무예요. 게이의 인권이 서양에서만 보호받을 수 있다는 편견을 이제는 깨고 싶어요. 우리가 유럽과 미국의 동성애를 문화처럼 수입한 게 아니니까요. 동성애는 이미 오래전부터 세계 여느 나라에서처럼 러시아에도 존재했습니다. 많은 인구가 동성애자로 이 나라에 살고 있지요. 세기의 작곡가 차이콥스키가 살아 있을 때에도 동성애는 러시아에 이미 존재했던 것입니다."

과거 구소련, 즉 소비에트 연방 시절에 동유럽의 상황도 러시아보다 나을 바가 없었다. 사실 우리는 벨라루스, 카자흐스탄, 우즈베키스탄, 타지키스탄, 투르크메니스탄, 아제르바이잔의 동성애자들이 어떻게 살고 있었는지, 그들의 인권에 대해 아는 바가 거의 없다. 구소련 지역의 서쪽과 서남쪽을 장악하는 이 거대한 회색 지대에는 안타깝지만 동성애자를 혐오하는 분위기가 팽배했다. 동방교회 또는 이슬람교의 종교적 세력이 강한 지역들이 특히 그랬다. 또 종교적인 신념이나 엄격한 법령 때문이 아니라 독재 정권의 탄압을 받는 나라들 역시 말할 필요도 없었다. (투르크메니스탄의 대통령 베르디무함메도프와 벨라루스의 루카셴코는 악명 높은 독재자였다. 심지어 루카셴코 대통령은 '게이가 되느니 차라리 폭군이 되는 게 낫겠다'는 말도 서슴지 않았다.) "오늘날 이러한 나라들은 여전히 동성애 문제와 관련하여 강경한 입장을 고수하고 있어요. 슬라브족의 후예인 나라들은 러시아를 롤모델로 삼아 법을 제정하는 경향이 강합니다. 따라서 동성애자를 차별하는 러시아의 법이 벨라루스에까지 영향을 미친 것이 분명해요. 아르메니아나 조지아도 조만간 같은 길을 갈 가능성이 높아요. 비록 아르메니아가 역사적인 이유로 러시아인들에게 반감을 갖고는 있지만, 러시아를 모방하는 데 있어서는 그들도 예외는 아니랍니다. 반면 키릴 문자를 어원으로 삼는 나라들은 요즘 동성애 문제로 혼란을 겪고 있어요. 특히 벨라루스와 카자흐스탄은 루블로 화폐를 통합하는 경제 정책 및 세관 장벽 철폐 같은 문제와 더불어 게이 문제로도 골머리를 앓고 있답니다. 하지만 유럽 및 서양 국가와는 점점 멀어지는 입장을 취하고 있어서 이 두 나라도 결국 러시아와 비슷한 태도로 동성애자를 대하고 있는 실정이에요. 전염병처럼 확산되는 이러한 사회 분위기는 아주 작은 나라인 리투아니아에서도 비슷하지요. 심지어 리투아니아는 EU에 속한 회원국인데도 슬라브족의 후예들이 사는 나라라는 이유로 게이의 '선전'을 일제히 금하는 러시아 법을 따라갈 수밖에 없었습니다. 시간이 지날수록 눈덩이가 점점 커지는 것처럼 러시아의 영향력 또한 점점 더 강해졌지요."

로만 두드니크의 설명이다. 그는 구소련 국가였던 나라들의 에이즈 예방운동을 위한 프로그램을 조정하는 일을 하고 있다. 모스크바에서 인터뷰를 했는데, 그는 이렇게 말을 이었다.

"게다가 중앙아시아에 퍼져 있는 옛 소비에트 연방 국가들에게 동성애는 근대화의 산물이 아니라 예부터 전해 내려온 민족의 전통입니다. 공원이나 사우나에서 심심찮게 보던 풍경이었죠. 하지만 에이즈 바이러스에 감염되는 게이의 수가 예전보다 급격히 늘어나면서 두 남성의 성관계로 인해 바이러스가 퍼진다는 설이 확산되고 사회적인 골칫거리로 인식되었답니다. 그런 까닭에 동성애자를 차별하는 새로운 정책이 러시아를 비롯해 옛 소비에트 연방 국가들에까지 우후죽순으로 퍼져나간 거죠."

우크라이나와 조지아, 몰도바, 몬테네그로에서는 게이 프라이드가 정부의 제재로 매번 취소되거나 삼엄한 분위기에서 치러졌다. 벨그라드(세르비아)의 상황은 최악이었는데, 2010년에 극우파 단체와 정통 동방교회인들이 훌리건과 연계해 게이 프라이드에 참가한 사람들을 무자비로 폭행했다. 그 결과 132명이 부상을 당했는데, 그중에는 경찰도 포함되어 있었다. 정부는 공권력을 이용해 게이 프라이드에 경찰을 동원할 수밖에 없었다. (그 결과 이곳에서도 게이 프라이드가 법으로 금지되고 말았다.) EU는 회원국 후보 명단에 오른 이 나라들이 LGBT의 차별을 유지할 경우 회원국으로 받아들일 수 없다는 입장을 보고서를 통해 발표했다. 세르비아와 크로아티아, 터키, 보스니아, 마케도니아가 그 후보다. (실제로 2013년에 크로아티아는 EU 회원국이 되었다.) 또한 몬테네그로와 알바니아, 아이슬란드는 성소수자의 인권이 만족스러운 수준이라는 평가를 받았다. 물론 기존의 EU 회원국들 중에 불가리아와 헝가리는 지금도 게이의 인권이 크게 존중받는 나라는 아니다. 헝가리에서는 동성애자를 차별하는 법이 여전히 존속되고 있으며, 한 극우파 정당은 게이 프라이드를 법으로 금지해야 한다고 주장하면서 '왼쪽은 일탈, 오른쪽은 정상'이라는 단순한 슬로건을 내세우기도 했다. 헝가리는 2012년 1월부터 법적 효력이 발생되는 새 헌법 조항에 '결혼'을 '한 남자와 한 여자'의 자연스러운 기초적 결합으로 규정하면서 같은 성을 가진 사람끼리의 결혼을 법으로 금지시켰다. 그럼에도 불구하고 2012년 3000명의 활동가가 부다페스트에 모여 게이 프라이드 행사를 진행했다. 그해에 불가리아, 루마니아, 라트비아를 비롯해 체코의 프라하에서도 게이들의 연대 시위가 차례로 행해졌다.

시몬 포르마네크는 하나도 변한 게 없었다. 내가 프라하에서 그를 처음 봤을 때가 1990년 봄, 벨벳 혁명체코슬로바키아의 공산주의 정권이 붕괴되도록

^{이끈 시민 혁명} 직후였다. 그리고 20년이 훌쩍 지나 나는 그를 신화적인 장소인 슬라비아에서 다시 만났다. 그곳은 체코에 전쟁이 일어나기 전 프라하의 지식인 계층이 주로 모이는 고급스러운 아지트였지만, 지금은 촌스러운 분위기의 커피숍으로 전락했다. 우리는 지난 세월이 무색하게 폭풍 수다를 떨기 시작했다. 그가 말했다. "그때 그 시절 기억 납니까? 공산주의 정권 시절, 저는 퇴폐적인 시인이었죠. 그리고 그때 커밍아웃을 했고요." (사실 나는 기억이 가물가물했다.) 그는 살짝 피곤한 표정을 지으며 천천히 말을 이어갔다. "1988년부터 나는 대학에서 '초현실주의와 같은 동성애'라는 주제로 학회를 개최하기도 했지요. 1989년은 내 생애 가장 아름다운 해로 기억되는군요."

공산 정권의 박해를 받는 부르주아 계층의 한 대가족에서 태어난 시몬 포르마네크는 프라하에 혁명의 바람이 불 때 두각을 나타내며 활동한 인물이다. (그의 할아버지는 1948년 공산 정권에 의해 처형당했다.) 그때 그의 나이 스물넷이었다. 열성적인 예술가이자 인권활동가였던 그는 바츨라프 하벨^{공산 독재 체제를 무너뜨리고 대통령이 된 체코의 인권운동가}의 퀴어 버전 같았다. 정치적 격변기 때 사람들이 동성애자의 문제를 잊지 않게 하려고 무던히도 애를 썼기 때문일 것이다. 그가 말했다. "저는 1989년에 스스로를 동성애자 대학생 대표라고 부르고 다녔어요. 그래서 동성애자들에게 정치적 운동에 가담하라고 권했답니다. 당시 한 TV 프로그램 게스트로 초대받은 적도 있는걸요."

나는 프라하에서 체코 작가 바츨라프 야메크와도 인터뷰를 했다. 그는 '시몬 포르마네크야말로 이 새로워진 나라에서 게이 인권운동을 위해 활동한 선구자 중 한 사람'이라고 치켜세웠다.

시몬 포르마네크는 1990년부터 동성애자 차별법 폐지 운동을 시작했다. 이름하여 '동성애자혁명대학생단체'를 직접 만들고 젊은 게이 청년들을 대변하는 역할을 했다.

"우리는 사람들을 대동해서 시위를 열자고 외쳤습니다. 하지만 정작모인 인원은 50명밖에 안 됐죠. 그래도 길거리에서 우리한테 합류할까말까 망설이는 사람이 300명쯤 되었답니다. 하루는 시위 현장에서 낯익은 사람을 봤어요. 앨런 긴즈버그가 서 있는 거예요! 그가 다시 돌아온 거죠! 우리의 영웅! 1960년대를 대표하는 인물이었던 긴즈버그가 '벨벳 혁명'과 함께 우리 체코를 위해 돌아왔던 거예요. 나는 그때마치 환각 증상에 빠져 꿈을 꾸는 것만 같았어요. 믿기지 않았지만 현실이었죠."

그가 털어놓은 말이다. (앨런 긴즈버그로 말할 것 같으면 '비트 제너레이션Beat Generation'을 주도한 대표적인 미국 시인으로, 1965년 5월 공산 정권이그를 프라하에서 추방한 사건이 있었다. 시간이 흘러 1990년 4월, 그는 다시프라하를 찾았고 2주 동안 이 도시에 머물렀다.)

바츨라프 하벨 체코 대통령은 동성애자 차별법과 관련하여 시몬포르마네크의 이야기에 동의했다. 운 좋게도 시몬은 이 대통령과 면담할 기회를 얻었는데, 그때 대통령이 확실히 동성애자들의 인권을 지지해줬다고 말했다.

체코슬로바키아는 중부유럽 및 동유럽 국가 중에서는 최초로 동성애자 차별법을 철폐한 곳이다.

시몬이 설명을 덧붙였다.

"저는 프랑스로부터 게이에 대한 인권 존중을 배웠어요. 1989년의 슬로건이 '유럽 안으로 들어가자'였답니다. 이번에는 우리 스스로 독립적인 변화를 이루려 애쓰고 있는데, 머리보다는 몸이 저절로 움직입니다. 역사가 저를 이렇게 행동하도록 만드는 것 같아요."

그는 체코 정부가 동성애자들을 핍박한 적은 없다고 말했다.

"1980년대의 프라하에는 이미 게이 클럽이 여러 개 있었어요. 그 클럽을 드나드는 사람 중에는 1977년에 설립된 반체제 운동 단체인 '77헌장공산주의 정권 시절 체코슬로바키아에서 일어난 반체제 운동을 상징하는 문서로, 정부가 헬싱키 협정의 인권 조항을 준수할 것을 촉구하는 내용을 골자로 하며 총 243명이 이 헌장에 서명했다' 소속 회원도 있었답니다. 그러면 그 단체에 적어도 한 명 이상은 게이가 있다는 말이겠죠." (그는 끝까지 누가 게이였는지 실명을 거론하지는 않았다.)

나는 시몬과 저녁때마다 만나 함께 게이 바를 드나들었다. 프라하 구시가지에 있는 에라는 공산 정권 시절의 수용소 건너편에 위치해 있다. 현재 이 수용소는 고급 호텔로 개조되어 영업 중이다. 시몬이 '게이들의 지나친 행동'을 비판할 때, 나는 속으로 좀 놀랐다. 그가 그런 식으로 동성애자를 걱정하는 것은 마치 예언자 같았는데, 그 모습이 꼭 액트 업Act UP의 창립자인 뉴욕 출신의 래리 크레이머를 연상시켰다. 래리 크레이머는 볼 때마다 늘 푸에타르 신부의 아우라가 느껴지는 사람이다. 시몬은 동성애자의 결혼에 대해서는 찬성하지 않는다고 솔직하게 털어놓았다. 인터넷에서의 완전한 자유는 인정하면서도 말이다. 젊은 무정부주의자인 양성애자들이 인터넷으로 가벼운 연애 상대를 찾는 것은 어디까지나 그들의 자유라는 것이다. 하지만 결혼에 대해서는 회의적이었다.

어느 매우 늦은 저녁 시간, 나는 그와 함께 발렌티노에 갔다. 비노

흐라디의 게이 구역에 있는 유명한 클럽인데, 이곳에서는 스카비트가 강한 서인도 제도의 팝 음악 장르, 매드니스1979년에 1집 앨범을 내고 활동한 영국 밴드의 음악, 프랭크 자파의 재즈 음악이 흘러나왔다. (이곳에서는 마치 록의 역사가 화석처럼 굳어진 듯 옛 스타일을 그대로 간직하고 있었다.) 새로운 것과 오래된 것이 절묘하게 조화를 이루는 곳이었다. 발렌티노에는 히피족, 통속적인 B급 문화를 좋아하는 트랜스젠더, 디즈니 만화에 나오는 짠돌이 오리 영감, '스크루지 맥덕' 같은 이미지의 중년들, 솔뮤직에 푹 빠진 대학생들, 어리바리해서 쉽게 속아 넘어갈 것 같은 신흥 부자들이 한데 섞여 있었다. 나는 나중에야 눈치 챘다, 이 클럽을 찾은 손님들 중에는 매춘 행위를 하는 이가 꽤 많다는 사실을 말이다.

시몬이 무시하는 어조로 말해주었다.

"사실 이성애자든 동성애자든 몸을 파는 매춘은 이곳에서 일상적인 일입니다. 길거리만 나가봐도 바로 눈에 띄니까요. 시골에서 프라하로 갓 올라온 순진한 사람들은 쉽게 돈을 벌어 사회생활을 하려고 해요. 그리고 자신의 성 정체성을 더 쉽게 받아들인답니다. 여기에는 경제적인 이유도 한몫하죠. 그들은 새 휴대전화를 사고 싶으면 게이와 하룻밤 잘 수 있다고 생각한답니다."

늦은 새벽, 프라하의 게이 바들이 순간 1960년대의 뉴욕 그리니치 및 1970년대의 파리의 생트안 거리의 게이 바들과 오버랩되면서 비슷하게 보였다. 낮에 들어간 게이 커피숍은 일반 가게와 다를 바 없이 매우 평범했다. 하지만 밤이 되면 입구에서 신분증을 확인하는 사람, 터무니없이 비싸지는 가격표, 매춘을 권장하는 남창들이 하나둘 가게 안으로 들어왔다.

바츨라프 클라우스 전 체코 대통령은 국가주의와 신자유주의를 지향하면서도 동시에 보호 정책 및 유럽주의와 관련하여 회의론을 펴는 인물이었다. 폴란드, 러시아, 헝가리의 대통령이 그랬듯, 그도 재임 기간에는 동성애자들에게 우호적인 정치가가 아니었다. (하지만 풍문에 따르면, 그 역시 동성애자라고 했다. 체코의 유명한 게이 인권운동가인 이르지 흐로마다가 그의 동성애에 대한 소문을 퍼트렸지만, 확실한 증거를 제시한 것은 아니다.) 임기 동안에 바츨라프 클라우스는 유럽이 체코의 고유한 정체성을 훼손한다고 생각할 뿐만 아니라, 동성애자들의 목소리가 커지는 것이 국가 발전에 도움이 되지 않는다고 여겼다.

작가 바츨라프 야메크가 그에 대해 내게 털어놓은 이야기가 있다.

"클라우스 전 대통령은 동성애자들이 유럽에 위협적인 대상이라고 말했습니다. 게이들이 브뤼셀을 장악하고 있다고 믿었죠! 동성애자에 대한 차별을 폐지하는 것과 관련된 투표에서 그가 반대표를 던진 걸로 알고 있어요. 물론 당시 체코의 상황은 폴란드나 러시아처럼 심각한 수준은 아니었습니다. 우리 체코공화국은 종교가 권력을 가질 수 없도록 종교 분리주의 국가를 선포했으니까요. 그래서 같은 성을 가진 사람끼리 동거하는 것이 이미 가능하던 시절이었습니다. 동성애자의 평등권이 조금씩 실현되고 있었죠."

프라하에서 게이 프라이드가 처음 성공적으로 열린 시기는 2011년 8월이었다. 이 퍼레이드는 프라하 시청의 지지 속에서 무사히 마칠 수 있었다. 바츨라프 야메크와 시몬 포르마네크는 젊은이들에게 많은 희망을 걸고 있었다. 서양을 닮고 싶은 욕망과 슬라브족의 후예로 남고 싶은 의지 사이에서 갈등하는 체코의 젊은이들은 자신을 유럽인이라고 정의하면서도 한편으로는 그에 대해 반감을 가지고 있다. 시몬 포르마네크는 체코의 미래를 생각하면 혁명이 아직 끝나지 않은 것 같다면서 안심할 수 없다고 말했다.

포르투갈과 폴란드도 변화하고 있기는 마찬가지다. 진보주의자, 과거로 회귀하고 싶어하는 복고주의자, 게이 인권운동가, 동성애 혐오주의자 등 다양한 사람이 공존하는 가운데, 한쪽에는 유럽의 중심부로 들어가기 위해 도움을 받고 싶어하는 무리가 있는 반면, 다른 한쪽에는 유럽주의에 반대하는 무리가 있다. 유럽의 중심부는 브뤼셀을 가리키는데, EU가 체결한 여러 조약과 규율, 미래에 대한 청사진과 결정된 정책들을 따를 것인지를 둘러싸고 유럽의 여러 나라가 기로에 서 있다.

LGBT의 인권을 위해 싸우는 유럽의 연합 단체들 그리고 그들의 운동에 반대하는 단체들이 활동하는 가운데 우리는 한 가지 중요한 법 조항을 잊어서는 안 된다. 동성애자를 옹호하는 일련의 활동은 유럽 헌법에 명시된 기본 조항을 토대로 하는 것이다. 그 법에는 '성 정체성'을 근거로 타인을 차별하는 일은 명백히 금지되어야 한다고 명시되어 있다. (이는 1997년 암스테르담 조약에서 처음 등장했으며, 오늘날 EU의 기본 인권 조항 제19조에 명시되어 있다.) 이 문구는 유럽 어느 국가에나 균일하게 적용되는 공식 조항이다. 게다가 이 내용은 다른 법 조항에도 유사한 방식으로 적용될 수 있다. EU의 기본 인권 조항 제21조에서는 '성 정체성'을 인간이 누릴 수 있는 기본적인 권리로 정의하고 있다. 또한 2000년에는 일자리 채용 및 노동권과 관련하여 28개 회원국 모두가 동성애자를 근로 조건에서 차등 대우하지 못하도록 강경 조치를 취한 적도 있었다. 해가 바뀔수록 EU는 '성 정체성'을 토대로 그 어떤 차별도 허용하지 않는 방향으로 발전하고 있다. 그래서 EU의 기본 인권 조항의 필수 사항으로 규정함에 따라 EU 국가가 동성애자 차별법을 모두 폐지할 수 있도록 권고했다. 그렇게 각 회원국은 EU라는 큰 조직체와 유럽의회에 속해 있다는 소속감을 재확인했다.

EU의 10여 개 국가(벨기에, 덴마크, 스페인, 핀란드, 프랑스, 아일랜드, 룩셈부르크, 네덜란드, 포르투갈, 스웨덴 등)는 이미 동성애자들이 합법적으로 결혼할 수 있도록 법적 제도를 마련했다. 또 13개국은 사실혼에 근거한 동거가 현재 가능하다. (2013년 이전까지는 법적 동거를 인정하다가 그 뒤로 결혼을 합법화한 국가로는 영국, 아일랜드, 프랑스가 있다.) 서유럽에서는 2001년부터 빠른 속도로 동성애자들의 인권이 개선되었다. 반면에 동유럽에서는 인권 신장의 속도가 느리다. 같은 EU 국가이지만 서로 다른 속도로 협상이 진행 중이었다.

"유럽인으로서의 의식이 천천히 확산되고 있어요. 그 대표적인 화두가 바로 게이 문제인데, 우리는 유럽의 진보주의를 굳건히 키워나갈 생각입니다. '성 정체성'을 인정하는 것, 그것이 유럽을 표상하는 키워드가 될 겁니다. 동성애자들을 향한 관용주의가 곧 유럽의 정신이 되는 겁니다. 게이 커플을 인정하고, 나아가 그들의 결혼까지 허용하고 말이죠."

이탈리아의 급진좌파 정치가 오타비오 마르초키는 그 점에 대해 이렇게 결론지었다. 그는 브뤼셀에 있는 LGBT의 인권 협회인 인터그룹의 핵심 인물이다. 볼로냐에서 태어난 그는 로마에 있는 게이 단체인 체르티 디리티Certi Diritti의 주요 활동가였다. 그와 인터뷰를 했을 때, 오타비오는 유럽의회에서 일하는 스페인 남자친구인 호아킨 노게롤레스와 결혼한 상태였다. 그는 자신의 결혼식이 어땠는지 이야기해주었다. "정말 멋진 파티였어요. 기쁨과 평화가 가득한 시간이었습니다. 호아킨의 형이 주례를 봐줬고, 합창단원이 노래도 불러줬어요. 호아킨의 사촌들은 바이올린과 북을 치며 연주를 했지요. 그야말로 대가족의 잔치였답니다! 이웃 주민들이 케이크를 가져다주고 우리끼리 불꽃놀이도 했어요. 제 어머니는 가톨릭교 신자라서 우리한테 종교와 사랑의 메시지가 담긴 좋은 말씀을 해주셨습니다. 가톨릭교가 가장 중요하게 강조하는 게 사랑이니까요. 저와 남편 호아킨의 사랑, 친구들끼리의 사랑, 두 가족 사이의 사랑이 중요하다고 하셨죠." 그는 인터넷 블로그에 올린 그들의 결혼식 사진과 피로연 영상을 보여주었다. 나는 결혼식 장소가 어디였냐고 물었다. 이탈리아인이라는 데 자부심이 강했던 오타비오는 겸연쩍었는지 씩 웃으며 대답했다. "우리는 스페인에서 결혼식을 올렸어요. 이탈리아에서는 아직 게이 커플이 결혼을 할 수 없으니까요."

6장

국제연합의 투쟁

에드윈 캐머런은 자신의 커다란 사무실에 있는 서랍들을 하나하나 다 열어보며 뭔가를 열심히 찾았다. 책장을 열자 민법, 형법 관련 서적들, 여러 판례 관련 서류들이 빼곡했다. 그는 그 사이에서 남아프리카 공화국의 헌법 조항이 적힌 자료를 찾으려 애썼지만 결국 못 찾았다. "복사본이 아니라 진짜 원본을 보셔야 하는데……"라며 그가 입을 열었다.

그는 개인 비서와 어시스턴트를 불러 대신 찾아보라고 했다. 결국 방 안에 있는 모든 사람이 그 헌법 조항을 찾기 위해 책 사이를 뒤졌고, 귀중한 자료를 발견해냈다. 셀로판지에 곱게 포장된 460쪽짜리의 두꺼운 책이었다. 에드윈 캐머런은 조심스럽게 페이지를 넘겼다. 헌법 제2장을 펼치자 인권선언문이 적혀 있었다. 그는 내게 '평등'과 관련된 제9항을 읽어주었다. "모든 인간은 법 앞에서 평등하다. 또 누구나 법의 보호와 선처를 받을 자격이 있다."

정부가 금지하는 여러 차별 조항이 나열되었는데, 인종, 종족, 성별, 피부색, 성 정체성에 대한 차별을 금지하는 내용이 이어졌다. 캐머런은 '성 정체성'을 거듭 강조했다. 전 세계에서 '성 정체성'을 평등의 조건으로 명시한 법은 남아프리카공화국이 최초였다. 즉, 시대를 앞서는 법을 만든 국가였는데, 이는 모두 캐머런 판사 덕분이었다.

오늘날 남아프리카공화국 대법원은 흑인 차별 정책인 아파르트헤이트가 실시되던 시대의 옛 수용소 자리에 세워졌다. 넬슨 만델라는 올드포트 4번지에 있던 이 감옥에 두 차례나 투옥된 적이 있다. 나는 수용소의 작은 방을 복원한 곳에도 가봤다. 어떤 1인실은 청소 도구를 보관하는 창고보다 작았다. 정치범들은 끔찍한 고문과 형을 감내하며 정의를 위해 싸웠다. 그런 상징적인 장소에 세워진 대법원 안으로 들어가자 거대한 사진이 눈에 확 띄었다. 바로 동성애자의 결혼이 가능해지면서 이곳 현지의 게이 커플들이 찍은 기념사진이었다.

에드윈 캐머런의 우아한 자태와 외모는 보는 이를 압도했다. 그는 예순세 살에 키가 183센티미터이며 말끔하게 차려입은 신사였다. 프레토리아에서 태어난 그는 스코틀랜드 출신인 어머니와 아버지 사이에서 태어난 백인과 아프리카인의 피가 섞인 혼혈이다.

"그의 집은 무척 가난했습니다. 제대로 된 교육을 받지 못한 하층민이었죠. 아버지는 알코올 중독자였고 결국 죄를 지어서 감옥에 수감됐답니다. 에드윈은 일찍부터 부모님을 부양해야 하는 집안의 가장이 되었죠."

에드윈 캐머런의 절친한 친구인 티머시 트렌고브존스가 말했다. 열악한 가정환경에도 불구하고 에드윈 캐머런은 학교에서 공부를 잘하는 명석한 학생이었다. 그는 법을 공부하고 싶어했고, 결국 영국 옥스퍼드 대학에 당당히 합격했다. 아프리카 대륙에서 머나먼 나라로 유학을 가게 된 젊은 에드윈에게는 뛰어난 재능이 있었으므로, 명문대를 졸업하면서 변호사가 된 뒤 법학과 교수로 임명되었다. 그의 운명은 마치 예정된 것처럼 술술 잘 풀렸다. 런던 상위 법원의 법정 변호사가 되고 싶었던 꿈이 현실로 이뤄지면서 그는 가장 큰 사건을 맡았고 세간에 이름을 알렸다. 그는 영국 사회의 엄격한 잣대와 상류층 특유의 허영심 그리고 영국이라는 섬나라의 편협한 사고방식, 겉치레를 중시하는 세련미를 좋아하지 않았다. 또 그는 영국 영어의 지나친 고상함과 차별적인 발언을 싫어했다. 유럽 문화와 사회가 규정한 피라미드식 서열 구조에서 탈피하고 싶어했다. 그런 그는 결국 영국에 있다가 아프리카, 즉 자신의 고국으로 돌아가기로 결정했다.

"제게 남아프리카공화국은 7월의 건조한 겨울 날씨, 12월에는 어두운 갈색 나뭇잎에서 풀 향기가 나는 여름 날씨가 인상적인 곳이에요. 저는 제 고국을 사랑합니다."

캐머런이 말했다. 그는 요하네스버그로 이주했는데, 당시에는 아파르트헤이트가 심했다. 인종차별적인 사회 구조는 백인 우월주의를 강조했다. 그래서 흑인들이 살고 소유할 수 있는 땅은 백인들의 것과 분리되어 있었다. 변호사이자 백인의 피를 가진 에드윈 캐머런은 이러한 흑인들의 인권 문제를 해결하기로 마음먹었다. 그는 아프리카민족회의African National Congress와 손잡으며 정치활동에도 가담했다. 그리고 다수의 흑인이 거주하는 나라에 소수의 백인이 차별적인 법을 만들어 실현하는 것에 반기를 들었다. 그는 이후로도 계속 아파르트헤이트 정책에 반대하는 변호사로 활동했으며, 1990년에 아프리카민족회의가 제기한 소송의 변호인을 맡았다. 인종차별적인 사회 체제가 서서히 와해되기 시작할 때쯤 넬슨 만델라가 출소했다.

1994년 5월 10일, 만델라는 자유를 되찾은 남아프리카공화국의 대통령으로 취임하면서 다음과 같이 선언했다. "이제 우리는 가난과 박탈, 고통 그리고 인종차별뿐 아니라 성차별을 비롯한 모든 종류의 차별에 의해 영원한 노예로 살았던 국민을 해방시키는 일에 힘쓸 것입니다." 그는 26년 동안 교도소에 산 정치범으로, 죄수 번호 466/64를 달았던 세계에서 가장 유명한 죄수였다. 하지만 그 시절에 대한 앙갚음을 하려 하지 않았고, 백인을 향해 적개심을 품지도 않았다. 그는 그저 '모든 인간이 자부심을 느끼는 그런 사회를 재탄생'시키는 일에 열중했다. 평등을 위한 잣대야말로 관용주의의 표상이며, 그는 이 잣대를 백인에게든 흑인에게든 차별 없이 적용했다. 사회 및 교육 문제뿐만 아니라 사회적 성_性인 젠더 문제에서도 예외를 두지 않았다. '무지개 국가_{rainbow nation}'라는 별칭을 갖고 있는 남아프리카공화국의 대통령이 되자마자 변호사 출신의 만델라는 동성애자 차별법부터 폐지하기로 결정했다. 영국 식민지의 오래된 잔재이자 아파르트헤이트와 같은 맥락에 있었던 이 법은 그야말로 시대착오적이었기 때문이다. (당시 동성애는 일종의 범법 행위로서 7년형을 선고받았다.)

에드윈 캐머런은 개인적으로 만델라를 알고 있었다. 그는 만델라가 보여준 정의로움과 비폭력의 원칙을 높이 평가했다. 나와 여러 차례 인터뷰를 하는 동안에도 만델라의 삶을 이야기하면서 그에 관한 여러 에피소드를 자세히 들려주었다. 만델라의 공식 전기작가가 따로 없었다. 넬슨 만델라는 아파르트헤이트 정책을 폐지하는 과정에서 캐머런의 업적을 매우 높이 평가했다. 이에 1994년 대통령으로 취임하자마자 캐머런을 1심 법원 판사로 임명했다. 당시로서는 보기 드문 특별한 임명이었다. (훗날 캐머런은 대통령으로부터 고등법원 판사로 임명받았으며, 2008년에는 대법원 판사로까지 승격되었다.)

흑인 인권을 위해 싸웠던 에드윈 캐머런은 시간이 흘러 인종차별 문제 다음으로 LGBT의 인권 문제에도 관심을 가졌다. 그의 친구인 티머시 트렌고브존스는 이렇게 말했다. "옥스퍼드 재학 시절, 사실 그는 게이들에게 열려 있는 친구는 아니었어요. 물론 결혼하고 나서 얼마 안 돼 이혼해버렸고요."

이혼 후 몇 년이 지나, 캐머런은 결국 자신의 성 정체성을 드러내기 시작했다. 동성애에 대한 인식이 매우 보수적이었던 남아프리카공화국에서 그는 커밍아웃을 해야겠다는 결심을 더 굳혔다. 요하네스버그에서 처음 열린 게이 프라이드의 주최자로 활동할 당시, 그는 법률가로 구성된 동성애자 모임도 결성했다. 특히 그는 만델라와 그의 정당인 아프리카민족회의와 함께 자국의 헌법을 새로 만드는 일에 힘썼다. 나아가 성 정체성을 드러내는 기본 권리와 관련해 차별적인 기존 법안을 폐지하기 위해 애썼다.

"저는 '무지개 국가'를 만들어야 한다는 이상을 아주 오래전부터 꿈꿔왔답니다. 아파르트헤이트의 악몽에서 벗어나 모든 사람을 아우르는 국가를 구현하고 싶었거든요. 동성애자들도 감싸주며 사회적 아웃사이더들을 방치하지 않는 사회를 만들고 싶었죠."

에드윈 캐머런이 말했다. 그는 자신의 이상을 실현하기 위해 열심히 활동했고, 친구 트렌고브존스는 당시의 상황에 대해 이렇게 덧붙였다. "에드윈은 항상 자신이 어디로 가는지 잘 아는 친구였어요. 목표를 이루기 위해 언제나 전략적인 선택을 했죠. 상대와 갈등하지 않고 잘 설득하는 법을 알았던 것 같아요. 그의 침착하면서도 결단력 있는 태도 덕분에 가능한 일이었습니다."

협상 시간은 매 순간 긴장의 연속이었다. 아프리카민족회의 소속 의원끼리도 동성애자에 대한 인식이 동일한 것은 아니었다. 동성애를 '아프리카의 전통에 위배되는 성도착 행위'로 보는 일부 의원 때문에 새 헌법을 수정하는 데 있어 갈등의 목소리가 고조되기도 했다. 일부 의원은 동성애를 인정하면 소아성애 및 동물과 교미하는 변태 행위도 똑같이 인정해야 한다면서 동성애를 폄하했다. 하지만 이런 논쟁은 만델라가 중요하게 여기는 주제와는 거리가 멀었다. 다만 그는 다음과 같은 내용을 강조했다. "우리는 아직 완전한 자유인이 아닙니다. 해방되기 위한 자유의 권리를 막 획득했을 뿐입니다."

그는 버락 오바마처럼 흑인의 사회적 대우와 동성애자의 사회적 대우 사이에 어떤 상관관계가 있다는 것을 파악한 인물이었다. 그래서 모든 국민이 평등하게 대우받을 권리가 보장되길 원했다. 그의 표현을 빌리자면, 동성애는 결코 '아프리카의 전통'에 위배되는 행위를 허용받고자 함이 아니라 '오랫동안 억압되어온 성 정체성의 또 다른 형태를 인정'하기 위함이다.

요하네스버그로 향하는 비행기 안에서 나는 만델라의 일생을 기록한 자서전 『자유를 향한 머나먼 길』과 그가 평소에 기록한 일기를 모아 발표한 『나 자신과의 대화』를 읽으면서 평생 정의로운 길을 걸으려 했던 그의 노고에 큰 감명을 받았다. 그는 1993년 노벨 평화상을 받아 마땅했던 인물이었다. 그는 교도소 간수를 대할 때든, 아프리카계 백인과 함께 있을 때든, 상대가 누구든 간에 항상 다른 사람을 평등하게 대하려 했다. 늘 열정이 넘치며 누구와 있어도 마음을 열고자 했던 그는 정치적 반대파를 대할 때도 한결같은 태도를 유지하려고 했다. 에드윈 캐머런이 말하는 그는 바로 그런 사람이었다.

"솔직히 말해서, 사람들이 생각하는 것만큼 만델라가 동성애 문제를 편안한 주제로 느꼈던 것은 아니에요. 왜 그런지는 모르겠지만 그는 성적인 주제와 관련해서는 늘 뭔가 불편해했답니다. 그가 투옥 시절 쓴 일기에 성적인 금욕을 중요하게 여기는 문장이 세상에 공개된 적도 있죠. 물론 그가 성 정체성의 선택을 헌법에 명시될 기본 인권으로 규정하는 데에는 이의를 제기할 여지가 없었답니다. 다만 개인적으로는 동성애를 예찬하는 사람이 아니었다는 뜻이지요. 그는 사회 정의와 인간이 마땅히 누려야 할 권리의 측면에서 동성애를 지지했던 겁니다."

남아프리카공화국에서 동성애와 관련된 내용을 기록하는 보관소인 갈라GALA, Gay and Lesbian Archives의 책임자 앤서니 매니언은 만델라에 대해 이렇게 평가했다.

"만델라는 확실히 동성애를 찬성하는 사람은 아니었어요. 우리가 수집한 증언과 자료만 봐도 이 주제에 대해 그가 불편해한다는 것을 알 수 있답니다. 물론 그는 국민의 통합과 절충적인 타협을 이루기 위해 동성애자들의 인권 신장을 지지했습니다. 그는 모든 사람이 평등하길 원했고, 그런 만큼 이 문제가 매우 중요하게 다뤄지기를 바랐죠."

앤서니 매니언은 1995년에 찍은 유명한 사진 한 장을 보여주었다. 넬슨 만델라가 LGBT 연합 단체 대표들에게 둘러싸여 있는 모습이었다.

캐머런도 그랬겠지만 만델라에게도 성 정체성은 헌법에 꼭 명시되어야 할 기본 권리였다. 캐머런이 덧붙여 말했다.

"우리는 집요하게 로비활동을 했어요. 만델라 대통령은 제가 게이라는 사실을 잘 알고 있었습니다. 저는 '성 정체성'이라는 표현을 거듭 언급하면서 강조했어요. 결국 아프리카민족회의의 모든 의원을 설득하는 데 성공했지요. 아파르트헤이트 정책을 철폐할 뿐만 아니라 동성애자를 차별하는 법도 함께 사라져야 한다는 데 합의를 봤답니다."

이러한 운동에 아프리카민족회의 내에서도 열성적으로 게이의 인권을 외쳤던 시몬 은콜리 또한 합류했다. (그는 1998년 에이즈로 사망했다.) 생전에 시몬 은콜리는 다음과 같이 주장했다. "저는 흑인이며 게이입니다. 남아프리카공화국에서는 제가 검은 피부를 가졌다는 이유로, 남자를 좋아하는 남자라는 이유로 비난을 받았습니다. 하지만 이제 저는 자유를 위해 싸우고 있습니다. 이 두 가지 제약으로부터 해방되기 위해 저는 끝까지 싸울 겁니다."

캐머런과 함께 은콜리는 헌법에 명시될 조항을 작성했는데 '성 정체성'이란 표현을 꼭 밝히고자 했다. 그리고 이 문구에 대해 만델라와도 허심탄회하게 논의했다. 헌법 개정 위원회 역시 이 문구를 넣기로 합의를 본 상황에서 이와 관련된 로비활동은 더 강도 높게 이뤄졌다. 남아프리카공화국의 대주교인 데즈먼드 투투도 헌법에 '성 정체성'을 인정하는 내용을 넣어야 한다는 공식 선언서까지 직접 작성해 발표했다. 그는 자신의 글에 이렇게 썼다. '동성애를 반대하는 법은 앞으로 아파르트헤이트 정책만큼이나 잘못된 것으로 인식될 것이다.' 에드윈 캐머런도 이에 기뻐하며 역사적인 변화에 대해 설명해주었다. "드디어 노력의 결과가 빛을 발하는 날이 찾아왔어요. 아파르트헤이트를 배제한 새 헌법이 1994년에 통과됐습니다. 그리고 1996년에는 성 정체성을 인정하는 내용이 추가되었지요. 당시 헌법에 동성애자를 보호하는 조항이 들어간 것은 세계 최초였습니다. 그 후로 20년이 더 흘렀지만, 저는 아직도 우리가 성공했다는 게 믿기지 않아요."

캐머런의 사무실 벽에는 재규어가 꽃에 입 맞추는 그림을 자수로 형상화한 벽걸이 융단이 장식되어 있었다. 이 그림은 무엇을 은유하는 걸까? 커다란 책장의 한 선반에는 그가 만델라와 함께 찍은 사진이 있었다. 우리는 에이즈로 사망한 만델라의 둘째 아들, 막가토에 대해 이야기했다. "만델라는 아들의 죽음을 공식 석상에서 언급했어요. 그러면서 남은 생애 동안 에이즈 예방운동에 힘쓸 거라고 했습니다."

하지만 캐머런도 1996년에 에이즈 양성 판정을 받았고, 이를 3년 뒤 공개했다. 그의 친구 트렌고브존스는 이렇게 말했다. "그는 생전에 두 가지 사실을 커밍아웃했어요. 바로 자신의 동성애와 에이즈 양성 판정이었죠." 캐머런 판사는 동성애자의 인권과 인체면역결핍바이러스, 즉 에이즈 환자를 위해 지칠 줄 모르는 운동을 이어갔다. 캐머런은 '점신석 단계주의'를 주장하며 이런 말도 했었다. "저는 자신의 페이스를 잘 조절하고, 무엇을 원하는지 알면서 점진적으로, 그러면서도 신중하게 일을 진행시키는 것을 매우 중요하게 생각합니다. 인간의 기본적인 자유와 시민권을 위해서도 급하게 추진해서는 안 된다고 봐요. 천천히 단계별로, 하지만 타협이나 후퇴 없이 나아가야 합니다."

인권활동가이면서 판사라는 법률가의 직업관을 가진 것도 그에게는 큰 강점이었다. 에드윈 캐머런은 늘 남보다 멀리 앞을 내다봤다. 그래서 그는 자기 고국에서도 동성애자의 결혼이 성사되는 날이 오기를 꿈꿨다.

사법적으로 강력한 힘을 갖는다는 것은 매우 중요했다. 그는 고등법원의 판사로서 해당 안건이 당당히 대법원에까지 상정될 수 있도록 힘썼다. 동성애자를 차별하는 조항이 헌법에서 빠진 날로부터 10년이 지난 뒤, 남아프리카공화국은 판사들의 끈질긴 투쟁 끝에 결국 2006년 동성애자의 결혼을 합헌으로 인정했다. 아프리카 국가로서는 최초였다. 이로써 남아프리카공화국에서는 같은 성을 가진 두 사람이 합법적으로 결혼할 수 있게 되었는데, 전 세계 국가 순위로 따지면 다섯 번째였다. 하지만 만델라의 뒤를 이은 대통령 제이컵 주마는 이 법에 대해 자신은 찬성하지 않는다는 입장을 표명하기도 했다.

과연 남아프리카공화국은 진보주의를 선택할 것인가? 캐머런의 의견을 더 들어보자.

"저는 미래에 대해 희망을 품는 낙관주의자는 아닙니다. 하지만 기적의 치료법을 찾아 이제 에이즈 치료가 가능하게 될 줄 누가 알았어요? 아파르트헤이트가 끝날 거라고 누가 상상이나 했겠어요? 제가 남아프리카공화국 대법원 판사 11명 중 한 명이 될 거라고 감히 예상이나 했겠습니까? 매일매일 저는 새로운 소식을 듣습니다. 그것만으로도 행복할 뿐이에요."

오늘날 이 나라의 현실은 1994년 만델라의 임기 때와는 사뭇 다르다. 국민은 희망을 품고 있지만, 과거만큼 낙관할 수 있는 분위기는 아니다.

요즘 신흥 공업국으로 빠르게 성장하고 있는 남아프리카공화국은 일명 '브릭스BRICS'(브라질, 러시아, 인도, 중국, 남아프리카공화국)에 야심차게 합류하는 데 성공했다. 요하네스버그에 사는 게이들의 라이프스타일과 프레토리아, 더반을 거쳐 케이프타운과 같은 대도시의 생활상은 매우 역동적이다. 게이 프라이드는 해마다 인기리에 진행되어왔고, 아프리카 대륙 중 동성애자에게 가장 우호적인 국가로 인식되고 있다.

이러한 눈에 띄는 진보에도 불구하고 현지에 거주하는 LGBT들에게 골칫거리가 생기고 말았다. 에이즈 감염이 걷잡을 수 없이 급격히 증가했기 때문이다. (UN 에이즈계획UNAIDS에 따르면, 이 나라에는 약 600만 명의 에이즈 감염 환자가 발생했다.) 에이즈는 이성애자보다 남자 동성애자들에게서 월등히 많이 나타났다. 그래서 흑인들이 주로 모여 사는 빈민가와 케이프타운, 더반과 같은 대도시에서 남성과 성관계를 한 게이의 34퍼센트가 에이즈 양성 반응을 보인 것으로 확인되었다. 흑인 거주지역에서 나는 현지 사회문화 분야에서 활동하는 시포 들래들라를 만났다. 빈민가에서 경제적으로 불안정한 소외 계층이 모여 사는 판자촌 마을인 소웨토에서 그를 처음 보게 되었다. "에이즈는 우리 일상에 너무 깊숙이 침투해 있어요."

에이즈 문제를 넘어서 동성애 혐오는 가정과 사회 속에 만연해 있다. 남아프리카공화국에는 여러 종교가 혼재하면서 뿌리 깊게 전해 내려온 전통이 공존하고 있다. 특히 흑인들이 모여 사는 게토에서는 폭력 사건이 자주 일어나는데, 범죄에 노출되어 사망하는 인구가 점점 증가하고 있다. 동성애 혐오자가 일으키는 범죄의 종류도 다양했다. 트랜스젠더를 향한 폭력이나, 레즈비언을 강간하는 사건들이 일어났다.

"이러한 현상은 현재 과소평가되고 있습니다. 사회에서 가장 연약한 존재들이 심각한 피해를 입고 있는 거죠. 특히 흑인 레즈비언 여성들이 그런데, 이 여성들은 흑인 밀집 지역의 피해 사례에 가장 많이 노출돼 있어요. 현재 동성애는 사회적으로 위험한 요소가 되었습니다. 특히 피해자들이 신고를 해도 대수롭지 않게 여기는 경찰도 문제예요."

힐브로의 게토를 안내해준 게이 인권운동가인 노마 파카드가 말했다. 그녀는 자신을 흑인이면서 레즈비언이라고 소개했다. 또 인권감시단체에서 일하는 티세케 카잠발라는 이 나라의 상황에 대해 다음과 같이 이야기했다. (그녀는 남아프리카공화국에 사는 흑인 레즈비언들이 성범죄 가해자에게 강간을 당한 사례들을 정밀 조사해 보고서를 작성하는 일에도 참여했다.) "가장 큰 문제는 평등이 종이 위에서만 존재한다는 거예요. 사람들의 머릿속에도 존재해야 하는데 말이죠. 권리를 갖는다는 것, 이는 곧 자기 자신을 변론할 또 다른 힘을 가졌다는 것을 의미합니다."

요하네스버그의 게이 바에서 나는 흑인과 백인 게이 사이의 차별 대우를 목격하고 충격을 받았다. 멜빌 지구 7번가에 있는 리퀴드에 들어가자 꽤 많은 사람이 있었다. 그들 중에서 나는 유일한 백인이었다. 커피숍 리버레이션에서는 정반대로 손님 대부분이 백인이었다. 2000년대부터 요하네스버그에서 시작된 게이 프라이드도 사정은 다르지 않았다. 프리토리아가를 지나는 행렬과 힐브로의 행렬이 각각 따로 행진을 했다. 게이 프라이드가 잘사는 사람들의 동네인 로즈뱅크의 백인 거주 지역을 지나갔고, 또 다른 장소인 흑인 거주 지역 소웨토에서는 아까와는 다른 사람들이 행렬에 참가했다. 남아프리가공화국에서는 인종과 사회 계층이 성 정체성만큼이나 그 사람의 인생에 매우 결정적인 요소로 작용했다.

확실히 미국인과 유럽인은 헌법에 명시된 조항만 봐도 매우 앞서나가는 진보적인 국가로 인식된다. 반면에 이 나라의 헌법은 그저 헌법일 뿐이고, 국민의 의식 구조는 예전과 별반 다르지 않았다.

국가의 권력 기관 역시 진보적인 입장은 아니었다. 제이컵 주마 대통령은 넬슨 만델라처럼 교도소에 투옥된 시절이 있지만, 임기 동안 전 대통령이 힘쓴 동성애자의 인권 개선활동은 이어받지 않았다. 아프리카의 인습처럼 전해 내려오는 일부다처제의 문화에는 관심을 보였지만, 정작 동성애자의 결혼 관련 의제를 의회에서 다루는 데는 반감을 표했다. 그는 대통령으로 선출된 이후, 동성애 문제에 관해서는 아주 애매모호한 입장을 고수했다. 그러면서도 아프리카 남쪽에 위치한 나라로서 대외적인 이미지로는 마치 동성애자에 찬성하는 것처럼 외교 전략을 짰다.

"주마 대통령은 LGBT와 관련해 정말 말도 안 되는 이야기를 할 때가 있어요. 그리고 나서는 또 사과를 하며 말을 번복하곤 했습니다. 어떤 현상에 대해 부정적인 측면만 보면 곤란해요. 이제는 한 단계 발전해나가야 할 때입니다."

남아프리카공화국의 공식 인권감시단체 지부 책임자인 카마디 코멧시가 말했다. 2010년에 월드컵이 열리면서 제이컵 주마 대통령은 '무지개 국가'의 이미지를 마케팅 요소로 활용했다. 자국이 대외적으로 인권을 존중하는 나라처럼 비춰지길 원했던 것이다. 하지만 그는 기회주의자였을 뿐, 진정으로 동성애자의 인권을 고민했던 대통령은 아니다. 그 후에도 그는 진보주의로 나아가는 공식 활동에 적극 가담하며 달라진 모습을 보여주는 척했다. UN이 동성애자 차별 금지를 선포하는 데 동의한 것이다.

요하네스버그를 떠나기 전날, 나는 에드윈 캐머런과 저녁 식사를 함께 했다. 그때 그가 말했다. "LGBT의 인권을 개선하기 위해 어떻게 접근하고 해결책을 찾는지가 곧 이 나라의 미래를 결정할 중요한 척도가 될 겁니다."

그는 프랑스에서 가져온 포도나무 묘목으로 자국에서 생산한 고급 와인을 주문하면서 이 와인의 생산국이 남아프리카공화국이라고 자랑스레 말했다. 긴장이 풀린 그의 모습을 보니 나도 마음이 한결 편해졌다. 늘 일에만 몰두하며 사는 워커홀릭의 모습을 버리고 그날만큼은 격의 없이 이야기를 나눴다. 정장, 커프스단추, 빨간 넥타이 대신 청바지에 쇼핑몰에서 흔히 볼 수 있는 평범한 남자의 복장으로 나타난 그였다. 그곳에서 때마침 문화 행사가 열렸는데, 주최자가 그를 대중에게 소개하자 손님들이 우레와 같은 박수를 보냈다.

캐머런은 청중을 향해 줄루족의 토속 언어 몇 마디를 했다. 나중에 그는 사실 100여 개의 어휘만 알고 있을 뿐이라고 고백했다. 그는 가게 종업원, 주차장 관리인에게 일일이 이름을 물었고, 이를 기억하려 했다. 또 자리를 뜨기 전에 팁도 두둑이 주었다. 인자한 남자였고, 일반 시민들의 말을 경청할 줄 아는 남자였다. 그런 그의 모습은 큰 인상을 주었고, 나는 그 모습에서 만델라 전 대통령을 떠올렸다. 캐머런은 LGBT와 관련해서는 제2의 만델라라고 할 수 있다. 그는 대화의 결론을 지으며 마지막으로 이렇게 말했다. "만약 우리가 LGBT 문제와 관련해 아프리카의 다른 나라들에 귀감이 될 수 있다면 참 좋을 것 같아요. 우리의 차선 목표는 전 세계가 동성애자 차별법을 철폐하는 겁니다. 우리가 이렇게 된 것도 다 만델라가 보여준 귀감 덕분이에요."

UN 에이즈계획 사무총장이자 UN 사무국 차장인 미셸 시디베는 제네바에서 인터뷰할 때 이런 말을 했다. "만델라가 만든 남아프리카 공화국의 헌법은 진정한 헌법다웠어요. 우리 UN이 참고 자료로 사용해도 손색없을 정도로요. 만델라는 아프리카 대륙을 대표하는 큰 울림으로 기억될 겁니다." 또 카메룬에서 LGBT 인권을 위해 일하는 변호사인 알리스 은콤은 이렇게 말했다. "넬슨 만델라는 우리에게 길을 안내해줬어요. 예나 지금이나 선구자 역할을 하고 있지요. 그분 덕분에 동성애자를 차별하던 법이 사라질 수 있었습니다. 남아프리카공화국이야말로 아프리카 나라들이 본받아야 할 진정한 모델이랍니다."

"저들의 목을 매라"

"이곳에서 드디어 게이 사냥이 시작되었다." 피에르마리 종고가 현지 상황을 압축하며 한 말이다. 나는 카메룬의 수도인 야운데 시내에 위치한 스카이1 라디오 방송국으로 갔다. 그곳은 피에르마리 종고가 설립한 민간인 라디오 방송국으로, 현장에서 만난 그는 직접 자신의 작은 스튜디오로 안내했다. 그는 다음과 같이 말했다.

"매일 저녁, 우리는 생중계로 아프리카의 여러 고정관념을 소개합니다. 어떤 청취자들은 동성애자를 개에 비유합니다. 또 어떤 사람은 에이즈를 악마가 그들에게 내린 징벌이라고 묘사할 정도예요. 자신이 게이인 게 너무 고통스럽다는 제보도 종종 받습니다. 시민들이 자기 속내를 자유롭게 털어놓을 수 있도록 하면서 앞으로 사회 도덕관과 풍습을 어떻게 이끌고 가야 할지 고민하고 있답니다."

이곳은 한마디로 반反동성애를 지향하는 국영 미디어 매체에 맞선 진보적 민간 라디오 방송국이었다. 그는 말을 이어갔다.

"가장 심각한 것은 정치계와 종교계마저 동성애를 혐오하는 편견을 고집한다는 작금의 현실입니다. 야운데의 대주교는 대중의 신임을 한 몸에 받는 사람인데, 설교하는 자리에서 동성애자를 아주 야만적으로 표현한 적도 있어요."

카메룬에서는 형법 제347조 2항에 따라 동성애가 6개월에서 5년의 구금형을 선고받을 수 있는 불법 행위로 명시되어 있다. 따라서 동성애자를 상대로 갖은 협박과 박해가 끊임없이 이어지고 있다. 게이 전용 클럽이나 바에서 일제 단속이 이뤄짐에 따라 2005년에는 야운데의 한 클럽에서 11명이 단체로 체포되는 사건이 벌어졌다. 또 2011년에는 단순히 SMS 문자를 증거로 10여 명이 동성애자로 의심받아 경찰에게 끌려갔다.

"이렇게 수감된 동성애자 중 몇몇은 교도소 안에서 강간을 당하기도 했습니다. 퇴폐적인 항문 검사를 명분으로 그들의 죄를 증명하겠다는 말도 안 되는 행위였죠. 지금 이 나라에서는 게이 사냥이 일어나고 있어요. 그건 자명한 사실입니다."

알리스 은콤이 상황을 더 자세히 설명해주었다. 그녀는 카메룬 출신의 변호사로서, 기소된 동성애자들의 변론을 맡고 있었다. 나아가 아프리카의 동성애자 차별이 더 이상 지속되지 않도록 하는 운동도 병행하고 있었다. 강렬한 주황색의 긴 상의를 입고 팔찌로 한껏 치장한 알리스 은콤을 파리에서 처음 만난 날, 나는 그녀의 카리스마에 압도당하는 느낌이었다. 그녀는 "저는 젊은 동성애자들을 석방시키는 일을 해왔습니다. 어떤 기소자는 열다섯 살밖에 안 된 소년이었어요"라며 입을 열었다.

그녀는 흑인들의 나라인 아프리카의 인권 신장을 위해 열심히 투쟁해온 삶의 경력으로 인해 많은 이로부터 존경을 받아왔다. 올해 그녀의 나이는 예순일곱 살이다. 사회로부터 소외된 아웃사이더들을 변호하는 일을 10년 넘게 맡고 있다는 그녀는 동성애자 인권 협회를 설립하기까지 했다. 그러면서 그 협회를 아이러니하게도 '레즈비언 할머니'라고 놀리듯 불렀다. 막상 그녀는 가정을 꾸린 유부녀이며, 레즈비언이 아니었다. 그녀는 자신을 적극적 행동주의자로 정의하지도 않았다. 다만 동성애자의 인권이 인류의 기본 인권 중 하나에 해당된다고 생각했기에 그들을 변호하는 것이라고 했다. 그녀의 이야기를 더 들어보자. "동성애 혐오는 아프리카에서 종종 특정 상황에 따라 불거지는 이슈예요. 우리의 오랜 역사에 기록되었다기보다는 동성애를 금기시하는 태도를 정치가와 종교인들이 앞서 보여주면서 그런 편견이 심어졌던 거죠. 아프리카인이 다른 대륙권의 사람들보다 뒤처졌다거나 복고주의자이기 때문에 더 위험하다고 생각하지는 않아요. 혹자는 우리 아프리카인들이 봉건 영주 시절에 머물러 있다고 주장하지만, 그건 사실이 아닙니다. 우리는 근대화된 문명의 발전을 선택했고, 미국 스타일에 맞게 신복음주의를 택한걸요."

카메룬에서 동성애자의 인권이 존중받지 못하는 상황은 비단 이곳이 아프리카여서라고 단정지어 말할 순 없다. 동성애 혐오는 예외적인 현상이 아니라 세계 어느 나라에 가더라도 쉽게 발견되기 때문이다. 이 문제를 아프리카 전체의 문제로 확대 해석하는 것은 옳지 않다. 아프리카인을 어떻게 하나의 성격으로 정의 내릴 수 있겠는가? 아프리카의 고유한 가치를 정의 내리는 것도 마찬가지다. 아프리카의 정체성과 풍요로운 가치들을 인정하고, 그 속에 다양한 특징이 있다는 것도 인정해야 한다. 세계화 및 인구 변화와 함께 아프리카는 빠른 속도로 바뀌고 있다. 지역적 특성에 따라 그 속도는 다르지만, 각자의 템포에 맞게 변화하고 있는 것은 사실이다.

현재 38곳의 아프리카 도시가 100만 명 이상의 인구를 보유하고 있다. 1950년에만 해도 그 정도 인구가 사는 도시는 딱 한 군데뿐이었다. 출산율이 예전보다는 낮아졌지만, 그래도 서양 국가와 비교하면 아프리카의 출생률은 매우 높은 편이다. 실제로 전 세계에서 인구의 연령층이 가장 젊은 대륙이 아프리카다. 정보 기술의 발달은 그들의 노동 조건과 소통 방식을 변화시켰다. 그 결과, 수직 구도의 서열 문화가 전복되는 개혁의 바람이 불기도 했다. 게이 인권단체도 생기기 시작했는데, 특히 남아프리카공화국에서는 그 수가 눈에 띄게 증가했으며 짐바브웨와 카메룬도 동참했다. 또 프랑스어권 국가끼리 연합 단체를 조직하는가 하면, 영어권 아프리카 국가들도 지역별로 연맹을 결성해 함께 활동하는 추세다. (대표적인 예로 '아프리카 인권협력단체All African Rights Initiative' '아프리카 레즈비언연맹Coalition for African Lesbians', 에이즈 퇴치를 위해 활동하는 '아프리카게이Africagay' '아프리카 남성들을 위한 성병예방권리 협회African Men for Sexual Health and Rights'가 있다.)

반면 케냐에는 빠른 경제 성장과 부패한 정치권력, 그리고 인종·종교·부족 간의 알력이 공존하다보니 여느 아프리카 국가와는 상황이 좀 다르다. 사회 분위기가 동성애자의 인권에 대해서는 별로 관심이 없다. 언론 매체에 동성애자가 언급되는 것은 그들이 범죄를 저질렀을 때다. (케냐 형법에 따라 동성애는 발각되면 바로 범죄 행위로 규정된다. 빅토리아 시대에 영국의 지배를 받았던 케냐는 아직도 영국의 식민지 시기 형법을 준수하며 동성애자에게 14년의 구금형을 선고한다.) 동성애자에게 과도한 형벌을 내리는 것에 대해 수정 요청이 제기되면서 오늘날 케냐의 새로운 헌법에는 이 법이 빠져 있다. 하지만 케냐의 대표적인 세 종교, 즉 가톨릭교와 영국 국교인 성공회, 이슬람교는 서로 대립하는 와중에도 동성애를 저주에 가까운 악으로 보는 데는 한목소리를 냈다. 나는 2013년 케냐에 체류하는 동안 나이로비에서 힘겹게 살아가는 게이들을 만났다. 그들은 일단 주변에 대한 경계심을 늦추지 않았다. 그들은 구치소에 갔던 일화부터 폭력에 희생되었던 트라우마, 갖가지 사건, 이슬람주의자들 가운데 동성애를 혐오하는 이들에게 받았던 심각한 공격에 이르기까지 많은 일을 털어놓았다. 그중 기드온이라는 남자는 이렇게 말했다.

"모든 것이 갑작스럽게 바뀔 수 있는 나라는 그만큼 종잡을 수 없는 분위기에 경직될 수밖에 없어요. 한 동성애자가 평온한 인생을 살다가 게이들이 자주 모이는 비밀스러운 장소에 드나들었다 칩시다. 그곳에서 비밀 연애를 하며 동성을 만나던 어느 날, 갑자기 주변 사람의 신고로 체포되는 거예요. 그리고 동성애자를 싫어하는 무자비한 사람들에게 공격을 당하는 겁니다."

이곳에서는 정말로 정식 재판 없이 진행되는 약식 처형, 즉 집단 폭행으로 인한 린치가 종종 일어나고 있었다.

그럼에도 불구하고 케냐는 아프리카에서 디지털 혁명을 꿈꾸는 신흥 공업국가로 급부상 중이다. 나는 나이로비에서 스마트폰에 접속해서 쓰는 신기한 앱을 발견했다. 이름이 '우샤히디'였는데 스와힐리어로 '증언'을 뜻했다. 위험에 쉽게 노출될 수 있는 사람을 안전하게 보호해주는 앱으로, 겉으로 드러내지는 않지만 알고 보면 동성애자들의 신변을 보호하기 위한 취지로 개발된 것이다. 이 앱을 개발한 책임자 중 한 사람인 다우디 워를 직접 만나 자세한 설명을 들을 수 있었다. 나는 그를 나이로비 서쪽에 위치한 은공 로드의 아이허브iHub 본사에서 만났다. 그는 이렇게 말했다.

"이곳 사람들은 폭력에 일상적으로 노출되어 있어요. 특히 선거 기간에 더 심하답니다. 암암리에 자행되는 폭력은 소리 없이 우리 주변에서 일어나고 있지요. 그런데도 사람들은 이를 입 밖에 내기를 꺼릴 뿐만 아니라 기록으로 남기려고도 하지 않습니다. 그래서 우리가 개발한 이 앱을 통해 사람들에게 폭력의 현장을 알리고 있어요."

이 앱은 도시 외곽에 위치한 키베라라는 게토의 지도를 작성하는 앱 개발 스타트업 기업인 맵 키베라Map Kibera와 비슷한 원리로 작동했다. 맵 키베라는 실시간으로 물과 전기를 공급받을 수 있는 위치를 알려주는 자동 시스템으로 구성되어 있다. 또 위험한 곳, 안전하지 않은 지역을 알려주는 기능도 겸했다. 독립적으로 운영되는 개인 블로그들도 이처럼 인권을 침해하는 차별 관련 내용을 게시판에 올렸다.

우리에게 남은 커다란 숙제인 에이즈 문제는 특히 지리적으로 남아프리카에 위치한 나라에서 매우 심각했다. 세계적으로 인체면역결핍 바이러스인 에이즈 발병률이 가장 높은 나라가 남아프리카에 있다. (대표적인 나라로 스와질란드, 보츠와나, 레소토, 짐바브웨, 잠비아, 남아프리카공화국을 들 수 있다. 전체 성인 인구 중 10퍼센트 이상이 에이즈에 걸렸고, 스와질란드와 보츠와나와 레소토는 그 비중이 25퍼센트나 된다.) 전염병처럼 확산되는 이 병은 말라위, 탄자니아, 케냐, 우간다에도 심각한 영향을 미쳤다. 그러다보니 해당 국가의 몇몇 정부는 게이를 차별하기 위한 좋은 핑곗거리로 에이즈 현황을 지적했다.

"사하라 사막 이남의 아프리카 국가들은 에이즈 바이러스가 주로 동성애자들의 성관계를 통해 많이 퍼진다고 믿습니다. 통계 수치만 봐도 확인 가능한데, 동성애자 차별법은 인간의 권리를 명백히 침해하는 것으로 이치에 맞지 않는 법이라고 할 수 있어요. 동성애자들이 자기 정체성을 숨기면 숨길수록 그들은 점점 더 열악한 상황에 처하게 됩니다. 결국 그들은 트라우마에 시달릴 수밖에요. 이건 국민의 보건과 직결된 에이즈 퇴치를 위한 운동에도 방해될 뿐만 아니라, 사회적 약자들이 대거 전염되면서 희생자를 배로 늘리게 할 뿐입니다."

UN 에이즈계획의 사무총장인 말리 출신의 미셸 시디베가 말했다.

아프리카는 이대로 간다면 세계에서 동성애자를 가장 홀대하는 대륙으로 남을지도 모른다. 40여 개 국가는 여전히 성인들이 합의하에 성관계를 하는 데 있어서 같은 성이 관계를 맺는 것을 법적으로 엄격히 금하고 있다. 그들 중 최소 20여 개국은 동성애자들이 인격적으로나 신체적으로 심각하게 피해를 입고 있는 것으로 드러났다. 아프리카의 이슬람 국가 네 곳은 지금도 동성애자에게 사형을 선고할 수 있다. (모리타니, 수단, 나이지리아 북부, 소말리아의 몇몇 지역이 그렇다.) 심지어 어떤 아프리카 국가는 시간이 흐를수록 동성애자를 차별하는 법을 더 강화하는 것으로 나타났다. 처벌의 강도를 더 높이는 현상은 2010년대에도 지속되었다. 다른 대륙에서는 볼 수 없는 시대착오적인 현상이 일어나고 있는 셈이다.

사실 아프리카 국가는 아시아의 몇몇 나라처럼 제국주의의 잔재가 여전하다. 과거 식민지 시기 속국으로서 답습한 제국의 법을 지금까지 이어오는 과오를 범한 것이다. 영국의 지배를 받았던 아프리카 국가들은 빅토리아 시대에 동성애를 혐오했던 영국의 풍습 그대로 과거의 형벌을 여태 지속시키고 있다. 정작 영국 본토는 1967년 동성애자들에게 가한 모든 차별 행위를 대부분 법적으로 없앴지만, 아이러니하게도 영국의 지배를 받았던 아프리카 국가들은 동성애자 차별법을 여전히 이어가고 있는 실정이다.

반면에 프랑스의 지배를 받았던 아프리카 국가들은 나폴레옹 황제의 법전을 이어받았는데, 이 법에는 동성애에 대한 차별이 없었다. 그래서 해당 국가가 어떤 언어를 쓰느냐에 따라 관용과 금지 사이를 오갔다. 즉, 정치지리학적으로 LGBT의 인권이 그 나라가 쓰는 언어에 따라 결정되고 있었다. 언어의 차이는 곧 문화적 차이를 극명히 드러냈다. 몇몇 프랑스어권 아프리카 국가들은 처음부터 아예 동성애자를 차별하는 공식 법 조항이 없었다. (베냉, 부르키나파소, 코트디부아르, 말리, 니제르, 콩고민주공화국, 차드가 그 예다.) 하지만 모든 프랑스어권 아프리카 국가에서 동성애자가 이성애자와 똑같은 대우를 받았다는 것은 아니다. 게다가 세네갈은 프랑스어권임에도 불구하고 동성애가 불법이었다. (2009년과 2012년 두 차례에 걸쳐 법안이 신속하게 바뀌는 절차가 이뤄졌는데, 그 결과 세네갈은 동성애를 유죄로 인정해 엄한 형벌을 집행하고 있다.) 뿐만 아니라 토고와 카메룬, 모리타니아도 동성애자를 향한 시선이 곱지 않았다. (여기서 북아프리카의 이슬람 국가들은 언급하지 않기로 하자. 프랑스어권이지만 프랑스의 위임통치령을 받았던 모로코와 튀니지에서는 사회적으로 동성애 혐오가 강했다. 또 알제리는 행정적으로 프랑스의 속국으로서 비시 정권 시기에 동성애 사실이 발각되면 엄중하게 처벌되었던 역사를 지니고 있다.)

특히 법과 실제 상황을 철저히 구별해야 혼동되지 않는다. 그 나라가 동성애에 관용적인 법을 택하고 있다 하더라도 정치적으로나 사회 분위기상 동성애를 거부하는 정서가 팽배할 수도 있다. (대표적인 예로 남아프리카공화국과 이집트를 들 수 있다.) 또 동성애자를 처벌 대상으로 규정한다고 법에 명시되어 있어도 실제로는 경찰이나 권력 기관이 동성애자를 쫓아다니며 잡지 않는 나라들(모리셔스와 상투메 프린시페)도 있다. 마지막으로 포르투갈의 지배를 받아 포르투갈어를 사용하는 아프리카 국가들(모잠비크, 베르데곶, 기니비사우)은 동성애가 법적으로 전혀 문제 되지 않는다. 벨기에의 옛 식민지였던 르완다와 콩고민주공화국도 비록 금지법을 부활시킬 뻔했지만 동성애자를 처벌하지 않고 있다.

대부분의 영어권 아프리카 국가들은 여전히 동성애자에게 따가운 시선을 보내고 있다. 아이러니하게 들리겠지만 이 국가들은 문화적 다양성, 그들의 고유한 역사와 국민성을 강조하는 가운데 동성애자를 억압하는 법을 보존하고 있다. 이 나라들은 세계적인 흐름을 따라야 한다는 압박으로부터 해방되고 싶어한다. 그래서 서양인들을 비방하며 아프리카의 고유한 '데카당스 문화'를 확산시키길 원한다. 무슨 말이냐 하면, 그들에게 동성애라는 것은 (우간다 대통령이 직접 한 말을 인용하자면) '아프리카의 진정한 전통과는 맞지 않는 낯선 행위'에 불과했다. 짐바브웨 대통령이었던 독재자 로버트 무가베는 동성애를 '반아프리카적, 친서양적인 행위'로 정의했다. 또 케냐의 대통령은 동성애를 '아프리카의 전통과 반대되는 것'으로 규정할 정도였다.

이쯤 되면 자문화중심주의Ethnocentrisme를 의심해볼 수도 있지 않을까? 하지만 그보다는 제국주의가 더 심각한 이유라는 생각이 들었다. 문제시되는 아프리카의 전통이라는 것은 실제로 영국적인 풍습임을 완전히 배제할 수 없다. 인도에서도 그랬듯이 영국의 식민지였던 나라들엔 공통된 문화가 있었다. 영국인들은 식민지 국가에 사는 사람들을 '문명화'하는 데 주력했고, 그들에게 '유럽적인 도덕관'을 심어주려고 애썼다. 그리고 식민지 국가들에게 동성애는 범법 행위라는 생각을 주입시켰다. 영국이 지배한 아프리카의 20여 개 국가가 실행하고 있는 형법 제377조에 명시된 내용은 영국으로부터 독립한 뒤에도 변함없이 유지되고 있다. (주요 국가로 보츠와나, 감비아, 케냐, 레소토, 말라위, 모리타니, 나이지리아, 소말리아, 스와질란드, 수단, 탄자니아, 잠비아가 있다.) 이 조항은 국가별로 내용이 보완되기도 하고, 수정되거나 더 강화되기도 했다. 하지만 골자는 제국주의 시절의 그것과 별반 차이가 없었다. 우간다는 빅토리아 시대에 영국 식민지였을 때 채택한 형법 제377조를 오늘날 형법 제140조로 옮겨 적었는데, 명시된 내용에는 큰 변동이 없었다.

영어권 아프리카 국가 중 우간다*에서 게이 운동의 중심인물로는 데이비드 카토를 빼놓을 수 없다. 2011년 초, 그는 괴한의 망치에 맞아 사망했다. 그가 죽기 몇 달 전 우간다의 타블로이드 신문 『롤링스톤』은 동성애자와 관련하여 '저들의 목을 매라'는 슬로건으로 기사를 내보냈다. (미국의 잡지와 이름이 같지만 직접적인 관계는 없다.) 그리하여 게이로 의심되는 사람들을 사진으로 찍어 그들의 자택 주소와 함께 신문에 실었다. 거기에는 데이비드 카토의 주소도 적혀 있었다. 고등학교 교사였던 카토는 40대로, 남아프리카공화국에서 체류할 때 커밍아웃을 했다. 그 후 우간다로 이주해 살았는데, 당시 『뉴욕 타임스』 기자가 카토를 인터뷰했던 내용은 다음과 같다.

"제가 이곳에 온 이유는 커밍아웃을 하는 사람이 거의 없기 때문입니다. 저는 이곳 사람들이 자유를 되찾을 수 있도록 끝까지 싸울 계획입니다." 그 시절, 그는 우간다에서 동성애자의 인권을 옹호하는 운동가로 활동하기 시작했다. 그는 매우 적극적인 사람이었다. 우간다의 수도 캄팔라에서 기자 회견을 열어 게이의 인권을 소리 높여 외치기도 했다. 물론 경찰에 의해 체포되어 고문을 당한 적도 있다. 하지만 그는 아랑곳하지 않은 채 이렇게 말했다고 한다.

"내가 게이라는 사실을 공개한 채 떳떳이 살길 원합니다. 숨어서 살고 싶지 않아요. 아프리카에도 게이들이 살고 있다는 것을 사람들이 더 알 필요가 있죠. 전 세계 다른 곳과 마찬가지로 이곳에도 엄연히 동성애자들이 살아 숨 쉬고 있으니까요."

• 나는 이 책을 집필하기 위해 남아프리카공화국, 케냐, 카메룬에 머물면서 조사를 했다. 그 밖에 우간다를 비롯해 사하라 사막 이남 지역의 국가들은 직접 가보지 못하고, 간접적으로 정보를 수집한 내용을 참고로 글을 썼다.

그는 낙천적인 사람이기도 했다. 익명의 안티가 그를 죽이겠다는 협박 메시지를 보내와도 의지를 굽히지 않았다. 그래서 그를 만났던 사람은 모두 그의 용기에 감동했다. 암살되기 며칠 전, 머리를 빡빡 밀고 알이 두꺼운 안경을 낀 이 키 작은 남자는 여전히 열정적인 태도로 삶을 살았다. 그는 사람들 앞에서 이렇게 공언했다.

"저는 훌륭한 인권 대변인이 되고 싶습니다. 살아 있는 송장 같은 활동가 말고, 정말 생의 열정을 다하는 그런 활동가가 되고 싶어요."

(카토를 죽인 살인자에 대한 신상 정보가 자세히 밝혀지지 않자, 국제사회는 깊은 애도와 분노를 표했다. 마침내 우간다 사법 기관에서 용의자를 찾아냈는데, 살인자는 스물두 살의 젊은 청년으로 데이비드 카토의 지인이었다. 그는 카토와 여러 차례 성관계를 한 대가로 돈을 받았다고 말했다. 하지만 용의자의 증언이 정말 사실일까? 이 말이 사실이라면 이 사건은 동성애를 혐오하는 괴한에 의한 암살이 아니라, 몸을 파는 남창 게이의 절도에서 비롯된 비극으로 결론 날 수밖에 없다.)

우간다에서 발생한 데이비드 카토의 살인 사건은 게이를 향한 증오 외에도 여러 외부적인 요인을 내포하고 있다. 한 분석가는 이런 사태를 두고 대호수 지역에 종교 세력이 새롭게 급부상하면서 미국의 신보수주의 성향을 지닌 개신교 단체들이 현지 분위기를 반反동성애 쪽으로 몰아가고 있다고 강조했다.

2009년 미국에서 건너온 복음주의 선교사들은 우간다에 체류하면서 동성애를 죄악처럼 선포하고 다니기 시작했다. 이 종교단체들은 '게이들이 젊은 청년들에게 항문성교를 강요한다'면서 게이를 '치료'해준다는 워크숍까지 만들어 그들을 이성애자로 바꿀 수 있다고 믿게 했다. 그 결과, 수천 명의 우간다 현지인이 교회가 후원한 세미나에 참가했다. 갈수록 이들의 세력이 우세해지자 의회는 동성애를 무기징역의 범죄로 규정하는 법안까지 논의할 정도였다. 게다가 '심각한 수준의 동성애자'에게는 사형을 선고하자는 제안도 서슴지 않았다. 이 법안을 주장한 법률가들이 바로 미국 선교사들로부터 영향을 받았으며, 그중에는 스콧 라이블리를 실제로 만난 법관도 있다. 스콧 라이블리는 스스로를 '게이 치료 전문가'로 소개하고 다니는 미국인 선교사로, 게이에 대해 부정적인 내용을 담은 책을 여러 권 출간한 바 있다. 캘리포니아에서 유명한 메가처치Megachurch를 설립한 릭 워런이란 인물 역시 우간다로 건너와 에이즈와 기근 퇴치를 위해 활동하고 있다. 이와 동시에 금욕주의를 강조하고 동성애에 반대하는 메시지를 전했다. 이들은 동성애 혐오를 외치는 이른바 현대판 십자군이라고 할 수 있는데, 우간다 국영 언론의 보조까지 받으며 사회적으로 큰 반향을 일으켰다. 게이를 대상으로 한 집단 폭행을 자극하는 캠페인도 여러 차례 벌였다.

결국 우간다는 2014년 동성애자를 차별하는 법을 통과시키고 말았다. 당시 미국 국무부 장관이었던 힐러리 클린턴은 해당 법안이 채택되기 몇 달 전, 우간다 대통령에게 개인적인 교섭을 시도했다. 클린턴은 우간다에 동성애자 차별법을 철회해달라고 요청했지만, 그녀의 기대와 정반대의 결과가 초래되었다. 미국의 동성애자 연대 모임과 여러 재단은 우간다의 몇 안 되는 LGBT 연합에 재정적인 도움을 주었다. (예를 들면 포드 재단은 성소수자의 권리를 강화하기 위한 국제적인 공조 프로그램을 계획해 실천에 옮겼다. 나는 아프리카 현지에서 그 재단의 캠페인 활동을 목격했다. 또 베트남, 중국, 서남아시아에서도 여러 LGBT 단체가 재정 지원을 받고 있다. 나는 뉴욕에 있는 포드 재단 본사를 여러 차례 방문했는데, 매번 포드 재단이 전 세계적으로 동성애자들 편에 서 있다는 것을 확인할 수 있었다. 그럼에도 불구하고 언론 매체에서는 이 부분을 제대로 조명하지 않고 있다.)

어쨌든 우간다는 참 묘한 나라인 것이, 미국인의 '문화 전쟁'이 미국에서 수천 킬로미터 떨어진 그곳에서 벌어지고 있다는 점이다. 게이를 인정하는 그룹과 거부하는 그룹 사이의 갈등이 불거지고 있으며, 복음주의자들은 게이 인권 협회와 대립각을 세운다. 그래서 미국 선교사들은 현지에서 자기네 편인 반反게이 단체들을 지지하고 후원한다. 미국인은 그렇게 아프리카 땅을 희생시켜가며 문화 전쟁을 벌이고 있다. 그들의 갈등 구도를 미국 본토가 아닌 타국에서 더 극명히 드러내고 있는 것이다.

레마 성경교회 주차장에 세워진 어떤 차의 번호판에 이런 글귀가 새겨져 있었다. '예수는 존재한다JESUS IS.' 나는 내 눈을 의심했다. 어떻게 자동차 번호를 이렇게 만들 수 있단 말인가! 그런데 이것이 남아프리카공화국 행정부로부터 법적으로 인정받은 등록번호라는 말을 듣고 이번에는 내 귀를 의심하지 않을 수 없었다. 번호나 알파벳이 아닌 예수의 이름이 차량 번호로 등록될 수 있다니! 이 교회는 복음주의를 전파하는 메가처치로, 남아프리카공화국 요하네스버그의 외곽에 있었다. 나는 시내에서 차로 40분쯤 걸리는 그 교회를 방문하려던 참이었다. 역시나 나는 교회를 둘러보며 또 한 번 놀라지 않을 수 없었다.

키치풍의 대기실에서 몇 분간 혼자 있는데, 방 안에는 가짜 식물이 장식되어 있었다. 잠시 후 교회 건물 관리인인 루푸스가 나타나 교회 내부를 안내해주었다. 그는 성격이 서글서글한 흑인으로서, 자기소개를 하며 목사가 되는 것이 꿈이라고 했다. 복도를 따라 걷다가 지하도 내려가봤는데, 30여 개의 전기 스위치를 켠 뒤 외부인 출입 금지 구역까지 깊숙이 들어갔다. 그러다가 눈이 부실 정도로 환한 어떤 방에 이르렀는데 눈앞에 자그마치 8500개의 빈 좌석이 펼쳐지는 게 아닌가! 교회 예배당이 아니라 마치 연극을 상연하는 극장 같았다! 조명 또한 경기장처럼 매우 환했다. 루푸스가 그 공간에 대해 설명해주었다. "일요일마다 이곳은 세 가지 용도로 쓰인답니다. 그런데 매번 사람이 꽉차요. 이 커다란 무대를 보세요! 50명 이상이 동시에 올라가도 넉넉할 정도로 크지요. 목사님들과 코러스를 넣는 합창단, 노래하는 가수들이 한자리에 모이는데 정말 장관이 따로 없습니다." 나는 그의 말이 거짓이라는 생각은 추호도 들지 않았다. 대형 스크린의 크기만 봐도 입이 딱 벌어질 정도였으니까. 주인공을 비춰주는 조명이 천장 높이 달려 있고, 사방에 카메라와 최신식 헤드라이트들이 설치되어 있었다.

교회 탐방은 이어졌다. 그 옆방에서는 100여 명의 여성이 선물 포장에 한창이었다. 루푸스에게 무슨 선물인지 묻자, 그는 도시 빈민가에 사는 교인들에게 나눠주려는 것이라고 답했다. 아프리카 여러 국가에는 도움의 손길을 필요로 하는 사람이 많기 때문에 남아프리카 공화국을 비롯해 해외 교인들에게도 선물을 보낸다고 했다. 건물의 다른 쪽도 가봤다. 적어도 200미터는 될 법한 복도를 따라 걷다보니 훈련실, 간호실, 기도실 등 10여 개의 방이 눈에 띄었다. 교회 서점에도 갔다. 수천 권의 책과 DVD, CD가 진열되어 있었다. 성경책도 100여 개 버전이 있을 정도로 다양했다. 그중에는 전자성경, 킨들판, 아이패드판까지 있었다. 서점 점원 역시 젊은 흑인으로서 교양이 흘러넘쳤다. 그는 자신을 '구원'을 뜻하는 '샐베이션Salvation'으로 불러달라고 당부했다. 그러면서 복음주의 문화에 대해 자세히 설명해주기까지 했다. 또 그는 기독교인들의 블록버스터급 사업 규모가 어느 정도인지, 독점 판매권을 따낸 작품들은 무엇인지도 말해주었는데 할리우드는 저리 가라 할 정도였다. 「예수는 꿈꾸는 자Jesus the Dreamer」「예수는 영웅Jesus the Hero」「예수는 약자Jesus the Underdog」「예수는 스타Jesus the Headliner」라는 작품이 판매되고 있었다. 그렇다면 기독교 랩도 있을까? 혹시나 해서 물어보니 샐베이션에게서 "죄송합니다만, 랩 음반은 다 떨어졌네요"라는 답변이 돌아왔다. 기독교 음악계에 종사하는 가수만 해도 수백 명에 달한단다. 샐베이션은 기독교 가수들을 꿰뚫을 뿐만 아니라 모든 장르의 음악을 술술 외우고 있었다. 도서도 아동용, 청소년용, 시각 장애인용, 청각 장애인용 등 여러 범주의 다양한 책들이 전시되어 있었다. 복음주의 문화와 관련된 웬만한 상품은 다 있었다. 마치 기독교 문화를 파는 슈퍼마켓 같았다. 대부분 미국에서 생산된 것이었는데 일부는 현지에서 만들어지기도 했다. 나는 이들의 판매 전략이 얼마나 현대적인지 확인하고는 혀를 내둘렀다. 이 교회는 최신 버전으로 공식 웹사이트(rhema.co.za ou rhemabiblechurch.com)를 운영했다. 또 SNS와 유튜브에서도 자신들의 존재감을 드러내며 왕성한 활동을 펼치고 있다.

샐베이션과 루푸스, 두 사람 모두 입을 모아 내가 레마 성경 교회가 지배하는 구역에 와 있다고 말했다. 하지만 이 교회는 그 정도에 그치지 않고 전국에 수많은 부설 기관을 보유하고 있다. 그래서 일요일마다 이 교회 말고도 다섯 지부에서 동시다발적으로 예배를 드린다. 요하네스버그에 또 다른 지부가 있으며 남아프리카공화국의 다른 도시, 나아가 영어권 아프리카 국가인 잠비아와 나이지리아에도 레마 성경 교회의 지부가 있다. 나는 이 메가처치의 모교회가 미국 오클라호마주에 있다는 정보도 얻었다. 이 모교회로부터 카리스마 넘치는 교리를 가져와 설교하는 식이었다. 복음주의 기독교인들은 수백만 달러의 돈과 수많은 책이나 CD로 이 땅을 그들이 원하는 곳으로 바꾸려 했다. 낯선 외국이지만 아프리카를 광신적인 신봉자와 동성애 혐오자로 넘치게 만들 수 있다면, 미국 땅을 떠나 해외로 이주할 준비가 된 확고한 자들이었다.

남아프리카공화국에 레마 성경 교회를 세운 창립자인 레이 매콜리는 주기적으로 이 교회에서 설교를 한다. 백인 목사인 그는 누구보다 더 아파르트헤이트에 반대했던 인물이다. 그리고 최근 몇 년 전부터 그는 동성애에 반대하는 운동을 본격적으로 펼치고 있다. 정통 가톨릭 교리를 맹신하는 이 급진적인 목사는 가족의 가치를 회복시키려 애썼다. (물론 그가 이혼을 두 번 한 이혼남이라는 사실은 제쳐두자.) 그는 남아프리카공화국이 동성애자의 결혼을 인정하지 못하도록 반대 운동을 펼쳤다. 실제로 그는 현지 대통령인 제이컵 주마와도 가까운 사이였다. 그는 편파적인 설교로 수백만 달러의 돈을 모았는데, 바로 5만 명의 신도가 십일조로 낸 것이었다. 흑인 빈민층인 신도들은 매달 자신의 월급에서 10퍼센트를 교회에 바친다. 그러면서 이번 생이 끝난 뒤 다음 생의 구원을 염원한다.

요하네스버그에서 한참 떨어진 교외에 자리잡은 교회들은 레마 성경 교회를 비롯해 오순절파에 속한 교회(일명 '순복음 교회')가 대부분이다. 이들은 아프리카에 복음을 전파하겠다는 사명을 다하고자 머나먼 이곳에 교회를 지었다. 그들이 전파하는 동성애 혐오가 초기 교회의 인간을 사랑하라는 인류애 정신에 위배되어도 아랑곳하지 않았다. 노벨 평화상을 수상한 성공회 주교인 데즈먼드 투투는 "교회 안에 동성애 혐오는 존재하지 않으며 그런 상황 자체가 일어날 수 없다"고 못박았다. 하지만 이러한 선언에도 불구하고 미국에서 건너온 현대판 십자군인 복음주의자들은 남아프리카공화국을 개화시켜야 할 나라로 선택했다. 그들이 사하라 이남 지역 중 가장 취약한 이 땅을 선택한 데는 이유가 있었다. 요하네스버그의 인권감시기구에서 일하는 티세케 카잠발라는 이렇게 말했다. "복음주의자들은 남아프리카공화국에서 상당한 권력을 보유하고 있습니다. 자국에서는 LGBT의 기본 인권을 헌법에서 보장하고 있기 때문에 공개적으로 반동성애 운동을 펼치지 못해요. 그 대신 법이 허술한 동아프리카를 노린 거죠."

많은 사람이 그렇듯 그녀는 아프리카에서 기독교의 힘, 즉 미국에서 건너온 성직자들의 영향력이 점점 강해지는 것을 걱정했다. 현대판 위그노16~17세기경 프랑스의 칼뱅파 신교도가 아프리카에 출현한 것이나 마찬가지였다.

외국에서 건너와 이미 현지 적응을 끝낸 복음주의 신도들은 남아프리카공화국, 우간다뿐만 아니라 아프리카 여러 나라에 동성애 혐오를

366

더 심화시키는 데 일조했다. 남아프리카의 영어권 국가인 짐바브웨는 로버트 무가베가 독재 통치를 하고 있다. 여든아홉 살의 이 독재자는 국민의 기본 인권조차 인정하지 않고 있다. 그런 그에게 동성애자들은 '개나 돼지만도 못한 인간'이었다. 그는 게이들을 대상으로 마녀사냥을 했는데, 그가 선호했던 정책 중 하나가 바로 동성애자를 사회에서 없애버리는 것이었다. 짐바브웨에서는 동성애가 불법이었기 때문에 그들을 향한 위협이나 체포가 비일비재했다. 물론 국제적인 지원을 받아 운영되는 게이 인권단체가 있긴 하나, 실질적인 힘은 없다. 국가가 정책적으로 동성애자들에게 등을 돌려버린 셈이다. 서양의 퇴폐적인 문화가 아프리카에 들어와 물을 흐린다고 생각했던 무가베는 동성애를 제국주의의 잔재 중 하나로 여겼다. 여기에 오순절파 교회와 같은 미국의 선교사들이 들어와 서양의 기독교를 현지화하려고 애쓰는 것도 동성애 혐오를 부추기는 커다란 요인이 되었다.

미국에서 건너온 복음주의의 특혜를 받은 또 다른 나라가 있었으니, 바로 동아프리카의 부룬디다. 사실 부룬디에서는 최근 몇 년 전까지만 해도 동성애가 불법이었다. 말라위도 마찬가지여서 게이 인권단체를 설립하는 것 자체를 금지시켰다. 그런 와중에 LGBT의 한 커플이 이 나라에서 상징적인 의미로 결혼식을 올리자, 정부는 그 부부를 교도소로 보내 14년 동안 강제 노역을 시켰다. (스티븐과 티옹지 커플이었는데 한 사람은 트랜스젠더였다. 두 사람은 말라위 대통령의 개입으로 5개월 뒤 사면되었는데, 국제 인권단체들의 반발과 시위도 그들이 풀려나는 데 한몫했다고 한다. 또 UN 사무총장이었던 반기문도 그들의 사면운동에 적극 동참했다. 말라위에서 두 자녀를 입양했던 마돈나 역시 게이 커플의 무죄를 주장했다.) "지금은 상황이 몹시 안 좋아요. 예전에는 동성애가 위법이었어도 형식적인 제도였을 뿐 실형을 선고하지는 않았어요. 하지만 지금은 상황이 달라졌습니다. 사람들은 이 문제를 자주 입에 올리지요. 선교사들이 옆에서 부추긴 탓도 있지만, 아프리카의 고유한 문화를 유지하려는 보수 전통주의자들의 개입도 큰 영향을 미칩니다. 전통주의자들은 백이면 백, 모두 동성애를 반대하는 사람들이에요." 말라위 출신의 운동가이자 현재 요하네스버그에 있는 인권감시기구 동아프리카 지부에서 일하는 조이스 반다가 이렇게 말했다. 그녀는 심장마비로 사망한 말라위 전 대통령의 잔여 임기를 대신해 2012년에서 2014년까지 짧게 대통령직을 맡았는데, 재직 당시 동성애자 차별법의 적용이 중지된 적이 있다. 그녀가 동성애자 차별법을 없애려 했고, 실생활에서도 그들에게 불이익이 가지 않도록 조치를 취했기 때문이다.

이번에는 아프리카에 있는 또 다른 나라인 나이지리아를 살펴보자. 땅덩어리가 비교적 큰 이 영어권 국가는 현재 국가 발전에 박차를 가해 주목받고 있는 곳 중 하나다. 하지만 남부 지방의 선교사와 북부 지방의 이슬람주의자들의 개입으로 동성애자들이 처한 상황은 매우 열악하다. (특히 이슬람교의 법에 따라 몇몇 지역은 동성애자에게 사형을 선고할 수 있는데, 사형 방식이 끔찍하게도 투석형이다.) "아프리카에서 일어나고 있는 가장 비극적인 두 가지 현상 중 하나는 미국에서 바로 건너왔거나 미국의 기독교로부터 영향을 받은 기독교 복음주의자의 인구가 점점 더 많아지고 있다는 것이고, 다른 하나는 사우디아라비아나 이란을 기점으로 이슬람주의자들이 아프리카에서 세력을 확장해나가고 있다는 것입니다." 카메룬 출신의 변호사 알리스 은콤이 말했다.

나이지리아나 모리타니에서 이들이 차지하는 인구 비율로 인한 어려움은 말할 것도 없고, 현재 아프리카에 사는 동성애자들은 여러모로 어려움을 겪고 있다. 특히 감비아에서는 이슬람주의자들의 간섭이 심각한 수준이었다. 서아프리카의 영어권 국가인 감비아는 수니파라고 하는 이슬람 세력이 전체 인구의 절반 이상을 차지하고 있다.

"아프리카에서 보수주의 세력이 점점 커지고 있는 것은 기정사실입니다. 하지만 저는 그와 동시에 대화의 장이 열리고 있는 것도 목격했습니다. 적대감을 표출하는 게 때로는 침묵으로 일관하는 것보다 나은 현상일 수 있다고 생각해요. 사람들이 더는 이 문제에 대해 모른 척할 수 없게 되니까요. 이제는 그것에 대해 이야기해야 할 때입니다." 말리 출신의 미셸 시디베가 말했다. UN 에이즈계획의 총책임자인 그는 인터뷰를 하는 동안 나와 친해졌다고 생각했는지, 아프리카 스타일로 갑자기 말을 놓았다.

"있잖아, 내가 에이즈 퇴치 운동에 참여하니까 말리에 살고 계시는 여든아홉 살인 우리 엄마가 가끔 나한테 뭐라고 하는 줄 알아? 너 지금 게이 됐냐고 물어봐. 그럼 나는 아직은 아니라고 대답해드리지. 아프리카의 현실이 어떤지 알 수 있지 않아? 심지어 내 엄마마저도 나한테 이런 말씀을 하신다니까." 그의 사무실에는 나미비아의 사막을 찍은 대형 사진이 걸려 있었다. 부르키나파소를 축소한 미니어처 새끼 염소 조각상도 있었다. 또 베냉 남부 지방의 명물인 하마 모형도 있었다. 그는 아프리카를 좋아했다. 이윽고 다시 입을 열었다. "우리는 흑인이라는 이유로 과거에 차별을 받았지. 하지만 지금은 아니잖아. 게이도 마찬가지야. 오늘날 우리가 동성애자란 이유로 그들을 차별하지만, 앞으로 흑인처럼 게이에 대한 차별 정책이 다 사라지는 날이 올 거야. 이것은 기본 권리니까. 말라위, 세네갈, 우간다, 나이지리아 대통령에 이어 남아프리카공화국의 주마 대통령도 인권을 강조했던 사람이야. 게이에게도 인권이라는 게 있잖아! 사람들은 동성애자도 한 명의 인간이라는 사실을 간과하는 것 같아. 흑인이 다른 인종과 평등한 존재인 것처럼 앞으로 동성애를 바라보는 사회적 시선도 달라질 거야. 그런 의미에서 나는 동성애 혐오를 아파르트헤이트와 비교하지. 우리는 동성애자를 차별하는 모든 법을 폐지하는 일에 앞장설 거야. 반기문 사무총장이 말했던 것처럼 이제 드디어 그 순간이 온 거야."

UN 선언문

파리(2005년). "크리올어로 '마쿠메Makoumè'는 게이를 뜻하는 비속어입니다. 프랑스어로는 게이를 '마코메르macommère'라고 하는데, 두 단어모두 동성애자를 비하하는 말이지요." 루이조르주 탱이 설명했다. 마르티니크의 작은 도시인 리비에르살레에서 태어난 그는 젊은 문학 교수로 2005년 5월 17일 동성애 혐오에 반대하는 세계의 날을 처음 만든 주역이다. 그가 자초지종을 설명했다. "몇 년 전 캐나다에서 그런날을 만들어야겠다는 생각을 처음 했어요. 하지만 그때만 해도 구체적인 계획까지 짰던 건 아니에요. 그러다가 결국 5월 17일로 결정했답니다." 그런데 왜 하필 5월 17일까? 그는 파리의 바스티유 광장의 한카페에서 나지막한 목소리로 친절하게 답을 해주었다. "세계보건기구가 동성애를 정신병 목록에서 제외한 날이 바로 1990년 5월 17일이기 때문입니다. 그래서 이날의 상징적인 의미를 전 세계인에게 알려야겠다고 다짐했지요. 동성애를 긍정적으로 보게 된 세계의 날을 말이에요." 프랑스령 국가에서 유복한 가정환경 하에 자란 그는 대학수학능력시험에서 훌륭한 점수를 얻었다. 열일곱 살에 파리로 건너와 대학을 다녔는데, 프랑스에서 그가 지금의 자리에 오를 수 있었던 것은 학교에서 공부를 잘하면 사회에서도 신분 상승을 할 수 있는 프랑스 공화국의 전통 덕분이었다. 그는 앙리 4세 고등학교에서 고등사범학교 수험 준비반을 다녔다. 그리고 명문 그랑제콜인 고등사범학교 문학과에 당당히 합격했다. 남들과 다른 이력으로 인권활동을 펼치는 문학교수인 그는 지금까지 여러 편의 작품을 발표했다. 그가 쓴 저서는 제목만 봐도 글쓴이의 의도를 확실히 알 수 있다. 『동성애 혐오에 관한 사전Dictionnaire de l'homophobie』『이성애자 문화의 발명L'Invention de la culture hétérosexuelle』이 대표적인 작품이다. 그는 다른 이슈에도 관심이 많았는데, 바로 흑인 인권운동이었다. 그래서 프랑스에 흑인인권대표이사회CRAN를 창립해 의장직을 맡기도 했다.

2006년 5월, 제2회 동성애 혐오에 반대하는 세계의 날 행사가 열렸다. 한 해 전에 열렸던 제1회 세계의 날 행사에 이어 성공적으로 개최되었다. 전 세계 60여 개국에서 이날을 기리기 위한 행사를 열었다. 이 행사에서 루이조르주 탱은 UN이 동성애자 차별법을 없애기 위해 세계 국가들에 엄격한 잣대를 적용할 수 있도록 수많은 인권 협회와 유명 인사를 동원했다. 동성애자 차별법을 이번 기회에 완전히 철폐할 수 있도록 더욱 박차를 가한 것이다. 그는 탄원서를 배포해 서명운동을 벌였는데, 노벨상을 수상한 데즈먼드 투투, 다리오 포에 이어 유명 배우인 메릴 스트리프까지 서명운동에 동참했다. 그는 아프리카의 우간다, 토고, 코트디부아르를 직접 방문해 차별이 극심한 지역들의 상황을 보고했다. 혹자는 그의 행동주의가 지나치다며 야유를 보내기도 했다. 하지만 그는 그런 반응마저 긍정적으로 해석했다. "제 활동에 대해 부정적인 반응을 보이는 것도 하나의 의견이잖아요. 어쨌든 반응을 해주는 것만으로도 긍정적으로 여겨집니다." 탱은 근래에 보기 드문 로비스트로, 자기 의견을 적극적으로 피력함으로써 주변 사람들을 놀라게 만들었다. 그가 자기 생각을 말로 전달할 때면, 그 표현이 매우 부드럽다는 생각이 듦과 동시에 프랑스 혁명기의 지도자인 생쥐스트의 아우라가 풍겼다. 그가 걱정이 한가득일 수밖에 없는 이유는 그 자신이 흑인인 동시에 게이이기 때문이다. 두 조건을 모두 갖추었기에 더 불안정할 수밖에 없지만, 그럴수록 그는 더 강한 신념을 드러냈고, 그 덕분에 그가 걸어온 길은 흥미로울 수밖에 없다.

제네바(2005~2007년). UN 사무국은 제네바의 레만 호수 주변에 자리잡고 있다. 여러 조직의 건물들이 그 주변에 모여 있는데, 이곳에서는 주기적으로 동성애자의 인권을 둘러싼 회의와 정책 발안이 이뤄지고 있다. UN 에이즈계획을 비롯해 세계보건기구, 난민고등판무관사무소, 인권고등판무관실, UN 인권위원회가 이 도시에 있다. 이 UN 인권위원회에서는 이미 여러 국가가 동성애를 불법으로 규정했던 법을 취하하는 과정에 개입해 성공한 바 있다. 브라질이 솔선수범의 첫 사례였는데, 2003년부터 이 나라는 동성애자 차별법을 철폐했다(표결 결과 20표를 획득). 이어서 2005년에 뉴질랜드(32표), 2006년에는 노르웨이(54표)도 해당 법안을 없앴다. 2007년에는 노르딕 국가_{노르웨이, 덴마크, 스웨덴, 아이슬란드, 핀란드를 묶어서 부르는 명칭}들이 다 같이 합의 아래 폐지를 결정했다(54표). UN은 어떤 정책을 법제화하기까지 엄격한 관료 체계에 따라 일을 진행한다. 따라서 아직은 선언문 형태로 절차가 이뤄지고 있지만, 그것의 상징성은 무시할 수 없다. 우리는 이러한 국제기구의 변화를 통해 동성애 문제가 UN에서도 드디어 매우 중요한 사안이 되었다는 것을 알 수 있었다.

뉴욕(2007년). 보리스 디트리흐가 2007년 초 인권감시기구에 들어왔을 때, 그는 이미 명성 높은 인물이었다. 위트레흐트에서 태어난 네덜란드인이자 행정관이었던 그는 1994년에 네덜란드 국회의원으로 선출되었다. 국회의원이 되고 나서 비교적 빠른 시간 안에 민주주의를 기반으로 하는 자유사회당의 당 대표로까지 선출된 그는, 국회의원 시절 동성애자의 결혼을 합법화하는 법안에 물꼬를 튼 주역으로도 잘 알려져 있다. 1994년부터 2000년까지 이 법안은 여러 논쟁을 거듭한 끝에 채택되는 쾌거를 이루었다. 2001년 4월 1일은 네덜란드가 동성애자들의 결혼에 처음으로 법적 효력을 발생시킨 날이다. 그날부터 네덜란드는 최초로 동성애자들의 결혼을 합법화한 나라가 되었다. 네덜란드의 법 조항은 단순하지만 매우 명백한 문구로 바뀌었다. 즉, '결혼은 같은 성 또는 다른 성을 가진 두 사람에 의해 이뤄지는 사회적 계약 행위다'라고 말이다. 보리스 디트리흐도 네덜란드의 동성애자들 틈에서 법안 통과를 기뻐하며 그 순간에 느꼈던 행복감을 잊을 수 없다고 회상했

다. 그날이 전 세계 동성애 인권운동 역사에 매우 중요한 터닝 포인트
가 된 만큼, 그는 그날의 축제 분위기, 세계에서 유일하게 동성애자 결
혼을 인정한 네덜란드의 역사적인 순간을 기억했다. 그리고 2006년에
그는 예호슈아와 결혼식을 올렸다. 그의 배우자는 이스라엘계 네덜란
드인 예술가로 30년 전부터 동거해온 사이다. 나는 그와 암스테르담
의 '더 망제'라는 커피숍에서 몇 시간 동안 인터뷰를 했다. 그는 이렇
게 말했다.

"저는 오랫동안 인권운동가이자 정치인으로 살아왔습니다. 드디어
네덜란드의 법을 바꾸는 데 기여했으니 이제는 국제적인 차원에서 이
운동을 펼쳐야겠다는 생각이 들었어요." 우리가 찾은 커피숍은 제이
데이크 거리에 있었는데, 분위기가 참 좋았다. 이 가게의 주인은 한눈
에 디트리흐를 알아봤다. 그는 우리가 앉은 테이블로 가까이 오더니 이
곳이 네덜란드의 게이 바 중 가장 오래되었다며 소개를 하기 시작했다.
이 커피숍은 1927년에 오토바이를 즐겨 타던 한 레즈비언이 처음 문을
열었다고 한다. 가게 주인의 표현에 따르면, 그녀는 흥분을 잘하는 성
격에 술을 무척 좋아하는 사람이었다고 한다. 네덜란드의 게이운동은
바로 이 커피숍에서 첫 싹을 틔웠다고 해도 과언이 아니다. 실내를 장
식한 수많은 사진, 여러 장르의 음악, 천장에 매달려 있는 넥타이들의
인상적인 컬렉션이 이 커피숍을 돋보이게 했다. "1975년에 저는 히치하
이킹으로 미국을 여행했습니다. 그 시절에 제가 만나던 여자친구와 함
께 샌프란시스코의 카스트로어에 갔지요. 그때는 제 성 정체성을 의
심하던 시기라 이성애자로 살고 있었습니다. 그곳에서 하비 밀크를 만
났는데, 그는 첫눈에 제가 게이라는 것을 눈치 챘어요. 그래서 제 여

자 친구 앞에서 그가 제 대신 커밍아웃을 했고, 그로 인해 제가 받았던 정신적 트라우마는 무척 심했답니다. 하지만 지금 생각해보면 그가 제 운명을 결정해줬던 것 같아요. 그 덕분에 제가 게이 인권운동가가 될 수 있었는지도 모르죠. 체코 출신의 정치적 망명자였던 제 부친은 물론 아들의 커밍아웃에 큰 충격을 받으셨습니다. 그리고 한참이 지나서야 겨우 아들이 게이라는 것을 인정하셨지요."

2007년에 보리스 디트리흐는 인권감시기구 뉴욕 지부가 계획한 LGBT 프로젝트의 중재자로 일해보는 게 어떻겠느냐는 스카우트 제의를 받았다. 이곳으로 말할 것 같으면, 인권 개선을 위해 설립된 세계적인 비정부 기구 중 하나다. 당시 그의 나이 쉰두 살이었다. 그는 6명의 연구원과 한 팀을 이루어 나이로비와 베이루트에 파견을 나갔다. 그곳에서 인권감시기구가 내준 과제를 진행했는데, 전 세계 게이 문제를 취재하고 고발하며 해결책을 마련하는 중재 역할을 맡게 된 것이다. 인권감시기구가 조사와 연구에 좀더 전문화된 곳이라면, 디트리흐가 일하는 사무실은 행동에 더 주력했다. 그는 자기 일에 대해 다음과 같이 간략하게 설명했다. "우리는 먼저 상황에 대한 자료와 데이터를 모아 분석해요. 그런 다음 일련의 문제를 해결하면서 동성애자들의 인권을 옹호하는 활동을 실천에 옮긴답니다." 그는 동성애자를 보호하기 위한 일이면 오대주 어느 곳이든 불문하고 투쟁할 준비가 되어 있었다.

또한 그가 하는 일에는 '개발자' 측면도 있어서 네트워크를 구축해 함께 운동을 이어갈 사람을 모으기도 했다. 그렇게 선의의 목표를 실현할 수 있는 인력을 동원하는 것이다. "UN이 동성애자 차별법에 관심을 갖게 된 이유도 알고 보면 다 네덜란드 덕분이었답니다. UN이 공동 선언문을 발표하기 전에 이미 네덜란드가 2007년 말 UN이 주최하는 콘퍼런스에서 안건을 제시할 생각이었으니까요. 하지만 네덜란드는 막상 이 운동을 혼자서 할 생각에 걱정이 됐죠. 왜냐하면 그 시절에는 게이 문제에 대해 관심을 갖는 국가가 거의 없었거든요. 그러다가 2008년부터 상황이 조금씩 바뀌기 시작했습니다." 보리스 디트리흐가 설명했다.

이런 법안을 전 세계로 점차 확산시키기까지는 여러 연대 모임과 단체의 역할이 매우 컸다. 전 세계, 특히 서양 여러 나라의 도시들과 중요한 기준점이 되어준 나라들, 비정부 기구와 연합 단체들이 적극적으로 동참하고 집회나 시위에 함께해준 덕분이었다. 남아프리카공화국, 인도, 우크라이나, 이스라엘, 레바논도 변화의 큰 기둥이 되어주었다. 처음에는 두서없이 그리고 산발적으로 이뤄져 정신없었지만, 그래도 긍정적인 결과를 이끌어낼 수 있었다. 집회나 모임의 전략은 단체마다 달랐다. 그래서 각 나라의 대사와 사무국끼리 협의하고 연락하는 과정에서 때로는 계획 없이, 즉흥적으로 운동이 벌어지기도 했다. 루이조르주 탱은 그동안 일하면서 놀란 경험을 털어놓았다. "여러 게이 인권단체가 우리랑 협력해서 일을 진행시키길 원치 않더라고요. 당연히 고마워할 줄 알았는데, 막상 같이 일하는 걸 거부하는 바람에 놀랐습니다." 프랑스 외무부 산하의 인권위원회 부책임자로 활동 중이던 자크 펠레가 빙그레 웃으며 한술 더 떠 말했다. "사실 어떤 인권단체들은 UN의 메커니즘을 잘 몰랐어요. 그래서 말 그대로, 우리한테 말도 안 되는 것까지 요구한 적도 있죠." 반면에 보리스 디트리흐는 감정을 추스르며 최대한 이성적인 방식으로 입장을 전달했다. "동성애자로 구성된 집단에는 드라마틱한 일이 곧잘 벌어지기 마련이에요. 초반에는 뭉치기보다는 흩어진 채로, 각자 자신의 공간에서 묵묵히 일을 했답니다." 그러다가 그들이 서서히 현실에 눈을 뜨고, 사회에 대한 책임의식이 확고해지면서 좀더 진중한 방식으로 연합 단체들이 활동을 하게 되었다. 그런 와중에 여럿이 함께 모여 동의를 얻는 게 더 유리하다는 것을 깨닫고, 차츰 단체 활동에 더 비중을 두게 되었다. 베이루트나 상파울루, 도쿄의 연대 단체가 바로 그런 곳이다.

뉴욕에 소재한 인권감시기구 본부에서는 LGBT 프로젝트를 가장 중요한 목표로 삼았다. 디트리흐가 말을 이어갔다. "우리는 로비활동을 전문화하기 위해 애썼어요. UN은 결코 오류와 실수를 범해서는 안 되는 복합적인 기구이자 단체였지요. 따라서 전 세계 오대주에서 활동하는 단체들의 선의의 의지를 조화시키는 일에 성공해야만 했습니다. UN이 발표한 구체적인 규율에 있어서도 전 세계 단체들이 합의점을 찾는 게 무엇보다 중요했던 거죠." 그렇게 인권감시기구는 야심찬 목표를 실행에 옮기기 위한 수단과 방법을 마련해갔다. 그 결과 2010년 말, 이 단체는 어느 백만장자로부터 1억 달러의 기부금을 받는 데 성공했다. 그 주인공은 바로 조지 소로스다. 그는 전 세계에서 인간의 권리가 보장받을 수 있도록 하는 일에 적극 동참하길 원했다. 그 가운데 차별법 폐지가 첫 숙제였다.

인권감시기구와 함께 2007년부터 세계적으로 중요한 역할을 맡은 단체로는 세 곳이 더 있다. 첫째는 런던에 본부를 둔 국제사면위원회인데, UN 내에서 갈등이 있을 때 분쟁을 해결하기 위해 마련된 기구다. 다른 하나는 루이조르주 탱이 '동성애 혐오에 반대하는 세계의 날International Day Against Homophobia' 행사를 위해 만든 프랑스 단체이고, 마지막 세 번째는 ARC 인터내셔널이라는 단체로 인지도는 다른 곳보다 떨어지지만 현재 활발하게 활동 중이며 급부상하고 있다. "정부의 개입이 없었다면 오늘날의 변화는 일어나지 않았을 겁니다. 하지만 여러 인권단체와 연합 기구가 없었더라도 마찬가지일 거예요. 정부가 실천에 옮기기까지 그들이 물심양면으로 압력을 행사했다는 사실을 잘 알고 있으니까요. 국가와 비정부 기구는 마치 탱고를 추는 두 남녀 사이 같아요. 서로 파트너가 없으면 제대로 춤을 출 수 없는 것처럼, 둘 사이에는 적절한 리듬 템포, 즉 알맞은 타이밍이 요구된답니다." 제네바에서 존 피셔가 말했다. 그는 뉴질랜드 태생으로 2003년 전 세계 LGBT들의 인권을 수호하기 위해 ARC 인터내셔널을 설립한 공동 창립자 중 한 사람이다. 그는 또 이렇게 말했다. "우리가 이 문제를 처음 거론할 당시에는 동성애를 금기시하는 사회 분위기가 팽배했어요. UN의 제네바 사무국도, 뉴욕 사무국도 이 문제가 1순위는 아니었죠. 심지어 프랑스도 이 주제에 대해 거론하는 것을 꺼렸으니까요."

파리(2008년 5월). 2007년 프랑스의 새 대통령으로 니콜라 사르코지가 당선되었다. 하지만 그의 주변 관계자들 중에는 동성애자 차별법 폐지와 관련하여 게이 인권운동가들의 투쟁에 크게 신경 쓰는 이가 거의 없었다.

솔직히 이것은 좋게 돌려서 말한 것으로, 니콜라 사르코지와 그의 정부 내각의 관심사는 따로 있었다. 특히 대통령의 수석 고문들은 그 문제가 언급될 때 늘 자리에 없었다. 베르나르 쿠슈네르가 외무부 장관이었는데, 당시 대통령 고문이 이런 말을 해도 그냥 방치했다. "이란이 지금 자국의 동성애자들을 교수형에 처한다고 해서 우리 나라가 이란과 전쟁을 해야 하는 것은 아닙니다." 루이조르주 탱은 프랑스 정무 차관인 라마 야데와 함께 국내 흑인 인권 문제를 위해 투쟁했다. 하지만 인권을 보장하는 임무를 맡았던 그녀마저 그가 동성애자의 인권을 호소했을 때는 응하지 않았다.

그러던 중 드디어 터질 게 터지고 말았다. 2008년 5월 15일, 대통령 관저인 엘리제궁 앞에서 동성애자의 인권을 외치는 집회가 대대적으로 열렸다. 루이조르주 탱과 액트 업 활동가들의 주도 아래 일어난 시위였다. 그러나 그들은 '공공질서를 훼손'했다는 혐의로 경찰서에 끌려가 네 시간 동안 취조를 받아야 했다. 그날 저녁, 대통령 비서실 책임자였던 에마뉘엘 미뇽은 흥분한 목소리로 탱에게 전화를 했다. 탱은 그녀가 자신에게 수화기 너머로 한 말을 기억해내서 나에게 그대로 전해주었다. "그녀는 엘리제궁 바로 앞에서 시위를 했기 때문에 과열 사태를 막기 위해 조치를 취했던 거라고 말했습니다. 그러면서 이런 일은 있을 수 없다며 분개했죠. 왜냐하면 이튿날, 자기와 면담이 이미 잡혀 있었는데 그런 시위를 벌였다는 게 자기를 골탕 먹이는 수작 아니냐며 고래고래 소리를 질러댔어요. 그러면서 저한테 왕재수라고 욕하기까지 했습니다. 그러고는 전화를 끊기 전에, 다음 날 자기를 보러 와줄 수 있는지 물었어요." 에마뉘엘 미뇽은 나도 실제로 만나서 인터뷰한 적이 있는 정치인이다. 그 당시 상황에 대해 이번에는 그녀의 입장을 들어보자. "제가 그를 왕재수라고 비난했다니…… 글쎄요, 기억이 나질 않네요. 하지만 그때의 정황으로 봐서 그런 말을 할 만했다고 생각합니다. 제가 소리를 질렀을 리는 없어요. 저는 통화할 때 절대 언성을 높이는 사람이 아니거든요."

5월 16일, 루이조르주 탱은 엘리제궁에서 그녀를 만났다. 그런데 이게 웬일인가! 그녀가 하는 말도, 어조도 그 전과 180도 달라져 있었다. 에마뉘엘 미뇽은 그 전에 보였던 태도와는 확연히 다른, 동성애자에게 우호적인 입장을 나타냈다. 라마 야데가 말해준 내용은 다음과 같다. "급진적인 가톨릭교도와 이슬람교도, 서로 다른 종교를 가진 이들이 함께 이뤄냈습니다. 정말 아름다운 역사가 아닐 수 없네요." 니콜라 사르코지 대통령에게 조언하는 중요한 자리에 있었던 그녀는 엘리제궁이 동성애자 차별법 폐지를 위해 힘쓸 준비가 되어 있다는 입장을 밝혔다. 앞으로 좀더 빠른 속도로 일이 진척되어야 했기에 이튿날인 5월 17일에 공개 토론이 열렸다. 라마 야데를 필두로 관계자들이 한자리에 모여 해당 주제에 대한 긴급회의를 열었다. 탱 역시 그 자리에 다른 단체 대표들과 함께 초대되었다. 미뇽은 프랑스 정부가 동성애자 차별법을 폐지하기로 결정했다며 공식 입장을 발표했다. 또한 EU의 프랑스 대표에게도 이 안건은 가장 중요한 문제 중 하나였다. 그렇게 프랑스는 새로운 국면을 맞이하게 되었다.

사회 분위기가 이렇게 갑자기 바뀐 이유는 과연 무엇일까? 너무나 많은 일과 사건이 있었고, 국제적인 변화도 있었기에 한마디로 단정짓기는 어렵다. 하지만 그 근원으로 거슬러 올라가기 위해 나는 그 일의 주역 역할을 했던 국내 및 해외 관계자들을 만나 인터뷰를 하고, 주요 문서를 열람해보기로 했다. (당시 프랑스의 각 장관이 남긴 기록 및 프랑스 대사들과 주고받은 외교부 관계자들의 전보 회람문도 확인할 수 있었다.) 세계적인 변화의 흐름을 제대로 파악하려면 일단 '모멘텀momentum'에 대해 말해야 할 것 같다. 어떤 특정 시간에 역동적인 기폭제 역할을 한 하나의 사건이 일어나기까지 가속도를 일으킨 결정적인 계기가 분명 있기 때문이다. 그 결과, 여러 국가와 서로 다른 단체들이 나란히 변화의 흐름에 합류할 수 있었다. 적절한 속도와 정치적인 일정 면에서도 타이밍이 이상적일 정도로 딱 맞아떨어졌다. 결국 동성애자 차별법 폐지는 잘 익은 열매와 같이 주변 상황이 성숙했음을 증명해주는 일이었다. 해당 안건을 담당했던 현 프랑스 장관 라마 야데는 이렇게 강조했다. "저는 이번 일을 맡으면서 국민의 의식이 많이 성숙해졌다는 인상을 받았습니다."

이러한 개혁의 시발점이 된 사건은 의심할 여지 없이 2005년 7월에 있었던 사형 집행이다. 마흐무드 아스가리와 아야즈 마르후니, 두 젊은 청년은 동성애자라는 의심을 받아 이란 교도소에서 처참하게 사형을 당했다. 목에 밧줄을 맨 채 교수형에 처해졌는데, 그들은 사람들이 보는 앞에서 공개 처형을 당하고 말았다. 당시의 상황을 생생하게 전해주는 사진이 퍼지자 전 세계인은 경악을 금치 못했다. 사진에 담긴 이미지가 세계 곳곳으로 전파되면서 서구 국가들에서는 극도의 분노를 표출했다. 동성애자 집단뿐만 아니라 이성애자들까지도 이란의 끔찍한 법을 가만히 두고 볼 수가 없었다. 2007년 12월에는 또 다른 이란인 마칸 물루드자데흐가 마찬가지 이유로 사형을 당했다. 당시 그의 나이 열세 살. 그는 끝까지 자신이 동성애자가 아니라고 했지만, 결국 목숨을 잃었다. 이 소식이 세상에 알려지면서 탄원서 제출과 서명운동이 속출했다. 2008년 초 국제사회는 동성애자 차별법을 다시 화두에 올렸다. 각종 언론이 이 주제를 다루었고, 이란 국민도 이 문제를 그냥 지나칠 수 없어 고민했다.

같은 시간, 수많은 동성애 인권단체는 비정부 기구들과 협력하며 힘을 키워나갔다. UN과 교류하는 국제사면위원회, 인권감시기구가 대표적이었는데, 이들 단체는 이제 말이 아닌 행동으로 나서야 할 때라고 확신했다. 각 단체와 기구는 국가를 움직여야 한다는 일념 아래 정부의 변화를 촉구하는 일에 앞장섰다. 이러한 움직임의 선두주자로 벨기에, 덴마크, 뉴질랜드, 네덜란드 그리고 노르웨이를 꼽을 수 있다.

변화의 '모멘텀'을 정당화해주는 이런 요인들을 듣고 보니 프랑스 장관의 태도가 왜 갑자기 돌변했는지 짐작이 갔다. 2008년 EU의 전반적인 분위기가 그랬고, 프랑스의 대표자 역시 그런 시대적 흐름에 역행하지 않기 위해서라도 최우선 과제들 중 하나였던 동성애 문제에 관심을 가질 수밖에 없었던 것이다.

파리(2008년 5월). 베르나르 쿠슈네르가 니콜라 사르코지 내각에 들어가 외무부 장관으로 활동한 지 1년째 되던 시점이었다. '국경없는의사회'의 공동 창립자이자 전 보건부 장관인 그는 국가가 '자유방임'이 아닌 '적극적 개입'을 해야 한다고 믿는 사람 중 한 명이었다. (그 덕분에 그가 만든 '국경없는의사회'는 노벨 평화상을 받은 바 있다.) 그는 이 원칙을 좀더 근대화된 의미로 풀길 원했고, 구체적인 적용 방법을 강구하려고 애썼다. UN에 정통한 전문가인 쿠슈네르는 국회 의정활동에도 정부가 개입할 수 있는 길을 일찍부터 모색해온 정치인이다. 엘리제궁에서는 에마뉘엘 미뇽이 그와 비슷한 생각을 하고 있었다. 그녀가 내게 밝힌 내용이 사실이라면, 그녀는 니콜라 사르코지와 제대로 상의하지 않은 상태에서 이 민감한 주제에 대해 긍정적인 발언을 했던 것이다. 그 말에 대한 책임은 전적으로 혼자 져도 상관없다는 입장이었다. "실제로 제가 그 말을 꺼냈을 때 대중은 프랑스 대통령의 동의를 얻은 발언이라고 믿었죠. 동성애자 차별법에 대한 반대 목소리를 대통령도 인정했다고 생각했지만, 사실은 아니었어요. 당시 대통령이 나한테 그런 조치를 취하라고 지시를 내린 적도 없고, 제가 그분께 어떻게 생각하는지 의견을 직접 물어본 적도 없습니다. 엘리제궁에서 이 문제에 신경쓰는 사람이 아예 없었으니까요. 저도 처음에는 특별히 관심을 갖지는 않았지만, 그와 관련된 사람들과 인맥이 있었어요. 그러다보니 일종의 책임의식을 느끼게 됐죠. 저는 사르코지 대통령이 개인적으로 어떤 생각을 하는지 알고 있었습니다. 물어보지 않아도 뻔했으니까요. (나는 그녀가 한 말을 그대로 옮겼다.) 왜냐하면 그가 내무부 장관에 이어 경제부 장관이던 시절, 그 주제로 저와 여러 번 충돌을 일으킨 적이 있기 때문입니다. 저는 총리에게 사르코지가 동성애 혐오에 반대하는 세계의 날을 인정했다고 전달했어요. 그러면서 (인권 문제에 관여했던 정무차관) 라마 야데에게 이 건을 UN에 가서 공식화해야 한다고 호소했답니다. 그 결과 지금 여기까지 오게 된 거죠. 가장 놀라운 점은 그렇게 밀어붙여서 좋은 결과가 나왔다는 거예요!"

엘리제궁이 이 문제에 참여하게 된 과정은 이러했다. 결국 정부 내각은 회의를 소집했는데, 외무부 장관인 베르나르 쿠슈네르는 내각 회의를 위한 탁월한 전략을 짜내기 위해 심사숙고했다. 다행히 그에게는 신의 한 수와 같은 좋은 패가 있었다. 바로 장모리스 리페르 대사가 그의 측근이라는 사실이었다. 그는 UN에서 프랑스 상임 대표였는데, 그녀와 친한 지인 중 한 명이었다. 그는 훗날 뉴욕에서의 분쟁을 해결하는 주역이 되기도 한다. "이 문제는 프랑스 외무성에서 다뤄본 적 없는 생소한 것이었어요. 프랑스 외교관들 사이에서는 회의적인 분위기가 팽배했죠. 제 협력자들 중 뉴욕 대사관에서 일하던 한 사람은 독실한 가톨릭 교도였습니다. 그런데 공교롭게도 그가 이 문제를 다루게 되었고, 그는 강하게 반대했답니다!" 리페르 대사가 미소를 머금은 얼굴로 이렇게 말했다. 나는 그와 제네바에서 만나 인터뷰를 했다. 그는 정부와 장관에게 전략을 제시하는 일을 했다. 그는 내게 이런 말도 했다. "말이 아닌 행동으로 실천하는 것이 무엇보다 중요해요. UN 총회에서 이 내용에 대해 선언문을 발표한 행위는 초석을 다진 거나 다름없습니다. 아주 상징적인 선언문이었지요. 이 선언이 법적 효력을 발생시켰거나 강제 구속력을 갖게 하지는 못했지만 무척 의미 있는 일이었습니다."

엘리제궁의 그린라이트 그리고 쿠슈네르와 리페르 덕분에 방법적인 전략은 한층 더 성숙한 단계로 나아갔다. 젊은 장관인 라마 야데는 인권 문제를 담당하고 있었고, 그녀의 투쟁은 UN에서도 이어졌다. 세네갈에서 태어났으며 레부 부족의 일원이었던 그녀는 이슬람교를 믿었으며, 세네갈 토속어를 구사할 줄 알았다. 하지만 그녀는 다양한 문화가 공존하는 프랑스에서 자신의 고유한 존재감을 확인할 수 있었다. "사실 저는 초반에 우연히 이 문제에 개입하게 됐어요. 그것도 매우 급박한 상황에 투입되었답니다. 당시엔 이런 문제를 다룰 준비가 돼 있지 않아서 무척 낯설었죠. 저는 종교적 색깔이 매우 짙은 가정환경에서 보수적인 교육을 받으며 성장했거든요. 그래서 동성애는 우리 집에서는 결코 용납될 수 없는 것이었습니다. 저는 동성애자 친구를 사귄 적도 없고, 게이 프라이드에 참여한 적도 없었죠. 그런 자리가 괜히 불편했거든요. 그러다가 본격적으로 정치활동을 하면서 이 문제에 관심을 갖게 되었답니다. 동성애자라는 이유로 사형을 당한 사례를 접하면서 말도 안 된다는 생각이 들었어요. 그래서 자연스레 이 일에 적극 개입해야겠다고 마음먹게 되었습니다. 사형에 반대하는 활동, 동성애 혐오에 반대하는 활동은 서로 동일한 목표를 지향하는 공통분모가 있답니다. 그러면서 조금씩 저만의 정치적인 기준이 생겼고, 여러 목표를 세우며 일정을 짜기 시작했어요. 저는 이제 이 주제에 대해서만큼은 절대 빠지지 않는 적극적인 활동가가 되었답니다." 라마 야데가 한 말이다. 그녀의 진심이 고스란히 느껴진 인터뷰였다. 2011년 나는 라마 야데의 사무실에서 그녀를 만났다. 그녀의 책상 맞은편 벽에는 멋진 사진이 걸려 있었다. 넬슨 만델라와 찍은 사진이었다. 그 옆에는 만화책이 한 권 있었는데, 「콩고에서의 라마의 모험」이란 제목이 눈에 들어왔다. 탱탱벨기에 인기 만화에 나오는 남자 주인공 이름의 모험 이야기를 패러디한 제목이 틀림없었다.

파리(2008년 5월 17일). 2008년 5월 17일, 라마 야데 장관은 동성애 혐오에 반대하는 세계의 날을 맞이하여 LGBT 단체들이 있는 자리에서 중대 발표를 했다. 그녀는 단체 관계자들을 외무성에 초청했는데, 그들 앞에서 앞으로 프랑스가 동성애자 차별법을 폐지하는 일에 앞장서겠다고 선언했다. 2008년 5월 말, 해외에 나가 있던 프랑스의 모든 외교관에게도 해당 내용을 외교 정책의 중요한 과제로 전달했다. 거기에는 세심하게 정의된 전략들이 상세히 명시되어 있었다. 또한 이것은 EU에서 프랑스의 주요 활동 내역 중 하나이기도 하다. 2008년 12월 8일, 제63차 UN 총회를 맞아서 프랑스가 대표로 해당 사항에 대한 선언문을 발표했다. '이 전략적 구상이 지향하는 목표는 어느 한 지역에만 국한된 것이 아니라 모든 지역을 아우르며, UN이 LGBT 희생자들에게 행해지는 일련의 폭력 행위와 차별에 대해 사람들을 각성시킬 방안을 강구하도록 유도하는 데 있다.' 이것이 극비리에 전달된 전보의 내용이다.

프랑스는 해외에 나가 있는 모든 외교관에게 현지의 동성애 관련 상황을 보고하라는 공문을 보냈다. 이를 통해 'LGBT 관련자들을 상대로 한 법 조항과 현지의 상황'을 입수했다. 각 대사는 장관에게 6월 13일 이전까지 상세한 내용을 기록한 보고서를 보내야 했다. 상황이 이렇다보니, 모든 대사는 마감일 전까지 보고서를 완성하기 위해 발빠르게 움직였다. 형식적인 행정 절차일지는 몰라도 정확성을 기해 진정한 운동가의 면모를 보여줘야만 했다. 동성애자들의 인권을 보호하는 일은 당시 프랑스 외교활동에 있어서는 절대적인 것이었다. 프랑스의 외교를 다룬 역사에서 이런 상황이 벌어진 적은 그때가 처음이었다.

2008년 여름 이후 국제적으로 동성애자 차별법 폐지 운동은 가속화되었다. 그 시발점이 된 곳은 바로 파리였다. 이어서 브뤼셀에서는 유럽 국가들 사이에 협상이 잇달아 이뤄졌다. 결국 뉴욕에 있는 UN 본부에서도 법적인 효력을 인정했다. 6월 10일, 중대한 회의가 파리에서 열렸다. 그 회의를 주도한 사람은 바로 라마 야데였다. 그 자리에는 프랑스 대사들과 함께 외국의 주요 관계자들이 함께했다. 그중에는 네덜란드 외무부 장관도 있었다. 사실 네덜란드가 프랑스보다 한발 앞서 게이의 인권 문제를 해결하기 시작했는데, 어느새 프랑스가 빠른 속도로 뒤쫓아오자, 네덜란드 입장에서도 꽤나 속이 타는 모양이었다. 네덜란드는 유럽 국가 중에서도 게이 문제를 해결하는 일에 가장 솔선수범하는 모범 국가였다. 여러 인권단체 대표들도 그 자리에 있었다. 미래의 청사진을 그리는 로드맵에 대한 열띤 토론이 이어졌다. 어떤 정부 관계자들은 의제의 결정적 권한을 제네바가 쥐어야 한다고 제안했다. 한편, 액트 업을 비롯한 다른 참가자들은 2008년 12월 UN 총회가 열릴 때 결의안을 투표에 부쳐서 가결하는 것이 어떻겠냐고 주장했다. 인권감시기구를 대표해 보리스 디트리흐는 굳이 투표 절차를 거칠 필요 없이, 선언문의 형식적 절차를 특권화하자는 입장을 전달했다. 그 점에 대해 디트리흐가 설명한 내용을 들어보자. "투표를 해서 과반수 이상의 득표를 기대할 수 없다면 굳이 결의안을 채택하기 위해 투표를 거칠 필요는 없다고 생각했습니다. 만약 그렇게 하면 동성애자의 인권을 두고 양쪽 의견이 첨예하게 대립해 UN이 공식적인 결정을 내리기 더 힘들 테니까요. 또 몇 년 동안은 우리가 그 게임에서 질 확률도 다분합니다. 머나먼 미래에 달성될 큰 그림을 완성하기 전에 우리가 추진하려는 방안을 지지하는 국가가 몇이나 될지 그 수를 제대로 파악하는 일이 선행되어야 한다고 생각해요. 그런 이유로 제가 투표 절차 없이 간소하게 이뤄지는 선언문을 선호하는 겁니다." 동성애자의 인권 문제를 담당하고 있는 프랑스 외교관 자크 펠레는 다음과 같이 주장했다. "그의 입장은 프랑스의 입장이기도 했어요. UN에는 총 93개국이 있죠. UN 총회에서 투표할 경우 부정적인 시각을 가진 국가들의 투표를 고려하지 않을 수 없답니다. 그들의 수가 많으면 많을수록 이 문제는 장기적으로 전면 봉쇄될 위험이 크니까요." 프랑스 대사로서 뉴욕에서 안건을 상정할 계획인 장모리스 리페르는 어떨까? 그는 자신이 추천하는 전략에 대해 설명했다. "이런 주제일수록 다방면의 외교술이 요구됩니다. 사형 제도의 존폐를 둘러싸고 논쟁이 불거졌을 때와 마찬가지예요. 어떤 전략인지는 이미 잘 알려져 있으니, 먼저 반대파를 설득할 수 있어야만 합니다. 만장일치를 이끌어내도록 여러 시도를 해야 하는데, 점차 범위를 넓히면서 타이밍을 잘 맞춰야 하는 거죠. 특히 UN에서는 시간적인 요소가 정말 중요합니다. 단체로 움직이는 활동을 조직하되 강요하거나 자극을 주는 것은 좋지 않습니다. 우리가 어디로 나아가는지 알고 있으니 순서대로 차근차근 잘 진행하면 됩니다." 마지막으로 라마 야데가 인터뷰를 끝내기 전에 이런 말을 덧붙였다. "우리는 결의안을 투표로 결정하게 되면 계획이 실패할 수도 있다는 걸 직감했어요. 그래서 실패하고 싶지 않았어요. 점진적으로 진행하길 원했는데 그러려면 계몽을 위한 시간이 필요했습니다. 그 결과 선언문 형식으로 하는 것이 최고의 해결책이라는 결론이 나온 거죠."

몇몇 단체는 선언문을 통해 동성애자 차별법 철폐에 이어 결혼을 인정하는 법안을 통과시키고 트랜스포비아, 즉 트랜스젠더의 인권을 깎아내리는 법안을 없애는 안건까지 함께 추진했다. 하지만 이 모든 것을 한 번에 인정받기란 쉬운 일이 아니었다. ARC 인터내셔널의 존 피서는 다음과 같이 설명했다. "초반에는 정말 그랬어요. 그 주제를 꺼내는 것 자체가 매우 민감했을 정도입니다. 그래서 우리는 의견을 피력할 때, 어휘 하나하나에 신경 쓰며 논쟁이 될 때마다 타협을 이루기 위해 진을 뺐지요. 결국 트랜스젠더를 보호하기 위한 활동은 일시적으로 포기해야만 했답니다. 하지만 동성애자의 결혼 합법화는 해볼 만한 안건이었어요. 아직 제대로 된 토론이 이뤄지지 않았던 것뿐이죠." 자크 펠레는 상황을 더 자세히 설명했다. "UN이 모든 국가에게 동성애자의 결혼을 인정하라고 할 수는 없었어요. 인권을 다루는 엄격한 법률적 조건 속에서 국가마다 서로 다른 법률적 해석을 하고 있기 때문이죠. 반면에 성 정체성, 사회적 성인 젠더 문제를 언급할 때는 트랜스젠더와 관련된 요청 사항에 어느 정도 부응하는 해결책을 제안해줄 수준은 되었다고 봅니다." 마지막으로 라마 야데는 짧지만 강렬하게 주장했다. "저는 이들 문제가 결국 인간의 기본 권리에 관한 것임을 사람들에게 각인시키고 싶었습니다."

파리, 오슬로, 암스테르담, 브뤼셀(2008년 여름). 여름 동안 이 선언문 작성을 맡은 프랑스 외무성은 계속해서 네덜란드와 노르웨이 외무성과 연락을 취하면서 일을 했다. "어떻게 된 일이냐면……" ARC 인터내셔널의 존 피셔가 그날을 회상하며 운을 떼었다. "우리는 드디어 제대로 된 개혁이 이뤄지겠구나 하고 예감했습니다. 그러던 어느 날, 갑자기 긴급하게 결정해야 할 위급 상황이 생기기도 했지요." EU의 프랑스 대표단은 그들끼리만 회의를 했고, 다른 연합 단체들은 정기적으로 모여 여러 회의장에 참석하는 상황이었다. 라마 야데 장관은 개인적으로 이 임무가 성공할 수 있도록 자기 팀원들과 행동 강령을 마련하는 중이었다. "이 의제가 안정적으로 이뤄지려면 이번 선언문을 모든 대륙의 여러 나라가 공동 작성할 필요가 있다. 따라서 프랑스와 함께 이 선언문을 만들어나갈 많은 조력자를 끌어들여야 하는 상황에 처해 있다." 위 내용은 외교 전략상 기밀에 속하는 전보로, 프랑스 대사들에게 전송되었다.

그 결과 총 세 나라, 즉 노르웨이, 네덜란드, 프랑스가 '코어 그룹core group'이라고 하는 팀을 결성했다. EU에 속한 세 나라가 함께 선언문을 마련하기로 한 것이다. UN 본부가 있는 뉴욕에서 장모리스 리페르는 프랑스 상임 대표로서 이 선언문과 관련된 중재 역할을 맡기로 했다. 리페르가 나에게 설명해준 내용은 다음과 같다. "저는 네다섯 국가의 대사들을 초청해 아침 식사를 함께 하곤 했어요. 남아프리카공화국 대사가 시간을 맞추기 어렵다고 하면, 따로 일대일 약속을 잡아서 면담을 했답니다. 그렇게 대사들을 만나 이야기를 했고, 그 나라 정부에서 확실한 지시 사항을 받았는지 확인했어요. 마지막 순간에 반전처럼 뒤집히는 일이 없도록 철저하게 준비하기 위해서였죠. 뉴욕과 달리 파리에서는 이미 이번 선언문을 확실히 지지해줄 수 있는지 확인하기 위한 외교활동이 활발히 이뤄지고 있었습니다." 이 '코어 그룹'에 합류할지 미지수인 나라들과 접선하는 것이 급선무였다. 대표적인 국가로 브라질, 인도, 남아프리카공화국을 들 수 있다. "우리가 UN 인권 사무국에서 투표로 결의안을 통과시키는 것은 객관적으로 봐도 힘들어요. 우리가 선진국이 아닌 다른 나라들에 다소 반감을 갖고 있고 서양의 가치관을 강요한다는 편견을 주고 있는 게 현실이니까요. 따라서 이럴 때는 전 대륙에 적군보다는 아군을 먼저 만드는 게 필요하답니다. 특히 남반구에 위치한 나라들이랑요. 브라질은 확실히 이번 선언문에 긍정적인 반응을 나타냈습니다. 성 정체성 문제와 관련해 매우 진보적인 성향을 보이는 나라니까요. UN 안전보장이사회의 상임이사국 대표도 브라질 출신이죠. 그래서인지 브라질은 남반구 국가들 중에서 솔선수범을 보이고 있답니다. 반면에 남아프리카공화국과 인도는 설득하기 무척 어렵습니다." 외교관인 자크 펠레가 자세히 설명했다. 이번에는 남아프리카공화국에 대해 누구보다 잘 아는 보리스 디트리흐가 입을 열었다. (그는 넬슨 만델라를 대변한 여러 변호사 중 한 명이었다.) "맞아요. LGBT 관련 문제는 서양 국가들의 관심사이긴 합니다. 그렇지만 우리가 우선적으로 해결하고 싶어하는 이 과제가 사실은 전 세계와 관련된 것이고, 모든 대륙이 관여해야 한다는 인식을 세계인에게 심어주는 것이 필요합니다. 그래서 우리가 일본이나 남아프리카공화국, 브라질의 변화를 끌어내기 위해 그렇게 노력해왔던 거죠. 우리는 그들을 설득해야 합니다. 그리고 그들이 우리와 한편이 되도록 이끌어야 합니다." 보리스 디트리흐는 남아프리카공화국 정부를 설득하겠다는 일념 아래 케이프와 프리토리아를 직접 방문했다.

'코어 그룹'에 속한 나라들은 이 선언문의 공동 작성자이기도 했다. 이 국가들은 많은 나라가 서명에 동참할 수 있도록 여러 절차를 거쳐 세부 활동을 차근차근 실행에 옮겼다. 선언문의 내용은 대사관 사무국들 간의 긴 토론을 거치며 작성되있다. 10여 명의 대사는 선언문에 서명할 만한 동맹국을 찾는 일에도 동조했다. 그들은 동성애자 문제를 '서양의 문제'로만 치부하지 않도록 인식 개선에 좀더 초점을 맞추었다. 오대주의 다양한 나라, 특히 남반구에 위치한 나라들로부터 지지를 받는 일에 박차를 가했다. 기록보관소에서 확인한 자료를 보면, 가봉에 나가 있는 프랑스 대사는 프랑스 외무성의 요청에 따라, 가봉의 수도인 리브르빌이 게이의 인권 문제에 좀더 우호적인 입장을 보이도록 공식적인 활동을 한 것으로 드러났다. "라마 야데 장관은 가봉에 직접적인 압박을 가했습니다. 프랑스가 타깃으로 선점한 가봉 정부는 결국 우리 제안을 수락할 수밖에 없었어요." 아프리카에 나가 있던 한 프랑스 외교관이 냉소적인 어조로 이렇게 평가했다. EU의 인권위원회 부책임자로 임명된 자크 펠레는 브뤼셀에서 열린 여러 회의를 통해 이 사실을 확인할 수 있었다. 그는 프랑스 대표로 그 자리에 올라갔고, 다른 회원국가들 역시 찬성하는 입장이었다. 회원국들 가운데 대다수가 만장일치에 가까운 의견 합일을 보여주었다. (비록 이탈리아의 베를루스코니 총리가 바티칸의 반대로 입장 표명을 유보했고, 키프로스와 폴란드, 리투아니아도 유보적인 입장을 보였지만.) 브뤼셀에서는 EU에 들어오고 싶어하는 후보 회원국들에게 교묘하면서도 확실한 압력을 행사했다. 기권을 선언한 터키를 제외하고 다른 후보 국가들은 불만없이 선언문의 서명에 동참하기로 결정했다. (알바니아, 크로아티아, 아이슬란드, 마케도니아, 몬테네그로, 세르비아는 각 국가의 신념과 충돌하더라도 일단 EU의 입장을 지지하기로 했다.) 또한 우리는 '그네 국가swing states'라고 해서 입장이 이도 저도 아닌 회색 국가들의 의견도 확인해야만 했다. 특히 남아프리카공화국, 인도, 우크라이나, 베네수엘라, 레바논이 언제든 이쪽에서 저쪽으로 넘어갈 수 있는, 널뛰기하듯 변동할 우려가 있는 국가였다. 마침내 총 8개국이 최종 선언문을 공동 작성했고 확실한 교섭관계를 이루며 결실을 맺었다. 그 8개국이 바로 아르헨티나, 크로아티아, 프랑스, 가봉, 일본, 노르웨이, 네덜란드 그리고 브라질이다.

브라질리아, 부에노스아이레스(2008년 여름). 상파울루에 있는 믹스브라질 본부에 도착해서 본 '성적인 다름Diversidade sexual'이란 문구가 내 심장을 강타했다. 이렇게 규모가 큰 게이 인권 기구를 운영하는 관리자는 앙드레 피셔라는 사람이다. 그는 여러 차례 다음과 같은 말을 했다. "저는 브라질에서 지난 10여 년 동안 LGBT의 인권이 개선되는 모습을 보면서 커다란 행복을 느낍니다. 세계에서 가장 큰 규모의 게이 프라이드를 이곳에서 주최하고 있어요. TV 드라마에서는 극중 동성애자들을 볼 수 있고, 게이 전용 바들도 생겨났어요. 이곳 사람들은 '성적인 다름'에 대해 시도 때도 없이 이야기를 한답니다. 성적인 다양성이야말로 오늘날 브라질에서 유행하는 대표적인 슬로건이니까요."

그러면서 이렇게 덧붙였다. "하지만 이 모든 변화는 브라질 국민 스스로 이룬 것이라고 생각해요. 게이의 인권을 위해 싸우는 여러 단체 덕분인 거죠. 바로 이 땅에서 출발한 겁니다. 개인적으로 저는 정치인들에게 별로 기대하는 바가 없어요. 비록 룰라 대통령 시절에 동성애자들에게 우호적인 입장을 보였다고 해도 말입니다."

2003년 대선에서 승리해 브라질의 대통령이 된 룰라 다시우바는 동성애자 커플이 사실혼에 근거한 동거를 할 수 있도록 법 제도를 마련하는 것은 물론 고등학교마다 찾아가 '브라질은 동성애 혐오에 반대한다'는 슬로건을 공익 캠페인으로 외쳤던 인물이다. 그는 재임 기간에 동성애 문제에 관심이 많았다. (2013년에 브라질 대법원은 동성애자의 결혼을 합헌으로 인정했다.) 게다가 국제사회에서도 브라질은 자국의 고유한 외교 전략을 펼치며 전 세계 국가들이 동성애자 차별법을 없애는 데 브라질 외교관들이 적극 개입하도록 했다. 제네바의 UN 인권이사회에서 그와 관련된 선언문을 발표할 때도 브라질은 찬성했다. 그 결과, 2008년 여름부터 브라질은 자연스럽게 뉴욕에서 모이는 '코어 그룹'에 합류하고, 새로운 선언문 발표에 동참하게 되었다.

오늘날 라틴아메리카는 게이 문제에 있어서 크게 열린 자세를 보이는 지역 중 하나다. 브라질의 룰라, 아르헨티나의 크리스티나 페르난데스 대통령은 2008년에 발표된 UN 선언문에 대해 즉각 찬성 의사를 밝혔다. 그 후에도 라틴아메리카는 2010년에 동성애자의 결혼을 합법화한 초기 국가들 중 하나를 배출했다. "브라질과 아르헨티나는 그중에서도 LGBT의 인권에 있어서 가장 앞서 있는 곳입니다. 멕시코도 그 뒤를 따라오는 중이지요." 페르난도 델리오가 말했다. 그는 (뉴욕에 본사를 둔) 국제게이레즈비언인권위원회International Gay and Lesbian Human Rights Commission에서 라틴아메리카 지역을 맡고 있는 책임자다. 나는 그를 부에노스아이레스 시내의 한 라이브러리 카페, 엘 아텐코에서 만나 인터뷰를 했다.

나는 이번에 조사를 실시한 라틴아메리카 10여 국가의 상황이 이정도로 좋을 줄 예상 못 했던 터라 솔직히 속으로 좀 놀랐다. 아르헨티나, 볼리비아, 브라질, 칠레, 콜롬비아, 쿠바, 에콰도르, 멕시코, 페루, 베네수엘라를 조사했는데, 높은 산맥에 둘러싸여 있어 지리적으로 고립된 이들 지역은 열악하긴 했지만 생각보다 상황이 좋았다.

아르헨티나, 브라질, 멕시코가 가장 나았고, 그다음이 우루과이와 콜롬비아였다. 미첼 바첼레트의 나라 칠레는 좋음과 나쁨의 중간 상태에 처해 있었다. 이 나라는 매우 근대적이면서 동시에 여전히 불평등이 뿌리박혀 있었다. 물론 동성애가 불법 행위로 규정된 것은 아니다. 2015년부터는 동성애자들의 동거를 인정하기 시작했다. 하지만 정식 결혼은 여전히 불법이다. LGBT 에쿠알레스의 대표 루이스 라레인을 엘 토로라는 레스토랑에서 만나 인터뷰했는데, 그가 칠레의 상황에 대해 이야기해주었다. "이곳에서는 스페인계 백인 동성애자들이 상대적으로 더 편하게 살고 있습니다. 경제적으로 여유가 있으면 상황은 더 낫고요. 하지만 토착민이었던 원주민 혈통의 동성애자들, 특히 마푸체족의 후손들이라면 몹시 힘든 상황에 처해 있답니다." 나는 게이들이 자주 가는 식당 겸 바에서 그를 만났는데, 그 바는 칠레의 산티아고 벨라비스타란 마을에 있었다. 칠레는 정통 가톨릭교회의 세력이 매우 강한 나라인 탓에 LGBT의 인권을 보장하려면 너무나 많은 장애물을 넘어야 했다. 그러다보니 그들의 결혼을 법으로 통과시키는 과정은 더욱 험난했다. "하지만 상황이 점점 개선되고 있습니다. 아르헨티나와 브라질이라는 좋은 비교 대상이 있거든요. 교회가 요즘 소아성애자들의 소굴로 비춰지면서 힘을 잃어가고 있는 데다 좌파 정치인들이 동성애자들의 인권에 좀더 힘을 실어주고 있지요. 그래서 '성적인 다양성'에 대한 인식이 예전보다 대중화되고 있고, 저 역시 미래에 대해 낙관적인 입장입니다." 에쿠알레스의 공동 창립자이자 작가인 파블로 시모네티가 말했다.

반면에 페루는 상황이 좀 복잡했다. 그렇지만 카를로스 브루스에게 물어보기만 하면 바로 이해할 수 있다. 그는 사슴 가죽으로 만든 밤색 재킷을 입고, 손목에는 알이 굵은 시계를 차고 있었다. 턱에 흰 수염이 짧게 나 있는 그는 라틴아메리카의 LGBT 중에서도 굉장히 유명한 인물이다. 페루의 온건우파 정부 시절 두 번이나 장관직을 역임한 인물로, 나는 그를 리마에서 2014년과 2015년에 걸쳐 두 차례 만났다. 그는 라틴아메리카에 비록 지역적으로 특이한 요소가 몇몇 있지만, 전반적으로 동성애자의 인권 문제가 우호적인 방향으로 개선되는 중이라고 평가했다. 비록 페루와 같은 몇몇 국가가 여전히 LGBT 운동에 제동을 걸고 있기는 하지만 말이다. 내가 목격한 리마 게이들의 라이프스타일은 비교적 생동감 넘치는 편이었다. 미라플로레스에 있는 대형 클럽인 '다운타운 발레토도'는 게이들이 자주 가는 핫플레이스다. 아무래도 시골보다는 대도시가 동성애자들에 대한 시선이 더 관대하긴 하다. 하지만 가톨릭교회는 여전히 페루의 변화를 막지 못해 안달이 나 있다. 그래서 동성애자들의 인권을 법적으로 인정하려고만 하면 종교단체가 이를 방해한다. 소아성애자 스캔들이 계속 터지면서 종교 집단의 위세는 이제 몰락의 길을 걷고 있다. "페루의 리마 대교구장 후안 루이스 치프리아니 토르네는 동성애자들을 인정하지 않아요. 심지어 그는 동성애를 '불순하고 성병을 유발하는 짓'이라고 비난하기까지 했습니다. 그에게 동성애자끼리 결혼하는 것은, 그의 말을 그대로 빌리자면, '홀로코스트, 즉 대학살'처럼 끔찍한 일이죠. 그런데 이 사람이 무슨 짓을 했는지 아세요? 페루의 아야쿠초라는 지역에서 미성년자와 성관계를 한 혐의로 경찰에 체포됐어요. 그런데도 자신의 무죄를 주장했다죠!" 카를로스 브루스가 짜증 난 목소리로 흥분하며 말했다. 잠시 후, 그는 할 말이 남아 있는 듯 덧붙였다. "이곳에서 게이의 인권 보장을 반대하는 세력은 가톨릭교회 사람들이에요. 대부분의 라틴아메리카가 그럴 거예요. 하지만 이 대륙에서 가톨릭이 점점 힘을 잃어가고 있는 이상, 동성애자 차별법도 명분을 점점 잃어갈 겁니다."

그렇다면 볼리비아는 어떨까? 이 나라도 라틴아메리카 국가들 가운데 게이의 인권 면에서 모범생보다는 열등생 쪽에 놓여 있다. 파즈에서 만났던 인권운동가들의 이야기를 들어보면 볼리비아의 대통령인 에보 모랄레스는 대놓고 LGBT의 인권 수호에 반대 의사를 표명한 바 있다. 권위주의 및 권력을 계속 유지하고자 한 그의 야망은 우고 차베스나 피델 카스트로와 비슷했다. 그는 자신의 대통령 임기가 끝날 무렵, 대선에 또 나가고 싶어서 재출마를 가능케 하도록 헌법까지 바꾼 사람이다. 볼리비아의 영향력 있는 야당파 기자인 라울 페냐란다가 해준 이야기에 따르면, 에보 모랄레스 역시 동성애 문제를 무시한 이유가 바로 동성애가 자본주의의 산물인 소시민들, 즉 프티부르주아 계층, 제국주의의 후손들에게서 일어나는 현상이라고 믿었기 때문이다. 라틴아메리카 인디언의 후손들이 볼 때 동성애는 낯선 이국에나 있는 풍습이었다. 토착민을 조상으로 둔 모랄레스는 소위 아메리칸인디언들의 표심 덕분에 대통령이 된 것이나 마찬가지였고, 시골의 토속적인 문화가 남아 있는 안데스 산맥 지역 사람들에게 동성애는 기피 대상이었던 것이다. 그렇기 때문에 옛날부터 뿌리 깊게 이어져 내려온 그들의 생각을 모랄레스가 바꾸기에는 역부족이었다. 또한 그의 극좌파적 정책과 진보적 개혁에 있어서 여성의 인권이라든가 동성애자들의 인권은 여전히 들어설 자리가 없다.

라파엘 코레아가 대통령으로 있는 에콰도르에서도 이러한 모순적인 상황은 이어졌다. 그 역시 독실한 가톨릭교도로서 동성애에 강한 반감을 드러냈다. "코레아는 진보주의자이지만 마르크스주의자는 아니에요. 그는 사회 정의를 실현하고 싶어하지만, 어디까지나 가톨릭 교리를 바탕으로 한 사회 속에서 실현시키고 싶어할 뿐입니다. 바로 그런 가치관이 그의 머릿속에 뿌리박혀 있답니다." 키토에서 만난 올란도 페레스가 사실을 확인시켜주었다. 그는 에콰도르의 일간지 『엘 텔레그라포』의 편집장이다. (사실 코레아는 2차 바티칸 회의가 있고 난 후의 자유로운 가톨릭 신학 교리에 지속적으로 영향을 받은 사람이었다.) 코레아가 다스리는 에콰도르의 이데올로기는 에보 모랄레스의 볼리비아처럼 '좋은 삶buen vivir'을 모토로 삼고 있다. 이 혁신적인 아이디어는 광범위한 활동 스펙트럼을 낳았는데 그 결과 코레아와 모랄레스는 세계화 및 소비지상주의를 격렬하게 비판하며 환경을 보호하는 일에 앞장섰다. 그래서 자연에도 권리를 주어야 한다는 이념을 펼쳤다. "이런 발상은 결과적으로 개인주의보다는 공동체주의를 더 강조하는 사회를 만들었답니다. 이제 삶의 질을 따져봐야 할 때였으니까요." 자네트 산체스가 상황을 요약하며 말했다. 나는 코레아 정부 시절, 경제부 장관을 역임했던 그녀를 키토에서 만나 인터뷰를 했다. 그들이 말하는 '좋은 삶'은 발전을 주요 정책으로 삼는 서양 모델에 대한 비판을 포함한 것이었다. 그리고 미국의 패러다임과는 다른 라틴아메리카의 새로운 패러다임을 구상하면서 '좋은 삶'에 대한 정의를 새롭게 내린 것이다. 상황에 따라 가변적인 의미로 쓰일 수 있는 이 모토는 어쩌면 기존의 고전적 발전 모델의 대안으로 생긴 것일지도 모른다. 그러나 여전히 볼

리비아와 에콰도르에는 여성과 동성애자들이 '더 나은 삶'을 살 수 있도록 뒷받침해주는 발전 계획이 없다.

(내가 직접 가본 적은 없지만) 여러 인권 기구가 발표한 보고서를 참조하면 중앙아메리카의 상황은 더 열악한 듯했다. 니카라과와 살바도르에서는 동성애자들이 협박을 받는 것은 물론 이따금 살해되는 사건도 있다고 한다. 비정부 기구가 조사한 결과, 온두라스는 지난 몇 년간 31명의 LGBT가 살해되었을 정도로 치안이 나빴다. 카리브 제도, 프랑스령 기아나에서는 국가가 아예 동성애를 반대하는 정책을 옹호하면서 일말의 관용도 보이지 않았다. (심지어 프랑스령 기아나에서는 동성애가 무기징역을 선고받을 정도로 처벌 강도가 심했다.) 베네수엘라는 요즘 경제적으로나 정치적으로 침체기를 겪고 있다. 그런 탓에 치안이 점점 더 위태로워져 사회적 약자인 게이들을 향한 폭력 건수가 증가 추세다. 비록 베네수엘라 정부가 공식적으로 동성애를 반대한다고 공표한 것은 아니지만 인심이 흉흉했다. (내가 카라카스에서 만난 사람들의 제보에 따르면 그랬다.) 가톨릭교회는 중앙아메리카에서도 역시나 LGBT의 인권 개선에 제동을 걸고 있다. 게다가 개신교의 신복음주의까지 확산되면서 LGBT에 대한 차별은 더 심해졌다. 브라질에서는 게이에 반대하는 오순절파 교회 세력이 점점 커지고 있는데, 실라스 말라파이아라고 하는 TV 전문 전도사의 인기가 급상승 중이었다.

이에 반해 콜롬비아는 상황이 비교적 나은 듯했다. 보고타에서 만난 토비 데 리스가 내게 간추리듯 말해주었다. "부에노스아이레스, 리오, 보고타는 라틴아메리카에서 게이를 가장 환대하는 도시죠. 그래서 게이들에게 가장 인기 있는 도시가 되려고 경쟁하고 있습니다." 그는 보고게이닷컴(bogogay.com)의 운영진으로 게이 관광객들이 자국을 방문하도록 홍보하는 일을 맡고 있다. 경쟁은 매우 치열했다. 멕시코시티에서 인터뷰했던 현지의 유명 기자인 기에르모 오소르노는 "관광부 장관이 저한테 멕시코시티를 홍보하는 LGBT 가이드북을 만들라고 했어요. 그들은 동성애자들이 자국을 방문하게 해 외화를 벌어들이고 싶었으니까요"라고 말했다.

모든 라틴아메리카 국가에는 인권 협회들이 있으며, 따라서 게이의 삶이 과거에 비하면 개선되고 있긴 하다. 해외 어디서든 이름만 대면 다 알 만한 유명 스타의 사례를 들어보겠다. 푸에르토리코 출신의 가수 리키 마틴은 라틴계 남자 가운데 커밍아웃을 한 스타로 유명하다. 스페인어를 쓰는 국가에서 태어났지만 미국으로 귀화한 그는 2010년 3월 전 세계인들에게 자신이 게이라는 사실을 떳떳하게 밝혔다. 그의 커밍아웃 소식은 라틴아메리카 전체를 들썩거리게 만들었다. 리키 마틴은 자신의 공식 웹사이트에 '저는 행복한 게이입니다. 그리고 그 사실을 여러분에게 말할 수 있는 제가 자랑스럽습니다'라는 글을 직접 써서 올렸다. 그리고 얼마 지나지 않아 그는 투자분석가인 남자친구 카를로스와 뉴욕에서 결혼식을 올렸다. (두 사람은 대리모를 통해 태어난 두 쌍둥이 아들, 마테오와 발렌티노를 키우며 살고 있다.) 2011년에 발표된 그의 새 앨범은 커밍아웃을 한 뒤인 만큼 수많은 게이로부터 열렬한 사랑을 받았다. 그는 음반활동을 하면서도 항상 미소를 잃지 않았으며, 자신에 대한 이야기를 노래로 불렀다. 노래 제목으로는 'Basta Ya(이제 충분해)' 'Sera Sera(언젠가는 이뤄질 거야)' 'No Te Miento(난 거짓말을 하지 않겠어)' 등이 있는데, 노래마다 동성애자들에게 전하는 메시지가 담겨 있다. 그의 히트송 'The Best Thing About Me is You(내게 있어 최고는 바로 너야)'의 뮤직 비디오는 평등을 강조하는 이야기로, 화면에 게이 커플과 이성애자 커플이 동등한 대우를 받으며 그려지고 있다. 그 뒤로도 그는 라틴아메리카에서 동성애자가 피해를 입는 불미스러운 사건이 발생하면 공개적으로 입장을 표명하며 사건에 적극 개입했다. 그는 전 세계 게이들의 인권이 개선될 수 있도록 사회운동에도 동참했다. 그는 모든 나라가 동성애자 차별법을 폐지해야 하는 것은 물론 결혼도 합법화해야 한다고 호소했다. 2012년 12월, 뉴욕에서 반기문 UN 사무총장과 나란히 선 그는 전 세계에 동성애자 차별법을 종식시킬 것을 대대적으로 선언했다. 리키 마틴은 이렇게 주장했다. "우리는 예외적인 특별법을 요구하는 것이 아닙니다. 그저 다른 사람들과 똑같은 권리를 주장하는 것뿐이에요. 우리를 더 챙겨달라는 의미가 아니에요. 우리도 그저 똑같은 사람이니 똑같은 권리를 누릴 자격이 있을 뿐입니다."

라틴아메리카는 과거에 동성애자 차별법을 가장 먼저 철폐한 모범 국가들의 나라였다. 2008년 UN에서 이러한 법을 폐지하는 데 앞장선 리더들이 바로 브라질과 아르헨티나였다.

뉴욕(2008년 7월 31일). UN 프랑스 상임 대표인 장모리스 리페르가 여러 나라의 대사들을 불러 중요 회의를 열었다. 회의 주제는 효과적인 전략을 세우는 것이었는데, 우크라이나와 남아프리카공화국 대사까지 참여하면서 회의장의 분위기가 순탄치만은 않았다. 그날 회의가 열린 후, UN의 비밀스러운 전략에 정통한 외교관들에 의해 주도면밀하게 활동 방안이 마련됐다. UN 본부도 그 활동의 주축 역할을 톡톡히 해 주었다. 8월 18일, '코어 그룹'에 속한 국가의 대사들은 또다시 새로운 회의를 열었다. 이번에는 LGBT 문제를 다루는 비정부 기구들도 참석했다. 인권감시기구를 대표해 보리스 디트리흐도 그 자리에 있었다. 국제사면위원회, ARC 인터내셔널, 국제게이레즈비언인권위원회를 비롯해 총 10여 개 단체가 자리를 빛냈다.

가을이 되자 회의는 파리, 제네바, 브뤼셀, 뉴욕 등 여러 곳에서 이뤄졌다. 회의 결과, 선언문을 발표하는 국가가 비유럽 남반구에 위치한 국가면 좋겠다는 의견이 모아졌다. 그래야 너무 서양의 가치에만 쏠린 선언문이라는 비판을 방지할 수 있기 때문이다. 외교관들은 그 주인공으로 가봉을 선정했고, 뉴욕 가봉 대사를 통해 외교관들의 입장을 전달했다. 가봉 대사는 동성애자들에게 우호적이었지만, 가봉 정부는 그렇지 않았다. 그런데 발표 직전, 가봉 정부가 선언문 발표를 거부하면서 부랴부랴 대타를 찾는 해프닝이 벌어졌다. 결국 준비할 시간도 없이 아르헨티나 대사가 선언문을 발표해야만 했다.

서울, 로마, 브뤼셀(2008년). 서양의 대사관 사무국 대표들이 뉴욕에서 열심히 활동하는 동안 세계 곳곳에서는 로비스트들의 활동이 이뤄졌다. 물론 조직체를 단일화해가며 운동한 것은 아니지만, 국가마다 여러 방법과 전략으로 정부에 압력을 행사하는 활동을 펼쳤다.

아시아의 대한민국, 서울에서는 특히 수흐라그바차 미지드수렌(줄여서 '수키'라고 부름)이 설득력 있는 로비활동을 하려고 노력했다. 나는 그를 2009년 대한민국의 서울에서 멀리 떨어진 한 교외의 작은 식당에서 만났다. 그의 국적은 몽골이었고, 30대로 보이는 그는 뜻밖의 장소에서 만나자고 했다. 왜냐하면 생업이 인권운동가가 아닌 까닭에 자신이 일하는 기술업체 근처에서 점심시간으로 할애된 한 시간만 겨우 낼 수 있었기 때문이다. 우리는 한국어로 '반찬banchan'이라 불리는 전통 음식을 함께 먹었다. 그는 자신이 살아온 특이한 이력을 소개했다. 수키는 땅은 넓지만 인구가 적은 몽골을 떠날 수밖에 없었다. 왜냐하면 그곳에서 게이로 산다는 것은 불가능했기 때문이다. 이로 인해 그는 고향에서 매일같이 근심에 싸여 살았다고 고백했다. 그는 사회, 즉 조직에서 격리 대상이 될 뻔한 적도 있었다. 그래서 브뤼셀에 본사가 있는 국제성소수자연합의 도움을 받아 대한민국에서 아시아 담당자로 안전하게 인권운동을 이어갈 수 있었다. 오늘날 수키는 이 단체를 위해 일하는데, 거의 자원봉사나 다름없는 아주 적은 돈을 받으며 UN에서 관련 장관 회의를 열 때마다 아시아의 정부에 호소하는 캠페인 활동을 하고 있다.

"UN의 투쟁은 국제 인권단체와 같이 수많은 비정부 기구에 의해 실천되고 있다 해도 과언이 아닙니다. 이들은 전 세계에 동성애자 차별법이 사라질 수 있도록 정부들보다 더 앞장서서 행동하고 있지요. 우리는 이 순간을 수년째 기다리고 있습니다." (외국어를 여섯 개나 하면서) 완벽한 프랑스어를 구사하는 이탈리아인 레나토 사바디니가 이렇게 말했다. 그는 베르가모에서 태어났으며, 이탈리아의 게이레즈비언 단체인 '아소차치오네 레스비카 에 가이 이탈리아나Associazione Lesbica e Gay Italiana'에 들어가 인권운동을 시작했다. 이 단체는 1985년 공산주의 단체를 모델 삼아 설립된, 이탈리아에서 규모가 꽤 큰 인권단체 중

하나다. 2008년 번역가로 일하면서 유럽의회에 대해 정통했던 그는 나중에 국제성소수자연합 서기장으로 뽑힘에 따라 브뤼셀에 본사가 있는 이 단체에서 일했다. 나는 그를 브뤼셀에서 만나 인터뷰를 했다.

1978년에 처음 만들어진 국제성소수자연합은 게이 인권 연합 중 가장 긴 역사를 자랑한다. 이 단체는 전 세계에 분산되어 있는 연맹 단체들을 통합하는 하나의 커다란 모델을 만들기 위해 세워졌다. 10여 명의 직원이 브뤼셀 샤리테 거리에 있는 본부 건물에서 근무하고 있다. 주로 북유럽 국가 정부들이 지원해주는 기금으로 운영하고 있으며 EU가 유럽 내에서 자율적이면서도 역동적인 게이 인권 캠페인을 유지할 수 있도록 이 연합이 힘을 실어주고 있다. "우리는 현재 안정적으로 제도를 구축해가는 과정에 있습니다."

사바디니가 설명했다. 마침내 국제성소수자연합은 2011년 UN의 전문 공식 기관으로 승인받는 데 성공했다.

텔아비브(2008년). 이스라엘의 노동당 국회의원인 니찬 호로비츠는 히브리어를 쓰는 나라 이스라엘의 국회에서 한바탕 동요를 일으킨 인물로 알려져 있다. 나는 텔아비브에서 그와 인터뷰를 했는데 그는 상황을 다음과 같이 설명했다. "텔아비브는 분명 동성애자들 편에 서 있습니다. 동성애는 더 이상 옳고 그름으로 판단할 가치의 문제가 아니에요. 우리는 근대화된 열린 국가, 서양의 열린 사고를 받아들이고 있으니까요."

푸른 눈동자에, 청바지와 와이셔츠 차림을 한 니찬 호로비츠는 이스라엘 국회에서 유일하게 동성애자임을 커밍아웃한 국회의원이다.

그는 텔아비브 근교, 폴란드계 유대인 가정에서 태어났다. 그는 초기 이스라엘 정부에 대해 강한 애정을 드러냈다. 벤구리온이 이끌던 노동당, 마팜의 좌파 정당, 히스타드루트의 이스라엘 노동자 총동맹에 대한 애착도 매우 컸다. (그 역시 이 최대 노동조합인 히스타드루트에 가입했었다.) 그는 이스라엘의 공동체 의식, 유대관계, 나눔이 얼마나 대단한지 열정적으로 설명했다. 그러면서 도시 안에 형성된 집단 농장의 새로운 형태가 바로 이러한 이스라엘의 가치에서 비롯된 것이라고 강조했다. "저는 좌파 정치인이자 게이입니다. 하지만 제 자신이 게이를 대변하는 사람이라고 여기지는 않아요. LGBT 커뮤니티는 매우 다양합니다. 좌파 성향의 게이도 있지만 아랍인들과 얽힌 문제 때문에 수많은 동성애자가 우파 정당에 표를 던지기도 하니까요. 또 부르주아 계층의 동성애자, 기업가 정신이 투철한 동성애자들도 있어서 제가 이스라엘의 동성애자 전체를 대변한다고 말할 수는 없습니다."

호로비츠가 자기 생각을 있는 그대로 밝혔다. 그는 (베냐민 네타냐후가 이끈 우파 정당인) 리쿠드당과 (전 총리 아리엘 샤론이 이끈 중도우파 정당인) 카디마당이 예전보다는 동성애에 대한 혐오 태도가 다소 수그러들었다고 평가했다. 팔레스타인 출신의 수백 명의 동성애자가 자국의 박해를 피해 이스라엘로 피난 왔을 때도 이스라엘의 정당들은 이를 수용했다. "심지어 베냐민 네타냐후는 국제사회에서 자신은 동성애자들 편에 서 있는 것처럼 발표했어요. 이러한 행위는 아랍 국가를 향해 손가락질하는 데 좋은 수단이 될 테니까요. 한마디로 그는 게이 문제를 자신의 정치적인 야심을 채우는 데 전략적인 도구로 사용하고 있답니다. 그는 이란에서 게이들이 참수형을 당한 것도 지적했어요. 그는 지금 '핑크 워싱pink washing, 개인적 소신과 상관없이 정치인들이 표를 얻기 위해 동성애자에 대해 옹호 발언을 하는 행위'을 하고 있는 것입니다." 호로비츠가 말했다. (실제로 네타냐후는 2011년 5월, 미국에서 있었던 합동회의 자리에서 이스라엘이 투석으로 여자를 죽이고, 참수형으로 게이를 죽이며, 기독교인을 박해한 역사를 가진 중동에서 유일하게 구별될 수 있는 나라라고 선포한 바 있다.)

나는 텔아비브의 이츠하크라빈 광장에 있는 유명한 레스토랑, 브라세리에 들어갔다. 그곳은 전 총리가 암살된 살해 현장에서 두 걸음도 채 안 될 정도로 가까운 데 있었다. 우리가 이야기를 나누는 동안 니찬 호로비츠의 애인이 식당 안으로 들어왔다. 그는 예의를 갖추며 우리 대화를 중단시켰다. 수프를 데리고 왔던 것이다. 수프는 두 사람이 키우는 반려견인데, 호로비츠는 내게 이렇게 말했다. "자, 이제 당신은 저의 가족 전부를 만나셨군요."

이스라엘은 아직 동성애자 커플에게 동거에 의한 사실혼을 법적으로 인정하지 않고 있다. 따라서 같은 성을 가진 두 사람 사이의 결혼은 더욱더 불가능했다. 하지만 실제로는 많은 동성애자 커플이 함께 살고 있어서 관습적으로 여러 권리가 주어지고 있는 추세다. 동성애자의 친권도 종종 화제로 떠오르고 있다. 호로비츠는 말을 이어갔다. "이스라엘의 게이들은 평범한 가정을 이루는 삶을 점점 더 원하고 있어요. 이스라엘이란 나라가 원래 가정을 중시하니까요. 그래서 현재 이곳의 동성애자 커플들도 가정을 이루며 살아가고 싶어한답니다." 이스라엘에 있는 LGBT 인권단체들은 국제적 상황에 대해 염려가 많았다. 호로비츠가 이에 대해 자세히 이야기해주었다. "이스라엘은 UN의 동성애자 차별법 철폐와 관련된 선언문을 적극 지지한답니다. 저 역시 여러 행사에 참여했어요. 이스라엘을 대표한 공식 참가자로서 말이에요. 게이 인권단체들은 러시아에서 동성애 혐오가 악화되지 않도록 싸우고 있어요. 특히 러시아로 이민 간 유대인 다수가 동성애자로 살고 있습니다. 또 아프리카의 여러 나라에서 벌어지는 차별 문제에도 관심이 많아요. 물론 중동은 말할 것도 없지요."

며칠 뒤 나는 텔아비브 북쪽으로 이동했다. 유대인의 고유한 풍습인 유월절을 맞이해 저녁 초대를 받았기 때문인데, 그곳에서 이스라엘의 변화에 대한 구체적인 이야기를 들을 수 있었다. 그 모임의 주최자는 베니 지페라는 사람으로, 이스라엘 일간지 『하레츠』의 편집장인 동시에 디자이너이면서 현지에서 유명한 무용수로 알려져 있기도 한 데다 건강 전문 기자로도 활동 중인 다재다능한 사람이었다. 이스라엘 LGBT 인권단체 중 가장 유명한 아구다Aguda의 담당 변호사로 일하는 아디 니브야고다도 그 자리에 함께했다. 나는 저녁 모임 초반부터 깜짝 놀랐다. 초대된 사람들이 자리에 앉자마자 서로 소식을 주고받는데, 그 내용이 동성애자 커플들의 자녀와 가족에 관한 이야기였기 때문이다. 또 아이가 없는 게이 커플들은 빨리 아이를 갖고 싶다면서 자녀 계획을 늘어놓았다. 아디 니브야고다가 말했다. "요즘 게이 커뮤니티에서 베이비붐이 일고 있어요. 동성애자 커플 사이에서 자녀 수가 증가하고 있지요. 그 증가 속도는 실로 엄청나답니다." 일단 이스라엘에서 동성애자 커플이 아이를 가지려면 여러 조건이 갖춰져야 했다. 세 가지 조건이 강조되는데, 먼저 '공동 양육shared parenting'이라고 해서 부모가 되면 그 커플이 게이든 레즈비언이든 자녀를 함께 키워야 했다. 두 번째는 대리모를 구하는 것으로, 대부분 이스라엘이 아닌 해외,

즉 인도나 미국에서 원조를 받았다(왜냐하면 이스라엘에서는 게이 커플이 대리모를 통해 아이를 갖는 것이 불법이기 때문이다). 마지막은 입양을 하는 것인데, 이스라엘에서는 요즘 동성애자 커플 사이에서 아이를 입양하는 빈도수가 점점 늘고 있다.

게이 커뮤니티는 현재 갖은 문제를 해결하기 위해 소송을 제기하느라 바빴다. 아구다에서 일하는 아디 니브야고다가 말했다. "이스라엘의 정치적 모델, 국회의 종교적 성향을 띤 당원들 때문에 우리는 정부를 상대로 로비활동을 하느니 차라리 분쟁을 해결하기 위해 직접 소송을 하는 게 더 유리하다고 봅니다. 그렇게 지난 10년 동안 소송을 진행해왔고, 대법원에서 승소한 적도 여러 차례 있답니다. 이런 우리의 성공이 이스라엘 사회를 조금씩 변화시키고 있지요. 시민들의 의식이 점점 더 동성애자를 받아들이는 쪽으로 바뀌는 것 같아 반가울 따름입니다."

이스라엘인들은 일정 기간 의무적으로 군대에 입대해야 한다. 과연 군대가 정말 국가를 위하는 길일까? 또한 대다수의 이스라엘인은 출산이야말로 국민의 의무라고 생각한다. 아이를 낳는 것은 정말 부모가 자식을 사랑하기 때문일까? 이스라엘에는 여러 분야의 투쟁과 싸움이 존재한다. 동성애자의 인권을 외치는 운동가들은 진정으로 동성애자를 생각하기 때문에 그 일을 하는 것일까? 나는 갑자기 혼란스러워졌다. 이스라엘에 사는 동성애자들이 실제로 어떤 삶을 사는 것인지 갈피를 잡을 수 없었다. 저녁 모임 자리에서 화제가 군대 이야기에 이르자 식사에 초대된 사람들의 대화가 봇물 터지듯 터져나왔다. 군대에 다녀온 사람들은 자신의 군복무 시절 일화를 늘어놓느라 바빴다. (이스라엘은 18세가 넘으면 남자든 여자든 3년 동안 군 복무를 해야 한다. 그리고 제대한 후에는 45세까지 일 년에 한 달 동안 훈련에 의무적으로 참가해야 한다.) 그들은 자신들이 군대에 갔다 온 사실에 대해 확실히 자부심을 느꼈다. 또 이스라엘의 국경 방위군대에서 동성애자라고 커밍아웃을 해도 전혀 문제가 되지 않는다고 했다. "1984년 이후로 이스라엘 군대는 게이들의 군 입대를 인정했어요. 해가 거듭될수록 그들의 군대생활은 순조롭게 이어졌답니다. 어떤 군부대는 커밍아웃한 게이들로만 내무반이 이뤄지기도 한답니다." 아디가 이어서 말했다. 게이들 사이의 전우애를 듣고 있던 오늘의 저녁 파티를 주최한 베니 지퍼가 게이들의 저녁 파티에선 늘 이런 주제의 대화를 나눈다고 일러주었다. 녹색 지대 건너편에 있는 팔레스타인 영토에서는 감히 상상할 수도 없는 일이었다. 이곳에서 수 킬로미터 떨어진 곳에 사는 팔레스타인 출신의 동성애자들에겐 언감생심인 이야기였다.

오늘날 동성애는 이스라엘에서 일상이 되어가고 있다. 물론 소돔과 고모라처럼 동성애자들의 천국이라는 뜻이 아니라 옛날과 같은 고통스러운 지옥에서는 벗어났다는 의미다. 앞으로 이스라엘은 어떻게 바뀔까? 히브리어를 쓰는 나라가 점점 유대민족주의(시온주의), 집단농장, 벤구리온의 사회주의에서 탈피해 개인주의와 실용주의 가치를 강조하는 미국의 모델을 따라 가고 있다. 동성애자들이 자녀를 양육하고 군대를 가며, 법학과에 진학해 법률가를 꿈꾸는 세상, 동성애자의 결혼이 논쟁의 주제가 되고 있는 이스라엘은 점점 미국을 닮아가는 중이다. 두 나라는 서로 영향을 주고받으며 공생하고 있다. 그래서 혹자는 농담 반 진담 반으로 이스라엘을 미국의 51번째 주라고 부르기도 한다. 동성애 문제도 그런 맥락과 다르지 않다. 베니 지퍼가 상황을 간추리며 말했다. "동성애자의 인권이 이스라엘의 가치로 인정받는 날이 올 겁니다." 확실히 중동에 있는 유대인의 나라는 점점 동성애를 받아들이고 있는 반면, 할랄의 나라인 이슬람 국가는 아직 그럴 준비가 안 된 상태라고 말할 수 있다.

그날 밤, 우리는 저녁 식사를 마치고 텔아비브에 있는 게이 바로 외출했다. 바의 간판 위로 이스라엘 국기들이 펄럭거렸다. 다윗의 방패를 상징하는 별이 정중앙에 있고, 파란색 띠가 두 줄 있는 이스라엘 국기와 함께 무지개 깃발이 바로 옆에서 휘날렸다. 마치 두 깃발이 서로 떼려야 뗄 수 없는 것처럼 하나의 깃발을 의미하는 양 바로 옆에 나란히 있는 모습이 인상적이었다.

다마스, 리야드, 카이로, 테헤란(2008년 가을). 시리아와 이집트, 이란은 지금까지 말한 선언문에 대해 그해 가을에 반대 의사를 표명했다. UN의 로비활동에도 불구하고 이 세 이슬람 국가는 더 이상 로비스트의 제안을 수락하지 않기로 결정했다. 동성애자를 사형에 처하는 이 세 나라는 자기네끼리 연맹을 구축하더니 점점 산발적으로 흩어져 있던 조직을 하나로 단결하여 그 세력을 넓혀가기 시작했다. 아랍 국가들과 아프리카에서 기독교 인구가 대다수인 나라들이 그들과 같은 노선을 주장했다. 게다가 이들은 바티칸궁과 중국에서 예상치 못한 지지까지 받았다.

과거의 문서들을 수집해 분석한 결과, '코어 그룹'에 속한 나라들은 동성애자 차별법 폐지에 반대하는 나라들의 반反선언문이 있을 수 있다는 것을 초반부터 예상해왔다. UN의 프랑스 상임 대표인 장모리스 리페르는 외무부 장관에게 전보를 보내며 그 점을 각별히 주의시켰다. "작년에 사형 제도와 관련된 결의안 채택에 있어서 반선언문이 제출된 바 있습니다. 이 반선언문은 앞으로 우리가 해결하기 가장 힘든 숙제가 될 것입니다. '문화적인 다양성'을 인정해야 하는 맥락을 우리가 부정할 수는 없기 때문입니다. 각 국가의 정부가 형법에 있어서 자국의 특성을 감안한 법을 유지하겠다고 주장한다면 말이죠. 게다가 이 반선언문을 지지한다고 서명하는 국가들의 수도 만만치 않게 많습니다." 결국 우려했던 일이 벌어지고 말았다.

선언문에 반대하는 국가들 중 주동자 역할을 하는 곳은 바로 사우디아라비아, 시리아, 이란이었다. 이들은 이슬람 회의 기구Islamic Conference Organization 아래에서 활동을 계획해나갔다. 아랍 국가이면서 이슬람교를 믿는 나라들을 주축으로 하는 국제조직기구는 크게 두 가지가 있는데, 회원국들 사이에 견해차가 있긴 하지만 동성애 문제에 있어서는 적대적인 입장을 고수하고 있다. 가장 오래된 기구인 아랍연맹은 국가주의, 사회주의의 영향을 받아 1945년에 설립되었다. (나세르의 이집트, 부르기바의 튀니지, 하페즈 엘아사드의 시리아가 아랍연맹의 대표적인 국가다.) 아랍연맹은 아랍 국가의 통합을 목표로 하며 중동과 마그레브 지방, 즉 아프리카 북부 지방을 근대화하여 범아랍주의를 실현하길 원했다. 하지만 설립 이후 아랍연맹은 지지부진했다. 그 뒤 1969년에 이슬람 회의 기구가 꾸려졌는데, 기구의 본부는 창립 멤버인 사우디아라비아에 있다. 1990년에 이슬람 회의 기구는 '이슬람 국가의 인권선언문'을 공표했다. 그러면서 이슬람교에 위배되지 않는 범위에서 인권을 수호하겠다는 강경한 방침을 제시했다. 서양 국가의 '평등주의'에 맞서서 이슬람 국가들은 코란 법전에서 정의 내린 선과 악을 구분짓는 잣대로 '정의로움'을 강조했다. 역설적이게도 이슬람 회의 기구는 다소 구식이고 경직된 아랍연맹의 비전과는 다른 노선을 걸었다. 개혁주의에 대한 우려, 복잡한 현상에 대한 반복되는 레퍼토리를 벗어나 이슬람주의를 새로운 근대화에 맞춰 바꾸는 데 더 초점을 둔 것이다. 하지만 동성애 문제는 신경 써야 할 것이 너무나 많은 중대 사안인 데다 이슬람 국가에서는 여전히 터부이기 때문에 상황을 개선하는 데는 많은 노력이 요구됐다. 사우디아라비아와 이란은 서로 사이가 좋지 않기까지 했는데, 공개적으로 상대국을 적으로 지칭하는 두 나라가 함께 모여 이 난제를 해결하는 것도 일이었다. 마침내 동성애를 인정할 수 없다는 결론이 이슬람 회의 기구 내부에 싹트기 시작했고, 이들이 내세우는 강력한 이데올로기의 핵심을 이루고 말았다. 이로써 이 기구는 UN이 발표한 선언문에 반기를 들며 반선언문을 낭독하게 된 것이다.

"우리는 사우디아라비아가 직면한 문제를 초반부터 예상하고 있었어요. 이슬람 회의 기구는 정치적 입장을 대놓고 드러냈지만 충분히 협상 가능한 기구였습니다. 하지만 동성애 문제에서만큼은 이 기구와 타협이 불가능했답니다. 사우디아라비아에서는 종교 질서를 무시하는 일이었기 때문에 근본적인 뿌리를 건드리는 셈이었지요. 사우디아라비아가 이슬람 회의 기구 멤버로서 동성애에 반대하는 입장을 선언했을 때 우리는 모든 이슬람 국가가 이 나라를 따라갈 거라고 짐작했습니다. 예상과 달리 꼭 그렇지만은 않았지만, 사우디아라비아가 이렇게 반선언문을 발표할 줄이야……" 프랑스 상임 대표인 장모리스 리페르가 씁쓸하게 덧붙였다.

이 사건에 대해 라마 야데 장관은 다음과 같이 회상했다. "당시에 여러 장관과 대사가 나를 직접 찾아와 정부가 이번 선언문에 반대한다는 의사를 전달했어요. 하지만 대다수가 이성적인 논거를 들지는 못했습니다. 그렇다고 정면에서 거절하지도 못했고요. 그들은 이 사안이 비단 정부에서 비롯된 것만은 아니라고 했어요. 아직 여론도 받아들일 준비가 안 되어 있다고 했습니다. 시간이 지나면 해결될까요? 침착하게 마음의 여유를 갖고 기다려야 할 수도 있겠죠. 선언문에 반대하는 사람들은 이 내용의 불가피한 부작용에 대해서 여전히 염려를 거두지 못하고 있답니다. 그들은 자국의 문화와 사상을 존중해야 한다고 말했어요. 문화의 다양성을 내세운다면 그들은 당연히 거부할 자격이 있으니까요. 이 문제를 단순히 북반구의 선진국과 남반구의 개발도상국, 신흥 공업국들의 차이로 이분화할 필요는 없는 것 같습니다. 나는 그들에게 종교와 문화를 비판의 대상으로 여기지 않는다고 말했어요. 우리는 그저 인간의 기본 권리를 수호하는 운동을 하고 있으니까요. 아프리카 국가나 폴란드의 대표들과도 토론한 적이 있는데, 분위기가 전혀 살벌하거나 하지 않았어요. 반면에 이슬람 회의 기구와 논쟁했을 때는 갑자기 격해지면서 갈등이 고조된 적이 있답니다."

서양 국가와 이슬람 국가, 서로 평행선을 긋고 있는 이 두 범주 사이에서 과연 중국은 어떤 입장을 취할까? UN의 비개주의 원칙에 따라 중국은 게이의 인권 옹호에 대해 거부 의사를 표명했다. 그 대상이 동성애자로 고정된 것은 아니지만, UN이 주장하는 인권 보호에 대해 중국은 전반적으로 따라와주지 않는 상황이었다. "중국, 싱가포르 등

많은 아시아 국가에게 게이 문제는 그들의 주된 관심사가 아니랍니다. 동양과 서양의 대립 구도만 펼치지 않는다면 아시아 국가들은 충분히 UN 협약 체결에 동참할 자세가 되어 있어요. 반대급부에 대해 의논하고 일종의 협상을 통해 합의점을 모색할 준비가 되어 있지요. 하지만 아랍 국가에서는 그런 여지가 보이질 않습니다." 싱가포르에서 만난 러셀 헹 히앙이 설명했다. 대학교수인 그는 유명한 게이 단체인 피플 라이크 어스의 공동 창립자 중 한 사람이다. 중국, 싱가포르, 말레이시아는 현재 어떤 입장을 고수하고 있을까? "국제사회에서 동성애자 차별법을 철폐하는 것에 대해 일부 국가는 1990년대부터 이미 적대감을 드러내왔어요. 말레이시아 총리였던 마하티르 모하맛과 여전히 싱가포르에서 실세 정치인으로 인정받고 있는 리콴유는 서양의 이데올로기라면서 격렬하게 비판했답니다. 인권 문제를 너무 '서양인의 관점'으로만 해석했다면서 말이죠. 그들에게는 게이의 인권이 인간의 전반적인 권리로 보였던 것이 아니라, 서양인들이 전 세계에 자기네 가치를 심으려는 의지로만 읽혔기 때문이에요. 그래서 서양의 가치를 부도덕한 면에까지 확대 적용하는 거라 믿고 있답니다. 가령 표현의 자유를 인정하자는 것도 취지는 좋으나 그렇게 되면 포르노그래피도 일종의 표현의 자유 아니냐는 문제가 제기될 수 있어요. 또 자유가 지나치면 방종이 되는 것처럼, 불륜도 당사자 둘이 좋다면 괜찮은 것 아니냐는 식으로 생각할 수 있다는 겁니다. 동성애자 차별법을 없애면 그것이 곧 동성애자의 결혼까지도 존중해야 하는 것이 아니냐는 의견이 제기되는 거죠. 사실상 그들은 동성애자와 관련해 과거에도 그랬고 지금도 활발하게 논쟁을 이어가고 있답니다. 중국도 이런 입장으로 기울어졌고요. 말레이시아와 싱가포르는 아시아의 가치를 강조하며 동성애에 반대하는 시위와 집회를 연 최초의 국가라고 할 수 있습니다." 방콕에서 만나 인터뷰한 더글러스 샌더스는 이렇게 설명했다. 그는 캐나다 대학에서 인권 문제와 아시아 국가의 동성애를 연구하는 학자로 일하고 있다.

뉴욕의 UN 본부에서 개최될 UN 총회가 있기 전, 우리는 지금까지 오대륙의 많은 나라의 알력 관계에 대해 살펴봤다.

뉴욕(2008년 12월 18일). 뉴욕에서 열린 UN 총회에서 예고했듯이 아르헨티나가 '인권, 성적 방향성, 젠더 정체성과 관련된 선언문'을 낭독했다. 2008년 12월 18일이었는데, 투표를 통해 채택을 결정하는 가결안이 아니라, 이 선언문의 지지자들이 원했던 대로 단순 낭독만을 목적으로 하는 것이었다. 이 선언문은 전문 용어를 빌려서 설명하자면 '공동 성명joint stament'의 절차를 거쳐 준비되었다. 원문은 공식적으로 브라질, 크로아티아, 프랑스, 가봉, 일본, 노르웨이, 네덜란드 그리고 아르헨티나가 준비해 작성했다. 총 13개 조항으로 이루어졌으며, 여러 차례 '성적 방향성'과 '젠더 정체성'이란 단어가 쓰였다. 선언문에는 '폭력, 학대, 희롱, 차별, 소외, 상처, 편견에 희생당한 사람들'에 대해 언급하는 내용이 담겨 있다. (하지만 원문에 '동성애자' '동성애 혐오주의'와 같은 단어는 거의 없었다.)

이러한 선언문의 발제는 66개국의 찬성표를 얻었다. EU 회원국들은 일제히 공동 성명을 했고, 아프리카에서는 6개국, 아시아에서는 네팔을 포함해 4개국, 라틴아메리카(베네수엘라와 쿠바 포함)에서는 멕시코를 포함해 13개국이 서명에 동참했다. 이외에 이스라엘, 호주, 캐나다도 있었다. 이슬람 회의 기구의 회원국인 세 나라, 알바니아, 가봉, 기니비사우도 있었다. 또 이슬람 회의 기구의 정식 회원은 아니지만 참관 국가인 보스니아-헤르체고비나와 중앙아프리카공화국도 서명했다. UN 역사상 모든 대륙의 나라가 성 정체성과 관련된 인권 침해에 한목소리를 낸 것은 이번이 처음이었다.

"너무나 역사적인 순간이 아닐 수 없네요." 뉴욕에서 만난 라마 야데가 말했다. 그러면서 다음과 같은 말도 덧붙였다. "저는 뉴욕의 UN 본사에서 추진하는 활동과 제네바의 인권이사회에서 이뤄지는 활동 모두를 적극 지지하고 있어요. 두 곳 다 동성애자의 인권을 부차적인 안건으로 생각하고 있지 않습니다." 선언문의 내용을 거의 한 시간 반 동안 낭독한 후, 참가자 전원은 UN이 '사이드 이벤트side event'를 하는 곳으로 이동했다. 그곳에서 그동안 열심히 일한 노고를 치하하며 동맹 관계를 맺고 있는 국가끼리 일종의 파티를 열었다. 하지만 파티는 파티 이상의 의미를 지닌 정치적 모임이라 할 수 있었다. 선언문 작성에 있어서 중요한 역할을 한 참가자들이 발언권을 얻었는데, 그중 게이의 인권을 위한 세계의 날을 만든 주역 루이조르주 탱이 느닷없이 연회장에서 '우리는 극복할 거야We Shall Overcome'라는 노래를 불렀다. 이는 시민권을 위해 항쟁하는 노래였다. 그날을 회상하며 라마 야데는 이렇게 말했다. "그 순간 감정이 복받쳐 올랐어요. 저는 제 조국이 정말 자랑스럽습니다. 우리는 인류 역사가 걸어야 할 그 길을 지금 걷고 있으니까요." 그날, 그 자리에서 다른 참가자들을 만났던 장모리스 리페르 대사도 이렇게 거들었다. "그 현장에 있었던 사람으로서 매우 감동적이면서도 역사적 순간이 아닐 수 없었지요. 솔직히 고백하면, 제 눈가에도 눈물이 맺혔답니다."

하지만 선언문이 낭독되고 예정대로 '성 정체성과 젠더 정체성에 대해' 반대하는 선언문이 바로 옆 빈 강당에서 낭독되었다. 59개국을 대표해 시리아 대표가 낭독을 맡았다. 반선언문은 첫 대목부터 대놓고 안티게이 성향을 드러냈다. 다소 격렬한 표현까지 써가면서 그들은 동성애를 '짐승의 행위' '근친상간'과 다를 바 없는 것으로 규정했다. (관련 문구의 작성 날짜가 구체적으로 명시되어 있진 않지만 제3차 버전에서 그 문구를 확인할 수 있었다. 내가 반선언문을 열람했던 시기는 2008년 12월 초다.)

이슬람 회의 기구의 술책이었는지, 어쨌든 협상이 진행되면서 마지막 버전에서는 관련 내용이 순화된 표현으로 재수정되었다. (모로코와 튀니지가 압력을 행사했는데 기존 버전에 대해 승인할 수 없다는 거부 의사를 밝혔기 때문이다. 결국 터키는 이슬람 회의 기구의 다른 6개국과 함께 반선언문에 대해 찬성도 반대도 하지 않는 기권 의사를 밝혔다.) 이 반선언문은 가족의 가치를 '한 사회의 기본적이면서도 자연적인 구성 요소'로 규정하고 있다. (사실 이 문구는 인권과 관련된 일반 선언문 제16조에 명시된 표현이다.) 또 이 반선언문은 '새로운 권리' '새로운 기준'들이 UN의 기존 문서의 정신과 위배된다면서 비판했다. 특히 '성 정체성'을 UN의 합법적인 조항에 넣는 것 자체를 반대했다. 반선언문에 동참하는 국가들은 소아성애를 비롯해 말도 안 되는 개탄스러운 행위까지 합법화하는 것과 별 차이가 없다고 강조하고 있다. 시리아와 이슬람 회의 기구 국가들은 소아성애와 동성애를 동격으로 보면서 한목소리를 내고 있고, 아랍 국가 대부분이 이 반선언문의 내용을 지지하고 있다. 아프리카 31개국(카메룬, 코트디부아르, 세네갈 포함)을 비롯해 아시아 국가들(말레이시아, 이슬람계 인도네시아, 놀랍지 않게도 북한)과 이란도 반선언문을 지지했다. 심지어 유럽의 안보협력기구 회원국(카자흐스탄, 키르기스스탄, 타지키스탄, 투르크메니스탄) 중에서도 반선언문에 동참한 나라들이 있다. 여기에 동성애자 차별법을 시행하지 않는 일부 국가도 포함되어 있다. 프랑스는 영향력을 발휘해 아랍계 국가인 레바논을 설득하려고 애썼다. 하지만 결과적으로는 실패였다. "레바논은 아랍의 다른 나라들과 함께 반선언문을 지지하는 투표에 동참했어요. UN에서 레바논 대표에게 로비활동을 펼쳤지만 수포로 돌아갔죠. 결국 레바논은 이슬람 회의 기구와 같은 노선을 걷게 되었답니다." 조르주 아지가 안타까워하며 말했다. 그는 아랍계 동성애자들의 인권을 위해 싸우는 대표적인 비정부 기구, 헬렘Helem의 대표 의장이었다. 나는 그를 베이루트에서 만나 인터뷰했다.

이번 반선언문에 동참한 곳 중에서 가장 격렬한 비난을 받고 있는 곳은 다름 아닌 로마 교황청, 바티칸궁이다. "이란, 중국과 같은 대열에 끼었다는 것 자체가 용납이 안 돼요. 적어도 바티칸궁이라면 기권을 선택했어야죠. 그런데도 교황의 바티칸궁은 반선언문에 대해 적극적으로 지지하는 의사를 밝혔답니다." 세르조 로바시오가 말했다. 그는 체르티 디리티Certi Diriti라고 하는 게이 인권단체의 대표였다. 나는 그를 이탈리아 피렌체에서 만나 인터뷰를 했다. 그가 몸담고 있는 단체는 이탈리아의 급진당과 아주 가까운 친분을 유지했다. "바티칸궁은 확실히 동성애에 반대합니다. 그러면서도 베를루스코니가 미성년자 매춘부와 성관계를 맺은 스캔들이 밝혀졌을 때는 아무 말도 하지 않았어요. 나중에 소아성애 혐의가 있는 신부들이 세상에 알려졌을 때도 별말 없었죠. 그런데 동성애 문제만 나오면 만사 제치고 적극적으로 나선답니다. 동성애를 혐오하는 집단임이 틀림없습니다. 두 얼굴, 두 기준을 갖고 있는 정말 모순적인 정책을 펼치는 종교 집단인 거죠."

전 세계에서 68개국은 아르헨티나가 발표한 선언문, 시리아가 발표한 반선언문에 대해 어느 쪽에도 찬성표를 던지지 않았다. 이들은 모두 기권해버림으로써 중립의 입장을 고수했다. 예를 들면 중국, 싱가포르, 터키, 인도, 타이, 베트남, 러시아가 그랬다. 또 대한민국, 우크라이나, 남아프리카공화국도 결국엔 기권표를 던졌다. 서울, 키예프, 프리토리아는 원래 선언문이 발표됐을 때는 동참 의사를 밝혔다가 나중에 반선언문이 발표된다는 소식에 초심을 잃고 말았다. 반면에 제이컵 주마의 남아프리카공화국은 찬성과 반대를 동시에 택하는 특이한 입장을 취했다. 라이벌 국가인 나이지리아를 의식해 아프리카 리더로서의 모습을 보여주고 싶었기에 선언문에 반대하는 의사를 내비쳤다가 인도, 중국, 러시아와 함께 신흥 공업국의 대열에 끼고 싶은 마음도 있었기에 UN에 좀더 좋은 이미지로 비치길 원해서 선언문을 지지하는 쪽으로 돌아섰던 것이다. 하지만 결과적으로 인도, 중국, 러시아 모두 기권 의사를 밝혔다.

2008년 12월, 미국에서는 매우 애석한 사건이 일어났다. 조지 W. 부시의 명령에 따라 미국마저 선언문에 대해 기권 의사를 밝혔던 것이다. 뉴욕 UN 본부에서 서양 국가 중 기권표를 던진 곳은 미국이 유일했다! 미국의 침묵은 국제사회의 비판을 한 몸에 받았다. 수많은 게이 인권단체는 미국이 중국과 같은 생각을 하고 있다는 것에 분노했다. 한 연방 정부는 기권을 행사할 만한 합법적인 이유를 증거로 내세웠는데, 미국의 법안을 그 예로 들었으나 설득력을 얻진 못했다. 그러나 2009년 2월, 버락 오바마 정부가 출범한 이후로는 상황이 역전됐다. 공식 성명을 발표하는 기자회견 자리에서 그는 다음과 같이 말했다. "미국 정부는 전 세계의 동성애자를 차별하는 모든 법을 없애려는 UN의 활동에 동참하면서 국제적인 차원에서 적극 개입하며 활동할 것입니다." 결국 미국도 조금 늦긴 했지만 아르헨티나가 발표한 선언문에 찬성 의사를 밝혔다. 그 후에 코스타리카도 추가로 찬성표를 던져 총 193개국 가운데 68개국이 UN의 선언문에 찬성했다. 그렇게 제1라운드가 끝났다.

"모든 게 우리가 예상했던 것, 우리가 꿈꿨던 것보다 더 빨리 현실로 이뤄졌어요. 하지만 그만큼 더 많은 일이 복잡하게 꼬여버렸답니다." 겉으로는 매우 행복해 보였지만 아직 안심할 수 없다는 듯, 프랑스의 인권활동가 루이조르주 탱은 신중하게 말했다. 그다음 단계는 뭘까? 탱은 이제 결의안을 채택해야 한다고 주장했다. 자크 펠레도 그와 비슷한 생각을 했다. 자크 펠레는 이렇게 결론 내렸다. "UN은 이제 협상할 수 있는 시간이 많습니다. 단기적인 측면에서 볼 때는 찬성 국가 수를 늘릴 수 있도록 선언문을 다시 작성해 발표하는 방안이 있습니다. 중기적인 측면에서는 새로운 결의안을 만드는 것도 한 가지 방법입니다. 이 주제는 매우 까다로운 것이기에 임시방편의 결과만 이끌어냈을 뿐, 앞으로 우리가 헤쳐나가야 할 일은 더 많이 남아 있지요.

계산을 해보면 쉽게 답이 나옵니다. UN에는 총 193개국이 있어요. 그 중 절반은 97개국이니, 이 정도만 찬성해도 결의안은 통과되고 채택 될 것입니다. 과반수가 찬성표를 던지면 결의안이 채택되겠지만, 여기 서 우리가 간과해서는 안 될 대상이 바로 기권표를 행사한 나라들입 니다. 쿠바를 비롯한 몇몇 나라는 선언문의 주요 원칙들에 대해 어느 정도 수긍한다고 했어요. 하지만 규정이 훨씬 더 까다로운 결의안에 대해서는 반대표를 행사할 수도 있다는 점을 명심해야 해요. 우리는 앞으로 이들을 설득해야만 합니다."

프리토리아, 남아프리카공화국(2011년). 나를 처음 만난 제리 마칠라는 아 프리카 스타일로 내 이름을 마구 불렀다. 그러면서 망설임 없이 "차별 은 잘못된 거예요. 프레데리크, 그건 나쁜 짓이에요"라고 말했다. 그 는 흥분한 듯 강한 아프리카 악센트가 묻어나는 영어로 '차별은 악'이 라고 되풀이했다. 나는 프리토리아의 시내, 거대한 벙커처럼 생긴 남 아공의 외무성에서 그를 만났다. 2011년에 제리 마칠라는 남아공 대 표로 UN 회의 기구가 있는 제네바에 왔다. 예순 살인 그는 현재 외교 부 사무차관으로 일하면서 남아공의 외교활동을 맡고 있다. "저는 아 파르트헤이트가 한창일 때 스웨덴으로 망명했습니다. 한때 흑인이라 는 이유로 박해를 받았던 제가 이제는 동성애자들의 차별 대우에 반 대하는 일을 하게 될 줄 누가 알았겠어요? 이렇듯 세상은 바뀌기 마련 입니다. 우리 정부가 추진하는 외교 정책도 어디까지나 헌법에 따라 움직이는 거예요. 헌법은 성 정체성을 잣대로 그 어떤 차별 대우도 용 납하지 않으니까요. 우리는 전 세계가 동성애자를 평등하게 대하길 바랍니다. 그 어떤 부당한 차별법도 허용되지 않는 외교 정책을 펼치고 있지요."

나는 마칠라에게 2008년 UN 선언문 발표 때, 남아공은 왜 여기에 동참하지 않고 기권했는지 돌직구로 물어봤다. 그러자 그는 이렇게 답했다. "우리는 아프리카 국가들을 설득하려고 애썼습니다. 하지만 생각대로 일이 풀리지 않았어요. 결국 아프리카 국가들의 유대관계에 벽을 만들어서는 안 된다는 결론에 도달했고, 2008년에는 포기할 수밖에 없었습니다. 그러다가 제가 제네바에 국가 대표로 나가면서 새로운 전략을 세웠답니다." 하지만 나는 그에게 다음과 같이 반박했다. "이제 인정할 건 인정합시다. 모든 아프리카 국가가 일제히 똑같은 생각을 할 수는 없는 법이니까요. 2011년, 인권에 위배되는 모든 차별에 반대하는 결의안을 제출하기 위해 UN의 인권 헌장을 채택했고, 그 결과 소기의 성과를 거두지 않았나요? 그런 점에서 다시 한번 남아공의 입장을 듣고 싶었던 겁니다." 내 지적에 그는 잠시 대화를 중단하자고 했다. 그러고는 개인 고문관과 현지 토속어인 줄루어로 몇 마디를 나누었다. 남아공에는 공식어만 해도 11개가 있으며, 줄루어는 그중 하나다. 약삭빠른 외교관 출신답게 그는 심사숙고 끝에 내게 정곡을 찌르는 답변을 늘어놓았다. 그는 2008년에 남아공뿐만 아니라 미국도 기권을 하지 않았느냐고 반문한 것이다. 그와 동시에 남아공은 세계에서 동성애자를 차별하지 않겠다는 내용을 헌법에 포함시킨 최초의 국가가 아니냐고 되받아쳤다. 그는 이 말도 덧붙였다. "우리는 아프리카 남부에서 동성애자의 결혼을 인정한 매우 모범적인 나라입니다. 그래서 주변 국가의 결혼을 하고 싶어하는 동성애 커플들은 남아공에 와서 결혼식을 올리곤 한답니다." 나는 우간다의 대표인 존 쿨란에 맞서 남아공 대표가 동성애 혐오 문제를 해결하기 위해 공식적으로 어떤 활동을 하는지 물었다. 그러자 그가 나를 빤히 쳐다보며 이렇게 대답했다. "프레데리크, 이곳 사람들은 헌법을 준수하기 위해 목숨까지 걸고 있어요. 그걸 부인할 사람은 아무도 없을 겁니다. 남아공의 모든 수완가는 반드시 헌법을 따라야 합니다. 그럼 되는 거죠." 남아공 대사와 여러 차례 마찰을 일으켰지만 마칠라는 곧 남아공이 미래에 펼칠 전략에 대해 설명했다. "우리는 성 정체성을 모두가 인정할 때까지 싸우기로 결심했어요. 그러기 위해서는 사람들을 계몽하는 캠페인이 필수죠. 그래서 아프리카 대륙에 토론의 장을 마련하고 이 문제와 관련된 의제를 설정해서 프랑스어권 국가끼리 여는 정상회담에서 거론할 생각입니다. 그리고 코먼웰스에 해당되는 국가들도 재판 과정에서 성 정체성을 인정할 수 있게 할 겁니다. 우리는 우리가 갖고 있는 것을 더 공고히 해서 진보의 길을 향해 나아갈 거예요." 과연 남아프리카공화국은 UN의 새 결의안을 지지할까? 마칠라는 자신의 고문관과 줄루어로 또다시 몇 마디를 주고받더니 대답을 바로 하지 않고 망설였다. 그러더니 갑자기 상투적인 말을 할 때 나오는 어투로 영혼 없는 대답을 했다. "저는 아직 새 어젠다를 받아보지 못했어요. 그 결정은 외무부 장관이 할 겁니다."

그렇다면 남아공의 공식 입장은 대체 어느 쪽이란 말인가? 남아프리카공화국은 UN에서 갈등이 일어나기도 전에 이미 서양 국가 진영과 거리를 두는 전략을 취하고 싶어하는 것 같다. 그러면서 최종적으로는 서양 국가가 승리의 목표로 설정한 안건에 동참하지 않는 것도 아니었다. 참 알다가도 모를 특이한 전략이었다. 나는 다양한 관점을 살펴보고자 요하네스버그에서 활동가를 여럿 만났다. 그들에게 동성애자 차별법 폐지에 대한 의견을 물었다. 먼저 인권위원회부터 만나봤는데, 남아공 정부가 공식 기관으로 지정한 게이 인권 기관이었다. 역시나 이 기관은 UN의 선언문을 지지하는 입장을 피력했다. "어느 일요일 아침, 긴급회의가 소집됐어요. 위원회에 속한 멤버들은 고민할 필요도 없이 만장일치로 의견을 모았습니다. 정부가 남아공 헌법에 명시된 내용을 준수해 당연히 UN 선언문에 서명을 해야 한다고 결론지었죠." 남아프리카공화국의 인권위원회 지부 책임자 카마디 코메치가 자세히 설명해주었다. 요하네스버그 시내의 한 커피숍에서는 흑인 의사가 내게 이런 말도 해주었다. "그 문제 때문에 현재 국가가 두 동강 날 판이에요. 제 생각은 아주 단순해요. 남아공 헌법에 명시된 대로 성정체성은 고유한 인권입니다. 그럼 대화는 이미 끝난 거죠. 그런데도 정부는 뒷걸음질 쳤다 앞으로 나갔다, 이랬다저랬다 하는 겁니다."

2008년 남아공이 기권한 이후, 인권위원회는 정부에 부연 설명을 요구했다. 그러면서 우간다에 나간 존 쿨란을 고소하겠다는 발언도 빠뜨리지 않았다. (이 사건은 결국 남아공 대법원에서 판결을 받았다.) 코메치는 덧붙여 이렇게 말했다. "우리 헌법에 위배되는 입장을 국제사회에서 보여준다는 것은 말도 안 되는 일입니다."

LGBT 인권단체들도 이번 결정에 대해 매우 심각하게 반응했다. 앤서니 매니언은 갈라GALA라고 하는 게이 인권단체의 책임자이며 백인이다. 그는 다른 관점을 제시했다. "남아프리카공화국의 문제는 LGBT를 옹호하는 사람들의 위치가 아프리카에서 제대로 자리잡고 있지 못하다는 거예요. 우리 정부가 백인들을 주축으로 한 게이 인권 운동가들에게 압박을 받는다고 여기는 해외 언론도 있을 정도니까요. 흑인 남아공 사람들이 지지하는 운동이 아니라고 믿을 정도예요. 단지 백인 소수 집단이 밀어붙이니까 남아공 정부가 어쩔 수 없이 따르는 것처럼 봅니다. 프리토리아에서도 게이들의 인권을 옹호하는 운동이 펼쳐지지만, 그 운동의 진정성에 대해서조차 의심을 품는 사람들이 있어요. 그래서 혹자들은 남아공의 정책이 서양의 어젠다를 따온 것처럼 비꼬기도 해요. 남아공 정부가 공표하는 내용이 하나같이 수박 겉핥기식이라는 평가를 받는 이유입니다."

UN, 제네바, 뉴욕(2011~2016년). 양 진영 사이의 갈등은 그 후에도 이어졌다. 빈도수가 늘어났고, 강도도 점점 세졌다. 2011년 3월 22일, 제네바의 UN 인권위원회는 새로운 내용을 추가한 선언문을 발표했다. 그리고 그해 6월 17일에 같은 기구에서 또 한 번 선언문이 발표되었다. 첫 번째 선언문은 콜롬비아가, 두 번째 선언문은 남아프리카공화국이 맡았다. 이 주제와 관련해 리더십을 보여준 두 국가는 2008년에 보였던 침묵을 되돌리고 싶어서인지 이번에는 아주 적극적이었다. 제네바의 선언문은 뉴욕 UN 총회에서 발표했던 선언문보다 덜 엄숙했다고 할까, 그 파급 효과는 지난번보다는 확실히 덜했다. 하지만 제네바에서 발표된 두 선언문은 우리에게 새로운 돌파구를 마련했다는 점에서 의의가 있다. 제네바의 첫 번째 선언문에는 2008년 뉴욕 선언문보다 15개국이 추가로 서명에 동참했다. (총 85개국이 지지한 선언문으로 이번에 르완다, 몽골, 바누아투가 새로 합류했다. 하지만 가봉은 마지막에 탈퇴하면서 서명에 불참했다.) 두 번째 제네바 선언문은 그 전보다 조문이 추가된 결의안의 형식을 취했으며 좀더 구체적인 사항들을 다루었다. 동성애자 차별법 철폐뿐만 아니라 성 정체성, 젠더와 관련된 모든 차별 및 폭력에 대해 규탄했다. 이 결의안은 현재 차별법이 존재하는 나라들을 대상으로 한 폭력 실태 보고서를 필히 발표할 것을 촉구했다. 그리고 처음으로 투표를 실시했는데, 제네바 인권위원회의 47개국 중 23개국이 찬성표를 던졌으며 19개국은 반대, 3개국은 기권을 선언했다(기권한 나라 중에 중국이 있다). "LGBT의 인권이 모든 인류의 인권과 동등한 자격을 부여받으며 동등한 보호를 받아야 한다는 것을 전 세계가 인정한 서막이자, 동시에 인간의 평등을 위해 싸운 기나긴 투쟁의 결실이 드디어 제대로 기준점을 찍게 된 날입니다." 이번 결의안의 결과를 접한 버락 오바마가 공식 성명에서 기쁨을 감추지 못하며 위와 같이 선언했다. 국무부 장관이었던 힐러리 클린턴도 동성애 혐오에 맞서 싸우겠다는 정책 발표와 함께 이 운동에 힘을 실어주었다. 2011년 12월, 제네바에서 열린 UN 인권이사회 총회에서 그녀는 역사적인 연설을 했다. 그 자리에서 미국 국무부는 국제 인권운동가들을 적극 지지한다고 선언한 것이다. "어떤 사람들은 동성애자의 인권과 인류의 인권을 마치 서로 다른 것인 양 분리해서 말합니다. 하지만 동성애자의 인권은 엄연히 인류의 인권에 포함되는 것이며, 그 둘은 분명 같은 것입니다. 게이의 인권도 인간의 인권이며, 인간의 인권 또한 게이의 인권이니까요." 동성애자에 대해 우호적인 입장을 밝혔던 힐러리 클린턴은 총회에서 한 이 연설로 박수갈채를 받았다.

이듬해인 2012년 3월 7일, 제네바의 인권위원회는 그동안의 기록을 한데 모으고 특정 기간에 실천할 사항들에 대해 논의할 수 있는 지표가 될 의제 보고서를 작성할 전담 팀을 꾸렸다. 이어서 논의 내용은 반기문 UN 사무총장에게 전달되었다. 대한민국 출신의 반기문 총장은 공개적으로 동성애자 차별법 폐지를 지지했으며, 다음과 같이 말했다. "성 정체성과 젠더 결정은 매우 민감한 문제라고 말하는 사람들이 있습니다. 충분히 이해가 가는 의견이지요. 저와 같은 세대의 사람들은 동성애를 거론하는 것 자체가 금기였던 시대를 살았으니까요. 하지만 지금 시대에는 저와 같은 사람들이 이 주제에 대해 좀더 적극적으로 의사 표현을 해야 한다고 생각했습니다. 사람의 목숨이 달린 문제가 될 테니까요. 레즈비언, 게이, 양성애자, 트랜스젠더들에게 저는 이렇게 말하고 싶습니다. 여러분은 절대 혼자가 아니라고요. 저는 여러분 편에 서 있습니다. 시대는 바뀌고 있습니다. 앞으로 대대적인 변화의 바람이 불 것이고, 그런 변화의 움직임은 지금부터 일어나고 있습니다. 그 순간이 드디어 온 것이겠죠."

반기문의 이 선언문은 하나의 중대한 터닝 포인트를 마련했다고 해도 과언이 아니다. UN 역사상 처음으로 사무총장을 역임한 사람이 LGBT를 지지하겠다는 의사를 공개 석상에서 발표했기 때문이다. 그는 전 세계 동성애자들에게 그들이 결코 혼자가 아니라고 위로해주었다. 이 연설 장면을 찍은 동영상은 전 세계 오대주 수천 개의 인권 협회 및 단체에 배포되었다. 정말 그 순간이 온 것인지도 모르겠다.

그 후에도 같은 맥락의 연설이 잇달았다. 2012년 버락 오바마 대통령도 동성애자 차별법 폐지를 미국 외교 정책의 주요 목표로 상정할 정도였다. 영국 총리인 데이비드 캐머런은 차별법 폐지를 위해 투쟁하는 곳에는 전폭적인 지원과 협력을 하겠다는 의사를 밝혔다. 하지만 결국 보수당의 반대에 부딪혀 현실적인 실천에는 제약이 따랐다. 2012년 10월, 영국 의회의 상원(다른 말로 '귀족원House of Lords')은 국제사회에 만연해 있는 안티게이의 증오를 종결지어야 한다는 의견에 모두 동의했다. (보수당 의원인 로드 렉스던은 상원에서 "최소 76개국에서 차별 대우를 받는 동성애자 수가 1억7500만 명을 넘어섰다"는 통계와 함께 동성애자에 대한 박해가 얼마나 심각한지 상기시켰다.) 당시 프랑스 대통령이었던 프랑수아 올랑드는 2012년 9월, 뉴욕에서 열린 제67차 UN 총회 연설 자리에서 그 주제를 잊지 않았다. "프랑스는 앞으로도 사형제가 폐지되고, 여성의 권리가 남성과 동등해지며, 고귀한 권리를 보장받을 수 있도록 싸울 겁니다. 그리고 동성애자 차별법이 완전히 사라지는 그날까지 함께 투쟁할 겁니다. 동성애는 결코 범죄가 아닙니다. 성 정체성을 인정받아야 하는 명백한 인권이기 때문입니다."

하지만 UN의 활동에도 불구하고 2012년에서 2017년까지 실제로 눈에 띄는 변화를 가져오지는 못했다. LGBT의 인권 문제가 전 세계 언론에 전보다 자주 등장하긴 했지만, 즉각적인 개선을 이끌어내지는 못했다는 여론이 우세하다. 2014년, '성 정체성과 젠더 결정'을 인정하는 결의안이 드디어 UN 인권위원회에 의해 제네바에서 채택되었다. 이를 계기로 LGBT들에게 가해졌던 무분별한 폭력을 규탄하며 결의안을 통과시키기 위한 투표가 진행되었다. 회의 기간이 길었던 만큼 투표 결과도 한쪽으로 수렴되지는 못했다. 찬성 25표, 반대 14표, 기권 7표를 얻어 통과는 됐지만 말이다. 하지만 이집트, 사우디아라비아, 알제리뿐만 아니라 파키스탄과 인도네시아가 '성 정체성'이란 표현을 결의안에서 빼달라며 수정을 요청했다. 이들 국가는 수정안을 여러 차례 제출하며 투표 결과에 따르지 않고 계속해서 갈등을 일으켰다. 버락 오바마의 미국은 외교술을 펼치며 이러한 협상에 적극 가담하는 태도를 보였다. 그러면서 미국 행정부의 적극적인 개입을 과시하듯 보여줬다. (심지어 미국은 어떤 외교관을 마치 '특파원'처럼 임명해 LGBT의 인권을 공식적으로 담당하라고 특별 지시까지 내렸을 정도다.)

2016년 6월 말, 올랜도의 펄스 클럽에서 테러가 발생한 지 얼마 지나지 않아, UN 인권위원회는 또다시 새 결의안을 채택했다. 이번에는 '독립적으로 운영되는 감시팀'을 만들기 위해서다. 그래서 전 세계 LGBT들이 입는 여러 피해 사례, 차별과 폭력의 실태를 직접 감시하고 관찰할 수 있도록 조직을 만들고자 했다. 라틴아메리카의 몇몇 나라(아르헨티나, 칠레, 코스타리카, 멕시코, 우루과이)를 포함해 유럽 국가 대부분은 이 결의안을 지지했다. 역시나 이번 결의안에 대해서도 이슬람 국가들은 반대했으며, 남아프리카공화국마저 또다시 기권표를 던졌다. 그럼에도 불구하고 UN의 특별 감시팀은 일명 '워치도그watchdog'와 같은 조직을 구성했다. 물론 동성애자들이 견뎌야 할 긴 여정의 첫 단추를 채우는 것에 불과한 만큼 조직의 활동은 아직까지는 불충분한 면이 더러 있다.

유럽과 미국의 여러 연방 주에서는 민간 기업들이 직접 인권운동에 발 벗고 나섰다. 이는 외교관들이 힘겹게 이뤄낸 진보의 길에 힘을 실어주기 위한 민간인들의 투쟁으로 해석될 수 있다. 새로운 협회와 단체들이 LGBT의 인권 수호를 외치며 창립되었다. 정치적으로 같은 노선을 지지하는 연맹도 결성되었는데, 대표적인 예로 영국의 '칼레이도스코프 트러스트Kaleidoscope Trust'(kaleidoscopetrust.com)를 들 수 있다. 미국은 워싱턴 소재의 '글로벌 평등위원회Council for Global Equality'(globalequality.org)가 미국 민주당 및 연방 주와 같은 노선을 걸으며 동성애자 차별법 폐지를 옹호하고 그와 관련된 로비활동을 펼쳤다. 이 위원회는 다시 10여 개 단체로 나뉜다. 인권 캠페인은 미국 LGBT 옹호 단체 중 규모가 가장 크며 워싱턴에 본부를 두고 있고, 이번에 '인권 캠페인 글로벌HRC Global'을 상당한 지원과 함께 발족시켰다. 또 아웃라이트OutRight라고 해서 LGBT의 인권을 옹호하는 국제 단체도 뉴욕에 설립되면서 활동 범위를 다양하게 넓혀가고 있다. 반기문 사무총장은 2012년 4월, UN 총회에서 LGBT를 위한 운동이 앞으로 더 활발해지길 바란다는 희망의 메시지를 전했다. 특히 몇 년 후 2014년에 러시아가 소치 동계 올림픽을 개최할 예정이었기에 그의 말이 전달하고자 했던 메시지의 호소력은 상당했다.

뉴욕과 제네바에서 치러진 열띤 논쟁과 갈등의 주축에는 지리정치적인 패가 숨어 있었다. 게이와 레즈비언들의 인권을 두고 세계지도가 두 편으로 극명하게 갈리기 때문이다. 동성애자에게 우호적인 나라와 적대적인 나라는 물론이고 중립을 고수하는 나라들이 있다. 여기서 이견을 가진 국가끼리 벌이는 논쟁에서 나오는 표현의 문제도 지적할 수밖에 없다. UN은 이들 국가 사이의 묘한 알력관계를 가늠하고 있다. 이슬람교를 믿는 국가들, 아랍 국가들을 대변하는 이란은 아주 강경하게 동성애자의 인권을 탄압하고 있다. 하지만 이란과 같은 편에 있던 국가들이 서서히 동요하기 시작했으며, 동맹관계에 새로운 이변이 발생하고 있다. 시대정신이 진보하고 있음을 증명하는 변화였다.

몇몇 나라가 자국의 입지를 다른 방향으로 옮기기 시작한 지금, 어쩌면 진짜 투쟁이 발을 뗀 셈이다.

7장

퀸 보트 사건

서른세 살의 조르주 아지는 레바논 출신의 기독교 신자다. 멀티미디어 엔지니어인 그는 파리에서 유학을 했으며, 뼛속까지 아랍인의 피가 흐르고 있다. 그는 고국인 레바논에서 여생을 보내고 싶어했다. 역동적이며 상대를 유혹하는 매력이 넘치는 그는 아랍 국가의 게이 단체 중 가장 중요한 곳으로 손꼽히는 헬렘의 대표직도 겸하고 있다.

나는 베이루트의 사나예 구역에 도착했다. 헬렘 본사가 있는 곳인데 수니트 가문의 하리리가 소유한 TV 채널인 퓨처 방송국이 헬렘에서 엎어지면 코 닿을 거리에 있었다. 스피어스 거리 174번지에 위치한 헬렘은 노란색 벽에 부르주아 계층의 주택 같은 분위기를 풍긴다. 1층에는 정원이 있고, 4층짜리 건물에는 층마다 발코니가 있으며 녹색 덧창이 달려 있다.•

"아랍어로 헬렘은 '꿈'이란 뜻이에요. 하지만 이 단체는 아랍어 문구인 'Himaya Lubnaniyya lil-Mithliyyin'을 약자로 줄여서 표현한 겁니다. 무슨 뜻이냐 하면, '레바논의 LGBT를 보호한다'는 것이지요."

조르주 아지가 설명했다. 이 단체는 1999년에 세워졌으며, 2004년

• 헬렘의 주소와 조르주 아지의 이름은 본인의 동의 아래 실명을 거론했다. 이 장에 등장하는 장소명과 인명의 일부는 실제와 다르게 변경된 것임을 밝혀둔다.

에 이곳으로 자리를 옮겼다. 베이루트의 본사에는 여러 후원 단체가 함께 들어서 있다. 익명으로 무료 에이즈 검사를 해주는 의료 센터, 레즈비언 인권단체(alaMeem)가 있는 것은 물론 바와 도서관도 있다. 당연히 무지개 깃발도 걸려 있다.

조르주 아지는 레바논에 사는 게이의 현실에 대해 알려줬다.

"레바논에서 동성애는 여전히 불법입니다. 따라서 형법에 명시된 대로 최소 1개월에서 최대 1년까지 교도소 구금형을 선고받을 수 있어요. 프랑스의 위임 통치를 받던 시절부터 유효했던 법입니다. 과거에 프랑스의 지배를 받았던 튀니지, 모로코, 알제리도 마찬가지였고요. 다행히 오늘날에는 이 법이 실생활에 그대로 적용되지는 않습니다. 그래서 폐지를 주장했지만 아직 법적으로 폐지되진 않았습니다. 경찰도 더 이상 동성애자라는 이유로 잡아가지는 않고요. 게다가 헬렘은 정부의 승인을 받은 인권단체랍니다. 에이즈 퇴치활동을 지지한다면서 보건부로부터 공식 후원금까지 받는걸요."

헬렘을 레바논 게이 커뮤니티의 대변자로 봐도 된다고 그는 주장했다. 여기엔 여러 종교가 혼합되어 있어서 종교적 가치들의 충돌로 갈등이 불거질 때도 더러 있다. 기독교, 수니파 이슬람교, 콥트파, 동방교회, 시아파가 섞여 있기 때문이다. 이렇게 여러 종교가 혼재하는 게 오히려 잘된 일이었는데, 정치적 노선의 다양성과 종교적 다양성이 맞물리면서 헬렘은 모든 사람과 대화의 장을 마련하는 가교 역할을 하게 되었다. 실제로 헬렘은 팔레스타인 단체와 협력한 적도 있으며, 사브라나 차틸라와 같은 동성애자 피난민들이 난민 캠프에서 어떤 어려움을 겪는지를 파악하는 일도 담당했다.

"우리는 의회에 있는 모든 국회의원을 만난답니다. 그들이 어느 당 소속인 것은 중요하지 않아요. 심지어 우리는 헤즈볼라이슬람교 시아파의 무장 세력와도 직접 교섭을 한 적이 있어요. 헬렘에서 일하는 사람들은 베이루트 남부의 시아파 구역에 거주하는 난민들을 위해 위급한 상황이 닥칠 때마다 언제든 현장으로 뛰어갈 준비가 되어 있답니다. 난민 캠프에 폭격기가 떨어져도 괘념치 않아요. 한번은 헤즈볼라의 수뇌부 조직위원장들을 만나러 간 적도 있어요. 그들을 만난 곳의 실내 벽에는 상체를 노출한 남성들의 사진이 있었습니다. 그들은 자신들이 어떤 조직에 있는지 잘 알고 있었지요. 그러면서도 우리가 하는 일을 인정해주었답니다."(이 단체가 헤즈볼라에 소속된 동성애자들을 돕는데도 헤즈볼라에 매우 적대적인 기독교과 정치 정당이 이 단체의 주요 후원자라는 사실은 아이러니한 현상이 아닐 수 없다.)

조르주 아지는 할 말이 많은지 말을 이었다.

"저는 헤즈볼라가 우리에게 책임을 전가하는 일이 없도록 최선을 다해 싸울 겁니다. 현재 헤즈볼라 사람들은 동성애에 대해 직접적인 언급을 삼가고 있습니다. 윤리적 판단에 따른 문제에 몹시 신중한 태도를 보이는 것이지요. 이들은 자유로운 정신을 가진 집단의 이미지를 보여주고자 하기 때문에 안티게이 슬로건은 내세우지 않아요. 지금으로서는 그들을 선동하거나 자극할 이유가 없습니다. 반대로 우리는 그들 대표단과 계속 이야기를 나누며 협상을 해나갈 겁니다."

과연 그런 일이 현실적으로 가능할까? 이 질문에 그는 바로 대꾸했다.

"우리는 합리적인 것을 중시하는 실용주의자예요. 우리는 시아파 교민들이 거주하는 지역에서 많은 일을 합니다. 다른 비정부 기구들 사이에 개입하는 역할을 하고 있지요. 우리 단체가 추구하는 목표는 그들 개개인이 사회를 바라보는 눈을 뜨게 해주는 겁니다. 보건 문제에 대한 시민들의 의식을 계몽하는 일도 시급합니다. 에이즈 퇴치를 위해 싸우는 것은 물론 약물 중독을 예방하는 일에도 적극 참여할 방침이고요. 우리가 하는 일은 결코 정치적인 목적을 띠지 않는다는 점도 강조하고 싶군요."

헤즈볼라는 로크만 슬림이 내게 주장한 것처럼 '레바논화'에 동의하는 정당이라고 할 수 있다. 로크만 슬림은 시아파 조직 안에서 독립성을 얻은 굵직한 문화 센터를 관리하는 지식인으로, 나는 그를 베이루트 남부에 위치한 헤즈볼라의 세력권, 하렛 흐릭에서 만났다.

"헤즈볼라는 이란과 상당히 비슷한 구조예요. 물론 우리는 베이루트에 있지만 이 종교적 정당은 여러 면으로 제약이 많답니다. 일단, 남자만 드나들 수 있는 커피숍이 따로 있어요. 시아파 공무원들이 헤즈볼라 당원들보다 더 열린 사고를 가졌을 정도예요. 시아파에 속한 주요 공직자들은 자신들이 여성의 인권에 있어서 동방교회처럼 엄격한 잣대를 들이댄다거나 여러 면에서 검열을 하는 것을 원치 않았습니다. 이들은 새로운 것에 대한 열망을 가져, 젊은 레바논의 시아파교도들이 유흥을 즐기며 즐거움을 만끽하길 바랐으니까요. 하지만 헤즈볼라가 이란과 동일한 윤리적 가치를 지지한 것은 아니에요. 레바논답게 고유의 '레바논화'를 취해야 한다고 여겼는데, 그게 성공적인 선택이고 관용주의적인 길이라고 여겼답니다."

로크만 슬림이 상황을 분석해주었다. 나는 시아파 사람들이 주로 거주하는 이 구역에서 20분가량 떨어진 곳에 묵었다. 아크라피에라는 이름의 그 동네는 기독교인들이 주로 모여 사는 구역이다. 베이루트는 구역마다 그 모습이 꽤나 닮아 있다. 2006년 이들 구역에 이스라엘 출신의 군대가 쳐들어와 수많은 건물이 무너지고 파괴되었다. 그 잔재는 지금도 있다. 1982년 레바논에서 일어났던 전쟁의 흔적이 아직까지 남아 있기도 하다. 그리고 여전히 폐허가 된 곳들이 철거되기를 기다리는 중이었다.

헬렘 본사의 조르주 아지의 사무실에는 영어로 된 포스터들이 있었다. 어떤 문구는 영어로 '동성애 혐오에 반대Say No To Homophobia'라고 적혀 있었고, 또 다른 포스터에는 '다름에 대해 관용을……'이라고 적혀 있었다. 그의 사무실 책상 위에는 셀로판으로 포장된 깨끗한 주사기들이 있었다. 헬렘이 관리하는 마약 중독자들의 것이다. 이미 쓴 것처럼 보이는 원통형 마약용 주사기와 레바논의 인권단체를 후원하는 국제사면위원회 및 인권감시기구에서 보낸 책자들이 가득했다. (미국 단체인 포드와 독일 단체인 하인리히 볼, 노르웨이 대사관 역시 헬렘에 재정 지원을 하고 있다.)

헬렘은 아랍 국가에서는 매우 이례적인 단체다. 중동 국가에서 동성애를 지지하는 선두주자로서 허례허식 하나 없는 인권단체이면서, 동시에 북아프리카 지역을 뜻하는 마그레브 지방에서 활동할 뿐만 아니라 해외에서도 다양한 활동을 펼치고 있다. 헬렘이 실천하는 것들은 일상의 매우 소소한 일에서 시작된다. 그래서인지 결과물로만 봤을 때는 시리아나 요르단의 현장 취재 및 보고서 작성과 같은 활동으로 국한되긴 하지만, 적어도 국제기구와 소통을 시도하고 있다는 점에서 시사하는 바가 크다. 더군다나 헬렘이 갖는 상징성은 매우 본질적인 부분을 관통한다고 볼 수 있는데, 바로 아랍 국가의 동성애자 인권 보호가 비단 서양 국가에서만 영향을 받은 것이 아니라, 아랍 국가들이 자발적으로 실천하기 시작한 첫 단체가 바로 이곳이라는 점이다.

"동성애 혐오는 아랍 국가들 정부가 이슬람주의자들을 안심시키기 위해 사용하는 일종의 보증서 같은 이용 수단이에요"라며 조르주 아지는 말했다. 헬렘의 의장은 그 부분에 있어서는 노코멘트로 일관하는 가운데 모든 선정적인 말과 자극에 반대 의사를 표명했다.

"이집트 경찰이 카이로의 퀸 보트라고 하는 무도회장의 저녁 파티에 모인 동성애자들을 급습해 체포한 사건이 있었어요. 그러자 액트 업을 비롯한 여러 인권단체가 몇몇 유럽 국가와 미국의 이집트 대사관 앞에서 시위를 했답니다. 농성 현장에 모인 일부 동성애자는 키스인kiss-in, 항의의 표시로 집단 키스를 계속하는 행위으로 그들의 불만을 표시하기도 했어요. 대사들이 보는 바로 앞에서 키스를 한 겁니다! 하지만 그 일이 있고 난 후 이집트 교도소에 수감된 동성애자 죄수들은 더 큰 핍박과 고문에 시달려야 했대요. 우리는 아랍 국가의 동성애자들을 돕기 위해 더 신중해야 합니다. 여러 변수를 고려하면서 행동하고 말해야 한다고 생각해요. 자극을 주는 것, 큰 소리를 내며 싸우는 것, 선전활동을 벌이는 것은 동성애자들을 진정으로 돕는 최선의 방법이 아닐 겁니다. 이슬람주의자들이 오히려 그것을 악용하고 있어요. 그래서 가장 눈에 잘 띄는 동성애자들에게 벌을 주고 이들을 점점 옥죄며 압박하고 있습니다. 정말 비생산적인 일이 아니고 뭐겠어요! 여기서 중요한 것은 현지 상황에 맞게 실용적인 전략을 짜는 것입니다. 그래서 실제로 도움이 되는 행동을 하고 정확한 정보를 제공해야 합니다. 또 경우에 따라, 고향을 떠나 다른 나라로 이주할 수밖에 없는 이민자들을 수용할 시스템도 구축해야 할 것입니다."

헬렘 본사에 있는 정원에서 나는 이라크 출신의 젊은 청년을 만났다. 스물한 살의 압바스는 친구 몇 명과 함께 바그다드에서 이곳으로 이주했다며 자신의 상황을 밝혔다. 그가 외국으로 망명할 수밖에 없는 이유를 들어보니 정말 파란만장한 인생사가 아닐 수 없었다. (그가 아랍어로 말하면 아지가 통역을 해주었다.) 이라크에 살았을 때, 압바스는 동성애자 쉼터인 '세이프 하우스safe house'를 관리했다. 이곳은 미국의 여러 비정부 기구로부터 재정적인 도움을 받아 운영되었는데, 그가 2009년 2월에 다섯 명의 다른 청년과 함께 구속됨에 따라 어쩔 수 없이 세이프 하우스와는 더 이상 함께할 수 없었다. 그는 21일 동안 바그다드의 교도소에 수감되었다. 그에 따르면 여러 차례 고문을 당했고, 심지어 강간도 당했다고 한다. 정식 재판도 없이 그와 그의 친구들은 사형 선고를 받았다. 그는 좌절한 듯 낙담한 목소리로 이렇게 말했다.

"저랑 같이 일했던 동료 네 명도 체포돼서 감방생활을 했어요. 우리는 참수당할 운명에 놓였었답니다."

하지만 고위직에 있는 사람을 알고 있었던 덕분에 그는 다행히 목숨을 건질 수 있었다. (그는 자신을 구해준 생명의 은인의 이름을 알려줬지만, 이 책에 실명이 공개되는 것은 원치 않았다.) 그 사람 역시 동성애자였는데, 상당한 액수의 보석금을 주고 그를 사형에서 풀려나게 해준 것이었다. 가까스로 목숨을 구한 압바스는 바그다드에서 몇 주 숨어 지내다가 국경선을 넘을 채비가 됐을 때 친구들과 함께 이라크를 떠나

요르단으로 건너갔다. 그리고 2009년 4월, 드디어 레바논에 도착한 것이다.

국제사면위원회와 인권감시기구에 따르면, 수많은 동성애자(통계 결과에 따르면 대략 25~100명)가 2009년에 동성애자라는 이유로 바그다드와 키르쿠크, 나자프, 바스라에서 시아파 군대에 의해 사살되었다. 미국의 『뉴스위크』지는 일부 종교단체 대표들이 사드르나 바그다드 외곽에 모여 이라크 사회에서 동성애를 근절하기 위한 음모를 획책하고 있다고 밝혔다. 2012년 2월과 3월, 10여 명의 게이가 암살되었다. (수치는 언론마다 조금씩 차이를 보였다.) 희생자 중 한 사람인 사이프 라드 아스마르 아부디는 스무 살의 청년으로, 2월 17일 사드르에서 돌로 여러 차례 맞아 목숨을 잃었다. (이 기록은 현지 경찰과 게이 인권단체들이 알려준 내용을 전달한 것이다.) 하지만 심각한 폭력 사태가 잇따르자 시아파 종교단체는 처음으로 자신들이 범죄에 연루된 사실을 전면 부인했다. 그러면서도 동성애는 폭력의 개입 없이 치료될 수 있다는 속내를 드러냈다. 어쩌면 시아파 입장에서는 이런 식으로라도 동성애자 수를 줄이는 것을 승리로 여기고 있는지도 몰랐다.

탈색한 머리에다 한쪽 귀에 귀걸이를 한 압바스는 신발 끈을 묶지 않은 채 자유로운 래퍼 분위기를 연상시켰다. 그는 자신이 겪은 베이루트의 삶을 묘사하며 그곳에서 자기가 친구들과 얼마나 고통스러운 생활을 했는지 떠올렸다. 바그다드에서 도망 나와 이라크로 망명하기까지 그의 고국은 더 이상 약한 소수자들을 보호해주지 못했다. 파란만장한 운명을 인정받기까지 그들은 레바논에 거주했으며, 헬렘이 숙소를 제공해주었다. 이토록 젊은 청년인 그는 이다지도 기력이 약해

보일 수 있을까 싶을 만큼 힘들어했다. 그리고 여태껏 그 어떤 것도 제대로 가져보지 못한 채 어떻게 살아올 수 있었을까? (우리가 베이루트에서 만난 이후 압바스는 프랑스로 건너갔다. 나는 그곳에서 그를 여러 차례 다시 봤다. 현재 그는 정치적 망명자의 신분으로 파리에 살고 있다. 그는 개명하길 원했고 패션업계에서 새 직장을 얻고 싶다고 했다. 그리고 아랍 국가에서 동성애자들의 인권이 개선될 수 있도록 인권단체를 만들고 싶다는 포부도 밝혔다.)

2015년의 어느 가을날, 레바논에서 정교분리 원칙을 내세우는 대학생들의 시위가 열렸다. 수많은 학생이 참여한 이 집회의 슬로건은 '당신에게 악취가 난다You Stink!'였다. 문자 그대로 '쓰레기와 관련된 캠페인'이었다. 쓰레기 문제를 제대로 해결하기 위한 일념하에 독립적으로 운영되는 비영리 단체들이 환경운동을 시작하게 되었다. 이들의 쓴소리는 세상을 바꾸는 데 일조했고, 레바논의 종교적 성향을 띠는 정당들이 기존 정책과 구조를 거부하면서 변화하기 시작했다. (쓰레기가 여기저기 널브러져 있어 비위생적인 공공 시장, 관리 부재, 환경오염원의 적발 스캔들 등 여러 사회 문제에 대한 거부의 움직임이 일어나고 있다.) 지금까지 레바논에서 일어난 고질적인 사회 병폐들이 어느 날 갑자기 수면 위로 떠오르면서 여러 시민단체가 '냄새가 난다!'고 항의한 것이다.

나는 이 일을 취재하기 위해 레바논으로 되돌아와 여러 단체의 지도자들을 만났다. 쓰레기 문제를 해결하기 위한 캠페인 활동을 하는 이들을 주로 만났는데, 그중에 압바스 사드라는 스물한 살의 시아파를 믿는 젊은 청년과, 스물일곱 살의 드루즈족인 아사드 테비안도 있었다.

"이곳 대학생들은 오물로 가득한 길거리에 대해 항의했지만, 그 시위 이면에는 현재 정치가들에게서도 똑같이 쓰레기 냄새가 난다는 의미도 있었습니다."

알리 무라드라고 하는 법률가이자 연구자는 이 슬로건을 그렇게 해석했다. 나는 베이루트 서부 지역의 함라 구역 커피숍에서 그를 만났다.

"이 운동은 사회운동의 성격도 띠지만 인권을 다루기도 해서 매우 복합적인 성격을 지녔다고 볼 수 있어요."

공산주의적 감수성을 가진 경제학자 카말 함단의 의견은 위와 같이 또 달랐다.

"시민운동이 드디어 태동하기 시작한 셈이죠"라며 피에르 아비사브가 말했다. 그는 『알 아크바르』 지의 편집장이며 마론교 신도였다. 이 종교는 헤즈볼라와 비슷한 노선을 지향하면서도 '저항 정신'이 좀더 강한 기독교 분파라고 할 수 있다. 또 하닌 가다르는 정치 세력의 압력에 맞서며 정교분리 원칙을 지향하는 '뉴레바논New Lebanon'이란 이름의 웹사이트를 관리하고 있는데, 자신의 생각을 다음과 같이 밝혔다.

"이 운동은 일종의 좌파 성향을 띱니다. 그 시대의 주류에 맞서는 반항과 항쟁 정신이야말로 좌파의 이념이니까요. 점거 농성을 연상시키기도 하고요."

'당신에게 악취가 난다'는 슬로건을 외치는 활동가들을 실제로 만나면서 나는 레바논의 청년들이 더 이상 종교적인 차이로 분열되지 않는다는 사실을 발견했다. 그들은 종교보다는 평등에 우선순위를 두었다. 여성의 인권이 남성과 동등해지는 것을 중요하게 여겼고, 환경보호를 위해 싸우는 일에 앞장섰다. 또 팔레스타인 사람들의 인권을 수호하는 일에도 관심을 보였다. 과거에 레바논이 무신경했던 사안들이었다. 아랍 국가에서 인권과 환경보호는 여전히 해결되기 어려운 난제로 남아 있다. 그런 상황에서는 LGBT들의 인권 향상도 아직 갈 길이 멀다. 국제결혼에 찬성하고 정치와 종교는 분리되어야 한다고 주장하는 청년들에게 완전한 '정교분리 원칙'은 먼 이상향처럼 여겨졌다. 그렇지만 이들은 종교의 다양성을 인정해야 한다고 주장했다. 기독교, 시아파, 수니파 등 여러 파가 공존하는 사회를 만들어야 하며, 그 속에서 여성과 LGBT의 인권도 함께 보장받을 수 있도록 힘쓸 것이라고 항변했다. 그들 가운데 조르주 아지는 LGBT의 인권을 개선하기 위해 싸우는 운동가였으며 누구보다 레바논의 인권운동에 앞장섰다. 그는 당연히 '당신에게 악취가 난다'는 캠페인에도 합류했다.

그 후 나는 바르도에서 그를 다시 만났다. 베이루트의 유명한 게이 식당 겸 바였는데, 가게 바로 옆에 카타르의 위성방송 업체인 알 자지라의 현지 소재 사무실이 있었다. 이 사무실은 역시나 삼엄한 경비 아래 출입이 제한되어 있었다. 가게는 사람 냄새 나는 온정이 느껴졌다. 10여 명의 게이는 그곳이 마치 유럽인 양 자유롭게 담소를 주고받았다. 긴장을 풀며 주변을 덜 의식하게 된 아지도 그곳에서는 자기가 살아온 인생 이야기를 더 솔직하고 자세하게 들려주었다. 그는 자신이 기독교 집안에서 태어났다고 했다. 그의 인생사를 더 들어보자.

"제 부모님은 마론파maronite, 주로 레바논을 중심으로 전파된 동방 가톨릭교 교도로 신앙심이 무척 깊으셨어요. 레바논에서 이 종교는 반이슬람교를 의미했죠. 그래서 오랫동안 저는 이슬람교도들과 함께 이야기하는 것 자체가 너무 불편했습니다. 기독교인들이 모여 사는 구역 바깥으로 거의 나가지 않았을 정도니까요. 사실 제 시선은 늘 파리를 향해 있습니다. 전 이슬람주의를 좋아하지 않았거든요. 그러다가 수니파와 시아파에 대해 마음의 문을 조금씩 열기 시작했어요. 그리고 지금은 그들과의 연결 고리를 만들려고 애쓰고 있지요."

(조르주 아지는 오늘날 헬렘에서 이와 관련된 투쟁을 이어가고 있다. 단체의 의장직에서는 물러났지만 활동은 계속했다. 대신 그는 LGBT 문제를 다루는 또 다른 단체인 '아랍자유평등연대모임Arab Foundation for Freedoms and Equality'을 관리하게 되었다. 그는 현재 베이루트에 거주 중이다.)

늦은 시각이 되면서 식당에 빈자리가 점점 늘어났다. 식당에 있던 손님들이 하나둘 자리를 떴다. 베이루트 북부 외곽에서 게이 파티가 열리는 유명한 곳으로 가는 것이었다. 신 엘필 구역 언덕에 자리잡은 아시드는 대형 디스코텍으로, 이미 주변에는 손님들이 탄 차가 수백 미터 줄을 지어 거북이걸음으로 주차할 곳을 찾고 있었다. 입장료는 20달러로 현지 물가로 보면 비싼 편이었다. 입구에서는 신분증을 제시해야 함은 물론이고 감시도 철저했다. 근육질의 보디가드들이 예의라고는 손톱만큼도 없는 태도로 다가와 무례하게 굴었다. 그들은 내 수첩까지 검사했다. 내가 사진기를 소지하고 있지 않다는 것을 확인한 후에야 들여보내주었다. 두 레바논 친구가 개입한 덕분에 그나마 거기서 그쳤던 것 같다. 그 후에도 디스코텍 직원들은 의심적은 눈으로 나를 주시했다. 실내에는 이미 많은 사람으로 발 디딜 틈이 없었다. 상의를 벗은 이들이 미국 히트 팝에 몸을 맡기며 춤을 췄다. 분위기가 고조되고 관중의 흥분 상태가 절정에 이르렀을 무렵, 디제이가 갑자기 아랍 음악 한 곡을 틀었다. 이집트의 섹시 가수인 암르 디압의 인기 노래를 댄스 버전으로 믹싱한 곡이었다. 그의 앨범은 로타나라고 하는 사우디아라비아 제작사에서 만들어진 것이었다. 나를 둘러싼 사람들 중에는 레이밴 선글라스를 낀 젊은 청년이 있었다. 그는 또래 무리와 함께였는데, 다들 훈훈한 외모였다. 알라딘처럼 생긴 청년은 불이 깜박거리는 화려한 야광봉을 흔들었고, 그 옆에서는 「천일야화」에 등장하는 세에라자드를 연상시키는 여장 남자가 하이힐을 신고 왕정 파티에 온 것처럼 우아한 포즈를 취했다. 그는 땀에 흠뻑 젖은 젊은 남자들이 가까이 다가오면 몸을 기울여 포옹해주었다. 아시드 디스코텍만의 독특한 프리 허그일까? 그 순간 나는 내가 어느 별종 집단에 합류했나 싶어 멘붕 상태를 겪었다. 여긴 어디, 난 누구? 한마디로 이런 느낌이었다.

디스코텍 안에 북적거리는 게이들의 평균 연령대는 그래도 낮았다. 프랑스어권 기독교인 쥘리앵이 말했다.

"이곳을 찾는 게이들은 대부분 기독교인이에요. 그다음으로 많은 종교가 바로 이슬람교랍니다. 수니파, 시아파 교도들도 많이 찾고, 이들보다는 상대적으로 훨씬 적지만 콥트파도 한두 명은 꼭 있어요. 다양한 파가 공존하는 곳이죠. 그래서 제가 이 나라, 레바논을 좋아하는 거랍니다."

그렇다면 젊은 게이들은 이 파티에 대한 일정과 자세한 정보를 어떻게 접하는 것일까? 궁금증이 일어 그에게 바로 물었다. 그는 잠시 고민하더니 이렇게 대답했다.

"아랍 국가에서 통하는 전화기를 쓰면 가능하죠. 이 전화기로 정보를 접하는 겁니다."

그는 너무나 당연한 걸 말한다는 듯 정확히 답변했다.

여러분이 지금 당장 베이루트를 방문한다면 아시드 디스코텍에 갈수 있을 것이다. 하지만 같은 자리에 있긴 하나 이름은 바뀌었다고 한다. 그리고 지금은 가봤자 게이들을 만날 확률이 거의 없다. 레바논을 비롯해 다른 곳에서도 게이들이 파티를 여는 장소는 항상 똑같지 않다. 장소는 주기적으로 변경되는데, 복잡한 법이 바뀔 때마다 그들의 활동 반경에도 변동이 생기기 마련이다. 이러한 현상은 비단 동성애자들에게만 국한되지 않는다. 살아 있는 모든 생명체, 변덕이 심하고 항상 같은 곳에 있지 않으며 움직여야 하는 불안정한 주체들이란 늘 그렇듯 생활 반경이 가변적이기 마련이니까. 아랍 국가들, 특히 권위주의가 심한 나라일수록 게이들의 활동 반경은 그만큼 불규칙적일 수밖에 없다. 대표적인 국가가 바로 쿠바, 베네수엘라, 중국이다. 우발적인 사건, 소문, 경찰과의 갈등, 이 가운데 어느 하나라도 발생하면 게이들은 활동 반경을 바꿀 수밖에 없다. 사람이 점점 줄어들면 그 조직은 쇠약해지기 마련이고, 사회의 눈에 띄지 않는 집단이 되어버리기 일쑤다. 그래서 낡아빠진 구식 안내책자의 상징적인 캐릭터인 스파르타쿠스와 함께 옛 게이들의 터전을 멋모르고 구경하러 온 관광객들만이 덩그러니 남아 있다. 만약 새로운 핫플레이스가 탄생한다면 소문은 SMS와 채팅방을 통해 일파만파 퍼진다. 아까 말한 아랍에서 통하는 그 전화기를 통해 LGBT들은 전달받은 메시지에 적힌 주소를 따라 하나둘 모여든다. 그렇게 게이들의 밤 문화는 매우 유동적이며 가변적이다. 영원한 핫플레이스는 존재하지 않는다. 그들은 하루하루를 즐기며 사는 욜로YOLO족이다. 아니, 더 정확히는 하룻밤, 그 하룻밤을 즐기며 사는 사람들이란 표현이 더 맞겠다.

'퀸 보트, 그곳은 우리의 스톤월'

유리창이 새까맣게 선팅된 고급 차량 도요타에 올라탄 우리는 낼 수 있는 최고 속도까지 높이면서 카이로의 거리를 질주했다. 빨간불이 켜지자 칼레드 아볼 나가는 갑자기 유리창을 내렸다. 지나가는 행인들이 그를 알아보고 이름을 부르며 소리를 질러댔다. 그리고 차를 향해 다가오면서 그에게 사인을 해달라고 했다. 순식간에 이집트 청소년 수십 명이 차 주변을 에워쌌다. 차는 앞으로 나아갈 수 없었고, 결국 경찰이 개입해 도로를 정리했다. 그러고 나서야 스타가 탄 차량은 안전하게 가던 길을 떠날 수 있었다.

차 뒷좌석에 앉은 칼레드 아볼 나가는 뜨거운 바깥 공기가 견디기 힘들었던지 축축해진 손을 허공에 내저었다. 그는 운전기사에게 에어컨을 켜달라고 말했다. 우리는 튀니지 출신의 여가수 라티파의 노래를 높은 볼륨으로 들었다. 시리아의 뮤즈, 아살라나 레바논의 뮤즈, 엘리사도 빠지지 않았다. 내 눈에는 세 명의 여인 모두 비슷하게 보였다. 80기가짜리 최신 아이팟에는 럭셔리한 자동차용 오디오 세트가 장착되어 있었다. 그는 잘생겼고, 늘 미소를 짓는 30대 남자였다. (알고 보니, 그는 내가 예상한 나이보다 열 살이 더 많았다.)

이집트는 모순적인 면이 많은 나라다. 동성애가 헌법에 저촉되는 것은 아니지만, 경우에 따라 과중한 처벌을 내리는 것도 가능하다. 칼레드 아볼 나가는 그 점을 잘 알았지만 두려워하지 않았다. 그는 웃음을 띠면서 자유로운 영혼의 혈기 넘치는 태도로 말했다.

"이곳에서 제 이미지는 한마디로 '자유분방하고 재미있는 게이'랍니다. 저는 개방적인 도시남이니까요. 저는 단순한 방식으로 인생을 즐기며 살고 있어요. 선정적인 자극은 뭐든 사절입니다. 특히 거짓말은 하고 싶지 않아요. 그래서 이집트 국민이 제 편인 것 같습니다. 전 누구보다 진심을 말하니까요."

그는 이 말을 한 뒤 '사람들이 내 편이다They side with me'라는 말을 영어로 여러 번 되풀이했다. 그는 '굿모닝 이집트Good Morning Egypt'라는 TV 엔터테인먼트 방송에서 데뷔를 했다. 아침마다 시청자들을 찾아간 TV 프로그램 사회자로서 그 뒤로도 활발한 활동을 이어갔다. 이집트 정부가 언론의 자유를 조금씩 인정한 데다 페르시아만에 둘러싸인 주변 국가들의 전폭적인 지원에 힘입어 미디어 붐이 일어난 시기에 활동한 것도 그를 스타덤에 오르게 한 결정적인 요인이었다. 그 후에도 그는 두바이 TV 프로그램인 「빅 나이트The Big Night」를 진행했으며 「레이트 나이트 쇼Late Night Show」까지 맡아 아랍 국가의 '스탠드업 코미디'의 대명사로 알려졌다. (그렇다 하더라도 미국 미디어를 패러디하고 모방하는 수준에 그쳤지만.) 그의 활동 영역은 이 여세를 몰아 영화판으로까지 확장되었다. 아직까지는 TV 방송 사회자로서 인기가 더 많지만, 앞으로 연기자로서 그의 영향력은 두고 볼 일이다.

칼레드 아볼 나가는 또한 인권운동 측에서도 활발히 활동하고 있다. 몇 년 전부터 여성의 인권을 보호하는 활동을 해온 데다 이집트를 비롯해 몇몇 아랍 국가에서 아직도 벌어지고 있는 명예살인에 반대하는 운동에도 동참했다. 가족의 명예가 훼손되었다는 이유로 그 상처와 피해를 보상받는다는 명목하에 자행된 살인 범죄는 몇 달의 징역형만을 선고받는 데 그쳤다. 아버지가 자신의 딸과 아들을 위해, 남편이 아내를 위해, 남자 형제가 여자 형제를 위해 누군가를 죽였다면 그 살인죄는 심각한 범죄가 아니라는 논리였다. 특히 간통이 명예살인을 정당화하는 변명거리로 거론되곤 했다. 정략결혼을 거부하거나 동성을 만나 연애를 하게 되면 그 주체자가 여자든 남자든 명예살인의 대상이 되었다. (2011년 11월, UN 인권위원회는 이러한 범죄의 피해자인 동성애자들의 실태를 분석해 공식 보고서로 발표했다.)

칼레드 아볼 나가는 이 같은 봉건주의의 발상에서 비롯된 낡은 풍습에 진저리가 난다는 표정이었다. 그는 본인 소유의 도요타를 타고 이집트를 돌아다녀야 하는 긴 여정에 지친 듯도 했다. 그래서 연신 머리를 흰색 쿠션에 기댄 채로 있었다. 그는 처음에는 잠이 오는지 눈꺼풀이 무거워 보였는데, 어느 순간 갑자기 전투적인 태도를 보이며 흥분한 목소리로 인터뷰에 응했다.

"퀸 보트 사건을 접하고 나서 적극적으로 연대활동에 합류하게 됐어요. 하지만 우리의 힘은 여전히 약하답니다. 우리는 정부의 위선을 강하게 비판하죠. 이제 중요한 터닝 포인트가 시작됐습니다. 이대로 상황이 흘러가도록 내버려둘 순 없어요. 우리가 약자라는 이유로 투쟁하지 않는다는 것은 말이 안 돼요. 당신도 아까 봤을 거예요. 제가 창문을 열었을 때, 소년들이 제 이름을 불렀죠. 저한테 사인을 부탁했던 남자애들을 보셨을 겁니다. 그들은 제가 퀸 보트에 있었던 게이들 편에 서 있다는 것에 대해 비판하지 않아요. 그들은 제 의견을 존중

합니다. 왜냐하면 이제 저는 더 이상 약자가 아니니까요. 누군가 저를 건드린다면 이제는 참지 않고 바로 맞대응을 할 겁니다."

아셈은 아직 싸울 준비가 되어 있지 않았다. 그는 퀸 보트에 있었던 게이들 중 한 사람이다. 비극이 일어났던 그날 밤에 대해 그의 증언을 들어보자.

"때는 2011년 5월 11일 목요일이었습니다. 이집트에서는 금요일부터 주말이 시작되기 때문에 목요일 저녁에 사람들이 카이로 시내로 나와 저녁 시간을 보내곤 하죠."

2012년 인터뷰 전화 당시, 그의 목소리는 의외로 몹시 차분했다. 그의 본명은 아셈 알타우디인데 그는 자신의 실명을 공개해도 좋다고 했다.

"그때 저는 스물네 살이었어요. 영어 교사로 일하는 중이었고 부모님 집에서 살았지요. 제가 열일곱 살 때 커밍아웃을 했기 때문에 어머니는 아들이 게이라는 사실을 아셨어요. 하지만 아버지는 그 사건이 일어나기 전까지는 모르셨습니다. 그래서 자식이 게이라는 현실을 받아들이기까지 무척 힘든 시간을 보내셨고요."

마지막 마디를 꺼낼 때 그는 울음을 억지로 참았던지 목이 메었다. 잠시 후, 그가 다시 입을 열었다.

"그날 밤 저는 친한 친구 중 한 명인 파디(가명)와 외출했어요. 그날따라 그는 밖에 나가는 걸 피곤해했어요. 하지만 제가 겨우겨우 우겨서 우리 둘은 퀸 보트에 함께 올라탔습니다. 새벽 1시쯤에 도착했는데 나일강에 정착한 배는 매리엇 호텔 부근에 닻을 내린 채 파티를 이어갔죠. 카이로 나일강에 있는 섬의 북부 지역인 자말레크 쪽이었어요."

나는 이 조사를 하면서 당시에 퀸 보트가 정확히 어디에 있었는지 알아보기 위해 현장을 찾아갔다. 나일강에 떠 있던 배는 여전히 같은 자리에 있었다. 모하메드압델와합 대로 가장자리였으며, 7월 26일 다리에서 멀지 않았다. 하지만 지금은 다른 이름으로 간판을 바꿔서 운영 중이다. 그 주변은 카이로의 자유분방한 시민들이 드나드는 고급스러운 유흥가로 명성이 자자했다. 그 배에서 멀지 않은 곳에 있는 커피숍 로타나를 비롯해 해리스 바와 파차 레스토랑도 사람들에게 인기가 많다. 아셈은 이곳에 대해 설명을 덧붙였다.

"사실 퀸 보트가 원래부터 게이 전용 업소인 것은 아니었어요. 이성애자도 오고 게이도 오는 클럽이었죠. 카이로에 사는 게이들의 라이프스타일은 언더그라운드적 성격이 강해요. 그래서 시간이 지나면 그때그때 핫플레이스도 바뀌는 식이고요. 그저 입소문을 통해 동성애자들이 모이는 장소를 접하는데, 그날도 그랬어요. 우리가 도착했을 때, 누가 봐도 게이들의 파티 분위기였답니다."

아셈 알타우디가 할 말이 더 있는지 쉬지 않고 계속 말했다.

"실내가 전체적으로 흰색으로 꾸며진 퀸 보트로 들어가려면 일단 긴 복도를 지나야 해요. 3층으로 돼 있는데 춤추는 클럽은 지하에 있습니다. 우리가 지하로 내려갔을 때는 이상하게도 사람이 별로 없었습니다. 물론 서로 껴안고 춤추는 게이 커플들은 있었죠. 사람들은 술을 마셨고 아랍계 음악과 미국 팝송이 번갈아가며 나왔어요. 광란의 밤이라기보다는 편안하면서 쿨한 분위기의 파티였습니다."

갑자기 아셈이 말을 멈췄다. 반려묘 두 마리가 그 앞에서 티격태격하며 싸웠기 때문이다. 고양이들을 달래고 난 후, 그가 다시 입을 열었다.

"새벽 2시가 지날 무렵이었어요. 갑자기 음악이 꺼지고 불이 켜지면서 주변이 환해졌습니다. 그때 누군가가 말했어요. 경찰이 들이닥쳐 사람들을 체포한다고요. 클럽 안은 순식간에 아수라장으로 변했습니다. 저도 너무 무서워서 어찌할 바를 모르겠더라고요. 배 주변을 배회하면서 당황했던 기억이 나요. 정말로 절망 그 자체였거든요. 이제 어떻게 하지? 미친 듯이 머릿속으로 되뇌며 혼비백산한 사이, 민간 경찰들이 사람들을 붙잡는 모습을 목격했습니다. 한 게이는 어떻게든 빠져나가겠다고 스스로 나일강으로 뛰어들기까지 했어요. 공포의 순간이었죠. 경찰이 제 이름을 물었고, 저는 본명을 말하지 않았어요. 제 두 번째 이름인 '아셈 세이프'를 댔고, 성을 물었을 때는 '알타우디'가 이집트에서 희귀한 성이니까 단호하게 다른 성을 댔어요. 제 전화번호를 묻길래 숫자를 거꾸로 말했습니다. 경찰은 제 직업도 물었어요. 그 부분에 대해서는 사실대로 '영어 교사'라고 대답했지요. 그때 누군가가 '호모'라고 아랍어로 외치는 소리가 들렸어요. 경찰은 내 옆에 있던 게이 청년에게 욕설을 퍼붓고 폭력을 휘둘렀어요. 눈앞에 펼쳐진 광경을 보고도 도무지 믿기지 않았죠. 큰 충격에 빠진 채 저는 복도를 향해 걸어갔어요. 그곳에서 또 다른 경찰이 막아섰지만 저는 안절부절못하며 집에 가도 되냐고 물었습니다. 그는 순순히 지나가게 해주었고, 저는 뒤도 안 돌아보고 앞만 보며 걸었답니다. 제복을 입은 순경과 경찰차들이 배 앞에 있었어요. 저는 7월 26일 다리를 무사히 건넜고, 아무도 뒤를 따라오지 않았어요. 저는 냅다 달리기 시작했습니다. 숨이 턱까지 차올라 기절하기 직전까지 달리고 또 달렸어요. 그렇게 가까스로 집에 왔고, 제 누이에게 방금 무슨 일이 벌어졌는지 말했습니다. 괜히 더 걱정하실까봐 어머니에게는 아무 말도 하지 않았어요. 저는 덜덜 떨면서 이불 속으로 들어가 몸을 뉘었어요. 그날 밤, 저는 잠을 이루지 못해 코란 구절을 계속 읊으면서 밤을 보냈답니다."

2001년 5월 11일, 같은 날 밤 마젠은 매리엇 호텔, 그러니까 퀸 보트 건너편에 있었다. 아셈이 가까스로 체포 위기에서 벗어났던 그 시각, 그는 친구와 조용히 술 한잔을 하고 있었다. 그는 호텔을 떠나면서 택시를 잡던 중이었다. 갑자기 경찰차 여러 대가 연달아 나타나자 그는 영문을 몰라 당황했다. 사건은 순식간에 일어났다. 클럽 디제이가 체포되어 막 클럽에서 나오는 현장을 목격했다. 그 순간, 디제이가 그에게 손짓을 했고 그 모습을 본 이집트 경찰은 갑자기 마젠에게 불시 검문을 하겠다며 그를 경찰서로 데려갔다. 그렇게 퀸 보트에 들어가지도 않았는데 체포된 사람이 마젠이었다.

지금 내 앞에는 그 사건으로 트라우마를 겪고 있는 마젠이 있다. 그 기억을 지워버리려 애쓰고 있는데, 사실 그는 내면이 그렇게 약하지 않은 청년이다. 그는 그때 일로 크게 마음고생을 하면서 정신적으로 한층 더 성숙해졌다. 알이 큰 안경을 끼고 수염을 기른 그는 한눈에 봐도 튀는 반지를 손가락에 여러 개 끼고 있었다. 손목에는 돌체앤가바나의 고가 시계를 차고 있었다. 그 사건이 벌어진 지 10년도 더 됐지만 그는 만델라도, 오스카 와일드도 아닌 그저 평범한 소시민이었으니……. 우리는 파리의 마레 구역에 있는 유명한 북아프리카식 쿠스쿠스 전문 식당인 오마르에서 만났다. 마젠은 그 사건이 일어나기 전으로 돌아갈 수 없었다. 당연히 그 전과는 달라진 독한 정신력을 갖게 되었고, 내면엔 깊은 원한과 분노가 차 있었다. 그는 자신의 속내를 어떻게든 털어놓고 싶어했다.

마젠은 이집트 북부 알렉산드리아에서 태어나 지중해가 내려다보이는 높은 언덕에 위치한 마을에서 성장했다. 연기자의 소질과 스타일리스트의 자질을 조금씩 골고루 가지고 있었던 그는 하이패션에 관심이 많았다. 그래서 카이로의 패션업계에서 일해보고 싶어 고향을 떠나 수도로 이사를 오게 되었다. 그는 국제적이면서 모던한 도시인 카이로에서 새 삶을 사는 것이 너무나 즐거웠다. 피 끓는 청춘의 나이였기에 외출을 자주 했고, 자신의 동성애 성향도 더 이상 피하지 않기로 결심했다. 그는 이렇게 말했다.

"저는 퀸 보트에 서너 번 정도 갔어요. '패그 해그fag hag, 게이를 좋아하는 이성애자 여성을 속되게 표현하는 은어'가 너무 많아서 제대로 놀기엔 공간이 협소하다고 생각했죠. 하지만 디제이에게 맥주를 사면 자신이 원하는 음악을 고를 수도 있었어요. 이곳에서는 꽤 잘나가는 핫한 클럽이었습니다. 물론 서양인의 눈에는 누구나 드나드는 댄스홀로 보였을 수 있지만요."

퀸 보트가 정말 게이 남자들이 모이는 퇴폐적인 댄스홀이었을까?

경찰차에 실린 마젠은 퀸 보트 앞에서 그렇게 체포되었다. 그날 저녁, 퀸 보트 안에 들어간 적도 없는데 말이다. 마젠은 그 후에 일어난 일에 대해서도 이야기했다.

"저는 퀸 보트의 디제이하고만 같이 있었어요. 심지어 그는 게이도 아니었다고요!"

그날, 경찰들이 마지막으로 끌고 간 게 바로 이 두 사람이었다. 그래서 그들이 도착했을 때 경찰서에서는 이미 다른 체포자들이 취조를 받고 있었다.

"우리는 밤새 갖은 수모와 학대를 당했어요. 어떤 경찰들은 우리를 아랍 물담배를 피울 때 쓰는 긴 수연통으로 때리기까지 했습니다."

그가 말했다. 세계 여러 비정부 기구는 이날 체포된 사람들이 구치소에 있는 동안 어떤 고문을 받았는지 낱낱이 조사해 퀸 보트 체포자들의 피해 실태를 보고한 자료를 발표했다.

이튿날 아침, 마젠을 비롯해 퀸 보트에서 체포된 사람들은 이집트의 악명 높은 국가정보기관 마바히트 암엔 알다울라로 끌려갔다.

"체포된 사람은 나를 비롯해 거의 50명이었는데, 이집트의 안보국인 국가정보기관이 있는 곳으로 차가 이동하고 있다는 사실을 알았을 때, 우리는 상황이 매우 심각하다는 걸 뼈저리게 느꼈어요. 정말이지 악몽을 꾸는 것 같았죠. 심지어 그들은 우리의 두 눈을 천으로 가렸습니다. 그러고 나서 자백을 받아내기 위해 한 사람씩 개별 취조를 시작했답니다. 제 입으로 동성애자라고 말할 때까지 질문은 이어졌어요. 저도 처음엔 부인했어요. 그러자 뺨을 때리고 온몸을 구타했습니다. 말로도 위협하고, 우리 가족을 부르겠다는 협박도 했어요. 저는 한숨도 못 자고 꼬박 하루를 뜬눈으로 보냈습니다. 그들은 욕설을 퍼부었고 결국 저는 실토하고 말았죠. 제 입으로 '게이'라는 말을 하고야 만 것이에요."

마젠은 '게이'라는 말을 할 때, 손짓으로 콕 집어서 그 단어를 강조하는 보디랭귀지까지 해 보였다. 그는 인질이었지만 어디까지나 진실되게 그곳에서 커밍아웃을 한 것이다.

물론 퀸 보트에 있던 여성과 외국인들은 예외였기에 크게 걱정할 필요가 없었다. 또 이집트의 독재 대통령이었던 무바라크와 연고가 있던 일부 게이도 체포되지 않았다. 그리고 노멘클라투라사리사욕만 챙기는 부패한 특권 계층, 특권적 관료 체제와 관계된 게이들은 체포된 후 바로 풀려났다. 권력자들과 아무 연줄이 없는 무고한 게이들만 끌려간 셈이다. 판사의 판결도, 변호사의 조력도 통하지 않았다. 카이로 토라에 위치한 국가정보기관 앞에서는 법도 꼬리를 내릴 판이었다. 그렇게 총 52명의 게이가 유죄 판결이라는 법적 절차도 없이 교도소로 끌려갔다. 거기에는 마젠과 아셈의 친구 파디도 있었다.

"우리는 모두 한방에서 몇 달간 함께 지내야 했어요. 머리도 강제로 삭발당했고 끼때마다 빵과 잠두콩뿐이었습니다. 우리는 그 식사를 속칭 이집트식 '반칙'이라고 불렀지요. 일주일에 딱 한 번 금요일에만 고기를 먹을 수 있었습니다. 죄수들은 크게 두 부류로 나뉘었어요. 길거리에서 체포된 죄수들은 글도 읽을 줄 모르는 문맹이 대부분이었고, 매춘부를 두고 일하는 기둥서방이 직업이었던 사람도 있었어요. 반면에 다른 부류는 소위 유복한 가정에서 자란 계층으로 그중에는 의사나 기술공학자도 있었죠. 거리에서 온 파와 퀸 보트에서 끌려온 파는 당연히 사이가 별로 좋지 않았고, 싸움도 여러 번 붙었답니다. 저는 눈앞에 닥친 현실을 받아들일 수 없었기에 교도소에서 눈물을 훔치곤 했어요. 죄수들은 하루에 딱 한 시간 동안 산책을 할 수 있었습니다. 저는 이슬람교도인지라 그때마다 모스크를 찾았죠. 모스크 안에 들어갈 때는 예의를 갖추기 위해 긴 흰색 옷을 입고 갔어요. 그리고 나와서는 다시 파란색 죄수복으로 갈아입었지요. 감방에서 탄생한 커플도 여럿 있었어요. 우리는 함께 시간을 보내면서 조금씩 웃기도 하고, 서로 살아온 인생을 이야기했어요. 우리는 아랍어로 게이를 뜻하는 속어인 '샤드shaadh'보다 더 친근한 표현인 '미틀리mithly'란 단어를 쓰는 걸 좋아했어요. 그래서 서로의 인생에 대해 말할 때 후자의 단어를 쓰곤 했지요. '남창' '호모' '자연의 섭리를 거스르는 인간'이란 표현보다는 듣기에 훨씬 더 좋았으니까요."

영어권 외신들은 이 사건을 '카이로 52' 스캔들이라고 불렀다. 경찰의 강압적인 개입으로 이뤄진 소송은 전 세계 사람들에게 알려졌는데, 국가안보특별법에 따라 치러진 사건이기에 더욱 그랬다. 정부가 동성애 문제를 마치 국가의 기강을 흔들리게 할 만큼 심각한 안보 문제로 인식했다는 것도 특이한 사례였다. 2001년 6월에 첫 공판 날짜가 발표되었다. 하지만 공판일은 여러 이유로 차일피일하다가 6개월 이상 지연되었다. "저는 5개월 동안 수감생활을 했고, 그 뒤 처음으로 제 담당 변호사를 만났어요. 국제 비정부 기구가 고용한 변호사였죠." 그가 말했다. 그러나 2001년 퀸 보트에서 끌려간 23명의 피고인은 결국 강제노동을 하는 징역 3년형을 선고받았다. '풍기문란 죄'와 '이슬람교에 대한 명예훼손'이 그 이유였다. 아랍권 지역의 왕을 뜻하는 단어인 '셰리프Cherif'로 불리던 한 피고인은 사이비 종교를 선동했다는 이유로 특별히 징역 5년형을 선고받았다. (여기에 29명의 또 다른 체포자는 검사 결과 동성애자라는 사실이 증명되지 않아 석방되었다.) 이외에도 난교 파티, 동성애자의 결혼 흉내 내기, 나체주의, 코란에 대한 모독 등의 이유로 경찰은 취조 내용을 과장해서 작성하고 사실이 아닌 것도 사실인 것처럼 위조했다. 경찰에 끌려온 사람들의 사진은 물론 그들의 본명과 집 주소가 신문에 여과 없이 공개되었다. 이 스캔들은 이집트에 떠들썩한 이슈를 남겼다. 어떤 언론사는 동성애를 마치 신종 이단 종교처럼 묘사했으며, 양성애자로 알려진 이슬람교도 시인 아부 누와스가 이 종교 집단의 선구자였을 것이라고 추정했다. 경찰이 갑자기 이렇게 사냥하듯 게이 소탕 작전을 펼치게 된 배후에는 호스니 무바라크가 이끄는 정권의 명령이 있었다는 주장도 제기되고 있다. 이 일을 계기로 정부가 이슬람교도들을 안심시킬 수 있었기 때문이다. 경찰이 한동안 동성애자 커뮤니티에 몰래 접근해 상황을 주시해오긴 했다. 그런데 혹자는 이 사건에 대해 또 다른 가설을 제시했다. 마젠의 의견을 더 들어보자. "한때 무바라크의 아들 중 한 명이 게이라는 루머가 여기저기서 끈질기게 돌았어요. 그 소문의 출처는 다름 아닌 야당 의원이었습니다. 처음에는 소문을 낸 사람이 누구인지를 밝혀내기 위한 수사가 먼저 시작됐어요. 이튿날, 경찰은 게이들이 작업을 걸기 위해 자주 모이는 장소들을 찾아왔지요. 그래서 카이로 도로변에 위치한 몇몇 가게에서 20여 명의 게이가 체포됐습니다. 그리고 이튿날 경찰이 퀸 보트를 급습했던 거예요. 이 모든 일이 미리 계획된 것임에 틀림없습니다."

여기서 확실한 사실은 체포된 사람들 중 누구도 최소한의 인권을 보장받지 못했다는 점이다. 그들은 강압에 못 이겨 어쩔 수 없이 자백을 해야 했다. 심지어 미성년자인 소년까지도 징역 3년형을 선고받았다. 국제 비정부 기구가 밝혀낸 바에 따르면, 체포자들에게 각종 고문과 강간이 저질러졌다고 한다. 퀸 보트 사건은 EU 국가들로부터 격렬한 비난을 받았다. 뿐만 아니라 미국 의회와 여러 인권단체의 질타까지 받아야 했다.

마젠은 1년 동안 비인간적인 암흑세계와도 같았던 교도소에 갇혀 있다가 2002년 봄에 드디어 석방된다. 상당한 뇌물을 주고 풀려났지만 2003년 7월, 제2차 공판에 출두해야만 했다. "저는 2차 공판에 참석하지 않았어요. 교도소를 나온 뒤로 아무런 소식도 전하지 않았습니다. 그러던 어느 날, 퀸 보트에 있던 사람들이 징역 3년형을 선고받았다는 뉴스를 접하고는 바로 고국을 떠나버렸지요." 마젠은 석방 후 예전의 삶으로 돌아가지 못했다. 결국 자기 나라를 떠나야만 했기 때문이다. 그가 말을 이었다. "저는 인권감시기구 덕분에 프랑스로 도망갈 수 있었어요. 물론 합법적인 경로는 아니었습니다. 성공적인 탈주를 위해 뇌물을 준비해야 했으니까요. 2003년 8월이었죠." 국경선을 넘는 동안에도 그는 온몸이 떨려오는 것을 느꼈다. "공항에서 줄을 서는데 바로 내 앞에 있는 사람이 기습 검문을 당한 거예요. 순간 온몸이 돌처럼 굳어버렸습니다. 아무리 봐도 검문은 계속될 것 같았죠. 만약 내 차례가 온다면 경찰이 찾는 블랙리스트 명단에 올라 있을 게 틀림없었어요. 법원에 출두하지 않았으니까요. 마침내 경찰이 다가와 제 여권을 확인했습니다. 그런데 놀랍게도 그냥 지나가게 하지 뭐예요! 하늘을 올려다봤는데 구원받은 느낌이 들더군요. 그날 저녁, 저는 파리에 도착했고 정치적 망명을 신청했어요. 그렇게 프랑스는 나를 맞아주었고, 2009년 드디어 프랑스인으로 귀화하는 데 성공했답니다. 저는 파리에 이집트 출신 게이들을 도울 수 있는 LGBT 단체를 만들고 싶어요. 이집트가 요즘 어떤 상황인지 걱정되거든요. 제가 다른 나라로 피신 오긴 했지만, 미우나 고우나 고국이니까요. 저는 마치 제 몸이 두 쪽으로 갈라진 것처럼 이집트와 프랑스 사이에 끼인 기분마저 들어요. 한편으로는 1950년대와 비교하면 그 시절이 더 좋았겠구나 하는 생각이 듭니다. 당시에는 여성이 히잡을 두르는 게 의무가 아니었거든요. 또 오마 샤리프의 영화를 자유롭게 관람하던 시절이었죠. 저는 페이스북 덕분에 대리인을 통해 이집트와의 연결 고리를 놓지 않았어요. 제가 정말 좋아하는 이집트 영화 「마렛 야코빈」도 잊지 않았고요. 물론 이집트에서 이 영화가 개봉했을 때, 게이로 나오는 극중 인물이 암살되자 관객들이 박수를 쳤지만요. 퀸 보트 사건에 연루될 수밖에 없었던 제 인생의 전조와도 같은 영화였습니다. 타흐리르 광장에서 혁명을 외치는 반란이 일어났을 때도 한 줄기 희망이 보이긴 했어요. 하지만 지금은 이슬람 운동 단체인 '무슬림 형제단'이 너무 무서워요. 제 가족의 신변에도 위협이 있을까봐 무섭고요. 다행히 그 뒤로 제2의 퀸 보트 사건은 일어나지 않고 있지만 말입니다."

아셈 역시 비극이 일어났던 그날 밤, 바로 자리를 떠나 멀리 도망갔다. 그로부터 몇 주 후, 그는 자신이 경찰의 블랙리스트에 올라 추적을 받고 있을 거라고 생각했다. 또 그의 친구인 파디가 자신을 보호해주기 위해 영어를 가르치는 외국인이라고 속여서 진술했을 거라는 추측도 해봤다. 결국 그의 생각은 맞았고, 그가 소송의 피고가 되는 일은 일어나지 않았다. 2001년 8월 2일, 퀸 보트 사건이 있었던 날로부터 두 달이 흐른 시점에 아셈은 비행기를 타고 샌프란시스코로 향했다. 단순 관광비자로 입국했지만 그는 미국에 도착하자마자 망명 신청을 했다. 그가 처한 상황이 심각하다고 판단한 미국은 열흘 뒤 그를 정치적 망명자로 인정했고, 몇 달 뒤에는 그린카드, 즉 영주권도 내주었다. 결국 2010년, 그는 당당히 미국 국적을 획득했다. 서른여섯 살이 된 그는 현재 샌프란시스코에 살고 있다. 그의 부모님은 이따금 그를 보러 오곤 했다. 지금까지 살아오면서 산전수전을 다 겪어서인지, 그는 매우 단련된 남자처럼 보였다. 그는, 모순적으로 들리겠지만, 퀸 보트 사건이 일어난 건 어쩌면 자신에게 잘된 일인지도 모른다고 고백했다. "알라는 위대합니다. 그 사건을 계기로 제가 이집트를 떠나는 데 성공했으니까요." 그는 유튜브에 자기 영상을 올리며 여가를 보냈고, 개인 홈페이지(arabs4tolerance.org)도 운영했다. 그곳에서 네티즌들과 아랍계 게이들의 일상에 대한 이야기를 나누었다. 아미의 친구 파디는 몇 년 동안 교도소에 수감되었다가 드디어 출소했다. 그 역시 이집트를 떠나 해외로 이주했다. 파디는 지금 프랑스에 살고 있다고 들었지만 나는 그를 만나보지는 못했다.

카이로에서 도요타를 타고 이동 중이던 배우 칼레드 아볼 나가가 한 말이 문득 생각났다. "퀸 보트는 우리에게는 스톤월이나 마찬가지예요."

오늘날 10여 개 국가에서는 동성애자에게 여전히 사형을 선고하고 있다. 사우디아라비아, 아랍에미리트, 이란, 모리타니, 수단과 예멘이 대표적이다. 여기에 나이지리아 북부와 소말리아의 일부 지역도 포함된다. (이외에도 여러 판례와 법 조항을 보면, 아프가니스탄과 이라크, 파키스탄도 원칙적으로는 동성애 혐의가 있는 죄수에게 사형까지 선고할 수 있다.) 모두 예외 없이 국민 대다수가 이슬람교를 믿는 나라들이다. 이들은 이슬람교의 법을 국가의 헌법에 적용시킨다. 코란에 따르면, 동성애는 죄악으로 규정되며 구약성경과 토라의 율법에도 비슷한 맥락의 이야기들이 있다. (아브라함의 조카인 롯이 소돔과 고모라의 예언자로 등장한다. 그는 동성애의 바람이 부는 이 지역의 주민들을 구원하기 위해 개입한다.) 오늘날 이슬람교가 동성애를 죄악으로 규정한다는 소문은 다소 과장된 면이 있다. 왜냐하면 실제 이슬람교의 교리에는 그런 내용이 없기 때문이다. 소돔의 주민들은 동성인 사람에게 강간을 시도하고 어린 미성년자 동성에게 성관계를 요구하는 소아성애를 규탄한 것이지, 동성애 자체를 부정한 것은 아니었다. 일부 역사학자도 동성애는 이슬람 국가에서도 매우 빈번하게 일어났다고 주장했다. 어떤 지역에서는 동성애를 바라보는 시선이 따갑기는커녕 받아들일 수 있는 범주에 속했다고 덧붙였다. (과거 시리아의 외진 시골 마을에서는 심지어 동성애자들이 결혼식을 올린 적도 있다.) 아랍 문화권의 문학작품만 봐도 동성애 코드의 이야기 소재는 풍부했다. 따라서 동성애는 서양 문화나 종교와 거리가 먼 세속적인 사람들의 현상이 결코 아니다. 아랍계 문화권에 문명의 꽃이 필 때에도 동성애 코드는 여느 문명권에 뒤지지 않을 정도였다.

리야드의 상업지구에 남자들이 나란히 걸어다니는 모습, 또 두바이나 도하 지구의 쇼핑몰에서 두 남자가 손을 잡고 스킨십을 하는 모습을 볼 때마다 나는 그 주변에 있는 이들의 반응을 관찰했다. 주변 사람들은 당황스러워하는 표정을 지으며 불편해하거나, 때로는 화를 냈다. 나는 이곳에 사는 게이들이 무엇을 이루느냐보다 무엇을 해체하고 있느냐에 대해 더 많은 평가를 받고 있다는 인상을 받았다. 결국 동성애가 아랍 사회에 정면으로 도전함에 따라 분위기를 분산시킨다는 느낌이 강하게 들었다. 먼저 남자와 여자를 구별 짓는 것, 일터에서도 두 그룹으로 성별을 나누는 것, 가족의 유대관계를 위해 서로 다른 성이 공존해야 한다고 여기는 것, 재산 상속에 대한 법, 명예로운 시민에 대한 정의에 있어 동성애자들의 관습은 큰 골칫거리였다. 내가 만나본 아랍인들은 그들이 사는 사회에서 그나마 가장 열린 사고를 가진 자유로운 영혼으로 통했지만, 레바논에서든 마그레브 지역에서든 그들의 눈에도 동성애는 사회를 분열시키는 하나의 요인으로 인식되었다. 그래서 동성애는 이제 종교적인 차원을 넘어 법, 정의, 경찰, 정치에까지 큰 영향을 끼치고 있다.

그러나 이슬람권에서 동성애자에게 가해지는 불편한 시선과 폭력성에는 매우 위선적인 부분이 숨겨져 있다. 이들 국가는 겉과 속이 다른 면이 있었는데, 동성애에 대해 아주 엄격한 법의 잣대를 들이대고 있음에도 사회 계층별로 동성애자 인구는 해마다 늘어나는 추세다. 물론 커밍아웃을 하지 않는 비공식적인 동성애자들 말이다. 내가 조사한 15개국 중에서 가장 보수적이지만 동성애자들의 은밀한 삶이 가장 활발한 아이러니한 나라가 바로 카타르, 아랍에미리트 그리고 사우디아라비아였다. 페르시아만에 있는 나라에서 동성애는 금기와도 같은 화젯거리였지만, 음지에서는 이 주제만큼 뜨거운 화두도 없었다. 수니파가 다수를 이루는 이 나라에서는 하루에 다섯 번씩 기도 시간을 가질 정도로 종교생활이 사적인 생활에 빈번히 개입한다. 이 나라의 공식 종교는 살라피즘의 일종인데, 더 정확히 말하면 극단적인 금욕주의를 강조하는 와하비즘으로 불린다. 기존의 전통 이슬람교 교리를 따르지 않으면 아주 가혹한 처벌을 내리는, 규제가 심한 종파다.

나는 리야드에서 한 지식인 여성을 만났다. 텐트 안에서 나를 맞이한 그녀는 티셔츠를 입고 있었고, 머리엔 히잡을 두르지 않았다. 나한테 아무 거리낌 없이 자유롭게 말을 건넨 그녀는 양성애자다. "압둘라 왕은 여성에게 호의적인 정책을 추진하며 국가의 풍습을 좀더 근대적으로 진화시키는 데 큰 공헌을 했어요. 이 왕국의 자문위원회는 10여 명으로 구성되어 있으며 총리는 여성이 담당하고 있지요. 특히 제가 속한 세대는 가장 커다란 격변기를 보내고 있답니다. 하지만 여전히 여성에 대한 사회적 편견은 존재해요. 사우디아라비아에서 여성은 운전할 권리가 없으니까요." 리야드에서 일주일 동안 지내면서 나는 또 다른 세상의 진풍경을 봤다. 결혼한 아내는 남편 없이는 아예 집 밖을 나가지 않고, 운전대를 잡고 있는 여성 또한 찾아볼 수 없다. 길거리에서 만나는 여자들은 몸 전체를 부르카라는 천으로 감싸고 있었으며, 머리카락은 물론 얼굴을 가리는 히잡을 쓰고 다녔다. 시아파인 이란도 상황은 마찬가지였다. 사우디아라비아 왕국에는 중세 시대의 문화와 포스트모더니즘이 공존하는 듯했다. 하지만 그녀의 생각으로는 새롭게 대두되어 정치에 영향을 미치고 있는 이슬람 근본주의가 문제의 전부는 아니었다. 그녀는 이렇게 말했다. "가장 심각한 문제는 우리가 예전 시대로 복귀하는 것이 아닙니다. 어차피 사우디아라비아가 인터넷, 케이블 채널을 회수당하고 예전처럼 돌아가도록 가만히 보고 있지만은 않을 거니까요. 진짜 심각한 문제는 바로 이 나라가 미국식으로 진화하는 겁니다. 복음주의 기독교가 더 위험한 존재이지요. 케케묵은 과거로의 회귀보다 초현대화된 신문화가 더 무서운 것입니다. 리야드에 사는 사람들도 TV를 통해 교리를 전하는 신종 이슬람교 전파자들을 가리켜 '위성 설교자'라고 부른답니다. 이런 식으로 교리

를 가르치는 설교자는 TV 토크쇼에 출연해 파트와이슬람법에 따른 결정이나

명령을 이르는 말를 전하는데, 효과가 꽤 있다고 들었어요."

나는 이 상황이 도무지 믿기지 않아 눈을 비볐다. 사우디아라비아에서 양성애인 여성과 텐트 안에 있다, 그녀는 민트차를 마시고 싱싱한 대추야자 열매를 먹으며 카펫 위에 맨발을 드러내고 앉아 있다, 그러면서 내게 '위성 설교자'에 대해 이야기하고 있다! 그녀는 눈썹 하나 까딱하지 않고 나를 똑바로 쳐다보며 말했다. "콘서트홀과 영화관처럼 모든 사람이 함께 있는 곳에서는 대놓고 커밍아웃을 할 수가 없어요. 그래서 젊은이들은 상상력을 발휘해 교묘하게 사회의 룰을 비껴간답니다. 운동이나 비즈니스를 명분으로 그들의 라이프스타일을 즐기는 거죠. 사실 자기 집에서는 뭘 해도 상관없잖아요. 사적 공간은 누구도 침범할 수 없죠. 심지어 경찰도 침해할 수 없습니다. 물론 구속영장을 들고 들이닥치지 않는 이상 말이에요."

나는 또 다른 사우디아라비아인 하산을 그라나다 몰의 스타벅스에서 만났다. 리야드 중심부에 위치한 이 쇼핑몰은 한눈에도 입이 떡 벌어질 정도로 놀라웠다. (실제로 이 쇼핑몰은 정식 이름과 관련 정보가 여러 차례 바뀐 역사를 가지고 있다.) 나는 이 남자를 만나기 위해 꽤나 인내심을 발휘해야 했다. 두 차례나 약속을 취소했기 때문이다. 다행히 세 번째 약속은 성사되었는데, 처음 그를 보자마자 어딘가 미심쩍었다. 몹시 불안해 보였던 것이다. 대화를 나누면 나눌수록 그는 내 통역관의 존재가 자꾸 신경 쓰이는 모양이었다. 결국 하산이 자초지종을 설명했다. "저는 매우 신중한 사람이에요. 지금까지 제 인생은 빈틈없이 체계적이었습니다. 제가 동성애자라는 사실이 세상에 알려지

면 제 경력이 단절될 뿐만 아니라 제 인생도 끝장이에요." 스타벅스 안, 우리 주변에는 수십 명의 젊은이가 모여 있었다. 더운 열기를 식히기 위해 시원한 에어컨 바람을 찾아 몰려든 이들은 사우디아라비아의 전통 의상인 흰색의 긴 옷, 토브를 입고, 머리에는 빨간 체크무늬 전통 모자를 쓰고 있었다. 하산 역시 토브를 입고 있었다. 그는 마치 감옥과도 같은 자신의 사생활을 이야기했다. 사우디아라비아에는 게이라는 이유로 처형당한 사례가 있기 때문에 조심하지 않을 수 없다. 그럼에도 불구하고 그는 보이지 않는 곳에서 은밀하게 게이의 라이프스타일을 즐겼다. 리야드의 나시리아 구역에서는 일명 막 나가는 파티를 즐길 수 있고, 또 디플로매틱 쿼터라 불리는 파티장에서는 몇몇 사우디아라비아의 왕족을 만날 수 있다. 그들은 종교적 터부를 용감하게 어기며 술을 마시고, 성매매를 하거나 동성애 행위를 했다. (하산은 유복한 가문 출신이었지만 이 파티에 참석한 적은 한 번도 없다고 했다.) "그래도 왕국은 상류 계층의 동성애는 어느 정도 용인하고 있어요. 은밀하거나 조심성 있게 이뤄지는 것에 대해서는 크게 관여하지 않지요. 하지만 당신이 아는지 모르겠는데, 원래 수니파는 결혼 전에는 이성과 성관계를 하지 말고 동성과 친교를 가지라고 명시되어 있다고 하네요. 그런 면에서 보면 지금 일어나고 있는 현상이 어느 정도 이해는 됩니다." 이 말을 하며 그는 스스로 생각해도 방금 자신이 한 말이 참 그럴싸하다고 여겨졌는지 어깨를 으쓱거렸다. 이어서 다음과 같이 덧붙였다. "몇 년 전에 지다에서 벌어진 사건이 있어요. 홍해 부근에 자리잡은 사우디아라비아 제2의 도시인 이곳에 커피숍이 하나 있는데, 메카에서 가까웠어요. 그런데 그곳이 동성애자들이 자주 드나드는 가게라는 소문이 퍼졌습니다. 그래서 왕은 그 가게의 영업을 정지시켰죠. 종교와 도덕적 가치관으로 무장한 경찰관인 무타와는 '악을 처벌하고 덕을 권장하는 기사령'이라는 별칭으로 불리며 그 근방에서 꽤나 유명한 사람이랍니다. 그는 시민들의 밀고를 접수받으면 바로 행동에 옮겼어요. 그래서 동성애자라고 의심받는 사람을 지금까지 100여 명이나 체포했습니다. 이렇게 체포된 사람들 가운데에는 왕족의 혈통을 물려받은 왕자들도 있었고요. 사우디아라비아에서 경찰은 다른 페르시아만 국가들과 이슬람 세계의 수장들처럼 전지전능한 권한을 갖고 있으니까요. 경찰은 체포한 용의자들이 '다시는 그런 행위를 하지 않겠다'는 맹세를 한 뒤에야 석방시켜줬어요. 하지만 지다에서 벌어진 경찰들의 이 파렴치한 월권행위는 소리 소문 없이 은폐되고 자취를 감췄답니다."

좀더 최근 사건을 살펴보자면, 2010년 10월에 사우드 빈 압둘라지즈 빈 나세르 알사우드 왕자가 영국에서 징역 20년형을 선고받았다. 이유는 그가 자신의 하인 중 한 명인 반다르 압둘라지즈를 런던에서 살해했기 때문이다. 이 문제의 왕자는 사우디아라비아 왕의 손자들 중 한 명이었다. 왕국은 이 사건에 대해 어떤 입장도 내놓지 않았고, 현지 사우디아라비아 TV에서도 이 사건을 다루지 않았다. 왕가의 이미지를 곤란하게 만들지 않기 위해서다. 대체 누가 동성애를 '서양의 불경한 악'이라고 규정할 수 있겠는가? 가장 엄격하기로 소문난 이슬람 국가에서도 동성애가 이렇게 공공연하게 존재하니 말이다.

리야드에 거주하는 동성애자들의 운명은 앞으로 어떻게 될 것인가? 자신의 도덕적 가치관으로 사람을 체포하는 경찰은 상부에서 어떤 명령을 받은 것일까? 동성애자라는 이유로 사형 선고를 받는 것이 가능한가? 우리는 이 질문에 대해 쉽사리 단정짓기 어렵다. 결국 사우디아라비아는 동성애자들의 인권에 관한 진실을 애써 감추고 있다. 동성애 혐오 범죄가 계속 발생해 규탄을 받곤 하는 이란과 달리, 서구 언론과 국제기구가 이곳 사우디아라비아의 인권 문제에 집중했던 적은 거의 없었다. 규모가 큰 비정부 기구인 아웃라이트의 중동 지부 대표인 호세인 알리자데를 뉴욕에서 만나 여러 차례 인터뷰를 했는데, 그는 사우디아라비아에 대해 이렇게 말했다. "사우디아라비아는 아주 교묘한 방식으로 서양인들과 외교 정책을 펼치고 있어요. LGBT가 누릴 최소한의 인권조차 보장하지 않으면서, 마치 그런 것마냥 눈 가리고 아웅 하는 식으로 서양인들의 눈을 속이고 있슙니다."

8세기, 바그다드에 살았던 아부 누와스는 아랍 국가에서 가장 유명한 시인 중 한 명으로 꼽힌다. "아랍 국가에서는 최초로 사람들 앞에서 자신이 게이임을 당당히 말한 커밍아웃의 선구자라고 할 수 있어요." 메디가 말했다. 아부 누와스의 시를 보면 두 남자의 사랑, 그의 양성애적 정체성이 그대로 드러나 있다.

오늘날 아부 누와스는 알제리의 한 게이 인권단체의 이름이기도 하다. 스물다섯 살의 청년 메디가 이 단체를 만든 공동 창립자 중 한 사람이다. 나는 알제리 남부, 사하라 지역에서 살고 있는 그를 알제리의 수도인 알제에서 만났다. "단체 이름을 아부 누와스라고 지은 이유는 우리가 아랍인임을 나타내고 싶었기 때문이에요." 그가 말했다. 이 단체가 걸어온 길을 거슬러 올라가면, 미세하지만 점차 달라지는 사회 정세를 가늠해볼 수 있었다. "2005년에 콘스탄티노플 대학에서 동성애자인 대학생끼리 동아리를 만들면서 이 단체의 싹이 움트기 시작했어요. 우리는 '호모-셀프-헬프Homo-self-help'라는 이름의 블로그를 운영했습니다. 스카이 블로그에서 활동했는데 호응이 좋아 많은 방문자수를 기록했지요. 마침내 2006년에 공개 포럼을 열었고, 프랑스에 본사를 둔 '게이 앤 레즈비언 알제리아Gay&Lesbian Algeria'라는 단체를 만들게 됐답니다. 뿐만 아니라 우리는 아랍어권 국가를 상대로 한 게이 단체인 알게이AlGay도 만들어 큰 성공을 거뒀어요. 그때부터 좀더 전문화된 시스템을 갖추며 활동을 이어나갔습니다. 나중에는 공식 웹사이트(abunawasdz.org)와 함께 연합 단체를 관리했지요." 메디가 말했다. (사이트 주소에 붙어 있는 'dz'는 알제리의 국가 코드다.)

이와 같은 활동을 하려면 당연히 용기가 있어야 한다. 메디와 그의 친구들은 그런 면에서 영웅인데, 비록 세상에 알려진 유명 인사는 아니지만, 우리 주변의 평범한 소시민 영웅으로 볼 수 있다. 하지만 그들이 하는 일에는 상당한 위험이 뒤따르기도 한다. 알제리의 국가정보원이 가만있지 않고 수시로 인터넷 포럼과 연합 단체들의 활동을 감시할 것이기 때문이다. 또한 경찰도 이들을 주요 감시 대상으로 삼고 있다. 잘못했다가는 직장마저 잃을 수 있다. (실제로 메디의 친구이자 이단체의 공동 창립자인 조헤이르가 그랬다.) 이들은 너무나 쉽게 가십거리가 될 수 있다. 알제에서 인터뷰에 응한 조헤이르가 자기 생각을 이야기했다. "튀니지와 모로코는 관광업이 매우 활성화되어 있어요. 정부도 눈감아주는 편이고요. 반면 알제리는 상황이 달라요. 정부의 검열과 감시가 너무 심해서 동성애자들이 이 나라에 여행 오는 것은 상상도 할 수 없습니다."

　메디와 조혜이르 그리고 그 친구들은 언론의 비난 대상으로 자주 거론되었다. 아랍어권 독자를 대상으로 한 일간지 『에코루크Echorouk』는 알제에서 가장 많은 독자를 확보한 신문으로, 하루에 자그마치 70만 부가 팔린다. "신문 관계자들은 편견을 미끼 삼아 우리 상황을 더 악화시키는 데 가담합니다. 우리 단체를 비난하며 우리가 운영하는 포럼에서 게이들이 주고받은 대화는 물론 이들이 만나는 약속 장소까지 공개합니다. 또 이따금 증오에 가득 찬 적개심으로 게이 인권활동가들의 명단을 공개 수배 대상에 올리고 있어요. 그래서 경찰이 게이들을 체포해 여성 전용 교도소로 끌고 가 감금시키길 원해요. 심지어 이들은 상속법까지 바꾸길 원한답니다. 동성애자인 아들에게 주는 재산을 줄여야 한다고 주장하지요. 동성애자를 혐오하는 사람들은 우리가 이스라엘과 관계된 유대인에게 로비활동을 하는 게 아니냐며 비난해요. 나아가 프랑스의 제국주의를 부활시키는 짓이라고 나무랐습니다. 모로코의 왕인 모하메드 6세가 게이라는 소문이 퍼지자, 명백한 증거가 없음에도 사람들은 이를 기정사실화하며 모하메드 6세를 '여왕'으로 불렀답니다. 이자들은 항상 우리를 모함하고 중상모략하기에 바빠요. 이들은 하비 밀크와 영화 「브로크백 마운틴」과 같은 서양의 동성애와 관련된 이슈를 접한 세대입니다. 주로 서양 게이 문화의 퇴폐적인 이미지로 동성애를 싸잡아 평가했지요." (이 입장은 『에코루크』와 반대 성향의 매체인 『엘 와탄El Watan』 소속 기자와의 인터뷰에서 알게 된 내용이다. 이 일간지는 특히 군부대와 친목관계를 유지하고 있었다. 나는 알제에서 『엘 와탄』 소속 기자들과는 인터뷰를 할 수 있었지만 『에코루크』 기자들은 만나지 못했다. 따라서 그들과 직접 인터뷰하지는 못하고 알제리 경찰들을 통해 이 언론사와 관련된 자료를 건네받았으며, 정부 관계자에 의해 간접적으로 이 신문사의 입장을 전해 들을 수 있었다.) 메디가 다음과 같이 입을 열었다. "저는 알제리에서 우리 홈페이지가 문제없이 운영되기를 바랄 뿐입니다. 동성애 혐오자들은 마치 동성애를 서양에서 수입해온 변태적 행위로 오해하고 있어요. 하지만 우리는 알제리 태생의 게이들인걸요. 집계 결과, 아랍 국가에는 약 2000만 명의 동성애자가 살고 있습니다. 이란에는 약 500만 명, 이슬람교를 믿는 모든 국가를 통틀어 계산하면 5000만~6000만 명의 동성애자가 집계되지요. 한마디로 게이는 어느 나라에나 다 있다는 겁니다! 저는 알제리 대통령인 압델라지즈 부테플리카에게 동성애를 불법 행위로 규정하는 기존 법을 취하해달라고 호소하는 공개편지를 썼어요."

자유를 향하는 길에 위험 요소가 없을 리 없겠지만, 내가 만나본 알제리 출신의 게이들은 하나같이 걱정이 많았다. 그중 생물학을 전공하는 대학생인 살림은 자신은 숨어서 살고 있다고 답했다. 나는 그를 알제 시내의 밀크 바에서 만났다. (이 바의 이름을 듣고 오해할 수 있는데, 하비 밀크와는 전혀 관계가 없다.) 에이드 알제리Aid Algérie에 소속된 인권운동가인 그는 야구 모자를 쓰고, 티셔츠에 무지개 깃발 모양의 작은 배지를 달고 있었다. 아이러니하게도 그의 티셔츠에는 영어로 '수배 중Wanted'이라고 쓰여 있었다. 그는 사람들이 있는 대중적인 공간에서 얼굴을 드러내고 이야기하는 것이 내심 불안한 듯 나와 대화하던 중 살짝 말을 더듬었다. 그는 완벽한 불어를 구사했는데, 나에게 다짜고짜 이렇게 자기소개를 하며 단어 하나하나에 힘을 주었다.

"저는 이슬람교를 믿어요. 아주 독실한 신자랍니다. 라마단도 지키지요. 그리고 저는 게이입니다." 신중하면서도 걱정스러워하는 그에게는 두 대의 휴대전화가 있었다. 하나는 이성애자들과 대화할 때 쓰는 것이고, 다른 하나는 게이들과 자유롭게 소통할 때 쓰는 것이었다. 그러다보니 당연히 MSN 계정도 두 개였다. 페이스북도 두 개였다. 그는 그렇게 이중생활을 하고 있었다. 지하세계의 삶과 지상세계의 삶이 결코 만날 수 없도록 철저하게 선을 그었다. 너무나 완벽하게 경계선을 긋다보니 두 종류의 서로 다른 라이프스타일이 정말 그의 삶을 반 토막 내는 것은 아닌가 싶었다. 그는 내게 자문하듯 말했다. "저는 연기를 정말 기똥차게 해요. 영화를 찍었어도 성공했을 연기 실력이지요. 이 정도로 감쪽같이 두 역할을 소화해내는 저에게 오스카상 정도는 줘야 하지 않을까요?"

우리 대화는 다른 사람들이 듣지 못하도록 아주 조용히 그리고 은밀하게 이뤄졌다. 찌는 듯한 태양의 열기가 가득한 테라스에서 오랜 시간 대화를 나누면서, 그는 지하세계를 누비는 게이들이 얼마나 다양한 영역에 걸쳐 활동하는지를 알려주었다. 비록 그 신세계와 관련된 자료나 기록은 거의 공개된 바 없지만, 이번 인터뷰를 계기로 나는 놀라운 최신 정보를 전해 들을 수 있었다.

여기서 우리는 알제리 게이들만의 특징을 끄집어내려 애쓸 필요는 없다. 이들의 연대 단체는 아주 작은 소그룹으로 이루어져 있으며 규모 면에서도 아직 열악하다. 20여 명의 전문 활동가와 수백 명의 회원이 가입한 상태다. 알제리에서는 아직 게이들의 인권단체가 우발적인 부수 현상의 하나일 뿐, 본격적으로 유행의 물결을 타지는 않았다. 다른 아랍 국가들과 비교했을 때는 아직 씨앗이 발아하지도 않은 미천한 종자 수준이다. 알제리의 게이들이 자기 고향에서 커밍아웃을 하면, 게이 인권운동가들은 이들이 고국을 떠나는 과정을 도와준다. 이곳에서는 게이들이 가족과 고향의 품을 떠나 먼 곳으로 이주하는 것이 일반적인 관례처럼 되어 있다. 정치적인 색깔을 드러내는 게이들은 대놓고 압델라지즈 부테플리카 정권에 쓴소리를 퍼부었다. 프랑스 문화의 영향을 받은 이 젊은 알제리 게이들은 프랑스를 마치 쿠바가 미국을 바라보듯, 이란 사람들이 이스탄불을 바라보듯, 중국인들이 홍콩을 바라보듯 바라본다. 게이들이 살기에 더 좋은 나라가 되기를 기다리며 알제리 게이들은 일단 형제 국가인 다른 땅으로 이주해 사는 방법을 택한다. 그들은 프랑스어권이기에 파리의 게이 라이프스타일에 대해 아주 잘 알고 있다. 그래서 파리의 게이들처럼 살고 싶어한다. 하지만 이들이 말하는 파리의 모습은 지금이 아닌 옛날 분위기가 짙었다. 알제리에서 만난 게이 청년들은 한물간 노래들에 대해 언급했다. 샤를 아즈나부르의 노래 '그들이 말했던 것처럼Comme ils disent'과 스타르마니아의 노래 '다른 남자와는 다른 한 남자Un garcon pas comme les autres' 같은 노래들에 대해 말했다. 심지어 르 퀸이 아직도 샹젤리제 거리에 있는지 물었다. (이 디스코텍이 문 닫은 지가 언제인데. 내가 그들에게 지금은 없어졌다고 대답하자 하나같이 실망한 기색이 역력했다.) 프랑스를 예찬하는 것만큼이나 이들은 자신의 나라인 알제리에 대한 애착도 강했다. 그들은 고국의 발전을 염원했으며, 동성애자의 삶의 조건이 좀 더 개선되기를 바랐다. 그리고 그들이 참여하는 활동이 어떤 희생을 치러야 하는지도 잘 알았다. 혁명이 그들의 결단력을 자양분 삼아 이뤄진다면 좋겠지만 아직 이들이 가진 힘은 좌절감을 느끼게 할 만큼 역부족이다. 물론 희망은 있다. 튀니지와 이집트에서 일어난 혁명을 보라. 2011년 '아랍의 봄'은 아랍 국가에 새로운 세상이 열릴 수 있음을 알리는 불씨가 되어주었다. 그 결과, 새로운 세상에 대한 믿음이 사람들의 머릿속에 싹트기 시작했다.

내가 2010년에서 2016년 사이에 튀니지와 모로코를 여러 차례 여행하면서 받았던 인상도 그랬다. 튀니지의 부르귀바 대로에서 본 동성애자들의 모습은 예전에는 상상도 할 수 없는 일이었다. 대놓고 드러내지는 않았지만 점잔을 빼며 애써 감추지도 않았다. 늦은 오후, 많은 사람이 카페 안으로 밀려들어왔다. 이따금 나이 많은 노인들도 들어왔다. 커다란 노란 기둥이 세워진 이 거대한 가게에는 장소와 어울리지 않을 정도로 아주 세련된 커튼이 쳐져 있었다. 평면 스크린에는 뮤직비디오가 계속 나왔다. 사람들은 그곳에 모여 현지 맥주인 셀티아를 홀짝거렸고, 어떤 이는 민트차를 마셨다. 물론 이곳에 모인 모든 남자가 게이인 것은 아니지만 꽤 많은 비중을 차지하는 것은 사실이다. 자기들의 성 정체성을 인정하며 당당히 가게를 찾은 게이들이라고 할 수 있다. 하지만 동성애자와 양성애자가 섞여 있어서 누가 누군지 분간하기 힘들다. 그곳에는 애매모호함이라고는 전혀 없는 100퍼센트 게이도 있지만, 여자가 없는 조건에서 어쩔 수 없이 동성인 남자에게 끌리는 남자들도 있었다. 이따금 매춘 행위를 위해 찾아온 남창들도 있었다. 아무도 대놓고 자기 상황을 입 밖으로 내진 않았다. 경찰의 삼엄한 감시 때문이기도 했다. 이들은 그저 눈을 마주치고 그들끼리만 통하는 코드를 주고받으며 무언의 대화를 나누었다.

나는 파리로 돌아가 알자지라 방송국에서 일하는 기자인 아크람을 한 커피숍에서 만났다. 그는 다음과 같이 말했다. "튀니지에서 게이 커뮤니티는 자유롭게 활동하지 못합니다. 게이 문제는 마치 존재하지 않는 것처럼 취급당하니까요. 따라서 우리가 대놓고 드러내지만 않는다면 문제 될 것은 없어요. 개인적으로 커밍아웃을 할 수는 있지만 어디까지나 사생활의 영역에서인 거죠. 집단이 모여 투쟁하거나 게이들의 권리를 호소하기 위한 운동은 그곳에서는 불가능하답니다. 게이 바는 있을 수 없어요. 동성애 자체가 문제가 아니라, 동성애자들의 존재를 드러내는 게 문제인 거죠." 튀니지의 길거리를 관찰하면 여자끼리 손잡고 있는 것보다 남자끼리 손잡은 경우를 더 많이 볼 수 있다. 민주주의 노선을 따르는 신문사에서 편집장으로 일하고 있는 라시드 케차나는 이렇게 말했다. "일반인들은 게이들과 마주치면 눈을 질끈 감고 그냥 지나간답니다."

하지만 벤 알리가 정권을 잡았던 독재 시절에는 동성애자들이 탄압 대상이 되어 삼엄한 감시를 받았다. 튀니지 정권은 동성애자들을 체포하지는 않았지만 다방면으로 감시하며 통제했다. 나는 튀니지 출신의 반정부 운동가들 그리고 게이 인권운동가들을 직접 만나기 위해 2010년 튀니지 현장에서 게이 행사에 참여했다. 실험을 시작한 지 이틀이 지나자 민간 경찰 3명이 나를 미행했다. 그들은 밤낮없이 쫓아다녔는데, 이런 생활을 하다보니 나와 같은 처지에 있는 동지들을 만날 수 있었다. 정치적 변절자, 페미니즘 운동가, 블로거, 게이 인권운동가, 알자지라 특파원을 만났는데, 이들 역시 감시를 받으며 경찰의 사진과 동영상에 찍히고 있었다. 이따금 경찰에게 심문을 받은 사람들도 있었다. 내가 택시에 올라타자 나를 따르던 두 번째 그룹이 오토바이를 타고 내 뒤를 쫓아왔다. 내가 지방에 있는 활동가들을 인터뷰하기 위해 튀니스를 떠날 때도 역시나 그들은 내 뒤를 미행했는데, 수십 시간이 걸리는 여정을 쫓아왔다.

벤 알리 정권이 무너지기 직전까지도 이러한 경찰의 미행은 지속되었다. 물론 폭력적인 제압 따위의 심각한 개입은 없었다. 튀니지 경찰은 솔직히 동성애 자체에는 별 관심이 없어 보였다. 정권이 동성애자에게 신경 쓰는 이유는 그들을 통해 외국인들과 교류하거나 금지된 정보를 접하는 것은 아닌지 관리하기 위해서였다. 변호사 출신의 정치적 변절자 네지브 체비는 2011년 튀니지 총리로 임명되었는데, 그는 이렇게 주장했다. "벤 알리 정권 시절에는 개인의 사생활을 감시하기 위한 특수 기관이 있었을 정도예요. 특히 그 대상은 바로 동성애자들이었답니다. 그들이 미처 눈치 채지 못하는 상황에서 몰래 촬영을 했는데, 심지어 호텔방에까지 카메라를 설치했을 정도예요. 튀니지는 굉장히 억압적인 정권을 오랫동안 유지해왔습니다. 동성애자를 폭력적으로 대했다기보다는 통제를 많이 했죠."

과거 튀니지의 독재 정권도 그랬고, 지금의 알제리와 모로코, 쿠바, 중국까지도 동성애는 경찰에게 매우 민감한 사안이 아닐 수 없다. 형사 처분을 받지 않더라도 압제 대상이었던 까닭에 이곳의 동성애자들은 자신을 약자로 인식할 수밖에 없다. 심지어 어떤 동성애자들은 스파이가 되어 동료인 다른 동성애자를 경찰에 밀고하기도 했다. 동성애자를 협박하는 것만큼 쉬운 일도 없는 것 같다. 밀고, 압박, 계략, 협박은 튀니지에서 비일비재하게 일어난다. 내가 서양의 정보기관 책임자에게 들은 이야기에 따르면 독재 국가, 특히 동성애에 반대하는 이슬람 국가들은 일부러 게이를 '명예로운 첩보원'으로 고용해 끄나풀로 이용하는가 하면, 해외로까지 파견해 임무를 완수하도록 했다. 내가 지금까지 인터뷰한 아랍인들 중 몇 명도 아프리카 북부, 즉 마그레브 지방에서 동성애자라는 사실이 밝혀질 경우, 다른 사람의 밀고에 의해 알려지는 것일지라도 사실 여부에 상관없이 바로 체포되어 교도소에 수감된다고 했다. 즉, 엎친 데 덮친 격으로 가만히 있다가 괜히 봉변당하기 십상이다!

아랍어로 게이를 뜻하는 '미슬리'는 그래도 희망의 메시지가 담긴 표현이다. 아시아의 '통즈'도 마찬가지인데 긍정적인 의미가 담겨 있기 때문이다. 게이를 가리키는 '미슬리'가 아랍세계에서 점점 더 많이 사용되고 있는 것은 좋은 신호라 할 수 있다. 상황이 점차 나아지고 있다는 뜻이기 때문이다. ('미슬리'는 아랍어로 '게이'를 가리키는데, '동일한' '나와 같은'이라는 의미도 중의적으로 내포한다.) 이보다 더 비속어로 쓰이는 표현으로는 마그레브 지방의 '체트cheth' '네크츠neqch'나 이집트의 '카왈khawal' '샤드shaadh'가 있다. 또 다른 아랍 국가에서는 '루테louter' '토브제tobjeh' '체즈cheezzz' '비인테크byintek' 등이 있다. '미슬리'는 게이에 대해 부정적인 의미를 담고 있지 않은 그나마 중립적인 단어다. 진보 성향의 아랍 국가 TV 채널에서는 게이를 가리킬 때 '미슬리'라는 표현을 쓴다. 알자지라 방송이 특히 그랬다. 튀니지에 파견 나간 알자지라 소속 특파원 로트피 하지는 말했다.

"'미슬리'라는 단어는 최근 들어 아랍인들이 게이를 가리키는 은어로 자주 쓰고 있어요. 알자지라 방송에서도 다른 단어들보다는 이 단어를 쓰는 것을 선호하죠."

모로코에서는 게이 전용 잡지나 인터넷 사이트에서 '미슬리'라는 단어를 쓰고 있다. 마그레브 지방의 게이 커뮤니티가 게이를 중립적인 표현으로 쓰는 데 적극적인 것으로 해석될 수 있다.

'아랍의 봄'이란 이름으로 불렸던 혁명의 물결은 게이 운동에도 영향을 미쳤다. 마그레브 지방의 서쪽을 차지하고 있는 세 나라인 모로코, 알제리, 튀니지는 2001년부터 게이를 가리킬 때 무조건 '미슬리'라는 단어를 쓰는 운동을 펼쳤고, 그것은 세 국가에게는 하나의 혁명적인 변화였다. 튀니지의 수도 튀니스에서는 콤사Khomsa라는 이름의 단체가 만들어졌다. 알제에서 인터뷰를 했던 아부 누와스의 메디가 말했다. "확실히 '미슬리'를 쓰자는 운동이 일어났어요." 6년 전부터 그는 '텐-텐Ten-Ten'이라고 하는 LGBT 인권의 날을 만들어 알제리에서 행사를 주관하고 있다. 매년 행사를 개최하는 날짜가 10월 10일이어서 이름을 '텐-텐'으로 지은 것이다. 이날에는 국민의 의식을 계몽하고 법을 바꾸기 위한 집회가 열린다.

하지만 중동 국가가 그렇듯 마그레브 지방에서도 여전히 동성애는 금기시된다. 알제리뿐만 아니라 모로코에서도 2016년 동성애자 여러 명이 경찰에 체포되었다. 2011~2012년의 '아랍의 봄'이 게이들에게 긍정적인 영향을 끼친 것은 사실이지만 여전히 차별은 존재한다. 또 2015년 레바논에서 '당신에게 악취가 난다'는 슬로건의 시위가 일어났지만 국경선 너머의 다른 나라에서는 상황이 심각했다. 이집트는 여전히 동성애자들을 차별했다. 시리아와 리비아는 두말하면 입이 아플 정도다.

퀸 보트 사건이 일어난 지도 벌써 15년이 넘었다. 호스니 무바라크의 독재 정권이 몰락한 뒤 그 자리를 무슬림 형제단이 대신했고, 그 후에는 다시 압둘팟타흐 시시의 독재 정권이 들어섰다. 그러는 와중에도 이집트의 게이들은 정치적 격변기 속에서 끈질긴 생명력을 이어가며 번성했다. 하지만 그들의 삶은 그만큼 은밀하면서도 위험했다. 매주 저녁에는 새로운 테마의 파티가 호텔 라운지에서 몰래 열렸다. '그리스식 클럽'을 주최하기도 하고 '차 마시며 춤추기tea dance'를 테마로 한 파티가 열리기도 했다. 한번은 어떤 식당이 즉흥적으로 파티장으로 바뀌는 게릴라 파티도 열렸다. 2015년 나는 카이로에서 바셈을 만났는데, 그는 다양한 종류의 테마 파티를 주관하는 파티 플래너였고 앞으로 여러 테마를 더 개발할 생각이라고 강조했다. 특히 퀸 보트처럼 정기적으로 특별 파티를 열고 싶다고 했다. 하지만 이집트에서는 아직 이런 행사가 법적으로 허용되지 않는다. 바셈은 이벤트를 주최하는 중소기업도 세웠다. 그렇게 그는 이집트에서 게이의 라이프스타일을 제대로 구축하고자 했던 자신의 야망을 실현시키려고 애썼다. 나일강 위의 멋진 섬인 자말레크는 카이로 중심부에 자리잡고 있으며 게이들이 즐겨 찾는다. 이곳은 최근 몇 년 전부터 개발이 활발히 이뤄졌는데, '7월 26일'이란 이름의 다리 근처에 있던 피에스PS와 웰라Wella가 인기를 끌었던 것처럼 이 가게도 게이들의 명소가 되었다. 물담배와 치즈 케이크를 동시에 즐길 수 있는 자유가 느껴지는 이 개방적인 가게는 굳이 말하지 않아도 게이들이 자주 드나드는 곳임을 직감적으로 알 수 있다.

일반적으로 중동 국가들과 마그레브 지방에서는 2014년에서 2016년 사이에 LGBT와 관련된 문제들이 본격적으로 대두되었다. 사람들은 이 두 지역의 상황에 대해 걱정하기 시작했다. 하지만 나와 인터뷰했던 당사자들 중 어느 누구도 단기간에 긍정적인 발전을 목격한 나라는 단 한 곳도 없다고 단언했다. 모두가 점점 더 삼엄해지는 경찰의 간섭을 염려했다. 이 현상이 어쩌면 이슬람주의로의 복귀를 암시하는 불길한 징조일 수도 있기 때문이다. 두 지역 모두 '아랍의 봄'과 같은 혁명은 더 이상 없었다. 과거로의 복귀, 즉 아랍의 겨울이 다시 찾아온 셈이다. 그런 상황에서 동성애자들은 정부의 만만한 담보물이 되어버렸다. 그나마 좀더 긍정적인 시나리오로 미래를 예상한다면 이들이 터키나 인도네시아의 모델을 따르는 것이다. 터키나 인도네시아는 헌법상으로는 동성애를 용인하지만 사회적으로는 여전히 그들을 향한 시선이 차갑다. (이스탄불에서는 합법적으로 게이 프라이드를 열 수 있다. 시내에 흩어져 있지만 열다섯 곳의 게이 전용 아지트도 운영되고 있다. 앙카라에서는 동성애자가 법적 처벌을 받지 않는다. 그럼에도 불구하고 터키 정부는 동성애에 반대하는 입장을 보이고 있다.) 최악의 시나리오는 이라크의 모델을 따르는 것인데, 국가가 동성애자들을 몰아내야 한다고 주장하는 가운데 이슬람국가IS, 이슬람 수니파 무장단체와 손을 잡은 군부대가 지난 몇 년간 동성애자들을 탄압하고 있어 갈등이 극에 달한 상태다. 시리아는 어떤가? 수십 명의 동성애자가 2014~2016년 공개 처형으로 살해되었다. 인권보호 단체들이 조사한 바에 따르면 처형 방법도 굉장히 무자비했는데, 높은 건물에서 눈을 가린 다음 떨어뜨리거나 잔인한 돌팔매질로 살해했다.

이러한 상황을 염두에 두고 판단하건대, 중동, 마그레브 지방에서 그나마 상대적으로 근대화된 나라일지라도 이 지역의 전망은 그리 밝지 못하다. 이 두 지역 중에서 튀니지만이 엄격한 종교적 잣대를 내려놓고 게이들을 대하려 하지만, 실제로 게이들의 라이프스타일이 개선되었다고 하기엔 시기상조다. 모순되게 들릴지 모르겠지만, 이슬람교가 말하는 '자유주의'에는 여전히 게이를 옹호하기보다는 반대하는 색깔이 더 짙다. 마그레브 지방에 거주하는 이슬람교도들은 예전보다 더 이슬람교의 근본을 잃지 않기 위해 발악하고 있다. 유럽에 거주하는 이슬람교도들도 마찬가지다. 그렇게라도 점점 사라져가는 전통을 되살리고 싶기 때문이다. 시대는 바뀌고 사람들은 점점 더 개인주의를 수용한다. 세계화는 불가피한 현실이 되어버렸고, 동시대를 살아야 하는 현대사회에 자신의 가치관과 종교관을 맞추는 것이 필요악이 되어버렸다. 이슬람교에 심취했던 삶이 문화적인 풍습으로는 남아 있을지라도 이제 더 이상 종교 자체만을 절대적 가치로 강조하기 어려운 시대가 되었다. 현대사회에서는 코란의 내용을 문자 그대로 하나하나 지키면서 살기 힘들다. 이슬람교가 말하는 유토피아는 이제 점점 축소되어 보수주의자들만이 예찬하는 좁고 작은 세상이 되어버렸다. 식습관과 사회적인 제도에만 겨우 그 잔재가 있을 뿐이다. (예를 들어 이슬람 율법에 의해 먹을 수 있도록 허용된 할랄 음식 먹기, 돼지고기 안 먹기, 혼전에 처녀성 잃지 않기, 동성애를 악한 행위로 보는 것 등이다.) 이처럼 이슬람교가 도덕적으로 옳다고 하는 풍습이 점점 쇠퇴하는 현상은 이슬람 국가에 서양 문화가 도입되면서 가속화되고 있다고 생각할 수도 있다. 만약 이 가정이 옳다면 이슬람 국가가 동성애 혐오를 강조하는 것은 그들이 기존의 종교적 교리를 강조할 수 있는 좋은 수단, 즉 좋은 '구실'을 제공해준다. 그런 의미에서 동성애자임을 인정하는 것은 공포 정치를 시행하려는 사람들에게 필요한 희생양을 자청하는 꼴이 된다. 따라서 우리는 아랍 국가들이 민주주의와 근대화를 수용하는 것이야말로 동성애 문제를 해결할 수 있는 바람직한 길이 아닐까 생각해본다. 중동 국가와 마그레브 지방의 게이 문제가 앞으로 암흑의 길만 걸어간다고 했을 때, 한 줄기 빛과 같은 희망을 만나려면 결국 민주주의와 근대화가 요구된다.

흔히들 시아파가 수니파보다 더 관용적이라고 한다. (수니파는 주로 이란, 레바논의 헤즈볼라, 바레인, 이라크의 대다수가 믿는 종교이며, 시리아의 알라위트파가 수니파와 비슷한 뿌리를 가지고 있다.) 강경한 수니파와는 달리 사우디아라비아의 영향을 받은 시아파는 좀더 근대적인 사상을 보유하고 있다는 평을 얻는 것이다. 그래서 시아파는 코란의 경전 해석에 있어서도 다양한 버전을 인정하며 지역별 차이와 각 집단 사이의 알력 다툼을 반영하면서 중용을 지키는 입장을 고수한다. 시아파는 전체 이슬람교도의 15퍼센트도 채 되지 않는다. 반면에 수니파는 이슬람교도의 대다수를 이루며 이슬람 국가에서 오랫동안 강한 권력을 행사해왔다. 기독교와 비교하자면, 개신교와 가톨릭교의 오래된 분쟁, 갈등과 같은 맥락으로 보면 이해하기 쉽다. 이러한 종교적 갈등이 빚어지면 꼭 학대받는 사람들이 희생되는 사건이 일어나기 마련이다. 서로 다름을 인정하지 않은 채 그 차이를 거부하고 정통 교리만을 앞세우며 복음주의를 선포하는 사람들이 있는가 하면, 오늘날 시리아의 알라위트파처럼 종교라는 명분을 앞세우는 범죄 집단으로 전락하기도 하고, 종교의 역사적 운명을 관조하며 세상과 좀더 타협적인 태도를 보이기도 한다. 그렇다면 이란의 종교적 역사는 어떤 쪽일까? 지금부터 자세히 살펴볼 텐데, 결론을 먼저 말하자면 이란 정부는 자기네 나라에는 결코 동성애자가 살지 않는다고 딱 잘라 말하고 있다.

8장

"이란에는 동성애자가 없어요"

나는 테헤란 북부 지역에서 아미르*를 만났다. 그의 존재는 마무드 아마디네자드가 공표한 이란의 공식 입장을 보기 좋게 묵살시키는 증거였다. 2007년 9월 24일, 이란의 전 대통령 마무드 아마디네자드는 뉴욕의 컬럼비아 대학에서 열린 국제 학회에 참석한 적이 있다. 그날 한 미국인 학생이 동성애자 처형 사건과 관련하여 그에게 질문하자, 그는 눈 하나 깜짝하지 않고 당당하게 이렇게 말했다. "이란에는 당신네 나라처럼 동성애자가 살고 있지 않습니다. (청중 일제히 웃음) 우리 나라에는 그런 짓을 하는 사람이 없어요. (청중 일제히 야유) 이란에서는 그런 현상이 아예 존재하지 않습니다. 우리 나라에 동성애자들이 있다고 누가 그러는지 알 수가 없군요." (그가 어떤 단어로 게이를 표현했는지 살펴본 결과, 중립적 의미의 이란어인 '함젠가라hamjensgarar'가 아니라 비속어인 '함젠바즈hamjensbaz'를 사용했다.)

아미르가 미소를 지어 보였다. 대통령의 말이 틀렸다는 것을 그는 확신했기 때문이다. 아주 간단한 이유를 들자면, 아미르 본인이 산증인이었던 것이다. 그는 게이이고, 이란 사람이다.

---

* 이 장에 등장하는 인명과 장소, 상황에 대한 배경 설명 가운데 실제 명칭과 다르게 바꾼 것도 있다.

나는 그와 예술가들이 작업하는 아틀리에로 향했다. 아미르가 감과 석류를 내왔다. 그는 서른 살의 청년으로, 레이밴 선글라스에 스와치 손목시계를 차고 있었다. 그의 직업은 화가였다. 나는 그가 그린 구상 미술을 감상했는데 그의 그림은 어딘가 보는 이로 하여금 우울감을 자아냈다. 아미르가 말했다. "이란에서 동성애는 공식적으로 불법이에요. 이론상으로는 동성애자로 판명 나면 사형에 처해질 수도 있지요. 하지만 용의자가 동성과 성관계를 맺었는지에 대한 확실한 증거를 경찰이 확보해야 가능하답니다. 이란의 이슬람교 형법에 따르면, 같은 성을 가진 두 사람이 성관계를 했는지를 목격한 남자 네 명이 필요해요. 이 네 명이 법정에 증인으로 출두해서 증언해야 법적 효력을 발휘할 수 있습니다. 대부분의 경우 동성애자로 의심받는 사람들이 나와도 다 죽지는 않아요. 이란의 게이들은 박해와 감시를 받으며 사회에서 은둔자처럼 조용히 살고 있습니다." 아미르는 자신의 등을 보여주었다. 채찍으로 맞은 고문의 상처들이 있었다. "스무 살 때 경찰에 체포돼 74대의 채찍질을 당했어요. 제가 게이인 데다 술을 마셨다는 이유에서였죠. 문제는 동성애 자체에만 있지 않습니다. 우리가 서양 문화로 간주되는 행위를 했을 때도 가차 없이 벌을 받는 게 문제죠. 그리고 게이가 이란에서 아직 터부인 것은 맞지만, 정치적인 금기냐 사회적인 금기냐를 굳이 따진다면 사회적 금기인 면이 더 강한 것 같습니다." 아미르는 자신을 '솔직한 게이' '공개적인 게이'로 소개했다. 그는 자신이 남자를 사랑하는 것을 있는 그대로 받아들인다고 표현했다. 자신이 사랑했던 사람들의 존재가 신을 분노케 한다고 생각하지 않았다. 그는 다음과 같이 말을 이어갔다. "이란에서는 정당한 합법적

논거나 설득력 있는 법적 제도가 없어요. 그저 교권 정치, 독재 정치를 밀어붙이며 동성애자를 탄압하고 있습니다. 정부와 경찰, 법원은 갑자기 돌변해 자기네한테 유리한 쪽으로 제도와 법을 바꾸며 터무니없는 정책을 펼치고 있어요. 이게 바로 오늘날 이란 정권의 변덕스러움이라는 겁니다. 동시에 부패의 도가니라 할 수 있는 이 나라는 뇌물만 주면 못 할 짓이 없지요. 돈이라면 모든 걸 살 수 있으니까요. 뇌물을 줄 경제적 능력만 있으면 징역형을 선고받아도 풀려날 수 있습니다. 이 나라에서 동성애자로 사는 것은 시한폭탄을 들고 사는 것처럼 하루하루 마음 편할 날이 없어요. 더 심각한 건, 게이라는 이유로 체포될까봐인데, 반정부 색깔을 강조하는 탈선 예술가로 낙인찍혀 어느 날 갑자기 경찰이 들이닥칠까봐 그것 역시 걱정된답니다."

이란은 지금까지 동성애자에게 '성범죄' '항문성교' 혐의로 유죄를 선고해 사형에 처한 적이 여러 번 있다. 2005년 7월 19일에 열여섯 살의 마흐무드 아스가리와 열여덟 살의 아야즈 마르후니는 남성 간의 항문성교 혐의로 사형 선고를 받았다. 교수대에서 목에 밧줄이 묶인 채 교수형을 당하기 직전의 모습을 담은 사진이 공개되었는데 그야말로 끔찍했다. 공개 처형을 당하는 순간을 포착한 사진은 전 세계인에게 공개되었다. 그 뒤로 마칸 물루드자데흐도 동성애자란 이유로 사형을 당했다. 이 사건이 알려지면서 전 세계 인권변호 단체는 격렬한 비판을 쏟아냈다. 이란 출신의 젊은 쿠르드족인 그는 2007년 12월에 처형당했는데, 당시 그의 나이 겨우 열세 살이었다. 그가 모친에게 쓴 유명한 시에도 언급되어 있듯, 그는 자신의 결백을 끝까지 주장했다.

이란 정권은 지금까지 동성애자라는 이유만으로 사형 선고를 내린 것이 아니라며 구차한 변명을 늘어놓았다. 동성에게 항문성교를 강압적으로 한 것은 명백히 성폭력이며 사형 선고를 받을 만한 죄라고 규정했다. 그러나 강간 혐의로 기소된 13세 미성년자가 사형을 선고받기까지 그 증거는 불충분했다. 이란의 법이 매우 복잡하다 하더라도 국제사면위원회와 인권감시단체를 필두로 세계의 여러 인권단체는 이 사건을 그냥 넘어갈 수가 없었다. 미성년자에게 동성애 혐의로 사형을 선고한 것은 법원의 명백한 위선이며 잘못된 판결이기 때문이다. 자백을 받았다고 하더라도 그 과정에서 고문이 없었을 리 없으며, 증인들이 있었다 하더라도 협박으로 거짓 증언을 하지 않았다고 누가 말할 수 있겠는가! 무능력한 허수아비 인권 변호사의 개입과 이슬람 법정의 오류로 가득했던 이 재판은 또 한 명의 희생양을 추가했다. 이번 사건은 동성애 문제이기도 했지만, 미성년자에게 사형을 선고했다는 면에서 UN의 국제아동권리협약에도 명백히 위배되는 일이었다. 이란이 미성년자에게 사형을 선고한 것은 바로 이 협약의 내용을 준수하지 않은 비상식적인 결정이라고 인권단체는 소리 높여 외쳤다.

이란에서는 이런 식으로 해마다 몇 명의 동성애자가 사형으로 목숨을 잃는 것인가? 우리는 아직 그 수치조차 제대로 파악할 수 없다. 얼마나 많은 게이가 말도 안 되는 핑계로 처벌을 받고 있는지 우리는 알지 못한다. 개인적인 앙갚음에 의한 복수극인지, 현지의 엄격한 제도 때문인지, 정부의 독단적인 결정인지, 어쨌든 이란의 동성애자들은 무고한 생명을 잃어가고 있다. 이러한 결정을 이슬람교가 지배적인 지역 법원이 독자적으로 내린 것인지, 배후에 이란 정부의 개입이 있는 것인지, 명확한 정황을 파악하기조차 쉽지 않다. 아마도 이 끔찍한 사형이 아니더라도 동성애가 발각되었단 이유로 수년간 교도소에 감금되듯 징역형을 살아야 했던 동성애자도 상당히 많았을 것 같지 않은가? (2007년 이란에서 주최되었던 동성애자 모임에서 87명이 현장에서 바로 체포된 적도 있다.) 대체 이런 비합법적인 체포는 몇 건이나 있었을까? 성범죄자란 낙인이 찍혀 교도소로 끌려간 게이들은 그곳에서 얼마나 많은 성폭력에 희생되어야 했을까? 74회 또는 99회의 채찍질 형을 받은 사람들은? 우리는 이란의 질서를 파괴했다는 이유로, 또는 사회적으로 용인되지 않는 쾌락을 추구했다는 이유로 체포된 이들의 개인 신상 기록을 확인할 수 있을까? 현재로서는 우리가 알 수 있는 게 아무것도 없다.

나는 이란의 상황에 대해 좀더 믿을 만한 정보를 얻고 싶었다. 테헤란의 현주소를 좀더 밀착 취재하기 위해 나는 캐나다와 미국으로 건너간 이란 출신의 동성애자들을 만나기로 했다. 먼저 캘리포니아주에 있는 일명 '테헤란젤레스Tehrangeles'를 방문했다. 로스앤젤레스 웨스트우드의 한 구역에 붙여진 별명인데, 이 동네에 8000명 이상의 이란 이민자들이 거주하고 있다. 그곳에서는 이슬람 문화의 특별한 전통 음식과 이슬람식 커피숍, 이란에서 유행하는 록 음악을 연주하는 콘서트홀을 만나볼 수 있다. 이란의 주류가 아닌 하위문화가 공존하는 곳이다. 게다가 이곳 캘리포니아에는 이란어, 다른 말로 페르시아어로 방송하는 케이블 채널만 해도 25개가 넘는다. 이 채널은 먼 이란 땅에 사는 사람들의 개인용 인공위성을 통해 채널을 수신할 수 있도록 시스템이 구축되어 있다. 오늘날 이란의 언론과 방송은 외국의 인공위성을 수신하면서 점점 해방의 시대를 맞이하고 있다. 대표적인 예로, 핫버드Hotbird, 유텔샛Eutelsat, 튀르크샛Türksat이 있으며 그보다는 수신율이 낮지만 비주류 인공위성으로 아랍샛rabSat과 나일샛NileSat, 아시아샛Asiasat이 있다. 이 인공위성들은 모두 외국에서 출시된 것으로, 이란 현지에서 수신이 가능하다.

이란 출신의 동성애자들이 만든 연대 단체로는 '이란 퀴어 조직Iranian Queer Organization'이나 '퀴어 피난민을 위한 이란의 철도Iranian Railroad for Queer Refugees' 등이 있다. 또 비정부 기구로서 해외에 이민 간 동성애자들로 이루어진 '오람 인터내셔널ORAM International'은 나라 바깥에 머물면서 이란 현지에 남아 있는 동성애자들의 상황을 실시간으로 파악하는 일을 하고 있다. 그 덕분에 나는 미국, 터키, 캐나다에 살고 있는 대표자들을 직접 만나 이란의 현주소를 자세히 들을 수 있었다. 그중한 명인 사기 가라만은 현재 토론토로 망명을 신청한 여류 시인이다. 나는 그녀와 인터뷰를 하면서 다음과 같은 이야기를 들을 수 있었다. "이곳 토론토에는 이란에서 망명 온 동성애자 100여 명이 작은 커뮤니티를 이루며 살고 있어요. 우리 단체가 이란 매스컴을 통해 알려지면서 많은 이란인이 우리가 활동하는 공식 웹사이트에 접속해 정보를 얻었습니다. 현재 캐나다에는 50만 명이 넘는 이란인이 살고 있죠."

그녀는 '이란 퀴어 조직'의 의장을 맡고 있다. 이란 대통령 마무드 아마디네자드의 유명한 "이란에는 동성애자가 없다"는 선언이 있고 난후, 이 단체는 전보다 더 많은 지지와 후원을 받았다. 특히 이란 출신의 해외 이민자들은 이란의 인권 개선을 위해 활동하는 이 단체를 적극 지원해주었다. "사실 LGBT는 해외에 있는 이란인들이 세운 단체나

기구들로부터 오랫동안 소외당했습니다. 그들에게는 다른 투쟁해야 할 대상들이 있었기에 동성애 인권까지 추가할 여유가 없었던 거죠. 그렇지만 동성애자를 상대로 한 정권의 공격이 상식적인 도를 넘어서자, 더 이상 이 사안을 간과할 수 없게 되었답니다. 앞으로 이란인들이 세운 단체는 게이의 인권 문제를 해결하는 데 앞장서기로 결심했고 이 문제를 심각하게 여기게 됐죠." 뉴욕에 위치한 비정부 기구, 아웃라이트의 중동 대표인 이란 출신의 호세인 알리자데의 말이다. 나는 월가 근처에 있는 단체의 본사에서 그를 만나 인터뷰를 했다.

이란의 LGBT 인권을 위해 설립된 단체나 그와 관련된 주제의 TV 프로그램 및 블로그를 관리하는 사람들은 대부분 이란에서 건너온 이민자였다. 그들이 걸어온 삶의 여정에는 유사점이 많았다. 그들은 일단 이란에서 동성애자로 산다는 것이 매우 위험하다는 사실을 깨닫고 말레이시아나 아르메니아, 터키로 여행 가는 관광객처럼 행색을 꾸미며 이란에서 도망쳐 나왔다. (이란 국적을 가진 자는 이 세 나라에 비자 없이 입국하는 게 가능하다.) 그런 다음 정치적 망명 신청을 하고, 기나긴 기다림과 우여곡절 끝에 북아메리카로 무사히 건너왔다.

이란에서 사형을 당한 동성애자의 수를 제대로 파악하기 위해 북아메리카에 있는 게이 인권단체들이 힘겨운 조사를 시작했다. 몇몇 블로거와 인권활동가는 이란어를 구사할 줄 몰랐기에 이란 현지의 사정을 제대로 파악하는 데 한계가 있었다. 그래서 팩트로 인정할 수 있는 정확한 수치를 알아내는 것은 불가능에 가까웠다. 결국 믿기지 않는 결과가 발표되어 사람들의 우려를 낳았는데, 그 수치가 정말 정확한 것인지는 아무도 몰랐다. '이란 대학생 뉴 에이전시Iranian Students News

Agency'는 그나마 공식적인 단체로 믿을 만했는데, 관계자의 말에 따르면 현재는 이란이 동성애자라는 이유만으로는 사형을 선고하지 않는다고 밝혔다. 단, 동성애자가 강간범일 때는 이야기가 달랐다. (이란에 거주하는 해외 출신의 외교관들을 테헤란에서 만나 물어본 결과, 실제로 이란 정부가 변화하고 있다는 이야기를 전해 들을 수 있었다. 하지만 비정부 기구들은 여전히 이 이야기를 믿지 않고 반박하고 나섰다.) 이란 정권은 여전히 그와 관련된 수치를 공개하지 않고 있다. 국제사면위원회 및 인권감시단체와의 교섭도 일체 거부하며 침묵으로 일관하고 있는 상태다. 물론 2012년 UN이 발표한 공식 보고서에 따르면, 이란의 인권 상황에 대한 내용 중 동성애자들을 처형한 사례가 공개된 바 있다.

호세인 알리자데는 이렇게 계속 발생하고 있는 사건들이 자신에게는 일상처럼 별로 놀랍지 않다면서 단어 하나하나에 힘을 주어가며 입을 열었다. "얼마나 많은 동성애자가 이란에서 목숨을 잃었을까요? 지금까지 알려진 숫자는 믿을 수 없을뿐더러 정확하지도 않을 겁니다. 어떻게 믿겠어요! 관할 당국은 같은 성을 가진 두 성인이 합의하에 성관계를 해도 그것을 '범죄'로 취급하며 처벌을 내렸습니다. 성범죄가 아닌데도 말이죠. 그런데 어떻게 그 수치를 우리에게 공개하겠습니까? 아마 절대 공개 못 할 겁니다. 세상에 공개된 수치는 어디까지나 추측이고 예상입니다. 정부도, 독립적으로 운영되는 연구 기관도 정확한 수치를 산출해내지 못할 겁니다. 제가 볼 때, 가장 큰 문제는 동성애자들의 인권 유린을 사형에만 국한시킨다는 거예요. 미국의 몇몇 인권활동가가 말한 것처럼 지금 '이란에서는 게이 학살'이 일어나고 있습니다. 나라가 의도적으로 동성애자 수를 줄이려 하고 있지요. 사회에 방해되는 사람들로 규정된 게이와 레즈비언을 처단해 없애버리겠다는 사상이 '게이 청소'가 아니고 뭐겠어요! 트랜스젠더는 열외로 치더라도 현재 게이와 레즈비언들은 학대와 박해, 심하면 구금과 사형을 밥 먹듯이 당하고 있습니다. 이란에서 이들은 눈에 띄는 것 자체가 범죄라니까요. 세상에 모습을 드러내지도 말라는 건 인간으로서 누릴 최소한의 권리마저 말살하는 것이며, 법이라는 테두리 안에서조차 그들을 지켜주지 못한다는 것을 의미합니다. 희생자의 숫자가 얼마나 되는지 파악하는 문제보다 더 관심을 기울여야 할 것은, 지금 이 시간에도 이란에서는 동성애자들이 갖은 멸시와 핍박을 견디며 살고 있다는 거예요. 정부가 끊임없이 동성애 혐오를 앞세우는 이상, 이란에 사는 게이들은 마음 편히 숨 쉬고 살 수 없을 겁니다. 이란 현지의 게이 커뮤니티에서는 바로 이 점이 가장 큰 문제입니다."

마침내 이란에서 동성애자들이 처한 현실을 알 수 있는 몇 가지 통계 자료가 세상에 공개되었다. 이란 정권은 사법부의 재판 판결에 임의로 개입해 법질서를 문란하게 만들었고, 최소한의 변론을 할 권리마저 묵살했다. 그렇게 이란은 동성애자들에게 사형을 선고했던 것이다. 비정부 기구들이 공식 발표한 수치에 따르면, 2015년 한 해에만 977명의 동성애자가 사형을 선고받아 희생되었다. (그중에 여성은 10여 명이고 나머지는 모두 남성이었다. 그들은 성범죄를 저지른 강간범으로 몰려 사형을 선고받았으며, 남성 대다수에게는 '마약 밀매' 혐의까지 추가로 덧붙여졌다. 이 혐의가 사실인지는 확인 불가능하다.) 마약 밀거래를 한다든가, 살인을 저지른다든가, 강간을 한다든가, 테러를 일으킨다든가 하는 행위는 이란에서 사형을 선고받을 수 있는 죄에 해당된다. 이란 정권은 동성애자들이 마땅히 사형을 선고받을 수 있도록 그들에게 이러한 혐의를 추가로 뒤집어씌웠던 것으로 추정해볼 수 있다. 그래야 동성애자들을 무난히 제거할 수 있을 테니까.

테헤란 대학 근처에서 나는 아미르를 만났다. 튤립이 핀 랄레 공원에서 만나기로 약속한 그날은 목요일이었다. 공원에는 산책을 나온 사람들로 붐볐다. 태피스트리 박물관과 근대예술미술관 사이에 있는 정원에는 편백나무와 지중해산 소나무, 밤나무 그리고 아미르가 직접 가리키며 설명해준 서양에서 건너온 플라타너스가 질서정연하게 자라고 있었다. 그리고 작은 텃밭에는 꽃들이 피어 있었고, 한쪽에는 양배추가 자라고 있었다.

파란색으로 칠해진 철제 벤치가 사방에 있었다. 남녀 커플들은 다른 사람의 시선을 신경 쓰는 듯 조심스럽게 손을 잡으며 걸어갔다. 이슬람 여성들이 전통적으로 머리를 가릴 때 쓰는 차도르를 쓴 여성 몇 명이 조깅을 하고 있었다. 또 한쪽에서는 배구를 하는 사람들도 보였다. 매우 가족적이고 평온한 분위기의 공원이었다. 분수대에서는 물이 뿜어져 나왔고, 아이들은 연날리기를 하며 즐거워했다. 조용히 걷던 아미르가 갑자기 멈추더니 이곳이 바로 네다 아가솔탄이 죽은 곳이라며 사고 현장을 가리켰다. 2009년 대선과 관련하여 시민들의 민주 항쟁이 일어났을 때, 그 자리에 함께했던 그녀는 젊은 나이에 반대파로부터 총격을 당해 현장에서 즉사했다. 그녀가 고통스러워하며 죽는 장면을 담은 영상이 유튜브에 공개되면서 전 세계인이 그 참혹한 현장을 목격하게 되었다. 평화를 외치던 그녀의 투쟁은 그 후 그녀를 상징적인 인물로 자리매김하게 했다.

이제 그곳은 경찰의 관리를 받는 공원이 되었다. (이란어로 '경찰 관리 공원'이라는 팻말이 적혀 있으며 그 옆에 영어로 '폴리스 파크Police Park'라고도 병기되어 있다.) 경찰이 오토바이를 타고 주변을 순찰하고 있었다. 이들 경찰은 정치적인 의미보다는 시민의 질서와 안녕을 위해 배치된 듯한데, 강압적인 분위기가 아닌 점잖은 이미지로 공원 안을 관리했다. 하지만 경찰이 다가오자 커플들은 잡고 있던 손을 놓았고, 여성들은 머리에 두른 두건을 손으로 정리했다. 남녀 사이에 더 이상의 스킨십은 없었다. 이란의 이슬람은 특히 여성에게 매우 엄격했다. 이는 곧 그녀들이 두르는 히잡의 두께와 길이를 말해주었다. 이란의 이슬람 여성들은 긴 상의와 긴 바지를 입었는데, 바깥에 살갗이 거의 노출되지 않을 정도로 맨살을 옷으로 가리고 외출을 했다. 심지어 찌는 듯한 여름 한낮에 운동을 하는 여성들도 마찬가지였다.

아미르와 공원을 가로질러 숲속의 빈터와 같은 작은 공간에 이르렀다. 그곳에는 남성만만 보였다. 아미르가 내게 진실을 말해주었다. "바로 여기가 게이들이 만나는 장소예요. 테헤란에서 게이들이 자주 모이는 핫플레이스라고 할 수 있습니다." 이곳을 찾는 사람들은 성격도 사교적이라고 했다. 자신들이 왜 여기에 왔는지 이유가 확실한 사람들이니까. 나이도 인종도 다양했다. 테헤란 출신의 이란인도 있지만 쿠르드족, 아제르바이잔 출신의 터키인, 이란 출신의 투르크메니스탄인도 있었다. (더 정확히 말하면, 투르크메니스탄에서 태어났지만 이란의 동북부에 사는 사람들이었다.) 아르메니아인도 있었는데, 마치 옛 페르시아 제국에 속하는 지역 출신의 사람들을 한자리에 모아둔 듯한 인간 군상의 축소판 같았다. 소수 부족들은 이곳에 모여 즐겁게 시간을 보냈다. 그렇다고 가볍게 접근하는 분위기는 아니었다. 전반적으로 분위기는 진지한 편이었다. 관심 있는 상대에게 다가가고, 또 아닌 상대를 피하는 과정에서 게이들은 상황에 맞게 각자의 욕망을 채우면서도 위험 요소를 잘 아는 듯 조심스럽게 행동했다.

테헤란 시내, 그것도 야외에서 게이들이 모여 마음에 드는 상대를 찾는 풍경은 놀라움 그 자체였다. 게이 청년들이 삼삼오오 모여 담소를 나누면서 유희를 즐기는 모습은 이슬람 국가의 독재 정치에 대한 일종의 히스테리 반응이 아닐까 싶을 정도였다. 시간이 좀 지나자 갑자기 한쪽에서 언성이 높아지면서 싸우는 소리가 들렸다. 목소리 톤이 여성처럼 가늘고 높았는데, 서로 기분 상한 일이 있었는지 말다툼을 하는 것이었다. 마치 미코노스Mykonos나 시체스Sitges 같은 유명한 게이 해변에 온 것처럼 게이들은 마음에 맞는 상대를 유혹하며 서로 요란스럽게 작업을 걸면서 즐겼다. 그곳에 있던 몇 사람이 내게 벤치에 앉아 있는 한 남자를 가리키며 이 구역에서 유명한 미치광이라고 말했다. 하지만 내가 보기에는 이 장소에 모인 사람 모두가 이란사회에서 살아남으려면 제정신으로는 버티지 못할 듯싶었다. 그들은 기분이 좋은지 나와 아미르를 '애인'으로 부르며 기분 좋게 대해주었다. 그때 그곳에서 나는 내 눈으로 직접 이란에 게이들이 분명 살고 있다는 것을 확인했다.

잠시 후 나는 아미르와 모하마드, 그리고 그의 친구들과 정원 쪽으로 무리를 지어 걸어갔다. 모하마드는 40대로 보였던 반면 그의 친구들은 더 어려 보였다. 그들은 내게 정중히 예의를 갖추며 대화를 이어갔고, 세 명 모두 테헤란 남쪽에 있는 그랑 바자르에서 일한다고 신분을 밝혔다. 내가 만난 이 세 남자는 첫 만남 장소가 증명해주듯 모두 게이였다. 나는 다음번에 기회가 되면 그들이 옷을 제작하는 아틀리에에 꼭 들르겠다고 약속했다.

그날 저녁, 나는 테헤란 북쪽에 있는 영화박물관 부근의 커피숍 비우나에 갔다. 테헤란의 남쪽이 좀더 대중적이고 주로 가난한 사람들이 산다면, 북쪽은 부유하고 세련된 구역이라 할 수 있다. 발리예 아스르 대로에는 서양에서 수입해온 흰색의 플라타너스가 깔끔하게 도로변을 장식하고 있다. 또 이 동네에서 만난 이슬람 여성들이 착용한 검은색 히잡이나 차도르는 다른 동네 사람들 것보다 더 세련되어 보였다. 스타일도 우아한 데다 히잡이나 차도르를 두르는 방식도 뭔가 유행에 앞서나가는 듯했다. 테헤란 북부에 오니 이렇게 아름다운 자태를 뽐내는 여성들을 쉽게 볼 수 있었다. 앳된 나이의 젊은 여성들은 더 매력적이었고, 유혹적인 패션을 더 과감하게 시도했다. 북쪽으로 올라갈수록 사회 계층이 하이 클래스로 올라가서일까, 머리카락을 천으로 가린 여성의 수가 남쪽보다 더 적다는 인상을 받을 정도였다. 밝은 색깔의 실크로 된 고급 스카프를 머리에 자연스럽게 두르며 당당하게 지나가는 젊은 여성들은 사회 관습에 자신을 맞춰가면서도 어딘지 자신감이 넘쳐 보였다. 테헤란 북부의 라이프스타일은 그랬다.

비우나 커피숍에 들어가자 시끄러운 영어권 음악이 흘러나왔다. 퀸의 '위 아 더 챔피언We Are the Champions'과 핑크 플로이드의 '더 월The Wall', 슈퍼트램프의 '더 로지컬 송The Logical Song'이 연달아 나왔다. 노래를 잘

하는 남성을 좋아하는 것은 여자든 남자든 누구나 마찬가지일 것이다. 특히 이란의 반문화적인 장소에 가면, 즉 사회의 억압적인 분위기와 정반대되는 곳에 가면 어김없이 헤비메탈이 들렸다. 이란의 록은 시끄러워야 제대로 된 음악이라는 듯 노래가 엄청 떠들썩했다. 마치 이란에서는 시끄러운 하드록을 좋아하지 않으면 진정한 혁명가가 아니라고 말하는 듯했다. 록은 이들에게 상징적인 음악이다. 하드록을 좋아하지 않으면 음악을 잘 모르는 구세대 취급을 받을 정도다.

나는 그곳에서 스물두 살의 에산과 스물세 살의 니마를 만났다. 미국 스타일로 옷을 차려입고 다부진 몸매를 가진 두 청년은 한눈에도 웨스트할리우드의 게이 클럽에서 바로 나온 듯한 분위기를 풍겼다. 서로 한 형제처럼 보이지만, 사실 둘은 친구 사이다. 새로 알게 된 이 두 친구는 나와 함께 있을 때도 매우 신중했다. 대화 도중 아무 주제나 꺼내지 않았고, 주위를 신경 썼다. 하지만 대화가 길어지고 시간이 지나면서 우리 사이에 작은 믿음이 싹트자 함께 식사를 하러 가기로 했다. 에산의 스포츠카를 타고 우리는 늦은 저녁에 쾌속 질주하며 드라이브를 했다. 최신 MP3를 틀자 최고 볼륨으로 올린 일렉트로닉 음악이 차 안에 울려 퍼졌다.

에산의 직업은 헬스클럽 퍼스널 코치였는데, 직업을 대변해주듯 그의 몸은 정말 좋았다. 우리는 맥도널드에 들어가 치킨과 감자튀김, 펩시를 세트로 시켜 먹었다. 에산은 나이키 신발과 애버크롬비앤피치의 티셔츠를 입었는데, 가까이서 보니 그 티셔츠는 짝퉁이었다. 두 청년은 처음에는 자신들이 양성애자라고 고백했다. 그러다가 나중에는 사실은 여자를 좋아하지 않는다며 말을 바꿨다. 그렇다면 그 둘은 친구가 아닌 연인 사이일까? 내가 그 둘에게 사귀냐고 묻자, 두 사람은 웃으며 아니라고 대답했다. 그럼 지금은 헤어진 사이인가? 헤어진 다음에 친구가 되었을 수도 있다.

테헤란에서 게이로 산다는 것은 몹시 힘든 일이라고 그들은 강조했다. 그렇지만 그들은 힘든 상황을 이겨내는 노하우를 알고 있다고 했다. 조금만 세상을 달리 보면, 이곳에도 게이를 위한 은밀한 장소들이 있었다. 사회적인 관습을 피해 부르주아 계층의 동성애자들은 그들만의 라이프스타일을 조용히 즐기고 있었다. 에산과 니마는 바로 그런 이란의 잘나가는 게이 청년들의 표본이었다. 두 사람은 낮보다는 밤을 즐긴다고 했다. 게이들만의 파티는 늦은 밤부터 시작된다면서 말이다.

두 시간이 지나 우리는 테헤란에서 북쪽으로 더 달려 타즈리시라는 광장에 도착했다. 그 주변에서 프라이빗 파티가 열릴 예정이었다. 건물 밖은 리모델링을 하는지 공사 중이었고, 내부는 초현대식 아파트였다. 나는 내 눈으로 직접 보고도 믿을 수가 없었다. 바닥에는 양탄자가 깔려 있고, 창문에는 암막 커튼을 쳐서 밖을 볼 수가 없었다. 실내에는 이미 수십 명의 사람이 있었다. 여성들은 히잡도 차도르도 없이 머리카락을 노출시킨 채, 손님이 들어올 때마다 환영의 인사말을 건넸다. 게이 커플들은 마치 마이애미비치에서 하는 것처럼 껴안고 키스를 했다. 고급 와인과 샴페인을 비롯해 술은 무제한으로 제공되었다. 파티장에 모인 사람들은 데이비드 게타의 최신 음악에 맞춰 기분 내키는 대로 몸을 흔들며 춤을 추었다.

아파트의 작은 방에는 TV 채널이 켜져 있었는데, 이란에서 현재 방영 금지된 파르시1Farsi1이었다. 하지만 불법으로 설치한 인공위성 수신기 덕분에 이 집에서는 시청이 가능했다. 미국인 루퍼트 머독이 회사 지분의 50퍼센트를 보유하고 있는 이 채널은 두바이에 방송국이 있으며 전 세계에 페르시아어로 예능 방송을 송출하고 있다. 화면에는 히잡을 쓰지 않은 볼륨감 있는 몸매의 여성이 등장했다. 에산이 내 옆에서 즐거워하며 말했다. "저기 나오는 여자들을 보고 있으면 이성애자가 되고 싶어진다니까요. 아직 포르노 채널은 안 보셨죠? 아랍샛 위성 덕분에 여기서도 여러 채널을 볼 수 있거든요." 나는 그에게 그 위성 수신기는 사우디아라비아에서 만들어진 것이라고 말해주었다. 에산과 니마는 옆에서 박수를 치며 진심에서 우러나오는 목소리로 이렇게 말했다. "그렇다면 사우디아라비아인들에게 정말 고마워해야겠군요!"

파티장에 있는 여성들은 긴 머리카락을 손가락으로 쓸어 넘기며 자유를 만끽하는 듯했다. 모두 광란의 밤을 준비하는 모습이었는데, 눈을 씻고 찾아봐도 히잡을 착용한 여성은 단 한 명도 없었다. 니마가 입을 열었다. "이곳은 우리에게는 너무 게이스럽지 않군요." 결국 니마의 제안으로 우리는 다른 곳으로 자리를 옮기기로 했다.

테헤란의 고속도로를 시속 120킬로미터로 달리는 동안 나는 이곳이 미국의 댈러스나 애틀랜타의 외곽 순환도로가 아닌가 하는 착각이 들었다. 마침내 우리는 외곽에 위치한 동네로 가 그곳에서 한 여성을 차에 태웠다. 그리고 차는 다시 어디론가 바삐 향했다. 그녀의 이름은 사바. 니마는 그녀를 자신의 '공식 여자친구'라고 소개했다. 그는 그녀를 안아주었고, 머리에 두르고 있던 히잡을 벗겼다. 히잡으로 쓴 체크 무늬 스카프는 다름 아닌 에르메스 브랜드였다. 그는 아무렇지 않게 그녀의 가슴을 만졌다. 그러자 차 안에 있던 사람들이 모두 깔깔대며 웃기 시작했다. 잠시 후 니마가 말했다. "내가 그녀와 연인 사이라는 것을 사람들이 믿게 하려고 일부러 그러는 거예요. 나는 그녀를 사랑하지 않아요. 말도 안 되는 일이죠. 전 여자를 좋아하지 않거든요."

우리는 다시 시내로 차를 돌렸다. 혈중 알코올 농도는 아까보다 올라가 있는 상태. 옆에서는 계속 휴대전화 벨이 울렸다. 사바는 나에게 페이스북 주소를 알려달라고 했다. 이란의 젊은 친구들이 요즘 가장 좋아하는 취미가 SNS를 하는 것이니 물어보는 건 당연했다. 에산과 니마는 음탕한 표현을 섞어가며 성적인 농담을 했다. 언어의 성적 수위가 높으면 높을수록 그들의 자유의 폭이 더 커지기라도 하는 양 그들은 수위 높은 표현을 거침없이 했다. 일방통행로에서 우리는 잠시 멈춰 섰다. 길거리 행상에서 현지식 주전부리를 사기 위해서다. 길가의 작은 노점에서는 사탕무를 익혀서 팔고 있었다. 우리는 다시 차의 시동을 켰다. 핸들을 잡고 있는 운전자가 왼쪽, 오른쪽으로 갑작스럽게 진로 변경을 하며 난폭 운전을 이어갔다. 주변 차들이 경적을 울려댔고, 급정거와 급출발을 반복하며 광란의 질주가 이어졌다. 도시에서 맛보는 광란의 쾌락을 그들은 이런 식으로 누렸다.

결국 경찰차 한 대가 우리 뒤를 쫓아왔다. 에산은 속도를 낮췄고 얼른 음악을 껐다. (이란에서는 운전 중에 음악을 듣는 것이 불법이다.) 사바도 벗고 있던 히잡을 얼른 머리에 썼다. 순찰차가 우리를 추월했고, 특별한 경고를 주지 않은 채 지나갔다. 다행히 별일은 없었다. 음악 소리는 다시 커졌고, 청춘의 절정을 보내는 이 젊은이들은 액셀을 밟으며 짜릿한 드라이브를 이어갔다. 니마가 비꼬는 듯한 말투로 이렇게 말했다. "이 시간에는 이란 정부의 민병대원들도 잠을 자야죠. 이슬람의 혁명을 위해 싸웠던 옛 군인들로 구성된 민병대원들은 사회질서를 위해 활동하는 경찰들이에요. 이슬람의 전통을 유지하기 위해 여성들이 히잡을 착용하도록 권장하고 사회적인 모든 부도덕한 문제에 맞서 대신 싸워주는 사람들이긴 하죠."

이제 우리는 어디로 가는 걸까? 이란의 젊은이들이 매일 밤 하는 질문이기도 했다. 특히 젊은 게이라면 더더욱. 그들의 부모는 자식이 사적인 공간을 따로 갖는 것을 원하지 않는다. 또 이슬람 공화국인 이란은 그들에게 공적인 공간도 허용하지 않았다. 기름 값이 물값보다 싼 이란에서 그들이 누릴 수 있는 것은 고속도로를 정처 없이 달리며 그들만의 공간을 향유하는 것이었다. (이란에서 공급되는 석유의 정제 수준이 평균 수치에 이르지는 않지만 이란은 기름 1리터당 가격이 0.08유로다. 비록 언젠가 이란의 석유 보유량에 적신호가 울리는 날이 오겠지만 아직까지는 값이 엄청 싸다.) 이란의 젊은이들은 대부분 테헤란의 고속도로를 쾌속 질주하며 달리는 것을 하나의 유희로 삼고 있어서 문제다. 그것도 술을 마신 상태로 말이다. 정도를 벗어나는 행위임에도 그들은 그것을 짓궂은 장난쯤으로 가볍게 웃어넘기고 있다.

매일 밤, 나는 그들과 동행하면서 목적지 없는 드라이브를 이어가야만 했다. 이란은 이렇게 젊은이들에게 살고 싶거든 절대 멈추지 말고 계속 달리라고 강요하고 있는 것이다. 그들에게 자유란 고속도로 위에서만 누릴 수 있는 특권이었다. 그렇게 차 안에서, 한곳에 머무르면 안 되고 정처 없이 떠돌듯이.

이란의 부르주아 계층 사이에는 그들만의 은밀한 풍습이 존재한다.

내가 에산, 니마, 아미르와 함께하면서 봤던 것들이 낱낱이 그 존재를 증명하고 있다. 테헤란에서 봤던 파티 광경은 국가의 억압이 심하면 심할수록 방종에 가까웠고, 속박에서 벗어나기 위한 몸부림으로 더 무질서해졌다. 어느 저녁, 동성애자들만 모이는 파티에 간 적이 있다. 어느 개인의 아파트에서 열린 파티였는데, 난잡한 성교가 보란 듯이 이뤄지고 있었다. 또 아자리가 근처에 있는 저택에 갔을 때는 그곳에 있던 게이들이 서로 대마초와 같은 마약을 주고받으며 마약 파티를 즐겼다. 이러한 파티를 속칭 약어로 '엔에이NA'라고 했는데, 이곳 정원에 보란 듯이 마리화나와 해시시가 재배되고 있는 게 아닌가! (중독성이 심한 아주 위험한 마약도 테헤란에서 구할 수 있다고 누군가가 말해줬다. 크랙과 헤로인은 특히 테헤란 남쪽 지역에서 밀거래되었다. 반면 북쪽 지역에서는 코카인과 크리스탈이 더 인기 있다. 아프가니스탄과 이라크, 파키스탄과 같은 접경 국가에서 쉽게 수입되어 넘어오기 때문이다.) 또 한번은 10여 명의 게이 남성만 있는 파티에 간 적이 있는데, 모두 술에 취해서는 미국에서 성공한 전쟁 비디오 게임인 '콜 오브 듀티Call of Duty'를 단체로 하고 있었다. 이 게임은 테헤란에서도 대박이 났을 정도로 팬층이 두텁다.

이란 정부가 공식적으로 금지한 모든 것은 이란의 반사회적인 공간에 가면 만날 수 있다. 비종교 음악, 미국 영화, 밀반입된 외국 술, 돼지고기로 만든 제품, 포르노 영화, 카드 게임 등 없는 게 없었다. 여성에게 혼전 순결을 강조하는 종교적 관습도 이제는 옛말이 되었다. 이란의 외과 의사들은 세계 어느 나라의 의사들보다 처녀막 재생 수술을 잘하기로 소문이 자자하다. 이란의 여성들은 결혼하기 전 100유로가 안 되는 수술비로 다시 처녀 때의 몸으로 돌아가는 수술을 받는다. 테헤란 북부에 사는 부유층 가문의 사람들, 이성애자, 동성애자 할 것 없이 말 그대로 통제 불가한 삶을 누리고 있다.

또한 우리가 생각하는 것처럼 동성애와 이성애는 딱 잘라 구별 짓기 어려운 일이다. 내가 이곳에 와서 놀란 일을 하나 더 추가하자면, 테헤란의 북쪽과 남쪽 지역의 격차가 매우 심하다는 점이다. 남쪽에 거주하는 게이들은 주로 공원에 모여 마음에 드는 상대를 찾는데, 이따금 경찰의 감시를 받으며 그들의 눈치를 살피곤 한다. 반면에 북쪽에서는 시크한 파티장에서 자신의 성 정체성을 드러낸다. 동성애의 성격이 남쪽에서는 '일상적인 행동'의 범주에 속한다면, 북쪽에서는 '인간으로서의 정체성'의 범주에 속한다고 볼 수 있다. 관찰자의 눈으로 본 내 견해는 그랬다. 테헤란 남쪽의 게이들은 마치 1950년대의 유럽을 보는 것 같았다. 공원에서 그들만의 암호를 주고받고 공중 화장실에서 관계를 하며 대외적으로는 자신의 동성애를 숨기며 사는 사람들이 대부분이다. 하지만 북쪽의 게이들은 그러한 수준을 넘어섰다. 오히려 서양 국가의 게이들보다 더 과열된 모습이 포착되었다. 마치 잃을 게 없는 사람들처럼 오늘을 사는 듯했다. 자신의 일상을 극한의 상태로까지 몰고 가는 처절한 광기와 방종이 느껴진다고나 할까. 너무나 대조적인 라이프스타일을 나는 테헤란의 양쪽 지역에서 확인했다. 한쪽은 통제 속에 사는 삶, 다른 한쪽은 상식적인 선을 초월하는 삶, 그들은 극명하게 두 갈래로 나뉘었다.

며칠 후 나는 약속한 날짜에 모하마드의 집을 찾아갔다. 그는 그랑 바자르에 있는 작은 가게로 나를 안내하며 극빈을 대하듯 정중하게 행동했다. 하지만 테헤란 남쪽에 있는 그의 가게에 도착하기까지 택시로 한 시간이 걸렸다. 게다가 택시 기사는 내게 원래 요금보다 세 배나 뻥튀기한 요금을 요구했다. 나는 그가 요구하는 금액의 절반만 지불했다. 그러자 택시 운전사도 별 항의 없이 받아들였다. 그날 아침, 나는 의대에 다니는 이란 여학생 파테메와 함께 그랑 바자르에 갔다. 파테메는 인터뷰를 하는 동안 원활한 소통을 위해 그날 내 담당 통역사가 돼주기로 했는데, 처음에는 동성애자를 만난다는 말에 걱정하기도 했다. 하지만 이내 다시 관심을 보였고, 그렇게 내 동행이 되어주었다.

테헤란의 그랑 바자르는 상상 이상의 카오스 그 자체였다. 매일 30만 명의 일꾼이 이곳을 찾아 장사를 했고, 시장을 찾는 고객만 해도 60만 명이나 되었다. 여기저기서 소리를 지르며 장사를 하는 통에 정신을 차리기 힘들었다. 물건을 사고파는 행위는 하루 종일 정신없이 이어졌다. 옛 예루살렘의 땅 다마스에 자리잡은 시장터는 광활한 생의 터전이었다. 규모 면에서나 분위기 면에서 카이로의 전통 시장인 칸 칼릴리에 있는 듯한 착각이 들었다. 하지만 이곳에서는 남성과 여성의 공간이 철저하게 구별되었다. 그런 면에서는 리야드의 알투마이리와 비슷했다.

모하마드는 아제르바이잔인이다. 이란 인구의 4분의 1이 아제르바이잔 출신인데, 그는 이란 서북부에 있는 아제르바이잔의 지방 도시인 타브리즈 근처에서 태어났다. 그의 젊은 두 친구는 알고 보니 그의 애인들이었다. 두 사람 모두 아르메니아인으로 시장 일을 같이 하는 동업자였다. 이들은 함께 회사를 차렸는데, 직접 가보니 그 구조가 매우 특이했다. 건물 지하로 내려가자 옷가게가 여럿 있었다. 사람은 거의 보이지 않았다. 그 가게 중 하나가 모하마드의 것으로, 그의 직업은 도매상인이었다. 그가 진열한 티셔츠와 바지를 대량으로 구입한 시장 상인들은 거기서 산 옷을 소매가로 되팔았다. 어디선가 네댓 명의 사람이 나타나 분주히 움직였다. 컴퓨터에 연결한 스피커폰으로 오미드의 노래가 흘러나왔다. 이란 출신의 록 가수인데, 현재 로스앤젤레스에 살고 있다고 했다. 두바이, 이스탄불처럼 캘리포니아주에는 이란으로부터 자유를 찾아 이주해온 사람들의 커뮤니티가 있다. 마이애미에 쿠바에서 이민 온 이들의 커뮤니티가 있는 것처럼.

모하마드는 파테메와 나를 아틀리에로 안내했다. 시장에서 10분쯤 걸어가면 옷을 만드는 공장이 있다고 했다. 가는 길에 형형색색의 천들과 향신료, 말린 과일, 달콤한 디저트류의 향기가 코끝을 자극했다. 시장 사람들은 각자 자신의 전문 분야를 이곳에서 특성화시켰다. 이들은 뿔뿔이 흩어져 장사를 하지 않고 한곳에 모여 큰 시장을 형성하는 데 동의했다. 대형 쇼핑몰이 들어오는 것에 반대하는 사람들이었다. 어떤 가게는 허리띠를 팔았고, 어떤 가게는 화장실에서 쓰는 고무장갑을 취급했다. 좀더 멀리 가니 옷걸이와 옷을 담는 포대가 걸려 있었다. 그 옆에서는 외투도 팔았다. 또 모퉁이를 돌자 어느 길에서는 영어로 된 서적을 싼값에 팔고 있었다. 롱맨 출판사의 사전이 수백 권 쌓여 있는 가게도 눈에 띄었다. (이란에서 불법으로 인쇄해서 파는 복사본으로 정품은 아니다.) 그야말로 없는 게 없는 시장이었다. 롤렉스, 브라이틀링, 돌체앤가바나와 같은 시계도 쌓여 있는데 전부 짝퉁이었다. 이곳에서는 롤렉스 시계가 단돈 50달러다. 테헤란 북쪽의 부촌에서는 아마 5000달러짜리 시계가 팔리겠지만.

내가 이곳에 체류하면서 발견한 놀라운 점은 이뿐만이 아니다. 사회 계층의 형태가 하나 더 존재한다는 사실을 알게 되었다. 그들은 바로 시장에서 일하는 상인이었다. 넥타이를 맨 중산층 분위기의 상인들은 한눈에 봐도 이란 정권에 순응하며 사는 보수적인 집단 같았다. 이란의 도시생활의 질서를 유지하는 뼈대 역할을 하는 계층이라고 볼 수 있다. 시계 상인, 보석 상인, 직물 상인, 향신료 상인, 생선 가게 주인, 태피스트리 상인, 향수 상인 등 이들은 각자 전문화된 물건을 파는 상인들이었다. 또 이 시장을 찾는 시민, 상인들의 가족을 비롯해 직접 가게에서 물건을 파는 역할을 하는 대리인, 점원들은 이란의 젊은이들이었다. 물건을 운반하거나 배달하는 등 하역 인부들은 상인이 주문하는 물건은 무엇이든 실어 나른다. 가방, 태피스트리, 종이 상자를 수레에 실어 운반하며 밥벌이를 해결하고 있다. 이런 허드렛일을 하는 계층은 주로 이란에 사는 쿠르드족이다. 하루 종일 힘들게 일하지만 형편없는 시급을 받으며 자신의 체력을 고갈시키는 고역을 견디면서 생활하고 있다. 쿠르드족은 시골 마을에서 입는 평범한 옷차림으로 일터에 출근했다. 한쪽에서는 고단한 삶의 비참함이, 다른 한쪽에서는 부를 창출하는 물질만능의 삶이 대조를 이루는 시장 풍경이 내 눈에는 그저 놀라웠다. 같은 시장에서 일하는데 누구는 떼돈을 벌고, 누구는 이란의 화폐인 리알 몇 푼을 손에 쥐는 것으로 만족하며 살아야 하니까. 부조리하고 시대착오적인 상권의 민낯이란 원래 이런 것이니까. 이란은 짝퉁인 캘빈 클라인 팬티와 컨버스 운동화가 넘쳐나는 곳인 동시에, 아직도 조로아스터교를 신봉하는 자들이 사는 땅이다. 모든 것이 진짜가 될 수도 있고, 또는 가짜가 될 수도 있는 난장판, 그곳이 바로 이 시장이었다. 이 말은 중의적 의미를 담고 있는데,

이란에서 받은 내 인상은 한마디로 시장판으로 정의할 수 있다.

모하마드는 차를 대접했다. 그가 건넨 찻잔은 제대로 씻은 적이 없는지 더러웠다. 그가 말하던 아틀리에는 3층의 허름한 건물 안에 있었다. 총 6명의 젊은 남자가 그곳에서 일하고 있었다. 그가 운영하는 회사 직원들로, 옷도 만들고 제품을 운반하는 일도 담당했다. 우리 앞에는 꽤 현대식인 재봉틀과 다리미들이 있었다. 벽에는 브래드 피트와 리아나의 포스터가 붙어 있었고, 라틴계 섹시 가수인 엔리케 이글레시아스의 사진도 걸려 있었다. 그 옆에는 다리우스 1세의 초상화도 있었다. 벽에 걸린 사진들만 봐도 페르시아 전통의 위대한 가치와 세계화의 주류 문화가 한자리에 공존할 수 있다는 것이 파악됐다. 지역적인 특징과 국제적인 특징을 동시에 살펴볼 수 있는 것이다. 모하마드는 중국에서 수입해온 직물을 돌돌 말아 긴 원형 기둥을 만드는 중이었다. 이곳에서는 지금 캘빈 클라인 짝퉁 티셔츠를 제작하는 중이다. 5분 간격으로 티셔츠가 완성되는 모습이 눈앞에 펼쳐졌다. 아틀리에 직원들은 티셔츠 앞판에 영어 문장을 새겨넣었는데 그 원뜻을 정말 알고 쓰는 건지 의심스러웠다. ('헛소리Bullshit' '당신은 멈추는 게 좋을 거야You should better stop'라는 문구가 눈에 띄었다.) 또 스파이더맨 캐릭터와 (히잡을 쓰지 않은) 바비 인형의 이미지가 티셔츠 위에 보란 듯이 찍히는 과정을 나는 물끄러미 바라봤다.

모하마드의 비밀 애인으로 보이는 남자 중 한 사람이 바닥에 무릎을 꿇은 채 조용히 앉았다. 나는 그 모습을 앞으로도 오랫동안 기억할 것 같다. 내 담당 통역사 파테메가 모하마드의 말을 현장에서 바로 통역해주었다. 그녀는 태어나서 처음으로 본 동성애자의 일상에 놀라면서도 다른 한편으로는 신이 나는지 무척 흥분돼 보였다. 모하마드는 이렇게 말했다. "동성애자로 산다는 것은 참 힘든 일이에요. 어디를 가든 위험부담이 꼬리표처럼 따라다니니까요." 모하마드는 자신의 일상에 흠칫 놀라는 파테메를 놀리며 짓궂은 장난을 쳤다. 그녀가 머리에 히잡을 정석대로 쓰지 않았다며 옆에서 놀려댔다. (파테메가 쓴 히잡이 머리카락을 다 가리지 않고 목덜미까지 벗겨져 있었는데, 그녀는 잽싸게 바로 올려 다시 썼다.) 그는 이어서 말했다. "당신이 원한다면 이 시장에 있는 동성애자들을 따로 더 소개해줄 수 있어요. 족히 100명은 될 겁니다. 물론 그중에는 양성애자도 있으니 잘 구별해야 해요. 사실 진짜 게이는 여자를 좋아하지 않겠지만요. 아마디네자드가 이란에 동성애자가 없다고 선언했지만 실상은 정반대예요. 이렇게 사방에 살고 있는데 없다니!"

모하마드만 봐도 아마디네자드의 말이 틀렸다는 것은 너무나 명백했다. 모하마드는 도시에서 열리는 게이 전용 파티에 대해서도 이야기했다. 그러면서 테헤란에서 동성애자들이 애인을 만들고 싶을 때 어디로 가는지 주소도 알려줬다. 그는 자신이 모는 오토바이에 친구 둘을 태워서 그 만남의 장소로 향한다고 했다. 그리고 그곳에서 각자 새로운 파트너를 찾는다고 말했다. 매주 화요일 밤에는 젬에잠Jam-e-Jaam이라고 하는 커피숍에서 동성애자들이 자주 모인다고 했다. 쇼핑몰 안에 있는 곳인데, 게이 전용이라 할 수 있을 정도로 이날 가게 안은 수많은 동성애자로 가득 찬다고 했다. (하지만 며칠 후 내가 그곳을 찾았을 때는 게이들을 전혀 볼 수 없었다. 알고 보니 이란 민병대원들이 여러 차례 급습했기 때문이었다.) 이란 경찰들은 게이들이 자주 드나드는 커피숍을 단속하며 영업 정지를 명령할 수도 있다. 그런다고 이란에서 게이들의 프라이빗 파티를 완전히 막을 수는 없겠지만 말이다.

내가 본 이란의 시장에는 여성이 보이지 않았다. 모하마드는 매일 남성들에 둘러싸인 채 일을 했다. 이곳 노동 현장에는 남성만이 가득했다. 주요 생활권에 늘 남자만 있다보니 개인적인 인간관계란 동성 사이의 갈등일 수밖에 없었다. 어쩌면 여자들이 존재하지 않는 공간에서 동성애는 부가적으로 발생할 수밖에 없는 필연적인 결과가 아닐는지, 갑자기 이 모든 상황이 혼란스럽게 여겨졌다.

물론 시장에서 일하는 사람 중에 자신의 동성애를 인정하고 당연하게 여기며 사는 사람들을 찾기란 어려웠다. 테헤란 북쪽의 부촌에 사는 동성애자들에게서 느꼈던 편안한 분위기도 여기서는 전혀 느낄 수 없었다. 평범한 소시민들의 동성애는 더 비극적으로 다가왔다. 모하마드는 시장의 다른 사람들처럼 매우 보수적인 남자였다. 자신에게 이득이 되는 쪽으로 종교를 이용하는 듯했다. 그는 시장에서의 미풍양속에 대해서는 매우 진보적인 입장을 보였지만 테헤란의 일반 젊은이들에 대해서는 전통적인 잣대로 바라봤다. 그는 여자들이 집 안에 머물러야 한다고 생각했다. (사우디아라비아와 달리 이곳 이란 여성들은 차를 운전할 수 있다. 또 남편 없이 길거리를 다니는 것도 가능하다.)

나는 모하마드에게 레즈비언에 대해 어떻게 생각하는지 돌직구 질문을 던졌다. 그러자 그는 반대한다면서 레즈비언을 혐오하는 발언을 입 밖으로 꺼냈다. 그의 말이 끝나기가 무섭게 옆에서 통역하던 파테메가 처음으로 그의 말에 반론을 제기했다. "여성들 사이에도 동성애는 엄연히 존재해요. 대학에서도, 가정에서도 여성들이 히잡을 의무적으로 착용할 필요는 없다고 생각하고요. 제가 아는 레즈비언이 얼마나 많은데요. 우리 주변에 게이만큼이나 레즈비언이 많이 살고 있는데 인정해야죠. 대학 기숙사에서도 레즈비언 인권을 생각하는 여성 운동가들이 있습니다. 그녀들은 자신의 성 정체성을 인정하며 레즈비언이란 사실을 숨기지 않는걸요." (모하마드는 '엔케이NK'라는 이름의 파티에 대해서도 설명해주었다. 보수주의자라고 자청하는 게이끼리 여는 파티로 아무나 동성애자가 되는 현상에 대해 적극 반대하며 동성애의 과용을 막고 가능한 한 이성애자가 되도록 권장하는 취지의 모임이라고 했다. 하지만 그가 한 말이 사실에 근거한 것인지는 미처 확인하지 못했다.)

남자와 여자를 엄격하게 구별하는 이란 사회의 문화, 시아파를 믿는 이란의 이슬람교 문화가 게이와 레즈비언의 문화를 어쩌면 필연적으로 양산하는 것은 아닌지 의문이 들었다. 모하마드가 덧붙여 한 말이 의미심장했다. "당신과 같은 서양인들은 잘 모를 테니 한마디만 더 할게요. 이곳 이란에서는 남자가 여자와 잠자리를 하는 것보다 남자와 하루 자는 게 더 쉽다는 걸 아시는지. 이곳 남자들은 어느 호텔이든 예약을 밥 먹듯이 쉽게 할 수 있습니다. 부모님에게 자신의 동성 친구를 소개하고 집에 데려와 하룻밤 묵게 하는 것도 쉬운 일이지요. 또 상대가 유부남이어도 그의 집에서 하룻밤 잠을 자는 게 어렵지 않다는 겁니다! 하지만 이 모든 상황이 여자랑은 절대 불가능해요. 그여자와 결혼하지 않는 이상 호텔이든 자기 집이든, 부모 집이든 데려가는 것은 상상도 못 할 일이지요, 이 나라에선." 호텔 투숙객 명단에 두 남녀가 있을 경우, 혹시 그들이 간통을 저지르는 커플은 아닌지 엄격히 통제하면서, 정작 두 남자가 같은 방에 들어가는 것은 크게 의심하지 않는 문화이니 당연했다. 하지만 두 남자가 진짜 사귀는 커플이라면! 동성애를 금지하면서도 바로 눈앞에서 묵인하는 현실이 참 모순적이지 않은가! 이란에서 인터뷰를 했던 사람들은 하나같이 이란은 혼성을 금하는 문화이기 때문에 동성이 함께할 수밖에 없고, 그러다 보니 동성애자가 되는 것이 너무나 쉽다고 강조했다. 그런 까닭에 자라나는 청소년들이 이성애자임에도 불구하고 이성애자로서 살기에는 너무 많은 제약이 있는 나라였다. 모하마드가 한술 더 떠 말했다. "이런 식으로 계속 남녀 내외법을 유지한다면, 앞으로 이란의 젊은 남자들은 이성애자가 되기보다는 차라리 게이로 사는 게 더 쉽다고 여길지 몰라요."

나는 테헤란 외곽에서 모센을 만났다. 그는 언더그라운드 록밴드의 보컬이었다. 그 역시 게이였다. 그를 만나보라는 주변 사람들의 추천으로 인터뷰를 하기로 해 테헤란 외곽의 한 슈퍼마켓 지하에서 만나기로 약속했다. 혼자서 그곳으로 가는데 처음에는 조금 걱정이 됐다. (물론 이란이 치안 면에서는 가장 안전한 국가 중 하나이긴 하다.) 초반에는 둘 다 조심성 있는 태도로 대화를 이어갔다. 모센은 자신이 하는 말에 매우 신중했으며 단어를 선택할 때도 각별히 신경 썼다. 처음에는 모든 면에서 눈치를 보는 듯했다. 그래서인지 진짜 자기 모습이 아닌 가면을 쓴 듯한 거짓 연기가 계속되었다. 하지만 어느 정도 시간이 지나자 둘 사이에 신뢰감이 싹트기 시작했다. 모센은 긴장이 풀렸는지 처음과는 사뭇 다른 모습을 보여주며 밝게 미소를 지어 보였다. 그가 말했다. "저는 이란에서 반사회적인 삶을 살고 있는 사람입니다. 언더그라운드의 진수를 보여주고 있고 로커로, 또 블로거로 활동하며 이 체제에 저항하면서 살고 있어요. 저는 게이입니다! 예전에는 이 나라를 뜰까도 생각했어요." 갑자기 그가 적극적인 모습을 보이며 해방감을 표출하자 놀라지 않을 수 없었다. 그래서 왜 나한테 이런 이야기를 망설임 없이 하는지 물었다. 그러자 그가 바로 대답했고, 마지막 문장은 영어로 말했다. "왜냐하면 당신과 인터뷰를 해보라고 연락해준 그 친구를 믿으니까요. 나는 그녀를 믿습니다I trust her." 그가 말한 '믿는다'는 표현은 어쩌면 이란에 사는 게이들에게 너무나 절실한 단어이자, 그들의 삶에 매우 중요한 기둥 역할을 하는 동사라는 생각이 들었다. 나는 그날 저녁 모센과 대화를 나누면서, 과거에 그가 교도소에서 징역 3년형을 살고 나왔다는 것을 알게 되었다.

그와 이야기를 나누면서 나는 이란의 반사회적 문화의 인상적인 진면목을 새롭게 발견할 수 있었다. 모센은 자세한 설명을 해주었다. "제 실제 삶은 페이스북 페이지 레이아웃처럼 아주 체계적으로 조직되어 있습니다. 제가 친구로 수락한 사람들을 실제 만날지 여부는 신뢰도에 따라 결정되지요. 일단 둘 사이에 신뢰감이 쌓이는 게 가장 중요합니다. 새로 알게 된 게이가 저와 친구를 공유하지 않는다면 일단 거리를 둬야 합니다. 어떤 사람인지 알 수 없으니까요. 그가 어떤 사람인지 알려면 그의 친구를 봐야 해요. 친구는 또 다른 친구를 부르는 법이죠." 그가 만났던 대부분의 사람은 그의 옛 연인들 아니면 록 콘서트홀에서 만난 팬들이었다. 그가 속한 세상은 어쩌면 그들만의 작은 세상이었고, 하나의 가족과도 같았다. 그는 이런 말도 덧붙였다. "관심이 가는 저녁 파티나 콘서트가 예고되면 서로 SMS나 전화, 인터넷을 통해 연락해요. 그러면 갑자기 출처를 알 수 없는 수백 명의 사람이 한자리에 모이지요. 저녁마다 007 작전처럼 장소도 바뀐답니다. 한 장소에서 연이어 이틀을 만나는 건 위험부담이 있어요. 그래서 우리는 수시로 장소를 변경하며 만남을 이어가고 있습니다."

내가 모센을 만난 날 저녁도 그랬다. 작은 구멍가게 같은 슈퍼마켓 지하에 있는 방에서 은밀하게 그를 만나기로 약속했지만, 이 소문이 이미 일파만파 퍼졌는지 슈퍼마켓 앞에는 사람들이 웅성거리며 모여 있었다. 나는 그가 속한 밴드가 이 도시에서 꽤나 유명하다는 사실을 확인할 수 있었다. 나는 이 지역의 대스타와 함께 있는 것이었다.

모센이 있는 밴드에서 드럼을 치는 남자, 라술이 말했다. "음악은 이 나라가 엄격하게 규제하는 문화 콘텐츠 중 하나예요. 이란의 전통 음악과 애잔한 전통 가요를 부르는 남성 가수들만 합법적으로 활동할 수 있습니다. 이란에서 예술을 하는 사람들은 정부의 눈을 피해 은밀하게 조직망을 이루며 활동하고 있답니다. 음악 교사라는 직업을 가지고 있으면서 학교 밖에서는 예술가로 몰래 활동하는 식인 거죠. 이란에서 반문화적인 지하세계의 음악은 엄격하게 금지되어 있습니다. 특히 록과 랩 장르는 이란 정부에게는 금기해야 할 음악이며, 라이브 콘서트홀도 불법입니다." 그는 갑자기 말을 멈추더니 나를 빤히 쳐다봤다. 그러고는 다시 입을 열었다. "아니, 어떻게 국가가 록을 금지할 수 있죠? 어떻게 국민에게 음악을 즐기지 말라고 할 수 있는 거죠?" 나는 고개를 끄덕이며 그의 생각에 공감한다는 제스처를 보였다. 말도 안 되는 상황에 황당해하는 그의 심정에 동조했기 때문이다. 그가 말을 이었다. "하지만 하지 말라고 해서 안 할 우리가 아닙니다. 저는 매일 저녁 밖으로 나가 음악활동을 해요. 차고에서 한 적도 있고, 유치원에서 몰래 콘서트를 연 적도 있어요. 즉흥적으로 정한 장소에서 은 밀하게 우리만의 음악활동을 하죠. 이 모든 게 조직화된 네트워크를 갖추고 있기에 가능한 일입니다." 만약 경찰이 알게 된다면 어떤 위험이 뒤따르는 걸까? 그에게 묻자 이렇게 답변이 돌아왔다. "일단 제 드럼이 망가질 거고 이틀 밤을 구치소에서 보내야 할 겁니다. 재수 없으면 채찍형으로 74대를 맞아야 하고요. 오늘날은 MP3, 아이튠즈, 마이스페이스와 유튜브의 보급으로 예전과 비교도 안 될 정도로 세상이 바뀌었어요. 과거에는 카세트테이프가 은밀하게 퍼지면서 젊은이들이 음악에 접근할 수 있었지만, 그런 케케묵은 방식은 더는 필요 없지요. 사람들은 우리 밴드의 노래를 쉽게 접할 수 있답니다. 비록 이란 정부가 우리 음악을 불법으로 규정한다 해도 우리는 이렇게 언더그라운드에서 버젓이 활동할 겁니다."

나는 불현듯 이런 생각이 들었다. 어쩌면 동성애는 록 음악과 같은 것이 아닐까! 이란의 반사회적 취향을 이루는 언더그라운드 문화처럼 이들은 사회에 반항하기 위해 동성애를 추구하는 것은 아닌지 자꾸만 의문이 들었다. 모센은 자기 상황에 대해 구체적으로 설명했다. "자신의 성 정체성을 지키면서 살려면 사회 체제에 반대하지 않을 수 없습니다. 반대해야 사는 게 더 편하니까요. 특히 파트너를 만나려면 더더욱 그래야죠. 물론 이 나라에서 정부에 맞서 싸운다는 것은 말처럼 그리 간단한 일이 아니에요. 싸운다 해도 썩 효율적이지 않기 때문에 이란에서 게이의 인권운동을 찾기 힘든 거예요."

이란의 동성애자들은 각 개인이 모여 규모가 확장된 지하세계의 조직망을 통해 만나고 소통하며 서로의 존재를 확인한다. 그럼에도 불구하고 이들은 정치적인 운동을 조직하지는 않고 있다. 모센이 말했다. "이란에서 게이들은 투명인간이에요. 하지만 한 사람을 발견한다면 그를 통해 20명을 알게 되고, 머지않아 100명을 보게 될 겁니다." 이란에서 동성애는 모 아니면 도였다. 악몽이거나 혹은 가공할 만한 꿈속의 환상이거나.

며칠 전부터 이란 친구들이 테헤란에 게이와 관련된 흥미로운 전시가 있다는 소문을 전해왔다. 수소문 끝에 나는 그 전시가 열리는 갤러리 주소를 확보했는데, 파테미 광장에 있는 아자드 아트 갤러리였다. 하지만 안타깝게도 내가 그곳에 갔을 때 전시는 이미 끝나 있었다. 이란의 동성애와 트랜스젠더를 주제로 한 전시회였는데, 관람 기회를 놓쳐 몹시 아쉬웠다. 다행히 갤러리 주인이 나를 조용히 지하로 안내하더니 흑백사진 수십 장을 몰래 보여주었다. 사진작가 아수 칸모하마디의 작품이라고 했다. 그 사진들은 낸 골딘의 '성적 종속에 관한 발라드'를 생각나게 했다. 한 게이 커플이 남들 시선을 신경 쓰지 않으며 키스하는 장면, 젊은 남창이 고속버스 안에서 남자 고객을 찾는 장면, 수술을 하지 않은 트랜스젠더 미라가 피로한 표정으로 지하철 여성 전용 칸 좌석에 앉아 있는 장면이 눈에 띄었다. (이란에서는 대중교통의 좌석이 성별에 따라 분리되어 있다. 그리고 트랜스젠더가 합법적으로 성전환 수술을 받을 수 있다.) 사진 속 이미지들은 나를 혼란스럽게 했다. 나중에 만난 아수 칸모하마디는 이 사진에 대한 입장을 밝혔다. "이 사진들은 결코 거짓말을 하지 않습니다. 내가 테헤란에서 직접 찍었으니까요. 이곳 동성애자들이 나를 받아들이기까지는 시간이 꽤 걸렸어요. 그들의 친구가 되고, 그들이 나를 신뢰한 후에야 비로소 카메라로 그들을 찍을 수 있었죠. 경찰한테서 종종 협박을 받긴 했지만, 그들은 위험을 감수하고서라도 사진 촬영에 협조해주었습니다. 세상에 자기네 존재를 알리기 위해 날 받아들인 거죠."

나는 그의 사진 중 3장을 현금을 주고 구입했다. (이란에서는 신용카드로 물건을 사는 행위 자체가 금지다.) 나는 사진을 조심스럽게 돌돌 말아 화구통에 넣었다.

시간이 얼마나 지났을까, 나는 이맘호메이니 광장 주변 지하에 자리잡은 작은 커피숍에서 아미르를 만났다. 이 광장은 테헤란 남쪽에 있다. 록밴드가 리허설 준비에 한창이었다. 이란에서는 이런 록 장르가 반문화의 고전으로 여겨져 불법인데도 말이다. 그 그룹은 밥 딜런의 '블로잉 인 더 윈드Blowin in the Wind'와 존 레논의 '이매진Imagine', 마빈 게이의 '왓츠 고잉 온What's Going On'을 연주했다. 마지막 노래를 듣는데, '피켓 라인 앤 피켓 사인picket lines and picket signs'이란 노랫말이 다가왔다. 커피숍 안에서 노래를 들으면서 경찰의 잔혹함, 긴 머리카락이 사회에 대한 저항의 상징이 되어버린 현실, 바깥세상의 전쟁의 참상이 파노라마처럼 머릿속을 스쳐 지나갔다. 커피숍 안에는 남녀 할 것 없이 모두가 한데 섞여 있었다. 이곳에서는 남녀 내외 따윈 신경 쓰지 않았다. 아미르는 음악이 주는 자유로움이 너무 멋지다며 한껏 분위기에 취해 있었다. 음악에 일가견이 있는지라 그는 지미 헨드릭스의 '퍼플 헤이즈'를 신청곡에 추가했다. 거기에 밥 말리의 '노 우먼 노 크라이 No Woman no Cry'와 롤링 스톤스의 '심퍼시 포 더 데빌Sympathy for the Devil'도 잊지 않았다. 이에 질세라 나도 데이비드 보위의 '체인지Change'를 추가하자고 제안했다. 어쩌면 짐 모리슨의 '웬 더 뮤직 이즈 오버When the

Music's Over'를 덧붙여야 했는지도 모르겠다. 그곳에서 아미르는 치즈 케이크를 주문해 먹었다. 그는 밥 말리의 유명한 노랫말인 'Everything's gonna be all right'('모든 게 다 잘될 거예요')을 연신 되풀이하며 흥얼거렸다.

커피숍의 분위기는 무척 편안했다. 세 개의 방은 담배 연기로 자욱했다. 음료를 마실 수는 있지만 술은 금지다. 간단히 식사도 할 수 있는데, 가격도 저렴한 편이다. 게다가 와이파이도 공짜다. 대학생들로 보이는 무리가 유튜브로 레이디 가가의 '텔레폰Telephone'의 뮤직 비디오를 함께 보고 있었다. 여기에는 레즈비언들이 주인공으로 등장하는데, 마지막에 교도소에 들어가는 이야기다. 내 주변에 있는 젊은 여성들은 생각이 꽉 막힌 보수적인 여자들과는 거리가 멀어 보였다. 머리에 두른 히잡도 마치 패션을 위한 액세서리처럼 한껏 치장을 했다. 과감한 컬러로 머리쓰개를 두른 모습이 인상적이었다. 입술에 바른 립스틱 색깔과 보석 장신구도 스타일이 독특했으니 그녀들의 패션 감각에 대해 더 말할 게 있겠는가! 짝퉁인 카르티에 제품을 가지고 있었지만 그게 진짜인지 아닌지가 뭐가 중요한가! 화려하게 꾸민 것만으로도 충분히 매력적인데. 이슬람법이 허용하는 범위 내에서 한껏 멋을 낸 여성들은 시계며 화장품이며 외모에 관심이 많았다. 물론 머리에는 히잡을 쓴 채로 멋을 냈지만 말이다. 검은색의 구겨진 외투 속으로 찢어진 청바지를 입은 여성도 보였다. 그 여성의 청바지를 보니 문득 커트 코베인이 떠올랐다. 대체 이곳에서 나는 무엇을 보고 있는 것인가? 커피숍에 애인과 온 여성들은 남자친구에게 안겨서 입을 맞췄다. 이곳에서만 맛볼 수 있는 소박한 행복이 느껴지는 풍경이다. 불관용을 강조하는 국가이지만 이곳에서는 모든 것이 허용된다. 동성애자는 없다고 말하는 나라에 이런 곳이 있다니…….

우리는 여기서 다시 한번 괴상망측한 선언, 악명 높은 그 선언에 대한 이야기로 돌아가보자. 이란의 전 대통령 아마디네자드의 측근들도 그의 선언에 대해 부분적으로 부정하기도 했다. 그러면서 그가 한 말의 의도가 외국어로 잘못 번역된 것이라는 변명도 덧붙였다. "미국 사회와 비교했을 때 이란에는 그만큼의 동성애자가 없다"는 말을 한 것이 와전됐다는 변명이었다. 당시 대통령 비서실에 있던 에스판디아르 라힘 마샤이는 상대적으로 자유주의 사상과 정교분리 원칙을 강조하던 정치인이었다. 그는 전 대통령의 말이 혹시 이런 의도가 아니었을까 하며 추측 발언을 남겼다. 즉, 아마디네자드는 미국을 상대로 "당신네 나라와는 달리 이란에는 자기 존재를 인정해달라고 주장하는 동성애자가 없다"는 말을 하려던 게 아니었냐는 것이다. 이 모든 변명과 추측이 얼핏 들으면 그럴싸하지만 진실과는 거리가 멀어 보인다. 과연 이란의 전 대통령은 무슨 의도로 그런 말을 한 것일까? 이란에 동성애자가 있다는 것은 그도 당연히 알고 있었으리라. 그가 직접 체포하라고 지시한 사람만 해도 몇 명인데……. 국제기구가 그의 결정에 대해 쓴소리를 했던 적이 어디 한두 번인가. 그럼에도 불구하고 그가 뉴욕에서 그런 발언을 한 이유는 단순히 동성애의 존재 유무를 말하려던 것이 아니라 동성애자의 존재를 인정하지 않겠다는 강한 의지를 표출한 것으로 해석된다. 이란에는 분명 동성애자들이 있지만, 그는 그들을 쳐다보지 않고 눈을 감을 것이라는 의미일 수도 있다. 그들의 성 정체성을 인정하고 하나의 비주류 문화로 본다는 시각과는 또 다른 관점이다. 서양 국가는 LGBT의 인권을 수호하려고 애쓴다. 하지만 그의 눈에는 전염병처럼 사방에 확산되는 동성애가 마치 암적인 대상으로 보여 멀리하고 싶었다. 그는 2012년 CNN 채널을 통해 이런 말까지 남겼다. "동성애는 일종의 자본주의의 산물임이 분명합니다. 이 동성애가 계속 확산되지 않도록 종자를 뿌리째 뽑아야 합니다." 공식적으로 이란 정부는 그해에 미국과 모든 외교관계를 단절하겠다고 선포했다. 왜냐하면 당시에 미국이 이스라엘 정부에 압력을 행사했기 때문이다. (이란 군대를 지휘하던 총사령관의 증언에 따르면) 미국은 이스라엘이 낙태를 합법화하고 동성애자 차별법을 철폐하도록 적극 개입했다. 이란은 자국이 이스라엘처럼 미국의 개입을 받지 않도록 선수를 쳤다. 그래서 동성애자를 자국의 적으로 만들었다. 그리고 옥시덴탈리즘에 철저하게 반대하며 서양의 모든 가치와 문화를 증오의 대상으로 왜곡시키는 데 앞장섰다.

이 이슬람 공화국은 사생활에 해당되는 아주 친밀한 부분까지도 간섭하며 국민을 수시로 협박했다. 이들은 게이를 공포 정치로 대하며 겁을 주었다. 그 결과 이란에서 경찰과 게이들의 충돌 사건이 여러 차례 일어났던 것이다. 아미르가 상황을 설명해주었다. "경찰은 게이들이 자주 모이는 아지트나 파티 장소에 종종 찾아왔어요. 전보다 기습 횟수가 늘었지요. 그렇다고 매번 직접적으로 피해를 주는 건 아니었습니다. 우리 존재는 확인했지만, 개개인의 삶을 방해하지는 않았거든요. 단지 그들의 의무적인 일을 할 뿐, 우리를 체포하지는 않았던 겁니다. 이때 중요한 것은 튀는 행동을 하지 않는 것이었어요." 그는 할 말이 더 남았는지 다시 입을 열었다. "제 친구들 중에 군대에서 자기가 동성애자라는 사실을 밝힌 경우가 있는데, 큰 문제가 닥치기는커녕 병역 의무에서 면제되더군요." (미국 비정부 기구도 이와 관련된 사실을 인정했는데, 게이들에게 군 입대를 면제해준다는 정책은 의외였다. 게다가 이란에서는 트랜스젠더가 합법적으로 성전환 수술을 할 수 있다고 하니, 그 점도 놀라웠다.)

그러면서도 이란 정부는 국제적으로 자국의 동성애자를 인정하지 않는 정책을 펼친다. 동성애 문제를 서양의 퇴폐주의가 만들어낸 증오의 대상으로 여기면서 이란 현지에 동성애자들의 존재를 겉으로는 거부하는 이중적인 모습을 견지하고 있는 셈이다. '이란에는 당신네 나라처럼 동성애자가 없다'는 말 속에 담긴 의미를 좀더 깊이 들여다볼 필요가 있다. 실제로 미국과 비교했을 때 이란의 동성애자 수가 훨씬 적다는 면에서는 그 말에도 일리가 있다. 하지만 이란과 같은 보수적인 나라에서는 동성애자의 커밍아웃뿐만 아니라 이성애자들도 자유롭게 연애를 즐기며 성 정체성을 드러낼 수가 없다. 아마디네자드는 동성애자들만 탄압한 것이 아니다. 엄격한 종교적 가치에 따라 성 정체성을 드러내고 자유롭게 주장하는 것 자체를 금지하려고 했다. 모든 성적 자유와 해방을 반대했던 대통령인 것이다. 그가 게이들에게 부여된 특징, 문화, 인권과 관련하여 동성애자의 정체성을 인정하지 않은 것은 정치적으로 해석하면 서양의 헤게모니를 거부하겠다는 의사로 볼 수도 있다. 또 세계화의 흐름에 합류한 엘리트 계층의 자신만만한 태도가 그에게는 눈엣가시처럼 꼴 보기 싫었을 수도 있다. 인권 운운하고, 특히 성소수자들의 인권을 들먹거리는 것이 이란 전 대통령에게는 서양 국가의 가치를 인정하라는 말로 들렸을 수도 있다. 그는 '데카당스의 서양'에 맞닥뜨려 자신이 꿈꾸는 '문명화된 동양'을 포기할 수 없었다. 통역을 도와준 파테메도 그 점에 대해 자기 생각을 밝혔다. "아마디네자드의 생각에 서양 문화가 이란의 전통적인 가치를 오염시킬까봐 의심스러워서 그런 말을 한 것이라면, 록 음악과 영화, TV와 인터넷을 억압하고 더 나아가 성적인 자유를 구속하는 것이 어쩌면 그의 생각과 맞아떨어지는 결과란 생각이 드네요. 이란은 하루가 다르게 변화하고 있어요. 그도 이란의 젊은이들이 서양 문화에 이미 매료되어 있다는 것을 알고 있을 겁니다."

이란 사회는 더 이상 옛날 같지 않다. 아랍 문화에만 머무르지도 않으며, 역사적으로 종교적인 색채를 띤 국가의 모습만 고수하지도 않는다. 일종의 종교분리주의 원칙을 열망하는 분위기로 점점 바뀌고 있다. 시아파의 신정 정치는 이란의 젊은이들이 반항하지 않을 수 없게끔 만들었다. 봉건주의적인 낡은 교리와 규칙은 신세대들에게는 더 이상 통하지 않기 때문이다. 아미르는 더 자세히 설명했다. "이슬람의 혁명은 이미 여론 속에 존재하지 않아요. 혁명이 무슨 소용이 있겠습니까? 그게 오늘날 이란의 젊은이들에게 무엇을 줄 수 있겠습니까? 알리와 호세인 같은 순교자들을 추종하는 것도 다 옛말이 되었는데, 천 년도 더 전에 죽은 이들에 대해 이야기한들 요즘 세대가 눈 하나 깜짝할까요? 아직 수면 위로 떠오르지 않은 열두 번째 이맘이슬람 종교의 최고 지도자을 기다리라고 한다면? 아마 콧방귀를 뀔 겁니다."

이란의 독특한 정치 체제인 신정 정치에 맞서 반사회적 분위기는 오래전부터 걷잡을 수 없는 속도로 퍼져나갔다. 정통 이슬람주의를 신봉하는 회교도들의 계율과는 반대의 문화가 사회 저 깊숙한 곳에서 자리잡은 지 이미 오래다. 공공의 자유가 부재한 상황에서 이란의 젊은이들은 개인적인 자유를 스스로 창조해나가기 시작했다. 나는 이들의 지하세계를 알면 알수록 다른 곳에서는 본 적 없는 신세계를 목격했다. 조금만 신경 써서 찾아보면, 어찌나 참신한 아이디어와 훌륭한 가치들을 가지고 있는지, 마치 이란의 숨은 진주와도 같은 보석들이 사방에 존재했다. 그런데도 이란 정권은 그들을 억압한다. 체포하고 벌주며 심하게는 암살까지도 자행한다. 이란의 젊은이들이 어떤 진보를 꾀하고 있는지 알지 못한 채 이란의 미래에 큰 자원이 될 강력한 주동자들을 몰라보고 있다. 실제로 이란의 인구 변동을 살펴보면, 청년층은 기하급수적으로 증가하고 있다. (35세 미만의 인구가 전체 인구의 65퍼센트를 차지하며 7500만 명으로 집계된다.) 교육열도 예전보다 높아져서 중산층의 학업률은 계속 올라가고 있다. 특히 여학생 비율이 증가한 것을 알 수 있다. 신기술의 발전, 경제 성장은 이란을 당당히 신흥 공업국가의 대열에 합류하게끔 했다. (2016년부터 이란은 계속해서 국제기구의 비준 대상으로서 제재를 받았다. 대외적인 압박이 이어짐에 따라 결국 변화의 바람에 순응하지 않을 수 없었다. 대외적으로 다른 나라와의 외교관계를 정상화하지 않을 수 없는 상황에 처한 것도 이란의 변화에 큰 요인으로 작용한다.) 이란이 점점 변화하는 이유에 대해 우리는 한마디로 딱 잘라 정의 내리기 어렵다. 이것은 어쩌면 시대정신의 변화가 가져온 필연적인 결과이지 않을까. 국민의 사고방식이 바뀌면 국가도 결국은 그 변화를 인정할 수밖에 없다.

여기서 생각을 더 해봤자 답이 나올 리 만무하니 무리하지 말고 여기까지만 하기로 하자. 이 문제와 관련하여 해외 전문가들도 이러한 반사회적 정서의 기능과 영향력에 대해 과대평가하지 않으려고 한다. 모든 독재 국가에는 노멘클라투라가 존재해왔다. 그리고 그에 대한 반대급부로 권위주의적 정권마다 언더그라운드 성격을 띠는 독립적인 영역도 늘 존재해왔다. 전체주의 국가 형태에서는 그런 시스템으로 이득을 얻는 자가 있고, 얻지 못하는 자가 있다. 테헤란에는 부유한 삶을 누리는 엘리트 계층이 부대적으로 생길 수밖에 없다. 국가 체제가 그러한 계층이 생겨나도록 만드는 구조이기 때문이다. 다른 한편 이란 사회의 미래를 담보하는 청년 계층을 단합시키는 거대한 움직임이 생겨나는 것 또한 당연한 현상 아니겠는가? 이란의 이슬람 공화국이 어떤 미래를 실현할지는 전적으로 종교와 세속주의 사이의 긴장관계가 이슬람이라는 이름 아래서 어떻게 절충점을 찾는지에 달려 있다.

이란에서 대화를 나눴던 현지인 중 몇몇은 현재의 이란 정권은 중국처럼 진화하고 있다는 데 입을 모았다. 2009년 선거 당시, 300만 명에 달하는 국민은 부정 선거에 반기를 들며 항쟁했다. 그들은 목숨을 걸고 테헤란 거리로 나와 시위를 했으며, 경찰과 충돌했다. 이란은 선택의 기로에 서 있다. 경제와 문화, 풍습을 해치지 않기 위해서라도 정치적인 변화는 불가피하다. 그것은 어쩌면 진짜 전쟁의 서막이 될지도 모른다.

2013년 6월, 아마디네자드 대통령이 퇴임하고 그 빈자리를 온건파 정치가인 하산 로하니가 대신했다. 비민주적인 선거였고 부패가 난무했지만, 많은 사람은 새로운 대통령의 선출이 이란 정권의 자유로운 해방이 될 거라고 믿었다. 2016년, 이란의 비핵화 조약 체결 과정과 국제기구의 제재 해제도 어떤 면에서는 자유를 향하는 과정으로 비친다. 과거에는 타협 불가능했던 나라였지만, 경제적인 이유로 결국 국제사회의 틀을 수용하지 않으면 안 되는 처지에 놓였다. 앞으로 이란이 발전하기 위해 거쳐야 할 통과의례와도 같은 변화였다.

이런 상황에서 이란의 신정 정치는 2016년에도 국민을 강압적으로 탄압했으며 종교적 엘리트 집단의 부패와 근대화에 열광하는 청년들 사이의 깊은 괴리감을 더 악화시켜놓고 말았다. 이에 파테메가 설명을 덧붙였다. "확실한 것은 국민과 정부가 서로 반대되는 길을 향하고 있다는 겁니다." 아미르도 이어서 말했다. "오늘날 동성애자 수는 테헤란에만 해도 상당합니다. 앞으로도 계속 증가할 전망이고요. 이렇게 되면 다시 옛날의 처벌 제도인 곤장형이 부활할까봐 겁나는데요. 게이들에게 이런 벌을 내리면 일부 국민은 얼씨구나 좋다 하면서 정부를 지지하게 될 테니, 정부 입장에서도 밑지는 장사는 아니겠죠."

그럼에도 불구하고 파테메는 미래에 대해 낙관하는 입장을 보였다. 그녀는 이란의 감시 군단인 '이란 종교혁명 수비대Iranian Revolutionary Guard Corps'도 더 이상 무섭지 않다고 했다. 그녀는 반문화가 역사의 진정한 길을 안내해줄 것이라고 믿었다. 아미르처럼 그녀도 록, 문화, 인터넷을 통해 게이들이 언더그라운드 문화를 확장시켰고, 이를 토대로 앞으로 더 탄탄한 문화가 완성될 것이라고 믿었다. 그렇게 되면 진정한 시민사회가 언젠가는 실현될 수도 있으리라 믿는 듯했다. 아직은 숨어서 활동하지만 이런 반사회적 정신이 이란 사회의 현실을 대변할 날이 올 수도 있다. 이에 아미르가 다시 또 덧붙여 말했다. "그런 날이 정말 온다면 그때는 더 이상 '반사회'라는 명칭도 쓰지 않겠죠. 진정한 사회 정신을 구현하게 된다면 그것이야말로 이란 사회, 이란을 정의할 테니까요."

그날 저녁, 네덜란드 항공사 KLM을 탄 나는 금발의 섹시한 승무원의 서비스를 받으며 이코노미석에 앉아 비행을 시작했다. 그녀는 『이코노미스트』지를 건네며 프랑스산 와인도 한 잔 제공했다. 나를 바라볼 때도 그녀는 시선을 피하지 않았다. 당연히 히잡도 착용하지 않았다. 2주 동안 이란에 있으면서 조금 외로웠던지, 나는 그 순간 그녀를 보며 내가 유럽 문화권에 와 있다는 실감이 났다.

9장

**이미지를 둘러싼
국제적 갈등**

작은 스크린 속에 여러 이미지가 펼쳐졌다. 여자 간호사가 드래그 퀸으로 변신하는 모습, 연방 법원의 화장실에서 누군가를 유혹하는 장면, 시민 공원에서 난잡한 성교를 즐기는 장면, 카스트로의 어느 게이 구역이 마치 천국처럼 미화되는 장면, 레즈비언이 여자 천사와 함께 오르가즘을 느끼는 장면이 파노라마처럼 지나갔다. 그런 뒤 다음과 같은 문구가 스크린에 나타났다. '오직 미국에서만 가능한 일Only in America.'

미국 TV 드라마 「에인절스 인 아메리카」에 등장하는 장면들이다. 2003년에 알파치노와 메릴 스트리프가 주연으로 출연한 총 6부작인 이 드라마는 편당 한 시간 분량으로 HBO 유로 채널에서 방영되었다. 게이의 자유로운 해방에 대한 이야기가 미국 드라마 소재까지 되다니 획기적인 변화였다.

"수백만 명의 사람이 이 드라마를 시청했어요. 그해 케이블 채널에서 가장 높은 시청률을 기록한 드라마 중 하나였다고 들었습니다." 이 드라마 시리즈의 각본을 맡았던 작가 토니 쿠슈너가 자축하는 메시지를 남겼다. 그는 게이로, 미국에 게이 문화를 활성화하는 데 누구보다 큰 역할을 한 사람이다. 나는 그를 뉴욕 이스트빌리지의 주요 극단 중 하나인 퍼블릭 시어터에서 만나 오랜 시간 대화를 나누었다.

「에인절스 인 아메리카」는 HBO에서 드라마로 방영되기 전인 1993년에 연극 무대에 먼저 올려진 작품으로 18개 부문에서 토니상을 수상한 명작이었다. '국가 이념에 게이의 판타지를 접목한 이야기'인 이 작품은 미국의 갖은 사회 문제를 다루고 있다. 바로 인종차별과 사형 제도, 향정신성물질(마약) 중독, 동성애자 커플에 대한 비관용, 에이즈 문제가 심각해질 무렵 미국의 전 대통령인 레이건 우파 정권의 동성애 혐오와 같은 사회적 문제에 대한 고찰이 담겨 있다. 키치적인 문화와 유머감각까지 담긴 이 작품에는 드래그 퀸도 등장한다. 또한 광기를 느끼게 하는 유머러스함과 함께 숨어 있는 코드들을 재해석해야 하는 암시적인 표현이 곳곳에 있다. "저는 정치적인 메시지를 전달하는 작가예요. 참여 작가인 거죠. 좌파인 저는 제가 쓴 글이 세상에 큰 충격을 주며 변화를 가져오길 바랍니다. 또 제 글을 읽고 사람들이 사회에 분노를 느꼈으면 해요." 쿠슈너가 말했다. 결국 그의 목표는 현실로 이뤄졌다. 「에인절스 인 아메리카」는 미국의 극우파로부터 격렬한 비판을 받았던 것이다. 이들은 주로 레이건 정부와 부시 정부를 지지하는 사람들이었다. 미국 노스캐롤라이나주에 있는 샬럿에서는 방영 금지를 해달라는 보이콧까지 벌어졌다. 또한 이 드라마 촬영에 제작 지원을 했던 지역 문화 단체는 공화당 지지자들에게서 당장 투자를 멈추라는 협박을 받았다. 이 작품은 미국 보수주의자들이 금지하려 했던 많은 작품 가운데 한 편에 불과했다. 이른바 '문화 전쟁'을 선포한 가운데 미국은 양측의 공방전이 치열하다. 토니 쿠슈너조차 1990년대에 미국에서 작품을 내놓을 때마다 검열 대상에 올랐던 예술가 중 한 명이었다. 나는 그의 이야기를 들으면서 그가 자신의 활동에 대해 커다란 자부심을 갖고 있다는 것을 느낄 수 있었다. 사람들이 아무리 손가락질해도 그는 자기가 하는 일에 있어서 당당했다. 그는 자신이 드래그 퀸은 아니어도 '드라마 퀸'은 되었다는 것을 스스로도 잘 아는 듯했다.

게이 드라마로 큰 명성을 떨친 이 극작가는 그 뒤로도 여러 편의 연극작품을 무대에 올렸고 연이어 성공을 거두었다. 그는 미국의 흑인과 유대인들이 겪는 갈등을 다룬 희곡 「캐럴라인 오어 체인지」를 연극 무대에 올렸으며, 스티븐 스필버그의 영화 「뮌헨」과 「링컨」을 위해 공동 시나리오 작업을 한 적이 있다. 그 후에는 「동성애자인 지성인이 전하는 자본주의와 사회주의에 대한 가이드」와 「성경으로 향하는 열쇠」라는 동성애 문제를 다루는 작품을 썼다. 동성애자끼리의 결혼을 누구보다 찬성하는 그는 작가 마크 해리스와 결혼했다. 쿠슈너와 만났을 때 그가 했던 이야기를 직접 들어보자. "우리는 유대교 풍습에 따라 결혼식을 올렸습니다. 전통으로 내려오는 종교적 혼례법에 따라 예식을 치렀지요. 물론 주례 역할을 하는 랍비는 레즈비언 지인이 해줬어요. 양측 친구들이 한자리에 모여 멋진 하루를 보냈답니다."

「에인절스 인 아메리카」가 미국 TV 채널에 방영되면서 사람들은 게이 문제에 대해 전보다 더 큰 관심을 갖기 시작했다. 물론 그 전에도 미국에는 이미 동성애를 다루는 드라마가 있었다. 「퀴어 애즈 포크Queer as Folk」와 「글리Glee」뿐만 아니라, 「엘 워드The L Word」 「식스 피트 언더Six Feet Under」와 「퀴어 아이 포 더 스트레이트 가이Queer Eye for the Straight Guy」(이 드라마는 시즌 3부터 제목이 '퀴어 아이'로 바뀐다)에 등장하는 극중 인물들이 동성애자다. 동성애자를 주요 등장인물로 삼았던 드라마의 원조를 꼽으라면 「다이너스티」가 있지만, 군이 거기까지 올라갈 필요 없이 미국의 유료 TV 케이블 채널에서 유행처럼 번지는 현상을 퀴어 문화라고 보면 된다. HBO와 쇼타임, 브라보 채널, 그리고 영국의 위성 채널인 모어포More 4('퀴어 애즈 포크'가 처음으로 방영된 채널)가 TV에 게이들을 등장시키는 선구자 역할을 했다. 게이가 나오는 드라마들이 대거 성공을 거두면서 지상파 채널마저 너 나 할 것 없이 퀴어 문화를 소재로 한 드라마를 내보내기 시작했다(가령 NBC의 「월 앤 그레이스」, ABC의 「브라더스 앤 시스터즈」). 이 채널보다 더 보수적인 입장을 고수하던 폭스 TV도 「글리」를 방영했다. 이제는 꼭 게이 드라마가 아니더라도 일반 드라마에서 게이들이 심심찮게 등장하고 있다. 「소프라노스」 시즌 6에 등장하는 비토 스파타포르, 「위기의 주부들」에서 브리 밴 드 캠프의 아들인 앤드루가 게이로 등장한다. 또 이 드라마의 배경이 되는 마을에는 게이 커플도 있었다. 「섹스 앤 더 시티」에서는 스탠퍼드 블래치가 게이로 나오며, 「식스 피트 언더」에서는 동성애자가 세 명이나 나온다(에디, 데이비드, 키스). 여기서 끝이 아니다. 「사우스 파크」에서는 빅 게이 알, 「오즈」에서는 핸론과 크레이머, 「멜로즈 플레이스Melrose Place」에서는 남자 간호사 맷트가 게이로 등장한다. 「프렌즈」에서도 캐럴과 수전이 레즈비언 커플로 나오는 에피소드가 있다. 「글리」에서 고음 테너를 맡은 커트 허멜도 게이였다. 또 이 드라마에는 게이 부모를 둔 자녀들이 등장할 뿐만 아니라, 레즈비언 커플도 나온다. 지금 열거한 것 외에도 드라마에 등장하는 동성애자들은 더 있다.

가장 최근에 미국에서 방영된 드라마들만 봐도 동성애 코드가 얼마나 자주 등장하는지 확인할 수 있다. 「더 뉴 노멀」(NBC에서 방영되며 「글리」로 이미 유명해진 작가 라이언 머피가 대본을 썼다), 「모던 패밀리」(ABC), 「파트너」(CBS), 「더 네이버스」(ABC), 「걸스」(HBO), 「더 미드나잇 프로젝트」(폭스)에 이어 「오렌지 이즈 더 뉴 블랙」(넷플릭스)과 「트랜스페어런트」(아마존 스튜디오)까지 최근에 게이 드라마 대열에 합류했다. 「오렌지 이즈 더 뉴 블랙」은 교도소에서 벌어지는 레즈비언들의 이야기를 다루었으며, 「트랜스페어런트」는 트랜스젠더가 주인공이다. 미국의 게이인권협회가 발표한 연구에 따르면, 2012년 가을 미국에서 방영된 TV 드라마 97편에서 LGBT가 등장한 바 있다. 이 현상을 좀 삐딱한 시각으로 바라보면, 미국에서 게이 드라마를 제작하고 배우로 출연하며 시나리오를 쓰는 사람들이 대부분 스스로가 LGBT다. 하지만 이런 현상은 어쩌면 시대가 바뀌고 있음을 증명한다는 점에서 시대 정신을 반영한다고 해석할 수도 있다. 과거에 흑인들이 당당히 세상에 모습을 드러낸 시대가 있었던 것처럼, 이제는 동성애자들이 자기 모습을 드러내는 세상이 된 것이다. 심프슨 가족이 사는 가상의 도시 스프링필드에도 게이 바가 문을 열었다. 보수적인 TV 채널로 유명한 폭스 TV에서조차 가족 만화인 「심프슨」에 게이 문화를 등장시켰다니 놀라울 따름이다.

게다가 미국의 TV 드라마는 전 세계로 수출된다. 게이에 대한 언급 자체가 금기시된 문화권에서 위성 채널 수신기만 있으면 얼마든지 미국 드라마를 안방에서 시청할 수 있다. 상하이나 테헤란, 상파울루나 카이로에서는 DVD로 출시된 미국 드라마를 암시장에서 쉽게 구할 수 있다. 마리나는 아부 누와스에 소속된 레즈비언 인권운동가다. 알제리의 산악지역에 사는 카빌족 출신인 그녀를 알제의 포트사이드 광장에 있는 탄톤빌이라는 선술집에서 만나 인터뷰했다. 그녀는 이렇게 말했다. "제 생각에 레즈비언의 혁명은 드라마 「엘 워드」를 보면 알 수 있어요. 알제리에 있는 레즈비언이라면 아마 이 드라마를 보지 않을 수 없을 거예요. 심지어 이성애자들도 시청하는걸요. 물론 여기서는 리얼리티 TV 방송을 생중계로 볼 수 있습니다. 진짜 엘 워드가 펼쳐지는 거죠. 알제리에도 레즈비언이 있다는 것은 모두가 압니다. 부인할 수 없는 사실이죠. 과거와 달리 사람들은 여성을 대할 때 좀더 너그러워졌어요. 이제 자신이 이성이 아닌 동성에게 성적으로 끌린다는 것을 당당하게 인정하는 여성들도 생겨나기 시작했습니다. 물론 이성애자인 여성들은 레즈비언을 경계하며 거리를 두고 있지만요." 마리나는 스물다섯 살이다. 그녀는 서양의 TV 프로그램과 영화 덕분에 자신이 커밍아웃을 할 수 있었다고 설명했다. 남성성과 여성성을 둘 다 가지고 있는 그녀는 게이와 레즈비언에 대해 계속 이야기했다. 과거에는 눈에 잘 띄지 않아 존재를 파악할 수 없었지만, 지금은 스크린은 물론 알제의 거리에서도 볼 수 있게 되었다는 점에서 알제리에도 변화의 바람이 불고 있다. 알제에서 좀 떨어진 지역인 밥엘우에드에는 동성애자들이 자주 가는 해변이 있다. 우리는 사블레트라고 하는 그곳으로 이동했다. 마리나는 TV 매체 덕분에 이곳의 동성애자들이 자신을 좀더 드러내게 되었다고 했다. 바위에 걸터앉은 마리나가 의기소침한 표정을 지으며 염려스러운 목소리로 말했다. "TV는 참 좋은 수단 같아요. 「엘 워드」는 더 이상 말이 필요 없는 명작이고요. 그건 그렇고, 솔직히 말하면 전 더는 이곳에 살고 싶지 않답니다."

나는 로스앤젤레스에서 로고Logo의 사장인 브라이언 그레이든을 만나 인터뷰를 했다. 그는 다음과 같이 이야기해주었다. "제가 맡은 임무는 대중을 즐겁게 하는 겁니다. 저 역시 인권활동가 중 한 사람이지요. 우리는 TV에 게이들을 자주 출연시키고 사회자도 동성애자로 택해 그들을 위한 인권운동에 동참하고 있답니다. 그들의 얼굴이 대중에게 많이 알려질수록 그들을 이해하는 마음의 폭도 더 넓어질 거라고 생각하기 때문이에요. 다양한 얼굴을 보면서 게이 커뮤니티에 대한 예민한 반응도 차츰 줄어들리라 봅니다. 그래서 미국은 물론 전 세계에서 동성애를 둘러싼 사회적 편견을 없애고 싶어요." 2005년에 MTV는 LGBT를 위한 전용 채널을 만들었는데, 그 채널이 로고다. 로고가 강조하는 슬로건은 바로 "과감한 TV 채널"을 만드는 것이다.

나는 MTV 본사에 있는 그의 사무실을 찾아갔다. 그곳에는 게이를 소재로 한 드라마 시리즈 DVD 수십 편이 테이블 위에 쌓여 있었다. 바로 로고에서 제작한 드라마였다. 이 채널은 지금까지 본 적 없던 리얼 다큐 프로그램도 만들었다. 여러 주제의 방송이 제작되었는데, 실내용 조화를 만드는 플라워 아티스트들의 이야기, 동성애자끼리의 결혼을 전문으로 하는 웨딩업체 이야기, 자신의 정자로 인공수정을 할 수 있는 대리모 찾기 과정, 미국에 존재하는 게이들을 위한 여행지 소개 등 다양한 이야기로 구성되어 있었다. 그레이든이 한술 더 떠 말했다. "우리는 게이의 시각에서 미국의 기존 프로그램을 재구성하고 있습니다." 뿐만 아니라 이 채널은 동성애 혐오를 조장하는 방송에 맞선 투쟁도 하고 있다. 실제로 미국의 TV 토크쇼나 라디오 방송에서 게이를 비방하는 보수주의자 출연진의 수는 상당하다. 사회자인 앵커와 개그맨들까지도 동성애를 우스꽝스럽게 만드는 발언을 서슴지 않고 있다. 이런 부류의 사람들은 백인 중심의 미국 사회, 마초가 기득권을 차지해야 한다고 생각하는 미국 건국의 조상들이 살던 시대로 되돌아가고 싶어한다. 몇 명의 실명을 거론하자면 글렌 벡, 빌 오라일리, 러시 림보 그리고 숀 해니티 등이 있다. 대부분 케이블 채널이나 폭스 뉴스에서 게이를 향한 반감을 여과 없이 표출하는 사람들이다. 이들의 발언은 전 세계의 수많은 현지 안테나를 통해 중계된다. 반면에 로고, MTV, 오프라 윈프리 네트워크를 비롯해 CNN, MSNBC(레이철 매도 쇼), NBC(엘런 디제너러스 쇼)에서는 안티게이 콘텐츠에 맞서 게이에게 우호적인 내용을 적극 권장하며 내보내고 있다.

요즘에는 유튜브에 올라온 동영상이 인기를 끌며 대중화됨에 따라 TV 프로그램 시청자 수가 전보다는 줄어들고 있는 게 사실이다. 그런 상황에서 MTV의 경제적 이윤 창출에도 적신호가 켜진 가운데, MTV의 소유주인 비아콤 미디어 그룹은 다양성을 모토로 삼을 수밖에 없었다. 일반적인 채널만 고집했던 과거의 회사 이념에서 벗어나 다양한 계층의 욕구를 채워주는 개별적 콘텐츠를 개발하지 않을 수 없었다. 그 결과 흑인을 대상으로 한 네트워크인 '블랙 엔터테인먼트 텔레비전'이 만들어졌다. 그 후에는 라틴아메리카 출신의 시청자를 주요 타깃으로 한 'MTV 라틴', 아시아를 타깃화한 'MTV 아시아'가 차례로 등장했다. 그 뒤를 이어 컨트리 장르, 힙합, 비디오게임을 전문화한 채널도 마련됐다. 그런 맥락에서 볼 때, 로고는 LGBT 시청자를 위해 만들어질 수밖에 없었다. 그레이든이 한 말을 더 들어보자. "우리는 TV 안에서 문화적 다양성을 증대시키고 싶었습니다." 그는 로고에서 제작한 인기 드라마 「노아의 방주」에 나오는 대사를 인용했다. 이 드라마에는 흑인과 라틴 계열에 속하는 남성 네 명이 등장한다. 이른바 「섹스 앤 더 시티」의 게이 버전으로, 이는 대중의 관심을 사로잡는 데 성공했다. 드라마의 인기에 힘입어 영화로도 개봉될 예정이다. 그렇다면 이런 성공을 어떻게 해석할 수 있을까? 흑인과 라틴계 출신의 게이들이 이제는 미국 문화의 주요 콘텐츠로 급부상하다니……. 운동화를 신고, 스케이트보드를 즐기며, 자신이 흑인이면서 게이인 것을 자랑스러워하는 세상이 픽션 속에 등장하기 시작한 것이다. 그것이 요즘 유행하는 아이콘으로, 신조어로 표현하면 매우 '힙hip'하며, '쿨cool'한 것이다.

나는 우디즈Woody's에서 바텐더로 일하는 스티븐을 토론토에 위치한 게이 구역의 중심부에 자리잡은 처치가에서 만났다. 스티븐은 이 동네에서 「퀴어 애즈 포크」를 촬영했다며 자랑스레 말했다. 「퀴어 애즈 포크」는 주요 무대가 펜실베이니아주의 피츠버그이지만, 캐나다도 배경으로 삼는 미국 드라마다. 네 명의 게이가 극중에 등장하는데, 그들은 서로 친하게 지내며 이 게이 구역에 위치한 바인 우디즈를 자주 드나든다.

그래서 이 바는 요즘 사람들의 발길이 끊이질 않는다. 건물 1층과 2층 사이 중간에 입구로 통하는 길이 있었다. 그 길로 들어가자 현관문 쪽에 영국 여왕의 초상화가 걸려 있었다. 바는 규모가 꽤나 컸는데 직사각형 구조로 길쭉한 모양이었다. 이 바의 마스코트는 코뿔소이며, 뿔이 달린 동물 그림이 실내 곳곳에 걸려 있었고, 도자기로 만든 미니어처 장식품도 많았다. 메인 홀에서 다른 방이 있는 곳으로 가자, 조금 전과는 다른 분위기가 연출되었다. 대형 TV 스크린이 있는 방 안으로 들어가면 당구대가 있고, 20세기 초의 바다 풍경을 찍은 사진들이 전시장처럼 쭉 걸려 있다. 여객선과 뱃사람을 찍은 사진들은 매우 인상적이었다. 미국스러운 분위기가 물씬 풍기는 여러 방은 서로 다른 분위기를 연출한 듯하면서도 묘하게 조화를 이뤄 공존했다. 그곳에는 물론 영국식 펍의 분위기도 있지만, 캐나다에 대한 강한 자부심도 있었다. 벽에는 대문자로 크게 'CANADA'라고 쓰여 있을 뿐 아니라, 빨간 단풍잎이 상징인 캐나다 국기가 무지개 깃발 옆에 나란히 걸려 있었던 것이다. 엘리자베스 여왕의 초상화는 우리가 미국에 있지 않고 캐나다에 있다는 것을 확연히 느끼게 해주었다. "캐나다 하면 영국 여왕이죠. 건강보험 혜택, 사형제 폐지, 레너드 코언, '퀴어 애즈 포크'면 캐나다를 다 알려준 거라고 볼 수 있습니다." 그 후 나는 토론토의 한 커피숍에서 스콧 다고스티노라는 블로거를 만났는데, 그는 자랑스러워하며 캐나다에 대한 이야기를 더 해줬다. "우리가 미국에 살고 있지 않는다는 것을 확실히 알게 해주는 단서들이죠. 우리 나라는 평화를 추구하며 다수가 동의하는 민주 절차에 따라 동성애자의 결혼을 인정했습니다. 그런 점이 캐나다와 미국을 구별짓게 해줘요. 물론 「퀴어 애즈 포크」의 촬영으로 두 나라가 가까워지고 있지만요."

이튿날 나는 '인사이드 아웃Inside Out'의 본사를 방문했다. 이곳은 20년 전부터 토론토에서 열리는 LGBT 영화제를 주최하는 단체로, 수만 명의 사람이 해마다 5월이면 이 영화제에 참가한다. "버디즈 인 배드 타임 극장과 함께 우리는 토론토의 퀴어 문화를 위한 활동을 이끌고 있어요. 토론토뿐만 아니라 캐나다 전역에 퀴어 문화가 정착될 수 있도록 두 단체는 열심히 노력하고 있답니다." 버디즈 인 배드 타임의 대표 브렌던 힐리가 말했다. 그 역시 게이들의 단골 레퍼토리에 정통한 전문가였다.

LGBT 영화 프로그램은 북아메리카에서는 놀라운 일이 아니다. 몬트리올, 밴쿠버, 오타와와 같이 여러 대도시에서 그와 유사한 영화 페스티벌이 진행된 지 오래다. 미국의 뉴욕, 보스턴, 시애틀, 시카고, 로스앤젤레스, 필라델피아도 그 수순을 밟고 있다. 나는 캔자스시티나 휴스턴, 더럼, 애틀랜타와 같은 예상치 못한 도시에서도 동성애를 소재로 한 퀴어 영화제가 열렸다는 소식을 들었고, 심지어 애리조나주의 사막에서는 '아웃 인 더 데저트Out in the desert'라는 이름으로 LGBT를 위한 이벤트까지 열릴 정도였다. "퀴어 영화나 LGBT를 담은 각종 이미지에서 동성애자들이 어떻게 그려지는지는 그들의 삶과 밀접한 관계가 있어요. LGBT 영화제는 게이 프라이드와 함께 동성애자들을 위한 가장 중요한 행사 중 하나로 자리매김했답니다." 샌프란시스코의 유명 영화제인 프레임라인Frameline의 기획부 책임자로 일하는 맷 웨스턴도프의 말이다. "퀴어 영화나 LGBT를 주제로 한 영상을 보면 그들의 현실을 잘 드러내고 있어요. 그들의 삶을 다룬 영화를 선보이는 영화제는 오늘날 게이 프라이드와 함께 아주 중요한 연례행사가 되었답니다." 샌프란시스코에서 인터뷰 시간을 내준 또 다른 프레임라인의 공동 기획자인 제니퍼 모리스는 다음의 내용을 강조했다. "우리 목표는 270편의 영화를 보여주는 것이었고, 그중 77편이 장편영화예요. 올해 8만 장의 입장권을 판매했습니다. 우리는 단순히 이벤트성 페스티벌로만 끝나는 것이 아니라, 이 행사를 통해 모든 커뮤니티가 응집되는 화합의 장이 마련되길 바랍니다."

미국의 고전적인 퀴어 작품이 된 영화들(「하비 밀크」 「브로크백 마운틴」 「아이 러브 유 필립 모리스」 「더 키즈 아 올라잇The Kids Are All Right」 「브뤼노」, 그리고 매우 예술적인 영화 「타네이션」) 외에도 LGBT 페스티벌은 다양한 숨은 작품을 대중에게 알리는 일에 앞장선다. 국제영화제의 취지에 맞게 세계 다양한 나라들의 주옥같은 작품이 출품되고 있다. 우리는 여러 LGBT 영화제에서 다양한 국가의 작품들을 만나볼 수 있다. 브라질 장편영화(「두 코메쿠 아우 핌Do Comeco ao Fim」)와 이스라엘 영화(하임 타바크만의 「너는 하임을 더 이상 사랑하지 않게 될 거야Tu n'aimeras point d'Haim」와 에이탄 폭스의 환상적인 영화 「더 버블The Buble」), 이집트 영화(「마렛 야코빈」을 비롯해 유세프 샤힌의 모든 게이 소재 영화들), 남아프리카공화국의 드라마(게이 커플이 등장하는 「에골리」와 남성 커플의 키스신으로 선풍적인 반응을 일으킨 「제너레이션스」)를 감상할 수 있으며, 인도, 중국, 이란, 쿠바에서 제작한 영화까지 볼 수 있다. 폐막식 때 올해 가장 빛나는 LGBT 영화인에게 상을 수여했는데, 타이완과 과테말라 출신의 영화인이 노미네이션에 올랐다. 그들은 오랫동안 언더그라운드에서 활동해서 이런 시상식에 낯설어하는 사람들이었다. 최고의 장편영화 상을 받은 작품은 베를린에서 열리는 게이 영화 페스티벌에도 출품되어 테디상을 받았다. 다큐멘터리 영화도 다수 출품되었으며 국제 게이 인권운동의 역사에 대한 이야기, 지금까지 세상에 잘 알려지지 않은 어두운 면이 적나라하게 작품으로 탄생했다. LGBT 인권운동가들에게 헌정한 작품 「콜 미 쿠추Call Me Kuchu」는 우간다에서 살해된 데이비드 카토의 생애를 다룬 영화다. 또 「지하드 포 러브」는 이슬람 국가에서의 동성애의 실체를 드러낸 작품이다.

"스크린에 게이와 레즈비언이 보이지 않는다면 실제 세상에도 그들은 존재하지 않는 거나 다름없습니다." 노디 머피가 주장한 내용이다. 그는 다시 한번 같은 의미의 말을 되뇌었다. "만약 누군가가 당신이 영화에 결코 등장할 수 없다고 단정짓는다면, 당신은 이 세상에 존재한다고 말할 수 없을 겁니다." 노디 머피는 20년째 남아프리카공화국의 LGBT 영화제인 '아웃 인 아프리카Out in Africa'에서 일하고 있다. 요하네스버그의 한 멀티플렉스 극장 상영관에서 만나던 날, 그녀는 무척 화가 나 보였다. 한 영화평론가가 그녀가 선택한 영화에 대해 호되게 비난했다는 소식을 막 듣고 난 후였다. 평론가는 그 영화에 대해 '볼 가치도 없는 형편없는 작품'이라며 혹평했다. 그날 영화관에서 진행된 행사는 여러모로 부족한 점이 많았다. 일단 35밀리 영사기가 제때 도착하지 않아 제본 파일로 영화를 상영해야 했다. 영화를 소개하기 위한 무대 인터뷰에서는 갑자기 마이크가 꺼지는 등 실수가 잇따랐다. 명예범죄를 주제로 한 단편영화가 장편이 상영되기 전에 예고편처럼 흘러나왔는데, 그 내용은 무척 실망스러웠다. 게다가 영화가 끝난 후 감독과의 대화 시간에는 감독이 보이지 않았다. 상영 전에 무대에 올라왔을 때부터 감독은 술에 취한 상태였는데 역시나 중간에 자리를 뜬 것이었다. LGBT 영화제 자체가 한 편의 영화 스토리처럼 파란만장했던 것이다! 하지만 첫날 개막식 이후 내가 본 두 편의 영화는 꽤 괜찮았다. 비록 평론가들은 그 두 편의 영화마저 혹평했지만, 기대했던 것보다는 작품성이 있었다. 그중 하나가 「믹스트 케바드Mixed Kebad」

란 영화였는데, 벨기에로 망명 온 젊은 터키 남성이 커밍아웃을 하면서 자기 아버지가 예정해놓은 정략결혼으로부터 도피하는 이야기였다. "커밍아웃은 게이 영화에 불문율처럼 등장하는 단골 소재입니다." 노디 머피가 말했다. 아프리카에서 제작된 LGBT 영화는 찾는 것 자체도 어렵지만, 있다 해도 유색 인종의 삶을 행복하게 묘사하는 긍정적인 작품은 드물다고 그녀는 주장했다. 이런 말을 하는 그녀는 사실 백인이다. "대부분이 독립영화예요. 투자를 받아서 만드는 게 아니라 감독이 사비로 만드는 거죠." 그녀는 영화 투자 부문에 대해서도 언급했다. 영화제에 출품된 작품의 질도 시간이 갈수록 점점 개선되고 있다고 덧붙였다. 또한 LGBT 소재의 영화들은 여러 면에서 다양화되고 있는 게 사실이다. '아웃 인 아프리카' 영화제는 현재 남아프리카공화국의 4개 도시에서 개최된다. 해마다 그 수가 계속 늘어나는 가운데 중소 도시를 비롯해 대학가와 군대에서도 이 페스티벌에 대한 참여도가 높아지고 있다. 군대에서도 LGBT 영화를 본다는 말을 듣고 처음엔 놀랐다. 하지만 노디 머피의 말을 들으니 이해가 되었다. "군대야말로 동성애자를 만날 수 있는 전 세계의 공통된 장소니까요. 제 말은 결코 부인할 수 없는 사실일 겁니다."

남아프리카공화국을 넘어 LGBT 영화제는 전 세계적으로 점점 영향력을 넓혀가고 있다. 텔아비브, 방갈로르, 멕시코, 시드니에서도 이와 관련된 페스티벌이 추진되고 있다. 또 상하이, 베이징에서도 LGBT를 다룬 실험 영화들이 대중의 기대를 얻고 있다. 게이 인권운동가들도 영화인들의 과감한 용기에 놀랐다. 인도네시아의 자카르타에는 이미 퀴어 영화제가 정착한 지 한참 되었다.

인도네시아의 퀴어 영화제인 '큐 필름 페스티벌Q Film Festival'의 총책임을 맡고 있는 존 바달루를 소셜 하우스의 정찬 모임에서 만났다. 자카르타 시내에 있는 그랜드 인도네시아 쇼핑몰의 한 와인 바에서 만난 그는 이렇게 말했다. "저는 이 페스티벌 날짜를 라마단 기간 전으로 정해요. 그러다보니 매년 그 날짜가 어쩔 수 없이 계속 뒤로 밀리고 있네요." 인도네시아의 5개 도시에서 지금까지 80편의 작품이 대중을 찾아갔다. 이 영화제에는 연간 5000명에 달하는 사람이 참여하고 있다. 아시아 이곳저곳에서도 퀴어 영화 페스티벌은 이어진다. 홍콩, 도쿄, 서울, 타이베이, 뉴델리는 물론 베트남에서도 게이 문화를 향유하고 동성애자의 인권을 부르짖는 페스티벌은 계속된다. 나는 아시아를 취재하는 동안 이 일에 몸담고 있는 여러 인물을 직접 만나고 왔다.

"믹스브라질MixBrasil은 브라질의 12개 도시에서 벌어지는 축제예요. 지금은 국제적인 규모의 행사로 성장해서 여러 지역을 오가며 홍보하고 있답니다. 최근에 20주년을 기념했을 정도로 시작한 지도 꽤 됐지요." 안드레 피셰르는 이 중요한 LGBT 페스티벌의 의장을 맡고 있다. 나는 상파울루에서 그와 인터뷰를 했는데, 그는 이런 말도 덧붙였다. "우리가 가장 우선시하는 것은 바로 성적 다양성이 존재한다는 것을 사람들에게 알리는 일입니다."

나는 대한민국의 게이 연예인으로 잘 알려진 홍석천(영어 이름은 토니)과 인터뷰를 하기 위해 서울 이태원을 방문했다. "제 영어 이름은 토니예요. 저는 외국인을 만나면 제 이름을 토니라고 소개한답니다. 이 이름은 「웨스트사이드 스토리」에서 차용했어요. 한국 이름보다는 부르기 훨씬 편할 겁니다. 그러니 저를 토니라고 불러주세요." 그는 건물을 여러 채 소유하고 있는 건물주이며 '마이 첼시My Chelsea'를 비롯해 여러 식당과 바, 노래방을 운영하는 사업가이기도 하다. 나는 그가 운영하는 '아워 플레이스Our Place'에서 그를 만나 인터뷰를 했다. "10년 전에는 한국 TV에서 게이들을 보는 게 불가능했습니다. 하지만 지금은 절대 그렇지 않아요." 그가 달라진 한국 문화에 흡족해하며 말했다. 머리를 완전히 밀어 삭발한 그는 짧게 턱수염을 기른 40대의 한국 남자다. 그는 2000년에 TV 생방송 프로그램에서 커밍아웃을 했는데, 대한민국 역사상 커밍아웃을 한 최초의 연예인이었다. 그는 그때를 떠올리며 입을 열었다. "의도하고 말한 건 아니었어요. 예상 밖의 질문을 받았고, 저는 그냥 사실대로 털어놓고 말았던 거죠."

9개의 사업체를 운영하며 TV 출연을 겸하는 그는 평범하지 않은 삶을 살아온 한국인이다. 그는 미국 드라마 「프렌즈」의 한국판이라고 할 수 있는 「남자 셋 여자 셋」이라는 시트콤에 여성적인 패션 디자이너로 출연했고, 시트콤 캐릭터상 누가 봐도 게이스러운 연기를 펼쳤다. 하지만 그가 정말 게이라는 사실이 세상에 알려지면서 대중은 그에게 등을 돌렸다. 결국 몇 년 동안 활동을 중단할 수밖에 없을 정도로 대중의 반응은 차가웠다. 당시 대한민국에서 동성애가 불법은 아니었지만, 미국의 『타임』지는 그를 '2004년 아시아의 영웅'으로 꼽았을 정도로 그의 고백을 용기 있는 선택으로 인정했다. 하지만 세월이 흘러 시대가 바뀌면서 그는 다시 TV에 모습을 드러냈다. 사회적으로 뜨거운 이슈였던 동성애에 대해 그는 한 토크쇼에 오랜만에 출연해 근황을 전했다. 그 자리에는 그의 부모도 함께했는데, 그들은 누가 뭐래도 자식을 사랑하는 마음에 변함이 없다며 아들을 자랑스레 여겼다.

평범하지 않은 인생을 살아온 그의 사례를 발판 삼아 오늘날 대한민국은 과거와는 다른 시대로 접어들었다고 할 정도로 바뀌었다. 이제는 TV와 영화계에서 동성애 이야기를 자연스레 다룬다. 한국판 블록버스터 영화인 「왕의 남자」는 두 남자의 사랑 이야기를 다뤘다. 특히 아시아에서는 TV 시리즈인 '드라마'의 인기가 대단한데, 요즘 드라마 소재에도 동성애 코드가 자주 나올 만큼 사회적인 현상이 되었다. "일본 드라마는 비현실적인 가공의 이야기를 그리곤 하지만, 한국 드라마는 극사실적인 이야기를 그리고 있다는 점에서 두 나라의 드라마는 다릅니다. 픽션과 리얼리티 사이의 간극을 최대한 좁히려는 게 한국 드라마의 목표랄까요. 오늘날의 드라마는 현실을 이야기하는 것을 중요하게 여기지요. 제 역할을 다하지 못하는 가족의 모습, 불륜 그리고 게이에 대해 이야기하는 것만큼 현실적인 것은 없으니까요." 대한민국 드라마 제작사 중 아주 굵직한 기업인 그룹 에이트Group 8의 대표 송병준은 이런 말도 덧붙였다. "하지만 현실과 달리 드라마 속 사랑 이야기는 이상적인 부분도 꽤 많습니다. 게다가 남녀 사이의 성관계 장면은 공중파에서 적나라하게 나오질 않아요. 일부 전통적인 드라마에서는 입맞춤을 보는 것조차 힘들지요!"

장 노는 『스크린 인터내셔널』의 아시아 담당 편집자로서 이런 상황에 전적으로 같은 의견을 내놓았다. 서울에서 만났을 때 그는 한국 TV 드라마 관련 기사를 쓰는 일을 전문적으로 하고 있었다. "한국 드라마는 모든 주제를 다룰 정도로 자유로워 보이지만 그 안을 들여다보면 문제가 있습니다. 여전히 옛날식 보수적인 문화가 남아 있는데,

한 예로 '선' 문화를 들 수 있어요. 대한민국은 남녀가 만나 결혼하는 과정에서 가족이 개입하며 배우자가 될 상대를 결정하고 소개하는 문화가 있어요. 남자들은 28~29세가 되면 가족으로부터 결혼하라는 잔소리를 들으며 가족이 점찍은 상대를 만나는 문화가 있답니다. 여자들은 남자보다 더 일찍 그런 상황에 처하게 됩니다. 소개팅, 선과 같이 인위적으로 남녀가 만나는 자리를 주선해주는 제도가 있다는 게 놀라워요. 과거의 정략결혼이 현대로 넘어와 '선'이 된 거죠. 또 동성애에 대한 이야기도 한국 드라마에 자연스럽게 등장하고 있습니다. 터닝 포인트가 확실히 있었던 것 같아요. 여기서 흥미로운 점은 동성애자에 대한 인식을 시청자들에게 심어주기 위해 드라마 제작자들이 의도적으로 그런 주제를 택한다는 거예요. 이런 변화가 조금씩 거듭될수록 사회는 진보하는 거겠죠."

대한민국에서 동성애 코드를 소재로 한 대표적인 TV 프로그램으로는 「인간극장」 「역도 요정 김복주」 「현정아 사랑해」 「인생은 아름다워」가 있으며, 특히 「커피프린스 1호점」에서는 가족의 전통적인 관습을 전복시키는 게이들이 등장해 시청자로부터 큰 호응을 얻었다. 홍석천은 인터뷰에서 이런 말을 하기도 했다. "TV에 동성애가 자주 나온다고 해서 동성애자들의 문제가 해결되는 것은 아닙니다. 오히려 그들의 존재가 사회적으로 노출될수록 부정적인 결과도 뒤따르는 법이니까요. 한국 사회는 가족 중심의 가치를 기반으로 하고 있고, 자손을 남기는 것을 매우 중요하게 여긴답니다. 그래서 결혼도 할 수 없고, 아이도 낳을 수 없는 동성애야말로 가족의 계보를 단절시키는 행위라고 보는 경향이 있어요. 부모에게 게이 아들은 진정한 자식이라 할 수 없으며, 레즈비언 역시 한 가정의 어머니가 될 수 없다고 보니까요." 나는 서울에서 대한민국의 젊은 여배우인 김민선도 만났다. '아워 플레이스'에서 홍석천과 인터뷰를 하는 동안 마침 그녀가 동석해주었던 것이다. 그녀는 이렇게 말했다. "맞는 말이에요. 하지만 한국인은 게이의 미적인 아름다움을 좋아합니다. 이성애자인 젊은 남자 배우들은 너도 나도 게이 역할을 맡아보고 싶어해요. 게이들의 멋진 스타일이 요즘 트렌드거든요. 아마 이런 식으로 게이 문화가 뿌리 내린다면, 언젠가는 우리나라에서도 동성애에 대한 인식이 변할 수 있겠죠."

홍석천은 또 다른 해결책을 제시했다. 그는 동성애자의 결혼과 입양을 합법화한다면 한국에서 발생하는 문제들을 바로잡을 수 있을 거라고 말했다. 그날 밤, 시간이 좀 늦었지만 나는 홍석천 그리고 그의 친구들과 함께 이태원을 한 바퀴 돌았다. 미래에 배우가 되기를 꿈꾸는 젊은 연예인 지망생들이었다. "제가 여러 레스토랑을 운영할 수 있게 된 것도 TV 드라마와 방송활동을 하면서 얻은 수입 덕분이에요." 홍석천이 말했다. 우리는 이태원에서 영어 간판이 달린 바와 노래방 여러 군데를 가봤다. 그중 '와이 낫Why Not'이라는 곳에 들어갔다. 거기서 홍석천은 "대한민국에는 상당 규모의 미군 부대가 주둔해 있어요. 그래서 저녁마다 이태원의 바에 가면 미군을 쉽게 볼 수 있지요"라고 말했다.

우리는 언덕길을 따라 올라갔다. 그곳에는 여러 게이 클럽이 모여 있었다. 바 입구에는 무지개 깃발도 보였다. 이 길에도 어김없이 노래방이 있고, 러브호텔이 있었다. 이곳의 러브호텔은 서양인들이 일반적으로 생각하는 그런 개념이 아니라, 이성애자든 동성애자든 사랑하는 커플이 잠시 함께 시간을 보내고 싶을 때 사용하는 숙박업소로 보면 된다. 성인이 되어서도 부모와 같이 사는 젊은이가 많아 애인을 집에 데려갈 수 없는 상황이기 때문이다. 올웨이즈 옴므 바를 운영하는 소영식은 우리가 안으로 들어가자 과하게 환대하며 우리를 맞았고, 우정의 표시로 포옹하며 증류주 한 잔을 서비스로 건넸다. 연신 미소를 지으며 우리를 맞은 그는 이런 말을 했다. "한국은 아직 갈 길이 멀어요. 드라마에서 게이들이 출연하는 것은 좋은 현상이지요. 하지만 그것은 첫 단추에 불과합니다. 가족의 기본 가치와 전통적인 관습에 변화의 바람이 불 때가 왔지만 실제로 변화하기까지는 건너야 할 장애물들이 있답니다. 바로 그게 문제예요. 한국에서는 게이로 사는 것도 힘들지만, 이를 공개하고 살아가는 건 더 힘들지요. 이 땅에서 게이로 살기가 얼마나 어려운지는 게이 인권운동가들이 누구보다 잘 알 거예요! 문제는 가족입니다. 게이들은 가족 때문에 커밍아웃을 하지 않으니까요. 저를 보세요! 게이 바를 두 곳이나 열어 장사를 하고 있습니다. 서울에서도 꽤나 유명한 술집들이지요. 하지만 저는 지금까지도 부모님에게 아들이 게이라는 사실을 고백하지 않았는걸요."

영화계와 TV 방송계에 새로운 바람이 불고 있다. 그 바람은 이른바 '한류'이며 아시아뿐만 아니라 전 세계에 그 영향력을 발휘하고 있다. 이 한류 열풍에 힘입어 동성애에 대한 인식 변화도 일어나고 있다. 타이완 및 인도네시아의 TV 드라마와 인도의 발리우드 영화, 베트남의 토크쇼에서는 이제 LGBT를 주제로 하는 내용을 거리낌 없이 방영한다. 정치적인 이유라기보다는 시청자들이 원하는 내용인 만큼 상업적인 이유가 더 크다. 지난 10년 동안 아시아에서는 새로운 문화 혁명이 일어나고 있다. 그 영역의 확실한 주역은 다름 아닌 시청자다. 시청자가 있어야 콘텐츠가 팔리기 때문이다.

"이곳에서 동성애는 오랫동안 금기 행위였어요. 과거에는 터부나 다름없던 게 지금은 멋진 유행 아이콘이 된 거죠." 자카르타에서 만난 인도네시아 출신의 젊고 멋진 감독인 아루니타 라스마니아가 말했다. 하지만 독자들도 알다시피, 인도네시아는 엄연한 이슬람 국가다. 인도네시아에서 프리랜서 기자협회 의장을 맡고 있는 헤루 헨드라트모코는 이렇게 말했다. "요즘 TV에서는 게이 역이 점점 더 인기를 끌고 있습니다. 사람들이 좋아하는 캐릭터가 된 거죠." 킹 우이는 인도네시아에서 게이 인권 변호를 위해 활동하는 주요 인물 중 한 사람이다. 하지만 그는 이런 유행에 좀더 신중한 태도를 보였다. 그의 말을 들어보자. "인도네시아에는 동성애자 차별법이 없어요. 하지만 이슬람주의자들은 특히 라마단 기간에 동성애를 반대하는 활동에 더욱더 앞장선답니다. TV의 동성애 소재를 검열해달라면서 대중 매체의 이미지에 관여하며 안티게이 운동을 벌이지요. 그들은 성적인 것과 관련된 모든 내용을 '탈선'으로 규정한답니다. 그들에게 동성애는 일종의 시체성애, 소아성애, 동물성애와 다를 바 없는 거죠!" 나는 인도네시아의 TV 방송국과 영상 제작에 몸담고 있는 사람들과 인터뷰를 했는데, 그들은 대부분 미래에 대해 낙관적이었다. 자카르타 동부에 자리잡은 도시인 치부부르에서 만난 조한디 야흐야는 옥시즌 엔터테인먼트의 대표다. 그는 이렇게 말했다. "인도네시아는 젊은 국가예요. 역동적인 변화가 일어나고 있지요. 사회 여러 분야에서 잇달아 진보가 이뤄지고 있는데, TV 쪽도 예외가 아닙니다. 일단 젊은이들이 몸에 타투와 피어싱을 하는 문화가 유행하기 시작했고, '시스루' 스타일의 옷(가슴이 보일 정도로 몸이 훤히 드러나는 망사 옷)을 입는 여성도 점점 많아지고 있습니다. 그리고 레즈비언과 게이들도 자기 존재를 전보다 더 노출시키고 있어요. 인도네시아인은 TV 드라마에서 동성애자가 나오는 것을 긍정적으로 받아들이며 그들의 존재를 인정하는 추세예요." 하지만 국가가 자체 운영하는 대중 미디어의 진흥을 도모하는 사업체인 미크티MIKTI의 대표 하리 숭카리의 생각은 달랐다. 아무리 그렇다 해도 인도네시아의 인터넷과 TV 콘텐츠는 정부의 개입으로 검열이 불가피하게 이뤄지기 때문이다. 그는 이렇게 말했다. "대놓고 성적인 이미지를 드러내는 것은 아직 우리 나라에서는 용인되지 않습니다. 어찌됐든 이곳은 이슬람권이니까요. 물론 앞으로 상황이 점점 나아지긴 할 겁니다."

동성애에 대한 인식 변화는 인도에서도 서서히 이뤄지고 있다. 인구 12억 명이 사는 거대한 나라 인도의 게이 운동가들은 TV와 발리우드에 희망을 걸고 있다. 인도 영화 하면 발리우드를 바로 떠올릴 만큼 이곳의 영화계는 발리우드를 중심으로 돌아가고 있다. 뭄바이의 매리엇 호텔 커피숍에서 BBC와 인터뷰한 인도 출신의 영화평론가 제리 핀토는 이런 말을 했다. "인도에서 가장 오랫동안 대중적으로 인기를 끈 것은 대부분 포퓰리즘 영화였어요. 발리우드는 인도의 일반적인 삶에서 가장 빈번하게 일어나는 사소한 분쟁과 충돌을 일차원적으로 반영하는 장르라고 볼 수 있습니다. 주로 등장하는 갈등 주제를 꼽아보자면, 국가주의, 자부심, 남성 우월적 동성애 혐오자들이 있지요." 지난 몇 년간 인도에서 대중에게 큰 사랑을 얻은 작품을 보면 동성애가 빠지지 않고 등장한다. 대표적 작품인 「도스타나Dostana」('우정'이라는 뜻의 힌디어 제목)에서는 게이들의 이야기가 중심을 이루며 발리우드의 인기 스타들이 게이 역할을 맡았다. 제리 핀토는 불과 몇 년 전만 해도 이런 일은 상상도 할 수 없었다고 했다. 「도스타나」에 등장하는 배우 존 에이브러햄은 셰어 하우스에 같이 사는 게이인 아비셰크 반찬과의 커플 연기를 완벽하게 소화했다. "우리는 게이예요. 여기는 제 남자친구지요"라는 대사와 함께 말이다. (이 영화는 미국 마이애미에서 촬영했는데 인도에서 큰 화젯거리가 되었다. 물론 따가운 시선으로 비판하는 여론도 있었지만, 어쨌든 두 남자 주인공은 게이 역할을 잘 소화해냈다. 두 사람은 아파트에 세 들어 살면서 동거를 시작한다. 두 남자는 사람들이 보는 앞에서 당당하게 손을 잡고 다니며 함께 춤을 춘다. 그중 한 남자의 어머니는 아들의 애인을 '사위'라고 불러야 할지 '며느리'라고 불러야 할지 고민한다.) 뉴델리에서 인터뷰에 응해준 또 다른 평론가인 사이발 차터지도 인도의 변화에 공감하며 이렇게 말했다. "발리우드 산업이 전 세계로 뻗어나가려면 그동안 소재로 삼았던 것에 국한되어서는 안 될 겁니다." 차터지는 전 세계인의 마음을 울리려면 젊은이들의 기대치를 좀더 만족시켜야 한다고 주장했다. 발리우드 영화가 더 많은 상영관에서 개봉되려면 좀더 모던해져야 하고, 젊은이들이 나누는 대화 주제를 가감 없이 이야기할 수 있어야 하기 때문이다. (실제로 인도의 영화 상영관에서는 거의 하루가 멀다 하고 새로운 발리우드 영화가 개봉할 정도다.) 발리우드 영화계의 유행에 동성애 코드도 빠지지 않았다.

하지만 케이블 채널이 아닌 정규 TV 방송은 진화의 속도가 여전히 더디다. 최근에 인도 드라마 시리즈 「메리어다: 레킨 캅Maryada: Lekin Kab Tak」 1편이 시작되었는데, 커밍아웃한 게이가 극중 인물로 등장한다.

발리우드 스타인 아미르 칸이 그 역을 맡았다. (우리는 이 배우를 「라간 Lagaan」의 배우로 이미 알고 있다.) 그는 「스타 인디아」라고 하는 TV 토크 쇼 제작까지 맡아 인도의 사회 문제가 되고 있는 금기 사항을 언급하는 데 앞장서고 있다. 그는 아주 간단한 방식으로(물론 그와 다른 입장을 보이는 반대파에게는 지나치게 속단하는 방식이겠지만) 사회의 복잡한 문제를 다루고 싶어했다. 매력적인 배우 아미르 칸은 이슬람교도였다. 하지만 그는 「샤타메브 자야트Satyamev Jayate」(힌디어로 '오직 진실만이 중요하다'라는 뜻)라고 하는 토크쇼를 기획해 5000만 시청자의 마음을 사로잡았다. 한마디로 인도판 오프라 윈프리 쇼라고 보면 된다! 2014년에 아미르 칸은 토크쇼에서 동성애를 다뤘고, 이는 곧 인도 사회에 격렬한 논쟁을 일으켰다. 그는 게이 커뮤니티를 향해 조건 없는 지지를 아끼지 않았다. 인도에서도 결국 이 일이 터닝 포인트가 될 수 있을까?

뭄바이와 뉴델리에서 만났던 사람 중 몇몇은 정치지리적 분석을 내놓았다. 그들은 인도가 중국과 어떤 면에서 다른지 그 차이점을 찾아내는 데 열중했다. 관건은 표현의 자유였다. 타이완과 홍콩에서도 마찬가지로 영화인과 TV 제작자들이 게이 문제를 다루는 것과 관련해 표현의 자유를 우선시했다. 중국의 미디어 영상업체와는 확연히 구별되는 지점이다. 이러한 차이점은 인도와 중국의 스크린 문화를 비교했을 때도 비슷하게 나타난다. 영화평론가인 파이잘 칸을 뉴델리에서 만났을 때도 그는 인도의 미래에 대해 다음과 같이 예고했다. "저는 발리우드가 사회운동을 하는 진보적 단체라고 생각하지는 않아요. 영화라는 것은 사회 관습을 바꾸는 매체라기보다는 현실과 겹치는 공통분모를 보여주는 것으로 만족할 뿐이니까요. 하지만 게이와 레즈비언들이 성소수자로서의 모습을 감추고 산다면 인도 영화계에 긍정적인 이미지를 보일 리 없다고 생각합니다. 따라서 앞으로 변화가 요구됩니다. 인도 사회에서 동성애자들이 더 당당하게 자기 모습을 드러내고 주류 문화에 속하게 된다면 발리우드에서도 그런 시대 변화를 반영할 거라고 믿어요. 인도에는 수천 명, 아니 실제로는 수백만 명의 동성애자가 살고 있으니까요. 그렇게 되면 인도 영화에서 동성애자들의 첫 키스신을 보는 날도 머잖아 오겠죠."

프란시스쿠-오타비아누 거리 모퉁이에 'TV 바'라고 적힌 간판이 보였다. 리우데자네이루의 코파카바나와 이파네마 해변 사이에 있는 이 작은 구역에는 다채로운 이미지를 재현해놓은 게이 바가 있다. 이곳 내부는 사방에 스크린이 배치되어 있었다. 대형 화면에는 브라질 인기 드라마가 쉼 없이 흘러나왔다. 라틴아메리카 스타들이 노래를 부르는 영상은 그보다 작은 화면으로 나왔다. 손님들은 SNS에 접속해서 자신이 선택한 영상과 이미지를 바에 배치된 또 다른 스크린을 통해 감상할 수 있었다. 'TV 글로부'의 한 토크쇼 채널에서 방금 튀어나온 듯한 분위기의 흑인 종업원이 내게 술 한잔을 권했다. 근사한 외모만큼이나 악동 같은 모습을 한 그는 브라질 칵테일인 카이피라냐나 바티다를 자꾸만 권했다. 멋진 외모로 손님에게 장사를 하는 상술이 느껴졌다. 바의 분위기는 축제 현장처럼 화기애애했다. 'TV 바'는 브라질의 드라마가 국민에게 얼마나 큰 영향력을 미치는지 한눈에 알 수 있는 축소판 같은 곳이었다.

브라질에서는 다른 나라에서와 마찬가지로 동성애자들이 영화계로부터 오랫동안 거부당하다가 결국에는 TV에 등장하면서 서서히 미디어에 존재감을 드러내는 수순을 밟았다. 리우데자네이루의 'TV 글로부' 국장인 에드송 피멘탈과 만났을 때 그는 이런 이야기를 했다. "멕시코나 베네수엘라의 드라마와 비교했을 때, 브라질의 드라마는 현실을 잘 반영하고 있답니다. 게이를 주제로 한 이야기는 1970년대 중반부터 브라질 드라마에 등장하기 시작했으니까요." 남아메리카에서 가장 영향력 있는 채널인 'TV 글로부'는 최근에 「분별없는 사랑Insensato Coracao」이란 제목의 드라마를 방영했다. 이 드라마에는 게이가 여러 명 등장했다. 심지어 두 남자의 키스신이 공중파를 타면서 브라질 드라마 역사상 최초로 게이 키스신을 탄생시켰다. 물론 이 장면을 두고 브라질 국민은 옹호하는 파와 비난하는 파, 둘로 갈리며 열띤 논쟁을 벌이기도 했다. "우리는 참 많이 망설였어요. 하지만 드라마 감독들은 화면에 게이 커플의 키스 장면을 담기로 결정했답니다. 결국 시청자들은 의견에 따라 두 파로 갈렸지만요. 이 문제는 좀더 고차원적인 단계에서 고민해볼 주제예요. 그 점에 있어서는 우리 모두 동의한다고 봅니다. TV의 주류 문화를 이끄는 입장에서 우리는 단순히 시청자를 자극하려고 그런 장면을 넣어서는 안 된다고 판단했어요. 그래서 당분간은 스크린에 동성애자의 애정 장면은 넣지 않기로 결정했답니다." 또 다른 부서의 담당 국장인 루이스 클라우지우 라트즈의 설명이다. 나는 'TV 글로부'에서 가장 높은 자리에 있다는 호베르트 이리네우 마리뉴를 찾아가 이런 주제에 대해 질문했다. 그러자 그는 짧지만 분명하게 답변했다. "네, 저도 잘 알고 있습니다. 브라질 사회에서 동성애자 수가 상당하다는 것도요! 하지만 지금으로서는 중용을 유지할 수밖에 없다는 게 우리 입장입니다. 우리 방송국에서 일하는 직원들이 동성애를 너무 우호적으로만 보는 것도 주의를 기울여야 할 점이니까요." 그러면서 그는 리우데자네이루의 서쪽 외곽에 자리잡은 'TV 글로부'의 유명한 촬영 세트장에서 일하는 직원들 가운데 동성애자가 굉장히 많다는 사실도 덧붙였다. 진짜 그런지 알아보기 위해 현장을 찾았더니 그의 말은 거짓이 아니었다. "브라질은 그래도 다른 곳보다는 진보적인 편입니다. 멕시코와 비교하면 확실히 그렇죠. TV 드라마에는 늘 동성애자들이 등장해요. 물론 아르헨티나와 비교하면 좀 뒤처지지만요. 아르헨티나 드라마에서는 게이 커플이 자연스럽게 키스를 하고 애정 행각을 벌이지만, 우리는 아직 그런 단계까지는 못 갔으니까요!" 상파울루에서 만난 안드레 피셰르가 말했다. 브라질의 LGBT 영화제의 총책임자인 그는 브라질의 현실에 대해 씁쓸한 듯 비아냥거리는 투로 얘기했다.

콜롬비아에서도 스크린의 단골 캐릭터로 게이들이 등장한다. 콜롬비아는 2016년 동성애자들의 결혼을 인정했다. 보고타에서 제작된 드라마들은 몇 년 전부터 LGBT와 관련된 소재를 자주 다뤄왔다. 이제는 드라마에 동성애자를 등장시키는 것이 아무렇지 않은 일이 된 것이다. 보고타에서 만나 인터뷰한 TV 드라마 전문가인 오마르 린콘이 콜롬비아의 상황에 대해 자세히 설명해주었다. 2000년대 초반에 선풍적인 인기를 끌었던 콜롬비아판 「어글리 베티」인 「요 소이 베티 라 페아Yo soy Betty la fea」도 큰 역할을 했다. 이 드라마에는 게이와 트랜스젠더가 여럿 등장한다. 젊은 게이 청년 마크 세인트 제임스는 비서로, 여주인공 베티와 시즌 1에서 라이벌이었다. 그러다가 나중에 베티가 그의 커밍아웃을 도와주면서 둘은 친구가 된다. 마크와 연인 사이인 클리프는 보통의 게이 커플의 일상을 보여준다. 이 드라마에는 또 다른 게이 커플 저스틴과 오스틴도 등장한다. "미국 드라마 「어글리 베티」를 각색한 콜롬비아 드라마는 그야말로 국민 드라마가 될 정도로 큰 성공을 거두었어요. 실제로 「어글리 베티」는 100개국이 넘는 곳에 판권이 팔렸고, 20여 개 언어로 자막이 번역되었답니다. 게이로 나오는 극중 인물 마크 세인트 제임스의 인기는 어마어마해요. 그는 유머감각이 넘치는 데다 시청자를 압도하는 매력의 소유자랍니다. 그의 인기는 라틴아메리카를 쓰나미처럼 휩쓸었을 정도예요." 보고타의 RCN 텔레비전 방송국의 관리자 중 한 사람인 욜리마 셀리스가 말했다. 이 채널이 바로 콜롬비아판 「어글리 베티」를 방영했다. 미국에서 이 드라마는 디즈니 채널을 비롯해 ABC에서 여러 차례 재방송되었다. 기독교 재단이 설립한 브라질의 TV 레코드에서도 브라질판 「어글리 베티」를 제작했는데, 현지 제목이 「벨라 아 페이아Bela a feia」다. 멕시코의 드라마는 라틴아메리카의 다른 나라들보다 더 정통극 형식을 추구하는 까닭에 동성애자에 대한 이야기가 쉽게 노출되지는 않았다. 하지만 멕시코의 굵직한 방송국인 텔레비자에서 방영된 「어글리 베티」는 게이로 등장하는 인물들의 장면을 감히 검열로 삭제하지는 못했다. 정통 가톨릭교의 영향력이 강한 멕시코에서는 광고주의 힘이 여전히 세다. 사회가 가족의 전통을 강조하는 이상 멕시코 방송국은 외부 세력의 눈치를 보며 방송을 제작할 수밖에 없다. 그런 미디어 환경은 라틴아메리카의 다른 나라에서도 마찬가지다. 베티는 예쁘지는 않지만 게이들에게 열려 있는 사고방식을 가진 여주인공이다. 그런 인물이 등장하는 드라마가 라틴아메리카에서 큰 성공을 거두었다는 것은 분명 이 곳에도 변화의 바람이 불고 있음을 시사한다.

도안DOGAN이라고 하는 미디어 그룹은 이스탄불의 서북쪽 외곽에 본사를 두고 있다. 두 고속도로가 교차하는 고가도로 근처에 있는 고층 대형 건물 안에 본사가 있다. 영어를 완벽하게 구사하는 혈기 넘치고 자상한 페르하트 보라타브가 맞아주었다. 이 회사의 고위 간부 중 한 사람인 그는 CNN의 터키 지부를 담당하고 있다. 그의 안내를 받으며 본사를 방문했다. 스타 TV와 카날 D의 촬영 세트장에서는 수십 편의 시사 프로그램과 엔터테인먼트, 리얼 다큐 및 드라마가 제작되었는데, 그중에 「귀뮈스Gümüs」도 있다.

"「귀뮈스」는 터키 드라마의 진수를 보여주는 명작입니다. 해외에서 터키 드라마 하면 가장 먼저 「귀뮈스」를 떠올릴 정도로 유명하지요." 보라타브가 흡족해하며 입을 열었다. 카날 D에서 2005년부터 2007년까지 제작된 이 드라마는 국내는 물론 전 세계에서 높은 시청률을 기록했다. 해외 아랍권 국가에서는 「누어Noor」(아랍어로 '빛'이란 뜻)라는 제목으로 번역되었다. 사우디아라비아의 MBC 채널을 통해 2000년 말부터 방영되었는데, 이슬람교 정통주의자들에게 이 드라마는 이슬람계의 법률을 어기는 내용으로 가득했다. 이 드라마를 '사탄의 이야기' '악마'라고 말하는 사람들도 있었고, 인간의 도덕이 타락하는 치욕의 이야기이며 미덕에 반하는 참혹한 전쟁터와 같다고 묘사하는 안티들도 있었다. 결과적으로 이 드라마를 방영한 위성 채널의 몇몇 책임자가 과격파 극단주의자들에 의해 암살되는 사건도 발생했다. 그들의 죽음을 당연한 죗값으로 여기는 이들도 있는데, 페르하트 보라타브가 설명을 덧붙였다. "이슬람 세계에 세대교체가 일어났다는 것을 알 수 있는 첫 단서로 바로 인터넷 보급으로 인한 사고 변화를 들 수 있습니다. 인공위성을 통해 해외 TV를 시청하면서 알게 된 새로운 문화와 문물에 이슬람권 사람들이 눈을 뜨게 된 거죠. 사우디아라비아든 이란이든 어디서나 원하는 채널을 볼 수 있는 세상이 열렸으니까요. 이것이야말로 진정한 혁명이라 할 수 있겠죠." 왜 해외 아랍어권 사람들은 터키 드라마를 아랍어로 번역한 「누어」에 이렇게도 관심을 갖는 걸까? 이 드라마에는 이슬람교를 믿는 남녀가 등장한다. 그들은 매우 독실한 종교인이며 검소하게 삶을 살지만, 탁자 앞에 앉아 술을 마시기도 하고 결혼 전에 애인과 성관계를 갖기도 한다. 과거와 다른 현대판 아랍인의 삶을 현실 그대로 드러낸 것이다.

"「누어」에 등장하는 이야기야말로 이슬람 국가에게는 그저 놀라운 사건이었습니다. 근대화된 여성들, 일하고 싶어하고 남성과 평등한 권리를 보장받고 싶어하는 이슬람 여성들이 등장하니까요. 이 드라마의 남자 주인공 무하나드는 자기 아내 누어에게 자유를 주며 그녀만의 개인 공간을 만들어준답니다. 그는 아내가 패션 디자이너의 꿈을 이룰 수 있도록 옆에서 조력자 역할까지 하죠. 이 드라마는 아랍 사회에서 남자와 여자가 전통적으로 부여받은 성역할을 보란 듯이 어기고 있습니다. 그동안 터부시한 주제들도 거침없이 다루니까요. 예를 들어 사랑으로 결혼할 권리를 주장하기, 여성에게 머리에 쓰는 히잡을 벗어도 좋다고 말하기, 젊은 커플들이 스킨십을 하며 공공장소에서 애정 행각을 벌이기, 자녀가 가부장적인 부모의 강요에 순응하지 않기 등 기존의 사회 통념을 깬 사건들이 일어난답니다. 낙태에 대한 이야기도 드라마에 등장한 적이 한 번 있어요. 아직 게이 문제는 언급되지 않았지만 또 모르죠. 앞으로 어떻게 될지." 이스라엘 신문인 『하레츠』에서 TV 평론가로 활동하는 베니 지페르가 긴 설명을 해주었다. 그는 팔레스타인에서도 이 드라마가 성공했다는 것을 알려준 사람이기도 했다. 「누어」 시리즈의 마지막 에피소드는 2008년 MBC에서 방영될 당시, 아랍권 국가에 거주하는 8500만 명의 시청자가 본 것으로 집계되었다.

마젠 하예크는 사우디아라비아의 사기업 미디어 그룹인 MBC의 대변인으로, 인터뷰에 선뜻 응해주었다. 두바이에 본사가 있어 그를 그곳에서 만났고 「누어」의 성공을 축하한다는 말을 건넸다. 그는 내 인사말에 다음과 같이 답했다. "「누어」는 정말 대단한 사건이었습니다. 이 드라마가 아랍 국가의 흐름을 바꿨다고 해도 과언이 아니지요. MBC에서 일하는 직원들은 모두가 성적인 면에서 개방되어 있는 사람들이에요. 앞으로 아랍 국가의 청년들은 점점 더 자유를 느끼게 될 겁니다." 이 드라마가 이슬람 국가인 터키에서 만들어졌다는 것도 그냥 지나쳐서는 안 될 매우 중요한 사실이다. 대중문화, 시청각 영상, 디지털 매체를 통해 터키 미디어는 지역적인 영향력뿐만 아니라 전 세계에 자국의 힘을 각인시킬 수 있는 절호의 기회를 맞았다. 터키는 동서양의 경계선에 자리잡은 나라로서, 정교분리 원칙을 지키는 이슬람 국가다. 온건한 이슬람교파가 정권을 잡으면서 터키에서는 2003년부터 게이 프라이드가 합법화되어 진행되고 있다. 아랍 문화의 정신을 훼손하지 않으면서, 동시에 미국 드라마가 보여주는 문화적 간극을 메우는 좋은 필터링 역할을 자발적으로 해주는 것이다. 그런 점에서 볼 때, 터키는 동양과 서양을 잇는 가교 역할을 제대로 하고 있는 것일까? 마젠 하예크는 한발 물러나 이 상황의 상대적인 가치를 강조했다. 그의 주장은 이렇다. "우리가 상대적으로 다른 강경파 아랍인들에게 호된 비판을 받고 있는 것 또한 사실입니다. 바로 우리 나라가 터키의 이 드라마를 방영했기 때문인데, 급진적 이슬람주의자들, 이슬람 형제단, 이란의 종교 집단, 헤즈볼라의 입장에서는 엔터테인먼트를 결코 인정하지 않으니까요. 그들은 TV 드라마는 물론 토크쇼 자체를 혐오합니다. 이슬람 땅에 유희적인 농담이나 가벼운 이야기의 가십은 존재하면 안 된다고 믿는 자들인 거죠." 그럼에도 불구하고 서양 국가에서 제작된 여러 TV 프로그램은 아랍 국가에 수출, 방영되고 있다. (바레인은 「로프트 스토리Loft Story」를 방영한 바 있으며 쿠웨이트, 레바논, 사우디아라비아에서는 「스타 아카데미」의 판권이 팔렸다. 또 레바논과 시리아에서는 「슈퍼스타」가 버젓이 방송되고 있다.) 이러한 프로그램은 이슬람교가 강조하는 교리와 당연히 충돌을 일으켰다. 그래서 「스타 아카데미」를 속칭 '사탄 아카데미'라고 부르는 반대파의 격렬한 항의도 받아야만 했다.

우리는 여성의 인권을 개선하기 위해 오랫동안 싸워왔다. 이제는 동성애자들의 인권을 위해 싸워야 할 때인가? 두바이에 있는 MBC 본사에서 마젠 하예크는 MBC 1의 유명 토크쇼 「칼람 나우뎀Kalam Nawdem」(미국 ABC의 「더 뷰The View」)을 현지 버전으로 각색한 리메이크 토크쇼의 일부 대사를 인용해주었다. 4명의 아랍 여성은 자유롭게 동시대의 사회 이슈에 대해 토론했다. 사우디아라비아 출신의 여성 무나는 히잡을 쓰고 카메라 앞에 섰다. (사우디아라비아 출신의 여성이 TV 프로그램 사회자로 등장한 것은 이번이 처음이었다.) 레바논 출신의 라니아는 이 여성들 가운데 스타일이 가장 근대화된 모던 여성처럼 보였다. 파우지아는 이집트 출신으로 그중에서 가장 나이가 들어 보였다. 그녀는 지혜로운 어머니를 상징하는 여성이었다. 마지막으로 프라라는 팔레스타인 출신의 여성이다. 나는 이슬람 여성이 등장하는 토크쇼를 시청했다. (물론 레바논 여성이 대화 내용을 번역해주었다.) 나는 이 여성들이 다룬 대화 주제를 듣고 깜짝 놀랐다. 자위, 일부다처제, 여성에게 가해지는 각종 폭력, 레즈비언, 남성성이 부각되는 성 정체성 등 대화 주제의 수위가 예상을 훌쩍 넘어섰기 때문이다. 게다가 그녀들의 목소리 톤은 매우 차분했다. 선정적이거나 자극적인 이야기를 하기보다는 침착하게 상황을 설명하며 차근차근 대화를 이어가는 것도 놀라웠다. 60분 동안 진행되는 이 토크쇼는 2002년부터 방영되었으며, 일요일 저녁 안방을 찾아갔다. 매주 아랍 국가에 사는 사람 수백만 명이 이 프로그램을 시청하고 있다. 이 방송은 베이루트는 물론 두바이 현지에서도 방영된다. 일명 '미디어 시티media city'로 통하는 두바이는 아랍인들에게 세금 면제, 음주 허용, 표현의 자유, 도덕적 관습의 자유가 가능한 '자유 지대'로 통한다. 레바논에서 태어난 마젠 하예크도 이런 상황을 인정한다는 듯 이야기를 이어갔다. "이 토크쇼는 레바논에서도 가장 진보적인 방송으로 통해요. 틀림없이 우리가 앞으로 더 많은 자유를 누릴 수 있도록 해줄 겁니다." (나는 이 방송이 TV 공중파를 타기 전에 촬영과 편집 과정에서 세밀한 절차를 거친다는 사실을 나중에 알았다. 정확한 '가이드라인'에 맞추는데, 이는 차후에 불미스러운 충돌이 일어날 것을 경계하는 것으로, 욕설이나 인신공격성 발언 등을 자체적으로 걸러내기 위한 과정이다. MBC 방송사가 주장한 것과 달리, 이 토크쇼에서 실제로 사우디아라비아 시청자들의 심기를 불편하게 하는 내용이 전파를 탄

적이 있다고 한다. 결코 우연은 아닌 것 같다.)

　나는 두바이에 있는 MBC 본사에서 로자인 아메드 옴란도 만났다. 그녀는 「굿모닝 아랍」과 비슷한 장르의 방송 프로그램인 「데일리 모닝 쇼」를 진행하는 인기 사회자다. 또한 사우디아라비아 출신으로 아랍 국가에서 아주 유명한 스타로 통한다. 그녀는 공개적인 자리에서 히잡을 쓰지 않았는데, 이 또한 매우 이례적인 일이다. 히잡을 쓰고 안 쓰고는 개인의 선택이라면서 이게 왜 문제가 되는지 모르겠다는 입장을 방송 도중 당당히 내비쳤다. 그러면서 '이제는 민감한 주제에 대해서도 각자 자기 생각을 자유롭게 표현할 때'라고 강조했다. 방송에서 금기시되는 주제가 없어야 한다는 게 그녀의 생각이다. 또한 그녀는 다음과 같이 주장했다. "현재 우리에게는 상황을 분석하고 정확하게 기술하며 한쪽으로 치우치지 않게 객관적으로 평가하는 것이 무엇보다 중요합니다. 선전운동을 하면서 열성적으로 강요할 필요도 없고요. 제가 만약 방송에 나와서 여성들에게 레즈비언이 되라고 말한다면, 아마 그 프로그램은 바로 정지 처분을 받을 거예요!"

　최근에 카날 D와 경쟁 채널인 ATV가 TV 드라마 「킬리츠 귀뉘Kilic Günü」를 제작했다. 이 작품에는 게이 커플이 등장하는데, 처음으로 동성인 두 사람이 침대 위에 나란히 누워 있는 장면이 전파를 탔다. 결국 이 드라마 담당자들은 ATV 사장으로부터 호출을 받았다. 그 장면은 짧지만 메시지가 너무나 명확했다. 대사도 거의 없었지만, 동성의 두 사람이 함께 누워 있는 그 이미지는 말보다 더 많은 의미를 전달하는 장면임에 틀림없었다. 아랍 국가의 게이 혁명은 터키 TV에서 시작되는 걸까, 아니면 레바논의 TV 채널이 선수를 치게 될까?

나는 리야드의 로타나 채널 본부도 방문했다. 카이로, 베이루트, 두바이에 있는 각각의 스튜디오 촬영 세트장도 직접 가봤다. 그곳에서 사우디아라비아의 미디어 그룹 내부에 갈등이 있다는 것을 알게 되었다. 이 그룹은 알왈리드 왕자 소유의 회사다. 이 회사는 정통 이슬람교를 수호하는 정권의 가치에 충성을 다짐하는 기업이다. 다른 한편으로는 요즘 젊은이들의 기대에 부응하기 위해 좀더 근대화된 프로그램, 경제적 모델로 대변되는 시청자들의 구미에 맞는 기업이 되려고 신경 쓰기도 했다. 반계몽주의와 포스트모더니즘이 공존하는 기업이랄까. 아랍 유목민인 베두인족과 여러 은유가 담긴 이야기 등 이 방송국은 히잡에 대해서도, 동성애에 대해서도 관대한 관점을 취했다.

나는 베이루트 북부에 본사를 둔 로타나 채널의 명성 높은 토크쇼인 '로타나 카페Rotana Cafe'의 촬영 현장을 찾아갔다. 무대에 올라간 젊은이들의 목소리는 힘이 넘치고 자유로워 보였다. 사회자, 칼럼니스트, 비평가들이 한자리에 모여 대화를 나누는 방송이었다. 그들은 모두 미국 스타일로 옷을 입었는데, 청바지에 브랜드 티셔츠를 입고 있었다. (물론 출연한 여성들은 머리에 히잡을 쓰지 않았다.) 그들은 자유롭게 자기 경험담을 이야기하며 사회 사건과 뉴스를 소개했다. 물론 젊은이들의 성생활에 대한 이야기도 빠지지 않았다. 비록 레바논에서 제작되는 방송이지만 해외 아랍 국가에서도 손쉽게 시청할 수 있다. 모로코와 시리아에서는 물론, 사우디아라비아와 아랍에미리트에서도 인공위성을 통한 수신기만 갖추면 얼마든지 시청 가능하다.

어느 저녁, 사우디아라비아 출신의 청년 마젠 압델 자와드는 레바논의 TV 채널인 LBC의 토크쇼 「린 루즈Ligne rouge」에 출연했다. 이 채널 역시 알왈리드 왕자가 주주다. 그는 방송에 나와 자신의 성경험에 대해 솔직하게 털어놓았다. 또 쇼핑몰에서 히잡을 착용한 여성들한테 블루투스로 어떻게 작업을 거는지도 설명했다. 그는 여성들에게 접근한 뒤 유혹하는 방법과 자신의 방탕한 성생활을 낱낱이 공개했다. "그는 자기가 한 일을 아주 자랑스럽게 이야기했어요." 리야드에서 만난 미디어 그룹의 회장인 사우드 알아리피가 그에 대해서 언급했다. 이 방송이 인공위성을 통해 전파를 타면서 페르시아만 주변 국가 사람들도 이를 시청했다. 사우디아라비아인들은 이에 즉각적으로 반응했다. LBC 채널은 결국 아랍샛을 임시 중단시킬 것을 요구했다. 해당 인물은 경찰에 체포되었는데, 그는 '풍기문란 죄'로 기소되어 5년형을 선고받았으며 채찍형을 1000대나 받아야 했다. (채찍을 몇백 대도 아니고 1000대나 맞는 사람치고 죽지 않고 몸이 성할 이가 있을까 싶다.)

LBC의 방송은 과연 실수로 저질러진 사고일까? 마젠 압델 자와드는 불행의 아이콘이었다. 그의 방송은 어쩌면 예기치 않은 사고가 아닐 수도 있었다. "그 방송은 분명 녹화된 것을 내보냈지, 생방송 프로그램이 아니었습니다. 레바논 채널이 사우디아라비아에 보란 듯이 선정적인 내용을 내보인 데에는 어쩌면 배후에 숨겨진 의미가 있지 않을까 싶네요. 지리정치적으로나 경제적으로 이 방송의 이해관계와 복잡하게 얽혀 있어요. LBC는 명백히 레바논의 TV 채널입니다. 하지만 이 채널의 소유주인 사우디아라비아의 왕자 알왈리드가 보유한 주식 지분율이 늘어날수록 이 채널은 사우디아라비아의 눈치를 보지 않을 수 없겠죠. 그런 면에서 이 방송은 일종의 저항의 의미를 표출하기도 합니다." 리야드에서 사우드 알아리피가 말했다. 미디어 분야에 종사하는 다른 인물들 가운데 베이루트에서 만나 인터뷰했던 사람들도 LBC가 자유로운 사우디아라비아 왕자인 알왈리드에게 일종의 '파일럿-피시pilot-fish' 역할을 한다고 평가했다. 즉, 상어에게 먹잇감이 있는 곳을 안내하는 물고기처럼 미끼를 알아서 바치는 셈이다. LBC의 「린 루즈」는 최근에 동성애자 4명에게 발언권을 주면서 또 한 번 스캔들을 일으켰다. 그들은 동성애를 인정하지 않는 시청자들의 부정적인 시선과 거센 비판이 담긴 질문들을 받아야만 했다. 어떤 이는 레바논의 TV 채널이 고백 형식을 취하고 있어서 정치적 보고서의 역할을 하는 것은 아닌지 매우 애매모호하다면서 장르의 이중성을 지적했다. 레바논은 수니파, 시아파 교도들이 공존하는 나라다. 레바논의 기독교 채널인 '머르 TV'는 수니파와 기독교가 가깝게 지내며 결탁관계를 맺은 사실에 대해 비꼬는 식의 멘트를 날렸다. (2009년 레바논의 기독교는 헤즈볼라에 맞서 싸우기 위해 수니파와 연맹관계를 맺었다.) 이 기독교 채널은 2012년 8월에 동성애를 혐오하는 한 토크쇼에서 베이루트 외곽에서 포르노그래피 영화를 감상하는 관람객들을 비난하는 발언을 했다. 결국 이 방송 때문에 민간인 36명이 긴급 체포되었다. 그들이 퇴폐적인 성생활, 항문성교를 한다는 제보를 받았다는 이유에서다. 베이루트의 게이 단체인 헬렘과 인권감시단체는 이런 결과가 빚어진 것을 유감스럽게 여겼다. 그러면서 인간의 기본적인 도덕성조차 보호해주지 않은 토크쇼를 격렬하게 비판하며, 동성애자 차별법을 폐지하라고 강력히 호소했다. 하지만 '머르 TV' 회장인 미셸 머르의 생각은 달랐다. 나는 그를 직접 만나 인터뷰를 했다. 그는 게이 문제를 거론하는 것에 대해 매우 호의적인 입장을 보였다. 하지만 경찰이 급습한 곳의 운영을 중단하고, 머르 채널의 기자들이 비난한 장소를 폐쇄하는 것은 동성애 문제와 상관없다고 받아쳤다. 그러면서 다음과 같이 덧붙였다. "포르노 영화관은 이 사회에 악한 행위와 저질스러운 관계를 부추길 뿐입니다." 그는 동성애 문제가 종종 자신이 운영하는 채널에서 논의되고 있다며 다음과 같은 예를 들었다. "'테흐킥Tehkeek'(현지어로 '앙케트 조사'란 뜻)이라는 이름의 방송에서는 기자 출신인 클로드 힌디가 등장해 동성애가 가정마다 존재한다는 것을 보여줬어요. 이제는 베일에 가려졌던 동성애의 실체를 드러낼 때입니다. 보수적인 아랍 국가이지만 이곳에도 동성애자들은 살고 있죠. 우리도 이제 그들의 동성애를 받아들여야 할 때입니다."

앞서 사우디아라비아 출신의 남자가 블루투스로 여자들의 환심을 사고, 레바논의 포르노 영화관에서 게이들이 자주 모여 영화를 관람하는 예를 든 것은 여러 사례 중 일부일 뿐이다. 이외에도 사우디아라비아와 그 주변 국가들 사이에 갈등 및 다툼의 주제는 많다. MBC와 로타나(해외에서 제작되어 전파되는 사우디아라비아 채널)는 물론 두바이 TV, LBC, 네스마(튀니지), 알자지라(카타르) 등이 대표적인 위성 채널로 인공위성 수신기를 통해 아랍 여러 국가에 방송을 송출하고 있다. 이 채널들 중에는 성적인 주제를 아주 적나라하게 다루는 프로그램들이 포함되어 있는데, 성욕이 과다해 주체할 줄 모르는 사우디아라비아 남성들을 인터뷰하는 토크쇼도 있고, 색정과다증에 걸린 여성과 게이들도 출연한다.

이따금 뮤직비디오에서도 동성애와 관련된 내용이 등장해 구설수에 오르기도 한다. 레바논의 인디밴드인 마시루 레일라Mashrou' Leila의 보컬인 하메드 시노는 자신이 게이임을 알린 아랍인 가수다. 그의 작품성 있는 음악의 가사는 동성애를 지지하는 내용을 담고 있다. (2012년에 그는 레바논 TV에서 많은 시청자의 사랑을 받으며 인기 스타 대열에 합류한다. 특히 그가 속한 그룹의 노래인 '심 엘 야스민Shim el Yasmine'은 유튜브를 통해 많은 인기를 끌었다.) 튀니지의 미디어 그룹인 카루이 앤 카루이 Karoui&Karoui 역시 동성애에 우호적인 입장을 보이며 아랍 국가들을 위해 설립된 채널인 네스마 TV를 통해 방송을 내보내거나 TV 제작사를 통해 작품을 제작했다. (대표적인 예가 '스타 아카데미 마그레브 지역 편'인데 연속되는 방송 분량과 문화적인 테마를 다루는 방송을 주로 담당하고 있다.) "네스마 TV는 매우 개방적이며 게이에게 우호적인 채널입니다. 심지어 게이 사회자가 있는가 하면, 방송에 나온 사람들이 동성애에 대해 매우 긍정적인 생각을 갖고 있지요. 인공위성을 통해 세계 곳곳에서 이 방송을 시청할 수 있는 세상이 됐습니다. 이제 아랍 국가들 사이의 국경선은 별 의미가 없어졌지요."

아부 누와스에 소속된 게이 인권운동가 조헤어가 말했다. 나는 알제에서 그와 인터뷰를 했다.

터키의 TV 드라마들과 마그레브 지방의 방송들, 그리고 레바논의 토크쇼는 단순한 오락거리만 제공하지 않았다. 방송 관계자들은 이슬람 세계의 기본 교리를 전복시키는 콘텐츠를 만들었다. 어떤 면에서 이들은 사우디아라비아의 수도인 리야드와 이란의 수도인 테헤란의 정부 관계자들에게 골칫거리가 될 수도 있다. 가부장적 가치를 지향하던 가족의 이념이 흔들림에 따라 사회적으로 혼란을 겪게 될 것임은 분명하다. 스크린을 통해 히잡을 쓰지 않은 여성들의 등장, 게이들에 대해 거론하지 않더라도 여성만을 주체로 언급한다는 것은 가족의 질서를 유지하는 데 경고를 보내는 것이며 성의 분열, 즉 남자와 여자의 갈등을 더욱 증폭시킬 수 있다. 하지만 어떤 면에서 보면 이런 변화는 혁명이라는 바다로 흘러 들어가는 매우 중요한 강물의 줄기가 될 수도 있다.

"저한테 이런 주제는 다루기 거북하고 매우 불편한 것입니다." 리야드에서 인터뷰에 응한 사우드 알아리피가 솔직한 심경을 털어놓았다. 그는 이런 말도 덧붙였다. "하지만 그럴수록 이 사회를 정면으로 응시해야 한다고 생각해요. 저는 게이들이 의자에 앉아 빈둥거리면서 잡담이나 하는 토크쇼는 질색입니다. 물론 히잡을 쓴 여성들에게 블루투스로 작업 거는 방식을 알려준 사우디아라비아 남자의 사례는 더 이상 언급하지 않겠다고 해도 말이에요! 하지만 이런 일이 실생활에서 버젓이 일어나고 있다는 것은 곧 수천 명의 사람이 같은 경험을 했을 수도 있다는 뜻입니다. 우리가 스크린상으로 그런 이미지를 못 보는 것뿐이지, TV에 나오지 않는다고 해서 실생활에서 일어나지 않는 것은 아니니까요. 그런 의미에서 이런 사연은 우리의 현실 감각을 일깨우는 데 도움이 됩니다."

알자지라는 다른 채널들보다 더 복잡한 구조를 띠고 있다. 카타르의 채널이면서 모든 아랍 국가에까지 방송이 전파되고 있다. 지난 몇 년간, 나는 아랍 국가 10여 곳을 직접 방문해 현지 기자와 방송국 사회자들을 만나 인터뷰를 했다. 시리아, 레바논, 팔레스타인, 튀니지, 이집트의 채널을 살펴보면서 해당 방송국도 찾아가 조사했다. 그중에서도 도하라는 도시에 머무를 때, 나는 방송국 본사에서 만나는 사람들에게 동성애 관련 질문을 던졌다. 그 질문에 대해 어떻게 생각하는지 저마다 관점도 다양했지만, 서로 모순적인, 즉 이율배반적인 관점을 보이는 사람들도 있었다. "특히 알자지라는 정치와 관련된 의견을 피력할 때 아주 과감합니다. 하지만 대부분의 사람은 사회 및 도덕 문제가 걸려 있는 일에 자기 소신을 지키며 과감해지기가 쉽지 않아요." 카타르에서 TV 채널의 사회자로 인기 스타가 된 튀니지 출신의 모하메드 크리셴이 솔직한 생각을 털어놓았다. 게다가 이런 말도 덧붙였다. "우리 나라 토크쇼가 아랍 사회의 근대화를 완전히 이끌진 못했지만, 적어도 동성애 문제는 확실히 언급했습니다. 처음에 이 터부시되는 주제가 등장했을 때 시청자들은 충격을 받았죠. 그들은 자기 귀를 의심할 정도로 의아해했지만, 지금 보세요. 우리는 방송사의 용기에 순응하고 익숙해졌어요. 대중은 우리와 함께 움직이고 있지요. 동성애는 알자지라 방송에서 빈번하게 다뤄온 주제입니다. 특히 토크쇼에서 자주 거론되었지만, 일반 보도성 자료를 내보내는 뉴스에서는 아직 조심스러워하고 있지요. 우리 사회에서는 동성애가 여전히 금기어로 통하니까요." 한때 유럽에서 특파원 기자로 활동한 아흐마드 카멜도 그의 생각에 동의했다. 그는 이렇게 말했다. "동성애는 아랍 국가에서 여전히 매우 민감한 주제예요. TV 채널에서도 그렇고 누구도 공개석상에서 자유롭게 동성애자를 지지한다는 말을 하지 못해요. 알자지라도 토크쇼가 아닌 뉴스에서 이 주제를 직접적으로 건드리지는 않습니다. 극히 조심스러운 태도를 보이고 있지요. 알자지라와 양대 산맥을 이루는 아랍 방송 채널인 알아라비야는 사우디아라비아의 MBC

계열사인데, 동성애 주제에 있어서 중립을 고수하며 찬반론에 대한 언급 자체를 삼가고 있습니다. 이렇듯 겉으로는 아니라고 해도 아랍 방송은 표면적으로만 근대화를 외칠 뿐, 그 안을 파헤쳐보면 여전히 과거를 답습하고 있지요."

현재 알자지라가 몇몇 토크쇼를 통해 변화의 동력원이 되고 있지만, 카타르의 채널이라고 해서 제약이 아예 없는 것은 아니다. 도하에서 매주 일요일 저녁 9시 5분(현지 메카 시각)에 방영되는 「자비와 삶」이 그 점을 명백히 드러내고 있다. 이 유명한 방송에는 이슬람 교리를 TV로 전달하는 유명 스타인 원로 설교자 유세프 알카르다위 수장이 출연한다. 이집트에서 망명한 그는 '무슬림 형제단'의 측근이다. 「자비와 삶」은 이슬람교도들이 동시대의 달라진 근대화에 맞춰 살면서도 자신의 종교 신념을 유지하기 위해 겪게 될 어려움을 질문하면 구체적인 답변을 해주는 프로그램인데, TV라는 매체를 통해 종교적 즉문즉답이 이뤄진다. 수백만 명의 사람이 그에게 귀를 기울였고, 그가 말하는 이슬람 교리, 즉 파타와를 경청했다. 그가 출간한 종교 책『이슬람에서 합법적인 것과 금지된 것The Lawful and the Prohibited in Islam』, 그리고 그가 제작한 인터넷 사이트 '이슬람 온라인(islamonline.net)'은 아랍 세계에서는 매우 중요한 길잡이 역할을 한다. 유세프 알카르다위를 추종하는 신도들에게 그는 진보주의 이슬람을 대표하는 종교인이다. 특히 여성과 관련된 문제에 있어서 그는 세상이 점차 변화하길 바란다. 그래서 어떤 이들은 그가 종교적 의무를 저버린다며 비난의 화살을 돌리기도 했다. 프랑스가 국립 학교에서 이슬람교도의 히잡 착용을 금지한 법과 비교하여 히잡의 자유화는 이슬람교의 기본 의무를 어기는 행위라고 여겼다. 방송 중 한 방청객이 그에게 아내와 성관계를 하는 장면을 영상에 담아도 되는지 물었다. 코란 경전이 그런 행위에 대해 인정하는지 묻자, 그는 아무렇지 않게 그렇게 해도 된다고 답했다. 또 구강성교가 이슬람의 가치와 양립 가능한지도 물었다. 아랍 국가의 역사상 TV 방송에서 이런 주제를 언급한 것은 최초가 아닐까 싶다. 그렇다면 이 설교자는 동성애에 대해 어떤 말을 할까? 그는 여성의 인권을 중요하게 여긴 만큼, 사생활 존중 또한 중요시했다. 하지만 동성애에 있어서만큼은 강경한 반대 입장을 표명했다. 여러 편견과 사회 통념 그리고 정통 이슬람 교리를 강조하며 그는 모든 게이와 레즈비언을 벌 받아 마땅한 대상으로 치부했다. 그렇다면 그의 눈에 이들은 사형을 받아야 할 사람들일까? 그는 가능하다면 사형해야 한다고 대답했다. 또 돌을 던져 죽이는 투석형도 가능하다고 답했다. 그는 동성애자들의 성 정체성을 '성적인 재조정'의 일환으로 치료한다면 정상인으로 되돌아갈 수 있다고 강조했다. 그는 누가 봐도 동성애를 혐오하는 이의 입장이었다. 알자지라가 매우 진보적인 채널이라고는 하지만, 유세프 알카르다위가 출연하는 이 프로그램은 진보주의에 역행하는 모습을 보이고 있다.

알자지라는 앞으로 성과 관련된 모든 문제를 비껴갈 수 없다. 왜냐하면 SNS를 통해 확산되는 대중의 문제를 그냥 지나칠 수 없는 데다 방송들 사이의 상호 보완적인 측면을 고려할 때 성 문제는 자주 거론될 수밖에 없는 화두이기 때문이다. 알자지라는 대중에게 자율적인 발언권을 부여하는데, 이는 지금까지 아랍 국가의 미디어 문화에서 볼 수 없었던 새로운 변화라 할 수 있다. 그러다보니 대중은 동성애에 대한 주제를 더 이상 숨기지 않고 논쟁의 도마 위에 올려놓았다. "사람들은 우리에게 점점 더 개인적인 일화를 들어달라고 요구합니다. 토론 주제에 대한 개인의 경험담을 방송으로 내보내주길 바라죠. 동성애 문제가 전파를 타고 대중에게 인식된다면 우리는 정당방위를 할 수밖에 없답니다." 벨기에에 있는 알자지라 외신 보도팀 팀장인 라빕 파흐미가 설명했다. 나는 브뤼셀에서 그와 만나 인터뷰를 했다. 그는 이런 말도 했다. "알자지라가 동성애를 무조건 거부하는 건 아닙니다. 다만 아직까지는 그에 대한 이야기를 피하고 싶은 거예요. 그래서 찬성도 반대도 아닌, 중도를 고수하기 위해 말을 아끼는 거지요."

알리 알다피리는 사우디아라비아 태생이다. 첫눈에도 그의 출신 배경을 알 수 있는데, 일반 기자들이 거의 입지 않는 흰색 전통 의상인 토브를 입고 머리에는 사우디아라비아의 전통 모자를 썼기 때문이다. 알자지라의 한 유명 토크쇼 사회자인 그를 나는 도하에 위치한 본사 카페테리아에서 만났다. 그가 나를 흡연석으로 안내했다.

"알자지라가 이렇게 성공을 거둘 수 있었던 것은 표현의 자유를 인정했기 때문이에요. 우리는 아랍 국가의 뉴스 전달에 있어서 새로운 혁명을 일으켰습니다. 기존 관습에 있어서도 혁명을 일으켰기에 알자지라의 명맥을 잇고자 하는 다른 방송 채널들이 계속해서 생겨나고 있지요. 대표적인 예가 바로 LBC, 로타나, MBC입니다."

그가 말했다.

리야드의 로타나, 두바이의 MBC, 베이루트의 머르 TV, 도하의 알자지라와 관련된 몇 달간의 조사를 마치고 나서 나는 아랍 국가들이 성적인 혁명을 이루었다는 생각에 동의할 수 있었다. 여성들은 물론 동성애자와 관련된 TV 토크쇼, 드라마와 여러 장르의 프로그램이 등장한다는 것은 의미심장한 변화를 예고하기에 충분하다.

"로타나, MTV, LBC, MBC 채널에서 제작되는 여러 토크쇼가 베이루트에서 방영되는 것을 보면, 그래도 우리가 과거보다는 더 많은 자유를 획득했다는 것을 실감하게 됩니다."

레바논에서 TV 드라마를 제작하는 유명한 프로듀서 마크람 하누쉬가 소감을 전했다. "아랍 국가에 사는 젊은이들은 자기네끼리도 자유롭게 말하지만, 우리한테도 거리낌 없이 이야기해요. 믿기 힘든 변화입니다. 처음에는 그들끼리만 소통하던 은밀한 대화 주제가 TV 공중파를 타고 대중화되면서 은밀한 일상이 적나라하게 공개된 거죠. 젊은이들은 마약, 매춘, 동성애, 게이와 레즈비언뿐만 아니라 트랜스젠더에 대한 이야기를 자유롭게 꺼낸답니다. 저와 동시대를 살았던 옛사람들은 상상도 못 했던 일이 오늘날엔 가능해진 거예요. 저는 그들이 하는 말을 들으며 깜짝 놀라면서도 벅찬 감정을 느낀답니다. 아직 스물다섯 살도 안 된 젊은 게스트들이 TV 토크쇼에 나와 자기 이야기를 커밍아웃하는 걸 보면, 드디어 아랍 국가도 표현의 자유를 향한 물꼬가 트이는구나 하는 생각이 들어요."

에필로그

인권과 관련된 새로운 경계선

"로빈슨 크루소는 무인도에 홀로 있다가 금요일이 되면 집으로 돌아오지요. 아시아에 있는 게이들이 로빈슨 크루소처럼 세상에 혼자 있는 듯 외롭게 느껴질 때마다 저는 그들이 프라이데이닷컴과 함께하길 바랍니다." 스튜어트 코가 자기 웹사이트에 대해 이렇게 소개했다. 우리가 앉아 있는 주변으로 인도어, 파키스탄어, 중국어로 대화하는 사람들의 말소리가 들렸다. 작은 TV 스크린으로 발리우드 영화가 상영되었다. 테이블 위에는 마살라 치킨 요리와 라시 음료가 있었다. 코는 몸집이 왜소한 마흔 살의 남자로 기다란 머리에 금발로 부분 염색을 했다. 그는 이따금 손을 흔들며 자유로운 몸짓을 했다. 갈색 머리에 근육질 몸매를 가진 스튜어드는 아시아에서 규모가 가장 큰 게이 네트워크인 프라이데이닷컴(fridae.com)을 만든 사람이다.

　나는 싱가포르의 리틀 인디아 구역에 있는 인도 식당 테카 센터에

와 있다. 그곳에서 만난 스튜어트가 말했다. "인터넷은 전 세계 게이들에게 일종의 혁명과도 같았습니다. 그들의 삶은 인터넷 덕분에 혁신적으로 바뀌었어요. 이제 더 이상 그들은 혼자가 아니게 되었답니다." 그의 사이트를 방문하는 가입자 수는 매달 수백만 명을 기록하며, 동남아시아를 비롯해 타이완, 홍콩, 인도네시아, 중국 등 여러 아시아 국가에서 그의 사이트에 접속했다. 게이들의 전용 만남 사이트 중 세계에서 두 번째로 규모가 큰 네트워크다.

스튜어트 코는 약학 분야에서 박사학위를 받았지만, 자신이 아시아 게이들에게 이렇게 큰 영향력을 끼치게 될 줄 미처 생각도 못 했다. 그의 고백을 더 들어보자. "제 인생이 이쪽 방향으로 나갈 줄은 정말 몰랐습니다. 우연의 일치가 만들어낸 숙명일지도 모르죠. 제가 이 분야에 관심을 갖게 된 결정적 계기는 바로 에이즈였습니다. 저는 약학을 공부하면서 에이즈의 원인이 되는 인간면역결핍바이러스HIV를 집중적으로 연구했어요. 그러면서 싱가포르에서 에이즈 퇴치운동에 동참하게 되었답니다." 스튜어트 코는 인권운동가인 동시에 기업인이다. 급진적 자유주의 사상을 가진 동시에 실용주의도 중시하는 현실적인 사람이었다. 아시아판 하비 밀크라고 할 수 있을 정도로 스튜어트 코는 아시아에서는 매우 특별한 인물이다. 부르주아 계층 지식인이면서 돈을 버는 기업인 게이이기 때문이다. "네, 맞습니다. 저는 인권활동을 하는 기업가예요." 그가 자기 프로필을 한마디로 말했다. 이 꿈꾸는 혁신가에게 있어 회사의 수익 모델은 광고를 통한 수입과 로그인 연동 시간으로 벌어들이는 것이었다. 프리미엄 회원들은 가입비가 유료이며, 전자 상거래를 희망하는 게이들에게는 그와 관련된 서비스를 제공하면서 수수료를 받는다. 이 사이트는 오늘날 15명의 정직원을 고용하고 있으며, 싱가포르에 본사를 두고 있다. 이 기업인의 사업은 싱가포르 정권조차 태클을 걸 수 없을 정도로 빈틈없다. '사회주의'를 지향하는 자본주의를 무시하지 않으면서 중국 모델을 따라가고자 하는 싱가포르의 현 정치적 상황과도 맞아떨어지는 공생관계를 구축할 수 있는 기업이기 때문이다.

하지만 스튜어트 코는 기업인이면서 인권운동가라는 점을 잊어선 안 된다. 마땅히 보장되어야 할 인권을 호소하는 열렬한 급진주의자이기 때문이다. "제가 아시아 게이들에 대해 느끼는 점 가운데 가장 실망스러운 것은 그들이 스스로를 패배자로 인식한다는 겁니다. 자기 자신에 대해 당당하지 못하고 세상 밖으로 나가는 것을 두려워하는 모습을 더는 보기 싫어요. 물론 아시아의 가치라는 것이 상호 존중이며, 만인을 위한 공통된 의견을 모으는 데 있다는 것쯤은 저도 잘 압니다. 하지만 시대는 변하고 있고, 우리도 그 변화에 발맞춰 한자리에 모여 소리를 낼 때가 됐다고 생각합니다. 이제 더 이상 참고만 있지 말라는 겁니다." 2005년부터 그는 싱가포르에서 개최되는 게이 프라이드에 참여해왔다. 시위 자체를 불법으로 여기는 나라에서 게이 프라이드를 열다니, 생각지 못한 일이 아닐 수 없다. 노조를 결성하는 것 자체를 억압하던 나라에서, 정치 이념을 강조하는 모든 형태의 집회를 제재하던 나라에서 동성애를 위한 축제가 가능하다니······. 결국 이 게이 프라이드는 얼마 못 가 중단되고 만다. 이듬해에 게이 프라이드가 다시 금지되었기 때문이다. 게이 프라이드가 무산되자, 싱가포르 동성애자들은 그에 대한 저항의 메시지를 담아 '분노'라는 주제로 게이들을 위한 한 주간의 행사를 마련했다. 2007년에 프라이데이닷컴은 10여 개의 인권단체와 힘을 합쳐 싱가포르의 법 제377조항을 폐지할 것을 호소했다. 이 조항은 동성애를 형법상 처벌 대상으로 규정한 내용을 담고 있었다. 그들의 탄원은 싱가포르 총리의 귀에까지 들어갔지만, 받아들여지지는 못했다. 스튜어트 코는 정부를 당황하게 만드는 행동을 서슴지 않으며 과감하게 실천했다. 기업인으로서는 정부의 신임을 받을지 몰라도, 인권운동가로서의 그는 정부에게 골칫덩어리였다. 경찰은 항상 그를 주시했다. 그럼에도 불구하고 스튜어트 코는 자기 신념을 굽히지 않았다. 그가 관리하는 사이트가 검열 대상에 오르지 못하도록 그는 웹사이트의 본거지를 홍콩으로 이전시키는 등 치밀하게 움직였다.

프라이데이닷컴이 추구하는 목표는 정부가 아닌 성소수자 모두를 향한 것이었다. 그리고 그 속에 게이 인권운동가인 스튜어트 코가 있다. 그가 운영하는 사이트의 슬로건은 '힘을 키우는 아시아의 게이 Empowering Gay Asia'다. 이 말은 그가 외치고 싶어하는 정치적인 메시지를 잘 드러낸 말이기도 하다. 북한을 제외한 아시아의 모든 국가에는 정기적으로 그와 서신을 주고받으며 소통하는 특파원이 약 50명이나 있다. 프라이데이닷컴이야말로 아시아의 동성애자들이 최신 정보를 주고받는 진정한 온라인 미디어 사이트라고 할 수 있다. 여러 언어로 번역되며 24시간 실시간으로 뉴스를 전달한다는 점에서 어쩌면 이 사이트야말로 아시아 게이들의 상황을 가장 잘 알려주는 아시아의 대표적인 게이 네트워크라고 할 수 있다.

"저는 습관적으로 이런 말을 해요. 싱가포르는 아시아의 축소판이라고요. 정말입니다. 그런 의미에서 프라이데이닷컴도 아시아 게이를 보여주는 축소판이라고 할 수 있어요."

스튜어트 코가 말했다. 그는 자기 영혼은 누가 뭐래도 기업인이 아닌 인권운동가라고 자부했다. 특히 하비 밀크를 향한 존경심이 대단했는데, 미국의 게이 정치인이었다가 암살당한 그를 마치 우상처럼 여겼다. "그는 정말 훌륭한 사람이었어요. 수많은 인권단체와 게이 바는 아직도 그의 이름을 자랑스럽게 사용하고, 편견에 맞서 정치적인 투쟁을 마다하지 않는 상징으로 하비 밀크를 떠올린답니다. 우리 모두가 본받아야 할 롤모델인 거죠. 물론 그분처럼 암살당하는 비극이 일어나선 안 되겠지만요."

우리는 인도식 요리로 식사를 마쳤다. 양이 많고 내 입맛엔 살짝 느끼했다. 스튜어트 코는 나와 인터뷰를 마치고 또 바삐 어딘가로 향했다. 어디를 가나 했더니, 헬스장에 가서 아브라 리라고 하는 코치에게 퍼스널 트레이닝을 받는다고 했다. 홍콩계 미국인 아브라 리와 스튜어트는 현재 한집에서 동거하는 사이다. 그가 말했다.

"남자친구가 코치여서 참 편해요! 일주일에 두 번 정도 헬스장에 가서 남자친구도 보고 운동도 하고 일석이조니까요! 살도 안 찌고 얼마나 좋아요. 싱가포르의 게이들처럼 매일 아침 강도 높은 운동을 할 필요도 없고, 다이어트 식단을 짤 필요도 없습니다. 저는 그냥 현상 유지가 목표예요. 내 남자친구 앞에서 너무 관리 안 된 몸뚱이만 보여주지 않으면 되죠, 뭐."

인터넷의 게이 사이트

인터넷에서는 동성애자를 위한 네트워크가 점점 그 영역을 확장하고 있는 추세다. 홍콩과 중국, 이란과 알제리 등 과거에는 게이 사이트를 여는 게 불가능했던 나라의 가상세계에서 그들의 존재는 예외가 아니다. 이런 변화가 사회적으로 미친 영향은 상당할 것으로 예상된다.

나는 알제의 대학가에 있는 모리스-오딘이라는 커피숍에서 몇몇 운동가를 만났다. 그들은 인터넷에서 아주 활발하게 활동하는 게이 인권운동가들이었다. 파리의 게이 구역과 이곳을 비교하며 왈리드•가 먼저 입을 열었다. "이곳은 알제리의 마레 구역이라고 할 수 있어요." 카히나는 레즈비언에 대해 특히 관심이 많았으며, 그와 관련된 온라인 잡지를 만들기도 한 동성애자다. 왈리드는 주로 페이스북을 통해 여러 커뮤니티를 관리하며 동성애자를 위한 글을 쓰고 있다. 야신은 트위터에서 주로 활동하는데, 상당한 팔로어를 보유하고 있는 SNS의 대가다. 나쉬르는 튀니지 출신으로 만잠닷컴(manjam.com)에서 주로 활동한다. 한자리에 모인 이들은 서로 자신이 하는 일을 소개하며 대화를 나누었다. 그 자리에 함께한 나는 새삼 인터넷과 SNS의 위력이 얼마나 큰지 느꼈다. 앞으로 게이들의 라이프스타일이 과거와 확연히 달라질 것임을 예견하는 자리였다.

"페이스북 개인 정보에 연애 중임을 표시하는 난에다가 '게이, 레즈

• 이 장에 등장하는 알제리인의 이름은 모두 가명이다.

비언 커플'을 명시할 수 있게 된 것만 봐도 대단한 혁명이 아닐 수 없습니다. 페이스북 창립자들도 아마 이 정도로 동성애자들 삶에 영향을 끼칠 줄은 몰랐을 거예요." 왈리드는 SNS가 자기네 나라에 얼마나 큰 변화를 가져왔는지 믿을 수 없다는 듯, 페이스북에 대해 계속 설명했다. "페이스북은 친구들의 목록을 정리할 때 범주를 여럿으로 나눌 수 있습니다. 그래서 내가 신뢰할 수 있는 가까운 이들은 '친구'로 설정하고, 상대와 별로 친하지 않지만 그냥 아는 정도라면 '지인'으로 분류할 수 있게 해서 참 편리해요. 상황에 따라 바뀔 수 있는 점까지 고려하니 굉장히 유동적인 시스템이라고 생각됩니다. 왜냐하면 우리는 익명의 다수를 상대로 하는 SNS에서 종종 위험에 처할 때가 있기 때문이죠. 사생활을 보호하는 측면에서, 개인 정보를 자율적으로 제어하고 관리할 수 있다는 점에서 페이스북은 그래도 믿음이 가요." 그의 친구들과 마찬가지로 왈리드는 알제리 경찰들이 알제리 시민의 개인 페이스북을 검열하며 통제한다고 불평을 늘어놓았다. 개인 블로그에 대한 감시는 SNS보다 더 삼엄하다고 강조했다. 왈리드가 다시 입을 열었다.

"SNS는 수많은 개인이 접속하는 곳이며 다른 수많은 사람과 대화를 나눌 수 있는 공간입니다. 따라서 경찰이 관리를 하는 데도 한계가 있을 수밖에요."

왈리드는 페이스북에서 활동하는 동성애 혐오자들 또한 경찰의 감시를 받고 있다면서 그 점에 대해서는 아주 잘된 일이라며 기뻐했다. (페이스북의 창립자인 마크 저커버그가 내놓은 회사의 기업 방침에 관한 새로운 가이드라인에 따르면) 동성애를 폄하하는 메시지나 영상, 이미지를 게시하는 회원들은 페이스북 내에서 활동 자격을 박탈당할 수 있다는 뉴스도 발표되었다. 왈리드와 그의 친구들은 미국인에게 아랍 국가에서 활동하는 동성애 혐오자들도 활동을 금지시켜달라고 요청해놓은 상태다. 왜냐하면 알제에서는 지금까지 동성애를 극도로 증오하는 사람들이 무고한 동성애자를 죽인 살인 범죄가 여러 차례 발생했기 때문이다. 뿐만 아니라 아랍 국가에서는 스스로 목숨을 끊은 동성애자 자살 건도 종종 일어나고 있기 때문에 상황이 심각했다. 그들의 요청은 미국에 잘 전달되었고, 요구가 관철되었다. 이에 왈리드는 덧붙여 말했다. "페이스북은 정말이지 동성애자들에게 매우 관대한 사이트예요. 그래서 우리도 이 사이트는 무조건 신뢰한답니다." 나는 왈리드에게 페이스북의 공동 창립자인 크리스 휴스와 애플의 CEO인 팀 쿡이 게이라고 말해주었다. 또 트위터의 CEO 잭 도시와 아마존의 CEO 제프 베이조스가 동성애자에 대해 매우 열린 사고를 가진 사람들이라는 것도 일러주었다. 이런 말이 그들에게는 마치 하늘에서 떨어진 선물처럼 희소식으로 들릴 것이다. 이 말에 왈리드는 기뻐하며 미소 지었다. 그러고는 회심에 찬 표정을 지으며 말했다. "그렇다면 앞으로 애플에서 출시한 제품들만 써야겠군요."

온라인 잡지를 운영하는 카히나는 튀니지와 모로코를 비롯해 아랍 국가에 거주하는 많은 레즈비언을 위한 잡지를 만들고 있다는 데 커다란 자부심을 느꼈다. 그녀는 대화를 나누던 중 이렇게 말했다. "인터넷은 북아프리카에 위치한 마그레브 지방의 동성애자들에게 큰 변화를 가져다주었어요. 웹사이트를 통해 소통할 수 있게 되면서 커피숍, 클럽과 같은 오프라인 장소를 찾는 데서 생기는 위험부담을 피할 수 있게 됐죠. 또 나랑 같은 상황에 있는 사람들을 전보다 더 쉽고 빠르게, 더 확실하게 만날 수 있답니다." 인터넷이 발달하기 전, 휴대전화는 그녀에게 중요한 혁명적 도구였다. 그녀의 말을 더 들어보자. "지금까지 가정에서 부모들의 감시도 상당했어요. 특히 제 아버지는 전화로 누구와 대화하는지, 무슨 대화를 하는지까지 감시하셨지요. 심지어 친오빠들과 나누는 대화까지 엿들을 정도였습니다. 하지만 각자 휴대전화를 갖게 되면서 아버지는 적어도 집 밖에는 저의 사적인 통화 내용을 들을 수 없게 됐어요. 집에 있을 때 저는 통화 대신 주로 SMS로 소통해서 아버지가 그 내용을 잘 파악할 수 없었고요. 그렇게 제 친오빠들은 여자친구를 사귀게 되었고, 저 또한 이성에 눈을 뜨는 대신 동성을 좋아한다는 것을 깨달았어요. 제가 레즈비언이라는 것을 인정하면서부터 진정한 자유를 느낄 수 있었답니다. 그렇게 저는 독립적인 인격을 가진 사람으로 살 수 있었어요."

카히나는 인터넷에서 활동하는 알제리의 LGBT 네트워크가 어떻게 조직화되었는지 자세히 설명해주었다. 일단 활동가들은 여러 장소를 옮겨다녔는데, 한곳에 집중되기보다는 분산된 형태로 활동했다. 교두보 역할을 하는 곳 없이 알제리의 모든 대도시에서 각자 자율적으로 활동했던 것이다. "겉으로는 약해 보여도 그들 사이에는 끈끈하고 강한 유대관계가 형성되어 있습니다. 그런 게 바로 인터넷 게이 네트워크의 은밀한 노하우랄까요." 그녀가 말했다. 하지만 카히나는 사이버 범죄에 맞서 싸우는 서양 국가들, 특히 유럽 내의 상황에 대해 걱정했다. "알제리에서는 형법 제333조와 제338조에 의해 동성애가 범죄로 간주되고 있어요. 그러다보니 사이버 범죄에 대항해 싸운다는 것 자체가 불가능합니다. 우리가 유럽인들처럼 대항했다가는 아랍 국가의 모든 게이 사이트에 전면 폐쇄 조치가 내려질 위험이 다분하거든요." 그녀는 할 말이 남았는지 다시 입을 열었다. "만약 제가 교도소에 가게 된다면 저한테도 다 생각이 있어요. 그곳에 있는 동안 자나 깨나 운동만 열심히 할 겁니다. 운동만 하라고 하면 정말 잘할 자신이 있거든요."

그녀의 친구인 나쇠르는 정치에는 전혀 관심이 없다고 했다. 그는 만잠닷컴에서 게이들을 만나는 일에만 신경 쓰고 싶다고 했다. 아랍 국가에 사는 게이들이 서로 만날 수 있는 대표적인 통로 역할을 하는 만남 사이트이기 때문이다. 그는 이 사이트가 강조하는 슬로건이 바로 '게이들의 소셜 네트워크와 게이끼리의 데이트를 주선해주는 사이트-지금 당장 상대에게 작업 걸기!'라고 소개했다. 이 사이트에 가입한 게이 회원들은 채팅창에 접속하고 일대일로 쪽지를 주고받으며 대화를 나누거나 즉석 만남을 시도한다. 현재 영국 소재의 이 사이트는 여러 무료 서비스를 제공하면서 동시에 유료 회원들에게는 프리미엄 서비스를 특별 제공한다.

"우리는 유료 회원으로 접속할 때 마음이 더 편해요. 혹시라도 예기치 못한 사고가 일어날 때 일반 무료 회원보다는 더 안전하게 보호받을 수 있으니까요." 나쇠르가 말했다. 이외에도 게이들의 만남을 주선하는 사이트는 더 있다. (로스앤젤레스 소재의) 게이닷컴(gay.com)과 (런던 소재의) 게이다르닷컴(gaydar.com)은 아랍 국가에서 꽤나 인기 있는 사이트로 통한다. 나쇠르는 최종 결론을 내리듯 확신에 찬 목소리로 말했다. "앵글로색슨족의 나라에서 운영되고 있는 사이트들은 확실히 믿을 만해요. 하지만 아랍 국가에 도메인 주소가 등록되어 있는 게이 만남 사이트는 왠지 찝찝하답니다. 완전히 믿기는 힘들죠." 알제리는 다른 선진국들처럼 동성애자를 대상으로 한 인터넷 인프라가 비교적 잘 갖춰져 있었다. 기술력 보급과 더불어 창의성이 커진 것을 이번에 확인하면서 나는 개인적으로 알제리의 새로운 변화에 벅찬 감동을 받았다. 그들은 인터넷을 통한 네트워크를 구축하면서도 그것이 초래할 수 있는 위험을 염두에 두고 있었다. 자기 방어와 함께 정부의 검열 및 통제로부터 어떻게 슬기롭게 빠져나갈 수 있는지까지 모색하고 있었다. 나는 알제리 편을 위해 조사하면서 처음으로 개인이 국가보다 더 위대할 수 있다는 생각을 했다.

"10년 전 중국에는 게이 커뮤니티 자체가 존재하지 않았습니다. 그런데 지금은 수백만 명이 동성애자 네트워크에 가입돼 있지요." 자신을 제프라고 소개한 중국인 남자 링줴딩은 페이잔닷컴(feizan.com)을 관리하는 중국 출신의 게이다. 그가 운영하는 사이트는 중국에서 활동 중인 게이 데이트 사이트 중 한 곳으로, 이외에도 실제로 수많은 사이트가 암암리에 운영 중이다. 나는 그를 베이징에서 만났는데, 그의 약혼남인 조이도 함께 나와주었다. 운동으로 다져진 탄탄한 근육질의 약혼남은 국제금융 변호사였다. 두 사람은 6년째 동거 중이다. "중국 정부는 결코 우리를 막을 수 없습니다. 우리가 포르노그래피 사이트를 운영하는 것도 아니고 정치 이데올로기를 선전하는 사이트도 아니니까요. 규율만 잘 지킨다면 우린 문제 될 게 없어요." 링줴딩이 운영하는 사이트는 몇 년 전부터 중국에서 선풍적인 인기를 끌었다. 그는 중국의 동성애자들을 하나로 뭉치게 하는 거대한 게이 네트워크를 인터넷에 구축한 주역이라 할 수 있다. 게이들의 데이트를 주선해주는 중국의 게이 사이트로는 보이스카이닷컴(boysky.com)과 bf99.com이 있으며 게이들의 문화를 소개하는 사이트로는 더우반닷컴(douban.com), 레즈비언 전용 사이트로는 lescn.blog.163.com이 있다. 또 미국 SNS인 페이스북과 트위터, 유튜브가 중국 현지에서는 접속이 차단되기 때문에 중국인은 그들만의 대체 사이트가 필요했다. 구글과 위키피디아도 검열 대상이었다. 그래서 나 역시 베이징 현지에서 조사를 하는 동안에는 검색 창을 쓸 수 없었다. 이란에서도 지메일을 사용하는 데 애로 사항이 많았다. 수시로 '페이지를 찾을 수 없습니다'라는 창이 떴는데, 페이스북도 마찬가지로 창이 열리지 않는 페이지들이 있었다.

그래서 중국은 다른 독재 국가들보다 한발 앞서서 자체적인 사이트를 만들어내는 데 성공했다. 인터넷이라고 하는 지구촌의 거대한 조직 체계에 자국의 고유한 사이트들을 구축한 것이다. 한편으로는 국가주의의 표본이라 할 수 있으며, 다른 한편으로는 수많은 사이트를 자체적으로 관리하고 싶어하는 정부의 집착이 만들어낸 산물이리라. 그 결과 중국에는 미국의 유명한 거대 기업들이 개발한 웹사이트와 SNS를 복제한 아류들이 있다. 대표적인 예가 바로 바이두Baidu(구글의 대체 사이트), 큐큐QQ(중국판 MSN), 런런Renren(중국판 페이스북), 유쿠YouKu(중국판 유튜브) 그리고 후둥Hudong(중국판 위키피디아)이다. 이러한 검색 엔진 창과 SNS는 중국 정부의 엄격한 관리 아래 운영된다. 그렇다면 위에 열거한 사이트에서 동성애자는 철저히 배제되고 있을까?

그에 대한 대답을 링줴딩에게 들어보자. "우리도 처음에는 걱정했어요. 하지만 중국의 동성애자 대다수가 이런 사이트를 이용하고 있습니다. 인터넷 사이트와 SNS, 각종 애플리케이션에 순응하며 살고 있는 거죠. 하루아침에 우리에게 이런 특혜를 누리지 말라고 말할 자격은 아무에게도 없습니다. 단지 중국에서 게이들은 겉으로 티를 내지 않을 뿐 엄연히 존재하는 국민이니까요. 인터넷이라는 가상세계에서도 마찬가지고요."

몇 년 전, 중국판 트위터인 웨이보Weibo가 출시되면서 5억 명 이상의 중국인 네티즌이 자기네만의 트위터를 할 수 있게 되었다. 타이완에서 만난 완옌하이는 중국 정부에 반대하는 반체제파 망명인이었다. 그의 이야기를 들어보자. "중국에서 게이들은 인터넷 사이트와 블로그, SNS에 접속해서 관계를 맺을 사람을 찾아요. 그게 오프라인보다 더 확실하니까요!" 중국에서는 사이버 경찰이라고 해서 인터넷을 감시하는 관리자들이 활동하고 있다. 그렇다 하더라도 매일 수만 명의 네티즌이 동시에 접속하는데 이들을 다 관리하고 감당할 수는 없는 노릇이다. 수천만 개의 쪽지와 트위터 글을 뒤져가며 동성애자를 잡아내기란 쉽지 않다. 게이들은 오프라인보다는 주로 온라인을 통해 마음에 드는 상대에게 작업을 걸고 만남을 시도한다. "중국 정부는 여러 키워드로 SNS를 검열한답니다. 은밀하게 그들만의 블랙리스트를 설정해놓은 거죠. 예를 들어 중국에서는 T로 시작하는 세 단어가 금기어처럼 검열 대상에 속합니다. 첫째는 티베트Tibet, 둘째는 타이완Taiwan, 셋째는 톈안먼Tian'anmen이에요. 또 P로 시작하는 두 단어도 금기어예요. 바로 매춘prostitution과 소아성애pedophilie지요. 그 외의 주제는 크게 관여하지 않고 놔두는 편입니다." 장후이가 말했다. 나는 그를 베이징에서 만났는데, 아이바이(aibai.org) 사이트의 관리자였다.

중국에서 활동하는 게이 인권운동가들은 자국의 미래에 대해 예상외로 낙관적인 전망을 내놓았다. 그럴 만도 한 게 중국 정부가 현재 컴퓨터 제조업에 많은 신경을 쓰고 있는 데다 소프트웨어 개발에도 한창이기 때문에 굳이 인터넷 활동을 제재할 필요는 없어서다. 하지만 인터넷 포르노 사이트는 철저하게 봉쇄할 전망이며, 특히 동성애자들의 성인 사이트에 대한 검열을 확실하게 하기 위한 소프트웨어 프로그램을 개발 중이다. 이런 상황은 이란 정부도 반길 만한 소식이 아닐 수 없다.

나는 실제로 테헤란에 있을 때, 구글 검색창에 'sex'라고 입력해봤다. 그랬더니 웬걸, 바로 코란 경전을 구입하는 판매 사이트 창이 떴다. 음란한 생각을 종교적인 생각으로 지우라니, 너무 웃기면서도 한편으로는 이란 정부가 추구하는 종교적 효용성을 새삼 느낄 수 있었다. 나는 미국의 옛 부통령의 이름인 딕 체니Dick Cheney도 중국과 이란에서 금기명이라는 것을 알게 되었다. 반미주의 때문일까? 그건 아니었다! 알고 보니 그의 이름 '딕' 때문이었다. (영어로 '딕'은 남성의 성기를 뜻하는 비속어다.) 그래서 두 나라의 검색창에서 그의 이름을 치면 자동 검열이 되어 나오지 않는 것이다.

이란, 쿠바, 러시아, 사우디아라비아처럼 중국에서도 검열은 시시각각 진행되고 있는 정부의 방어책 중 하나다. 내가 여러 국가를 돌아다니며 만났던 게이 인권운동가 대다수는 저마다 자신들이 검열을 피하기 위해 어떤 수단을 쓰는지에 대한 노하우가 있었다. 일단 그들은

'프록시proxys'에 도움을 요청한다. 필터링을 막아주는 시스템(필터 브레이커스Filter Breakers, 울트라서프Ultrasurf의 U999, 프리게이트freegate, 포세어드닷컴4shared.com)을 이용하기도 한다. 또는 사설 전용망VPM, Virtual Private Network을 사용해 개인 네트워크를 구축하기도 한다. 이러한 수단은 인터넷 사용자가 IP를 인위적으로 획득할 수 있어서 중국이나 이란 바깥의 외국에 도메인 주소를 보유하면서 활동하는 것이 가능하다. 이런 식으로 인터넷을 사용하는 동안 캐나다 주소로 활동할 경우, 현지 국가의 검열 레이더망을 피할 수 있어서 자유롭게 웹사이트에 글을 쓰는 게 가능하다.

이란에 있을 때 나는 현지 PC방을 자주 드나들었다. 가게 주인은 내가 갈 때마다 자꾸 안티필터링 시스템을 깔고 컴퓨터를 사용하라고 권장했는데, 이제 보니 다 그럴 만한 이유가 있었다. 테헤란의 이맘호메이니 근처에 있던 PC방 주인이 말했다.

"심지어 이란에서는 장관들까지도 안티필터링을 깔고 컴퓨터를 사용한다니까요!"

SNS상에서 즉석 메시지 창을 통해 쪽지를 주고받을 때도 속도가 느린 듯했다. 알고 보니 이란에서는 개인적으로 주고받는 쪽지 내용까지도 경우에 따라 검열 대상에 올랐다. 이란 사람들은 특히 인터넷이나 휴대전화를 통해 메시지를 주고받을 때 정부의 검열을 가장 잘 피할 수 있는 대상을 선택해 사용한다. (MSN, G토크, 와츠앱 또는 야후 메신저를 주로 사용한다.) 특히 동성애자에게 우호적이라고 알려진 야후 메신저의 '컬처 앤드 커뮤니케이션' 섹션은 그나마 검열이 가장 덜하다는 평판을 얻고 있다. '성인' '아시아' '이란' 그리고 '게이'와 '레즈비언'으로 검색하면 그와 관련된 카테고리가 나온다. 두 나라에는 어쩔 수 없이 피해망상이 존재할 수밖에 없다. 내가 중국과 이란에서 만난 많은 동성애자는 사생활을 보호하기에 가장 확실한 메시지 경로를 알고 싶어했다. 그들은 지메일, 야후, 핫메일을 주로 사용했는데, 중국 정부가 야후와 협력관계를 맺으면서 양국의 동성애자들은 야후에 등을 돌렸다. (아랍 국가의 경우 마크툽Maktoob이 정부와 모종의 관계를 맺고 있다는 소문이 돌았다.) 시간이 지날수록 핫메일에 대한 동성애자들의 반응도 예전 같지 않았다. 결국 지메일이 그나마 가장 믿을 만하다고 인식되고 있다.

중국, 쿠바, 이란 정부가 자체적으로 인터넷 세상을 검열하는 세태는 미국의 자유주의에 입각한 반검열주의와 대립될 수밖에 없다. 수천 명의 중국인 인터넷 중독자는 샌프란시스코의 차이나타운을 배회하며 그들만의 인터넷 활동을 한다. 또 마이애미에는 쿠바에서 온 인터넷 중독자들이 있다. 로스앤젤레스의 이란 타운이라 할 수 있는 '테헤란젤레스Tehrangeles'에서는 이슬람 교리에 저항하는 이란인들이 활동한다. 디지털 콘텐츠를 개발하거나 스타트업 기업에서 일하는 이들 이민자는 고국이 자행하는 검열을 교묘하게 피하기 위한 소프트웨어 프로그램을 개발한다. 그들이 개발에 투자하는 시간을 다 계산하지는 않더라도 결코 짧은 시간 동안 준비한 아이디어들이 아니다. 이들은 고국과의 시차를 이용해 웹사이트에서 벌어지는 검열을 차단하기 위한 수단을 모색하고 있다. 이슬람의 혁명, 중국 공산주의 독재와의 결별을 선언한 것에 그들은 행복해하고 있다. 그리고 타지에서 그들이 좋아하는 일에 열정을 쏟고 있다. 중국에 남아 있는 그들의 친구, 이란에 여전히 살고 있는 이슬람교도와 달리, 이들은 상대적으로 더 안전한 미국에서 살기로 결정한 것이다. "안티필터링을 위한 최고의 방법들은 이란을 떠난 망명자들의 머릿속에서 나온 것이에요. 테헤란에서 어떤 사이트가 폐쇄 조치를 당할 경우, 로스앤젤레스에 거주하는 이란계 미국인들이 프록시를 사용하거나 다른 경로를 통해 문제를 해결하곤 하니까요. 미국과 이란 사이의 시차를 이용해 이튿날 아침 해당 사이트에 접속할 수 있도록 문제를 해결한답니다. 이란에서 사람들이 인터넷을 사용할 수 있게 된 후로 우리는 이 서비스를 애용하고 있어요." 블로거이자 자신을 게이 로커라고 소개한 모센은 테헤란에서 인터뷰를 할 때 크게 뿌듯해하며 그 기여도를 누구보다 잘 이해하는 듯 말했다.

스톤월에서 트위터까지, 미국은 계속해서 전 세계의 LGBT 커뮤니티를 놀라게 하고 있다. 여러 드라마는 물론, 퀴어 영화 페스티벌이 오늘날 가능해진 것도 바로 인터넷의 보급 덕분이다. 그리고 전 세계가 게이운동을 펼칠 수 있도록 도와준 미국의 기여도도 크다. 제러미 하이만스는 누구보다 인터넷과 미국이 이룩한 업적을 인정했다. 서른다섯 살의 호주 국적을 가진 그는 각각 레바논과 네덜란드 태생인 부모 밑에서 태어났다. 그는 뉴욕에 본사가 있는 미국 NGO 단체를 운영하는 책임자다. 인터넷을 통해 그는 전 세계 동성애자들을 한자리에 모으는 일을 하고 있다. 그가 이루고자 하는 목표는 바로 이들이 당당하게 세상에 커밍아웃하는 날이 오게 하는 것이다. 나는 제러미 하이만스를 파리에서 여러 차례 만났는데, 그는 이렇게 말했다.

"모든 동성애자가 자신의 성 정체성을 드러내는 것은 미국뿐만 아니라 전 세계 모든 사람의 권리를 보호하기 위한 투쟁이 될 것입니다."
그가 운영하는 사이트(allout.org)는 2011년에 설립되었으며, 지금까지
100만 명 이상의 회원이 가입되어 있다. 회원들은 전 세계에 걸쳐 광
범위하게 펼쳐진 대규모 프로젝트는 물론, 아주 작은 단위의 지역을
대상으로 하는 프로젝트에도 참여하면서 다양하게 세분화된 일을 하
고 있다. 그들은 동성애자와 관련된 모든 문제를 다루고 있다. 미국의
어느 주가 동성애자의 결혼을 인정하지 않거나, 러시아에서 동성애자
를 차별하는 법안이 통과되려고 하거나, 아랍 국가에서 한 게이가 동
성애자라는 이유로 선고를 받아 교도소에 갇히는 상황에 처할 때, 이
단체에 소속된 회원들이 즉각 개입한다. 이 NGO 단체는 여러 방법을
동원해 문제를 해결하려 애쓴다. 먼저, 수십만 통의 이메일과 탄원서
를 요청하는 편지가 전 세계에서 날아온다. 불가피한 경우 신문에 홍
보를 위한 광고를 내기도 하고, 특정 브랜드에 대한 보이콧을 함으로
써 문제 기업에 대한 불매운동도 펼친다. "우리는 실시간으로 온라인
캠페인도 하고 있습니다. 온라인에서는 빠른 속도로 전파되기 때문에
효과가 크거든요. 그게 우리 단체가 하는 주요 임무예요." 하이만스가
덧붙여 말했다. 그는 '인간을 상품화하는 마케팅' 전략은 생각도 하기
싫다면서 반대 의사를 밝혔다. 그에게 있어서 범지구적 활동이란 백만
장자나 록 스타에게만 국한된 게 아니었다. 우리 개개인이 작은 손을
모아 큰 변화를 이룰 수 있다는 것이 그의 삶의 모토였다. 그는 전 세
계 동성애자들이 세상을 향해 눈을 뜨길 기대한다. 그래서 각자 자신
이 하는 말과 행동이 일치하는 삶을 살길 바란다. 우리가 대화를 나
누는 동안 그는 역동적인 표현을 자주 썼는데, 가령 '일어나자Get Up!'

'포기 금지Don't Give Up!' '다음 단계로 넘어가자!Move On!'와 같은 문구를 팔을 크게 휘두르며 적극적으로 표현했다. 여기에 재정적인 충당도 필수 조건으로 뒤따른다. "사람들은 자기와 관련된 문제에 대해서라면 기를 쓰고서라도 해결하려 애씁니다. 똘똘 잘 뭉치고 매우 적극적으로 움직이지요. 몇 달러의 후원금이지만 티끌 모아 태산을 이룬 격이 됐죠. 우리 단체는 소액 기부자들의 후원으로 운영되고 있습니다." 제러미 하이만스는 이렇게 덧붙였다. (올아웃은 미국의 큰 규모의 자선 단체들, 아르쿠스 재단을 비롯해 포드 뉴욕 지점, 덴버에 있는 질 재단으로부터도 후원을 받고 있다. 하지만 정부 산하 기관이나 사기업의 후원은 원칙에 따라 거절했다.)

북아메리카의 인권운동은, 인터넷을 통해 사람들을 한 방향으로 집중시키는 일에 능숙했다. 각 지역의 특수한 상황을 고려하는 것보다는 통합이 더 우선시되었기 때문이다. 이러한 방식은 너무 단순한 접근법 아닐까? 어쩌면 너무 순진한 방식 아닐까? 하이만스의 의견을 더 들어보자. "우리는 결코 사건이나 문제가 발생한 현장에 있는 인권단체들의 도움을 직접적으로 받아 활동하지는 않아요. 러시아에서든 카메룬에서든, 현지에 있는 우리 단체 관계자들이 조언하는 내용을 따르며 개입한답니다. 그러다보니 지방 분권화 구조가 두드러진 편입니다. 지금은 인권과 관련된 측면을 따진다고 해서 최상의 방책으로 인정받는 게 아닙니다. 여러 대체 수단을 사용할 줄도 알아야 해요. 법도 알아야 하고 변호사, 문화, 예술가, 인터넷에 대해서도 정통해야 한답니다. 우리는 우리만의 행동 강령을 새롭게 제안해야 해요. 아직은 체계가 잡히지 않은 신생 단체니까요."

빌 클린턴 정부 시절, 동성애 문제와 관련해 대통령에게 조언했던 전 고문관 출신인 리처드 소카리즈가 올아웃의 행정이사회에 합류했다. 그는 자기 역할에 대해 다음과 같이 말했다. "저는 인권 투쟁에 있어서 인터넷이 미치는 반향은 확실히 크다고 생각합니다. 빠른 속도로 정보를 공유하고 그 정보에 대해 의사소통하는 것은 매우 중요한 일이죠. 마찬가지로 각자의 목소리를 낼 수 있어야 하며, 자기 의견을 드러내면서 스스로를 보호하는 것은 물론, 상대의 입장에 대해서도 반응을 보여야 해요. 제 생각에 인터넷, SNS 덕분에 동성애자들에게 진정한 혁명의 서막이 열린 것 같습니다. 이런 변화에 도움을 준 방법들을 어떻게 유지하느냐에 따라 앞으로 일어날 여러 변화에 가속도를 붙일 수 있을지 여부가 결정된다고 봅니다." 올아웃 말고도 온라인상에서 게이의 인권 문제를 다루는 비영리 단체들은 더 있다. 아바즈avaaz, 체인지change, 두섬싱dosomething이다. '개인 스스로가 직접 실천해do-it-yourself' 획득하는 박애정신이 담긴 운동이란 바로 이런 것이다. 동성애자들이 자신을 문제의 원인 제공자로만 인식하는 데서 벗어나, 이제는 그들이 사용하는 수단과 도구에 의해 스스로가 정의된 최초의 변화로 볼 수 있다.

브라질의 안드레 피셰르도 이와 비슷한 생각을 했다. 나는 라틴아메리카에서 가장 인기 높은 게이 사이트를 운영하는 그를 상파울루의 한 식당에서 만났다. 그곳은 음식 가격을 킬로그램당 일정 가격으로 책정하는 뷔페식 레스토랑이었다. 리우데자네이루에서 태어난 이 젊은 청년은 그래픽 디자인부터 광고업까지 다양한 일에 종사한 경험이 있다. 그는 또 퀴어 영화 페스티벌을 주최한 적이 있으며, 게이 잡지인

『주니어』와 『H 매거진』을 발행한 경력도 보유하고 있다. 게다가 2000년대 초반에는 에이 로카라고 하는 바에서 디제이로도 활동했다. 그후 인터넷에 관심을 갖게 되었고, 여러 게이 전용 사이트를 연달아 만들었다. 그중 가장 유명한 것으로 믹스브라질(mixbrasil.uol.com.br)이 있다.

"이건 데이트를 위한 만남 사이트 기능을 하는 동시에 뉴스와 같은 객관적인 정보도 제공합니다. 즉, 애인도 만나고 권리에 대한 법적 지식도 쌓고 일석이조예요. 비록 제 경험상, 게이들에게는 심각한 것보다는 가볍고 재미있는 유희성 오락이 더 먹히는 것 같지만요." 피셰르가 자기 접시에 담긴 붉은 콩과 검은콩 음식을 다 먹어치우자 곧바로 입을 열었다. 브라질에서 디지털의 영향력이 갑자기 강해지면서 2억 명의 브라질 인구가 그 잡지의 존재를 알 정도로 유명세는 날로 높아졌다. 안드레 피셰르는 인터넷이야말로 신흥 공업국에 사는 게이들의 삶을 변화시킬 열쇠라고 확신했다.

인도(게이봄베이 단체gaybombay.org)와 러시아(게이러시아 단체gayrussia.eu, 페이스링크facelink.ru), 알제리(아부나와스 단체abunawasdz.org)와 튀니지(게이데이매거진 워드프레스닷컴gaydaymagazine.wordpress.com), 중국(프라이데이닷컴fridae.com)을 비롯해 전 세계 수백 개의 게이 전용 사이트에서는 오늘날 LGBT가 어떻게 살고 있는지 그 현황을 있는 그대로 전달하고 있다. 이들 사이트에서는 국가가 인정한 공식 언론사들이 결코 다루지 않는 주제를 쉽게 찾을 수 있다. 인터넷을 통해 정보의 홍수가 일어나는 요즘, 이런 사이트에서는 동성애자와 관련된 방대한 양의 정보가 매일 넘쳐난다. 이런 현상에 대해 안드레 피셰르는 다음과 같은 결론을 내렸다. "게이의 진정한 혁명을 가능케 해준 원동력으로는 여러 가지가 있습니다. 바로 언론과 게이 바 그리고 게이 프라이드와 같은 대중적인 연대 모임이 빠질 수 없지요. 시장 형성과 인터넷, SNS, 특히 게이 만남 사이트로 유명한 그라인더GrindR의 성공도 큰 역할을 했답니다."

브라질을 비롯해 전 세계 수많은 나라에 셀 수 없이 많은 게이 전문 사이트가 있지만, 그중 게이 혁명에 이바지한 1순위를 꼽으라면 바로 그라인더라고 할 수 있다. 브라질의 많은 게이는 이 사이트를 즐겨 찾는다. 나는 유럽과 북아메리카는 물론, 아시아에서까지 이 사이트의 위력을 목격했다. 로스앤젤레스의 한 스타트업 기업이 제안한 스마트폰 애플리케이션 사업에서 시작된 그라인더는 오늘날 자신의 위치에서 가까운 거리에 있는 다른 게이를 손쉽게 찾도록 도와주는 도구가 되었다. (그라인더의 슬로건이 바로 '당신 근처에 있는 남자를 만나라Meet guys near you'이다.) 동성애자들은 물론 양성애자들과 특이한 취향을 가진 남자들이 주로 그라인더에 접속해 상대를 찾는다. (반면에 레즈비언이나 트랜스젠더는 거의 사용하지 않으며, 스마트폰 미사용자는 접속할 수 없다.) 아이폰과 블랙베리, 안드로이드 전화기에서만 사용 가능하다. 자기가 있는 곳에서 수백 미터 안에 있는 회원들을 알려주는, 일명 '지리적 접근성을 용이하게 해주는 사회적 네트워크'다. (나는 중국에 있을 때 그라인더를 사용하는 남자를 여럿 만났다. 이와 유사한 또 다른 게이 소셜 네트워크 앱인 재크드Jack'd를 아이폰으로 접속하는 중국인들도 봤다.)

이런 앱이 출시되면서 게이들의 라이프스타일은 180도 바뀌었다. 캐나다에서 인터뷰한 게이 블로거 스콧 다고스티노의 말을 들어보자.

"이곳 토론토는 매우 추운 도시예요. 긴 겨울을 보내는 동안 살을 에는 추위로 견디기 힘든 곳이죠. 여기서 게이들은 집 밖으로 나가 상대를 만나는 수단으로 그라인더를 애용합니다. 날도 추운데 밖에서 쓸데없이 시간 낭비할 필요가 없게 된 거죠. 여기에는 게이 바의 도움도 큰데, 상대와 만나는 장소로 그곳만큼 적합한 데가 없으니까요. 이 애플리케이션 덕분에 이곳 게이들의 삶에도 많은 변화가 찾아왔습니다." 그의 말을 들으면서 나는 인터넷과 SNS가 동성애자들에게 혁명을 일으킨 도구라는 것을 또 한 번 절실하게 느꼈다. 앞으로 그들의 미래는 창창할 것이다. 전 세계 LGBT 커뮤니티들은 세상을 움직이는 힘을 갖추게 되었을 뿐만 아니라, 그들이 얻게 된 권력을 동성애자 개개인에게 되돌려주고 있다. 가령 중국의 검열을 막기 위한 운동에 그 힘을 간접적으로 쓸 뿐만 아니라, 이슬람 국가가 종교적인 교리를 모두에게 강요하는 행위도 제어할 수 있는 반열에 올라섰다. LGBT 커뮤니티는 이제 스마트폰 앱 덕분에 북아메리카의 추운 겨울을 따뜻하게 보낼 수 있게 되지 않았는가.

커밍아웃하는 게이들

이 책을 집필하기까지 나는 연구 및 조사 기간을 길게 잡았다. 글로벌 게이들의 혁명은 현재진행형이다. TV 위성 채널, 스마트폰, 인터넷, SNS는 전 세계 게이들의 라이프스타일을 예전과 비교도 할 수 없을 만큼 크게 바꿔놓았다. LGBT 역사의 새로운 장이 이제 막 시작된 셈이다.

물론 그들의 새 역사가 모든 국가에 똑같은 속도로 쓰이고 있진 않을 것이다. 동성애는 이제 세계적인 현상이 되었으며, 오대주 모두 속도는 제각각이지만 과거보다 인권이 개선되었고, 또 개선되고 있다. 하지만 동성애가 모든 나라에 분포할 수 있다는 것을 여전히 인정하지 않는 나라들이 존재한다. 게이 문제에 대한 분석은 더 이상 서양과 동양의 이분법적인 경계로만 해석될 일이 아니다. 이제는 다른 관점이 요구된다. 즉, 북반구에 주로 위치한 선진국과 남반구에 주로 위치한 개발도상국 및 신흥 공업국으로 나눠볼 수 있다. 각 대륙은 저마다 다른 문명을 싹틔웠다. 또 고유의 문화를 꽃피운 나라도 있다. 국가마다 중요하게 여기는 가치가 달라 서로 충돌하기도 한다. 단순히 서쪽에 위치한 나라, 동쪽에 위치한 나라로 나누기에는 문제가 복잡하기 때문이다. 기독교 문화권과 이슬람 문화권, 이 두 종교로 이분화하는 방식도 마찬가지다. 같은 기독교 국가라도 서로 추구하는 문화와 문명의 역사가 다를 수 있다. 나는 지금까지 동양 국가에서 활동하는 많은 인권운동가, 중국과 싱가포르에서 활동하는 반체제 운동가들을 만났다. 또 알제리, 레바논에서 활동하는 LGBT 운동가들을 만났으며, 아프리카에서 동성애를 지지하는 사람들도 만났다. 그들은 모두 '평범한' 영웅이었다. 하지만 이 책에 인터뷰 내용을 담은 운동가들이 보여준 용기는 '비범했다'고 말하고 싶다. 동성애 혐오자들은 동양에만 있는 게 아니라 서양에도 존재한다. 신복음주의를 외치는 미국의 개신교도와 몇몇 주에서 안티게이 캠페인 활동을 하는 사람들을 봤다. (잊지 말자. 2003년까지 미국의 15개 주에서는 게이들의 성관계, 즉 항문성교를 범죄로 간주했다는 것을.) 오늘날 동성애자들은 요하네스버그에서도, 부에노스아이레스에서도 합법적으로 결혼할 수 있다. 베를린과 로마에서는 아직 불법이긴 하지만. (이 책이 집필된 2013년 당시에는 독일과 이탈리아가 합법화되기 전이지만 몇 년 후, 두 나라 모두 동성애자 결혼법이 통과되었다.―옮긴이) 러시아와 폴란드, 동유럽의 여러 나라와 동양의 국가들은 여전히 동성끼리의 결혼을 인정하지 않고 있다. 로마의 바티칸 교황청도 이에 강경하게 반대했으며, 독일의 신나치당은 동성애를 살인죄와 마찬가지로 여길 만큼 혐오했다. 1999년에 런던 소호 구역의 게이 바 애드미럴 덩컨에서는 동성애 혐오자들의 무자비한 습격 테러가 발생하기도 했다. 또한 미국에서도 이슬람교를 믿는 미국인 시민이 2016년 6월, 플로리다주 올랜도의 한 게이 클럽에 들어가 총으로 49명이나 되는 이들을 총살한 테러 사건이 발생했다.

'서양'이라고 모두 동성애자의 인권 수호를 독점적으로 인정한다고 말할 수 없다. 또 '동양'이라고, '개발도상국이나 신흥 공업국'이라고 다 동성애를 혐오한다고 단정지을 수도 없다. 동성애자의 '정체성'이 '서양'으로 규정되는 것도 아니며, 그들의 성생활이 '동양'과 '개발도상국이나 신흥 공업국'에서는 존재하지 않는 것이 아니기 때문이다. 내가 직접 발로 뛰며 현장을 돌아본 결과, '서양인'의 시각에 국한하여 게이 문제를 바라봐서는 안 된다는 생각이 들었다. 그리고 지리정치적인 측면이 동성애자를 규정하는 기준이 될 수도 없다는 것을 경험했다. 동성애자들이 겪는 문제를 이해하는 과정에는 그런 단순한 구분으로는 결코 설명할 수 없는 복잡한 측면들이 있기 때문이다. 따라서 좀더 섬세하면서도 세밀한 분석이 뒤따라야 한다. 나는 서양의 동성애, 동양의 동성애를 구별 짓고 싶지 않다. 또 성 정체성과 관련하여 충격적인 것은 없다. 문명화된 국가에서 동성애자가 등장한 것은 결코 사고나 우발적인 현상이 아니란 뜻이다.

세상은 점점 바뀌고 있다. 이미 많은 나라가 동성애자에게 우호적인 입장으로 바뀌기 시작했다. 어떤 나라는 예기치 못한 속도로 급진적인 변화를 보이기도 한다. 또 어떤 나라는 그들의 관습 속에서 동성애를 자연스러운 것처럼 인식하려고 애쓰기도 한다. 동성애를 수용하는 데 있어 가속도가 붙기 시작한 것은 모든 게 빠르게 진화하고 바뀌는 현시대의 사회적 현상 가운데 하나에 불과하다. 우리는 지금 과도기를 지나고 있다. 유럽과 아메리카 대륙은 동성애를 불법에서 합법으로 바꾸는 단계에 있다. 옛날에는 자신이 동성애자라는 것을 공개하기 쉽지 않았다. 하지만 지금은 어떤가? 오히려 자신이 동성애 혐오자라는 것을 공개하는 걸 숨기는 세상이 되지 않았는가!

몇몇 국가에서는 둘 사이의 치열한 투쟁이 매일 전쟁처럼 벌어지고 있다. EU는 동성애자 차별법 폐지를 공통의 정책 과제처럼 모든 회원국에 당부했다. 1997년부터 EU는 성 정체성은 개인이 자율적으로 택해야 하는 영역이라고 보았다. 2008년부터는 UN이 이 흐름에 서서히 합류했다. 2012년에 사무총장은 모든 국가가 동성애자 차별법을 폐지해야 한다는 개인 의견을 공개적인 자리에서 선포할 정도로 과감한 혁명이 현실로 이뤄졌다. 버락 오바마가 정권을 잡았던 시절의 미국은 인간의 기본 권리에 동성애자가 될 수 있는 자율권을 포함시켰다. 그리고 미국 연방 대법원은 마침내 2015년에 동성애자의 결혼을 인정했다.

이러한 변화는 국제적인 반향을 일으켰다. 1960년대의 시민권 획득을 위한 피나는 노력의 결실일까, 1970년대에 여성의 인권을 신장하기 위한 운동의 결과물일까. LGBT의 인권은 느리지만 확실히 변화의 길목에 서 있다. 동성애자의 인권이 전 세계에 평등하게 적용되는 시대가 찾아오면, 그날엔 새로운 패러다임이 세상을 지배하게 될 것이다.

하지만 중력의 법칙이 모든 위치에서 동일하게 작용하지 않듯이 지구촌의 모든 국가가 똑같은 진보를 이룬다는 것은 현실적으로 불가능하다. 그래도 북아메리카와 유럽 대륙을 게이의 인권이 가장 개선된 곳으로 꼽을 수 있겠지만, 이번 탐방 취재 결과, 나는 게이들의 인권을 쟁취하기 위한 투쟁이 꼭 서양에서만 강세를 띠는 것은 아님을 깨달았다. 브라질, 아르헨티나, 멕시코, 우루과이, 콜롬비아와 같은 남미에서의 투쟁도 이에 못지않았기 때문이다. 게다가 남아프리카공화국은 아프리카의 그 어느 나라보다 LGBT의 인권에 관심이 많았다. 동성애자와 관련된 문제를 개선하기 위해 신흥 공업국들도 10여 년 전부터 이에 적극 동참하며 집회와 시위를 지속하고 있다. 새로운 변화의 바람이 이를 별로 기대하지 않은 국가들에서도 불고 있는 게 확실하다. 신흥 공업국들은 인구와 국내총생산GDP만 증가한 게 아니었다. 가치 있는 것에 대한 열망도 예전보다 강해졌으며, 동성애자의 인권을 옹호하는 시민운동도 과거에 비해 월등히 증가했다. 신흥 공업국에 살고 있는 동성애자들의 목소리가 주는 울림은 동시대를 사는 사람으로서 매우 멋진 발견이며, 이번 조사에서 얻은 소중한 결과물이 아닐 수 없다.

전 세계 오대주에 게이의 인권 신장을 외치는 연대 모임과 투쟁은 결정적인 논거를 증거로 제시한다. LGBT는 이제 더 이상 '서양'에 국한된 문제가 아니라는 것이다. 아시아의 레이디 보이들, 타지키스탄의 게이 전용 미용실, 일본의 게이 노래방과 만화책, 시리아 시골 마을에서 치러진 게이 커플의 혼인식, 이란에서 가능한 트랜스젠더 성전환 수술, 『천일야화』에 등장하는 이야기를 굳이 언급하지 않더라도 동성애 에로티시즘이 드러나는 페르시아 문학은 오래전부터 존재해왔다. 아시아 동성애자들의 역사는 서양 못지않게 오래됐다. 차이콥스키, 댜길레프는 데카당스의 유럽 전통이 아닌 러시아의 차르 정권에 속한 동성애자 예술가들이다. 중국은 또 어떤가? 양성애자로 추정되는 옛 제국의 황제들의 수가 10명이 넘을 정도다. 유명한 마오쩌둥 주석에 이어 저우언라이도 동성애자로 알려져 있다. 17세기에 중국의 여러 지방에서 두 남자가 결혼했다는 기록이 역사서에 남아 전해지기도 한다. 이란의 술탄 왕가에서도 수많은 왕자가 동성애 행위를 한 기록이 있다. 그렇다고 동양에서의 동성애를 상류층 엘리트들의 전유물로 오해해서는 안 된다. 오늘날 동성애는 남녀노소 할 것 없이 모든 대중, 국민에게 해당된다. 게이 사이트나 블로그, 만잠이나 플래닛로메오planetromeo, 가이포멘guys4men, 게이다르와 같은 웹사이트나 SNS에 접속해보라. 중국, 러시아, 인도네시아, 이란, 아랍권 국가 출신의 수천만 명의 회원을 만날 수 있을 테니. 이들은 수시로 인터넷에서 대화를 나누며 만남을 시도한다. 이것은 명백한 사실이다. 이러한 통계 수치는 어떤 이데올로기에서 비롯된 것이 아니라, 부인할 수 없는 증거로서 효력을 갖는다. 따라서 동성애가 서양의 현상이라는 전제를 일축시켰다. 수많은 중국인, 사우디아라비아인, 이집트인, 말레이시아인, 싱가포르인, 이란인은 자신이 게이 또는 레즈비언이라는 것을 SNS를 통해 공개했다. 우리는 앞으로 그런 동양인들이 이 세상에 존재하고 있음을 명심해야 할 것이다.

현실은 독재 정치를 펼치는 강압적인 국가들이 공표하는 것과는 정반대다. 정부는 국민의 자발적인 의지를 제대로 반영하지 못하고 있다. 동성애는 전 세계 어느 국가도 예외가 될 수 없다. 과거에 동성애를 서양의 데카당스가 빚어낸 프로파간다, 즉 선전물이라고 오해한 시절이 있다. 또 제국주의의 잔재라고 폄하한 시절도 있었다. 그래서 중동 국가와 인도, 아프리카 국가들이 동성애를 불법으로 규정하는 것도 사실 제국주의 시절에 지배 국가가 만들어놓은 법이 지금까지 지속되는 것이다. 빅토리아 시대의 영국과 프랑스는 아프리카의 여러 나라를 통치하면서 피지배자들에게 자신들이 기피하던 동성애를 엄격하게 배제하도록 했던 것이다. 서양 국가들이 피지배국에 가져다준 것은 동성애가 아니라 바로 동성애 혐오의 확산이다.

게이의 인권을 외치는 일련의 운동은 바로 그러한 혐오에 맞서기 위해 시작된 것이다. 라틴아메리카에서 아시아, 유럽에서 북아프리카까지 게이의 인권운동은 가속도를 내며 전 세계로 확산되고 있다. 동성애자들의 권리를 개선하는 것이야말로 오늘날 인권운동이 맞닥뜨린 새로운 한계선이 되었다.

인권을 향한 새로운 한계선

동성애를 보호하는 것이 앞으로 인권운동가들의 새로운 투쟁 목표가 될 것인가? 워싱턴, 브뤼셀, 서유럽을 비롯해 브라질리아, 멕시코시티, 보고타, 부에노스아이레스, 홍콩, 프리토리아 등 여러 도시에서 그 문제에 대한 고민을 하고 있다. 하지만 이것이 현대적인 사안이라고 하기에는 그 역사가 오래되었다는 점이 지적되고 있다. 또한 동성애자의 인권을 인간의 기본 인권과 결코 구별하거나 차별지어 생각해서는 안 된다. 극보수 국가들은 여전히 동성애를 적대적인 대상으로 여긴다. 대표적인 문화권이 바로 이슬람 국가들이다. LGBT의 인권은 누가 뭐래도 인간의 기본 권리에 속한다. 이를 두고 찬성파와 반대파가 갈려 논쟁이 벌어지고 있지만, 우리 인간은 삶을 유지할 권리, 자유의 권리, 개인의 신념을 표명할 권리, 모든 차별로부터 보호받을 권리, 표현의 자유, 사생활을 침해받지 않을 권리를 가지고 있다. 따라서 세계인권선언문에 명시된 내용을 있는 그대로 해석해봐도 LGBT에게 적용되지 않는 것이 없다. 힐러리 클린턴도 "게이의 권리는 인간의 권리이며, 인권은 곧 동성애자들의 권리이기도 합니다"라는 멋진 말을 하지 않았던가.

하지만 글로벌 게이의 표본이 되는 완전한 모델, 100퍼센트 동성애자로서 살 수 있는 권리는 아직은 북아메리카에만 국한된 이야기 같다. 게이운동이 모두에게 평등한 방식을 추구하며 일종의 '해방운동'으로 규정될 필요는 없다. 나아가 '서양이 본보기를 보인' 운동이라는 선입견도 더 이상 강조하면 안 될 것이다.

이번 취재와 조사를 통해 알게 되었듯이 게이 문제는 이 시대의 흐름을 그대로 보여주는 현상이며, 동성애자들의 자유를 향한 해방은 자연스러운 일상이 되어가고 있다. 무지개 깃발은 전 세계 어느 게이 커피숍에 가도 걸려 있다. 게이 프라이드가 열리는 횟수도 점점 늘어나고 있다. 국제 여론조사 기관인 갤럽은 동성애에 대한 관용이 지리상 심한 격차를 나타낸다고 발표했다. 또 관용적으로 변화하는 속도도 나라마다 천차만별이라며 이를 비교한 결과를 제시했다. 하지만 앞으로의 흐름을 어떻게 볼 것인가가 가장 큰 관건이다. 세계는 저마다의 속도로 변화를 추구하고 있다. 미국과 서양 국가에서 생활하는 게이의 라이프스타일에 매료되는 세계인은 점점 더 많아질 것이다. 기하급수적으로 늘어나는 세계의 동성애자 인구는 이제 서로 화합하며, 비슷한 라이프스타일을 추구하고 동질감을 느끼게 되지 않을까 추측해본다. 게이스러움은 앞으로 세계화의 물결을 탈 것이다. 동성애는 우리 시대가 맞닥뜨려야 할 '새로운 한계선'이다. 우리는 곧 이 한계선을 통과할 것이다. 그렇다면 이는 지역색이나 문화적으로 뿌리 내린 관습과 상관없이 가능할까?

실제로 동성애자들은 각자의 개성을 가진, 단 하나로 정의 내릴 수 없는 개별적인 존재다. 따라서 세계화가 된다고 해도 지역적 특성은 그들의 개성처럼 계속 남아 있을 것이다. 이 책의 제목인 '글로벌 게이Global Gay, 이 책의 원제는 글로벌 게이다'는 가능하다. 하지만 그 하부 구조에는 수많은 '로컬 게이Local Gay'가 있을 것이다. 나는 이번 조사를 통해 게이들의 다양성과 지역적인 특징을 자세히 기술하고 싶었다. 시카고의 카우보이 게이 바에서 '라인 댄스'를 추고, 부에노스아이레스의 게이 파티에서는 탱고를 춘다. 또 리우데자네이루에서는 삼바 축제를 벌이는식으로 게이 문화는 지역적인 특징을 벗어나서는 상상할 수 없다. 쿠바의 카사에서 만난 게이들, 중국 북부 지방의 샤이쯔의 파티장에서 본 게이들은 서로 너무 달랐다. 또 싱가포르의 드래건 보팅에서 본 게이들, 도쿄의 노래방과 스낵바, 러브호텔에서 본 게이들은 동일한 집단이 아니었다. 그런 의미에서 우리는 동성애를 세계화의 범주에서 정의 내릴 수 없다. 그리고 미국화된 특징으로 규정하는 것도 말이 안된다. 한 문화가 다른 문화를 만나면서 발생하는 '문화 변용acculturation'의 형태로 봐야 마땅하며 개개인이 자신이 태어난 나라의 문화를 일부 지워버리고 '글로벌 게이'의 특징으로 규정되는 정체성을 수용한 것으로 보는 게 적절하다. 동성애자들은 글로벌화되더라도 자국의 지역적 특징을 완전히 다 버리지는 않는다. 즉, 그들은 세계적이면서 동시에 지역적인 모습을 갖고 있는 것이다. 그런 면에서 전 세계 LGBT 커뮤니티는 매우 다양한 가치를 지향하게 될 것이다. 세계화가 동성애자들 각자의 차이와 다른 특징을 다 잘라낼 수는 없기 때문이다. 진정한 세계화라면 그 차이도 인정할 줄 알아야 하니까. 다양성을 인정하는 것만큼 강력한 가치가 또 있을까! 소수파 안에서도 차이는 존재한다. 나는 동성애자라고 규정되는 성소수자 안에서도 다양한 차이가 있다는 것을 말하고 싶었다.

암만에서 만난 한 페미니스트 여성은 내가 요르단을 떠날 때까지 많은 도움을 주었다. 그녀의 이름은 라일라 나파 하마르네흐로, 여성인권단체에서 일하고 있다. 그녀는 이렇게 말했다. "게이 문제는 아랍 국가에서 대부분 터부시하기 때문에 안타깝게도 공개적으로 거론하길 꺼립니다." 그녀가 일하는 단체는 카라마Karama(아랍어로 '존엄성'을 뜻하는 단어) 네트워크에 속한 곳이었다. 이곳은 EU를 비롯해 UN 팔레스타인 난민구제 사업 기관UNRWA으로부터 재정 지원을 받아 운영되며, 캐나다, 스웨덴, 독일의 여러 재단도 이 단체를 후원한다. 그녀는 다음과 같이 주장했다. "만약 우리가 정말로 동성애자를 돕고 싶다면, 정치적인 투쟁에 너무 많은 기대를 걸면 안 됩니다. 인권 개선을 위한 법 수정에 대해 싸우는 것도 바위에 계란 치기 같다고 할까요. 그래서 저는 아랍권에서 활동하는 LGBT 단체들이 모든 걸 해결해주리라 꿈꾸지 않습니다. 대신 비정부 기구, 암만에 있는 북스 앤 카페 같은 작은 게이들의 아지트를 더 신뢰한답니다. 그리고 게이들을 위한 웹사이트가 활성화될 수 있도록 기부하는 일에 더 앞장서고 있지요. 저는 TV 토크쇼나 인터넷, 페이스북을 통해 세상을 변화시킬 수 있다고 믿어요. 그리고 무엇보다 시급한 것은 해외 국가들이 정치적 망명을 적극 수용하는 문제입니다. 억압받는 국가의 사람들을 다른 나라가 대신 보호해준다면 이 사회는 좀더 좋은 방향으로 개선될 거예요."

나 역시 라일라 나파 하마르네흐의 생각에 동의한다. 2011년에 인권 개선을 위한 투쟁이 이어지고 아랍에서 혁명이 일어났던 시절, 민주주의를 향한 열망과 표현의 자유는 전 세계가 원하는 가치임을 입증했다. 하지만 그해는 이슬람 국가든 아프리카 국가든 동성애자를 위한 투쟁을 할 때는 좀더 능숙한 전략을 요한다는 걸 절실하게 느낀 시간이기도 했다. 단순히 법의 정의를 외치며 분노하고 선의를 이루기 위해 인권선언문을 낭독하는 것만으로는 역부족이다. 동성애에 적대적인 나라에서 진정으로 그들을 돕기란 어렵다. 그들에게도 위험한 일일 뿐만 아니라, 그들을 돕는 우리에게도 위험부담이 따르기 때문이다. 범세계적인 가치를 위해 싸우고, 좀더 정교한 전략과 함께, 즉흥적이기보다는 치밀하게 계획한 전략을 펼치며, 여러 단계로 세분화한 정책을 수립하기 위해서는 고도의 준비 과정이 필요하다. 세계적으로 유명한 선전 문구를 가져와 강조하는 것보다 더 강한 호소력을 발휘할 수 있는 전략을 펼쳐야 할 때다. 러시아와 이란, 싱가포르, 우간다는 전혀 다른 문화권이다. 이들이 어떻게 동일한 방식으로 게이의 인권활동을 할 수 있겠는가! 즉, 서로 다른 방식으로 진행해야 한다. 좀더 구체적으로 설명하면 다음과 같다. 소위 '차가운 동성애 혐오'를 강조하는 국가로는 전제 국가, 종교가 문화적 가치의 기본이 되는 반세계화를 외치는 국가인 러시아, 중국, 동유럽, 아시아 국가들을 들 수 있다. 반면에 '뜨거운 동성애 혐오'를 강조하는 국가로는, 종교가 국가의 정책이나 다름없는 전통주의를 아직까지 고수하고 있는 나라들, 즉 이란이 대표적이며 기독교인이 다수 거주하는 아프리카 국가들이 있다. 이 둘 사이의 차이를 잘 아는 것이 중요하다. 그곳에 사는 사람들을 존중하고 게이 인권단체들의 특징을 잘 고려해야 한다. 왜냐하면 각 국가에서 활동하는 게이 운동가들은 현지 단체들의 의견을 수렴할 수밖에 없기 때문이다. 그러니 '서양'의 방식과 어젠다를 무조건 강요하는 것은 이제 그만! 국가마다 고유한 특징을 간과하지 않는 범위 안에서 현지 상황과 조율해야 한다. 현지 활동가들을 신뢰하면서 그 특성에 맞는 혁신적인 제안을 내놓아야 할 것이다. 그래야 그 나라의 고유한 상황에 맞는 해결책을 제대로 찾을 수 있다. 여기서 우리는 여성의 인권 신장, 에이즈 퇴치 관련 운동을 하면서, 동시에 간접적으로 동성애자들을 도울 수 있다. 굳이 다른 인권과 구별 지으면서 게이 인권운동을 따로 할 필요는 없다. 게이의 인권은 큰 범위로 보면 인간의 기본적인 자유를 향한 모든 활동에 속하기 때문이다. 연합 및 단체를 만들 권리, 언론의 자유 속에도 그들의 인권은 포함되어 있다. 그런 식으로 상황이 점점 개선되면 노조의 힘이 강해지듯 게이 단체들의 힘도 세질 것이다. 남아프리카공화국이 그렇게 힘을 키우지 않았던가. 러시아에서 민주주의 노선의 야당이 힘을 키우는 과정 역시 마찬가지였다. 또 교회가 때로는 진보적인 활동을 하며 진취적인 개혁을 꾀하기도 한다. 우리는 그런 예를 성공회 대주교인 데즈먼드 투투가 동성애자들의 인권 개선에 동참한 일화에서 확인할 수 있었다. 로스앤젤레스와 토론토에 거주하는 이란인들, 마이애미의 쿠바인들, 파리나 런던에서 활동하는 아프리카인들을 보라. 그들은 자기가 이주한 나라에 좋은 영향을 끼치려 애쓰고 있다. 이민법 절차에 따라 그들이 선택한 망명과 귀화가 고국에서 위험한 상황에 처한 LGBT들을 구해낼 수 있도록 힘쓰고 있다. 또한 우리는 인터넷 사이트와 SNS의 발달을 이용하면서 여러 문화적 특징과 새로운 미디어를 적재적소에 잘 활용할 줄도 알아야 한다. 게이에 대한 좋은 이미지를 보여주는 TV 드라마 제작을 권장하고 미디어를 통해 동성애자에 대한 올바른 인식을 심어주는 일종의 계몽운동도 신경 써야 할 때다. 게이를 후원하는 기업들은 앞으로 더 성장할 수 있도록 기반을 닦아야 한다. 또한 우리는 게이에게 우호적인 커피숍과 바가 더 많이 문을 열 수 있도록 사회 분위기를 조성해야 한다. "하지만 아무리 바꾸려고 애써도, 싱가포르에 있는 게이 바는 여전히 사회 불만적인 분위기가 짙어요. 매우 전투적입니다." 싱가포르 출신의 한 레즈비언 운동가 웅 이쳉이 말했다. 그곳이 어디든 즉각 자신의 고유한 삶을 결정하고 통제할 수 있는 힘을 개인에게 부여하는 것을 '역량 증진empowerment'이라고 한다. 우리는 각자 '역량 증진'을 이룸으로써 좀더 진보된 세상으로 나아갈 수 있다. 그렇지 않고서 플랜 B가 있을 수 있을까? 이외에도 대안이 될 만한 다른 선택 사항과 해결책이 있을까?

교육을 통한 계몽운동, 신중산층의 출현, 고등교육에 대한 접근성의 용이, 국제적인 대학 교류 프로그램의 증가, 위성을 통한 TV 수신 채널의 증가, 웹사이트, 오프라인, 온라인 등 다양한 경로를 통한 상거래 증가, 관광업 활성화 등 지금까지 많은 변화가 세계 곳곳에 일어났다. 아랍 국가, 아프리카, 중국, 러시아는 물론 세계 여기저기서 나는 기성세대보다 더 관용적인 젊은 세대들을 만났고, 그들에게 희망을 걸어봐야 한다는 확신을 품게 되었다. 신세대는 동성애자에게 친근했고 세상을 바꾸고 싶어했다. 앞으로 젊은 세대로 구성된 인구가 계속 늘어난다면 밝은 미래를 꿈꿀 수 있을 것이다.

한 가지 덧붙이자면, 경제적인 측면을 다룬 논증도 잊어서는 안 된다. 동성애 혐오는 곧 개발과 발전에 제동을 거는 요소가 될 것이고, 그 나라의 경제적 발전에도 득이 되지 않는다. 상업, 관광업, 문화적 교류는 여러모로 효과적인 쓸모 있는 목표 대상들이다. 즉, 게이의 인권을 개선하기 위한 활동을 정할 때, 전체적인 윤곽을 그리는 데 요긴한 전략적 수단이 될 수 있기 때문이다. 쿠바, 이스탄불, 베이징, 부다페스트, 뭄바이, 자카르타, 베이루트, 카이로 등 세계 어느 도시든 경제적인 측면을 강조하면서 동성애자를 인정하는 것이 경제적으로 유리하다고 말하는 것은 설득력 있는 주장이 될 수 있다. 현재 정부와 시청, 구청에서는 예술가, 패션 디자이너, 관광업 종사자, 스타트업 기업들을 찾고 있다. 그래서 현지에 신기술에 능통한 기업들을 더 늘려서 그 지역을 패션과 디자인 종사자들의 구미에 맞는 도시, 창조적인 도시로 새롭게 발돋움시키는 일에 주력하고 있다. 물론 그 도시의 행정 기관에서 목록에 오른 모든 기업과 예술가를 다 후원하고 지원하기에는 재정상의 한계가 있다. 하지만 기업과 예술인들은 자기에게 유리한 입지 조건을 제시하는 도시를 선택하기 마련이다. 내가 일전에 출간했던 책 『메인스트림Mainstream』을 보면, '게이 요소gay factor'란 표현이 나온다. 이는 미래 창조적인 예술가들, 스타트업 기업을 한데 모아 창의적인 도시를 구축하는 데 있어 결정적인 역할을 하게 될 요소 중 그 도시가 게이에게 얼마나 우호적인가가 관건이 될 것이라는 내용에서 언급한 말이다. 재능 있는 예술가들은 게이들이 자유로운 도시에서 활동하고 싶어한다. 지금껏 본 적 없는 기발한 TV 드라마의 시나리오를 쓰고 싶어하는 작가들, 작품성 있는 무대에 오르고 싶어하는 배우들, 세계 어디를 가든 통하는 영화를 만들고 싶어하는 제작자들은 동성애에 꽉 막혀 있는 곳을 원하지 않을 것이다. 문화적인 진보를 위해서라도 이제 우리에게 동성애 코드는 필수 요소로 자리잡았다. 패션계를 주름잡는 사람들 중 동성애자가 얼마나 많은지는 굳이 말할 필요도 없다. 얼터너티브 스타일, 노이즈 마케팅으로 사람들의 시선을 끌고 싶어하는 예술가를 붙잡기 위해 게이 코드가 핫 아이템이 돼버린 요즘이다. 따라서 문화적 다양성을 존중하는 곳이 되려면 일단 그 도시를 게이 구역으로 인정해야 한다. 반문화를 인정하고 더 많은 관광객을 유치하고 싶다면 말이다. 각종 학회, 카지노, 놀이공원으로 가득 채우고 싶다면 이제는 동성애자를 받아들여야 한다. 다양성을 추구하는 도시, 관용주의와 열린 사고로 무장된 세계적인 창조 수도를 만들고 싶다면, '게이스트림gaystream'을 권장해야만 가능하다. 그것이 바로 우리가 '메인스트림'을 이루는 주류 문화를 만들기 위한 초석이 될 것이다.

그렇다면 동성애자 인구 덕분에 국내총생산 또한 달라질 것인가? 이에 대해서는 극단적으로 단정지을 필요가 없다. 어떤 도시가 창의적인 곳이 되고 그 기업이 번성하려면 무조건 동성애자가 있어야 하고, 동성애자가 없는 도시는 망할 것이라는 극단적인 상황을 말하려는 게 아니다. 다만 '게이 요소'는 경제 발전에 중요한 영향을 끼칠 것이라는 점을 당부하고 싶다. 이 요소 외에도 대학 교육의 질이 개선되고, 과학 부문의 혁신, 기술 보급 센터의 증가, 인종의 다양성도 경제적 원원의 여러 부차적 요소들이다. 그럼에도 불구하고 도지사와 시장, 구청장은 동성애자 인구에 대해 현명하게 대처해야 할 것이다. 앞으로 게이의 인권 문제가 경제 성장력의 일부가 될 날이 점점 다가오고 있기 때문이다. 미래에는 '소프트 파워'가 대세가 될 텐데, 바로 동성애자들이 그 열쇠를 쥐고 있다.

내 생각에는 크게 두 가지 전략으로 나눠볼 수 있다. LGBT의 삶을 더 윤택하게 만들기 위한 유연한 정책 말이다. 우리는 동성애적인 '정체성'의 가치를 재평가할 필요가 있다. 그래서 인간으로서 마땅히 가져야 할 권리와 가치를 수호하는 개념을 만들어야 한다. 또 한편으로는 인권이 전 세계적인 기본 가치라고 했을 때, 그 가치가 적용된 커뮤니케이션과 상업활동을 일반화하는 것이다. 이 두 전략은 서로 관계가 없는 것처럼 보여도 가만히 생각해보면 상호 보완적이다. 전자가 인권에 대한 '하드웨어'의 보호라면, 후자는 거기서 파생된 '소프트웨어'를 보강하는 것이기 때문이다. 폴란드, 헝가리, 타이완, 대한민국, 라틴아메리카, 남아프리카공화국, 동유럽과 중부유럽에서 이 두 전략이 실행된다면 분명 인권을 수호하는 가치들이 제자리를 찾게 될 것이다. 두 전략이 통했다면 동성애자의 인권을 개선하는 정책을 만들어 동성애의 '정체성'을 법으로도 인정할 수 있도록 확실한 마무리 작업을 진행해야 한다. 반면에 아랍 국가, 이란, 중국, 기독교를 믿는 아프리카 국가, 싱가포르, 러시아는 동성애자의 신변과 생활의 안정을 먼저 추구해야 할 것이다. 그런 다음 커뮤니케이션, 관광업, 문화적 가치에 동성애 문화가 자리잡을 수 있도록 길을 닦아야 한다. 비정부 기구, 스타트업 기업, 위성 채널의 TV 방송, 문화적 공간을 더 많이 만들어 동성애자에 대한 긍정적인 담론화 분위기를 조성한다. 인권과 관련된 '하드웨어'를 구축하는 전략이 현실화된다면 그 뒤로는 끊임없는 설득과 권장으로 '하드웨어'를 장착하는 전략을 실천에 옮기면 된다. 이때 동성애자들의 문화적 가치를 인정하기 위해 인터넷을 적절하게 이용한다면 '하드웨어'의 큰 그림에 대한 밑그림을 잘 완성할 수 있을 것이다. 이 영향력 있는 두 가지 전략은 상호 보완적이다. 둘 다 인권을 개선한다는 측면에서는 공통분모를 가지고 있기 때문이다. 또 동성애자의 성 정체성을 가치 있는 것으로 개념화하고 LGBT의 등장을 국제 관계, 정치지리학적 관계의 새로 떠오르는 주체로 인식시키는 데 도움을 줄 것이다.

　나는 이번 조사를 통해 동성애자의 미래에 대한 우려와 함께 낙관론을 동시에 갖게 되었다. 오늘날 동성애자에게 사형을 선고하는 10개 국의 실태를 파악할 때는 화가 나고 걱정도 많이 되었다. 사우디아라비아, 아랍에미리트, 이란, 모리타니, 수단, 예멘은 여전히 동성애자를 사형하는 법을 유지하고 있기 때문이다. 이외에도 동성애자들이 경찰에 체포되면 벌금 또는 징역형을 선고할 수 있는 72개국에 대해 어떻게 걱정하지 않을 수 있겠는가. 또 아프리카, 러시아, 동유럽은 지금도 동성애자를 차별하는 법안을 통과시키려고 혈안이 되어 있어 걱정하지 않을 수 없다.

그러다가도 이와는 전혀 다른 모습을 보이는 나라들을 조사할 때는 나도 모르게 낙관적인 미래를 기대하게 된다. 세상에 잘 알려진 유명인은 아니지만 자기만의 독특한 방식으로 게이 문제를 개선하기 위해 열심히 일하는 용기 있는 인권운동가, 야하 알아우스를 만났다. 2009년 시리아 내전이 터지기 직전, 나는 그를 시리아에서 만났다. 그의 사무실은 부르주아풍의 저택 지하에 있었다. 다마스 시내에 있는 그의 사무실에 도착했을 때 서른아홉 살의 한 남자가 오래된 컴퓨터들과 차곡차곡 쌓인 서류 사이에서 나를 반겼다. 그는 자신의 블로그에 바샤르 엘아사드 독재자의 횡포에 저항하며 국가의 인권 수호를 외치는 글을 올렸고, 그 이유로 감옥에서 2년 동안 살다가 막 출소한 터였다. 그는 민트차를 권했고, 그가 운영하는 사이트인 타라Thara의 메인 화면을 보여주었다. 인권을 다루는 온라인 매거진(thara-sy.com)으로, 주로 여성과 동성애자의 인권에 대한 기사를 주기적으로 내보낸다고 했다. 야하 알아우스는 결혼한 유부남으로 슬하에 두 딸이 있다며, 자신은 게이가 아니라고 했다. 이성애자든, 동성애자든 인권을 위해 싸우는 일은 자기에게 매우 중요한 일이라고 덧붙였다. 그에게 LGBT의 인권은 전 세계 모든 나라에 적용되어야 하는 기본 권리 중의 권리였다. 이것은 사회 정의의 문제이며 인간 존엄성에 관한 사안이었다. 그가 말했다. "동성애는 특히 이슬람 국가에서 터부입니다. 페미니즘 인권단체도 레즈비언을 직접적으로 언급하고 동성애자의 인권을 말하는 것은 꺼리는 분위기니까요. 게이의 인권운동은 시리아에서는 지하세계의 운동인 셈이죠. 우리는 동성애자들과 인터뷰를 할 때 익명성을 보장해준답니다. 우리와 협력하는 블로거들이 그러는데, 시리아에도 동성애자들이 자주 다니는 동네가 따로 있을 정도라고 해요." 나는 그가 말한 동네의 거리를 가봤다. 그 길은 다마스 시내에 있었는데, 아는 사람만 찾아갈 수 있을 정도로 은밀한 곳에 게이 바와 식당들이 있었다. 그들은 인터넷을 통해 암암리에 주소를 찾아냈다. 그 동네는 시리아에 내전이 일어나기 전까지만 해도 동성애자한테 인기 많은 핫플레이스였다.

하지만 시리아 정부 기관이 야하 알아우스를 요주의 인물로 주시하자 그는 활동 근거지를 옮겼다. 그는 시리아에서 지내면서 경찰의 감시를 받았고, 그의 자택 주변까지 경찰이 드나들 정도로 삼엄한 통제를 받았다. 그는 해외 출국도 금지당했다. 그래서 마음대로 해외로 나갈 수도 없었다. 시리아 정부는 그가 어떤 정치적인 활동도 하지 못하도록 금지했다. "시리아 정부는 민간단체들의 활동을 금지했어요. 인권 수호를 위한 단체는 시리아에서 전혀 활동을 할 수 없게 됐지 뭡니까! 여성의 권리를 말할 수도 없는 이 땅에서 과연 우리는 여성에 대해 말할 수 있을까요? 게이의 권리에 대한 이야기가 금지된 곳에서 과연 게이들에 대해 입도 뻥긋할 수 있겠습니까? 정치도 마찬가지입니다. 시리아는 그게 바로 문제예요. 저는 더 이상 '여성의 인권'에 대해서도, '여성 문학'도 쓸 수 없게 됐습니다. 참신한 아이디어가 떠오른다 해도 입을 다물어야 하는 상황이지요. 동성애자들의 상황도 별반 다르지 않습니다." 그는 시리아의 게이들이 어떻게 생활하고 있는지에 관한 다큐멘터리를 준비하고 있다고 했다. 그러면서 그 주제에 대해서 말을 이었다. "TV 드라마가 국민의 인식 변화에 얼마나 큰 영향을 끼치는지 「울기조차 쉽지 않아Asii Al Damé」라는 드라마를 보면서 알게 됐어요. 이 드라마는 여자의 일생에 대해 다루는데, 매우 현실감 있는 적나라한 사실적 묘사가 시청자들에게 깊은 감동을 주었답니다. 이 드라마가 성공하기 전에 시리아 정부는 여성을 향한 차별법을 바꿔야 했어요. 여성의 인권을 신장시켜주는 새로운 법을 만들어야 했지만, 시리아에서 여성의 인권은 아주 열악한 처지에 놓여 있답니다. 비록 이란보다는 나을지 모르지만요." 그는 앞으로 영화, 이미지 영상, 디지털 문화가 긍정적인 영향을 줄 것이라 확신했다. 그러면서 이렇게 말했다. "저는 TV 드라마와 영화, SNS, 인터넷이 인권 개선에 도움을 줄 거라 생각합니다. 인권 개선을 위한 큰 그림의 전략을 가지고 있다고 생각하거든요."

나는 글로벌 게이의 실태를 조사하면서 야하 알아우스와 같은 인권운동가를 여럿 만났다. 동성애자의 인권이 곧 인간의 기본 권리라고 믿는 이성애자들 말이다. 모스크바의 인권감시단체에서 일하는 타냐 록시나나 중국 본토를 떠난 완옌하이, 카메룬의 변호사, 알리스 은콤을 비롯해 유엔 에이즈계획 사무총장이면서 지칠 줄 모르는 에너지를 내뿜는 미셸 시디베, 암만 구역의 페미니스트, 라일라 나파 하마르네흐까지 모두 이성애자다. 그들은 동성애자가 아닌데도 신변의 위협을 감당하면서까지 동성애자의 인권에 남다른 관심을 보였다. 그 이유에 대해 알아우스는 다음과 같이 말했다. "게이의 문제는 저한테도 중요한 이슈예요. 제가 게이가 아니라고 해서 신경 쓸 필요가 없는 게 아닙니다. 여성의 인권도 저한테는 각별합니다. 비록 제가 남자여도 말이죠. 저는 인간의 기본 권리에 해당되는 것은 범지구적으로 공평해야 한다고 굳게 믿으니까요." 내가 이 책에서 소개한 인터뷰의 주인공들처럼 그 역시 동성애자의 권리를 얼마나 지키느냐가 그 나라의 민주주의를 가늠할 수 있는 근본적인 척도라는 생각에 동의했다. 우리는 여성의 자유로운 해방, 언론의 자유화, 인터넷의 자유화가 어떻게 전 세계에 확장되었는지 세계지도로 살펴봤다. 그러면서 놀랍게도 그 이동 과정이 LGBT의 자유가 확산되는 과정과 흡사하다는 사실에 놀랐다. 내가 글로벌 게이에 대해 낙관적 입장을 갖게 된 중요한 두 가지 단서를 마지막으로 이야기하고 이 책을 마무리 지으려 한다. 먼저 내가 글로벌 게이에 대해 긍정적으로 보는 첫째 이유는 그들의 권리를 외치는 이성애자들의 에너지와 열정이 엄청나다는 것을 실감했기 때문이다. 그들은 동성애자가 아니지만 동성애자보다 더 그들의 인권에 열정을 쏟았다. 민주주의와 성 정체성은 하나의 길을 향해 뻗어나가고 있다. 그리고 두 길이 어느 지점에서는 하나의 길로 합쳐졌다. 이제 그들은 두 어깨를 나란히 하며 대등하고 평등하게 공존하고 있다. 이 투쟁의 역사 속에는 남자와 여자가 함께 있다. 둘 중 한 가지 성에만 국한된 문제가 아니라, 남성과 여성을 떠나 한 인간으로서 이 주제는 인류의 과제이기도 하니까. 민주주의의 수준을 더 높이고, 인간의 자유를 향한 해방의 길이 세계지도를 다 채우는 그날까지, 나는 지금보다 훨씬 더 나은 세상을 꿈꾼다. 그리고 그 꿈을 계속 꾸기 위한 희망의 끈을 앞으로도 계속 놓지 않을 생각이다.

용어 정리

곰, 베어 Bear 단어 그대로 동물 '곰'을 뜻하는데, 게이를 나타내는 비속어다. 곰처럼 야생의 느낌이 강한 사람들이나 장소를 지칭할 때, 혹은 남성성이 강한 속성을 비유할 때 쓰고, 이따금 하위문화를 설명할 때도 사용한다.

브릭스BRIC, BRIIC, BRIICS 신흥 공업국으로 기본 국가는 브라질, 러시아, 인도, 중국 4개국이다. (여기에 종종 인도네시아와 남아프리카공화국을 추가하기도 한다.) 나중에는 멕시코, 콜롬비아, 칠레, 베트남, 터키에 이어 이집트와 나이지리아도 신흥 공업국 대열에 합류한다.

구역Cluster 그룹을 뜻한다. 게이 구역과 게이들이 자주 모여 있는 공간을 말하는 지리적인 표현이다. (대표적인 예로 뉴욕의 첼시 구역이 있다.)

커밍아웃Coming out 자신이 동성애자라는 것을 사람들에게 공표하고 이야기하는 행위를 말한다. 영어식 표현 '옷장에서 나오다coming out of the colset'에서 비롯되었다.

명예범죄Crime d'honneur 이슬람권에서 아버지가 딸이나 아들에게, 남편이 부인에게, 남자 형제가 여자 형제에게 가족의 명예를 침해했다는 이유로 가하는 폭행이나 범죄 행위를 말한다. 불륜이나 동성애가 가족 안에서 발견될 때 자주 발생한다. 이슬람 국가는 이러한 명예범죄를 기소하지 않으며 경범죄로 간주해 솜방망이 수준의 경미한 처벌만 받는다.

딩크족Dink, Dinky, Dinkies 부부가 둘 다 일을 하기 때문에 수입은 두 배이지만 아이는 없는 커플을 말한다. 'Double income no kids'의 약자다. 특히 동성애자 커플이 아이 없이 부유하게 살 때, 그들을 딩크족이라고 부른다.

묻지도, 말하지도 말라 Don't ask, don't tell 빌 클린턴 대통령 시절 미 군부대에 있는 동성애자 군인들에 대해 위선적인 규율을 정했는데, 그때 사용된 표현이다. 즉, 군대 생활을 하는 동안 자신의 동성애적 정체성을 공개하지 말라는 것이다. 2010년 오바마 정권 때 폐지되었다.

게이Gay '게이'는 전 세계에서 가장 표준적으로 사용되는 동성애자를 가리키는 단어다. 동의어로 '호모섹슈얼'이라는 표현도 자주 쓰인다. 대부분의 게이는 후자보다는 전자를 더 많이 쓴다. 단순히 성적인 의미만 내포하지 않고 사회문화적인 의미까지 함축하고 있기 때문이다. (게이는 단순히 남성만을 지칭하는 게 아니다. 남자 게이, 여자 게이를 둘 다 포함하는 표현이기 때문에 나는 이 책에 '게이'라는 단어를 자주 썼다.)

게이버후드Gayborhood '게이'와 이웃을 뜻하는 '네이버후드'의 합성어다. 다른 말로 하면 '게이 구역'이라고 할 수 있겠다.

게이에게 우호적인 Gay friendly 게이에게 우호적이고 친근한 사람이나 장소를 가리키는 표현이다. 게이에게 우호적인 곳에 꼭 동성애자만 있는 것은 아니다.

게이니스Gayness '게이니스'란 말은 동성애자들의 성 정체성을 가리키는 표현으로 오늘날 '호모섹슈얼리티'와 거의 동격으로 사용되고 있다.

젠트리피케이션Gentrification 슬럼가가 고급 주택가로 변화하는 현상. 부르주아풍으로 바뀔 때는 동사인 '젠트리파이gentrify'를 쓴다.

호모 국가 Homonationalisme '국가주의적 성향을 띠면서도 게이들에게 유리한 이념을 가진 나라들을 건설하겠다는 신념에서 탄생한 말이다. 네덜란드의 극우파 동성애자 집단이 만든 표현이다.

IDAHO '성소수자 혐오 반대의 날International Day Against Homophobia'의 영어 약자다. 2005년에 처음 생겨난 이후 해마다 5월 17일에 전 세계적으로 행사가 열린다. (그러다가 2009년에 '트랜스포비아'라고 해서 트랜스젠더에 대한 혐오 반대도 추가했으나 약자는 예전 것을 그대로 쓰고 있다.)

LGBT 오늘날 대중화된 약자로 레즈비언, 게이, 양성애자, 트랜스젠더의 줄임말이다. (여기에 간성애자Intersexual와 퀴어, 자신의 성 정체성을 고민하는 중인 물음표 단계

Questioning도 추가되었다. 그래서 약어를 LGBTIQ로 변경하여 사용하자는 주장이 제기되고 있으나 아직 실용화되지는 않은 상태다.)

미슬리Mithly 아랍어로 동성애자를 가리키는 표현이다. 일반적으로 쓰이는 '게이'와 비슷한 뉘앙스로, 비속어는 아니다.

MSM '남자가 남자와 섹스를 한다Men who have Sex with Men'는 문장의 약어다. 에이즈 퇴치운동을 펼칠 때, 두 남자가 성관계 시 특별히 주의해야 한다는 말로 사용되고 있는데, 꼭 동성애자인 게이들을 가리키는 것은 아니라고 한다.

포스트게이Post-gay 오바마 대통령이 언급한 '포스트블랙post-black'에서 영감을 받아 만들어진 개념이다. 이제는 게이의 성 정체성을 초월한 시대가 도래했다. 동성애자도 결혼을 할 수 있으며 자유의 길을 걷고 있다. 게이를 단순히 성적 개념으로만 정의 내릴 것이 아니라, 그다음 단계의 새로운 접근법이 필요하다는 것을 암시한다. 동성애자를 위한 새로운 사회화 개념, 그들이 사는 구역을 이성애자와 구별 지을 필요도 더 이상 없다. 이제 유동성 있는 개념으로 게이를 정의해야 한다. 성 정체성과 상관없이 모두가 함께 공동체로 사는 커뮤니티를 지향하는 개념이다.

핑크 워싱 Pink washing 친환경 용어인 '그린 워싱green washing'에서 차용한 말이다. 즉, 어떤 기업이나 국가가 게이 친화적인 이미지를 강조하며 자신들에게 유리한 쪽으로 게이 문화를 이용하는 행위를 말한다. 그들이 구체적으로 동성애자를 위한 활동을 실천하는지와 별개로 그 이미지를 마케팅으로 이용하는 것을 '핑크 워싱'이라고 한다.

퀴어Queer '퀴어'는 원래 '이상한' '괴짜'라는 의미를 내포한다. 그러다가 LGBT 인권 운동가들이 스스로를 정의할 때 이 표현을 쓰기 시작하면서 일반화되었다. 현존하는 사회적 범주를 뛰어넘는 새로운 의미의 젠더 이론을 다시금 생각하게 하는 말이다.

퀘스처닝Questioning 말 그대로 '자기 자신에게 물음표를 던진' 상태를 가리킨다. 양성애자나 자신의 성 정체성을 아직 확신하지 못하는 이들을 가리킬 때 쓴다. 그래서 LGBTQ의 마지막 Q가 바로 '퀘스처닝'이다.

무지개 깃발 Rainbow flag '무지개 깃발'은 1978년 샌프란시스코의 예술가가 처음 사용했다. 그 뒤로 게이들의 마스코트가 되어 전 세계 게이운동에 빠지지 않는 깃발이 되었다.

라이스 퀸 Rice queen 아시아인을 좋아하는 서양인 게이들을 가리키는 비속어다. 또 아시아인 게이 가운데 같은 인종인 아시아인만 만나는 사람을 '찰기 있는 쌀밥 sticky rice'이라며 놀리듯 부른다. 아시아인 게이가 서양인 게이를 좋아하면 '포테이토 퀸'이라고 한다. 그리고 같은 서양인끼리만 만나는 게이들을 '매시트포테이토 퀸'이라고 한다. 이러한 표현에는 다소 인종차별적인 의미가 담겨 있다.

동성 결혼 Same-sex marriage '같은 성인 사람과 결혼하는 것. 즉 모든 인간이 결혼할 권리'를 가졌다는 것을 의미한다.

소프트 파워 Soft power 국제적인 관계에서의 '소프트 파워', 즉 부드러운 힘을 뜻하며 영향력이나 문화적인 힘을 말한다. 반면에 '하드 파워hard power'는 물리적인 힘, 즉 군사력을 뜻한다.

스프롤Sprawl 게이들이 밀집된 구역이 한 도시에만 집중되는 것이 아니라 이곳저곳에 산재되어 있는 현상을 뜻한다.

스톤월Stonewall 정식 명칭은 '스톤월 인'으로 뉴욕에 위치한 술집의 이름이다. 1969년 이곳에서 게이운동의 첫 물꼬를 튼 근대적인 운동이 시작되었다.

스트립Strip '조직'을 뜻한다. 게이들이 자주 모이는 구역의 대로를 따라, 또는 고속도로 한쪽에 게이 커뮤니티가 형성되는 것을 그들만의 아지트, 즉 조직을 이루었다는 표현을 쓴다.

통즈Tongzhi '통즈'라는 말은 타이완과 홍콩, 중국에서 동성애자를 비하할 때 자주 쓰는 단어다. 이 세 국가에서 '게이'라는 말 대신 사용된다.

조사 자료

이 책은 8년이라는 긴 기간에 50개국 이상을 대상으로 조사한 장기 프로젝트의 결과물이다. 이 책을 쓰기 위해 내가 참조한 나라들과 그 나라를 조사한 연도를 다음과 같이 목록으로 정리했다.

남아프리카공화국(2012), 알제리(2011), 독일(2014), 사우디아라비아(2009), 아르헨티나(2009, 2011, 2014), 벨기에(수차례 방문), 볼리비아(2015), 브라질(2009, 2011, 2012, 2014, 2015, 2016), 카메룬(2008), 캐나다(2010, 2011, 2013), 칠레(2014), 중국(2008, 2012), 콜롬비아(2012, 2014, 2015), 대한민국(2009), 쿠바(2010, 2014, 2015, 2016), 덴마크(2009), 이집트(2008, 2013, 2014, 2015), 아랍에미리트/두바이(2009, 2016), 에콰도르(2015), 스페인(수차례 방문), 미국(2001년부터 2007년 사이 35개 주 100여 개 도시 방문), 핀란드(2013), 홍콩/중국(2008, 2014, 2015), 인도(2008, 2013, 2015), 인도네시아(2009), 이란(2010), 이스라엘(2006, 2012, 2015, 2016), 이탈리아(수차례 방문), 일본(2009, 2012, 2016), 요르단(2010, 2016), 케냐(2013), 레바논(2009, 2013, 2015, 2017), 모로코(2011, 2012), 멕시코(2009, 2010, 2012, 2013, 2014, 2016), 팔레스타인/가자 지구(2006, 2013), 팔레스타인/요르단강 서안 지구(2006, 2012, 2015, 2016), 네덜란드(수차례 방문), 페루(2014, 2015), 폴란드(2012,

2013), 포르투갈(2016), 카타르(2009), 체코공화국(2011), 영국(수차례 방문), 러시아 (2012), 싱가포르(2009), 스위스(수차례 방문),

시리아(2009), 타이완(2011), 타이(2009), 튀니지(2009, 2010, 2014, 2015), 터키 (2008), 베네수엘라(2009), 베트남(2009).

700명이 넘는 사람이 이 책을 완성하기까지 물심양면으로 도와주었다. (현지에서 얼굴을 마주보며 인터뷰를 해준 고마운 분들이다. 단, 알타우디와 보노토, 이 두 사람만 예외적으로 전화로 인터뷰를 하고 내용을 정리했다.)

이 방대한 양의 앙케트 조사는 결코 나 혼자만의 고독한 싸움이 아니었다. 과거를 제대로 이해하고자 했던 역사가들, 현재를 조사하는 연구자들의 도움을 받았다. 또 이들을 믿고 기꺼이 시간을 내준 수십 명의 사람의 도움이 있었기에 가능했다. 물론 인터뷰에 응해준 이들 대부분은 이 책을 읽지 못할 수도 있다. 하지만 나는 이 자리를 빌려 이 책이 나오기까지 도움을 준 모든 분에게 감사의 말을 꼭 전하고 싶다. 나의 진심이 그들에게 닿기를 간절히 기도한다.

중립성을 지키기 위해 나는 그 어떤 민간 기업이나 공공기관의 재정적인 지원도 받지 않았다. 비정부 기구의 후원도 마다했다. 내가 조사한 내용은 오로지 출판사 편집장 그리고 글을 쓴 나 외에는 어느 누구도 직접적인 개입이 불가능했다. 기자든 학문을 연구하는 학자든 자율성은 하늘이 두 쪽 나는 한이 있어도 꼭 지켜야 한다는 것이 나의 직업의식이기 때문이다.

이 책에 인용된 문장, 보도성 정보 글과 통계 자료의 출처를 일일이 밝히지는 못했다. 그 양이 방대하기 때문인데, 대신 이 책을 읽는 독자와 연구진은 웹사이트 fredericmartel.com을 방문하면 내가 올린 참고 문헌 목록과 자료들의 출처를 확인할 수 있다. 또한 이 책에 구체적으로 설명되어 있지 않지만 더 자세한 내용을 보충 자료로 읽고 싶다면 방금 알려준 사이트를 꼭 들어가보길 바란다. 사이트에 올라온 주요 내용은 다음과 같다.

- 이 책에서 언급된 전 세계 여러 나라의 인권 현황을 도식화한 그림과 표, 통계 자료가 수록되어 있다.

- 이 책에서 다룬 주제에 대한 추가적인 논문 발췌문이나 세부 내용도 기재되어 있다.
- 이 책의 페이지별로 덧붙이고 싶은 말을 주석으로 추가해서 달았고, 장별로 참고한 도서 목록이 제시되어 있다.
- 이 책을 내기까지 내가 감사의 말을 전하고 싶은 사람들도 언급했다.

위에 기재한 모든 내용은 fredericmartel.com에 접속하면 볼 수 있다. 최신 업데이트 순으로 추가 정보가 주기적으로 실린다. 이외에도 본 도서에 대한 더 자세한 내용이 궁금한 독자는 globalgay.fr를 방문해보라. 또 작가에 대해 궁금하다면, 페이스북과 트위터에 '@martelf'라고 검색하면 된다.

같은 성을 사랑하는 것에 대하여

: LGBT, 특히 게이에 대한 전지구적 보고서

초판 인쇄   2018년 5월 17일
초판 발행   2018년 5월 25일

지은이   프레데리크 마르텔
옮긴이   전혜영
펴낸이   강성민
편집장   이은혜
편집   박은아 곽우정 김지수 이은경 강민형
디자인   김성렬 백주영
편집보조   김민아
마케팅   정민호 이숙재 정현민 김도윤 안남영
홍보   김희숙 김상만 이천희
독자모니터링 황치영

펴낸곳   (주)글항아리 | 출판등록 2009년 1월 19일 제406-2009-000002호
주소   10881 경기도 파주시 회동길 210
전자우편   bookpot@hanmail.net
전화번호   031-955-8891(마케팅) 031-955-1936(편집부)
팩스   031-955-2557

ISBN   978-89-6735-518-0   03300

이 도서의 국립중앙도서관 출판시도서목록(CIP)은 e-CIP홈페이지
(http://www.nl.go.kr/ecip)와 국가자료공동목록시스템(http://www.nl.go.kr/kolisnet)에서
이용하실 수 있습니다.(CIP제어번호: CIP2018013284)